AF511906

मैं रामवंशी हूँ

जो श्रीराम के चरणों में समर्पित है, वही रामवंशी है। जो श्रीराम के पवित्र मार्ग पर अग्रसर है, वही रामवंशी है। जो श्रीराम के गुणों को अपना ले, वही रामवंशी है। जो श्रीराम नाम का जप करे, वही रामवंशी है। जो श्रीराम के जीवन-चरित्र से प्रेरित हो, वही रामवंशी है। जो श्रीराम की तरह संस्कारवान है, वही रामवंशी है। जो श्रीराम की तरह शस्त्र और शास्त्र दोनों का साधक हो, वही रामवंशी है। जो श्रीराम के जीवन-मूल्यों से पोषित हो, वही रामवंशी है।

मैं रामवंशी हूँ

(त्रेतायुग की प्रामाणिक कथा)

मनोज सिंह

प्रभात प्रकाशन

पुस्तक में वर्णित
सभी वर्तमान पात्र और कथानक काल्पनिक हैं।

प्रकाशक
प्रभात प्रकाशन प्रा. लि.
4/19 आसफ अली रोड, नई दिल्ली–110002
फोन : 011–23289777 • हेल्पलाइन नं. : 7827007777
इ–मेल : prabhatbooks@gmail.com ❖ वेब ठिकाना : www.prabhatbooks.com

संस्करण
2025

सर्वाधिकार
सुरक्षित

पेपरबैक मूल्य
पाँच सौ रुपए

मुद्रक
आर–टेक ऑफसेट प्रिंटर्स, दिल्ली

★

MAIN RAMVANSHI HOON
novel by Shri Manoj Singh

Published by **PRABHAT PRAKASHAN PVT. LTD.**
4/19 Asaf Ali Road, New Delhi-110002

ISBN 978-93-95386-97-5

₹ 500.00 (PB)

प्रभु श्रीराम का
स्तुतिगान करता
एक रामवंशी

ऐतिहासिक कथा

रामायण इतिहास है। त्रेतायुग की ऐतिहासिक कथा। वस्तुतः इतिहास कथा ही तो है। अतः हमारे विद्वान् पूर्वजों ने इतिहास-लेखन कथात्मक शैली में किया। रामायण इसका आदर्श उदाहरण है। यह श्रीराम का मार्ग है। यह प्रभु श्रीराम के चरित्र-चित्रण और जीवन-चरित्र की कथा है। श्रीराम युगपुरुष हैं, अवतार-पुरुष हैं, संस्कार-पुरुष हैं, आदर्श-पुरुष हैं, धर्म की प्रतिमूर्ति हैं, आर्यश्रेष्ठ हैं, नरश्रेष्ठ हैं, यह उन्हीं पुरुषोत्तम की जीवन-कथा है। यह विश्व के महानतम योद्धाओं में श्रेष्ठ धनुर्धर श्रीराम की शौर्यगाथा है। यह युगनिर्माण की कथा है।

सनातन परंपरा का पालन करते हुए आर्यावर्त का इतिहास लिखने के लिए मैंने भी कथात्मक शैली का मार्ग चुना। इसी प्रयास का प्रथम प्रतिफल था 'मैं आर्यपुत्र हूँ'। पूर्व में प्रकाशित यह पुस्तक सतयुग की प्रामाणिक कथा है। 'मैं रामवंशी हूँ', इसी की अगली कड़ी है। यह त्रेतायुग की प्रामाणिक कथा है।

पृथ्वी के हर भूखंड में, हर युग, हर काल में रामकथा लिखी गई। इन सभी कथाओं में तत्कालीन समय-काल व संबंधित समाज का प्रभाव देखा-पढ़ा जा सकता है। साथ ही हर कथा के केंद्रपुरुष श्रीराम ने उस भूखंड व कालखंड को अपने जीवन-आदर्श से प्रभावित किया। ब्रह्मांड के कण-कण में बसे राम हर जीवात्मा के हृदय में बसकर उसे जीवंत कर देते हैं। इस तरह से श्रीराम अनेक रूपों में इस पृथ्वी पर अवतरित होते रहते हैं। हर बार राजा बनकर नहीं, अपितु सामान्य घरों में भी जन्म लेकर अपनी छोटी सी दुनिया में आदर्श स्थापित करते हैं। 'मैं रामवंशी हूँ' कलियुग में राममार्ग पर चलनेवाले 'रामवंशी' की संघर्ष-गाथा है। यह कथा है एक रामभक्त की, जो हर पल श्रीराम के जीवन-मूल्यों को जीता है। अर्थात् इस कथा में प्रभु श्रीराम की कथा के साथ-साथ एक रामभक्त की कथा भी है।

'हरि अनंत हरि कथा अनंता।' यथार्थतः इस कथा में भी रामकथा के अतिरिक्त अनेक कथाएँ हैं। यह अयोध्याजी की कथा है। यह इक्ष्वाकुवंश की गौरवगाथा है।

यह सूर्यवंशी राजाओं का आख्यान है। यह रघुवंशी महाराजाओं के त्याग-तप और पराक्रम की कथा है। यह माता सीता के उच्च आदर्शों की कथा है। यह सरयू में बहते मानव विकासक्रम की कथा है। यह कोसल देश के सामाजिक, राजनीतिक, आर्थिक और पारिवारिक परिवेश की कथा है। यह संपूर्ण सृष्टि की वंशावली की कथा है। यह परशुराम से श्रीराम के मध्यकाल के आर्यावर्त की महागाथा है। यह देवासुर संग्राम से गंगा अवतरण की कथा है। यह वैदिक ऋषि-मुनियों की कथा है। यह अधर्म पर धर्म की विजय की कथा है। यह वसिष्ठ से विश्वामित्र की कथा है। यह एक राजा के ब्रह्मर्षि बनने की कथा है। यह परिवार, समाज और राष्ट्र-निर्माण की कथा है। यह त्रेतायुग के आर्यों की संपूर्ण कथा है।

आधुनिक युग शिक्षित समाज की बात करता है, संस्कारी समाज की नहीं। दुष्परिणाम हमारे सामने है। यही कलियुग होने का प्रमुख कारण है। आर्यों के पतन का मुख्य कारण भी संस्कारहीनता ही है। 'मैं रामवंशी हूँ' संस्कारवान आर्यों के निर्माण की कथा है। संक्षिप्त में कहें तो यह संस्कार कथा है।

श्रीराम का जीवन-आदर्श संस्कार कथा है। राम का मार्ग व्यक्ति के मोक्ष का मार्ग है। यह संपूर्ण समाज के कल्याण का मार्ग है। रामकथा से यह प्रमाणित होता है कि सनातन धर्म के जीवन-मूल्य यूटोपिया नहीं, अपितु आचरण में उतारने योग्य हैं। इसे व्यावहारिक जीवन में उतारते ही सामान्य मानव देवतुल्य बन जाता है। यह एक रामभक्त के रामवंशी बनने की कथा है।

वर्तमान काल में श्रीराम अधिक प्रासंगिक हैं। अत: आज के गुरुकुल संस्कारवान आर्यों के निर्माण की प्रयोगशाला होने चाहिए, जहाँ रामकथा का प्रत्येक श्लोक छात्र के जीवन-यज्ञ का मंत्र बने। तभी हम उन्नत राष्ट्र का निर्माण कर पाएँगे। शस्त्र और शास्त्र के अलौकिक संगम से निर्मित श्रीराम का जीवन-चरित्र आर्यावर्त की गौरव-गाथा का प्रेरणास्रोत है। यह पुरुषोत्तम श्रीराम की मर्यादा की कथा है। इसका पठन-पाठन दानव को मानव और मानव को देवता बना देगा।

जय श्रीराम!

अनुक्रम

1

पूर्व कांड

प्रथम सर्ग : 'मैं आर्यपुत्र हूँ'

"हे परमेश्वर!"

"जी मातेश्वरी!"

"हे परमात्मा! आपको कुछ स्मरण करवाना है।"

"हे परमात्मिका! आप क्या स्मरण करवाना चाहती हैं, प्राणेश्वरी?"

"स्वामी! जब आप मुझे प्राणेश्वरी कहते हैं तो मैं सबकुछ भूलकर आपके प्रेम में डूब जाती हूँ।"

"स्वामिनी! सत्य ही तो है। मैं परमात्मा अवश्य हूँ, लेकिन आप मेरी आत्मा हैं। आप मेरी ऊर्जा हैं, शक्ति हैं। आप प्राण हैं।"

"हे जगदीश्वर! आपकी शक्ति, आपकी ऊर्जा, आपसे ही है, आपमें ही है। आपमें मैं हूँ, मुझमें आप हैं। हम दो हैं या एक ही हैं, इस पर विस्तार से परिचर्चा करने बैठ गए तो विषयांतर हो जाएगा। हम एक हैं और अनेक भी, इस पर वार्त्तालाप फिर कभी। वैसे तो मैं आपका नाम प्राय: नहीं लेती। नाम न लेने में जो आनंद है, वह हमारे संबंध को और महत्त्वपूर्ण बनाता है। और फिर केवल मैं ही आपको बिना नाम के संबोधन करती हूँ, जो यह दरशाता है कि हमारा संबंध अलौकिक है, काल निरपेक्ष है, जन्म-जन्मांतर के लिए है। यह अपरिभाषित है और अकल्पनीय भी। वैसे भी आत्मा और परमात्मा के बीच संबंध का न कोई नाम होता है, न ही संबोधन।"

"हे जगज्जननी! तो फिर आज यह संबोधन क्यों?"

"हे अनीश्वर! मैं पृथ्वीलोक की बात करने जा रही हूँ। जहाँ नाम की पहचान है और संबोधन से ही आत्मीय संबंध स्थापित होते हैं।"

"हाँ, यह तो है। हे आद्य! वैसे विषय क्या है?"

"हे नरेश्वर! आपको स्मरण होगा, पिछले दिनों हम दोनों ने आर्य और आर्या बनकर 'मैं आर्यपुत्र हूँ' की कथा सुनाई थी।"

"हाँ नारीश्वर! तथ्यों व तर्कों के साथ आनंदपूर्वक सुनाई थी और यह कलियुग में

बहुत पसंद भी की गई। आश्चर्य तो यह है कि मानव अपना ही आदिकाल भूल गया। भूलोकवासियों में भूलने की प्रवृत्ति है, अत: वे भ्रमित रहते हैं। सतयुग के आर्यों का प्रामाणिक इतिहास सुनकर कलियुग के उत्साहित आर्यपुत्रों के कई प्रश्न भी आए।"

"हे देव! आप इन प्रश्नों पर अपने विचार रखें, उसके पहले मेरे पास आए विवेचनात्मक प्रश्नों पर मैं कुछ कहना चाहूँगी। सर्वप्रथम, इस विषय पर जिन्हें शंका है, उन्हें स्पष्ट कर दूँ कि आर्यों का इतिहास ही मानव का प्रामाणिक आदि इतिहास है। आर्यों ने ही पृथ्वी पर सर्वप्रथम मानवीय सभ्यता बसाई। सतयुग मानव के सांस्कृतिक विकास-क्रम का स्वर्णिम काल है। लेकिन उनकी सामाजिक व्यवस्था भी आदर्श नहीं थी, अर्थात् यह न समझा जाए कि सबकुछ पूर्णत: व्यवस्थित था। अनेक मानवीय दुर्गुण तब भी थे, स्वाभाविक रूप से। लेकिन प्रयास रहता इन्हें नियंत्रित और नियमित करने का। यही सनातन जीवन-दर्शन का आधार बना। ऋषियों ने शांति और कल्याण पर विशेष ध्यान दिया। आदर्श स्थिति को प्राप्त करने में सतत प्रयासरत रहना ही उस युग की विशेषता मानी जाए। उद्‌देश्य एक ही था—मानव का सुख स्थायी हो, जीवन आनंदमय हो।"

"हे देवी! आपकी जय हो। आप तो पहले बोलकर सबकुछ जीत ले जाती हैं। वैसे लौकिक जग में आपकी जय को देखकर मैं प्रसन्न होता हूँ और सबकुछ त्यागने को तत्पर भी। वस्तुत: आपकी बात को आगे बढ़ाता हूँ। सच कहें तो आदर्श जैसी कोई स्थिति होती नहीं। यह संभव नहीं। निरंतर परिवर्तनशील सृष्टि में आदर्श जैसी कोई व्यवस्था नहीं। हाँ, प्रकृति की व्यवस्था में संतुलन है। यही संतुलन मानव निर्मित समाज़ में भी आवश्यक है। असंतुलन अराजकता को जन्म देता है और अराजकता से अशांति उत्पन्न होती। जबकि शांति मानव जीवन का मूल उद्‌देश्य है। शांति से ही आनंद की प्राप्ति होती है। आर्यों ने वैदिक सभ्यता के विकास-क्रम में इस मूल भाव को बनाए रखा, इसके लिए संस्कृति पर विशेष ध्यान दिया गया। सभ्यता की आत्मा संस्कृति है। संस्कृति में मानव जीवन के समस्त क्षेत्र आ जाते हैं। मानव की वैयक्तिक, पारिवारिक, सामाजिक, आर्थिक, राजनैतिक, धार्मिक, आध्यात्मिक आदि सभी क्षेत्रों में लौकिक-अलौकिक अभ्युदय के अनुकूल देहेंद्रिय, मन, बुद्धि, चित्त की चेष्टा ही मनुष्य की संस्कृति है। सरल अर्थों में मानव के लौकिक-अलौकिक सर्वाभ्युदय के अनुकूल आचार-विचार ही संस्कृति को परिभाषित करते हैं। पृथ्वीलोक में हर भूखंड की हर एक युग में उसकी अपनी संस्कृति रही है। अर्थात् संस्कृति समय के साथ परिवर्तनशील होती है, इसलिए जब कभी हम किसी समाज-राष्ट्र की संस्कृति का वर्णन करें तो साथ ही उस काल विशेष का भी उल्लेख करें, अन्यथा भ्रम हो सकता है। जैसेकि यहाँ भी जब हमने आर्यों की संस्कृति की बात की तो साथ ही सतयुग और आर्यावर्त का उल्लेख भी किया। हे मातृशक्ति! अब आपके मन में यह प्रश्न उठ सकता है कि हम दोनों ने आर्यों की सनातन

संस्कृति की ही चर्चा क्यों की ?"

"हे महादेव! प्रश्न तो मैं यह भी कर सकती हूँ कि सनातन संस्कृति ही आपको क्यों प्रिय है ?"

"हे महादेवी! आप तो जानती ही हैं कि सृष्टि नित्य-नूतन-निरंतर है। और इन अर्थों को समेटने से ही सनातन शब्द परिभाषित होता है। आदिकाल से चली आ रही सनातन संस्कृति में निरंतरता है तो साथ ही मूल स्वरूप में स्थायित्व है। और इसका कारण है—इस संस्कृति का प्रकृति के साथ सीधा संबंध होना। सनातन संस्कृति अनुभवजन्य ज्ञान के आधार पर निर्भर है तथा मानव का अनुभव नित्य और नूतन है। अतः सनातन संस्कृति भी प्रकृति की तरह परिवर्तनशील है। जो प्रकृति के निकट है, उसका मेरे निकट होना स्वाभाविक है। अति महत्त्वपूर्ण तथ्य यह है कि सनातन संस्कृति किसी मानव की उपज नहीं। सनातन संस्कृति का आधार वेद है और वेद मेरी वाणी है, जो आपके माध्यम से पृथ्वीलोक पर अवतरित हुई।"

"मेरे माध्यम से ? पहेली न बुझाएँ, देवेश्वर!"

"हे जगदंबा! जानती आप सब हैं, लेकिन मेरे मुख से सुनना चाहती हैं तो सुनिए। ऋषियों ने अपनी आत्मा के साक्षात्कार से वैदिक ऋचाओं को रचा। अर्थात् वे सब आत्मा (अर्थात् आप) के माध्यम से ही इन मंत्रों के द्रष्टा हुए। वैदिक काल से सनातन संस्कृति युक्त धर्म ही सनानत धर्म है, जिसे कलियुग में आमजन हिंदू धर्म कहते हैं। यह सनातन धर्म अर्थात् सनातन संस्कृति सर्वदेश व सर्वकाल में सभी के लिए सर्वथा हितकारी है, इसलिए मुझे प्रिय है। यह सनातन संस्कृति सर्वसामर्थ्य सर्वांगीणपूर्ण संस्कृति है, इसलिए मुझे प्रिय है। यहाँ व्यक्ति-निर्माण के द्वारा समाज-निर्माण और समाज-निर्माण द्वारा विश्व के हित का मुख्य हेतु है, इसलिए भी यह प्रिय है। और अंत में, यही कहूँगा कि मानव को विकास के उच्चतम शिखर पर पहुँचाकर जीवन-मुक्ति की अवस्था में प्रतिष्ठित कर देना सनातन संस्कृति की विशेषता है। परमानंद का अनुभव करा देने का सामर्थ्य केवल सनातन संस्कृति में ही है, अतः यह मुझे अति प्रिय है। प्रश्न उठना स्वाभाविक है कि इतनी उच्च संस्कृति का पतन कैसे हुआ ? इस प्रश्न का सांकेतिक उत्तर 'मैं आर्यपुत्र हूँ' के अंतिम अध्याय में है, जहाँ मैं कहता हूँ कि कलियुग में मैं आर्यपुत्र तो हूँ, लेकिन आर्य नहीं। इस पतन के कारणों को लेकर जिनके मन में संशय है, उन्हें स्पष्ट कर दूँ कि इसका मूल कारण है संस्कारों की कमी।"

"हे सर्वेश्वर! आप सर्वज्ञानी हैं।"

"वह कैसे विश्वजननी ?"

"हे परब्रह्म! आपने संस्कारों का वर्णन किया, अर्थात् आप जान गए कि मैं संस्कारों पर बात करना चाहती हूँ।"

"हे ब्राह्मी! लेकिन आप इस पर चर्चा क्यों चाहती हैं? आपका उद्देश्य क्या है?"

"हे महेश्वर! आप सब जानते हैं, लेकिन मेरे मुख से ही सुनना चाहते हैं तो स्मरण करा दूँ कि आपने एक व्रत लिया था।"

"हे महेश्वरी! आप किस व्रत की बात कर रही हैं? कृपया संदर्भ भी तो बताएँ!"

"हे महाकाल! जब आप 'मैं आर्यपुत्र हूँ' की कथा में संस्कार विषय पर अपने प्रारंभिक विचार व्यक्त कर रहे थे, तब हमने संस्कार पर विस्तार से बात करने का व्रत लिया था। आपको स्मरण होगा, जब मैंने कहा था—'कलियुग का कारण संस्कारहीनता ही है। आज विश्व को चाहिए एक संस्कार क्रांति। आर्यपुत्र! जिस तरह से हम आर्यों की कथा सुनाने का कार्य कर रहे हैं, क्यों न किसी दिन अलग से संस्कार क्रांति पर बात की जाए।' उत्तर में आपने कहा था—'आर्या! स्वीकार्य है।'"

"हाँ-हाँ! स्मरण है कालेश्वरी!"

"तो उस पर चर्चा कब करेंगे, विश्वेश्वर?"

"हे विश्वेश्वरी! प्रश्न तो यह उठता है कि यह चर्चा अभी ही क्यों?"

"भगवन्! जनकात्मजा के संदर्भ में।"

"हे भगवती! जनकात्मजा, कितना सुंदर पर्यायवाची शब्द है माँ सीता का।"

"प्रभु, मैं कलियुग की एक कन्या जनकात्मजा की बात कर रही हूँ। आप जानते हुए भी विषयांतर करते रहते हैं।"

"नहीं जननेश्वरी! मैं तो मात्र विषय को विस्तार देता हूँ। चलिए, आपके विषय पर केंद्रित करता हूँ। प्रश्न है, क्या आप बालिका जनकात्मजा के संपर्क में हैं?"

"हे शंभू! मैं आत्मा हूँ, आत्मा। जो भी मुझसे निश्छल भाव से बात करता है, मैं उसके साथ जुड़ जाती हूँ। जनकात्मजा जब भी अपनी आत्मा से बात करती है तो मुझसे बात कर रही होती है। मैं भी उसके मन से बात करके उसे मार्ग दिखलाती रहती हूँ। वैसे मैं जाग्रत् होकर साक्षीभाव से सब देखती रहती हूँ और स्थितप्रज्ञ हूँ। फिर भी न जाने क्यों, जनकात्मजा को लेकर चिंता है।"

"चिंता कैसी, देवी शांभवी!"

"मेरी जनकात्मजा अपने राम की तलाश में है और कलियुग में श्रीराम जैसा गुणी पुरुष का होना संभव नहीं। ऊपर से उसने प्रण ले रखा है कि विवाह करूँगी तो केवल श्रीराम जैसे चरित्र वाले पुरुष से। अब मैं उसे कैसे समझाऊँ कि कलियुग में राम जन्म नहीं लेते। हम कहाँ से लाएँगे श्रीराम जैसा चरित्र। कलियुग में संस्कारी पुरुष मिलना असंभव है, भोलेनाथ।"

"हे देवी सती! कलियुग में जब सीता के रूप-गुण वाली बालिका जन्म ले सकती है तो श्रीराम के रूप-गुणोंवाला बालक क्यों नहीं?"

"हे भुवनेश्वर! क्या कहना चाहते हैं आप?"

"हे भुवनेश्वरी! श्रीराम के गुण-रूप वाला बालक जन्म ले चुका है। जहाँ आत्मा रूपी सीता हैं, वहाँ परमात्मा रूपी श्रीराम न हों, यह कैसे संभव है। मैं तो आपके बिना हर युग में अधूरा हूँ, प्रिये।"

"हे रमापति! तो फिर हमारा मिलन कलियुग में भी होगा?"

"अवश्य रमादेवी! चूँकि सीता के गुणोंवाली बालिका का जन्म हुआ है तो श्रीराम के गुणोंवाले बालक को भी जन्म लेना ही होगा। विश्वास करो अपने आराध्य महादेव का। त्रिनेत्र सब देख लेते हैं। तो क्या उन्होंने यह नहीं देखा होगा कि इस युग का अगर कोई पक्ष सर्वाधिक कमजोर है तो वह है संस्कार। ऐसे में संस्कार के प्रतीक श्रीराम का आना वैसे भी अपेक्षित है। सत्य तो यह है कि श्रीराम हर कालखंड व भूखंड में आते हैं, हर बार राजा बनकर नहीं, कभी-कभी सामान्य घरों में भी जन्म लेकर अपनी छोटी सी दुनिया में आदर्श स्थापित करते हैं। विश्वास करो मेरा। राम आ चुके हैं, तुम्हारी जनकात्मजा के स्वयंवर का संकल्प पूर्ण करने। फिर दोनों मिलकर अपने समाज को आलोकित करेंगे। और यह होते हम दोनों देखेंगे। केवल देखेंगे नहीं, बल्कि उन दोनों के माध्यम से श्रीराम की कथा भी आधुनिक विश्व को सुनाएँगे।"

"अर्थात् पुरुषोत्तम श्रीराम की कथा पुनः सुनने को मिलेगी। मैं हर बार सुनकर रोमांचित होती हूँ। हे शंकर! जिज्ञासा हो रही है। 'मैं आर्यपुत्र हूँ' कथा के सूत्रधार हम आर्य और आर्या थे। इस कथावाचन में हमारी भूमिका क्या होगी?"

"हे देवी भवानी! कलियुग में आर्यावर्त के एक आश्रम में आप गुरुमाता होंगी, और मैं गुरुदेव के रूप में उपस्थित रहूँगा।"

"अति उत्तम। हे भव! किस गुरुकुल में?"

"हे ज्ञानेश्वरी! कोसल जनपद में अयोध्या से सौ कोस दूर लक्ष्मीनारायण मंदिर का विशाल प्रांगण है। यहाँ के अति प्राचीन वसिष्ठ आश्रम में एक प्रसिद्ध गुरुकुल है।"

"नारायण! नारायण! तो आप वहाँ भी अपनी पूजा और स्तुतिगान करवाएँगे!!"

"हे नारायणी! परंतु वहाँ भी आपका स्थान-नाम 'लक्ष्मी' मेरे से पहले स्थापित है।"

"और यह उचित भी है, आर्य। चलिए छोड़िए, तो श्रीराम की कथा प्रारंभ करें।"

"हे आर्या! श्रीराम के प्रति आपका स्नेह तो समझ सकता हूँ कि वे मेरा ही अवतार हैं त्रेता युग में, लेकिन आप मेरे प्रेम में पड़कर संस्कार पर बात करने का व्रत भी भूल जाएँगी, मुझे विश्वास नहीं हो रहा।"

"आप कटाक्ष न किया करें, भूदेव!"

"यह कटाक्ष नहीं, भूदेवी, आपके अटूट प्रेम का प्रमाण है, जिसका आनंद मैं लेता रहता हूँ।"

"यह सत्य है कि मैं आपको स्मरण कर सब भूल जाती हूँ, देवेश्वर!"

"और मैं आपको कभी नहीं भूलता, देवेश्वरी! यहाँ भी आपके व्रत को ही पूर्ण कर रहा हूँ। रामकथा से पूर्व संस्कार पर बात कर लेता हूँ, जिसके बिना श्रीराम जैसे चरित्र वाले व्यक्ति का निर्माण असंभव है। वैसे भी, संस्कार पर चर्चा करने के लिए श्रीराम की कथा से उत्तम कोई और माध्यम विश्व इतिहास में नहीं हो सकता। अर्थात् रामकथा संस्कार-कथा भी है। अत: श्रीराम की कथा सुनाने से पहले यह तो बता देना आवश्यक है कि संस्कार हैं क्या?"

"हे त्रिलोकेश! मेरा उद्देश्य पूर्ण हुआ। मैं संस्कारों पर रामकथा के माध्यम से ही आपके मुख से सुनना चाहती थी, जिससे मेरे माध्यम से जनकात्मजा भी सुने और उसका कल्याण हो। तो बताइए प्रभु, कि संस्कार क्या हैं? मैं रामकथा के प्रारंभ में संस्कार कथा सुनने के लिए तत्पर हूँ।"

"सुनाता हूँ देवी अनंता! लेकिन उसके लिए हमें पृथ्वीलोक पर चलना होगा, इस महान् कथा के सूत्रधार के रूप में। इससे पहले कि हम इस कथा को प्रारंभ करें, आप यह तो देख लें कि जनकात्मजा इस समय है कहाँ?'

"रेल में। हर वर्ष की तरह इस वर्ष भी अयोध्या जा रही है, अपने आराध्य प्रभु श्रीराम के दर्शन करने। ···अरे! यह क्या? इन राक्षसों ने रेल में क्यों उत्पात मचा रखा है···ये दुष्ट, अपने सहयात्रियों को अकारण शारीरिक और मानसिक पीड़ा क्यों दे रहे हैं···इन अधर्मियों को आतंक फैलाने से कोई रोकता क्यों नहीं···देखो-देखो, उस वृद्ध महिला ने रोकने का प्रयास किया तो उसके साथ कैसा दुर्व्यवहार कर रहे हैं···और···और यह नवयुवक कौन है, देखने में सौम्य और सुशील···हे रुद्र! इसने तो अकेले ही इन दो राक्षस और एक राक्षसिनी को चलती ट्रेन से बाहर फेंककर उनका वध कर दिया···यह तो उचित ही धर्म का कार्य किया···लेकिन यह क्या···स्वयं ही अगले स्टेशन पर उतर गया···साथ ही उसके अनेक अन्य यात्री भी उतर गए···इस नवयुवक के पीछे-पीछे जनकात्मजा भी है···वह अब स्वयं ही जाकर पूरी घटना की जानकारी थाने में दे रहा है···कितने उच्च संस्कार हैं!"

"हे रौद्रमुखी! ध्यान लगाकर सुनते हैं कि थानेदार क्या पूछ रहा है?"

"आपका नाम?"

"मैं रामवंशी हूँ।" उस नवयुवक ने कहा था।

"कहाँ जा रहे हो?"

"अयोध्याजी! रामलला के दर्शन करने।"

"कहाँ के रहनेवाले हो?"

"वसिष्ठ आश्रम, लक्ष्मीनारायण मंदिर, धर्म मार्ग, ···नगर, ···जिला··· ।"

"नाम रामवंशी है और ऐसा काम करके राम का नाम बदनाम करते हो।" थानेदार ने रोब दिखाने का प्रयास किया।

"मेरे नाम में प्रभु श्रीराम का नाम होना मेरे लिए गौरव की बात है और मैं राम नाम को बदनाम नहीं, सार्थक और चरितार्थ कर रहा हूँ···मैंने कभी कोई ऐसा काम नहीं किया, जो अधर्म हो, बल्कि आज भी धर्म की रक्षा ही की है।" उस नवयुवक का यह कहना ही था कि उसके साथ आए यात्रीगण वानर सेना बनकर, अपने-अपने शब्दबाण लेकर थानेदार पर प्रहार करने लगे। थानेदार आमजन के भावों को जानते-समझते ही संयत हुआ था। तब जाकर नवयुवक ने घटनाक्रम की विस्तार में प्रथम रिपोर्ट लिखवाई थी।

"हे निष्पाप नारायण देव! अब तो मुझे अतिशीघ्र सबकुछ जानने की उत्सुकता हो रही है।"

"हे नारायण समाश्रिता! धैर्य रखिए। पृथ्वीलोक पर देव-आत्माओं की लीला का आनंद लीजिए। यह तो आप जानती ही हैं कि हर घटनाक्रम के पीछे कोई उद्देश्य होता है, जो आनेवाली घटनाओं का कारण बनता है। इसके पहले कि आप आगे बढ़ें, मैं आपको पीछे लिये चलता हूँ, प्रारंभ से इस नवयुवक रामवंशी के माध्यम से श्रीराम की कथा के श्रवण का आनंद लेने, जहाँ हम रामकथा कह-सुन भी रहे होंगे और सामाजिक जीवन में धर्म-संस्कृति की स्थापना के लिए प्रेरित भी हो रहे होंगे।"

"हे ब्रह्मदेव! अब मैं कुछ-कुछ समझी। इस कथा में अनेक कथा समाहित होंगी, अर्थात् उतने ही संदेश। उतने ही उद्देश्य। जैसेकि 'मैं आर्यपुत्र हूँ' आर्यावर्त में रहनेवाले सतयुग के आर्यों की प्रामाणिक कथा है, जबकि इसकी अगली कड़ी 'मैं रामवंशी हूँ' आर्य बनने की प्रामाणिक कथा होगी।"

"हे सरस्वती! सत्य कहा आपने। आपको ज्ञान की देवी अकारण नहीं कहते हैं। आपके कथन को इस कथन से युक्त करता हूँ कि 'मैं रामवंशी हूँ' त्रेतायुग की प्रामाणिक कथा भी होगी। जहाँ श्रीराम रामवंशी के पथ-प्रदर्शक बनकर समाज के कल्याण का मार्ग प्रशस्त कर रहे होंगे।"

"हे देवों के देव! हे विश्वरेता! हे सर्वज्ञ! आपकी लीला आप ही जानें।"

□

द्वितीय सर्ग : संस्कार कथा

"प्रिय अरुंधती! सुनती हो?"

"हे महामुने! अब आपकी बात ही सुनती रहूँ या कुछ काम भी करूँ…आप तो गुरुकुल जा रहे थे, अभी तक गए नहीं? स्मरण रहे, आप महर्षि वसिष्ठ कुल-परंपरा के आचार्य हैं। गुरुकुल में अपने शिष्यों को प्रतीक्षा कराना उचित नहीं।"

"हे प्रिये! आप कुल-परंपरा का स्मरण करा रही हैं या एक पति को प्रातःकाल उसकी पत्नी प्रवचन दे रही है। वैसे मैं जा ही रहा था तो एक महत्त्वपूर्ण बात याद आई… तुम्हारे अजकुमार को लेकर।"

"महर्षे! क्या हुआ अजकुमार को?"

"देखा भाग्यवान! कैसी भागी चली आईं! जानता हूँ, तुम्हें अजकुमार से विशेष स्नेह है।"

"आचार्य! क्या आपको नहीं है?"

"हाँ, है। और क्यों न हो। हम दोनों को हमारे चारों बेटों के साथ न रहने की कमी को अनुभव नहीं होने देता। सच कहूँ तो अपने बेटों से अधिक ध्यान रखता है, अधिक आदर देता है।"

"केवल आदर ही नहीं देता, संस्कारी भी है।"

"हाँ, वह तो है। लेकिन इन दिनों मुझसे संस्कारों के बारे में विस्तार से क्यों जानना चाहता है?"

"और यही इच्छा बहू अपराजिता ने मुझसे कर रखी है।"

"ओह! अब कुछ-कुछ समझा।"

"जब आपको पूरा समझ आ जाए तो बता दीजिएगा। मुझे जल्दी है, काम निपटा लूँ, अपराजिता आती ही होगी।"

"ठीक है, मैं भी मंदिर जा रहा हूँ, अजकुमार मेरी प्रतीक्षा वहीं कर रहा होगा। गुरुकुल के छात्रों को भी मैंने मंदिर-प्रांगण में बुलवा लिया है। चाहो तो अपराजिता को

लेकर तुम भी मंदिर चली आना। हम दोनों उनके प्रश्नों का उत्तर देने का प्रयास करेंगे। सुनकर अन्य भी लाभान्वित होंगे। मेरा प्रयास रहेगा, प्रवचन के साथ परिचर्चा भी हो।"

आचार्य तेजी से नियत स्थान पर पहुँचे थे। उन्होंने आसन ग्रहण करने से पूर्व सामने उपस्थित भक्तजनों को देखा और सभी का अभिवादन स्वीकार कर आशीर्वाद देने के लिए अपने दोनों हाथ पहले ऊपर उठाए, फिर हाथ जोड़कर नमस्कार किया। छात्रों की संख्या अच्छी थी। अजकुमार के साथ आश्रम के कुछ अन्य गृहस्थ भी थे। यह देखकर आचार्य मन-ही-मन प्रसन्न हुए थे। संस्कार विषय पर प्रवचन के लाभार्थी जितने अधिक होंगे, समाज का उतना ही कल्याण होगा।

"सभी अपना स्थान ग्रहण करें। आज का विषय है—'संस्कार'। संस्कार का सामान्य अर्थ—संस्कृत करना अर्थात् शुद्ध करना है। किसी साधारण को विशेष क्रियाओं द्वारा उत्तम बना देना ही उसका संस्कार है। जिस प्रकार सोना व हीरा आदि को तपाकर, तराश कर उसका मल हटाना आवश्यक होता है, उसी प्रकार मानव को संस्कारवान बनाने के लिए उसे संस्कार संपन्न करना आवश्यक है। संस्कार मानव को पाप व अज्ञान से दूर रखकर आचार-विचार व ज्ञान-विज्ञान से संयुक्त करते हैं। संस्कार से आत्मा की शुद्धि होती है। विचार व कर्म शुद्ध होते हैं। मनु (2.28) कहते हैं—*'कार्यः शरीरसंस्कारः पावनः प्रेत्य चेह च।'* —वेद विहित संस्कार द्वारा मनुष्य का शरीर पवित्र और व्यक्ति संस्कृत हो जाता है, अर्थात् परिष्कृत-परिमार्जित हो जाता है। आत्मा के निवास के लिए, शरीर को उपयुक्त माध्यम बनाने के लिए संपूर्ण शरीर का संस्कार आवश्यक है। दुर्भाग्य से आधुनिक युग शिक्षित समाज की बात करता है, संस्कारी समाज की नहीं। दुष्परिणाम हमारे सामने है। और यही कलियुग होने का प्रमुख कारण है।

संस्कार ही सनातन (हिंदू) संस्कृति के जन्म और उत्कर्ष का कारण व साधन है। संस्कृति की भूमि संस्कार पर आधारित है। कह सकते हैं कि सनातन समाज में प्रत्येक हिंदू को संस्कृति की आधारभूमि तथा व्यक्ति व समाज का विकास करनेवाले संस्कार की जानकारी होना आवश्यक है। यह परिवार के मूल में है। अतः वत्स अजकुमार, तुमने इस पर चर्चा करने का आग्रह करके उचित ही किया।

संस्कार मात्र बाह्य धार्मिक क्रियाएँ, अनुष्ठान, कर्मकांड व अनुशासित व्यवहार व चलन नहीं है। इसे विधिवत् शुद्धि से जोड़ा जा सकता है। इसका प्रयोग शिक्षा, संस्कृति, प्रशिक्षण, पूर्णता, संस्करण, परिष्करण, शोभा, शुद्धि क्रिया, धार्मिक विधि-विधान, अभिषेक, विचार, भावना, धारण आदि अर्थों के लिए होता है। सच कहें तो यह विलक्षण अर्थों का योग है। इसका अभिप्राय शुद्धि की धार्मिक क्रियाओं व अनुष्ठानों द्वारा व्यक्ति के दैहिक, मानसिक और बौद्धिक परिष्कार से है, जिससे वह समाज का पूर्ण विकसित सदस्य बन सके। इसका संबंध व्यक्तित्व की पूर्णता से भी है।"

"प्रधान आचार्य! क्या यह अन्य समाज और सभ्यता में नहीं?" एक जिज्ञासु छात्र ने पूछा था।

"नहीं। और यही अन्य समाज की समस्या भी है। यहाँ तक कि संस्कार शब्द का सही अनुवाद अन्य भाषा में संभव नहीं। कह सकते हैं कि अन्य भाषा में इस शब्द का निर्वहन अर्थात् इसका अर्थ व्यक्त करने की क्षमता नहीं। फिर भी इसे सेरेमनी, रिचुअल व सेक्रामेंट द्वारा अंग्रेजी में कुछ-कुछ समझा जा सकता है।

जिससे शरीरादि सुभूषित हो, उसे संस्कार कहते हैं। गुणों के आधान (स्थापन) को संस्कार कहते हैं। संस्कार से मानव जीवन की सर्वहित उन्नति तो होती ही है, मानव अपने जीवन-लक्ष्य को प्राप्त करने में भी समर्थ होता है। सनातन संस्कृति में संस्कारों का संबंध मनुष्य की शारीरिक और मानसिक के साथ-साथ आध्यात्मिक उन्नति से भी है। आज जब इन संस्कारों से हम दूर हो रहे हैं, तब यही कारण है, जो हमारा नैतिक, मानसिक, सामाजिक व आध्यात्मिक पतन हो रहा है और समाज नरक बनता जा रहा है।

यजुर्वेद (30.3) में ऋषि श्यावाश्व कहते हैं—'हे सब सुखों के दाता सविता देव! आप हमारे संपूर्ण दुर्गुण, दुर्व्यसन और दु:खों को हमसे दूर कर दीजिए और जो कल्याणकारी गुण, कर्म, स्वभाव, पदार्थ और प्राणी हैं, वे सब हमको प्राप्त कराएँ।' शास्त्र कहते हैं—'*जन्मना जायते शूद्र: संस्कारत द्विज उच्यते*—जन्म से सभी शूद्र पैदा होते हैं। संस्कारों से ही मनुष्य द्विज बनता है।' संस्कारों के बिना मनुष्य मनुष्य नहीं बन सकता। संस्कारों द्वारा नवीन मानव होने की प्रक्रिया बालक का दूसरा जन्म है। महर्षि जैमिनी के मीमांसा दर्शन के भाष्यकार शबर (3.1.3) कहते हैं—'*संस्कारो नाम स भवति यस्मिन् जाते पदार्थो भवति योग्य: कस्यचिदर्थस्य।*' अर्थात् 'संस्कार वह है, जिसके होने से कोई व्यक्ति या पदार्थ किसी कार्य के लिए योग्य बनता है।' आयुर्वेद के आचार्य चरक कहते हैं (च.वि. 1.21.2)—'*संस्कारो हि गुणान्तराधानमुच्यते*—संस्कार पहले से विद्यमान दुर्गुणों को हटाकर उनकी जगह सद्गुणों का आधान कर देने का नाम है।' अर्थात् संस्कार मानव के नवनिर्माण की योजना है, आधार है।

संस्कार जीवन के विभिन्न अवसरों को महत्त्व व पवित्रता प्रदान करते हैं। जीवन के विकास का प्रत्येक चरण केवल शारीरिक क्रिया नहीं, अपितु इसका संबंध मनुष्य की बुद्धि, भावना और आत्मिक अभिव्यक्ति से है, जिनके प्रति व्यक्ति को सचेष्ट व जागरूक रहना चाहिए। संस्कार मार्गदर्शन का कार्य करते हैं, जो आयु बढ़ने के साथ व्यक्ति के जीवन को एक निर्दिष्ट दिशा में ले जाते हैं। फलत: व्यक्ति का जीवन अनुशासित हो जाता है। जन्म से लेकर मृत्युपर्यंत संस्कारों से संस्कृत होकर मनुष्य कैसे उन्नति कर सकता है, इसकी समुचित व्यवस्था संस्कारों के रूप में सनातन हिंदू धर्म में ही है।"

"हे आचार्य! मेरा प्रणाम स्वीकार करें। मन में जिज्ञासा है, प्रश्न है—क्या सनातन

संस्कार सांस्कृतिक प्रयोजन और कर्मकांड तक ही सीमित हैं?" प्रथम पंक्ति के छात्र ने प्रश्न किया था।

"यह एक महत्त्वपूर्ण प्रश्न है। सनातन संस्कार सांस्कृतिक प्रयोजन और कर्मकांड तक ही सीमित नहीं हैं। लेकिन यह भी महत्त्वपूर्ण है, इसे विस्तार देकर ही समझा जा सकता है। प्रकृति जैसा चाहती है, वैसा हमें करना ही पड़ता है, परंतु प्रकृति के साथ हमारा सहयोग हो, तालमेल हो, उसे परंपरा द्वारा नियम में बाँधा जाए, यही संस्कार पद्धति का उद्‌देश्य है। सनातन संस्कारों के मूल में प्रकृति है। यह धीरे-धीरे सामाजिक परिस्थितियों पर आधारित होकर सांस्कृतिक भी होते गए। फलतः संस्कारों में प्रतीकात्मक अनुष्ठान भी हैं, जिन्हें ठीक से न समझ पाने के कारण ये आधारहीन व व्यर्थ लगते हैं। सत्य तो यह है कि संस्कारों का उद्‌देश्य व्यक्तित्व के विकास द्वारा मनुष्य का समाज, विश्व व प्रकृति से सामंजस्य स्थापित कर उसका कल्याण करना है। साथ ही संस्कारों का भौतिक प्रयोजन भी है। धन- धान्य, पशु, संतान, दीर्घ जीवन, संपत्ति, समृद्धि, शक्ति और बुद्धि की प्राप्ति भी इनके उद्‌देश्य रहे हैं। ये संस्कार क्योंकि ग्राह्य कृत्य हैं, इसलिए इनके अनुष्ठान के लिए घरेलू जीवन की आवश्यक सभी वस्तुओं के प्राप्त होने की कामना देवों से की जाती है। गृहस्थ जीवन की विभिन्न घटनाओं के कारण होनेवाले हर्ष, आनंद और यहाँ तक कि दुःख प्रकट करने के लिए भी संस्कारों का अनुष्ठान किया जाता है। उदाहरणार्थ, मृत्यु शोक का अवसर होता है।

अतः सांस्कृतिक प्रयोजन संस्कारों के अनिवार्य तत्त्व हैं। लेकिन संस्कार वैदिक कर्मों के साथ करने चाहिए। गृहस्थ के लिए जिन विविध यज्ञों व व्रतों का अनुष्ठान-विधान किया गया है, उनका प्रयोजन स्वार्थपरता को दूर करना है, साथ ही संपूर्ण समाज को सामूहिक अंग के रूप में देखना भी है। संस्कारों के द्वारा संसार (समाज) का चरित्र की दृष्टि से एक रूप विकास होता है और पौराणिक आदर्श उन्हें अनुप्रेरित करते हैं। संस्कारों के सांस्कृतिक प्रयोजन में यज्ञ, व्रतादि से मानव शरीर व आत्मा को ब्रह्म प्राप्ति के योग्य बनाया जाता है। शरीर और आत्मा सुसंस्कृत होने से धर्म, अर्थ, काम और मोक्ष को प्राप्त हो सकते हैं और संतान अत्यंत योग्य होती है। संस्कार न होते तो विवाह व परिवार जैसी सामाजिक संस्था का विकास नहीं होता और समाज का निर्माण भी नहीं होता। इस विकास और निर्माण प्रक्रिया में सांस्कृतिक प्रयोजन बल प्रदान करते हैं।

संस्कार अंधविश्वास नहीं है, न ही जादू-टोना और न ही केवल पुरोहित की कला (कर्मकांड) आधारित है, अपितु वे युक्तिपूर्ण हैं। यह सत्य है कि संस्कारों के क्रियाकलापों संबंधी कृत्यों का सामान्यजन पर अधिक प्रभाव पड़ता है, लेकिन स्मरण रहे—इसके द्वारा संस्कारों के उद्‌देश्य कहीं दूर न हो जाएँ, अन्यथा इनकी स्वीकृति पर प्रश्नचिह्न लग सकता है। संस्कारों के प्रतीक किसी-न-किसी गुप्त अर्थ, मूल्य, विचार या

भावना की भाषा, मुद्रा या पदार्थ के रूप में अभिव्यक्ति (प्रकटीकरण) है। उदाहरणार्थ, जल का उपयोग प्रायः प्रत्येक संस्कारो में बहुलता से किया जाता है। जल दैहिक अशौच (अपवित्रता) को धोता है। ऋग्वेद (1.23.22) में ऋषि मेधातिथि काण्व कहते हैं—'हे जल देवता! हम याजकों ने अज्ञानवश जो दुष्कृत्य किए हों, जानबूझकर किसी से द्रोह किया हो, सत्पुरुषों पर आक्रोश किया हो या असत्य आचरण किया हो तथा इस प्रकार के हमारे जो भी दोष हों, उन सबको बहाकर दूर करें।' इसी प्रकार, ब्राह्मण ग्रंथों में जल को रक्षक और राक्षसों का नाशक भी कहा गया है—*'आपो हि वै रक्षोघ्नी।'*

इसी विषय के संदर्भ में एक अज्ञानता और भी है, संस्कारों में हम आजकल संस्कार मंत्र का उच्चारण करना ही संस्कार मान लेते हैं, जबकि इन मंत्रों में ही कर्मकांड से संबंधित सूचना व ज्ञान है, जिसे हमें उच्चारण करने के साथ-साथ समझना भी है। वैदिक मंत्र पढ़ने का प्रयोजन यह भी है कि मंत्रों में वह व्याख्यान है, जिससे संस्कार करने के फल अर्थात् लाभ विदित और स्मरण हो जाएँ। साथ ही अग्निहोत्र के साथ वेदमंत्रों का उच्चारण करने से स्वर लहरियों का वायुमंडल में प्रसारण होता है, जिसका प्रभाव वायुमंडल और मानव पर होता है।

हर संस्कार की आत्मा अग्निहोत्र (अर्थात् हवन) है। बिना अग्निहोत्र के कोई संस्कार नहीं हो सकता। वैदिक काल से प्रातः और सायं, दो समय अग्निहोत्र करना जीवन का अभिन्न अंग था। हम इस परंपरा का पालन अपने आश्रम में भी करते हैं। आज इस अग्निहोत्र के आधारभूत वैज्ञानिक विचार को संक्षिप्त में समझने के लिए दो बिंदुओं पर विचार करना ही पर्याप्त होगा—1. अग्नि में डाला हुआ पदार्थ नष्ट नहीं होता, बल्कि फैल जाता है। यज्ञ करते समय हम अग्नि में जो घी डालते हैं, वह स्थूल घी घी के परमाणुओं में बदल जाता है। अर्थात् जो एक कटोरी में था, वह परमाणुओं के रूप में सारे घर-गुरुकुल-आश्रम में फैल गया। 2. अग्नि में डालने से पदार्थ के क्षेत्र का विस्तार ही नहीं होता, बल्कि उसका गुण भी कई गुणा बढ़ जाता है। अग्नि द्वारा सूक्ष्म हो जाने पर पदार्थ का स्वास्थ्य पर प्रभाव पड़ता है। उदाहरणार्थ, सर्दी-जुकाम में रोगी को यूकेलिप्टस ऑयल की भाप देते हैं। यहाँ भी ऑयल शीशी में रखी हुई है, उसे अग्नि द्वारा उबलते पानी मे डाल देने से जो भाप निकलती है, उसमें ऑयल के सूक्ष्म कण का प्रभाव-विस्तार होता है और गुण भी बढ़ जाता है।

अग्निहोत्र में जो पदार्थ डाले जाते हैं, उनका वर्गीकरण किया जा सकता है। कुछेक उदाहरण लेते हैं: (1) सुगंधित द्रव्य—कस्तूरी, केसर, चंदन, जटमांसी, इलायची, तुलसी, जायफल, जावित्री, कपूर, गुग्गल, नागरमोथा, बालछड़, लवंग, दालचीनी। (2) उत्तम पदार्थ—शुद्ध घी, दूध, फल, कंद, चावल, जौ, गेहूँ। (3) मधुर पदार्थ—खाँड़, शहद, किसमिस, छुहारा। (4) रोगनाशक औषधियाँ—गिलोय, तुलसी। (5) समिधा—

आम, बबूल, बरगद, गूलर, नीम, अशोक, पीपल, पलाश, चंदन, देवदार। इन पदार्थों पर विचार करने से स्पष्ट हो जाएगा कि वे सूक्ष्म रूप धारण कर किस तरह वैयक्तिक और सामाजिक वायुमंडल को शुद्ध व स्वस्थ बना सकते हैं।

सृष्टि में जितनी भी वस्तुएँ (पदार्थ) हैं, सभी प्राकृतिक रूप में अपने गुण-धर्मों के अनुसार उपस्थित हैं। मानव उनका उपयोग उन्हें अपने अनुकूल बनाकर ही करता है। सिर्फ हवा-पानी आदि कुछ प्राकृतिक वस्तुएँ हैं, जिनको प्राकृतिक रूप में ही ग्रहण किया जाता है। लेकिन हमने इन्हें भी दूषित कर दिया। परिणामस्वरूप हमें इन्हें भी शुद्ध करना पड़ता है, अर्थात् संस्कारित करना पड़ता है। इस उद्देश्य की प्राप्ति में यज्ञ अर्थात् कर्मकांड की महत्त्वपूर्ण भूमिका है, साथ ही ये आमजन को संदेश भी देते हैं।

इस महत्त्वपूर्ण प्रश्न के अंत में यह अवश्य कहूँगा, स्मरण रहे—शास्त्र और रूढ़ि में, रूढ़ि परंपराओं में अधिक प्रभावी हो जाती हैं। अतः संस्कार होने चाहिए, पर संस्कार के नाम पर रूढ़ियाँ समाज पर हावी नहीं होनी चाहिए। इसमें समकालीन समाज के वरिष्ठ जनों का सक्रिय मार्गदर्शन आवश्यक है। कोई अन्य प्रश्न?"

"प्रधानाचार्य! पश्चिमी समाज सिविलाइज्ड सोसाइटी की बात करता है और हम संस्कारी समाज की। क्या भेद है इनमें?"

"जितने अधिक प्रश्न होंगे, उतनी अधिक स्पष्टता होगी। इसे विचारों की स्वतंत्रता कहते हैं। यह सनातन संस्कृति का मूल गुण है। यही हमें अन्य से भिन्न भी बनाता है। इनमें संस्कारों की महत्त्वपूर्ण भूमिका है। हमारे संस्कारों से संस्कृति का निर्माण होता है, जिससे सभ्यता बनती है, जबकि पश्चिम कल्चर और सिविलाइजेशन की बात करता है। सिविलाइज्ड सोसाइटी में कानून द्वारा व्यवस्था थोपी जाती है, जबकि संस्कारों द्वारा सहर्ष स्वीकार की जाती है। संस्कारी समाज आत्म-नियंत्रित होता है, जबकि सिविलाइज्ड सोसाइटी में बाह्य-नियंत्रण होता है। एक प्रेम की व्यवस्था है, दूसरी डर की। एक स्वतःस्फूर्त तो दूसरी बाध्यकारी। सनातन व्यवस्था में अनेक संस्कार हैं, जिन्हें आधुनिक युग कानून के डर से मनवाता है। उदाहरणार्थ, ऋग्वेद (2.17.7) में स्पष्ट है कि अविवाहित स्त्री/पुत्री का संरक्षण उसके पिता का दायित्व है। अतः जब सनातनी पिता यह कार्य करता है तो उसमें भाव प्रधान होते हैं। कह सकते हैं कि पश्चिम केवल भौतिक और शारीरिक पक्ष पर ही ध्यान केंद्रित रखता है, जबकि सनातन शरीर के साथ-साथ मन-मस्तिष्क-विचार पर भी ध्यान करता है, अर्थात् संस्कारों का लौकिक के साथ ही अलौकिक पक्ष भी है। आध्यात्मिकता हिंदुत्व की प्रमुख विशेषता है। संस्कारों के माध्यम से भी अध्यात्म साधना होती है। इस तरह से संपूर्ण जीवन संस्कारमय हो जाता है।

संस्कारी समाज की विशेषता को चिंतन की दृष्टि से भी देखा जाना चाहिए। संस्कार पोषित सनातन समाज का चिंतन उस उच्च स्तर पर पहुँच जाता है, जहाँ श्रीकृष्ण

कहते हैं—'*नियतं कुरु कर्म त्वं कर्म ज्यायो ह्यकर्मण:* (गीता 3.8), अर्थात् तू शास्त्र विधि से नियत किए हुए कर्तव्य कर्म कर।' तो अगले श्लोक में ही कहते हैं—'*यज्ञार्थात् कर्मणोऽन्यत्र लोकोऽयं कर्म बन्धन:* (गीता 3.9), अर्थात् यज्ञ के लिए ही कर्म होना चाहिए, अन्यत्र मनुष्य कर्मों से बँधता है।' यहाँ इसे इस तरह भी कहकर समझ सकते हैं कि जितने भी कर्म हैं, उनका अनुष्ठान यज्ञ रूप में ही होना चाहिए। अत: सनातन संस्कृति में नहाना, खाना, सोना और अंत्येष्टि आदि भी यज्ञ रूप हैं। सामान्य रूप में भी देखें तो जब इस तरह के सभी महत्त्वपूर्ण कर्म (मानव के) सात्त्विक और सकारात्मक रूप में, अर्थात् संस्कार के साथ होंगे तो मानव समाज स्वत: ही श्रेष्ठ व उत्तम अवस्था में होगा। इस विषय को मैं यहीं विराम देता हूँ और संस्कारों पर लौटते हुए सनातन संस्कृति की महत्ता को रेखांकित करते हुए एक महत्त्वपूर्ण उदाहरण देता हूँ। कर्म सिद्धांत को संस्कारित करने का विचार यहाँ तक विश्लेषित है कि गर्भाधान भी जीवन का एक कार्य माना गया है। अत: इसे भी यज्ञ रूप में ही होना चाहिए, यह शास्त्रों में कहा गया है।"

"तो क्या एक जीव के संस्कारित होने का कार्य उसके गर्भ में आने से ही प्रारंभ हो जाता है?" यह प्रश्न आश्रम में निवास करनेवाले एक गृहस्थ से आया था।

"सनातन जीवन-दर्शन में संपूर्ण सृष्टि को यज्ञमय माना गया है, अर्थात् संपूर्ण सृष्टि यज्ञ का परिणाम है। यहाँ यज्ञ और संस्कार एक-दूसरे से गुँथे हुए हैं। सृष्टि रूपी यज्ञ का प्रारंभ गर्भाधान संस्कार से होता है, जहाँ गर्भाधान भी एक यज्ञ है, जिसमें पुरुष शुक्राणु (वीर्य) रूपी हवि का आधान (हवन) नारी योनि (कुंड) में करता है। फलस्वरूप सृष्टि का बीज अंकुरित होकर शिशु रूप में उत्पन्न होता है। छांदोग्य उपनिषद् (5.7-8) अर्थपूर्ण व्याख्या करते हुए कहते हैं—'हे गौतम! पुरुष अग्नि है, उसी अग्नि में देवता अन्न का होम करते हैं, उस आहुति से वीर्य होता है। हे गौतम! स्त्री अग्नि है, उसी अग्नि में देवता लोग वीर्य का होम करते हैं। उस आहुति से गर्भ होता है।'

इस प्रकार से गर्भाधान सृष्टि-यज्ञ का प्रथम संस्कार है। इसी क्रम में आगे अंत्येष्टि संस्कार को अंतिम यज्ञ माना गया है, जिसमें शव को श्मशान में चिता रूपी यज्ञकुंड में आहुति के रूप में हवन (दहन) करके उसे पंच तत्त्वों को समर्पित किया जाता है। इस तरह से सनातन जीवन भी एक यज्ञ है प्रथम संस्कार से अंतिम संस्कार के बीच।"

"अर्थपूर्ण मुनिवर! हे ऋषि श्रेष्ठ! हे गुरुदेव! कृपया सनातन के सभी महत्त्वपूर्ण संस्कारों को विस्तार से बताकर हम सभी का ज्ञानवर्धन करें।" उत्सुक अजकुमार ने कहा था।

"वत्स! तुम्हारी जिज्ञासा संस्कारों को लेकर है। अत: ध्यान से सुनो और कोई शंका हो तो निस्संकोच प्रश्न करो। गर्भाधान से अंत्येष्टि तक कुल सोलह प्रमुख संस्कार हैं। इन सोलह में तीन (गर्भाधान, पुंसवन और सीमंत) संस्कार जन्म से पूर्व किए जाते

हैं। इनसे जीव में पिता के वीर्य संबंधी तथा माता के रज संबंधी जो दोष हैं, उनकी निवृत्ति होती है। रज और वीर्य के मिलने से ही जीव की उत्पत्ति होती है। ऐसे में इन दोनों के दोषों का भी जीव में आना स्वाभाविक है। सनातन जीवन संस्कृति इससे बचने की भी व्यवस्था करती है। मनु (2.29) कहते हैं—'गर्भाधान आदि संस्कार के समय जो होम होते हैं, उनके द्वारा माता-पिता से आए रज और वीर्य के दोष दूर होते हैं।'

जीव माता के गर्भ में नौ मास रहता है, वहाँ माता के खाए हुए पवित्र के साथ अपवित्र पदार्थों, मल-मूत्र व रक्त का संचयन होता है। अत: इस दोष की निवृत्ति के लिए जीव के जन्म के बाद जातकर्म से लेकर चूड़ाकर्म (मुंडन) संस्कार होते हैं। इसके बाद ही गोदान, यज्ञोपवीत, विवाह आदि संस्कार होते हैं, जो व्यक्ति को सुसज्जित और भूषित करते हैं। इस प्रकार जन्म से लेकर मृत्युपर्यंत सनातन संस्कारों की पूरी व्यवस्था है, जो आज विज्ञान भी स्वीकार करेगा।

इस विषय को थोड़ा और विस्तार देते हैं। मनुष्य के जीवन के तीन मुख्य आधार हैं—चेतना शक्ति (आत्मा), मन और शरीर। चेतना (आत्मा) परमात्मा का ही अंश है। यह उससे भिन्न नहीं, लेकिन मन, बुद्धि, चित्त, अहंकार आदि के कारण भिन्न प्रतीत होने लगता है। इसी कारण इसे जीव या जीवात्मा कहते हैं। यह वनस्पति से लेकर मानव तक सभी के जीवन का आधार है। मनुष्य में इस चेतना का सर्वाधिक विकास हुआ। अत: वह श्रेष्ठ कहलाया।

मन मूलत: चेतनाशक्ति की ही एक विशेष रचना है। यह चेतनाशक्ति द्वारा सक्रिय होकर सभी कर्मों का कारण बनता है। मनुष्य अपने अच्छे-बुरे कर्म 'मन' से ही करता है। बार-बार कर्म करने से वही उसकी आदत बन जाती है। यही उसका स्वभाव बनकर बीजरूप में उसके मन में गहरे स्तर पर जमा होता रहता है। मृत्यु के पश्चात् भी मन के साथ यह सूक्ष्म शरीर में बना रहता है और फिर अगले जन्म में नया शरीर धारण करने पर पिछले जन्मों के अनुसार ही कर्म करने की प्रेरणा बन जाता है। यही संस्कार है। यहीं इसकी भूमिका भी आती है। यही संस्कार प्रत्येक जन्म में संगृहीत होते चले जाते हैं, जिससे अच्छे-बुरे कर्मों का विशाल भंडार बनता जाता है। इसे संचित कर्म कहते हैं। इन अच्छे-बुरे संस्कार के कारण ही मनुष्य अपने जीवन में अच्छे-बुरे कर्म करता है। इस तरह से इन संस्कारों की एक अंतहीन श्रृंखला बनती चली जाती है, जिससे मनुष्य के व्यक्तित्व का निर्माण होता है। हमारे स्थूल शरीर के भीतर एक सूक्ष्म शरीर है। संस्कार इसी सूक्ष्म शरीर में रहते हैं। आत्मा अभौतिक है। पूर्व जन्मों के संस्कार प्रारब्ध कहलाते हैं और वर्तमान जीवन में किए जानेवाले कर्मों को पुरुषार्थ कहते हैं। पुरुषार्थ सदा प्रारब्ध से प्रबल होता है। अत: पूर्व जन्मों के अशुभ संस्कारों को परिवर्तित किया जा सकता है।

शरीर मनुष्य के जीवन का प्रमुख आधार है, जिसके द्वारा सभी कर्म संपन्न होते हैं।

मनुष्य के सभी कर्मों का कारण मन है, किंतु उसकी क्रिया शरीर के माध्यम से ही होती है। धर्म की साधना में भी शरीर माध्यम है। साधन के अभाव में साध्य की उपलब्धि संभव नहीं। अत: शरीर और मन के परिष्कार से ही चेतना (आत्मा) का विकास किया जा सकता है। यही सनातन जीवन-दर्शन में संस्कार है। यह वैदिक ऋषियों के गहन चिंतन का परिणाम है। इन विचारों को परंपरा में लाने के लिए शास्त्र कहते हैं—जब तक गर्भ संबंधी दोषों को दूर नहीं किया जाता, मानव शुद्ध नहीं होता और जब तक शुद्ध नहीं होता, तब तक हव्य-कव्य देने (देवताओं और पितरों को दी जानेवाली आहुति) का अधिकारी नहीं होता।—'*न ह वा अव्रतस्य देवा हविरश्नन्ति* (ऐ.ब्रा. 7.11)—जो व्रत का पालन नहीं करते, देवता उनकी हवि ग्रहण नहीं करते।'

मनुस्मृति के अनुसार शरीर और आत्मा की उन्नति के लिए गर्भाधान से लेकर मृत्युपर्यंत सभी संस्कार वेदसम्मत हैं (मनु 2.15)। गर्भाधान (मनु. 2.28), पुंसवन और जातकर्म (मनु. 2.31), नामधेय (मनु. 2.32), निष्क्रमण और अन्नप्राशन (मनु. 2.36), चूड़ाकर्म (मनु. 2.37), उपनयन (मनु. 2.38), केशांत (मनु. 2.68), समावर्तन और विवाह (मनु. 3.4), श्राद्ध (मनु. 3.256) का वर्णन मनुस्मृति में हुआ है।

याज्ञवल्क्य स्मृति में मनुस्मृति में वर्णित संस्कारों को ही गिनाया गया है। गौतम स्मृति में 40 संस्कार तथा अंगिरा स्मृति में 25 संस्कार माने गए हैं। कई महर्षियों के मतानुसार संस्कार 36 हैं और आत्मगुण के आठ संस्कार मिलाकर कुल 44 संस्कार हुए, किंतु महर्षि व्यास प्रणीत 16 संस्कार ही सर्वमान्य हैं। सोलह संस्कारों में आठ संस्कारों के नाम हैं—(1) गर्भाधान, (2) पुंसवन, (3) सीमंत-सीमंतोन्नयन, (4) जातकर्म, (5) नामकरण, (6) निष्क्रमण, (7) अन्नप्राशन, (8) वपनक्रिया (चूड़ाकर्म)। आरंभ के तीन अंतर्गर्भ हैं और अंत के पाँच बहिर्गर्भ संस्कार कहलाते हैं। इसी संदर्भ में आगे के आठ संस्कारों के नाम हैं—(1) कर्णवेध, (2) उपनयन (व्रतादेश), (3) वेदारंभ, (4) केशांत, (5) समावर्तन, (6) विवाह, (7) अग्निपरिग्रह, (8) त्रेताग्निसंग्रह। इस तरह दोनों मिलकर सोलह संस्कार हुए। इन सोलह (षोडश) संस्कारों का वर्णन व्यास स्मृति (1.13-15) में है। इन संस्कारों में समय-कालानुसार, स्थानानुसार व आवश्यकतानुसार परिवर्तन होते रहे हैं।

दयानंद सरस्वती के मतानुसार भी *'गर्भाद्या मृत्युपर्यन्ता:'* सोलह संस्कार ही होते हैं। लेकिन इस सूची में कुछेक परिवर्तन हैं। इनके नाम हैं—गर्भाधानम्, पुंसवनम्, सीमंतोन्नयनम्, जातकर्म, नामकरण, निष्क्रमण, चूड़ाकर्म, अन्नप्राशन, कर्णवेध, उपनयन, वेदारंभ, समावर्तन, विवाह, वानप्रस्थाश्रम, संन्यासाश्रम, अंत्येष्टि। गृहस्थाश्रम व शाला संस्कार विवाह संस्कार के ही भाग हैं, भिन्न नहीं।

संस्कार की सामाजिक उपयोगिता है तो उसमें वैज्ञानिकता भी है। संस्कार कर्म

का बीज है। प्रारंभिक संस्कार प्रवृत्ति मार्ग में पूर्ण उन्नति प्रदान करते हैं तो शेष संस्कार मनुष्य के लिए मुक्ति का द्वार खोलते हैं। संस्कारों में प्रथम तीन संस्कार बालक के जन्म से पूर्व ही किए जाते हैं, जिनका पूर्ण दायित्व माता-पिता पर है। अत: वह संतान भाग्यवान है, जिसके माता-पिता धार्मिक और विद्वान् हों।

चरक संहिता के 'शारीरस्थानम्' के अध्याय 8 (जातिसूत्रीयशारीराध्याय) में संस्कार से संबंधित निर्देश हैं। इसमें शिशु के जन्म के लिए बीज बोने से लेकर प्रसव के बाद तक के विषयों का निरूपण किया गया। विशेष रूप से गर्भाधान से पहले स्त्री-पुरुष का कर्तव्य, ऋतुकाल में नारी का कर्तव्य, गर्भाधान विधि, उत्तम संतान प्राप्ति के उपाय, पुंसवन संस्कार की अवधि और विधि, प्रसव के पूर्व का कर्म, प्रसव व्यवस्था, नामकरण संस्कार आदि का विस्तृत वर्णन है। एक उदाहरण देता हूँ—छोटी उम्र में बालक को डराना नहीं चाहिए। ऐसा करने पर भय के संस्कार पड़ जाते हैं और उसका समुचित शारीरिक और मानसिक विकास नहीं हो पाता (च.शा. 8.64)। चरक संहिता के अनुसार बाल्यकाल देह, मन और बुद्धि के विकास का है और इस काल में बालक पूर्ण रूप से अपने शुभचिंतकों के संरक्षण में रहता है। अत: उसे ऐसे संस्कार दिए जाएँ, जिससे उसके भावी जीवन की नींव सुदृढ़ हो जाए।"

"गुरुदेव! ऐसा सुनने-पढ़ने में आता है कि शूद्रों का संस्कार नहीं होता।"

"वत्स! यह पूर्णत: असत्य है। यह वेदसम्मत भी नहीं है। जो वेदानुकूल नहीं है, वह सनातन परंपरा में कैसे हो सकता है। अत: जो यह कहते हैं या करते हैं या जिनके भाव इस तरह के हैं, वे लोभी, स्वार्थी हैं। वे सनातनी और आर्य नहीं हो सकते। उन्हें अज्ञानी कहना उचित होगा। इस भ्रम की स्थिति उत्पन्न होने के कारणों में प्रमुख है, कुछ लोग शास्त्रों को समझ नहीं पाए और कुछ ने समझते हुए भी जानबूझकर यह विचार थोपा। यह दूसरी प्रजाति के लोग दुष्ट हैं, असुर हैं। उन्होंने सनातन संस्कृति को अधिक हानि पहुँचाई। मैं एक-दो उदाहरण वेदों से देता हूँ। ऋषि देवगण ऋग्वेद (10.53.4) में कहते हैं—'हे अन्नभक्षक यजनीय देव! हे पंचजनो! आप सभी हमारे यज्ञ को स्वीकार करें।' यही भाव अगले मंत्र (ऋ. 10.53.5) में भी है—'*पञ्च जना मम होत्रं जुषन्तां गोजाता उत ये यज्ञियास:।* अर्थात् जो पृथ्वी में उत्पादित अथवा हव्यादि के लिए उत्पन्न और यजन योग्य है, वे सभी पाँचों जन (पाँचों वर्ण) हमारे यज्ञ को ग्रहण करें।' यजुर्वेद (26.2) में तो ऋषि लौगाक्षि स्पष्ट कहते हैं—'जिस प्रकार कल्याण करनेवाली इस दिव्य वेदवाणी का हमने (मंत्र-द्रष्टा ऋषि) ब्राह्मण, क्षत्रिय, वैश्य, शूद्र एवं संपूर्ण लोगों के लिए उपदेश किया है, उसी प्रकार हे मनुष्यो! आप लोग भी उपदेश करें, जिससे इस संसार में यज्ञ हेतु देवताओं को दक्षिणा देनेवाले लोग हमसे प्रेम करें। हमारा यह अभीष्ट मनोरथ पूर्ण हो और हमें यश की प्राप्ति हो।'

उपरोक्त उदाहरणों से स्पष्ट है कि वेद वर्णों में भेद नहीं करते। अब हम यह समझने का प्रयास करेंगे कि शूद्र होते कौन हैं? वेद आधारित होने के कारण मनु महाराज भी सिद्धांत: वर्णों को श्रेष्ठता के आधार के रूप में स्वीकार नहीं करते। मनुस्मृति में उन्हें ही शूद्र कहा है, जो शिक्षा ग्रहण करने में असमर्थ हैं। या जो विद्याग्रहण करने में असक्षम हैं या जिनका पढ़ने में मन नहीं लगता। जो स्वयं अशिक्षित है, अज्ञानी है, वह वेद-मंत्रों का अध्ययन उच्चारण कैसे कर सकता है? यह उसी तरह से हुआ कि विद्यालय में सभी छात्र उत्तीर्ण नहीं होते। और जो अनुत्तीर्ण रह जाते हैं, वे समाज में कोई अन्य कार्य कर रहे होते हैं। यही आधुनिक युग के शूद्र हुए। भिन्न-भिन्न कार्य करने के कारण ही कोई ब्राह्मण कहलाता है, कोई क्षत्रिय, कोई वैश्य और कोई शूद्र। कोई भी कार्य छोटा या बड़ा नहीं हो सकता, समाज में सभी कार्यों की अपनी महत्ता है। मनुस्मृति में सभी के मान-सम्मान के उचित निर्देश हैं। सभी का ध्यान रखा गया है। अत: अगर मनुस्मृति के किसी भी श्लोक में शूद्रों के अपमान का भाव है तो वह श्लोक प्रक्षिप्त है, जो किसी धूर्त व मूर्ख द्वारा रचा गया। धूर्त इसलिए कि वह अपने स्वार्थ के लिए यह कह रहा है। लेकिन मूर्ख इसलिए कि वह यह करके सनातन को नहीं, बल्कि स्वयं को हानि पहुँचा रहा है।

इस विषय को थोड़ा और विस्तार देता हूँ, क्योंकि इसको लेकर अनेक भ्रांतियाँ हैं। यह एक अकेला विषय है, जो सनातन समाज में विष घोल रहा है। अत: इसे दूर करने के लिए हमें वर्ण व्यवस्था को सही परिप्रेक्ष्य में रखकर समझने की आवश्यकता है। मानव समाज है तो इसकी कोई-न-कोई व्यवस्था बनानी होगी। सनातन समाज की व्यवस्था है—वर्ण व्यवस्था। यह मूलत: आदिकाल से कर्म-आधारित रही है। जो जिस कर्म के योग्य है, सक्षम है और जिस कार्य में रुचि है या फिर जो कार्य करने की इच्छा है, उसे वही कार्य करना चाहिए। ऐसा करने पर वह अपना श्रेष्ठ दे सकता है। इससे व्यक्ति, समाज और राष्ट्र का कल्याण होगा। अब यह तो कोई आवश्यक नहीं कि विद्वान् का पुत्र विद्वान् ही होगा या फिर बलशाली का पुत्र बलशाली ही हो। प्राकृतिक रूप से भी यह आवश्यक नहीं। ऐसे में जन्म-आधारित वर्ण व्यवस्था न तो प्राकृतिक है, न ही व्यावहारिक और न ही वैदिक ऋषियों ने इसे कभी स्वीकारा है।

जो कोई जन्म आधारित जाति व्यवस्था का समर्थन करता है, उससे प्रश्न किया जाना चाहिए कि क्या वह यह बता सकता कि कौन सी आत्मा जीव बनकर गर्भ में आएगी, कौन सुनिश्चित कर सकता है? और फिर यह आत्मा पूर्व जन्म में उसी जाति/वर्ण की हो, यह आवश्यक नहीं। आत्मा की न तो जाति या वर्ण होता है और न ही वह जातिप्रथा के अनुसार जन्म लेती है। फिर हम तो संस्कारों में आत्मा के शुद्धीकरण की बात भी करते हैं। अर्थात् उसके पूर्वजन्म के दोष, फिर चाहे वह जिस किसी जाति या वर्ण का रहा हो, दूर किए जाने का प्रयोजन ही संस्कार है।

सनातन समाज के कर्म-आधारित वर्ण व्यवस्था का एक पक्ष और भी है। किसी भी व्यवस्था का उद्देश्य क्या होता है ? समाज का विकास, उद्धार, कल्याण आदि। यह तभी संभव है, जब उस व्यवस्था में प्रत्येक व्यक्ति को अपने गुण-कर्मानुसार यथोचित स्थान मिल सके, ताकि वह अपना और अपने समाज का अधिक-से-अधिक अभ्युदय कर सके। वह अपनी योग्यतानुसार समाज के उत्थान में योगदान कर सके। कोई भी व्यवस्था अगर ऐसा करने में सहायक नहीं तो वह व्यर्थ है। ऐसी व्यवस्था अराजक होकर स्वयं ही नष्ट हो जाती है।

कोई भी व्यक्ति कोई भी कार्य कर रहा होगा, जिस किसी वर्ण का हो, उसके संस्कारित होने से उसके कार्य की गुणवत्ता में सुधार होगा; इस सुधार से, इस सकारात्मक परिणाम से उस कार्य की उपयोगिता का लाभ संपूर्ण समाज को मिलेगा। अगर समाज का कोई भी वर्ग/समूह संस्कारित नहीं है तो संबंधित समाज भी संस्कारित नहीं हो सकता। घर-परिवार के एक बच्चे को असभ्य रखकर क्या हम सभ्य परिवार की कल्पना कर सकते हैं ? नहीं। अत: वैदिक ऋषियों ने सनातन संस्कृति में सभी के संस्कारों का निर्देश दिया है। व्यावहारिक स्तर पर भी देखें तो सदियों से सभी वर्णों का संस्कार होता आया है। हमारे आश्रम में भी सब के सभी संस्कार किए जाते हैं। मैंने स्वयं तुम्हारा विवाह संस्कार किया है वत्स! ···अब हम मूल विषय पर लौटते हैं।"

"हे परमेश्वर!"

"जी, परमेश्वरी!"

"हे त्रिलोकी! ये कौन मूर्ख मानव हैं, जो अपनों के बीच ही इस तरह का भेद करते हैं, जबकि ये सभी हमारे ही अंश हैं।"

"हे महोदरी! ये मूर्ख नहीं देवी, दुष्ट हैं। श्रेष्ठता के भाव से ग्रसित। ये शोषण/शासन करने के लिए मायाजाल बुनते हैं। अन्य मजहब, पंथ-संप्रदाय का तो और भी बुरा हाल है, इतनी घृणित सोच है। केवल सनातन जीवन-दर्शन ही *'अहं ब्रह्मास्मि'* (बृ.उ. 1.4.10) के साथ *'तत् त्वम असि'* (छां.उ. 6.8.7) की भी बात करता है, अर्थात् मैं ब्रह्म हूँ और तुम भी वही ब्रह्म हो। यही संस्कृति है, जो (ऋ. 9.63.5) *'विश्वमार्यम्'*, विश्व को आर्य (श्रेष्ठ-सभ्य) बनाने का स्तुतिगान करती है। आर्य होना अर्थात् संस्कारी होना, जिसके श्रेष्ठ उदाहरण श्रीराम हैं (वा.रा. 1.1.16)। महर्षि वाल्मीकि तो श्रीराम को धर्म की प्रतिमूर्ति कहते हैं (वा.रा. 3.37.13)।"

"उन्हीं श्रीराम की कथा का वर्णन प्रारंभ हो रहा है, त्रिलोकेश, चलिए, पुनः लौटते हैं पृथ्वीलोक···"

"...संस्कारों के प्रभाव का प्रामाणिक उदाहरण श्रीराम की जीवन-कथा है। अत: संस्कारों को समझने के लिए रामकथा श्रेष्ठ है।" आचार्य ने अपनी बात पूरी की और आगे बढ़ने से पूर्व अल्प विराम लिया।

"गुरुदेव! आपने संस्कारों की विस्तृत व्याख्या की। शास्त्रानुसार संस्कारों की व्यावहारिक उपयोगिता को भी स्थापित किया। प्रश्न उठता है कि संस्कारों के लिए उपयुक्त उदाहरण श्रीराम ही क्यों? मैं चाहती हूँ, इस पर भी आप हमारा ज्ञानवर्धन करें।" अपराजिता ने प्रश्न किया। वह गुरुमाता के साथ ही मंदिर प्रांगण में आ बैठी थी।

"श्रीराम का जीवन स्वयं एक शास्त्र है। श्रीराम अवतार-पुरुष के साथ-साथ संस्कार-पुरुष हैं। बिना संस्कार के संस्कृति संभव नहीं और संस्कृति के बिना समाज संभव नहीं। और श्रीराम संस्कार के लिए आदर्श चरित्र हैं। श्रीराम तो एक ही हुए, लेकिन हर युग में वे संदर्भित बने रहे। अंततोगत्वा, सनातन समाज के परिवारों में बच्चों के जन्म, विद्यालय में प्रवेश, विवाह संस्कार कथा और अंत्येष्टि संस्कार में श्रीराम का स्मरण क्यों किया जाता रहा है? क्योंकि श्रीराम पुरुषोत्तम हैं। उनका जीवन-चरित्र संस्कार कथा का उत्तम उदाहरण है। जब तक इसका अनुसरण किया जाता रहा, तब तक हिंदू समाज श्रेष्ठ बना रहा और इन संस्कारों से दूर होते ही पतन होना प्रारंभ हुआ।

रामकथा मात्र कथा नहीं, बल्कि इस कथा में श्रीराम की जीवन-कथा के अतिरिक्त भी बहुत-कुछ है। यह सत्य है कि श्रीराम व माता सीता के त्यागमयी चरित्र ही ऐसे हैं कि किसी और पक्ष पर ध्यान ही नहीं जाता। किंतु इस महान् कथा में समाज शास्त्र, भूगोल, इतिहास, खगोल शास्त्र, न्याय व नीति शास्त्र, अर्थशास्त्र, रसायन शास्त्र, आयुर्वेद, वनस्पति शास्त्र, युद्धनीति, शास्त्र विद्या, वेद व उपनिषद् का चिंतन, अध्यात्म व दर्शनशास्त्र के साथ ही संस्कार शास्त्र भी है। अर्थात् इसके माध्यम से समाज को सभ्य बनाने में संस्कृति व संस्कारों की भूमिका स्थापित होती है। ये सब इतनी सरलता से पाठक तक पहुँच जाते हैं कि पता ही नहीं चलता। अन्यथा विद्यालय में पढ़ाने पर इन्हें याद करने में अनेक छात्र अनुत्तीर्ण हो सकते हैं। लेकिन रामकथा तो सरलता से हर आयु, अवस्था और स्तर का व्यक्ति सुनकर-पढ़कर प्रत्यक्ष-अप्रत्यक्ष रूप से समझ सकता है।

रामकथा में संस्कारों की महत्ता को स्थापित करनेवाले अनेक घटनाक्रम हैं। यहाँ तक कि मारीच भी रावण से संस्कारों की बात करता है—'पराई स्त्री के संसर्ग से बढ़कर दूसरा कोई महान् पाप नहीं है (वा.रा. 3.38.30)।' अपनी सेना को लंका पर आक्रमण करने का आदेश देने से पहले श्रीराम ने युद्ध रोकने के हरसंभव प्रयास किए। यही राजधर्म है। यही एक धर्मनिष्ठ राजा के संस्कार हैं। इसी के तहत अंगद को संदेश

लेकर रावण तक भेजा गया था (वा.रा. 6.41.60-91)। भरद्वाज ऋषि ने वसिष्ठ मुनि और राजकुमार भरत से अयोध्या, सेना, खजाना, मित्रवर्ग तथा मंत्रिमंडल का हाल पूछा और ऋषि वसिष्ठ ने भरद्वाज ऋषि से उनके शरीर, अग्निहोत्र, शिष्यवर्ग, पेड़-पत्ते और मृग-पक्षी आदि का कुशल समाचार पूछा (वा.रा. 2.90.7-8)। इस संस्कार में आदर, संवेदना और परिपक्वता के साथ ही अनुभव और सतर्कता है।

विश्व कभी भी पूर्णतः दोषरहित नहीं हो सकता। हर समय, हर युग में समाज में गुण-दोष, अच्छाई-बुराई विकसित हो सकती है। श्रीराम के समय भी सामाजिक भेदभाव और बाहुबलियों द्वारा कमजोर वर्ग पर अत्याचार हो रहा था। रावण, खर-दूषण, त्रिशिरा का वध इसीलिए किया गया। विभीषण को लंका का राजा बनाना, सुग्रीव को मित्र बनाना, गुह निषाद को गले लगाना और शबरी के आश्रम जाना एक युगपुरुष के संस्कार हैं।

रामकथा मानव जीवन को सभ्य और संस्कारित बनानेवाले नैतिक मूल्यों का अक्षय भंडार है। ये मूल्य मनुष्य के अभ्युदय के लिए व्यावहारिक रूप से उपयोगी और अति महत्त्वपूर्ण हैं। राम की कथा में नैतिक मूल्य जीवन में आचरति होकर अवतरित होते हैं। रामकथा के माध्यम से मनुष्य श्रेष्ठ लौकिक जीवन जीना सीखता है। महर्षि वाल्मीकि ने श्रीराम के जीवनचरित को अपने महाकाव्य रामायण की विषय-वस्तु बनाया और समाज को एक मार्ग दिखाया। महर्षि वाल्मीकि ने जहाँ श्रीराम के धर्म रूप को समाज में स्थापित किया, वहीं तुलसी ने उन्हें भगवान् बनाकर जन-जन का आराध्य बनाया। वर्तमान युग में हमारा भौतिक विकास तो हुआ है, लेकिन उतना ही नैतिक पतन भी हुआ है। परिणामस्वरूप परिवार और समाज में अशांति है। मानवीय संबंधों की गरिमा नष्टप्राय है तो जीवन नीरस हो चुका है। आज हमें इस कथा को स्वयं जीकर कलियुग में इसकी उपयोगिता को व्यावहारिक रूप में स्थापित करना है। क्यों वत्स अजकुमार? क्यों बेटी अपराजिता?"

गुरुदेव ने मुझसे और अपराजिता से विशेष रूप से पूछा है। क्या वे मेरे मन-मस्तिष्क को पढ़ लेते हैं? अजकुमार मन-ही-मन सोच ही रहा था कि गुरुदेव मुसकराए और आगे बोलने लगे।

"रामकथा में नैतिक मूल्यों के प्रति आंतरिक आग्रह है, इसलिए यह कथा हर युग में संदर्भित होकर युगानुकूल समाज में स्थापित होती रही। सनातन समाज में नैतिक मूल्यों का महत्त्वपूर्ण स्थान है। यह जीवन में संघर्ष को घटाता है और सहयोग को बढ़ाता है, जिनके माध्यम से मानव समरस और शांत जीवन जीने में समर्थ हो पाता है। सनातन समाज में ये सभी नैतिक मूल्य व्यक्ति के व्यक्तित्व में संस्कारों द्वारा स्थापित किए जाते हैं, वह भी सहज रूप में। वेद समस्त नैतिक मूल्यों का आधार है। जो मूल्य वेदसम्मत नहीं, वे अनैतिक हैं।

नैतिकता अर्थात् नीति व्यवहार की वह रीति है, जिससे मानव का कल्याण होता है। यह लोककल्याण के लिए उचित आचार-व्यवहार भी है। नीति मानव (समाज) को सही दिशा की ओर ले जाती है। तुलसीदास कहते हैं (रा.मा. 1.45)—'*संत कहहिं असि नीति प्रभुश्रुति पुरान मुनि गाव। होई न बिमल बिबेक उर गुर सन किए दुराव।* अर्थात् संत लोग ऐसी नीति कहते हैं और वेद, पुराण तथा मुनिजन भी यही बतलाते हैं कि गुरु के साथ छिपाव करने से हृदय में निर्मल ज्ञान नहीं होता।'

ठीक इसी तरह राजनीति (सही अर्थों में) राजा को भी उचित मार्ग व न्यायसंगत बनाती है। नीति मानव का व्यवहार नियमित और परिष्कृत करती है। नीति मानव जीवन के हर पहलू को स्पर्श करती है। नीति के केंद्र में न्याय है। जहाँ अन्याय है, वहाँ अनीति है। जो मनुष्य बनाते हैं, ऐसे सिद्धांतों, धारणाओं को जीवन-मूल्य कहते हैं। मूल्यों के सहारे ही मनुष्य अपनी इच्छाओं को रूप देता है। मूल्य-बोध ही मानव को पशुत्व के स्तर से ऊँचा उठाता है। ऐसा मनुष्य न केवल व्यक्तिगत आदर्श जीवन की, बल्कि आदर्श सामाजिक व्यवस्था की भी कल्पना करता है। नैतिक मूल्यों द्वारा नियमित कार्य का परिणाम मंगलकारी होता है। ऋषि अगस्त्य मैत्रावरुणि कहते हैं (ऋ.1.189.1)—'*अग्ने नय सुपथा राये अस्मान्विश्वानि देव वयुनानि विद्वान्।* अर्थात् हे अग्निदेव! आप संपूर्ण मार्गों को जाननेवाले, हम याजकों को सन्मार्ग पर ले चलें।' ईशोपनिषद् (18) में भी यही मंत्र है—'हे अग्नि देवता! धन-वैभव की प्राप्ति के लिए हमें श्रेय के मार्ग से ले चलिए।'

कोई भी समाज नैतिक मूल्यों के बिना श्रेष्ठ जीवन जीने की कामना नहीं कर सकता। सनातन समाज में नैतिक मूल्य धर्म का पर्याय हैं। नैतिक मूल्य लोक को धारण करते हैं। धर्म ही मानव को पशु-जीवन से पृथक् करता है। ऋग्वेद (10.90.16) में धर्म धार्मिक अध्यादेश है। उपनिषदों में धर्म कर्तव्य है, धर्म का आचरण करो—'*धर्मं चर*' (तै.उ. 1.11)। जिस प्रकार मानव के शरीर के लिए शुद्ध भोजन, जल, वायु की आवश्यकता होती है, वैसे ही उसके सामाजिक जीवन के लिए नैतिक मूल्य आवश्यक हैं। धर्म-अधर्म, पाप-पुण्य, स्वर्ग-नरक, शुभ-अशुभ, उचित-अनुचित, सदाचार-दुराचार द्वारा नैतिक मूल्य परिभाषित होते हैं। धर्म ही जीवन का आधार है। धर्म शाश्वत है। धर्म पर चलकर नैतिक बनता है। बृहदारण्यक उपनिषद् (3.2.13) में वैदिक ऋषि कहते हैं—'*पुण्यौ वै पुण्येन कर्मणा भवति पाप: पापेनेति*—पुरुष पुण्य कर्म से पुण्यवान और पापकर्म से पापी होता है।' सरल शब्दों में नैतिक जीवन स्वर्ग और अनैतिक जीवन नरक समान है।

धर्मप्रिय भक्तो! सनातन नीतिशास्त्र जीवन के लिए शुभ और अशुभ की विवेचना करता है। शुभ ही श्रेय है और जो श्रेय है, वही शिव है। वही सुंदर भी है। इसे इस तरह से भी समझ सकते हैं कि कई चीज प्रियकर तो होती हैं, लेकिन शुभ नहीं होतीं। शुभ वही

कर्म हो सकता है, जो जीवन को श्रेष्ठ बनाए। अशुभ कर्म जीवन का पतन करते हैं। यही उचित-अनुचित के साथ भी है। अंतर केवल इतना है कि उचित-अनुचित में व्यवस्था पालन का भाव होता है और शुभ-अशुभ में स्वयं के उत्कर्ष का भाव होता है। यही विवेचना जब सामाजिक जीवन में आचरण के लिए होती है तो वह सदाचार-दुराचार बन जाती है। मनु महाराज कहते हैं (1.109)—'*आचारः परमो धर्मः।* अर्थात् श्रुति (वेद) ग्रंथों और स्मृति (शास्त्र) ग्रंथों में निरूपित आचार (आचरणीय कर्म-विधान) परम धर्म है।' इसके आगे कौन सा आचरण श्रेष्ठ है, उसे मनु महाराज (2.1) परिभाषित भी करते हैं—'विप्रो! राग-द्वेष से रहित निर्विकार भाव से जीवन व्यतीत करनेवाले, सभी प्राणियों में बंधुत्व की भावना रखनेवाले महात्माओं, सज्जन विद्वानों द्वारा जो व्यवहार किया जाता है, जिसे अपना हृदय भी ठीक समझता है, वही व्यवहार हमारा धर्म है।'

सनातन चिंतन में जीवन के सर्वांगीण विकास पर ध्यान दिया जाता है। यह केवल भौतिक जीवन की सुख-सुविधा मात्र के लिए नहीं है। इसके आधार-तत्त्व में मोक्ष है, कर्मवाद है, आत्मा के परमात्मा में मिलकर विराट् बनने में है। व्यक्ति केवल ग्रहण करने के लिए नहीं, उसे दान भी करना चाहिए। जो कुछ उसे मिला है, उसे ऋण मानें। यही संस्कार उसके नैतिक जीवन को उत्कर्ष प्रदान कर सकता है। कोई भी समाज नैतिक मूल्यों के बिना जीवित नहीं रह सकता, और ये उसे संस्कारों से प्राप्त होते हैं। सद्भावना और सामंजस्य युक्त सामाजिक जीवन के लिए इसकी अनिवार्यता स्वतःसिद्ध है। आधुनिक युग का तथाकथित आधुनिक समाज इस तथ्य को स्वीकार नहीं करता। अतः पतन हो रहा है और यही उसके कलियुग कहलाने का मूल कारण भी है।"

"गुरुदेव! ऐसे कौन से नैतिक मूल्य हैं, जिनके द्वारा कलियुग में हमारा कल्याण हो। इसकी प्रेरणा हमें कहाँ से मिल सकती है?" पीछे बैठे एक गृहस्थ ने पूछा था।

"नैतिक मूल्य काल-निरपेक्ष होते हैं अर्थात् नित्य कहे जाते हैं। यही सनातन संस्कारों के मूल में है। इनका परिपालन हर वर्ग, वर्ण और व्यक्ति को प्रत्येक काल और स्थान में करना अपेक्षित है। यही रामकथा के मूल में भी है। मानव समाज को इनकी हर युग में आवश्यकता पड़ती है। इसके द्वारा ही व्यक्ति, समाज और राष्ट्र का कल्याण संभव है। रामकथा के उदात्त पात्रों में सनातन के नैतिक मूल्यों और वैदिक संस्कारों का साक्षात् स्वरूप दिखाई देता है। अतः श्रीराम की कथा हर युग में संदर्भित है।

श्रीराम का चरित्र नैतिक मूल्यों का आचरण है। उनकी कथनी और करनी में अंतर नहीं। वे ऊँचे आदर्शों और नैतिक मूल्यों के साक्षात् स्वरूप हैं। वे विपरीत परिस्थितियों में भी अपना संतुलन नहीं खोते। नीतिमत्ता उनके जीवन-मूल्य हैं। श्रीराम सदा मूल्यों और मर्यादाओं के प्रति समर्पित रहे। उन्होंने व्यक्तिगत सुख के लिए जीवन नहीं जिया। परिवार, समाज, राष्ट्र के लिए उन्होंने अपना सर्वस्व न्योछावर कर दिया। विशेषकर

पारिवारिक संबंधों की सुरक्षा के लिए वे सदैव तत्पर रहे। इन सबके लिए वे सत्य, दान, तप, त्याग, मित्रता, पवित्रता, सरलता, दया, करुणा, सेवा भाव से जीवनपर्यंत ओतप्रोत रहे। यही नहीं, उनसे प्रेरित परिवार के अन्य सदस्यों ने भी उनकी इस प्रतिबद्धता से अपने आपको जोड़ा। भाई के रूप में भरत और लक्ष्मण दोनों आदर्श रूप में युगों-युगों से स्थापित हैं। एक ने भक्तिपूर्ण संपूर्ण समर्पण तथा आत्मोत्सर्ग किया तो दूसरे ने असंदिग्ध अनुगतता और अक्षरशः अनुसरण किया। पवित्रता से भरपूर सीताजी का चरित्र नारी जीवन का आदर्श बन गया। हनुमानजी निस्स्वार्थ अथक सेवा के प्रतीक बनकर युगों से समाज में सुशोभित हैं। इस तरह के अन्य अनेक चरित्रों के माध्यम से हिंदू समाज के नैतिक मूल्यों और संस्कारों को रामकथा में पिरोया गया, जिसके श्रवण मात्र से सुख की प्राप्ति और मानव का कल्याण होता है। संक्षिप्त में कहें तो समाज को राममय बनाने का अर्थ है—लोक को मंगलमय बनाना।

कृतज्ञता एक श्रेष्ठ नैतिक मूल्य है। सनातन संस्कारों में कृतज्ञ होने का भाव व्यक्ति को संवेदनशील बनाता है। महर्षि वाल्मीकि कृतज्ञता को सनातन धर्म का अंग मानते हैं (वा.रा. 5.1.113)। *'कृते च प्रतिकर्तव्यमेष धर्मः सनातनः।*—किसी ने उपकार किया है तो बदले में उसका भी उपकार किया जाए—यह सनातन धर्म है।' श्रीराम की कृतज्ञता-भावना जटायु के संदर्भ में यहाँ उल्लेखित की जा सकती है, जो स्पृहणीय है। श्रीराम जटायु के लिए रोते हैं, जिसने सीताजी को रावण के चंगुल से बचाने का प्रयास करते हुए अपने प्राणों का बलिदान कर दिया। कृतज्ञ श्रीराम जटायु को पितृतुल्य सम्मान देते हुए उसका दाह-संस्कार करते हैं। कृतज्ञता का उनका भाव हनुमान, सुग्रीव व विभीषण के प्रति भी देखा जा सकता है। श्रीराम की कृतज्ञता के साथ ही उदारता का मूल्य भी जुड़ा है। वे तो दुःख देनेवाली कैकेयी के प्रति भी उदार बने रहते हैं।

त्रेतायुग की रामकथा में समकालीन पारिवारिक और सामाजिक जीवन की दुरवस्था का वर्णन हुआ है, लेकिन साथ ही यह भी स्पष्ट होता है कि समाज वैदिक व्यवस्था की आदर्श स्थिति को प्राप्त करने के लिए लालायित और उत्कंठित है। यह भाव आज भी हो, यही कलियुग में इस कथा को कहने का उद्देश्य है। अन्यथा रावण राज्य की तरह ही कलियुग में भी सनातन समाज का पतन होगा। एक हजार साल की गुलामी ने भारत की सामाजिक व्यवस्था को तहस-नहस कर दिया। इससे बचने-बचाने के लिए तुलसीदासजी ने रामकथा को भक्तिरस का आदर्श बनाया।

रामचरितमानस के काल तक आते-आते समाज का पतन अत्यधिक हो गया था। अतः तुलसीदासजी ने नैतिक मूल्यों को स्थापित करने के लिए अपनी रामकथा में इस विषय पर विशेष प्रयास किए और उसके लिए श्रद्धा व भक्ति का मार्ग चुना, जिससे समाज में पुनः सभ्य संस्कार जीवन-मूल्य में स्वाभाविक रूप से आ जाए। उनकी

रामकथा में ब्रह्मराम नरराम बनकर लीला कर रहे हैं और इस तरह से जो कुछ भी श्रेष्ठ जीवन के लिए निर्धारित है, उसकी स्थापना रामचरितमानस के माध्यम से की गई। एक छोटा सा उदाहरण लें कि गुरु से पहले श्रीराम जाग जाते और नित्यकर्म समाप्त करके मुनि को मस्तक नवाते। '*प्रातकाल उठि कै रघुनाथा। मातु पिता गुरु नावहिं माथा* (रा.मा. 1.204.4)।' ऐसे अनेक प्रसंगों को तुलसीदासजी ने अर्थपूर्ण रूप से प्रस्तुत किया। रामायण के आज भी जनसामान्य को प्रभावित करने का कारण यह भी है कि इसमें एक-दूसरे का संबोधन आदरपूर्वक हुआ है। यह भी संस्कारों में आता है कि छोटा हो या बड़ा, एक-दूसरे को सम्मानपूर्वक कहना। आधी समस्या इसी से समाप्त हो जाती है।

नैतिक-अनैतिक की विवेचना पर एक उत्तम प्रसंग हैं। धर्म-अधर्म की व्याख्या का उदाहरण देते हुए हनुमानजी कहते हैं (वा.रा. 5.49.18)—'यदि रावण में अधर्म नहीं होता तो यह राक्षसराज संपूर्ण देवलोक का संरक्षक हो सकता था।' परम सत्य यही है, राम पुण्य और सदाचार के प्रतीक हैं और रावण पाप और दुष्टता का। रामकथा के अनेक पक्ष एवं प्रभाव हैं और हो सकते हैं। मैं इसके संस्कार पक्ष को प्रमुखता से ले रहा हूँ, क्योंकि आज इसकी अधिक आवश्यकता है। कालिदास के 'रघुवंशम्' में राजा रघु के महान् होने का एक कारण उनके जन्म के समय विभिन्न संस्कारों का किया जाना भी है (रघु. 3)।"

"आचार्य! वचन को निभाना भी एक संस्कार है। लेकिन गलत वचन देना भी नहीं चाहिए। क्या यह सत्य नहीं मुनिश्रेष्ठ?" एक जिज्ञासु छात्र का प्रश्न था और प्रथम दृष्ट्या यह उचित लग रहा था।

"वत्स! गलत-सही का निर्णय कौन करेगा! जब हम कोई वचन दे रहे होते हैं, उस परिस्थिति को ध्यान में रखना आवश्यक है। इतनी सतर्कता स्वीकार्य है। अन्यथा वचन दे दिया तो दे दिया। ऐसे तो फिर कोई भी अपने वचन को पूरा नहीं करेगा और उसे तोड़ने का कोई-न-कोई बहाना ढूँढ़ लेगा। सत्य तो यह है कि हर हाल में वचन निभाने का अपना आनंद है। ऐसा करते हुए दुःख और हानि होने पर भी आनंद ही होता है। पता है क्यों? क्योंकि हमें संतोष रहता है कि हमने अपना वचन निभाया। सत्य के मार्ग पर चलने का, धर्म का अनुसरण करने का जो आनंद है, वह अधर्म-पाप-झूठ-धोखा षड्यंत्र में कभी नहीं हो सकता। ऐसा करते हुए त्याग भी करना पड़े तो वह सर्वोपरि है और मानव इस त्याग के आगे नतमस्तक हो जाता है। श्रीराम और रामायण के आज भी संदर्भित बने रहने का यह भी एक प्रमुख कारण है।

आज की चर्चा को समाप्त करने से पूर्व यही कहूँगा, वर्तमान में व्यक्ति अशांत, परिवार अशांत, समाज अशांत, विश्व अशांत है। जबकि हम दिनभर शांति की कामना करते हैं। विडंबना ही है कि हम यह नहीं जानते कि शांति कैसे आएगी? यह आएगी

संस्कारों से। दुग्ध क्रांति, हरित क्रांति से लेकर सूचना क्रांति के बाद अब विश्व को चाहिए 'संस्कार क्रांति'। संस्कार से ही संस्कृति का निर्माण होता है। संस्कार के संदर्भ में श्रीराम आदर्श पुरुष हैं। वर्तमान समाज की सभी समस्याओं का समाधान श्रीराम की जीवन-कथा में ढूँढ़ा जा सकता है।"

"मुनिप्रवर! आज आपने संस्कारों पर सरल, संक्षिप्त, लेकिन सारगर्भित और व्यावहारिक व्याख्या की। अच्छा ही हुआ, जो मैं अपराजिता को आपका प्रवचन सुनने ले आई। वह आजकल जब भी मुझसे बात करती है तो कौसल्या, कैकेयी और सुमित्रा को समझने का प्रयास कर रही होती है। और जीवन के अन्य पक्षों पर भी मुझसे मार्गदर्शन लेती रहती है। मैं भी उसे रामकथा के उदाहरण सहित यथासंभव समयानुकूल बताती रहती हूँ। यह कार्य हर माँ को करना चाहिए। लेकिन पिछले कुछ दिनों से देख रही हूँ, श्रीराम और त्रेतायुग को लेकर उसकी जिज्ञासा बढ़ी है।"

"अजकुमार भी जब मुझसे आजकल बात करता है तो इन्हीं विषयों पर केंद्रित रहता है। मैं भी श्रीराम के चरित्र-चित्रण से उसकी सहायता करता हूँ। जब भी वह मनन-चिंतन करता है तो मैं मूकदर्शक नहीं होता। उसके साथ सक्रिय रूप से वार्त्तालाप करता हूँ। ऐसा प्रतीत होता है कि दोनों पति-पत्नी के बीच इन्हीं विषयों पर चर्चा हो रही है। उनका जीवन राममय हो गया है, तभी आज की चर्चा के बाद अजकुमार कहने लगा—'गुरुदेव! मुझे त्रेतायुग और रामकथा के संदर्भ में अधिक-से-अधिक जानना है।' उसकी इस उत्सुकता का एक कारण और भी है। पिछले दिनों मेरे कहने पर उसने एक पुस्तक पढ़ी थी 'मैं आर्यपुत्र हूँ', यह कथा हमारे पूर्वजों की है। यह सतयुग का प्रामाणिक इतिहास है। यह पुस्तक आर्यों के होने का प्रमाण है। इसी पुस्तक की चर्चा के समय मैंने उससे कहा था कि इसके आगे त्रेतायुग का इतिहास जानना है तो रामकथा को पढ़ना पर्याप्त होगा। रामकथा आर्य बनने की प्रामाणिक कथा भी है। तो कहने लगा—'इन्हीं विषयों पर मेरा ज्ञानवर्धन करें, गुरुदेव।' अतः प्रिये! अगली परिचर्चा के केंद्र त्रेतायुग और श्रीराम ही होंगे। देवी! अब तो तुम प्रसन्न होंगी।"

"क्यों नहीं, विद्वन्। रामकथा के श्रवण-स्मरण से बढ़कर कुछ और पुण्य का कार्य हो नहीं सकता।"

□

2

सारकांड

प्रथम सर्ग : त्रेतायुग

"हे गुरुदेव! मैं युगपुरुष श्रीराम के संदर्भ में अधिक-से-अधिक जानना चाहती हूँ। अत: मैं त्रेतायुग की कल्पना करके ही उत्साहित हो जाती हूँ। कैसा होगा वह युग! कैसे होंगे श्रीराम! और कैसे उनकी कथा जन-जन तक पहुँची होगी, यह सब सोच-सोचकर ही मैं रोमांचित हो जाती हूँ। हे ब्राह्मण देवता! मेरा ज्ञानवर्धन करें।"

"बेटी अपराजिता! मैं तुम्हारी जिज्ञासा को तुम्हारे मुख की आभा से पढ़ सकता हूँ। तुम राममय हो, अत: श्रीराम की तुम पर विशेष कृपा है। तुम्हारा कल्याण हो। तुम्हारी श्रीराम पर परमश्रद्धा अकारण नहीं। श्रीराम पूर्ण ब्रह्म परमात्मा हैं। यह विश्वास सनातन संस्कृति में युगों से चला आ रहा है। निर्गुण-निराकार परमात्मा ही सगुण-साकार रूप में प्रकट होते हैं। यह कहना इसलिए भी उचित है, क्योंकि प्रकृति में यह प्रक्रिया होती रहती है। उदाहरण के रूप में देखें तो आकाश में परमाणु रूप में स्थित जल ही बादल के रूप में आकर फिर जल और बर्फ के रूप में प्रकट होता है।

इसी तरह संपूर्ण प्रकृति भी सृष्टि के आदिकाल में सारे पदार्थ निराकार से साकार बनते हैं। उस निराकार ब्रह्म के सूक्ष्म शरीर से ही सारी स्थूल सृष्टि उत्पन्न होती है। श्रीराम अवतार पुरुष हैं। पृथ्वीलोक में उनकी सारी चेष्टाएँ धर्म, ज्ञान, नीति, शिक्षा, गुण, प्रभाव व तत्त्व से भरी हुई हैं। उनका व्यवहार देवता, ऋषि, मुनि, मनुष्य के साथ-साथ पशु-पक्षी के साथ भी प्रशंसनीय, अलौकिक और अतुलनीय, साथ ही दयापूर्ण, प्रेमयुक्त और त्यागमय रहा है। सबके साथ यथायोग्य। मित्रों के साथ मित्र का सा, माता-पिता के साथ पुत्र का, स्त्री के साथ पति का, भाइयों के साथ भाई का, सेवकों के साथ स्वामी का, ऋषि-मुनि के साथ शिष्यों का।

राम नाम की महिमा का स्तुतिगान करते हुए तुलसीदास (रा.मा. 1.18.1) कहते हैं—'*बंदऊँ नाम राम रघुबर को। हेतु कृसानु भानु हिमकर को। बिधि हरि हरमय बेद प्रान सो। अगुन अनूपम गुन निधान सो।* —अर्थात् मैं श्रीरघुनाथजी के नाम 'राम' की वंदना करता हूँ, जो कृशानु (अग्नि), भानु (सूर्य) और हिमकर (चंद्रमा) का हेतु अर्थात् 'र',

'आ' और 'म' रूप से बीज है। वह रामनाम ब्रह्मा, विष्णु और शिवरूप है। वह वेदों का प्राण है; निर्गुण, उपमा रहित और गुणों का भंडार है।'

यह सत्य है कि श्रीराम त्रेतायुग के युगपुरुष हैं। त्रेता की पहचान हैं श्रीराम। साथ ही यह भी दैवीय संयोग है कि त्रेता में ही परशुराम भी हुए। पुत्री! तुमने त्रेतायुग के बारे में जानकारी चाही है तो यह बताना यहाँ उचित ही होगा कि सतयुग का अंत और त्रेतायुग का प्रारंभ परशुराम के जन्म से हुआ। वह बैसाख शुक्ल का तृतीय दिन था। जिज्ञासावश कोई पूछ सकता है कि यह किस युग की बात हो रही है? कितने वर्ष पूर्व का कालखंड है? उत्तर के लिए कालगणना की जानकारी होना आवश्यक है। सनातन परंपरा में तीन प्रमुख कालगणना पद्धतियाँ हैं—युग गणना पद्धति, मन्वंतर कालगणना पद्धति और सप्तर्षि युग गणना पद्धति।

गीता (8.18) के अनुसार अव्यक्त से व्यक्त की सृष्टि को ब्रह्मा का दिन और व्यक्त से अव्यक्त में लीन हो जाने को रात्रि कहते हैं। गीता (8.17) के अनुसार, ब्रह्मा का एक दिन एक हजार चतुर्युग और एक रात्रि भी एक हजार चतुर्युग के बराबर है। यह चतुर्युग ही महायुग भी कहलाता है। 71 महायुग का एक मन्वंतर होता है। विष्णु पुराण (1.3.18) के अनुसार एक मन्वंतर एक मनु का काल अर्थात् आयु है। विष्णु पुराण (1.3.16) के अनुसार ब्रह्मा के एक दिन में चौदह मनु (मन्वंतर) होते हैं। यहाँ मन्वंतर एक संस्कृत शब्द है, संधि-विच्छेद करने पर सरल होगा समझना। मनु + अंतर अर्थात् एक मनु की आयु। इस तरह से प्रत्येक मन्वंतर विशेष मनु द्वारा रचित है। मनु की मृत्यु के पश्चात् ब्रह्मा एक नए मनु की सृष्टि करते हैं। यह 14 मन्वंतर एक कल्प भी कहलाते हैं। गीता के अनुसार ब्रह्मा का एक दिन अर्थात् एक कल्प एक हजार महायुग है और पुराणों के अनुसार ब्रह्मा का एक दिन 14 मन्वंतर है। अतः 1 मन्वंतर = 1,000 महायुग / 14=71.43 महायुग हुआ। यहाँ गणना में हम 1 मन्वंतर 71 महायुग लेते हैं। अतः यह शेष 0.43 महायुग दो मनु के बीच का संधिकाल है। गणना को दूसरी तरह से देखें, तब भी एक मन्वंतर में 71 महायुग हैं। अतः ब्रह्मा के एक दिन (कल्प) में 14 मन्वंतर होने के कारण 14×71 करने पर 1,000 महायुग में से 6 महायुग बच जाते हैं। जिनको 14 मन्वंतर के बीच संधिकाल में बाँटने पर 6/14 = .43 महायुग ही आता है। संधिकाल दो मनु के बीच का काल है, जो मन्वंतर के आरंभ और अंत में आता है। इस तरह से दोनों गणना से 0.43 महायुग का ही संधिकाल आता है। यह गणना को प्रामाणिक बनाता है। इस विषय पर गुरुकुल में संबंधित आचार्य विस्तार में चर्चा करते रहते हैं। जो भी छात्र इस विषय पर अधिक जानकारी चाहता है, वह मेरे पास भी उपयुक्त समय पर चर्चा करने के लिए स्वतंत्र है। यहाँ इस विषय पर संक्षिप्त चर्चा ही की जा सकती है।

मन्वंतर कालगणना मत्स्य पुराण (142) और स्कंद पुराण (6.154; 7.1.105)

में भी है। मत्स्य पुराण (142.2–20) में निमेष (आँख मूँदने और खोलने का समय) से लेकर ध्रुव संवत्सर की गणना का विस्तृत वर्णन हुआ है। प्रत्येक महायुग में सतयुग (कृतयुग), त्रेता, द्वापर और कलि के एक युग समाविष्ट हैं। वर्तमान के वराह कल्प में से छह मन्वंतर (स्वायंभुव, स्वारोचिष, उत्तम (औत्तमी), तामस, रैवत एवं चाक्षुष मन्वंतर) हो चुके हैं एवं वर्तमान में वैवस्वत (सातवाँ) मन्वंतर चल रहा है (भा.पु. 8.1–5)। आगे आनेवाले मन्वंतरों (मनु) के नाम हैं—अर्क सावर्णि, दक्ष सावर्णि, ब्रह्म सावर्णि, धर्म सावर्णि, रुद्र सावर्णि, देव सावर्णि (रौच्य) और चौदहवें मनु होंगे इंद्र सावर्णि (भा.पु. 8.13)। भागवत पुराण के आठवें स्कंध में चौदह मन्वंतरों का अर्थपूर्ण, सुंदर और विस्तृत वर्णन हुआ है। इनका अध्ययन करते समय इस बात का ध्यान रहे कि इन कथाओं में प्रतीकों के माध्यम से भूतकाल, वर्तमान और भविष्य का वर्णन है। अत: केवल शब्दार्थ को अंतिम सत्य मान लेने पर अर्थ का अनर्थ हो सकता है। संक्षिप्त में युग गणना पद्धति चार युग और महायुग के विचार पर आधारित है, जबकि मन्वंतर कालगणना पद्धति चौदह मन्वंतर के सिद्धांत पर अधिष्ठित है। सप्तर्षि गणना के अनुसार आकाश में स्थित सप्तर्षि तारकापुंज अपनी गति में सौ साल में एक नक्षत्र भ्रमण करते हैं। इस प्रकार समस्त नक्षत्र मंडल का भ्रमण पूर्ण करने में 2700 साल लगते हैं। इस कालावधि को 'सप्तर्षि चक्र' कहा जाता है। इसका वर्णन भागवत पुराण (12.2.26–31) में भी हुआ है। मत्स्य पुराण (273.39–44) में भी इसका वर्णन है। सप्तर्षि संवत् के अतिरिक्त विक्रम संवत् और कलियुग संवत् भी प्रचलन में है। कलियुग संवत् स्कंद पुराण में प्रयुक्त है। और हाँ, दक्षिण भारत में परशुराम संवत् भी प्रचलन में है। कलियुग संवत् को भारतीय युद्ध संवत् अथवा युधिष्ठिर संवत् भी कहते हैं। इस संवत् का प्रारंभ ई.पू. 3,102 में माना जाता है।

युग गणना पद्धति के अनुसार श्रीराम का अवतार श्वेत वारहा कल्प के सातवें वैवस्वत मन्वंतर के 28वें त्रेतायुग में हुआ। श्रीराम के जन्म का संदर्भ मत्स्य पुराण, पद्म पुराण, हरिवंश पुराण और वायु पुराण में भी प्राप्त है। 'हरिवंश पुराण' (1.41.121) और 'वायु पुराण' (2.9.48) के अनुसार श्रीराम चौबीसवें त्रेतायुग में प्रकट हुए। पारंपरिक कालगणना के मतानुसार रामायण का समय 8,70,000 वर्ष होना चाहिए, अर्थात् वर्तमान कलियुग 5118+ द्वापर (8,64,000)। यह कालगणना शास्त्रों की एक विशिष्ट व्याख्या पर आधारित है।

वाल्मीकि रामायण में वर्णित घटनाओं के समय दिए गए खगोलीय संदर्भ के आधार पर आधुनिक प्लैनेटेरियम सॉफ्टवेयरों का उपयोग करने पर श्रीराम का काल वर्तमान से 7,000 वर्ष पूर्व (5,000 ई.पू.) का निर्धारित होता है। पुरातत्त्व के साक्ष्य की कार्बन डेटिंग भी इस बात का समर्थन करती है। इसे व्यावहारिक रूप से देखने

के लिए राजवंशों की दृष्टि से देखना अधिक उपयोगी होगा। इक्ष्वाकु वंश को आधार मानने पर कृतयुग का प्रारंभ मनु से राजा सगर तक (41 पीढ़ियाँ)। त्रेतायुग राजा सगर से श्रीराम (65वीं पीढ़ी) तक। और द्वापर श्रीराम से श्रीकृष्ण (अर्थात् महाभारत) तक। परशुराम और सगर राजा को इस दृष्टि से वृहद् रूप में समकालीन कह सकते हैं। इस तरह से त्रेतायुग परशुराम से लेकर श्रीराम के बीच का काल हुआ। कुछेक विद्वान् त्रेतायुग को भगवान् विष्णु के तीन अवतार वामन, परशुराम और श्रीराम से भी संदर्भित करते हैं।"

"भगवान् परशुराम से श्रीराम, कितना दिव्य कालखंड होगा त्रेतायुग, आज केवल कल्पना ही की जा सकती है। हे आचार्य श्रेष्ठ! क्या कारण है कि भगवान् परशुराम के वंश की जानकारी आमजन में कम है?"

"शिष्या सुकीर्ति! तुम्हारा कल्याण हो। तुम्हारे प्रश्न में मानवीय व्यवस्था और इतिहास का वह पक्ष छिपा है, जिसके जानने से हम अनेक प्रश्नों की विवेचना आसानी से कर सकते हैं। सीधे-सीधे स्पष्ट रूप में कहूँ तो पौराणिक साहित्य में ऋषियों के वंश राजाओं के वंश जैसे परिपूर्ण नहीं हैं। ऋषिवंश का क्रमवार अध्ययन करने पर शृंखला टूट जाती है एवं उनमें त्रुटियाँ भी मिलती हैं। कह सकते हैं कि ऋषियों के वंश इतने महत्त्वपूर्ण प्रतीत नहीं होते, जितने राजाओं के हैं। इसका यह अर्थ कदापि न निकाला जाए कि ऋषि महत्त्वपूर्ण नहीं थे। उनका स्थान तो समाज में सर्वोपरि था। इसके मूल में एक कारण और भी है कि ऋषियों के वंश प्रायः शिष्य परंपरा के रूप में हैं। इन्हें 'विद्यावंश' कहा जाना चाहिए, लेकिन इसके कारण अनेक स्तर पर भ्रम उत्पन्न हुआ। और फिर गुरुकुल, जो पौराणिक कथा लेखन का केंद्र था, उसने राजव्यवस्था का वर्णन तो विस्तार में किया, लेकिन स्वयं के वर्णन को अत्यावश्यक होने पर ही चिह्नित किया। अतः राजवंश तो महत्त्वपूर्ण हो गए, परंतु ऋषिवंश कहीं पीछे छूट गए।"

"हे आचार्य श्रेष्ठ! कृपया त्रेतायुग के विशिष्ट ऋषिवंशों, विशेषकर भृगुवंश की चर्चा कर हमारा ज्ञानवर्धन करें।"

"वत्स! तुम्हारे प्रश्न मुझे आनंदित करते हैं। अपनी जिज्ञासा को शांत करने के लिए ऋषिवंश परंपरा को ध्यानपूर्व सुनो। मानव सभ्यता में आदिकाल से महत्त्वपूर्ण ऋषियों में भृगु, अंगिरस, मरीचि, अत्रि, वसिष्ठ, पुलस्त्य, पुलह, क्रतु, कश्यप का नाम प्रमुखता से आता है। इनमें पुलस्त्य, पुलह और क्रतु की संतान मानवेतर जाति हुई। पुराणों में गंधर्व, दानव, अप्सरा, राक्षस, यक्ष, नाग और गरुड़ आदि मानवेतर वंशों के निर्देश प्राप्त हैं। ये सभी पुलह और पुलस्त्य ऋषियों की संतान हैं (महा. 1.60)। पुराणों में असुर, दानव, दैत्य एवं राक्षसों का स्वतंत्र निर्देश प्राप्त है (म.पु. 25.8, 17, 30, 37)। किंतु आगे चलकर इनका स्वतंत्र अस्तित्व नष्ट हो गया और इन सभी के लिए एक ही नाम प्रयुक्त

किया जाने लगा। कभी असुर कहा जाता, कभी दानव और राक्षस तथा कभी अनार्य नाम भी प्रयोग में आता।

अंगिरस, अत्रि, कश्यप, वसिष्ठ एवं भृगु—इन पाँच ऋषियों के द्वारा ही प्राचीन ऋषिवंशों (मूल गोत्र) का निर्माण हुआ। इन वैदिक ऋषियों के वंशवृक्ष ने त्रेतायुग को समृद्ध और संस्कृत किया। पुराणों में इनकी पर्याप्त चर्चा है। अंगिरस वंश की जानकारी वायु पुराण (2.4.97-108) और मत्स्य पुराण (196) में प्राप्त है। वायु पुराण में अंगिरस वंशों का विस्तृत विवरण है और मत्स्य पुराण में इस वंश के ऋषियों और गोत्रकारों की नामावलि है। अंगिरा गोत्र में उत्पन्न होनेवालों की संख्या बहुत अधिक है। महर्षि मरीचि की कन्या सुरूपा महर्षि अंगिरा की पत्नी थीं (म.पु. 196.1)। जबकि वायु पुराण के अनुसार अंगिरस अथर्वा की मरीचिपुत्री सुरूपा, कर्दम पुत्री स्वराट तथा मनुपुत्री पथ्या-तीन पत्नियाँ थीं। सुरूपा से बृहस्पति की उत्पत्ति हुई, स्वराट ने गौतम को उत्पन्न किया, पथ्या के अवंध्य, उतथ्य, उशिज और धिष्ण नामक पुत्र हुए। बृहस्पति के अत्यंत यशस्वी और प्रसिद्ध पुत्र भरद्वाज हुए। अथर्वन अंगिरस वंश के ऋषि भरद्वाज राजा दिवोदास के राजपुरोहित थे। अंगिरस के पौत्र और बृहस्पति के पुत्र ऋषि भरद्वाज बार्हस्पत्य ऋग्वेद षष्ठ मंडल के द्रष्टा हैं। इसी वंश के दीर्घतमस् ऋषि ने अंग देश में गौतम शाखा की स्थापना की। वामदेव गौतम ऋग्वेद के मंडल-4 के दृष्टा ऋषि इसी वंश से संबंधित हैं। ऋग्वेद (4.4.11) में स्पष्ट रूप से ऋषि वामदेव को ऋषि गौतम का पुत्र कहा गया है। इस वंश में अंगिरस (आंगिरस, आङ्गिरस), भरद्वाज और गौतम उपनाम (गोत्रीय) के अनेक वैदिक ऋषि हुए। उनमें प्रमुख हैं—अभीवर्त आंगिरस (ऋ. 10.174), अमहीयु आंगिरस (ऋ. 9.61), अयास्य आंगिरस (ऋ. 10.67-68), उचथ्य आंगिरस (ऋ. 9.50-52), कृतयशा आंगिरस (ऋ 9.108.10-11), दिव्य आंगिरस (ऋ. 10.107), ध्रुव आंगिरस (ऋ. 10.173), पवित्र आंगिरस (ऋ. 9.73, 83), प्रचेता आंगिरस (ऋ. 10.164), भिक्षु आंगिरस (ऋ. 10.117), वसु भारद्वाज (ऋ. 9.80-82), शास भारद्वाज (ऋ. 10.152), शिशु आंगिरस (ऋ. 9.112), सप्रथ भारद्वाज (ऋ. 10.181.2), कृष्ण आंगिरस (ऋ. 8.85-87), विरूप आंगिरस (ऋ. 8.43-44), गर्ग भारद्वाज (ऋ. 6.47), नर भारद्वाज (ऋ. 6.35-36), पायु भारद्वाज (ऋ. 6.75), नोधा गौतम (ऋ. 1.58-64) आदि।

आत्रेय वंश की जानकारी वायु पुराण (2.9.67-78) और मत्स्य पुराण (197) में प्राप्त है। इनका संबंध पौरव राजवंश से रहा। लिंग पुराण (1.63.68-78) के अनुसार आत्रेय वंश के आद्य संस्थापक अत्रि ऋषि एवं प्रभाकर को एक माना गया है एवं उन्हें सोम का पिता कहा गया है। अत्रि ऋषि का विवाह पौरव राजा भद्राश्व (रौद्राश्व) एवं अप्सरा घृताची की दस कन्याओं के साथ हुआ था। इसी वंश में दत्त आत्रेय और दुर्वासा

ऋषि हुए। ऋषि अत्रि और उनके वंशजों को ऋग्वेद के पंचम मंडल के द्रष्टा के रूप में ख्याति प्राप्त है। इस वंश में गोपवन आत्रेय (ऋ. 8.73–74), अर्चनाना आत्रेय (ऋ. 5.63–64), अवस्यु आत्रेय (ऋ. 5.31, 75), इष आत्रेय (ऋ. 5.7–8), कुमार आत्रेय (ऋ. 5.2.1), गय आत्रेय (ऋ. 5.9–10), गातु आत्रेय (ऋ. 5.32), पूरू आत्रेय (ऋ. 5.16–17), पौर आत्रेय (ऋ. 5.73–74), प्रतिक्षत्र आत्रेय (ऋ. 5.46), यजत आत्रेय (ऋ. 5.67–68) आदि ऋषि हुए।

कश्यप ऋषि द्वारा प्रस्थापित किए गए काश्यप वंश की जानकारी वायु पुराण (2.9.24–29) और मत्स्य पुराण (197) में दी गई है। मरीचि का आगे संबंध कश्यप से है। मरीचि पुत्र कश्यप के वंश के अनेक ऋषि ऋग्वेद में मंत्र-द्रष्टा हैं। कश्यप मारीच (ऋ. 8.29), अवत्सार काश्यप (ऋ. 5.44), रेभ काश्यप (ऋ. 8.97), निध्रुवि काश्यप (ऋ. 9.63), भूतांश काश्यप (ऋ. 10.106), असित काश्यप अथवा देवल काश्यप (ऋ. 9.5, 24), रेभसूनू काश्यप (ऋ. 9.99–100), विवृहा काश्यप (ऋ. 10.163) प्रमुख हैं। लिंग पुराण (1.63.48–54) के अनुसार महात्मा कश्यप के दो पुत्र हुए—वत्सर और असित। वत्सर के नैध्रुव तथा रैभ्य हुए। असित से शांडिल्यों में देवल हुए। इस वंश का वर्णन कूर्म पुराण (1.19.1–3) में भी हुआ है। निध्रुव, शांडिल्य और रैभ्यगण, ये तीनों कश्यप गोत्रीय कहलाए (वा.पु. 2.9.28)।

वसिष्ठ वंश की अयोध्या के राजपुरोहित होने के कारण विस्तृत जानकारी पौराणिक साहित्य में उपलब्ध है। इस ऋषिवंश की चर्चा हम रामकथा के साथ करते रहे हैं, आगे भी करते रहेंगे। अंत में, भृगुवंश की चर्चा करते हैं।

भृगुऋषि द्वारा प्रस्थापित भृगुवंश (भार्गव वंश) की सविस्तृत जानकारी वायु पुराण (2.4.72–96) और मत्स्य पुराण (195.11–46) में प्राप्त है। ऋग्वैदिक ऋचाओं में भृगुवंशीय ऋषियों का ऋषित्व दृष्टिगोचर होता है—कृत्नु भार्गव (ऋ. 8.79), नेम भार्गव (ऋ. 8.100.1–3, 6–12), इट भार्गव (ऋ. 10.171), कवि भार्गव (ऋ. 9.47–49), च्यवन भार्गव (ऋ. 10.19), जमदग्नि भार्गव (ऋ. 9.62, 10.137.6, 3.62.16–18), भृगु वारुणि (ऋ. 9.65), स्यूमरश्मि भार्गव (ऋ. 10.77–78), सोमाहुति भार्गव (ऋ. 2.4–7)।

भृगुवंश की बात करें तो वैदिक काल में ये अग्निपूजक थे, इसका उल्लेख ऋग्वेद में अनेक बार किया गया (ऋ. 1.58.6 और ऋ. 1.127.7)। इन्हें अग्नि की प्राप्ति सर्वप्रथम हुई। भृगुओं को मनुष्यों के पास अग्नि पहुँचाने का कार्य से संबंध दर्शित किया गया (ऋ. 2.4.2 और ऋ. 10.46.2)। अग्नि को भृगुओं का उपहार भी कहा गया (ऋ. 3.2.4)। सरल शब्दों में, अग्नि के अवतरण और मनुष्यों तक उसके पहुँचाने का संबंध भृगुओं से है। भृगु शब्द का अर्थ प्रकाशमान है। दाशराज्ञ युद्ध में भृगुगण राजा सुदास के शत्रु पक्ष में

थे (ऋ. 7.18.6)। इस संदर्भ में भृगुगण का निर्देश अनेक बार आता है (ऋ. 8.3.9, ऋ. 8.6.18, ऋ. 8.102.4)। इस युद्ध में राजा सुदास की विजय हुई।

भृगुतुंग पर्वत पर भृगु ऋषि का आश्रम था। भृगु ने यहीं तपस्या की थी। इसी के कारण इस पर्वत को 'भृगुतुंग' नाम प्राप्त हुआ। शतपथ ब्राह्मण (11.6.1.1) के अनुसार, यह वरुण द्वारा उत्पन्न किया गया एवं उसी के द्वारा इसे ब्रह्मज्ञान की प्राप्त हुई, जिस कारण इसे 'भृगु वारुणि' नाम प्राप्त हुआ (ऋ. 9.65)। भृगुओं और अंगिरसों, इन दो परिवारों का घनिष्ठ संबंध रहा है। अत: शतपथ ब्राह्मण (4.1.5.1) में भृगुवंशी च्यवन को भार्गव और आंगिरस दोनों ही कहा गया है। भृगुगण एक परिवार है। ऋग्वेद (7.18.6) में भृगुगण का निर्देश योद्धाओं के समूह के रूप में है। वायु पुराण (2.4.73) के अनुसार भृगु की दो पत्नियाँ थीं—दिव्या तथा पुलोमा। दिव्या हिरण्यकशिपु असुर की कन्या थी। पुलोमा (पौलोमी) पुलोम की पुत्री थी। पौलोमी से च्यवन पुत्र का जन्म हुआ। पौलोमी ने ब्रह्म परायण, जितेंद्रिय तथा अतिशय प्रभावयुक्त पुत्र को जन्म दिया। किसी कठिन कार्य करने के कारण आठवें महीने में ही व्याधिग्रस्त होकर उसका गर्भपात हो गया। च्यवन (गिर जाने) के कारण ही उसका नाम च्यवन पड़ा (वा.पु. 2.4.89)। दिव्या ने उशनस् शुक्र को जन्म दिया (वा.पु. 2.4.74)। पुत्र तो कुल उन्नीस हुए, लेकिन यही दो पुत्र अत्यधिक महत्त्वपूर्ण थे, क्योंकि इन्हीं से आगे चलकर भृगुवंश का विस्तार हुआ। इनमें से शुक्र (शुक्राचार्य) का वंश दैत्यपक्ष में शामिल हुआ और च्यवन ऋषि से भार्गव (भृगु) वंश का निर्माण हुआ। च्यवन भार्गव ऋषि के अपनी धर्मपत्नी सुकन्या से आत्मवान् और दधीच नामक दो पुत्र हुए। आत्मवान् की पत्नी रुचि से और्व (उर्व) नामक पुत्र हुआ। और्व का पुत्र ऋचीक हुआ। ऋचीक की पत्नी सत्यवती ने जमदग्नि ऋषि को जन्म दिया। जमदग्नि के संयोग से उनकी पत्नी रेणुका ने परशुराम को जन्म दिया (वा.पु. 2.4.85-96)। च्यवन ऋषि को ऋग्वेद में सर्वत्र 'च्यवान' कहा गया है। यह अश्विनी कुमारों का मित्र है। च्यवन जराक्रांत और वृद्ध था। इसे अश्विनी कुमारों ने पुन: युवावस्था तथा शक्ति प्रदान की थी (ऋ. 1.117.13, ऋ. 1.118.6)। इसको लेकर अनेक कथाएँ हैं। वायु पुराण के अनुसार इसका आश्रम गया में था। च्यवन कुल के और्व को इनकी माता ने हैहयों के संहार से बचाकर जन्म दिया था। हैहय के वंशजों (कार्तवीर्य राजा) के त्रास दिए जाने के कारण सभी भार्गव मध्यदेश में पलायन कर गए थे। च्यवन और और्व ने इक्ष्वाकु वंशीय राजा सगर की सहायता की थी। इसका वर्णन रामायण में होता है (वा.रा. 1.70.31-37)। वायु पुराण (2.26.157) में भी इसके निर्देश प्राप्त हैं। ऋषि ऋचीक का आश्रम गौतमी के तट पर था। ऋषि ऋचीक का विवाह कान्यकुब्जराज गाधि की कन्या सत्यवती से हुआ। इस विवाह को लेकर एक प्रचलित कथा है। ऋषि ऋचीक व सत्यवती के पुत्र (जमदग्नि) होने की कथा भी पुराणों में है। भृगुवंशी परशुराम

ऋषि जमदग्नि के पुत्र और ऋषि ऋचीक के पौत्र हैं। उनकी माता रेणुका इक्ष्वाकु वंश की राजकुमारी थी, अर्थात् श्रीराम के परिवार से उनका संबंध स्थापित होता है। परशुराम की दादी सत्यवती कान्यकुब्ज के गाधीवंश की राजकुमारी थी, अर्थात् विश्वामित्र की बहन। इस तरह से परशुराम का संबंध वैदिक ऋषि विश्वामित्र से भी सिद्ध हुआ। ऋषि जमदग्नि और इक्ष्वाकु वंश की राजकुमारी रेणुका के स्वयंवर की कथा भी पुराणों में प्राप्त है। राजकुमारी रेणुका के पिता का नाम महाराज प्रसेनजित् था। कई स्थानों पर उन्हें रेणु भी कहा गया है। रेणुका का दूसरा नाम कामली भी था (ह.पु. 1.27.38)। ऋषि जमदग्नि का आश्रम नर्मदा के तट पर था। जमदग्नि के जन्म की जानकारी स्कंद पुराण (6.66) में प्राप्त है। जमदग्नि का उल्लेख ऋग्वेद में हुआ है—'हे सोमदेव! जमदग्नि ऋषि द्वारा की गई स्तुति से युक्त होकर आप हमें गौओं के साथ अन्य सभी प्रशंसनीय पोषक आहार प्रदान करें (ऋ. 9.62.24)।' साथ ही ऋग्वेद (9.65.25) में भी जमदग्नि ऋषि का उल्लेख हुआ है। वे इन मंत्रों के साथ-साथ ऋग्वेद (3.62.18 व 8.101.8) के मंत्र-द्रष्टा भी हैं।

प्रारंभ में भार्गव (भृगु) वंश के ब्राह्मण पश्चिम भारत में राज करनेवाले हैहय राजाओं के कुलगुरु थे। कुछ समय पश्चात् इन दोनों के बीच संघर्ष हुआ तो भृगु वंश उत्तर भारत के कान्यकुब्ज और मध्यदेश में रहने लगे। बारह पीढ़ियों तक हैहय और भार्गव का वैर चलता रहा। यह वैर की चरम सीमा परशुराम के काल में पहुँची। अंत में परशुराम ने हैहयों और संबंधित क्षत्रियों का संहार किया। इसी कारण परशुराम इस विशिष्ट काल के इतिहास में अमर हो गए। इस युद्ध का वर्णन अथर्ववेद (5.18.10) और अथर्ववेद (5.19.1) में हुआ है। च्यवन ऋषि के परिवार-वंश ने ब्राह्मण होकर भी क्षत्रिय कर्म स्वीकार किया, जिस कारण भार्गव वंशियों को क्षत्रिय ब्राह्मण उपाधि प्राप्त हुई।"

"मुनिवर! कहा जाता है कि भगवान् परशुराम ने अपनी माता का वध किया था। क्या यह सत्य है?"

"वत्स, तुम्हें क्या लगता है? क्या यह सत्य हो सकता है कि कोई भी किसी मारे हुए को पुनः जीवित कर दे? क्योंकि वही कथा यह भी कहती है। सत्य तो यह है कि यह सब भ्रम पौराणिक कथाओं के प्रतीकों के कारण हुआ है। इस चमत्कृतिपूर्ण कथा को फैलाने के अनेक कारण होते हैं। इस तरह के भ्रम को फैलानेवाले का कई बार निजी स्वार्थ होता है। और अनेक-बार धन या सत्ता के बल पर अत्याचार कर रहे के मन में भय उत्पन्न करना, साथ ही सामान्यजन में विश्वास पैदा करना भी होता है। भ्रम तो यह भी फैलाया गया कि परशुराम ने अनेक बार सभी क्षत्रियों का नाश किया। क्या यह संभव है? जब पहली बार ही सभी क्षत्रिय मर जाएँगे तो दूसरी बार कहाँ से आएँगे? ऐतिहासिक सत्य तो यह है कि उन्होंने अत्याचारी व हत्यारे हैहय राजा का वध किया। हैहय राजाओं

के अत्याचार से जनता त्रस्त थी। यह वही वंश है, जिनके साथ युद्ध में इक्ष्वाकु वंश के राजा असित हार गए थे। हिमालय में उनकी मृत्यु हुई और फिर उनकी गर्भवती रानी ने सगर को जन्म दिया। जो फिर एक महान् राजा हुए।

वत्स! आपके प्रश्न की तरह ही अनेक प्रश्न पौराणिक कथाओं के संदर्भ में पूछे जाते हैं। इसके लिए इस तथ्य को जानना और समझना आवश्यक है कि आदिकाल से लेकर सभ्य समाज निर्माण के हजारों-लाखों वर्ष के मानवीय विकास-क्रम को वेद और पुराणों ने अपने भीतर प्रतीकों के माध्यम से समेटा हुआ है। सनातन संस्कृति में काल-सापेक्षता को ध्यान में न रखने पर तत्कालीन तथ्यों को समझने में भूल हो सकती है, जो फिर आमजन में भ्रम को जन्म देती है। यहाँ माता का वध वास्तविकता में एक पहाड़ के शिखर (पर्वत चोटी) को काटना है, उद्देश्य था काटकर एक नदी के जलप्रवाह को दिशा देना है, जिससे उस क्षेत्र के आमजन को सूखे से राहत मिले। और यह राहत ही यहाँ पुनर्जीवन है।

अब हम अपने आज के मूल विषय 'त्रेतायुग' पर लौटते हैं। त्रेतायुग और रामकथा का अटूट संबंध है। ये एक-दूसरे के पर्याय हैं। त्रेतायुग की बात करते ही सर्वप्रथम श्रीराम का नाम सामने उभरकर आता है। स्पष्ट है, त्रेतायुग श्रीराम द्वारा जाना-पहचाना जाता है। वे इस युग के महानायक हैं और श्रीराम का नाम आते ही रामायण का संदर्भ आता है। अर्थात् राम की कथा। यहाँ एक महत्त्वपूर्ण तथ्य कहना चाहूँगा, विश्व का विस्तृत और दीर्घकालिक इतिहास रामायण और महाभारत की भाँति ही हो सकता है। इतिहास के छात्र ध्यान दें कि विश्व मानव इतिहास का लेखन आधुनिक इतिहास लेखन शैली से संभव नहीं। जबकि रामायण त्रेतायुग को और महाभारत द्वापर युग को अपने में समेटे हुए है। तुलसीदासजी कहते हैं (रा.मा. 1.36.8)—'*औरउ कथा अनेक प्रसंगा,* अर्थात् इस कथा में अनेक प्रसंगों की कथा है।'

त्रेतायुग में भारत की राजनीतिक अखंडता थी। शासन व्यवस्था लोकरंजनकारी थी। समाज में आध्यात्मिक व नैतिक मूल्य स्थापित थे। यह सांस्कृतिक अभ्युदय का कालखंड था। एक उदाहरण देता हूँ—त्रेतायुग में जब भी राजा किसी महर्षि से मिलता, तब मुनि सदा ही राज्य का कुशल-क्षेम पूछते। महाकवि वल्मीकि लिखते हैं (वा.रा. 1.18.45)—'*पुरे कोशे जनपदे बान्धवेषु सुहृत्सु च। कुशलं कौशिको राज्ञः पर्यपृच्छत् सुधार्मिकः।* अर्थात् धर्मात्मा विश्वामित्र ने नगर, खजाना, राज्य, बंधु-बांधव तथा मित्रवर्ग आदि के विषय में कुशल प्रश्न किया।' यह परंपरा आज भी हमारे घर-परिवार में मिलने पर एक-दूसरे से पूछी जाती है। एक तरह से यह मुनि का उस राज्य को लेकर अपनत्व भी प्रदर्शित करता है, साथ ही राजा का वह राज्य एक परिवार की तरह लगता है।

त्रेता युग में राज्य के सात अंग माने जाते—स्वामी, अमात्य, सहायक, कोश, भूमि, दुर्ग तथा सेना। यह उस युग में राज्य की अवधारणा को प्रदर्शित करता है। उस युग में धर्म के मार्ग पर चलनेवाले अनेक प्रतापी वीर और त्यागी राजा हुए। फिर भी त्रेतायुग में एक समय राक्षस कुल की यह अवधारणा बन गई थी कि पृथ्वीलोक पर उन्हें हरानेवाला कोई शूर है ही नहीं। राम के एक बाण से ताटका का वध होते ही यह अहंकार (राक्षसों का) टूट गया। परवर्ती समय में राम के बाण से ही रावण का वध हुआ। इसलिए वह बाण 'राम बाण' हो गया। त्रेतायुग का 'राम बाण' कालांतर में शब्द बनकर आगे परंपरा में प्रचलित हुआ। रामबाण हमारी धरोहर है, जिसका स्मरण करते रहना हमारा धर्म है।

यह त्रेतायुग में ही संभव है कि गुरु (वसिष्ठ) अपने शिष्य (श्रीराम) से, पिता (दशरथ) अपने पुत्र (श्रीराम) से कह रहे हैं कि कल तुम्हें सत्ता मिलेगी, इसलिए आज संयम पालना। अर्थात् बिना संयम के सत्ता पर मत बैठ जाना। क्यों? क्योंकि तुम्हें देखकर प्रजा अपना आचरण सुनिश्चित करेगी।"

"मुनिवर! आपने प्रेरक प्रसंग का वर्णन कर हमारी जिज्ञासा बढ़ा दी है। अत: त्रेतायुग के समाज के साथ ही परिवार का भी वर्णन करें। साथ ही वर्ण व्यवस्था क्या थी, कैसे थी, यह बतलाकर हमें लाभान्वित करें।"

"पुत्र! समाज के चारों वर्ण और कुछ नहीं, बल्कि कार्यात्मक विभाग हैं। रामायण काल में समाज में कार्यात्मक विभाजन था। जबकि जातिप्रथा की विकृति पिछले दो-तीन हजार वर्ष में पैदा हुई। कर्म-आधारित वर्ण व्यवस्था में, त्रेतायुग में, एक समय ऐसा भी आया था, जब गुरुकुल में छात्र का वर्ण उसके गुण के आधार पर आचार्यों का समूह निर्धारित करता था। यह एक उत्तम व्यवस्था है। इसी परंपरा को हमने अपने गुरुकुल में पालन किया है। सत्य तो यह है कि सनातन संस्कृति चार वर्णों (कर्म-आधारित) और चार आश्रमों की प्राकृतिक व्यवस्था मनुष्य योनि में जीवन की क्रमोन्नति का सर्वोत्तम साधन है। सनातन की आश्रम व्यवस्था प्रवृत्ति धर्म और निवृत्ति धर्म दोनों से परिपूर्ण है। ब्रह्मचर्य आश्रम में प्रवृत्ति सिखाई जाती है और गृहस्थ में कराई जाती है। वानप्रस्थ में निवृत्ति सिखाई जाती है और संन्यास में कराई जाती है। इस तरह से मानव जाति का कल्याण होता है।

त्रेतायुग में वर्ण व्यवस्था को जानने के लिए एक घटनाक्रम का वर्णन करना पर्याप्त होगा। महर्षि वसिष्ठ मंत्री सुमंत्र से कहते हैं (वा.रा. 1.13.20)—'सभी वर्णों को इस यज्ञ (राजा दशरथ के अश्वमेध) में आने के लिए निमंत्रित करो।' साथ ही व्यवस्था करनेवालों को स्पष्ट रूप से कहते हैं (वा.रा. 1.13.14) कि 'ऐसी व्यवस्था होनी चाहिए, जिससे सभी वर्णों के लोग भलीभाँति सत्कृत हों, सम्मान प्राप्त करें।' यह स्पष्ट करता है त्रेतायुग में सनातन समाज के संस्कारों को। समाज में किसी भी तरह का

न भेदभाव, न ऊँच-नीच था। मुनिश्रेष्ठ वसिष्ठ यज्ञ कर्म की व्यवस्था के लिए उपस्थित सेवकों से कहते हैं (वा.रा. 1.13.33)—'भद्रपुरुषो! किसी को जो कुछ देना हो, उसे अवहेलना या अनादरपूर्वक नहीं देना चाहिए, क्योंकि अनादरपूर्वक दिया हुआ दान दाता को नष्ट कर देता है।' यह दान व दाता के उस युग में संस्कार थे।

त्रेतायुग में सूर्योदय के साथ ही नित्यकर्म और उपासना की परंपरा घर-घर में थी। मनुष्य किसी भी जाति या वर्ण का हो कर्म परायण था। गायत्री मंत्र की परंपरा वैदिक काल से चली आ रही है। श्रीराम और लक्ष्मण भी नियमित रूप से गायत्री मंत्र का जाप करते थे। गायत्री मंत्र को परममंत्र और सर्वोत्तम जप कहा गया है। श्रीराम महल में हों, यात्रा में या वनवास में, नित्यकर्म अर्थात् प्रातः तथा सायं नित्य संध्या उपासना अवश्य करते। यह मानव को सस्कारित बनाता है। उन दिनों अग्निशाला घर का अत्यावश्यक अंग थी। अग्नि को सतत बनाए रखना उपयोगिता की दृष्टि से आवश्यक था, जो फिर अनुष्ठान के लिए परंपरा में भी स्थापित किया गया। गोशाला भी घर का अंग होते। अथर्ववेद के शाला सूक्त (9.3) में इसका विस्तृत वर्णन हुआ है।

त्रेतायुग में मुनियों के अनेक समुदाय थे। उनकी अपनी-अपनी विशेषता थी, जिनको जानकर हम उस काल के बारे में बहुत-कुछ जान सकते हैं। वनवास के समय श्रीराम से मिलने मुनियों के अनेक समुदाय आए। इन मुनियों के समूह में वैखानस, वालखिल्य, संप्रक्षाल (जो भोजन के बाद अपने बरतन धो-पोंछकर रख देते हैं, दूसरे समय के लिए कुछ नहीं बचाते, साथ ही पूर्ण विधि से स्नान करनेवाले), मरीचिप (सूर्य अथवा चंद्रमा की किरणों का पान करके रहनेवाले), अश्मकुट्ट (कच्चे अन्न को पत्थर से कूटकर खानेवाले), पत्राहार (पत्तों का आहार करनेवाले), उन्मज्जक (कंठ तक पानी में डूबकर तपस्या करनेवाले), गात्रशय्य (शरीर से ही शैया का काम लेनेवाले, बिना बिछौने के ही भुजा पर सिर रखकर सोनेवाले), अशय्य, अनवकाशिक (कभी अवकाश न लेकर निरंतर सत्कर्म में लगे रहनेवाले), सलिलाहार (जल पीकर रहनेवाले), वायुभक्ष (हवा पीकर जीवन-निर्वाह करनेवाले), आकाशनिलय (खुले मैदान में रहनेवाले), उर्ध्ववासी (पर्वत शिखर आदि ऊँचे स्थानों में निवास करनेवाले), दाँत (मन तथा इंद्रियों को वश में रखनेवाले), सजप (निरंतर जप करनेवाले) और तपोनिष्ठ (तपस्या तथा परमात्मा तत्त्व के विचार में स्थित रहनेवाले) श्रेणियों के तपस्वी होते (वा.रा. 3.6.2-5)।

त्रेतायुग का समाज आर्य परिवार का ही विस्तार है। आदर्श परिवार में जिन नैतिक मूल्यों की आवश्यकता है, वही सामाजिक संबंधों में भी आवश्यक है। धर्माचरण नैतिकता का आधार है। बाह्य और आंतरिक—धर्म के दो स्वरूप हैं। बाह्य में कर्मकांड और आंतरिक में सदाचार आता है। त्रेतायुग में इन दोनों पक्षों पर बल दिया जाता। परिवार और समाज के आदर्श होने का मूल कारण यही है। सदाचारी जीवन के प्रेरक

सभी सद्गुण धर्म के अंतर्गत आते हैं। उस युग में उषाकाल में शैया त्याग, स्नान, आंतरिक और बाह्य शौच, संध्या, जप, तप, यज्ञ, अग्निहोत्र, सत्संग, स्वाध्याय, देवपूजा, तीर्थयात्रा, अतिथि-सत्कार, दान, व्रत, उपवास, इंद्रिय निग्रह, संस्कार और श्राद्ध आदि का नियमपूर्वक पालन समाज में सभी के द्वारा होता, जिससे चित्त शुद्ध और बुद्धि स्वार्थ रहित और निष्कलुष होती। श्रीराम संध्या वंदन, होम तर्पण, गायत्री जप नियमित रूप से करते। इसका उपदेश उन्हें विश्वामित्र द्वारा दिया गया था, जिसका पालन उन्होंने सिद्धाश्रम में भी किया (वा.रा. 1.29.30-32)।

घर-परिवार में धन-धान्य और पशुधन हुए बगैर मानवीय अर्थात् गृहस्थ जीवन सुखी नहीं हो सकता। लेकिन सुख के साथ संतोष भी चाहिए। त्रेतायुग में अयोध्या की प्रजा धर्माचरण करनेवाली और सुसंस्कारी थी। सारा समाज सांस्कृतिक दृष्टि से संपन्न था। सभ्य समाज में सभी संबंध महत्त्वपूर्ण हैं और उनके नैतिक मूल्य भी निर्धारित हैं। सेवक अपनी सेवा से स्वामी का हित साधन करता है और स्वामी आवश्यक संरक्षक और धन से उसे संतुष्ट करता है। सिद्धांत एक ही है। समाज में जो जिसके पास प्रचुरता में है, उसे दूसरों को देकर दूसरों से भी अपने लिए कुछ प्राप्त करना। इस तरह के मूल्य जिनमें भी हैं, वे ही आदर्श स्वामी और सेवक हैं। इस श्रेणी में हनुमान उत्तम कोटि के सेवक हैं। यही व्यवस्था त्रेता युग के समाज में वरिष्ठ और कनिष्ठ के बीच बनी रही। इन संबंधों के लिए भी श्रीराम का आचरण नीतिपूर्ण और मर्यादित है। अन्य विशेष पात्र उदाहरणार्थ सुमंत्र के व्यक्तित्व में भी यही विशिष्टता है।"

"प्रधान आचार्य। उस युग के ज्ञान-विज्ञान पर भी हमारा ज्ञानवर्धन करें।"

"वत्स! अगर मैं सही समझ रहा हूँ तो तुम्हारे ज्ञान-विज्ञान का अर्थ केवल भौतिक ज्ञान से संबंधित लगता है। रामकथा में प्रदर्शित अस्त्र-शस्त्र से इसका सटीक अनुमान लगाया जा सकता है। जैसाकि तुम जानते हो, हमारी व्याख्या काव्यात्मक प्रतीकों के शब्दार्थ से अधिक भावार्थ पर आधारित होनी चाहिए, अन्यथा हम काल्पनिक संसार में ही विचरते रह जाएँगे। अत: प्रामाणिक सत्य को जानने के लिए कुछेक उदाहरण लेते हैं। श्रीराम नाम से अंकित मुद्रिका का हनुमानजी द्वारा सीताजी को दिखाना, उस युग में आभूषण कला का स्तर दरशाता है (वा.रा. 5.36.2)। यह अँगूठी श्रीराम स्वयं हनुमानजी को देते हैं (वा.रा. 4.44.12)। त्रेतायुग के विज्ञान के स्तर को प्रदर्शित करने के लिए यह एक और उदाहरण पर्याप्त होगा। किसी भी पुत्र के उपस्थित न होने पर राजा दशरथ का शव तेल में डुबोकर सुरक्षित किया गया था (वा.रा. 2.66.27)। इसे बिज्ञान के स्थान पर व्यावहारिक ज्ञान कहना अधिक अर्थपूर्ण होगा। और ऐसे ही अनेक व्यावहारिक ज्ञान विकसित होकर परंपरा में लाए जा चुके थे।

एक उदाहरण और लेते हैं। देवताओं के मंदिरों और राजाओं के महलों को प्रासाद

कहा जाता। आकाश मार्ग से गमन करनेवाले रथ, जो देवताओं के पास होते हैं, उन्हें भी विमान कहा जाता। सात मंजिला मकान को भी विमान कहा जाता। उस देव मंदिर को भी विमान कहा जाता, जो ऊपर की ओर पतला होता चला गया। इसके उदाहरण रामायण में अनेक स्थानों पर प्राप्त हैं।

महर्षि अगस्त्य, जिनकी भूमिका श्रीराम के वनवास में महत्त्वपूर्ण रही है। उन्होंने दक्षिण दिशा को जीता था। यह दिशा मायावी दैत्य वातापि और इल्वल के भय से जीव-जगत् के लिए दुर्गम हो गई थी (वा.रा. 6.115.14)। दिशाओं के संदर्भ में एक महत्त्वपूर्ण बात बतलाता हूँ। चार दिशाओं के अतिरिक्त चार कोण (ईशान, आग्नेय, नैर्ऋत्य और वायव्य) का वर्णन रामकथा (वा.रा. 6.42) में होना, उस युग का दिशाबोध है।

कालगणंना के संदर्भ में हम युग, महायुग, मन्वंतर और कल्प के बृहद् रूप की चर्चा कर चुके हैं। इसका सूक्ष्म रूप भी त्रुटि, निमेष, काष्ठा नाम से परिभाषित है। इसी कड़ी में घड़ी और मुहूर्त ज्योतिष विज्ञान के लिए महत्त्वपूर्ण रहे हैं। दो घड़ी का एक मुहूर्त होता। दिन में कुल पंद्रह मुहूर्त होते—रौद्र, सार्प, मैत्र, पैत्र, वासव, आप्य, वैश्व, ब्राह्म, प्राज, ईश, ऐंद्र, ऐंद्राग्न, नैर्ऋत, वारूणार्यमण और भगी (वा.रा. 2.89.21)।

रामकथा में वनवास और यात्रा वर्णन में भूगोल और वनस्पति शास्त्र का अद्भुत ज्ञान-भंडार है।"

"गुरुवर! क्या उस युग का कोई प्रमाण आज भी उपलब्ध है? एक और जिज्ञासा है—त्रेतायुग में कालक्रम क्या होगा?"

"वाल्मीकिजी ने रामकथा लिखने में जाने क्यों अनेक प्रमाण सम्मिलित किए। जैसेकि महत्त्वपूर्ण घटनाओं के समय आकाश में ग्रहों व नक्षत्रों की स्थिति, अनेक स्थलों का भौगोलिक चित्रण, ऋतुओं का वर्णन और राजाओं की वंशावली। वत्स! यह सब भूगोल, इतिहास और खगोल शास्त्र ही तो है, जो श्रीराम की जीवन कथा को प्रमाणित भी करते हैं। जहाँ तक रही बात समय व काल की तो रामसेतु जीवंत है और आज भी उसी स्थान पर है, जहाँ रामायण में विवरण है। जलवायु परिवर्तन के कारण आधुनिक विज्ञान (नासा) के अनुसार पिछले 7,000 वर्षों में समुद्र स्तर में लगभग 2.8 मीटर (लगभग 9.3 फीट) की वृद्धि हुई है और वर्तमान में रामसेतु के अवशेष समुद्र में इसी गहराई पर (9-10 फीट) जलमग्न हैं, जो यह प्रमाणित करता है कि श्रीराम का काल 7,000 वर्ष पूर्व का माना जाना चाहिए। तब यह सेतु भूमार्ग के रूप में उपयोग किए जाने योग्य था।

महाभारत में श्रीराम और रामकथा का वर्णन हुआ है। हनुमानजी भीम से कहते हैं (महा. 3.147.30-34)—'सुग्रीव ने बहुत दिन तक मेरे सहित ऋष्यमूक पर्वत पर निवास किया, उसी समय विष्णु के अवतार दशरथ के पुत्र रामचंद्र पृथ्वी में घूम रहे थे।' महर्षि मार्कंडेय वनवास के समय युधिष्ठिर से कहते हैं, आपकी यह विपत्ति देख मुझे

रामचंद्र का स्मरण हो आया, पिता की आज्ञा से वन में बसे थे, धनुष धारण किए घूमते हुए ऋष्यमूक पर्वत पर मैंने उन्हें देखा था (महा. 1.25.8-12)। गीता में श्रीकृष्ण कहते हैं कि शस्त्रधारियों में मैं राम हूँ (गीता, 10.31)। शंकराचार्य ने राम पद की व्याख्या में उन्हें दाशरथि राम कहा। श्रीमद्भागवत में भी श्रीराम की चर्चा है। सभी पुराणों में श्रीराम का वर्णन है। यह है श्रीराम, अर्थात् त्रेतायुग की ऐतिहासिकता ग्रंथों में।

कालक्रम को सुनिश्चित करने के लिए कुछेक महत्त्वपूर्ण घटनाक्रम का विश्लेषण करते हैं। रामायण में पुरुरवा और उर्वशी का वर्णन है (वा.रा. 3.48.18)। ये दोनों चरित्र वैदिक कालीन हैं। वाल्मीकिजी ने रामायण में यजुर्वेद की तैत्तिरीय शाखा का उल्लेख किया है (वा.रा. 2.32.15-16)। अर्थात् स्पष्ट है कि वैदिक काल के उपरांत ही राम का काल हुआ।

महाभारत की कथा में रामायण का वर्णन आता है, जो प्रमाणित करता है कि राम की कथा महाभारत के पूर्व में घटित हो गई थी। द्रोण पर्व में अभिमन्यु वध के कारण शोकसंतप्त युधिष्ठिर को धैर्य देने के लिए नारद उनको सोलह राजाओं की कहानी सुनाते हैं। इन सोलह राजाओं में राम भी हैं (महा. 7.59.1-25)। शांति पर्व की रामकथा में रामराज्य और राम की महिमा का वर्णन है (महा. 12.29.51-61)। अरण्यक पर्व में भीम-हनुमान संवाद में ग्यारह श्लोकों में वनवास से लेकर सीताहरण और अयोध्या तक सारी रामकथा का संक्षिप्त वर्णन है (महा. 3.147.28-38) (महा. 3.148.1-22)। इसमें रामावतार और राम का वर्षों तक राज्य करने का उल्लेख है, जबकि रामायण में महाभारत के वीरों का कोई संदर्भ नहीं मिलता। इससे प्रमाणित होता है कि रामकथा के बाद ही महाभारत की घटना हुई है और इन दोनों महाकाव्य की रचनाकाल का भी यही क्रम है, साथ ही यह भारत के इतिहास की निरंतरता को प्रमाणित करता है।

श्रीराम की यादें अयोध्या के साथ-साथ चित्रकूट, शृंगवेरपुर, पंचवटी, बस्तर, किष्किंधा और रामेश्वरम् से लेकर श्रीलंका में भी जीवंत हैं। इनका तीर्थ होना भी ऐतिहासिक प्रमाण है। यहाँ की लोक-संस्कृति में श्रीराम के जीवन की स्मृतियाँ हैं। लोककथाओं में श्रीराम के साथ-साथ सीता माता, लक्ष्मण, हनुमान, केवट एवं शबरी भी हैं, जिनके गीत भक्तिभाव से स्थानीय लोगों द्वारा गाए जाते हैं। श्रीराम ने जहाँ-जहाँ जिस रूप मे अपने कर्तव्य का पालन किया, वहाँ-वहाँ उस रूप का स्तुतिगान है। जैसे दंडकवन में वनवासी श्रीराम के लोकगीत हैं तो दक्षिण भारत में (किष्किंधा से लेकर रामेश्वरम् तक) कोदंड राम (धनुष धारण करनेवाले योद्धा श्रीराम) का स्तुतिगान है। रामेश्वरम् के आसपास सेतुपतियों का वंश रहता आया है।

श्रीलंका के संसद् से लेकर समाज में विभीषण की स्वीकार्यता है। यह इस देश में उस युग के इतिहास पर विश्वास का जीवंत प्रमाण है। रामायण में हनुमानजी का समुद्र

लाँघने के लिए महेंद्र पर्वत से छलाँग लगाने का वर्णन है, वह ठीक उसी तरह का है, जैसा आधुनिक काल में हवाई जहाज, रॉकेट या हेलिकॉप्टर के किसी स्थान से उड़ान भरने पर आसपास के पेड़-पौधा पर पड़ता है। अर्थात् यह हनुमानजी की उड़ान को प्रमाणित करता है (वा.रा. 5.1.45-55)।

महर्षि वाल्मीकि आदिकवि हैं, विश्व के समस्त कवियों के गुरु, उनका आदिकाव्य रामायण भूतल का प्रथम काव्य है। श्रीव्यास ने भी अनेक पुराणों में रामायण का माहात्म्य गाया है। रामायण की पहली व्याख्या व्यासजी ने ही युधिष्ठिर के अनुरोध पर की थी। यह आज 'रामायणतात्पर्यदीपिका' नाम से प्राप्त है। महाभारत के (द्रोण पर्व के 143.66-67) श्लोक में महर्षि वाल्मीकि के युद्धकांड के श्लोक (81.28) का नामोल्लेखपूर्वक वर्णन किया गया है। सात्यकि कहते हैं—वाल्मीकिजी ने बहुत पहले ही इस पृथ्वी पर यह श्लोक कहा है कि हे वानर! तुम कहते हो कि स्त्रियों को नहीं मारना चाहिए, किंतु मैं तो कहता हूँ कि उद्योगशील मनुष्य को सदैव ऐसे काम करने चाहिए, जिनसे शत्रु को कष्ट हो (महा. 7.143.66-67)। महाभारत के विष्णु पर्व (93.6-33) में यदुवंशियों द्वारा वाल्मीकीय रामायण के नाटक खेलने का उल्लेख है। अग्नि पुराण के अध्याय 5 से 11 में रामायण के सातों कांड का संक्षेप में वर्णन है। गरुड़ पुराण के (1.94) अध्याय में भी रामायण सार कथन है। ब्रह्मांड पुराण (3.73) में श्रीराम के विष्णु अवतार की कथा प्राप्त है। विष्णु पुराण (4.4.87-103) में संक्षिप्त रामकथा है। वायु पुराण (2.26.183-196) में भी संक्षिप्त रामकथा प्राप्त है। वराह पुराण (45) में राम जन्म का वर्णन है। नारद पुराण (1.75) में भी रामकथा है। नृसिंह पुराण (47-52) में वाल्मीकि रामायण के प्रथम छह कांडों की कथा है। भागवत पुराण (9.10-11) में रामकथा विस्तार में है। कूर्म पुराण (1.18) में रावण और कुंभकर्ण की उत्पत्ति और राक्षस वंश का वर्णन है। इसी पुराण में (1.20) इक्ष्वाकु वंश वर्णन के प्रसंग में श्रीरामकथा का प्रतिपादन है। इसमें श्रीराम द्वारा सेतु-बंधन और रामेश्वर लिंग की स्थापना का वर्णन भी हुआ है। इसी पुराण के अध्याय (2.33) में सीता चरित्र का वर्णन हुआ है। लिंग पुराण (1.66) में इक्ष्वाकु वंश के राजाओं की कथा है। इसी अध्याय में (1.66.35-36) संक्षिप्त रामकथा है। स्कंद पुराण के ब्राह्मखंड में सेतुबंधन की कथा है, जहाँ श्रीराम के वनवास से लेकर सीताहरण और फिर लंका जाने के लिए सेतु निर्माण की कथा है। पुराणों में रामकथा का संदर्भ आना और वर्णन होना त्रेतायुग की प्रामाणिकता है।

महाभारत में महाकवि वाल्मीकि का वर्णन अनेक स्थानों और संदर्भों में हुआ है। द्रोणपर्व (महा. 7.118.48) में उन्हें कवि माना गया है। वाल्मीकिजी का वर्णन वेद व्यास स्कंद पुराण (आवन्त्य खंड 7) में करते हैं। मत्स्य पुराण (12.51) और भागवत (6.18.5) में स्मरण करते हैं। कालिदास आदिकवि वाल्मीकि को दो बार स्मरण करते

हैं (रघु. 15.37, रघु. 15.63)। करुण रस के आचार्य भवभूति भी उत्तररामचरित में आदिकवि का स्मरण करते हैं। यही नहीं, महाकवि भास, आचार्य शंकर, रामानुज से लेकर तुलसीदास भी आदिकवि को श्रद्धापूर्वक बार-बार स्मरण करते हैं। तुलसीदास महर्षि वाल्मीकि को आदिकवि कहते हैं—*'जान आदिकबि नाम प्रतापू'* (रा.मा. 1.18.3), अर्थात् आदिकवि श्री वाल्मीकिजी राम नाम के प्रताप को जानते हैं। यही नहीं, रामचरितमानस के प्रारंभ में ही बालकांड के चौथे श्लोक में तुलसीदास श्री वाल्मीकिजी का स्तुतिगान करते हुए उन्हें विशुद्ध विज्ञान संपन्न भी कहते हैं—*'सीताराम गुणग्राम पुण्यारण्य विहारिणौ वन्दे विशुद्ध विज्ञानौ कवीश्वर कपीश्वरौ।'* इस तरह से त्रेतायुग के वैदिक इतिहासकार वाल्मीकि के होने का प्रमाण भी सनातन ग्रंथों में उपलब्ध है। विशेष ध्यान देने योग्य तथ्य व तर्क यह है कि आज भी प्रमाण के लिए डॉक्यूमेंट अर्थात् कागज पर लिखा दस्तावेज ही माना जाता है। चाहे फिर जन्म प्रमाण-पत्र हो या डिग्री या कोर्ट के ऑर्डर। ऐसे में सदियों पूर्व लिखी गई पौराणिक कथाएँ और वैदिक ग्रंथ के प्रमाण होने पर किसी और प्रमाण की आवश्यकता कहाँ रह जाती है।

जहाँ तक रही बात पुरातत्त्व प्रमाण की, तो त्रेता में हमारी सारी संरचनाएँ पर्यावरण के अनुकूल होती थीं, जो समय के साथ मिट्टी में मिल जाया करती थीं। अत: पुरावशेष का खुदाई में मिलना लगभग असंभव है। यह हमारी जीवन-शैली का उजला पक्ष है कि हम प्रकृति-प्रेमी थे और हमारा विज्ञान प्राकृतिक रूप में था।

हाँ, सृष्टि की अपनी प्रकृति है, जहाँ बहुत-कुछ सुरक्षित रहता है। त्रेतायुग में धान, जौ, गेहूँ, दाल, चना, तिल आदि की खेती की जाती थी (वा.रा. 1.5.17, 3.16.16, 7.91.19-20)। इसके पुरातात्त्विक प्रमाण गंगा-यमुना के संगम स्थल, झूँसी में की गई खुदाई में मिले हैं। त्रेतायुग के कोसल साम्राज्य का हिस्सा रहे अयोध्या, श्रावस्ती, लहुरादेवा और सिसवानिया में हुए उत्खनन में उस युग की अनेक कलाकृतियाँ मिली हैं और आधुनिक विज्ञान की कार्बन डेटिंग इन्हें 7,000 वर्ष प्राचीन की स्थापित करती है। चित्रकूट में फल और पौधों का वर्णन (वा.रा. 2.94) आम्र (आम), जंबू (जामुन), बिल्व (बेल), वेणु (बाँस), अरिष्ट (नीम), बीजक (अनार), पनस (कटहल), तिलक (दाल चीनी), बदरी (बेर), आमल (आँवला), केतक (केवड़ा) हुआ है। ये सभी आज भी वहाँ पाए जाते हैं। ऐसा ही वर्णन वनवास के अन्य स्थानों के लिए भी हुआ है और ये सभी विशिष्ट स्थान अपनी विशिष्टता के साथ आज भी उपस्थित हैं।

महर्षि वाल्मीकि को विश्व का प्रथम खगोल वैज्ञानिक कहा जा सकता है, जो उन्होंने हर महत्त्वपूर्ण घटना के समय आकाश में देखी गई खगोलीय स्थितियों का विस्तृत वर्णन किया है, जिससे आज हम उस काल की गणना कर सकते हैं। इन महत्त्वपूर्ण घटनाओं के समय के ग्रह-नक्षत्रों का वर्णन किसी-न-किसी चरित्र के माध्यम से हुआ

है। उदाहरणार्थ, श्रीराम जब लंका के लिए निकलते हैं तो वे नक्षत्रों का वर्णन करते हुए कहते हैं कि यही विजय मुहूर्त है (वा. रा. 6.4.3-5)। साथ ही सेना संचालन का विस्तृत वर्णन है, कौन कहाँ था इस यात्रा में। सेना किष्किंधा से निकलकर ऋषभ पर्वत को पार कर सह्य पर्वतशृंखला की ओर बढ़ी। इस समय भी लक्ष्मण ने आकाश में नक्षत्रों और ग्रहों की कल्याणकारी स्थिति को देखकर प्रसन्नता व्यक्त की थी (वा.रा. 6.4.47-51)। राक्षस खर और दूषण द्वारा पंचवटी में श्रीराम पर आक्रमण करने के समय खगोलीय विन्यास का वर्णन हुआ है। यह सूर्यग्रहण का वर्णन है (वा.रा. 3.23.3, 8, 11-12)। वाल्मीकि कहते हैं—'सूर्यमंडल के चारों ओर अलात चक्र के समान गोलाकार घेरा दिखाई देने लगा, सब ओर अत्यंत भयंकर तथा रोमांचकारी घना अंधकार छा गया, महान् ग्रह राहु अमावस्या के बिना ही सूर्य को ग्रसने लगा।'

इस विषय में सर्वाधिक महत्त्वपूर्ण घटनाक्रम है श्रीराम का जन्म। और जन्म के समय के ग्रह-नक्षत्रों का विस्तृत वर्णन महर्षि वाल्मीकि करते हैं। आज हमने पृथ्वी पर स्थित हर चीज, यहाँ तक कि इतिहास से भी छेड़छाड़ कर रखी है, लेकिन अब तक खगोलीय स्थितियों के साथ छेड़छाड़ की क्षमता प्राप्त नहीं है और यही कारण है, जो आकाश अब तक सुरक्षित है। और यहीं छिपी है श्रीराम की कथा और त्रेतायुग के अनेक प्रमाण।"

"आचार्य श्रेष्ठ! इन ग्रहों व नक्षत्रों के बारे में जानने की इच्छा हो रही है।"

"बालिके! अंतरिक्ष विज्ञान एक बृहद विषय है। सनातन वैदिक ग्रंथों में इस विषय पर गहन अध्ययन है। इस पर विस्तार से चर्चा आपके आचार्य संबंधित कक्षा में करेंगे। आपकी जिज्ञासा के लिए मैं यहाँ संक्षिप्त विवरण दे देता हूँ। सनातन काल से मानव सूर्य व चंद्र के साथ पाँच दृष्टिगोचर ग्रह (बुध, शुक्र, मंगल, बृहस्पति तथा शनि) को आकाश में घूमते हुए देखते आए हैं। ये सभी एक निश्चित पथ पर घूमते हुए स्पष्ट दिखाई देते हैं। इस पथ को 'क्रांतिवृत्त' कहा गया। इसी वृत्त में दो काल्पनिक ग्रह राहु-केतु घूमते हैं। राहु व केतु वे प्रतिच्छेदन बिंदु हैं, जहाँ प्रत्येक माह चंद्रमा सूर्य का पथ काटता है, इसलिए ये दो बिंदु सूर्य और चंद्रग्रहण से भी जुड़े हैं। इन सभी नौ खगोलीय ग्रह को नवग्रह कहा गया। त्रेतायुग में सूर्यग्रहण और चंद्रग्रहण की जानकारी थी (वा.रा. 3.66.11)।

लाखों सितारों के आकाश में स्थित प्रतीत होनेवाली विभिन्न आकृतियों के रूप में दिखाई देनेवाले कई नक्षत्रों के समूह, जिन्हें 'नक्षत्र मंडल' अथवा 'राशि' कहा गया। हमारे पूर्वजों ने 12 नक्षत्र मंडलों-राशियों का चयन किया, जो क्रांतिवृत्त पथ की पृष्ठभूमि बनाते और एक-दूसरे से समान दूरी पर स्थित स्थिर होते। वैदिक ऋषियों ने 12 राशियों (नक्षत्र मंडलों) के भीतर एक-दूसरे से लगभग 13.33 डिग्री की दूरी पर

स्थित 27 प्रमुख नक्षत्रों की पहचान कर ली थी। चंद्रमा इन 27 नक्षत्र में लगभग एक दिन विराजमान रहता है। इन 12 राशियों में स्थित 27 प्रमुख नक्षत्रों को आधार बनाकर इन नवग्रहों का वर्णन किया जाए तो इन खगोलीय विन्यासों को पिछले 25,920 वर्षों के दौरान किसी एक ही समय देखा जा सकता है। रामायण व अन्य वैदिक ग्रंथों में किसी घटना के घटित होने का समय उल्लेखित करते हुए इस खगोलीय विन्यास का उल्लेख हुआ है। इससे हम आज भी उस समय-काल का निर्धारण कर सकते हैं। करीब-करीब हर महत्त्वपूर्ण घटना के समय सभी महत्त्वपूर्ण ग्रहों की स्थितियों का समग्र वर्णन हुआ है। खगोल शास्त्र में भारत का ज्ञान मौलिक व प्राचीनतम है। आधुनिक तारामंडल सॉफ्टवेयर ने वेदों और महाकाव्य में वर्णित खगोलीय विन्यास के माध्यम से उस घटना की तिथि व समय निर्धारित करना संभव कर दिया। इन सॉफ्टवेयर में प्रमुख है प्लैनेटेरियम और स्टेलेरियम।"

"प्रधान आचार्य! त्रेतायुग में अनेक युद्ध हुए। इसका तो वर्णन भी रोचक होगा।"

"तात! परशुराम से लेकर श्रीराम तक के इस कालखंड में अनेक युद्ध हुए और दोनों युगपुरुषों ने अनेक युद्ध लड़े। दोनों महान् योद्धा रहे हैं और दोनों ने धर्म स्थापना के लिए अनेक राक्षसों व अधर्मियों का वध किया। हैहय राज की सेना के विरुद्ध परशुराम ने स्वयं सेना का संचालन किया। श्रीराम-रावण के बीच का युद्ध तो हम सब जानते ही हैं, जिसका विस्तृत वर्णन रामायण के युद्धकांड में हुआ है। इसकी विशेषता वानर सेना का होना है, यह प्रयोग इतिहास में किसी और ने नहीं किया। यह भी श्रीराम को विशेष योद्धा बनाता है। त्रेतायुग में विशेषकर अयोध्या के राजा सैन्य व्यवस्था का संगठन अपने अमात्यों की सहायता से करते थे। अमात्य राजनीतिज्ञ और बलवान होते थे (वा.रा. 1.7.7)। अमात्य ही नहीं, बल्कि सैनिकों के लिए भी वेदशास्त्रों का ज्ञान आवश्यक था (वा.रा. 6.71.28)। चतुरंगिणी सेना होती थी। यह पैदल सैनिक, अश्वारोही सैनिक, गजारोही तथा रथसवार योद्धाओं से मिलकर बनी होती। सबसे छोटी इकाई सेना की पत्ति कही जाती, जिसमें एक रथवान, एक गजारोही, तीन अश्वारोही और पाँच पैदल सैनिक होते (महा. 1.2.15)। तीन गुना पत्तियों को एक सेनामुख कहते। तीन सेनामुखों को एक गुल्म कहते। तीन गुल्मों से एक गण, तीन गणों से एक वाहिनी, तीन वाहिनियों को पृतना कहा जाता। तीन पृतनाओं से एक चमू, तीन चमुओं से एक अनीकिनी और दस अनीकिनियों से एक अक्षौहिणी सेना बनती (महा. 1.2.16-18)। अक्षौहिणी सेना सबसे बड़ी होती (वा.रा. 1.20.3)। इसमें 21,870 रथसवार, 21,870 गजसवार, 65,610 अश्वारोही, 1,09,350 पैदल सैनिक होते (महा. 1.2.19-22)।

युद्ध के हथियार तीन श्रेणियों में वगीकृत होते। अस्त्र—यह प्रक्षेपास्त्र होते, जिन्हें धनुष आदि द्वारा फेंका जाता। शस्त्र—हस्तचलित होते, जैसे—तलवारें, गदा। पाश—

यह जालों और रस्सियों के रूप में बाँधनेवाले हथियार होते। उदाहरणार्थ धर्मपाश, कालपाश और नागपाश। इन हथियारों का उत्पादन बड़ी संख्या में नहीं होता था। यह ज्ञान सीमित लोगों के पास ही होता। धनुष कई प्रकार के होते। एक उदाहरण से स्पष्ट हो जाएगा। मिथिला में जिस धनुष पर प्रत्यंचा श्रीराम ने चढ़ाई थी, वह भगवान् शिव का धनुष था, जबकि जमदग्नि कुमार परशुराम ने जो धनुष श्रीराम को बाण चढ़ाने के लिए दिया, वह भगवान् विष्णु का वैष्णव धनुष था (वा.रा. 1.75)। सैकड़ों को मारनेवाली तोपों (शतघ्नी) का ज्ञान भी था। इन सभी अस्त्र-शस्त्रों का वर्णन रामायण में अनेक स्थानों पर हुआ है। युद्ध पश्चात्, विजित राज्यों को अपने अधीन करने के पश्चात् छोड़ दिया जाता था (रघु. 4.43)। रणभूमि से भाग जाना कायरता माना जाता (वा.रा. 6.82.3-4)। अन्य योद्धा से लड़ते हुए योद्धा पर आक्रमण नहीं किया जाता (वा.रा. 6.59.74)। सेना को नगर और जनपदों में उपद्रव करने की मनाही भी (वा.रा. 6.4.38-40)। शस्त्रास्त्रों से हीन, सुप्तावस्था और थके व नशे में चूर शत्रु पर आक्रमण नहीं किया जाता। इसका उत्तम उदाहरण है—जब रावण युद्ध करते-करते थक जाता है, उस समय श्रीराम उसे घर लौटकर विश्राम करने के पश्चात् पुनः नए रथ व नए धनुष के साथ आने का सुझाव देते हैं (वा.रा. 6.59.142-143)। लेकिन इसका अर्थ यह भी न माना जाए कि उस युग में युद्ध में सभी धर्म संस्कारों का पालन करते थे। रावण अधर्म का उदाहरण है।

साम, दाम, दंड, भेद की नीति प्रचलित थी (वा.रा. 5.41.2-4)। गोस्वामी तुलसीदास कहते हैं—'*साम दान अरु दंड बिभेदा। नृप उर बसहिं नाथ कह बेदा* (रा.मा. 5.37.5)॥' अर्थात् अंगद कहते हैं—'हे नाथ! वेद कहते हैं कि साम, दान, दंड और भेद ये चारों राजा के हृदय में बसते हैं।'

लोहे का विवरण उस काल में होना (वा.रा. 5.42.39), अर्थात् लोहे का उपयोग त्रेतायुग में होने लगा था। धातुओं के उपयोग और उपलब्धता की अच्छी जानकारी थी। महर्षि वाल्मीकि महामुनि विश्वामित्र के माध्यम से कहते भी हैं—हिमालय पर्वतों का राजा, गंगाजी के पिता हैं, वहाँ धातुओं का खजाना है (वा.रा. 1.35.14)। रावण की सेना के पास तीर-तलवारें थीं, जबकि वानर सेना हथियारों के रूप में चट्टानों, पत्थरों व पेड़ों का उपयोग कर रही थी, अर्थात् पत्थर के हथियार तथा औजार का उपयोग। यह एक ही समय में इसलिए संभव है, क्योंकि भारत के अलग-अलग भागों में रहनेवाले मनुष्य सांस्कृतिक विकास के विभिन्न चरणों में रह रहे थे। और यही कारण भी है, जो पत्थर का उपयोग करनेवालों को वानर सेना कहा गया।"

"गुरुदेव! तो क्या वानर सेना वानरों की नहीं थी? लेकिन आम मान्यता तो इन्हें वानर ही मानती है!"

"रामकथा के वानर व ऋक्ष मानव की आदिवासी जातियाँ हैं। वन में निवास करनेवाले नर वनवासी। उन दिनों इन जातियों के विभिन्न कुल विभिन्न पशु की पूजा करते थे और उसी के नाम से जाने जाते थे। इनकी ध्वजा पर उसी पशु के चिह्न होते, जिसके द्वारा ये पहचाने जाते। ये अर्धसभ्य मानवजाति के अर्धसभ्य मनुष्य वनार्य भी कहे जाते। महाकाव्य में प्रतीकात्मक शब्द को लेकर यह भ्रम फैला, अन्यथा वाल्मीकि रामायण में एक प्रसंग यह स्पष्ट करता है। युद्धकांड में कुंभकर्ण के भय से भाग रहे वानरों का अंगद प्रोत्साहन और आह्वान करते हुए कहते हैं—'वानर वीरो! अपने उत्तम कुलों और उन अलौकिक पराक्रमों को भुलाकर साधारण बंदरों की भाँति भयभीत हो, कहाँ भागे जा रहे हो (वा.रा. 6.66.5)।' रामायण में ऐसे अनेक प्रसंग हैं, जहाँ वानर मानवीय भाषा बोलते हैं, कपड़े पहनना, घरों में निवास करना, विवाह संस्कार को मानना, अन्य मानवीय संस्कारों की प्रथा का पालन करते हुए इन वानरों को देखा जा सकता है। ये वानर वेदज्ञ भी हैं, अर्थात् मानवों की तरह बुद्धि-संपन्न हैं। इन वानरों की भी मानवीय समाज की तरह शासन व्यवस्था है। अत: इन्हें वानर का शब्दार्थ के रूप में वानर मान लेना उचित नहीं। अन्यथा नाग जाति को क्या कहोगे?

जैन रामकथा 'पउमचरियं' से यह स्पष्ट होता है। प्राकृत में रचित इस जैन महाकाव्य के आदिकवि विमन देव सूरि कहते हैं—'जिस तरह से खड्ग से खड्गधारी, धनुष से धनुर्धारी, घोड़े से घुड़सवार, हाथी से हस्तिपक (हाथी का महावत), इक्षु से इक्ष्वाकु तथा विद्या से विद्याधर वंश होता है, उसी तरह वानर के चिह्न से वानरों का वंश अभिव्यक्त होता है। चूँकि वानर के चिह्न से लोगों ने छत्र आदि चिह्नित किए थे, इसलिए वे वानर कहलाए (प.च. 6.86-89)।'

वर्तमान में भी भारत के आदिवासियों में ऐसे गोत्र विद्यमान हैं, जिनका उल्लेख रामायण में हुआ था। उराँव और मुंडा जनजातियों में बजरंग, गड़ी, हलमान नामक गोत्र मिलते हैं। इन सबका अर्थ बंदर ही है। इसी तरह बरई, रेद्दी, भैना, खंगार और बसोर जनजातियों में भी वानर-द्योतक गोत्र मिलते हैं। कई जातियाँ तो स्वयं को हनुमान के वंशज होने का दावा करती हैं और ये लोग पवनवंश पुकारे जाते हैं। इसी तरह बरई, केवत, सुध, गदबा जनजातियों में ऋक्षसूचक गोत्र मिलेंगे और बिर्होर व भैना जनजातियों में गिद्ध गोत्र आज भी प्रचलित हैं। इससे यह भी स्पष्ट होता है कि आदिवासियों का रामकथा के साथ नजदीक का संबंध है। यही कारण है कि रामकथा और श्रीराम आदिवासियों के बीच लोकप्रिय हैं। श्रद्धाभाव के कारण रामकथा के इन महत्त्वपूर्ण पात्रों की जो भी अन्य व्याख्या दी जाए, लेकिन यही तथ्यात्मक रूप से सत्य है। यह रामकथा की ऐतिहासिकता को प्रमाणित करता है और त्रेतायुग के समाज को भी प्रदर्शित करता है।

किष्किंधा में, पर्वतों की गुफाओं में, वाली और सुग्रीव व अन्य वानरों के निवास करने का अर्थ है कि ये विशिष्ट गुणोंवाले नर अपने समय से पीछे थे, अर्थात् विकसित नहीं थे। यही कारण है, जो उनके अस्त्र-शस्त्र भी पेड़ और पत्थर और अधिक-से-अधिक गदा होती तथा वे मल्लयुद्ध में विश्वास करते। इनके माध्यम से हम अपने आदिकाल के पूर्वजों और मानव के विकास-क्रम को समझ सकते हैं। ये वानर जल और थल में समान रूप से चलने की शक्ति रखते थे (वा.रा. 4.40.5)।

वानर सेना के माध्यम से त्रेतायुग में गणना का ज्ञान समझा जा सकता है। इसका प्रयोग सुग्रीव अपनी सेना के लिए करते हैं—एक (इकाई), दश (दहाई), शत (सैकड़ा), सहस्र (हजार), अयुत (दस हजार), लक्ष (लाख), प्रयुत (दस लाख), कोटि (करोड़), अर्बुद (दस करोड़), अब्ज (अरब), खर्व (दस अरब), निखर्व (खर्व), महापद्म (दस खर्व), शंकु (नील), जलधि (दस नील), अंत्य (पद्म), मध्य (दस पद्म), परार्ध (शंख)। ये संख्याबोधक संज्ञाएँ उत्तरोत्तर दस गुणी हैं (वा.रा. 4.38 सर्ग)।

हम युद्ध की चर्चा कर रहे थे। इसी विषय पर लौटते हैं। त्रेतायुग में सेनाएँ यात्राओं में अपनी छावनी को छोड़ने पर आग लगा देती थीं, जिससे शत्रु की सेना जानकारी न जुटा पाए (वा.रा. 2.89.15)। यह युद्धनीति थी। उन दिनों भी नाव इतनी विशाल होती थीं कि नौका खेने के लिए बहुत से डाँड़ लगे होते। अनेक नाविक (मल्लाह) उन्हें चलाते। नौकाएँ इतनी मजबूती होतीं कि उनमें घोड़े, खच्चर, बैल आदि भी नदी पार कराए जाते (वा.रा. 2.89.11-17)। उन दिनों सेना के साथ चलनेवालों में पुरोहित और मंत्री भी सेनापति और प्रशास्ता (छावनी की रक्षा करनेवाले) के साथ महत्त्वपूर्ण होते थे (वा.रा. 2.91.40)। प्रश्न उठ सकता है कि इस सैनिक व्यवस्था के लिए राजा के पास धन का स्रोत क्या था? त्रेतायुग में राजा प्रजा से उसकी आय का छठा भाग लेकर प्रजावर्ग की रक्षा करता था (वा.रा. 2.75.25)।"

"मुनिश्रेष्ठ! ऐसे कौन-कौन से कर्म थे त्रेता युग में, जिनके कारण पाप का भागीदार बनना पड़ता था, अर्थात् समाज में स्वीकार्य नहीं थे?"

"वत्स! उसका वर्णन भरत करते हैं (वा.रा. 2.75.21-58)। यह संवाद बड़ा सारगर्भित है। भरत माता कौसल्या के समक्ष अपना पक्ष रख रहे हैं कि वे निरपराध हैं। श्रीराम के वनवास की उनको जानकारी नहीं। साथ ही यह भी कह देते हैं कि जिस किसी ने भी यह कुकर्म किया है, वह पाप का भागीदारी होगा। उन पापों का वे वितृत वर्णन करते हैं। इनमें प्रमुख हैं—गौओं को लात से मारना, सूर्य की ओर मुँह करके मल-मूत्र का त्याग करना, सेवक को समुचित वेतन न देना, राजा (देश) से द्रोह करना, राजा द्वारा प्रजा की रक्षा न करना, यज्ञ में ऋत्विजों को दक्षिणा की प्रतिज्ञा करके इनकार करना, गुरुजनों की निंदा करना, मित्र के प्रति द्रोह करना, अकेले भोजन-मिष्टान्न ग्रहण करना,

संतानहीन अवस्था में मरना, युद्ध से पीठ दिखाकर भागना, माता-पिता की सेवा न करना, परस्त्री का सेवन।

इसी संदर्भ में भरत-शत्रुघ्न संवाद भी महत्त्वपूर्ण है। जब शत्रुघ्न मंथरा पर अपना रोष प्रकट कर रहे थे, तब भरत कहते हैं—'स्त्रियाँ सभी प्राणियों के लिए अवध्य होती हैं (वा.रा. 2.78.21)।'

गोहत्या त्रेतायुग में निंदनीय मानी गई (वा.रा. 4.17.36)। गोघाती को नरकगामी कहा गया है। गाय की रक्षा धर्म-कर्म था। विश्वामित्रजी ने ताटका वध गोओं की रक्षा के लिए ही करवाया था। गाय का दान-पुण्य कार्य था। दशरथ श्रीराम के विवाह में गोदान करते हैं। श्रीराम भी वनगमन से पूर्व सारी गौएँ दान में दे देते हैं।

भरत जब भरद्वाज ऋषि के आश्रम में जाते हैं तो एक कोस पहले ही अपने अस्त्र-शस्त्र उतार देते हैं। सभी को वहीं ठहरने को कहते हैं, अपने राजोचित वस्त्र उतारकर वे पैदल ही आश्रम की ओर जाते हैं। यह है उनका आदर ऋषियों-गुरुओं के लिए। ये हैं एक क्षत्रिय के संस्कार। यह है एक राजा का धर्म (वा.रा. 2.90.1-2)। ऐसा न करनेवाला राजा पापी कहलाता।

ऐसा कहना या सोचना कि त्रेता में सबकुछ आदर्श ही था, गलत होगा। अगर ऐसा होता तो श्रीराम को वनवास और माता सीता का हरण न होता, अर्थात् त्रेतायुग में भी अन्याय और अधर्म था। उस युग में राजा द्वारा प्राणदंड भी दिया जाता था। इसमें अपराधियों का जल्लादों द्वारा वध कराया जाता। यह श्मशाम भूमि के पास एक गोलाकार देवालय में किया जाता, जिसे 'श्मशान चैत्य' कहा जाता। जब वहाँ किसी को प्राणदंड दिया जाता तो उस समय उस देवालय को फूलों से सजाया जाता, जिसे देखकर आमजन मानस समझ जाते कि आज किसी का जीवन अंत होनेवाला है (वा.रा. 5.22.29)। ध्यान से देखें तो इसके द्वारा भी समाज को संदेश दिया गया है।

साथ ही एक पक्ष उस युग का और भी है। पंपा के जल में विचरने वाले हंस, कारंडव, क्रौंच और कुरर का वर्णन है। इसकी विशेषता यह है कि इन पक्षियों को इस भय का अनुभव भी नहीं था कि किसी मनुष्य द्वारा किसी पक्षी का वध भी हो सकता है (वा.रा. 3.73.12-13)। सनातन संस्कार इतने उच्च थे कि रामायण में जटायु को भी आर्य कहा गया है (वा.रा. 3.49.38)। देव सारथि मातलि थे, जिन्होंने इंद्र की स्तुति की थी, जिससे उन्होंने समस्त दानवों पर विजय प्राप्त कर ली थी (वा.रा. 2.14.48)। यह सब उस युग की विशेषता को दरशाता है। साथ ही वसिष्ठजी के पुत्र सुयज्ञ को ब्राह्मणों में श्रेष्ठ आर्य कहा गया है, अर्थात् ब्राह्मण को भी त्रेता में आर्य कहा जाता था (वा.रा. 2.31.37)। यह तथ्य निर्देशित करता है कि आर्य जाति या वर्ण से संबंधित नहीं था, केवल सभ्य मानव को आर्य कहा जाता।

इस तरह से त्रेतायुग के कालखंड की अर्थपूर्ण चर्चा के लिए रामकथा पर्याप्त है। वैसे श्रीराम हर युग में संदर्भित हैं। श्रीराम का ऐसा अद्‌भुत चरित्र है कि उन जैसा विश्व इतिहास में कोई दूसरा नहीं मिलता। यही कारण है कि वे हजारों साल से आज भी पूजनीय हैं। उनकी कथा हमारे अवचेतन मन में गहरे तक उतरी हुई है और यह इतनी भावपूर्ण है कि श्रुतियों एवं स्मृतियों में पीढ़ियों से निरंतर प्रवाहित हो रही है। यों तो आदिकवि वाल्मीकि द्वारा संस्कृत में लिखा गया आदिकाव्य रामायण अनुपम महाकाव्य है, मगर रामकथा लोकजीवन में अनेक रूप में सदियों से प्रचलित रही है।"

□

द्वितीय सर्ग : श्रीराम और रामकथा

"हे गुरुदेव! श्रीराम ही मर्यादा पुरुषोत्तम क्यों माने जाते हैं?" प्रश्न से ही आज की परिचर्चा का प्रारंभ होना जिज्ञासा और उत्साह का ही सुखद परिणाम था।

"वत्स! क्योंकि श्रीराम ने ही सब प्रकार की सर्वोत्तम मर्यादाएँ प्रतिष्ठित कीं। वे अवतार पुरुष हैं। संस्कार पुरुष हैं। आदर्श पुरुष हैं। स्वयं धर्म की प्रतिमूर्ति हैं। आर्यश्रेष्ठ हैं। नरश्रेष्ठ हैं।"

"मुनिश्रेष्ठ! क्या श्रीराम का व्यक्तित्व ही कारण बना रामराज्य का? और फिर आदर्श शासन व्यवस्था के नाम पर रामराज्य ही क्यों? प्रभु श्रीराम के व्यक्तित्व और चरित्र पर प्रकाश डालें, गुरुदेव।" अजकुमार आज अति उत्साहित था।

"इस गंभीर प्रश्न के उत्तर में भागवत पुराण का एक श्लोक अर्थपूर्ण होगा। श्री शुकदेव जी कहते हैं—'परीक्षित! जब समस्त प्राणियों को सुख देनेवाले परम धर्मज्ञ भगवान् श्रीराम राजा हुए, तब था तो त्रेतायुग, परंतु मालूम होता था, मानो सतयुग ही है(भा.पु. 9.10.52)।'

यह सत्य है कि राजा का व्यक्तित्व राज को प्रभावित करता है। और फिर रामराज्य को ही इसलिए आदर्श माना जाता है, क्योंकि श्रीराम ने ही सर्वोत्तम शासन व्यवस्था में अर्थनीति, धर्मनीति, समाजनीति तथा राजनीति की मर्यादाएँ स्थापित कीं। श्रीराम ने व्यष्टि और समष्टि दोनों के लिए रची हुई मर्यादाओं का अपने जीवन के साथ-साथ राज्य द्वारा भी भलीभाँति परिपालन किया।

श्रीराम विलक्षण व्यक्तित्व, अत्यंत वीर्यवान, तेजस्वी, विद्वान्, धैर्यशील, जितेंद्रिय, बुद्धिमान, सुंदर, पराक्रमी, दुष्टों का दमन करनेवाले, युद्ध एवं नीति कुशल, धर्मात्मा, मर्यादा पुरुषोत्तम, प्रजावत्सल, शरणागत को शरण देनेवाले, सर्वशास्त्रों के ज्ञाता हैं। श्रीराम धर्मज्ञ हैं, कृतज्ञ हैं, सत्य वक्ता हैं, दृढ़ प्रतिज्ञ हैं, चरित्रवान हैं, समर्थ हैं, सर्वहितकारी हैं, विद्वान् हैं, मन पर अधिकार रखनेवाले हैं, क्रोध को जीतने वाले हैं, किसी की निंदा न करनेवाले और सात्त्विक रोष करनेवाले हैं। यह सब उनके आचरण में है। श्रीराम धर्मज्ञ

हैं और धर्माचरित भी। अनेक मनुष्य धर्मज्ञ (धर्म को जाननेवाले) तो होते हैं, लेकिन धर्म का आचरण नहीं करते। इसलिए उन्हें मर्यादा पुरुषोत्तम कहा गया और श्रीराम साक्षात् विग्रहवान धर्म बन गए।

श्रीराम एक आदर्श पुत्र, आदर्श भाई, आदर्श मित्र, आदर्श पति, आदर्श राजा, आदर्श समाज-सुधारक और आदर्श योद्धा के श्रेष्ठतम उदाहरण हैं। श्रीराम समाज के हर घर-परिवार के सदस्य लगते हैं। उनके भीतर समस्त मानवीय गुण हैं, जहाँ देवत्व की गरिमा के द्वार खुलते हैं। तुलसीदास तो कलियुग में कहते भी हैं कि श्रीराम निर्गुण ब्रह्म होते हुए भी भक्तों के लिए शरीर धारण करते हैं (रा.मा. 1.115.1-2)। यही नहीं, उन्हें सच्चिदानंद रूपी सूर्य भी कहते हैं (रा.मा. 1.115.3)। राम अनंत हैं, उनके गुण अनंत हैं (रा.मा. 1.33)। हरि अनंत हरिकथा अनंता (रा.मा. 1.139.3)।

अहिल्या का घटनाक्रम श्रीराम के नारी के प्रति श्रद्धाभाव का प्रमाण है और उनके संस्कारों का प्रतीकात्मक संदेश भी (वा.रा. 1.51.4)। श्रीराम अपने मित्रों का बहुत सम्मान करते थे। सुग्रीव और विभीषण का सदा ध्यान रखते। युद्ध में जीते हुए राज्य भी दोनों को देते हैं। श्रीराम कहते हैं (रा.मा. 7.15.3-4)—'छोटे भाई, राज्य-संपत्ति, जानकी, कुटंब और मित्र, ये सभी मुझे प्रिय हैं, परंतु तुम्हारे (सुग्रीव व विभीषण) समान नहीं। मैं झूठ नहीं कहता, यह मेरा स्वभाव है।' यह कहकर श्रीराम दोनों मित्रों का गौरव बढ़ाते हैं। श्रीराम द्वारा नैतिक मूल्यों में धर्म और सत्य को सर्वोपरि महत्त्व दिया गया है। धर्म जीवन का आधार है और सत्य धर्म का आधार है। उदाहरणार्थ, वाली के वध की प्रतिज्ञा करते समय सुग्रीव से कहते हैं (विश्वास दिलाते हुए), 'मैंने पहले भी कभी असत्य का भाषण नहीं किया और न कभी करूँगा (वा.रा. 4.7.22)।'

प्रतिज्ञापालन धर्म की नींव है। यदि मनुष्य दृढ़प्रतिज्ञ नहीं तो वह नैतिक मूल्यों के आचरण में ढिलाई कर सकता है। इस तरह से मूल्य मात्र सिद्धांत रह जाते हैं। सीता की खोज के संदर्भ में सुग्रीव की चर्चा करते हुए श्रीराम लक्ष्मण से कहते हैं (वा.रा. 4.30.71), 'जो मानव प्रतिज्ञा को भंग करता है, वह निम्न है।' महर्षि वाल्मीकि तो श्रीराम को दृढ़वत् कहते हैं। चौदह वर्ष का वनवास उनके दृढ़प्रतिज्ञ होने का आदर्श उदाहरण है। एक जगह तो वे सीता से भी कहते हैं (वा.रा. 3.10.18), 'मैं अपने प्राणों का, तुम्हारा और लक्ष्मण का परित्याग कर सकता हूँ, परंतु की गई प्रतिज्ञा को कदापि नहीं छोड़ सकता।'

महर्षि वाल्मीकि ने श्रीराम को अनसूयो भी कहा है (वा.रा. 2.1.30)। अनसूया नैतिक गुण है, अर्थ है—किसी की निंदा न करना, ईर्ष्या न करना, दूसरे में दोष न निकालना। महर्षि श्रीराम को वाग्मी भी कहते हैं (वा.रा. 2.1.18)। वाग्मिता वाणी की मृदुता और कथन कुशलता को व्यक्त करता है। श्रीराम को क्रोध नहीं आता। श्रीराम

जितक्रोध हैं, ऐसा महर्षि कहते हैं अर्थात् उनका सात्त्विक क्रोध है (वा.रा. 2.1.15)। उनका सात्त्विक क्रोध सर्वप्रथम ताटका पर दिखाई देता है। श्रीराम की विनम्रता उनके चरित्र को और अधिक प्रकाशित करती है। विश्वामित्र के यज्ञ की रक्षा करने के बाद उनसे श्रीराम अत्यंत विनम्रता से कहते हैं—'मुनिप्रवर! हम दोनों (श्रीराम और लक्ष्मण) आपकी सेवा में उपस्थित हैं। आज्ञा दीजिए, हम क्या सेवा करें? (वा.रा. 1.31.4)' साथ ही श्रीराम आत्मसम्मान से परिपूर्ण भी हैं। इसके अभाव में जितक्रोध और विनम्रता जैसे नैतिक मूल्य कमजोरी बन जाते हैं। उदाहरणार्थ, जब परशुराम श्रीराम के पराक्रम को हेय समझते हैं तो श्रीराम आत्मसम्मान के कारण ही उनसे कहते हैं—'हे भार्गव! मैं क्षत्रिय धर्म से युक्त हूँ तो भी आप मुझे पराक्रमहीन और असमर्थ सा मानकर मेरा तिरस्कार कर रहे हैं। अच्छा, अब मेरा तेज और पराक्रम देखिए (वा.रा. 1.76.3)।'

श्रीराम सर्वहितकारी भी हैं, लेकिन वे दुष्ट व अत्याचारी पर दया नहीं करते। वे सज्जनों को बचाते हैं और दुष्टों को दंड देते हैं। वे ताटका वध के समय विश्वामित्रजी से कहते भी हैं (वा.रा. 1.26.5)—'गो, ब्राह्मण तथा समूचे देश का हित करने के लिए मैं आप जैसे महात्मा के आदेश का पालन करने को सब प्रकार से तैयार हूँ।'

श्रीराम मर्यादा प्रतिरूप हैं। वे स्वयं दुःख उठाते हैं, लेकिन मर्यादा के विरुद्ध नहीं जाते। श्रीराम आदर्श राजा हैं। वे सामान्यजन के प्रति स्नेह, कल्याण और आत्मीयता के भावना से परिपूर्ण हैं। प्रजा भी उन्हें उनके सद्गुणों के कारण बाहर रहनेवाले प्राण की भाँति प्रिय मानती (वा.रा. 2.1.19)। जिस प्रकार पिता अपने पुत्र का कुशल-मंगल पूछता है, उसी प्रकार श्रीराम समस्त प्रजा से उनकी कुशलता पूछते (वा.रा. 2.2.39)।

श्रीराम के शारीरिक चिह्नों और गुणों का विस्तृत वर्णन हनुमानजी द्वारा अशोक वाटिका में हुआ है (वा.रा. 5.35)। वहीं महर्षि वाल्मीकि श्रीराम के सोलह गुण बताते हैं—गुणवान, वीर्यवान (स्वस्थ, संयमी और हृष्ट-पुष्ट), धर्मज्ञ (धर्म के साथ प्रेम, सेवा और सहायता करनेवाला), कृतज्ञ (विनम्रता और अपनत्व से भरा), सत्यनिष्ठ, दृढ़ प्रतिज्ञ, सदाचारी (अच्छा व्यवहार, विचार), सभी प्राणियों का रक्षक, विद्वान् (बुद्धिमान और विवेकशील), सामर्थ्यशाली (सभी का विश्वास, समर्थन पानेवाला), प्रियदर्शन, मन पर अधिकार रखनेवाला (धैर्यवान व व्यसन से मुक्त), क्रोध जीतनेवाला (शांत और सहज), किसी की निंदा न करनेवाला, सकारात्मक और युद्ध में जिसके क्रोधित होने पर शत्रु भी डरें (वा.रा. 2.1)। क्रूरता का अभाव, दया, विद्या, शील, दम (इंद्रिय संयम) और शम (मनोनिग्रह), ये छह गुण श्रीराम को सदा सुशोभित करते। श्रीराम सद्गुणी, पराक्रमी, दयालु, सर्वाधिक प्रतिष्ठित तथा श्रेष्ठतम रहे। श्रीराम नैतिकता और आस्था के मूल आधार रहे हैं। वेद जिस परम तत्त्व का वर्णन करते हैं,

वही नारायण तत्त्व रामायण में श्रीराम रूप से निरूपित हैं। अत: श्रीराम के जीवनकाल में ही उनके अनेक प्रशंसक बन गए थे, जो द्वापर युग में उनके अनुयायी बने और कलियुग में श्रीराम के भक्त हैं।

तपस्वी वाल्मीकि मुनिवर नारदजी से (वा.रा. 1.1.1-4) स्वयं पूछते हैं, 'इस समय इस संसार में गुणवान, वीर्यवान, धर्मज्ञ, उपकार माननेवाला, सत्यवक्ता और दृढ़प्रतिज्ञ कौन है? कौन है सदाचार से युक्त, समस्त प्राणियों का हितसाधक, विद्वान्, सामर्थ्यशाली और प्रियदर्शन? मन पर अधिकार रखनेवाला, क्रोध को जीतनेवाला, कांतिमान, किसी की भी निंदा नहीं करनेवाला कौन है? संग्राम में कुपित होने पर जिससे देवता भी डरते हैं?'

सुनकर नारदजी बोले (वा.रा. 1.1.6-18), 'मुने! आपने जिन बहुत से दुर्लभ गुणों का वर्णन किया है, उनसे युक्त इक्ष्वाकु वंश में उत्पन्न हुए एक ऐसे पुरुष हैं, जो रामनाम से विख्यात हैं।' श्रीराम के गुणों का वर्णन करते हुए नारद मुनि कहते हैं, 'उनके कंधे मोटे और भुजाएँ बड़ी-बड़ी घुटने तक लंबी हैं; छाती चौड़ी, मस्तक सुंदर, ललाट भव्य और चाल मनोहर है। उनका शरीर मध्यम और सुडौल, देह का रंग चिकना, वक्षस्थल भरा हुआ और आँखें बड़ी-बड़ी हैं। वे धर्म के ज्ञाता, सत्यप्रतिज्ञ तथा प्रजा के हित साधन में लगे रहते हैं। वे यशस्वी, ज्ञानी, पवित्र, जितेंद्रिय और मन को एकाग्र रखनेवाले हैं। वे गंभीरता में समुद्र और धैर्य में हिमालय के समान हैं। वे विष्णु भगवान् के समान बलवान, चंद्रमा के समान मनोहर, त्याग में कुबेर, सत्य मे द्वितीय धर्मराज के समान हैं। वे सच्चे अर्थों में आर्य हैं।'

भक्तो! क्या आप सभी को ऐसा नहीं लगता कि श्रीराम आज भी आदर्श हैं। उनके जैसा कोई दूसरा नहीं। तभी श्रीकृष्ण भी अर्जुन से कहते हैं कि मैं शस्त्रधारियों (क्षत्रिय) में श्रीराम हूँ (गीता 10.31)। यहाँ क्षत्रिय अर्थात् जो धर्म का निर्वहन करे। मेरा मत है कि आज कलियुग में भी श्रीराम जैसे आदर्श चरित्र की आवश्यकता है।

इसी कारण से ब्रह्माजी वाल्मीकि को कहते भी हैं (वा.रा. 1.2.36)—'इस पृथ्वी पर जब तक नदियों और पर्वतों की सत्ता रहेगी, तब तक संसार में रामायण कथा का प्रचार होता रहेगा।' इसका अर्थ ही है कि जब तक मानव सभ्यता है, तब तक श्रीराम जैसे व्यक्तित्व और उनसे प्रेरित भक्तों का होना आवश्यक है और समाज के लिए अपेक्षित भी। श्रीराम एक ऐसे महानायक हैं, जो सामान्य मानव का जीवन जीते हुए सुख-दुःख, मान-अपमान और आशा-निराशा के द्वंद्वों को झेलते हुए भी आदर्शों, सिद्धांतों तथा जीवन-मूल्यों की सुरक्षा के लिए सदा समर्पित रहे। इसलिए वे हर युग में आदर्श हैं और इस तरह से रामकथा का उद्‌देश्य श्रेष्ठ जीवन के लिए जो कुछ भी निर्देशित है, उसे व्यावहारिक जीवन और दैनिक आचरण में प्रतिफलित होते हुए दिखना है।

श्रीराम हर दु:ख को एक सामान्य मनुष्य की तरह महसूस करते हैं। उनके जीवन में कष्ट और अन्याय एक साधारण मनुष्य की तरह ही हुए, लेकिन उन्होंने अपने आचरण को उससे परिचालित नहीं होने दिया। यही रामकथा का संदेश है, जो रामभक्तों के मन-मस्तिष्क में धीरे-धीरे स्थापित होकर उनके व्यक्तित्व का अभिन्न अंग बन जाता है, जिनसे उसका और समाज का कल्याण होता है। श्रीराम के चरित्र में भावना, संवेदना और आदर्शों का योग है। लेकिन साथ ही उनके जीवन में अनेक अंतर्विरोध भी है और वे अनेक स्थानों पर परस्पर विरोधी आचरण करते हुए भी दिखते हैं। यही उन्हें मानव बनाता है, लेकिन यह आचरण स्वार्थसिद्धि के लिए नहीं, बल्कि सनातन नैतिक मूल्यों को स्थापित करने के लिए हुआ है और यही उन्हें देवत्व प्रदान करता है। श्रीराम के चरित्र में अनेक स्थानों पर अंतर्द्वंद्व भी है। एक द्वंद्व तो बड़ा कारुणिक है, जब वे एक ओर सीताजी के वियोग में जीवित नहीं रहना चाहते तो दूसरी ओर पिता की आज्ञा को चरितार्थ करने के लिए चौदह वर्षों का वनवास काटने के लिए जीवित रहने के लिए विवश हैं। श्रीराम के मन में अनेक बार अपनी दीनता के भाव आते हैं, जो उन्हें आमजन से जोड़ते हैं। सुग्रीव की उपेक्षा पर श्रीराम अपने को अपमानित अनुभव करते हुए लक्ष्मण से जो कहते हैं, उसमें यही भाव है (वा.रा. 4.28.57-58)।

श्रीराम वेदज्ञ थे। सभी शास्त्रों का गहन अध्ययन किया था। इसका प्रदर्शन रामकथा में अनेक स्थानों पर होता है। एक उदाहरण देता हूँ—श्रीराम को ज्योतिष और समय का विशेष ज्ञान था, तभी उन्होंने ज्योतिषशास्त्रोक्त शुभ समय में लंका पर युद्ध के लिए कूच करने की आज्ञा दी (वा.रा. 6.41.25-26)। ऋषि जाबालि द्वारा नास्तिक मत का कथन, इसके उत्तर में श्रीराम धर्म की व्याख्या करते हैं (वा.रा. 2.108-109)। यह घटनाक्रम श्रीराम के धर्मज्ञ होने का प्रमाण है। इसी क्रम में देखें तो चित्रकूट में श्रीराम-भरत संवाद दार्शनिक और अर्थपूर्ण है (वा.रा. 2.105-107)। व्यावहारिक ज्ञान को भी श्रीराम मूल रूप में जानते समझते थे, तभी शूर्पणखा के घटनाक्रम में लक्ष्मण से कहते हैं—'कभी भी क्रूर और निर्दयी व्यक्ति के साथ उपहास-परिहास नहीं करना चाहिए (वा.रा. 3.18.19)।'

श्रीराम के व्यक्तित्व का एक आकर्षक पक्ष और भी है। यह इस प्रसंग से स्पष्ट होता है। मारीच जब रावण को श्रीराम के ताटका वध की कथा सुनाता है, तब उनकी उम्र बारह वर्ष बताता है, जबकि उसी समय, कुछ दिन पूर्व, राजा दशरथ ने उनकी उम्र मुनि विश्वामित्र को मात्र सोलह वर्ष बताई (वा.रा 3.38.6-7, 1.20.2)। एक पिता होने के कारण राजा दशरथ का कथन सत्य होगा। तो फिर प्रश्न उठता है कि मारीच ने श्रीराम को बारह वर्ष का क्यों कहा? स्वाभाविक रूप से उसने अनुमान लगाया होगा, अर्थात् श्रीराम देखने में भोले और अपनी उम्र से कम के व्यक्ति लगते थे। दूसरा कारण यह भी

प्रतीत होता है कि मारीच रावण को यह बतलाना चाहता है कि जब इतने कम उम्र में श्रीराम इतना पराक्रम दिखा सकते हैं तो इस उम्र में कितने पराक्रमी होंगे। इस तरह से रावण के मन में भय उत्पन्न करना भी मारीच का उद्‌देश्य हो सकता है, अर्थात् मारीच स्वयं कितना भयभीत था श्रीराम के पराक्रम से। मारीच रावण से कहता है—'श्रीराम के बाण से किसी तरह छुटकारा पाकर मुझे नया जीवन मिला और तभी से संन्यास लेकर समस्त दुष्कर्मों का परित्याग करके स्थिरचित्त हो योगाभ्यास में तत्पर रहकर तपस्या में लग गया (वा.रा. 3.39.14)।'

श्रीराम भारत की सांस्कृतिक एकता के सशक्त आधार हैं। रामकथा देश को एक सूत्र में सदियों से पिरोती आ रही है। सनातन जीवन-दर्शन के अनुसार हर व्यक्ति का जन्म विशेष कार्य, उद्‌देश्य के लिए होता है। श्रीराम साक्षात् विष्णु थे और रावण के वध की अभिलाषा रखनेवाले देवताओं की प्रार्थना पर मनुष्य लोक में अवतीर्ण हुए थे (वा.रा. 2.1.7)। श्रीराम के अलौकिक व्यक्तित्व के कारण ही रामायण में सभी नौ मनोभाव हैं—प्रेम, आनंद, करुणा, क्रोध, घृणा, आश्चर्य, धैर्य, शक्ति और पराक्रम।"

"हे महामुनि! तो क्या यह मान लिया जाए कि रामायण अर्थात् प्रभु श्रीराम का चरित्र चित्रण।" अजकुमार रामकथा में डूब रहा था।

"वत्स! रामायण में श्रीराम की कथा के साथ-साथ अनेक कथाएँ हैं। देवासुर संग्राम से लेकर गंगा अवतरण भी। नगर और राजवंशों की कथा भी है। हर कथा में संदेश है। समाज निर्माण की व्यवस्था है। व्याख्या है। दिशा-निर्देश भी है। जीवन व परिवार के कल्याण के सूत्र भी हैं। ऐसी ही एक कथा राजा जनक के पुरोहित शतानंदजी श्रीराम को सुनाते हैं (वा.रा. 1.51-65)। यह विश्वामित्रजी की कथा द्वारा अहंकार से विनाश की कथा है। अहंकार के हारने की कथा है। यह कथा इस तथ्य को स्थापित करती है कि ब्रह्मतेज से प्राप्त होनेवाला बल ही वास्तव बल है। ब्रह्मदंड सभी अस्त्र नष्ट कर सकता है। यह कथा विश्वामित्रजी की एक राजा से ब्राह्मणत्व को प्राप्त करने की कथा है। राजा विश्वामित्र द्वारा कामधेनु का लोभ और वसिष्ठ मुनि द्वारा मना करने पर भी गौ को जबरन ले जाने का प्रयास और राजा विश्वामित्र का इसमें असफल होना एक बड़ा संदेश है। यह अस्त्र-शस्त्र के ज्ञान का घमंड को धूल में मिलने की कथा है। यह क्षात्रबल पर ब्रह्मबल के विजय की कथा है। अत: राजा विश्वामित्र कहते हैं कि अब मैं अपने मन और इंद्रियों को निर्मल करके उस महान् तप का अनुष्ठान करूँगा, जो मेरे लिए ब्राह्मणत्व की प्राप्ति का कारण होगा।

रामायण में प्रकृति के अनुपम सौंदर्य का अद्‌भुत वर्णन है। हर घटनाक्रम सुंदर शब्दों से अलंकृत है। श्रीराम का जटायु पक्षीराज से संवाद, मानव का अन्य जीवों से प्रेम का उत्तम उदाहरण है। श्रीराम एक स्थान पर कहते हैं—'शूर, शरणागत रक्षक तथा

धर्मपरायण श्रेष्ठ पुरुष सभी जगह देखे जाते हैं, पशु-पक्षियों की योनियों में भी उनका अभाव नहीं (वा.रा. 3.68.24)।' पंचवटी का वर्णन श्रीराम का प्रकृति प्रेम है। महर्षि वाल्मीकि विस्तृत वर्णन करते हैं, जब वे यह बतलाते हैं कि पुष्पों, गुल्मों, लता-वल्लरियों से युक्त साल, ताल, तमाल, खजूर, कटहल, जलकदंब, तिनिश, आम, अशोक, तिलक, केवड़ा, चंपा, बाँस और चंदन आदि वृक्षों से घिरा हुआ यह स्थान बहुत ही पवित्र और रमणीय है (वा.रा. 3.15)। किंशुक (पलाश), पनस (कटहल), चंपक (चंपा), केतकी (केवड़ा), पर्णास (तुलसी), कुशा (दूर्वा), ये कुछेक रामायण काल के नाम हैं।

सीता की खोज में श्रीराम जब पंपा सरोवर पहुँचते हैं, तब चैत्र का महीना था। इस समय प्रकृति के अनुपम सौंदर्य का अर्थपूर्ण वर्णन श्रीराम करते हैं (वा.रा. 4.1)। यह वसंत का समय था। प्रकृति से श्रीराम संवाद करते हैं। यह हमारी प्रकृति के प्रति संवेदना और सम्मान का श्रेष्ठ उदाहरण है। वसंत के गुणों का यह अद्‌भुत वर्णन सनातन साहित्य को सर्वकालीन सर्वश्रेष्ठ बनाता है। प्राकृतिक सौंदर्य वर्णन का एक और उदाहरण है। श्रीराम वाली का वध और सुग्रीव का राज्याभिषेक करने के अनंतर माल्यवान पर्वत पर निवास करते हुए वर्षा ऋतु का मनोहारी चित्रण करते हैं (वा.रा. 4.28)।

नैतिक मूल्यों का निर्वहन मात्र मनुष्यों के बीच ही नहीं, बल्कि हमारा नैतिक आचरण प्रकृति के साथ भी होना चाहिए। यही सनातन जीवन-दर्शन के मूल में है। बाहर जो सूर्य का प्रकाश है, वही भीतर बुद्धि-विवेक का प्रकाश है। अतः *'माता भूमिः पुत्रोहम् पृथिव्याः'* द्वारा धरती और मानव के बीच माता और पुत्र का पवित्र संबंध माना गया। इसके मूल में प्रकृति संरक्षण, संवर्धन और संतुलन का दायित्व है। रामकथा में मानव के साथ प्रकृति का जो घनिष्ठ संबंध दिखाई देता है, वैसा कहीं नहीं। श्रीराम चित्रकूट से लेकर पंपा सरोवर तक प्रकृति के दिव्य रूप का अर्थपूर्ण वर्णन करते हैं। ऋतुओं के साथ कृषि का जो संबंध है, वह भी सार्थक रूप से प्रस्तुत हुआ है। संपूर्ण रामकथा में वनीय प्राकृतिक सुषमा का वर्णन हुआ है। एक महत्त्वपूर्ण पक्ष यह भी है कि सभी ऋषि-मुनियों के आश्रम नगरों से दूर पर्वतों पर या वनों में होते, जहाँ प्रकृति का शांति-पवित्र रूप उन्हें तप व स्तुति करने को प्रेरित करता।

रामकथा में प्रकृति मनुष्य की सुख-दुःख की संगिनी है, क्योंकि रामायण काल में समाज वन-उपवन से भरा पड़ा है। अतः प्रकृति से मनुष्य का संबंध निकट का है। उन दिनों मनुष्य प्रकृति का दोहन नहीं करता था। प्रकृति से उसे सहज प्रेरणा मिलती थी। प्रकृति के संरक्षण के लिए वैदिक जीवन-दर्शन ने उसे देवत्व प्रदान किया, जिससे प्रकृति की देखभाल और सुरक्षा पूजा-भाव से हो सके।

रामायण कथा में वेदों का ज्ञान है। इसका उत्तम उदाहरण (वा.रा. 2.105.24) है, जहाँ श्रीराम भरत से कहते हैं—'जो लोग सूर्योदय होने पर प्रसन्न होते हैं, सूर्यास्त होने

पर भी खुश होते हैं, किंतु यह नहीं जानते कि प्रतिदिन अपने जीवन का नाश हो रहा है।' यही चिंतन वेदों में है। ऋग्वेद (1.113.11) में ऋषि कुत्स आंगिरस कहते हैं—'जो मनुष्य विगत काल में प्रकट हुई उषाओं का दर्शन करते थे, वे दिवंगत हो गए। जो आज इन देवी उषा को देख रहे हैं, वे भी एक दिन यहाँ से प्रस्थान कर जाएँगे। जो भविष्य में उषाओं का दर्शन करेंगे, उनका भी स्थायित्व नहीं है। मात्र उषा देवी स्थायी हैं।' सनातन जीवन-दर्शन का सार रामकथा (वा. रा. 2.105.15-31) में आया है। यह सांसारिक जीवन का कटु सत्य है।

रामकथा भावपूर्ण है और इसी पक्ष को अधिकांश विद्वानों ने अपनी कथा व भाष्य में उभारा है, जिसके कारण यह कथा लोकप्रचलित बनी रही। इस भाव पक्ष के माध्यम से समाज, परिवार और व्यक्तियों को सनातन जीवन-दर्शन का संदेश भी है, जिससे सभी का कल्याण हो। साथ ही ज्ञान-विज्ञान और समकालीन समय काल का इतिहास-भूगोल भी है, जो भावपक्ष के प्रबल होने पर कई बार सतह पर नहीं आ पाता। भावपक्ष के दो उदाहरण लेते हैं—रामकथा में भाइयों के प्रेम का उदाहरण है और संदेश भी। एक तरफ वाली और सुग्रीव तथा रावण और अन्य भाई की कथा है तो दूसरी तरफ श्रीराम और अन्य उनके तीन भाइयों की कथा है। दोनों-तीनों उदाहरण से इनके बीच के अंतर को रेखांकित किया गया।

रामायण का अर्थ है—राम का मार्ग। संपूर्ण समाज के कल्याण का मार्ग। व्यक्ति के मोक्ष का मार्ग। यह राम-रामा का वह मार्ग है, जिस पर चलते हुए श्रीराम के पाँव लहूलुहान हो गए, परंतु उन्होंने धर्म और नीति का साथ नहीं छोड़ा। रामकथा समाज के नैतिक मूल्यों से परिपूर्ण यात्रा की गतिशीलता को व्यक्त करके, मानव जीवन के लिए उच्चतम लक्ष्य-प्राप्ति का मार्ग निर्धारित करके आदर्श स्थापित करती है।

महर्षि वाल्मीकि द्वारा रचित रामायण नारद के वचन, ब्रह्मा के वरदान और उनके योगान्वेषण पर अवस्थित है। महाकवि वाल्मीकि स्वयं रामकथा की सभी घटनाओं में संलग्न हैं। रामकथा से यह प्रमाणित होता है कि सनातन धर्म के जीवन-मूल्य मात्र यूटोपिया नहीं, अपितु आचरण में उतरने योग्य है और इसे व्यावहारिक रूप में जीवन में उतारते ही व्यक्ति देवतुल्य बन जाता है। रामकथा के सात खंड मानव जीवन की उन्नति-विकासक्रम के सात सोपान हैं। इस दृष्टिकोण की संक्षिप्त चर्चा करना चाहूँगा—

बालकांड : बालक में छल-कपट नहीं होता। अतः बालक प्रभु को प्रिय हैं। जो अपना हृदय बालक रूप में निर्दोष-निर्विकार बनाए रखता है, उसी को भगवान् प्राप्त होते हैं। जीवन में सरलता और सहजता का महत्त्व है और बालक की भाँति रहने से सरलता आती है। बालक के समान बनने पर ही शरीर और जीवन अयोध्या बनेगा। यह भगवान् राम की बाललीला का सोपान है। यह जीवन की सरलता का कांड है।

अयोध्याकांड : यह प्रेम प्रदान करता है। श्रीराम का भाइयों से प्रेम, सभी माताओं से प्रेम, प्रजा से प्रेम। राम की निर्विकारता इसी कांड में दिखाई देती है। इस कांड का पाठ करने से परिवार में प्रेम बढ़ता है। जब जीवन भक्ति रूपी सरयू के तट पर निवास करता है तो वह निर्विकारी बनता है और घर अयोध्या बनता है। यह जीवन के सत्य का कांड है।

अरण्यकांड : यह निर्वासन प्रदान करता है। त्याग के लिए प्रेरित करता है। इसके बिना जीवन में दिव्यता नहीं आती। वनवास मनुष्य को कोमल बनाता है। तप द्वारा ही काम-वासना का वध होता है। इसमें मोहरूपी शूर्पणखा और प्रेम-भक्ति रूपी शबरी दोनों हैं। अर्थात् मोह का त्याग कर भक्ति अपनाएँ। यह जीवन के त्याग का कांड है।

किष्किंधा कांड : जब मनुष्य त्याग और तप द्वारा निर्विकार होगा, तभी ईश्वर से मैत्री होगी। जब जीव सुग्रीव की भाँति हनुमान अर्थात् ब्रह्मचर्य का आश्रय लेगा, तभी ईश्वर रूपी राम मिलेंगे। यह जीवन-संघर्ष का कांड है।

सुंदरकांड : जब जीव की मैत्री राम से होती है तो सबकुछ सुंदर हो जाता है। इसी कांड में हनुमानजी को सीता माता के दर्शन होते हैं। ब्रह्मचर्य का आश्रय लेनेवाला ही संसार-सागर को पार कर पाता है। संसार रूपी सागर को पार करते समय मार्ग में सुरसा अर्थात् नए-नए रस की वासना बाधा डालती है। सीताजी पराभक्ति हैं, जिसका जीवन हनुमानजी की तरह हो, उसे ही सीताजी के दर्शन होते हैं। जहाँ पराभक्ति सीता हैं, वहाँ शोक नहीं रहता, वह अशोक वन है। यह मृत जीवन में नवजीवन का कांड है।

युद्धकांड (लंकाकांड) : भक्तिपूर्ण जीवन राक्षसों का संहार करता है। यहाँ काम व क्रोधादि ही राक्षस है, जो इन्हें मार सकता है, वही काल पर विजयी हो सकता है, अन्यथा जिसे काम मारता है, उसे ही काल मारता है। पूर्व के चार कांड से निकला जीव इस कांड में असुरों, राक्षसों को मार पाता है, अपने सभी शत्रुओं पर विजय प्राप्त करता है। यह जीवन संकल्प का सोपान है। यह जीवन में धर्मयुद्ध का कांड है।

उत्तरकांड : जब तक असुर-राक्षस का वध नहीं होगा, तब तक उत्तरकांड में प्रवेश नहीं मिलेगा। इसमें सबकुछ है। यह जीवन में भक्ति की कथा है। जो भक्त पूर्वार्ध में रावण को मारता है, उसे ही उत्तरार्ध में सफलता की प्राप्ति होती है। जो अपनी युवावस्था में सभी असुर रूपी पापों को मार देता है। वही उत्तरार्ध में अर्थात् वृद्धावस्था में सुख भोगकर मोक्ष को प्राप्त होता है। यह जीवन-यात्रा में समर्पण का सोपान है। यह जीवन में धर्मस्थापना का कांड है।"

"मुनिश्रेष्ठ! मैंने सुना है कि श्रीराम का वर्णन वेदों में भी हुआ है, क्या यह सत्य है?"

"यह सत्य नहीं है वत्स! श्रीराम तो त्रेतायुग में हुए हैं, तब तक वेद अवतरित हो चुके थे। वैदिक काल भी समाप्त हो चुका था। वेद समाज में प्रतिष्ठित थे। तभी

तो रामायण में श्रीराम को वेदों का ज्ञानी भी कहा गया है। हाँ, यह सत्य है कि वैदिक काल में राम नाम प्रचलित था, विशेषकर राजाओं और ब्राह्मणों में। इसका उत्तम प्रमाण परशुरामजी हैं, जिनका मूल नाम 'राम' है और जैसा कि हम प्रारंभ में ही चर्चा कर चुके हैं कि परशुराम श्रीराम से पूर्व पृथ्वीलोक पर आ चुके थे। वैदिक राम की विवेचना करने पर यह पता चलता है कि ऋग्वेद (10.93.14) में उल्लेखित राम एक प्रतापी यजमान था, जिसका संदर्भ इस ऋचा में हुआ है। अन्य वैदिक साहित्य में राम का वर्णन शतपथ ब्राह्मण (4.6.1.7) में हुआ है। यहाँ वह एक यज्ञवेत्ता आचार्य हैं, जो उपतस्विन के पुत्र और याज्ञवल्क्य के समकालीन हैं। इनका नाम 'राम औपतस्विनि' है। यज्ञ के तत्त्व पर विचार विनिमय होने पर अन्य आचार्यों के मतों के साथ-साथ इनके मतों का निर्देश शतपथ ब्राह्मण के उपरोक्त कण्डिकाय में प्राप्त है। जैमिनीय उपनिषद् ब्राह्मण (3.7.3.2, 4.9.1.1) में 'राम क्रातुजातेय' का उल्लेख आया है। यहाँ वे एक वैदिक आचार्य और क्रतुजात के वंशज थे। वे आचार्य शंग शात्यायनि आत्रेय के शिष्य और आचार्य शंख वाभ्रव्य के गुरु थे। ऐतरेय ब्राह्मण (7.27.34) में 'राम मार्गवेय' की कथा मिलती है। वे श्यापर्ण कुल के आचार्य और जनमेजय के समकालीन थे। अत: उनका भी रामकथा से कोई संबंध नहीं। वे मृगवु के पुत्र थे। उन्हें मार्गवेय पैतृक नाम प्राप्त हुआ। राम नाम का उल्लेख तैत्तिरीय अरण्यक (5.8.13) में पुत्र के अर्थ में हुआ है। आचार्य सायण के अनुसार भी यहाँ राम नाम अर्थात् रमणीय पुत्र ही है।

और केवल राम नाम ही वेदों में नहीं है, बल्कि सीता नाम भी है। वेदों में सीता कृषि की एक अधिष्ठात्री देवी हैं। इनका स्तुतिगान ऋग्वेद से लेकर वैदिक साहित्य में अनेक स्थानों पर हुआ है। ऋग्वेद (4.57.6-7) में ऋषि वामदेव गौतम कहते हैं कि हे सीते! आप हमारे ऊपर अनुकंपा करनेवाली हों। तेरी हम वंदना करते हैं, जिससे आप हमारे लिए श्रेष्ठ ऐश्वर्य और श्रेष्ठ फल देनेवाली होवें (6)। इंद्र सीता (हल की मूँठ) को सँभालें, पूषा (सूर्य) उसका संचालन करें। और जल से परिपूर्ण धरती प्रत्येक वर्ष हमें धान्य प्रदान करती रहे (7)।

वेदों में सीता का देवत्व इस तथ्य का प्रमाण है कि सीता हम कृषि करनेवाले आर्यों की धार्मिक चेतना में शताब्दियों से उपस्थित थीं। आगे चलकर महाभारत में भी द्रोणपर्व में सीता कृषि की अधिष्ठात्री देवी और बीजों को उत्पन्न करनेवाली देवी के रूप में हैं। वैदिक साहित्य में दूसरी सीता का परिचय ब्राह्मण ग्रंथों में प्राप्त है। 'सीता सावित्री' की कथा तैत्तिरीय ब्राह्मण (2.3.10) में मिलती है। इसमें सीता प्रजापति की पुत्री हैं। यहाँ प्रजापति सविता अर्थात् सूर्य का पर्यायवाची शब्द माना जाना चाहिए। इस कथा का मूल रूप ऋग्वेद के सूर्यासूक्त (10.85) में विद्यमान है। इन दोनों संदर्भ के अतिरिक्त 'सीता' शब्द का उल्लेख वैदिक साहित्य में लांगल पद्धति के लिए भी हुआ है (ऋ. 1.140.4)।

अत: वाल्मीकि रामायण और आगे की रामकथा में अयोनिजा सीता के जन्म का वृत्तांत इस वैदिक सीता के व्यक्तित्व से प्रभावित है। अनेक उदाहरण है, जहाँ किसी का नाम उसकी जन्मकथा का कारण बन गया। सीता नाम का अर्थ लांगल पद्धति (हल से खींची हुई रेखा) के कारण यह लोक-कल्पना बनी कि सीता लांगल पद्धति से निकली थीं। यह फिर रामायण महाकाव्य में माता सीता के देवत्व को स्थापित करने में सांकेतिक रूप से प्रयोग हुआ। अंत में यही कहना पर्याप्त होगा कि अनेक वैदिक व्यक्तियों के नाम रामायण के पात्रों से मिलते हैं। इससे इतना ही कहा जाना चाहिए कि ये नाम प्राचीन काल (वैदिक) में भी प्रचलित थे।"

"गुरुदेव! प्रभु श्रीराम के महान् व्यक्तित्व का अति सुंदर चित्रण आपने किया। मेरी कामना है, इच्छा है, अभिलाषा है कि माता सीता के अलौकिक व्यक्तित्व का चरित्र चित्रण हो, जिससे हम सब लाभ ले सकें।" अपराजिता के आग्रह में विशेष प्रार्थना थी।

"अवश्य पुत्री! माता सीता के व्यक्तित्व को समझने के लिए अनसूया-सीता संवाद (वा.रा. 2.117-119) सारगर्भित और अर्थपूर्ण है, यह प्रत्येक नारी के लिए उपयोगी, अत: आवश्यक रूप से पठनीय है। माता सीता सदियों से सनातन समाज में आदर्श बनी रहीं तो उसका कारण भी यही है। सीता मात्र देवी नहीं, हमारी सांस्कृतिक परंपरा को रेखांकित भी करती हैं। सीता के बिना राम अधूरे हैं। अत: हम 'सीता-राम' ही कहते हैं। उनका वनवास जाना उनके समर्पण के साथ-साथ उनके साहस को भी चरितार्थ करता है। जिस तरह उन्होंने दुष्ट रावण का सामना किया, वह उनके स्त्रीत्व को उच्चतम स्तर पर स्थापित करता है। अति महत्त्वपूर्ण तथ्य यह है कि सीता ही रावण के नाश का कारण बनती हैं। यह उनके देवत्व को अवतारत्व सिद्ध करता है। सीता के जन्म को लेकर अनगिनत कथाएँ हैं। त्रेता की युग-नायिका के साथ इतिहास लेखन में ऐसा होना स्वाभाविक है। यही कारण है कि सीताजी को अनेक नाम प्राप्त हुए—अग्निजा, भूमिजा, रक्तजा, पद्मजा और जनकात्मजा। कालांतर में कुछेक कथाकारों ने इन्हें दशरथात्मजा और रावणात्मजा नाम देकर अनावश्यक भ्रम उत्पन्न किया। हजारों साल पुराने युग के चित्रण में इस तरह के अशुद्ध लेखन का होना भी स्वाभाविक है। माता सीता के स्वरूप का अति सुंदर काव्यमय वर्णन रामायण में हुआ है। उन्हें पूर्ण चंद्रप्रभा (अपनी प्रभा से सभी दिशाओं को प्रकाशित करनेवाली) नीलकंठी, कमलनयनी कहा गया (वा.रा. 5.15.27-39)। उन्हें कोमलांगिनी और शुद्धस्वर्णमयी (वा.रा. 3.43.1-2) और शुभस्वरूपा लक्ष्मी, रति प्रतिरूपा, नखशिख सौंदर्यमयी (वा.रा. 3.46.16-22) भी कहा गया है। मिथिला की पवित्र भूमि उन्हें 'सीता वैदेही' नाम से पुकारती है। सीता सतीत्व की साकार प्रतिमा हैं। सीता भारतीय नारी जाति के एकनिष्ठा एवं पवित्रता की ज्वलंत उदाहरण हैं और सनातन समाज में सदा के लिए अमर हैं। रामायण की माता

सीता बुद्धिमान व साहसी स्त्री, आदर्श पुत्री, आदर्श पत्नी, आदर्श माँ हैं। सीता पतिव्रता हैं, महान् हैं, सारे वैभव और ऐश्वर्य को छोड़कर श्रीराम के साथ वन चली गईं।

केवल राम और सीता ही नहीं, रामकथा में सभी चरित्र अपने-अपने धर्म का पालन करते हैं। सभी चार भाई भातृप्रेम का उत्कृष्ट उदाहरण पेश करते हैं। लक्ष्मण भाई के साथ वन चले गए, भरत ने अयोध्या में रहकर भी राजगद्दी पर न बैठकर भाई की पादुका को प्रतिष्ठित किया और शत्रुघ्न ने भाई की आज्ञा का पालन। कौसल्या एक आदर्श माता हैं। इतना सब होने पर भी वे कैकेयी पुत्र भरत पर उतनी ही ममता रखती हैं, जितनी श्रीराम पर। हनुमान आदर्श भक्त हैं, वे श्रीराम की सेवा के लिए सदैव तत्पर रहते हैं। इन आदर्श चरित्रों के कारण ही रामायण विशिष्ट बन जाती है। इसे पढ़कर मनुष्य अपने जीवन को सार्थक बना सकता है। श्रीराम के मित्र हैं—गुह, सुग्रीव, विभीषण और शत्रु रहे ताटका, मारीच-सुबाहु, विराध, कबंध, जयंत, शूर्पणखा, खर-दूषण, रावण। इस सूची से ही श्रीराम के व्यक्तित्व को समझा जा सकता है।"

"वाल्मीकि रामायण से लेकर तुलसी कृत रामचरितमानस, क्या इस तरह और भी रामकथा लिखी गई? इन कथाओं के बारे में भी जानने की उत्सुकता है, आचार्य श्रेष्ठ।"

"वाल्मीकि कृत रामायण रामकथा की प्राचीनतम रचना है। लेकिन इस रचना के भी अनेक पाठ प्रचलित हैं। इनमें तीन पाठ हैं—दाक्षिणात्य पाठ, गौड़ीय पाठ और पश्चिमोत्तरीय पाठ। इन पाठांतरों का कारण है वाल्मीकि रामायण का प्रारंभ में मौखिक रूप से प्रचलित होना, जो फिर लंबे काल के बाद भिन्न-भिन्न परंपराओं के आधार पर स्थायी लिखित रूप धारण कर सका। हाँ, कथावस्तु में अंतर गौण है। प्रारंभ में दो ही पाठ थे—उदीच्य पाठ और दाक्षिणात्य पाठ। उदीच्य पाठ दो पाठों में विभक्त हुआ—गौड़ीय और पश्चिमोत्तरीय। लेकिन दाक्षिणात्य पाठ अपेक्षाकृत अधिक प्रचलित और व्यापक है, साथ ही अपेक्षाकृत प्राचीन और मौलिक है।

वर्तमान में प्रचलित वाल्मीकि रामायण में अनेक प्रक्षेप हैं, इन्हें हटा देने पर जो वाल्मीकि रामायण है, उसे आदि रामायण कहा जाना चाहिए। यह वाल्मीकि कृत मूल रामायण है। प्रचलित वाल्मीकि रामायण भी अति प्राचीन है तो आदि रामायण का रचनाकाल कितना पुराना होगा, कल्पना की जा सकती है। रामायण के रचयिता महर्षि वाल्मीकि को सनातन की प्राचीनतम परंपरा भी आदिकवि मानती है। इसका उल्लेख युद्धकांड (वा.रा. 6.128.107) में हुआ भी है—'*धर्म्यं यशस्यमायुष्यं राज्ञां च विजयंमवहम्। आदिकाव्यमिदं चार्षं पुरा वाल्मीकिना कृतम्।* अर्थात् यह ऋषिप्रोक्त आदिकाव्य रामायण है, जिसे पूर्वकाल में महर्षि वाल्मीकि ने रचा था। यह धर्म, यश तथा आयु की वृद्धि करनेवाला एवं राजाओं को विजय देनेवाला है।' अन्य वैदिक साहित्य व पुराणों में भी यह निर्देशित है, जिसकी चर्चा हम त्रेतायुग अध्याय में कर चुके हैं।

रामायण प्रारंभ में मौखिक रूप से प्रचलित थी। इसे गाकर सुनाया जाता। इसे ही वाल्मीकि की आदि रामायण कहा जाना चाहिए। इसका मूल रूप आगे भी बना रहा और अन्य कथाएँ जुड़कर वर्तमान की रामायण बनी। प्राचीन काल में रामायण के कथानक को लेकर नाटकों का मंचन/अभिनय हुआ करता था (ह.पु. 2.93.6-9)। यह उन दिनों में भी रामकथा की उत्तरोत्तर बढ़ती हुई लोकप्रियता का प्रमाण है। रामायण का अभिनय के साथ गायन भी होता था। इसका प्रमाण वाल्मीकि रामायण (वा.रा. 1.4.10-11, 36) में है, जहाँ रामायण का गायन करनेवाले कुश और लव को स्थानकोविद (स्वरोच्चरों में प्रवीण), मार्ग विधान संपदा (मार्ग गायन में कुशल), गांधर्वतत्त्वज्ञ (नाट्य शास्त्रज्ञ) और रूप-लक्षण संपन्न (अभिनय संपन्न) कहा गया है।

आदिकवि वाल्मीकि श्रीराम के समकालीन हुए। महर्षि वाल्मीकि के जीवन-वृत्त के संबंध में प्रामाणिक सामग्री कम उपलब्ध है। अत: अनेक भ्रांतियों और कथाओं का जन्म हुआ। प्राचीन ऋषिवर वाल्मीकि का आश्रम गंगा की उपनदी तमसा के तट पर था (वा.रा. 1.2.3)। वनवास के समय महर्षि वाल्मीकि और श्रीराम के मिलने का संदर्भ रामायण में आता है (वा.रा. 2.56.16)। यह वर्णन केवल रामायण के दाक्षिणात्य पाठ में मिलता है। फिर भी अन्य अनेक प्रमाण उपलब्ध हैं, जो श्रीराम और महर्षि वाल्मीकि को समकालीन दरशाते हैं। उदाहरणार्थ, अध्यात्म रामायण (2.6.42-43) और आनंद रामायण (1.6.81-82) के अनुसार वाल्मीकि आश्रम यमुना पार चित्रकूट के पास था। तभी तुलसीदासजी कहते हैं—*'देखत बन सर सैल सुहाए। बालमीकि आश्रम प्रभु आए (रा.मा. 2.123.3)।'* उत्तरकांड में लक्ष्मण परित्यक्ता सीता को वाल्मीकि आश्रम में ही छोड़ते हैं। साथ ही ऋषि वाल्मीकि को राजा दशरथ का सखा कहते हैं (वा.रा. 7.47.16-17)।

लोकप्रचलित कथा है—वाल्मीकि पहले डाकू थे और दीर्घकालीन तपस्या के पश्चात् ही रामायण की रचना करने में समर्थ हुए। दस्यु वाल्मीकि का वर्णन स्कंद पुराण में है (वैष्णव 21)। इसके संकेत तुलसीदास भी देते हैं—'*उलटा नामु जपत जगु जाना। बालमीकि भए ब्रह्म समाना* (रा.मा. 2.193.8)।' दस्यु कथा का प्रचलित रूप अध्यात्म रामायण के अयोध्याकांड में है। 'वाल्मीकि' शब्द की व्युत्पत्ति वल्मीक (दीमक) से है। इसी के आधार पर यह कथा संदर्भित है कि तपस्या करते समय उनका समस्त शरीर वल्मीक से समावृत्त हो गया था (अ.रा. 2.6.65-85)।

प्राचीन काल में वाल्मीकि नाम प्रचलित था, अत: अन्यत्र भी वाल्मीकि नाम के व्यक्तियों का उल्लेख धर्मग्रंथों में मिल जाता है, जिसके कारण अनेक बार भ्रम की स्थिति उत्पन्न होती है। हम यहाँ केवल रामायण के रचयिता सुविख्यात महर्षि आदिकवि वाल्मीकि की बात करेंगे। वाल्मीकि अपने आश्रम के कुलपति थे। वैदिक परंपरा में कुलपति उस ऋषि को कहते थे, जो दस हजार विद्यार्थियों का पालन-पोषण करते हुए

उन्हें शिक्षा प्रदान करता, अर्थात् वाल्मीकि आश्रम बड़ा था। महर्षि वाल्मीकि ने रामायण की रचना एक पाठ्यकाव्य के नाते नहीं, बल्कि एक गेय काव्य के नाते की थी, जिसके लिए उन्होंने इसकी रचना अनुष्टुप छंद में की।

मैं उत्तरकांड को प्रक्षिप्त मानता हूँ। उसके लिए यह कहना ही पर्याप्त होगा कि इस कांड में दरशाया गया श्रीराम का चरित्र रामकथा के मूल चरित्र से मेल नहीं खाता। न ही इस कांड की भाषा, शब्द, चित्रण मूल रामायण की तरह हैं। और फिर युद्धकांड के अंत में जो फलश्रुति मिलती है, इससे यह प्रमाणित होता है कि मूल रामायण की परिसमाप्ति यहीं थी। वैसे भी बालकांड के प्रथम सर्ग में केवल अयोध्याकांड से लेकर युद्धकांड तक के विषयों का उल्लेख मिलता है। अत: उत्तरकांड की सभी घटनाएँ बाद में जोड़ी गईं, जिसमें समकालीन समाज की अपनी आवश्यकता, सोच, लोभ और संदर्भित रचनाकार के स्वार्थी भाव रहे होंगे।

महाभारत में रामकथा का विभिन्न रूप में वर्णन हुआ है। अनेक स्थानों पर रामकथा के पात्रों का उल्लेख हुआ है। इसके अतिरिक्त रामकथा की ओर अनेक संकेत मिलते हैं। अरण्यक पर्व में भीम हनुमान का वर्णन करते हुए कहते हैं—'रामायण में अत्यंत विख्यात शूरवीर वानरों के राजा बुद्धि और साहस से भरे हुए प्रशंसनीय गुणों से युक्त हनुमान मेरे भाई हैं (महा. 3.147.11)।'

महाभारत के अरण्यक पर्व में भीम-हनुमान के संवाद के अंतर्गत हनुमानजी ग्यारह श्लोकों में रामकथा संक्षेप में कहते हैं (महा. 3.147.28-38)। द्रोण पर्व (महा. 7.59) और शांतिपर्व (महा. 12.29.51-62) में भी अलग-अलग प्रसंग में रामकथा का संदर्भ आता है। महाभारत में रामावतार का उल्लेख हुआ है (महा. 3.299.18)। कहा गया कि विष्णु ने दशरथ के घर में रहकर युद्ध में रावण को मारा था। रामोपाख्यान का प्रसंग इस प्रकार है कि युधिष्ठिर के रामचरित सुनने की इच्छा प्रकट करने पर मार्कंडेय सुनाते हैं (महा. 3.258)। द्वापर युग में श्रीकृष्ण गीता में श्रीराम को आदर्श रूप में प्रस्तुत करते हैं (गीता 10.31)। अर्थात् इस युग में भी रामकथा आमजन के बीच प्रचलित और लोकप्रिय थी।

कलियुग के प्रारंभ में रामकथा के लोकप्रिय होने का यह प्रमाण है कि उस समय प्रचलित दोनों धर्मों में (जैन व बौद्ध) राम ने विशेष स्थान प्राप्त कर लिया था। बौद्ध धर्म में बोधिसत्त्व तथा जैन धर्म में आठवें बलदेव के रूप में। बौद्ध प्रत्यक्ष-अप्रत्यक्ष रूप से महात्मा बुद्ध को राम का पुनरवतार मानते हैं।

बौद्ध ने रामकथा अपनाई और उसे जातक साहित्य में स्थान दिया। जातक कथाओं के माध्यम से महात्मा बुद्ध अपने पूर्व-जन्मों में मनुष्य अथवा पशु के रूप में भाग लेते हैं। इसके माध्यम से धर्मोपदेश संभव हुआ। प्राचीन बौद्ध साहित्य में रामकथा संबंधी तीन

जातक हैं—दशरथ जातक, अनामकं जातकम्, दशरथ कथानम्। रामायण हर हाल में बौद्ध काल से पूर्व रची गई, क्योंकि बौद्ध जातक में रामायण के पात्रों का वर्णन है, जबकि रामायण में बुद्ध व जातक के अन्य चरित्रों का वर्णन नहीं है। जैनियों ने भी रामकथा के पात्रों को अपने धर्म में विशेष स्थान दिया। अर्थात् जैनियों ने भी राम की कथा अपनाई है। पउमचरियं, रामलक्खणचरियम् और पद्मचरित प्रमुख व प्राचीन जैन ग्रंथ हैं। और भी हैं। सत्य तो यह है कि जैन कथा ग्रंथों में अत्यंत विस्तृत रामायण साहित्य मिलता है। लेकिन दशरथ जातक में जो रामकथा मिलती है, वह रामायण की कथा का विकृत रूप है।

समय के साथ राम भगवान् की तरह पूजे जाने लगे। वराह मिहिर की 'बृहत्संहिता' (58.30) में राम मूर्ति निर्माण के नियम भी हैं। अग्नि पुराण (49) में भी राम की मूर्ति का उल्लेख है। गुप्तकाल के मंदिरों में रामायण संबंधी फलक मिलते हैं। 'रामरहस्योपनिषद्', 'रामपूर्वतापनीय' और 'रामोत्तरतापनीय' में राम परम पुरुष और सीता मूल प्रकृति मानी जाती हैं। इनके माध्यम से अद्वैत भक्ति भी प्रतिपादित की गई है। यह रामोपासना से संबंध रखती हैं। इनमें वेदांत और भक्ति का समन्वय है तथा श्रीराम को परमब्रह्म से अभिन्न माना गया है। 'सीतोपनिषद्' में सीता को प्रकृति, साक्षात् शक्ति, योगशक्ति, वीरशक्ति आदि के रूप में चित्रित किया गया है। 'रामगीता' में वेदांत के आधार पर राम के परम ब्रह्मत्व का प्रतिपादन किया गया है। इसमें 18 अध्याय हैं, जो राम-हनुमान संवाद के रूप में प्रस्तुत किए गए हैं।

रामकथा को भक्ति मार्ग पर ले जाने का काम प्रमुखता से 'अध्यात्म रामायण', 'आनंद रामायण' और 'अद्भुत रामायण' ने किया। वाल्मीकि रामायण के अतिरिक्त प्रमुख रामायण है 'अध्यात्म रामायण', जहाँ पर भगवान् शंकर पार्वतीजी को श्रीराम की कथा सुना रहे हैं। अध्यात्म रामायण की रामानंद संप्रदाय में बहुत प्रतिष्ठा है। रामानंद इस ग्रंथ के रचयिता हैं। इस ग्रंथ का प्रभाव रामचरितमानस, आनंद रामायण और मराठी रामायण पर भी पड़ा है। इस ग्रंथ में वेदांत दर्शन के आधार पर रामभक्ति का प्रतिपादन किया गया। इस ग्रंथ में राम एवं सीता को क्रमशः परम पुरुष (पर ब्रह्म) और योगमाया (मूल प्रकृति) माना गया है। इसी रूपक द्वारा शंकराचार्य प्रणीत 'अद्वैत वेदांत' का निरूपण किया गया है। अद्भुत रामायण में समस्त वृत्तांत वाल्मीकि-भरद्वाज संवाद के रूप में प्रस्तुत हुआ है। आनंद रामायण में अध्यात्म रामायण के उद्धरण के साथ बहुत सी अन्य कथाएँ भी हैं। उदाहरणार्थ—दशरथ-कौसल्या विवाह का वृत्तांत, सीता स्वयंवर में रावण की उपस्थिति, सीता सहित राम की कुरुक्षेत्र यात्रा तथा राम-लक्ष्मण आदि के आठ पुत्रों के विवाह का वर्णन। आनंद रामायण 9 कांडों में विभाजित है—सारकांड, यात्राकांड, यागकांड, विलासकांड, जन्मकांड, विवाहकांड, राज्यकांड, मनोहर कांड और पूर्ण कांड।"

"गुरुदेव! क्या पुराणों में भी रामकथा है?"

"हाँ, वत्स। कुछेक पुराणों का उदाहरण संक्षिप्त में हम त्रेतायुग के अध्याय में ले चुके हैं। इसे विस्तार देते हैं। रामकथा का वर्णन हरिवंश में हुआ है, जिसमें रामावतार के उल्लेख के बाद वनवास से लेकर रावण वध तक की मुख्य घटनाओं का वर्णन संक्षिप्त में हुआ है (ह.पु. 2.93.6)। इस पुराण के प्रारंभ में ही महर्षि वाल्मीकि के काव्य का निर्देश मिलता है—'*गीतं च वाल्मीकिमहर्षिणा च* (ह.पु. 1.1.6)।' विष्णु पुराण की रामकथा में हरिवंश की अपेक्षा अधिक विवरण है (वि.पु. 4.4.87-99)। उदाहरणार्थ, ताटका वध और अयोनिजा सीता (वि. पु. 4.5.28)। लवणासुर वध का वर्णन भी हुआ है (वि.पु. 1.12.4)। साथ ही हैहयकुल के लिए अग्निस्वरूप परशुराम के बल-वीर्य का गर्व नष्ट करने की कथा का भी निर्देश प्राप्त है (वि.पु. 4.4.94)। श्रीराम के राज्याभिषेक का वर्णन भी है (वि.पु. 4.4.98)। वायु पुराण की रामकथा विष्णु पुराण से भिन्न नहीं है (वा.पु. 2.26.183-196)। साथ ही, श्रीराम के शासनकाल (रामराज्य) का वर्णन भी हुआ है। कहा गया है—ऋक्, यजु तथा सामवेद की मनभावनी मधुर ध्वनि उनके राज्य में सर्वत्र सुनाई देती थी। उनके धनुष की प्रत्यंचा की ध्वनि अतिशय कठोर थी। उनके राज्य में किसी को भी कोई दुःख नहीं था। सर्वदा दान देने तथा खाने-पीने की आवाज गूँजती रहती (वा.पु. 2.26.193-194)। भागवत पुराण में सीता लक्ष्मी का अवतार हैं, साथ ही सीता स्वयंवर, राम द्वारा धनुष तोड़ना, शूर्पणखा विरूपित करने का वर्णन भी है। यहाँ भगवान् श्रीराम की लीलाओं का वर्णन हुआ है (भा.पु. 9.10-11)। इसमें रामकथा की विशेष घटनाओं का निर्देश भी प्राप्त होता है। उदाहरणार्थ—श्रीराम अपनी प्रजा की स्थिति जानने के लिए रात के समय छिपकर बिना किसी को बतलाए घूमते थे (भा.पु. 9.11.8)।

कूर्म पुराण में संपूर्ण रामकथा का संक्षिप्त वर्णन हुआ है (कू.पु. 1.20.17-55)। इस पुराण में सीता स्वयंवर का विशेष उल्लेख है। भगवान् शंकर ने प्रसन्न होकर शत्रुओं के विनाश लिए जनक को अद्भुत धनुष प्रदान किया था (कू.पु. 1.20.21-25)। लिंग पुराण की संक्षिप्त रामकथा में राम-रावण-युद्ध का विशेष वर्णन है—श्रीराम श्रेष्ठ, महातेजस्वी तथा महान् ओजस्वी थे। उन धर्मज्ञ राम ने युद्ध में रावण का वध करके तथा यज्ञों द्वारा यजन कर के वर्षों तक राज्य किया (लि.पु. 1.66.36)। वामन पुराण की रामकथा में सीता हरण के कारणों का विशिष्ट वर्णन हुआ है—रावण द्वारा अपने केश के पकड़े जाने पर शोक से संतप्त होकर वेदवती ने रावण के वध के लिए अपने प्राणों को छोड़ दिया था और उसके बाद महात्मा राजा जनक के घर में सीता नाम से जन्म लिया, वे राम की पतिव्रता पत्नी हुईं, उस सीता को रावण ने स्वयं अपने विनाश के लिए अपहृत कर लिया (वामन.पु. 37.9-10)।

नरसिंह पुराण की छह अध्यायों (न.पु. 47-52) में दी गई रामकथा में अवतारवाद को विशेष महत्त्व दिया गया है। इस रामकथा में सीता स्वयंवर के बाद अन्य क्षत्रिय राजाओं के राम पर आक्रमण का वर्णन है। इन कुपित राजाओं की सेना पर श्रीराम और लक्ष्मण विजय पाते हैं। इन सारी बातों को सुनकर राजा दशरथ अयोध्या से मिथिला आते हैं और फिर श्रीराम व सीता का विधिपूर्वक पाणिग्रहण संस्कार संपन्न होता है (न.पु. 47.116-131)। शिव महापुराण में भी रामकथा संबंधी अनेक प्रसंगों व घटनाक्रम का उल्लेख है (सतीखंड 24-25)। यहाँ राम शिव तथा देवी भक्त के रूप में हैं। राम सती से कहते हैं—'मैंने भगवान् शंकर की आज्ञा से अवतार लिया है (सतीखंड 25.33)।' मत्स्य पुराण में रामकथा का संक्षिप्त में वर्णन हुआ है, विस्तार से पढ़ने के लिए वाल्मीकि कृत रामायण के निर्देश प्राप्त हैं (म.पु. 12.50-51)। वाराह पुराण, भविष्य पुराण व नारदीय पुराण में भी रामकथा का उल्लेख हुआ है। अग्नि पुराण की रामकथा वाल्मीकि रामायण के सात कांडों का संक्षेप है, लेकिन कुछ विकृतियाँ भी प्रक्षेपित की गई प्रतीत होती हैं। इस पुराण में श्रीराम द्वारा माल्यवत पर्वत पर चातुर्मास्य यज्ञ करने का उल्लेख हुआ है (अ.पु. 8.5)।

श्रीराम को अनेक पुराणों (विष्णु, वायु, भागवत, वामन, गरुड़, ब्रह्मांड, स्कंद व पद्म पुराण) में विष्णु का अवतार माना गया। वाल्मीकि रामायण के युद्धकांड में श्रीराम के विष्णु अवतार होने के स्पष्ट निर्देश हैं। *'प्रीयते सततं रामः स हि विष्णुः सनातनः'* (वा.रा. 6.128.119), अर्थात् जो रामायण का पाठ करता है, उस पर सनातन विष्णु स्वरूप भगवान् श्रीराम सदा प्रसन्न रहते हैं। *'आदि देवो महाबाहुर्हरिर्नारायणः प्रभुः। साक्षाद् रामो रघुश्रेष्ठः शेषो लक्ष्मण उच्यते।'* (वा.रा. 6.128.120) अर्थात् साक्षात् आदिदेव महाबाहु पापहारी प्रभुः नारायण ही रघुकुलतिलक श्रीराम हैं तथा भगवान् शेष ही लक्ष्मण कहलाते हैं।

संस्कृत में अनेक रामायण रची गईं—योगवासिष्ठ, तत्त्वसंग्रह रामायण, भुशुंडि रामायण, मंत्र रामायण, महारामायण, कालनिर्णय रामायण एवं वेदांत रामायण। 'कालनिर्णय रामायण' रामकथा का एक ऐसा वर्ग है, जिसमें राम के जीवन से संबंधित प्रधान घटनाओं की तिथियाँ दी गई हैं। साथ ही राम तथा सीता की अवस्था का वर्णन भी है। उदाहरणार्थ, वनवास के समय राम और सीता की अवस्था क्रमानुसार 27 और 18 वर्ष की तथा राज्याभिषेक के समय 42 और 33 वर्ष की थी। इसका वर्णन रामायण में भी हुआ है—वनगमन काल तक श्रीराम की आयु पच्चीस और सीता की आयु अठारह वर्ष हो गई थी (वा.रा. 3.47.10)। पद्म पुराण कालनिर्णय रामायण का एक उत्तम उदाहरण है। इस पुराण के पातालखंड के छत्तीसवें अध्याय में लोमश महर्षि द्वारा समय निर्देशपूर्वक वर्णित श्रीरामचरित का अरण्यक मुनि द्वारा वर्णन है। 'तत्त्वसंग्रह रामायण'

में रामकथा के अतिरिक्त प्रमुख पात्रों के विषय में प्रचलित कथाओं का संग्रह हुआ है। साथ ही रामकथा के तत्त्व पर प्रकाश डाला गया है। राम को विष्णु के अतिरिक्त अन्य देवताओं शिव, ब्रह्मा, हरि-हर, त्रिमूर्ति और परब्रह्म का भी अवतार माना गया है।

'मंत्ररामायण' में रामायण के वेदमूलतत्त्व का प्रतिपादन है। वेदों में ही रामकथा निहित है, ऐसा विश्वास प्रकट किया जाता है। ग्रंथकर्ता नीलकंठ ने वैदिक मंत्रों का संग्रह प्रस्तुत किया है, जिनका परोक्षार्थ रामकथा से संबंध रखता है। इस ग्रंथ के प्रारंभ में रामरक्षास्तोत्र उद्धृत किया गया है, आशय यह है कि राम के प्रकट होने के साथ-साथ वेद भी रामायण के रूप में प्रकट हुए। 'भुशुंडी रामायण' का 'मूल रामायण' और 'आदि रामायण' नाम भी प्रचलित है। यह चार खंड (पर्वों) में विभाजित है—पूर्व, पश्चिम, उत्तर और दक्षिण। 'वेदांत रामायण' में वाल्मीकि द्वारा परशुराम का जीवन-चरित्र राम को कथा रूप में सुनाया गया। 'योगवासिष्ठ' ग्रंथ वसिष्ठ एवं श्रीराम का संवाद है, जिसमें वसिष्ठ राम को मोक्ष-प्राप्ति पर विस्तृत उपदेश देते हैं, जिसके फलस्वरूप श्रीराम निर्लिप्त होकर अपने कर्तव्य के पालन के लिए तत्पर हुए। यहाँ अध्यात्म का विस्तृत एवं प्रासादिक विवेचन प्राप्त है।

रामकथा पर अनेक महाकाव्य भी हैं—रघुवंशम्, रावणवह अथवा सेतुबंध, भट्टिकाव्य, जानकीहरण, रामचरित; रामायण मंजरी, दशावतारचरित, जानकी परिणय, उदारराघव, रघुवीर चरित, राघवोल्लास। साथ ही अनेक नाटक रचे गए—प्रतिमानाटक, महावीर चरित, उत्तर रामचरित, अभिषेक नाटक, रामाभ्युदय, प्रसन्नराघव।

कालिदास ने 'रघुवंशम्' की रचना की, जिसमें रामकथा के साथ-साथ रघुवंश के अन्य राजाओं की कथा भी है, विशेषकर राम के बाद की पीढ़ी का वर्णन है। यह रघुवंशी राजाओं के स्वरूप, स्वभाव और महत्त्व को दरशाता ग्रंथ है। इसके कुछ समय पश्चात् ही महाराष्ट्री प्राकृत में 'रावणवह' की रचना हुई। यह राजा प्रवरसेन के समय में उनके दरबारी कवि द्वारा रची गई। इसमें वाल्मीकि कृत युद्धकांड की कथावस्तु का अलंकृत शैली में वर्णन है। इस रचना की मूलकथा में कोई महत्त्वपूर्ण परिवर्तन नहीं किया। 'भट्टिकाव्य' की रचना कच्छ में हुई थी। इसमें वाल्मीकि रामायण के प्रथम छह कांडों की कथावस्तु का किंचित् परिवर्तन सहित वर्णन है। उदाहरणार्थ—केवल श्रीराम और सीताजी के विवाह का उल्लेख हुआ है। कुछ विकृतियाँ भी हैं, जैसेकि राक्षसियों का संभोग वर्णन है। 'जानकीहरण' की कथावस्तु भी वाल्मीकि रामायण पर ही निर्भर है। इस रचना की विशेषता श्रृंगार तत्त्व है। गौड़ीय पालवंश के युवराज हारवर्ष की प्रेरणा से अभिनंद ने रामचरित की रचना की। 'अभिनंदन कृत रामचरित' में भी मूल रामायण की कथा से कोई विशेष अंतर नहीं है। कुछेक विशेषताएँ हैं—वर्षा ऋतु के पश्चात् सुग्रीव का अपने आप राम के पास आना और हनुमान का गुफा में प्रवेश के घटनाक्रम में परिवर्तन।

कश्मीर के क्षेमेंद्र ने 'रामायणमंजरी' में वाल्मीकि रामायण को संक्षेप किया है। उन्होंने 'दशावतार चरित' की रचना भी की। इसमें समस्त कथा का वर्णन रावण के दृष्टिकोण से किया गया। कवि मल्ल ने 'उदारराघव' की रचना की। कथा के मूल में वाल्मीकी रामायण ही है। पंद्रहवीं शताब्दी के बाद रामकथा पर आधारित अनेक रचनाओं की चर्चा करने पर विषयांतर हो जाएगा। कुछेक विशेष रचना पर बात यहाँ की जा सकती है। उनमें प्रमुख हैं—'जानकी परिणय'। इस रचना में दशरथ-यज्ञ से लेकर परशुराम-तेजोभंग तक की प्रधान घटनाओं का वर्णन है। दशरथ की मिथिला-यात्रा का विस्तार में चित्रण है। दूसरी महत्त्वपूर्ण रचना 'राघवोल्लास' है। इस महाकाव्य की रचना अद्वैत नामक संन्यासी द्वारा हुई। कवि का मूल नाम मुरारि था। इसकी विशेषता है—राम का सौंदर्य, मर्यादित शृंगार और सभी पात्रों द्वारा राम की स्तुति।

रामकथा का मंचन भी होता आया है। इस महान् कथा पर आधारित नाटकों में अभिनय की प्रथा प्राचीनकला से चली आ रही है। इसका निर्देश हरिवंश (विष्णु पर्व 93.6) में है। रामकथा संबंधी नाटकों में कथानक के दृष्टिकोण से अधिक परिवर्तन मिलता है। रामकथा आधारित नाटकों में 'उत्तर रामचरित' और 'कुंदमाला' का नाम प्रमुखता से आता है। 'प्रतिमानाटक' और 'अभिषेक नाटक' की रचना दक्षिण भारत के कवि द्वारा हुई।

कन्नौज के दरबार में रहनेवाले भवभूति ने आठवीं शताब्दी में 'महावीरचरित' तथा 'उत्तर रामचरित' की रचना की। इन दोनों में मूलकथा से थोड़े परिवर्तन हैं। 'महावीरचरित' के सात अंकों में राम-सीता विवाह से लेकर रामाभिषेक तक की कथा है। इस नाटक में राम-लक्ष्मण विश्वामित्र के आश्रम में सीता-उर्मिला से मिलते हैं और वाली श्रीराम से द्वंद्वयुद्ध में मारा जाता है। 'उत्तर रामचरित' में वाल्मीकि रामायण के उत्तरकांड का नवीन रूप है। वाल्मीकि के आश्रम में श्रीराम और अयोध्या की जनता के सामने सीता-चरित्र संबंधी नाटक का अभिनय वर्णित है, जिसके फलस्वरूप सभी सीता की निर्दोषिता पर विश्वास करते हैं और अंत में सीता और लव-कुश के साथ श्रीराम अयोध्या लौटते हैं। रामकथा का सुखांत इस नाटक की विशेषता है। 'कुंदमाला' 'उत्तर रामचरित' से भी पहले की रचना है। इस नाटक के रचयिता दिङ्नाग हैं। 'कुंदमाला' की कथावस्तु भी 'उत्तर रामचरित' की तरह ही सीता त्याग से आरंभ होकर राम-सीता मिलन पर समाप्त होती है। इस कथा में पृथ्वी देवी प्रकट होकर सीता की निर्दोषिता का साक्ष्य देती हैं।

अनंग हर्ष मायुराज ने 'उदात्तराघव' की रचना की। इसका रचनाकाल भी आठवीं शताब्दी ईसवी है। इसके कथानक की विशेषता सीताहरण का नवीन रूप है। कथा का रूप इस प्रकार है—लक्ष्मण कनक-मृग को मारने जाते हैं। रावण आश्रम के कुलपति का

रूप धारण कर राम और सीता के पास पहुँचकर राम की निंदा करता है कि उन्होंने तरुण लक्ष्मण को भेज दिया। उसी समय एक अन्य छद्म वेशी राक्षस आकर यह समाचार देता है कि कनकमृग राक्षस में बदलकर लक्ष्मण को ले जा रहा है। इस पर राम सीता को रावण की रक्षा में छोड़कर लक्ष्मण की सहायता करने जाते हैं। 'प्रतिमा नाटक' में राम की वंशावली (दिलीप, रघु, अज, दशरथ) तथा 'अभिषेक नाटक' में सीता के लक्ष्मी अवतार का उल्लेख है। 'प्रति मानाटक' के सात अंकों में अयोध्याकांड से लेकर सीताहरण और अंत में श्रीराम का अभिषेक जनस्थान में होने का वर्णन है। 'अभिषेक नाटक' में वाली वध से लेकर रामाभिषेक तक की कथा है। सीता की अग्निपरीक्षा के समय अग्नि देव सीता के लक्ष्मी होने का रहस्योद्घाटन करते हैं। साथ ही इस नाटक में श्रीराम के विष्णु अवतार होने का भी उल्लेख है और श्रीराम का अभिषेक लंका में ही होता है। 'अनर्घराघव' की रचना मुरारि द्वारा हुई। रामकथा संबंधी सबसे विस्तृत नाटक 'बालरामायण' की रचना राजशेखर द्वारा हुई। यह दसवीं शताब्दी थी। इसी समय रामकथा आधारित 'महानाटक' की रचना भी हुई। दक्षिण भारत में रामकथा आधारित नाटक शक्तिभद्र कृत 'आश्चर्य चूड़ामणि' है। नौवीं शताब्दी में रची इस रचना की विशेषता यह है कि राम और सीता के पास मुनियों से प्राप्त एक अँगूठी तथा चूड़ामणि है, जिनके स्पर्श मात्र से छद्मवेशी राक्षस अपना वास्तविक रूप धारण कर लेते हैं। जयदेव ने 12वीं शताब्दी में 'प्रसन्न राघव' की रचना की। पश्चिम भारत में सोमेश्वर ने 13वीं शताब्दी में 'उल्लाघ राघव' की रचना की। जैन कवि हस्तिमल्ल ने सीता विवाह संबंधी 'मैथिली कल्याण' की रचना की। इसमें शृंगार रस की प्रधानता है। भास्कर भट्ट ने 'उन्मत्त राघव' की रचना की थी। व्यास मिश्र देव ने 'रामाभ्युदय' की रचना की। अति प्राचीन कथा साहित्य 'बृहत्कथा' में रामकथा का वर्णन भी हुआ है। अनेक अति प्राचीन राम संबंधी नाटक अप्राप्य हैं। काव्य ग्रंथों में इनका उल्लेख होने से इनके संदर्भ में पता चलता है। उदाहरणार्थ—'कनकजानकी' का उद्धरण 'कविकंठाभरण' में मिलता है।

संस्कृत का ह्रास अनेक कारणों से जब होने लगा तो तुलसीदास ने अवधी भाषा में 'रामचरितमानस' की रचना की। इसे 'तुलसी रामायण' के नाम से भी जाना जाता है। कलियुग में लोककल्याण के लिए तुलसीदास रामकथा का पुनर्लेखन करते हैं, जिसमें भक्ति रस का सर्वाधिक महत्त्व है। इसलिए रामचरितमानस में सभी पात्र प्रभु श्रीराम की लीला में सहायता के लिए आते हैं। यहाँ कोई भी पात्र श्रीराम से स्वतंत्र नहीं। यहाँ तक कि राक्षसों के नायक रावण और कुंभकरण भी शाप से मुक्त होने के लिए वैरभाव से भक्ति करते हैं। मानस का यह भक्ति रस कलियुग में आवश्यक था और है, क्योंकि इस युग में सामाजिक जीवन काम, क्रोध, मद और लोभ से भरा हुआ है। तुलसीदास का जीवन और रचनाएँ श्रीराम केंद्रित रहीं। उनके बचपन का नाम ही 'रामबोला' था।

महाकवि तुलसीदास 'वाल्मीकि रामायण' और 'अध्यात्म-रामायण' से प्रभावित थे। तुलसीदासजी ने रामकथा के लिए चार सुंदर और उत्तम संवाद रचे हैं (रा.मा. 1.36)। चार वक्ता और चार श्रोता। वे हैं—सतयुग में शिव-पार्वती, त्रेता में काकभुशुंडि-गरुड़, द्वापर में याज्ञवल्क्य-भरद्वाज और कलियुग में तुलसीदास-संत। रामचरितमानस सभी पारंपरिक कथाओं का संगम है। यहाँ मूलतः भगवान् शिव माता पार्वती से रामकथा कह रहे हैं, इसके लिए माता पार्वती स्वयं भगवान् शिव से प्रार्थना करती हैं—*'जौं मो पर प्रसन्न सुखरासी। जानिअ सत्य मोहि निज दासी। तौ प्रभु हरहु मोर अग्याना। कहि रघुनाथ कथा बिधि नाना।'* अर्थात् हे प्रभो! यदि आप मुझ पर प्रसन्न हैं और सचमुच मुझे अपनी दासी जानते हैं तो आप श्रीरघुनाथजी की नाना प्रकार की कथा कहकर मेरा अज्ञान दूर कीजिए (रा.मा. 1.107.1)। इस कथा में श्रद्धा है, संपूर्ण समर्पण है और यही इस युग की माँग है। हाँ, वर्तमान के तथाकथित विज्ञान के युग में इसी कथा के व्यावहारिक पक्ष की आवश्यकता के साथ-साथ उसे यथार्थ रूप में प्रस्तुत कर सामाजिक संस्कारों का आदर्श प्रस्तुत करने की आवश्यकता है।

दक्षिण भारत की भाषाओं में रामकथा की परंपरा अति प्राचीन है। तमिल आल्वारों की रचना (नालायिर प्रबन्धम्) में राम के विष्णु अवतार होने के स्तोत्र हैं। आल्वार संतों ने दक्षिण में वैष्णव धर्म का प्रचार किया। श्रीनाथ मुनि ने 'नालायिर प्रबन्धम्' की रचना की, जो चार हजार भक्ति गीतों का संकलन है। आल्वार कुलशेखर की रचना में रामभक्ति का प्राचीनतम निरूपण सुरक्षित है। वाल्मीकि रामायण का अनुवाद तमिल में बहुत पहले हो चुका था। 'कंबनकृत रामायण' (राम अवतारम्) तमिल की मूल रचना है। दक्षिण भारत के महाकवि कंबन की तमिल भाषा में रचित 'कंबन रामायण' उत्तर भारत के रामचरितमानस की तरह ही अत्यधिक लोकप्रिय है। इसे 'कंब रामायण' और 'तमिल रामायण' भी कहते हैं। तेलुगू में रंगनाथ कृत 'द्विपद रामायण' की रचना हुई। सरल भाषा में होने के कारण जनसाधारण में इसका बहुत प्रचार है। यह 'रंगनाथ रामायण' के नाम से प्रसिद्ध है। इसके अतिरिक्त तिक्कन्न कृत 'निर्वचनोत्तर रामायण' है। निर्वचन, अर्थात् गद्यविहीन। तेलुगू में 'मोल्ल रामायण' सर्वाधिक लोकप्रिय है। यह भक्तिभाव से ओतप्रोत है। 'भास्कर रामायण' सबसे अधिक कलात्मक और साहित्यिक है, यह 'वाल्मीकि रामायण' का संस्कृत गर्भित तेलुगू में स्वतंत्र अनुवाद है। मलयालम में कवि राम ने 'रामचरितम्' की रचना की। इस रामकथा का वास्तविक नाम 'इरामचरित' है। कन्नशश ने वाल्मीकि रामायण का अनुवाद मलयाली भाषा में किया। यह रचना 'कण्णश्श रामायण' नाम से प्रचलित है। मलयालियों में सबसे अधिक लोकप्रिय 'अध्यात्म रामायण' है। कन्नड़ में नागचंद्रकृत 'पम्परामायण' (रामचंद्र चरित पुराण) प्राचीन है और कई अन्य रामचरित ग्रंथों का आधार है। कन्नड़ में नरहरि ने 'तोरवे

रामायण' की रचना की। लक्ष्मीश कृत 'जैमिनी भारत' कर्नाटक में अधिक लोकप्रिय हैं। इसमें सीता वनवास का अत्यंत करुणापूर्ण चित्रण है। दक्षिण भाषा में अनेक रामकथाएँ हैं। सभी का वर्णन यहाँ करना असंभव है।

आदिवासी समाज में रामकथा उनकी दंतकथाओं में सुरक्षित है। संथाल आदिवासी जाति में रामकथा प्रचलित है। इस कथा के अनुसार रावण के वध के पश्चात् लौटकर राम ने संथालों के यहाँ रहकर शिवमंदिर की स्थापना की तथा उसमें वे सीता के साथ नित्यप्रति पूजा करने आते। अन्य जनजातियों में शबरी विषयक दंतकताएँ प्रचलित हैं। मुंडा जाति की कथाओं में सीता की खोज का वर्णन है। बोंडो जाति में सीता त्याग के विषय में धोबी वृत्तांत है, लेकिन यह विकृत रूप में है। उराँव जाति में लंकादहन की कथा प्रचलित है। इसके अतिरिक्त छोटा नागपुर की असुर जाति, नर्मदा घाटी की परधान जाति और बैगा-भूमिया जाति में भी राम और सीता की दंतकथाएँ हैं। रामकथा में वानरों अर्थात् वन में रहनेवाले नरों का अति महत्त्वपूर्ण स्थान है। यही कारण है, जो श्रीराम वनवासियों (वानर के वंशज) के बीच बहुत लोकप्रिय हैं।

उत्तर-पूर्व भारत में भी रामकथा है, लेकिन इसकी मूलकथा में कई विकृतियाँ हैं। नेपाली राम साहित्य में भानुभट्ट कृत रामायण महत्त्वपूर्ण है। रघुनाथ उपाध्याय ने 'रामायण सुंदरकांड' की रचना की। सिंहली में भी रामकथा है। सिंहली रामकथा में श्रीराम अकेले ही वनवास करते हैं, उनकी अनुपस्थिति में सीता का हरण होता है। 'काश्मीरी रामायण' (रामावतारचरित) की रचना दिवाकर प्रकाश भट्ट ने की। रामकथा असमिया में भी प्रचलित है। माधव कंदली कृत 'सप्तकांड रामायण' मुख्य ग्रंथ है। बंगाली में कृतिवास कृत 'श्रीराम पांचाली' लोकप्रिय है। बंगाली भाषा में रामकथा आधारित अनेक रचनाएँ हैं। उड़िया में बलरामदास कृत रामायण रची गई। इस ग्रंथ के अन्य प्रचलित नाम हैं—जगमोहन रामायण (रचयिता का दिया हुआ), दाण्डि रामायण (छंद के नाम पर) और बलरामदास रामायण (रचनाकार के नाम पर)। इससे पूर्व सिद्धेश्वर (सारलादास) रामायण की रचना उड़िया में कर चुके थे।

एकनाथ कृत 'भावार्थ रामायण' मराठी में प्राचीनतम रामकथा है। मराठी राम-साहित्य में निम्नलिखित रचनाएँ उल्लेखनीय हैं—सीता स्वयंवर, युद्धकांड, संक्षेप रामायण और लघु रामायण। गुजराती में भी अनेक रामकथा रची गईं, जिनमें आशाएत कृत 'रामलीला ना पदो' से लेकर हरिदास कृत 'सीता विरह' प्रमुख हैं। उर्दू में भी रामकथा लिखी गईं—'रामायण खुश्तर', 'रामायण मंजूम', 'रामायण बहार'। अल बदायूँनी ने वाल्मीकि रामायण का अनुवाद फारसी में सोलहवीं शताब्दी में किया था। मुल्ला मसीह ने 'रामायण मसीही' की रचना की। 17वीं शताब्दी में गुरु गोविंद सिंह ने 'गोविंद रामायण' की रचना गुरुमुखी 'पंजाबी' में की। रामकथा भारत की प्राचीन भाषाओं (पालि, प्राकृत,

अपभ्रंश) में भी लिखी गई। इनका संबंध बौद्ध रामकथा और जैन रामकथा से अधिक है। 'जातकट्ठवण्णना' पाली में है। विमलसूरिकृत 'पउमचरियं', 'सीया चरियं' और 'रामलक्खणचरियम' प्राकृत में है। स्वयंभूदेवकृत 'पउमचरिउ' अपभ्रंश में है।

रामायण ज्ञानमार्ग है तो रामचरितमानस भक्तिमार्ग है। वाल्मीकि सत्य के घाट पर विराजमान हैं तो तुलसी प्रेम के घाट पर विचरण कर रहे हैं। इसी दृष्टि को विस्तार दें तो आनंद रामायण में आनंद रस की प्रधानता है तो अध्यात्म रामायण में अध्यात्म केंद्र में है और अद्‍भुत रामायण में अवतारवाद। अर्थात् जिसे जो रस चाहिए, वह वही रामकथा पढ़े और आनंद ले। प्रभु श्रीराम के जीवन में मानव के सभी पक्ष और रस विद्यमान हैं।

रामकथा दो मार्ग से विश्व में फैली—एक उत्तर मार्ग से और दूसरा पूर्व व दक्षिण मार्ग से। उत्तर की धारा अपेक्षाकृत प्राचीन है। यह तिब्बत और चीन होते हुए विश्व भर में फैली। जबकि दक्षिण-पूर्व में स्थित वर्तमान के म्याँमार, थाईलैंड, वियतनाम, मलेशिया और इंडोनेशिया तथा इनके आसपास के सभी द्वीपों में रामकथा तब से प्रचलित हैं, जब इनके नाम भिन्न थे। यह इस भूभाग के रामकथा से संबंध का प्रामाणिक इतिहास सिद्ध हुआ। रामकथा उन दिनों में जावा, वाली, मलय और हिंदेशिया आदि में भी रची गई। इनमें हिंदेशिया का 'रामायण ककविन', जावा का 'सेरतराम', 'चरित रामायण', 'सेरतकांड' व 'सेरीराम', स्याम का 'रामकियेन' प्रमुख हैं।

दक्षिण-पूर्वी एशिया का देश स्याम (थाईलैंड) में रामकथा 'रामकियेन' अर्थात् 'रामकीर्ति' नाम से लोकप्रिय है। रामकियेन के कथानक में एक विशेषता है—इसके पात्र स्याम देश के निवासी हैं तथा रामकथा का घटनास्थल भी स्याम में ही माना जाता है। वियतनाम और कंबोडिया में भी रामकथा का प्रचलन अति प्राचीन है। दक्षिण कंबोडिया में 'रामकेर्त्ति' एक कलात्मक रचना है। बर्मा में 'राम यागन' एक महत्त्वपूर्ण काव्य रचना है।

बौद्ध रामकथा 'अनामकं जातकम्' का अनुवाद चीनी भाषा में कांग-सेंग-हुई द्वारा तीसरी शताब्दी में हुआ। यह पुस्तक 'लियेऊ तू त्सी किंग' में सुरक्षित है। 'दशरथ कथानम्' का अनुवाद भी चीनी भाषा में पाँचवीं शताब्दी में हुआ। यह 'त्सा पौ त्संग किंग' नामक संग्रह में है। तिब्बती भाषा में भी तिब्बतीय रामायण की रचना की गई। तुर्किस्तान की 'खोतान की रामकथा', अर्थात् 'खोतानी रामायण' में तिब्बती रामकथा का प्रभाव है। इन कथाओं में केवल राम और लक्ष्मण दो भाइयों का उल्लेख हुआ है।

पाश्चात्य यात्रियों, विशेषकर मिशनरियों ने रामकथा विषय पर अनेक रचना का लेखन किया। इसमें अंग्रेजी के अतिरिक्त स्पैनिश, डच, फ्रेंच व पुर्तगाली प्रमुख हैं। लेकिन ये सभी रचनाएँ अपेक्षाकृत अर्वाचीन हैं। डच में 'दि ओपन दोरे', 'अफगौडेरैय डेर ओस्ट इंडिस्के हेडेनन', स्पैनिश में 'असिया पोर्तुगेसा', फ्रेंच में 'रलासियो डेस एरयर', 'ला जानिटिलिटे डु बेंगाल' और 'पुर्तगाली वृत्तांत' में रामकथा है।

उपरोक्त विवरण रामकथा की व्यापकता दरशाता है, साथ ही यह भी प्रदर्शित करता है कि रामकथा विदेश में भी बराबर लोकप्रिय रही। सर्वप्रथम बौद्धों ने रामकथा का प्रचार विदेशों में किया। सत्य तो यह है, रामकथा प्राचीन काल से एशियाई संस्कृति का एक महत्त्वपूर्ण तत्त्व रही है।

एक महत्त्वपूर्ण बात, अन्य देशों में प्रचलित रामकथाओं के मूल में वाल्मीकि रामायण ही है। कहीं-कहीं पर इन कथाओं में स्थानीय संस्कृति का पुट दे दिया गया है। यहाँ तक कि रामकथा का स्थल भी अपना देश ही मान लिया गया है, लेकिन इस कारण से अनेक रामकथाओं में विकृतियाँ आ गईं। उदाहरणार्थ—एक दूषित कथा में तो राम और सीता को दशरथ की संतति बताया गया (दशरथ जातक) तो एक दूषित कथा में राम और लक्ष्मण दोनों का सीता से विवाह प्रतिपादित है। यह दोष स्थानीय संस्कृति और परंपरा के कारण आया (खोतानी रामायण—यह स्थानीय संस्कृति में बहुपतित्व की प्रथा का प्रभाव है)। इन दुष्कल्पनाओं के आधार पर कुछ शातिर विद्वानों ने अपना षड्यंत्रपूर्वक खेल खेला और जनमानस में रामकथा को दूषित करने का प्रयास किया। लेकिन वे सभी असफल रहे। कारण एक ही है—प्रभु श्रीराम का अलौकिक व्यक्तित्व। श्रीराम का चरित्र आमजन में स्थापित था, है और सदा रहेगा।

रामकथा के साथ छेड़छाड़ का षड्यंत्र निरंतर जारी रहा और आज भी यह प्रयास होता रहता है, लेकिन रामायण मानवीय आदर्शों की मार्गदर्शक बनी रही। रामायण मानवीयता का पथ-प्रदर्शक आदर्श महाकाव्य है। इसने विश्व साहित्य पर अपनी अमिट छाप छोड़ी है। रामकथा में केवल चरित्र का बखान ही मंतव्य नहीं है, अपितु श्रीराम के रूप में उस व्यक्तित्व को, उस मानव को चित्रांकित करना है, जो आदर्श हो, परिपूर्ण हो, समूची मानवता का सिरमौर हो, महानायक हो। समाज का नेतृत्व करनेवाला सर्वांगीण, सर्वोत्तम और मर्यादा पुरुषोत्तम हो। अद्भुत और अलौकिक हो। अतः वाल्मीकि रामायण के बालकांड (1.8-20) में श्रीराम के इन गुणों को विशेषणों के माध्यम से प्रकट किया गया है—नियतात्मा (मन को संयमित रखनेवाला), महावीर्य (महान् पराक्रमी), द्युतिमान (तेजस्वी), धृतिमान (धैर्यवान), वशी (इंद्रियों को अपने वश में रखनेवाला), बुद्धिमान, नीतिमान (नीति-अनीति का निर्णय करनेवाला), वाग्मी (उत्तम वक्ता), श्रीमान (शोभायुक्त), शत्रुनिबर्हण (शत्रु का वध करनेवाला), विपुलांस (उन्नत कंधोंवाला), महाबाहु (लंबी भुजाओं वाला), कंबुग्रीव (तीन रेखाओं से युक्त कंठवाला), महाहनुः (मांसल हनु-ठोड़ी वाला), महोरस्क (विशाल वक्षस्थल से युक्त), महेष्वासो (बड़े आकार का धनुष धारण करता हो), गूढजत्रु (कंधों की अद्‌दश्य अस्थि संधियों से युक्त), आजानुबाहु (घुटनों तक जिसके बाँहें पहुँचती हों), सुशिरा (उत्तम मस्तक), सुललाट (शोभजन ललाट वाले), समः (सानुपातिक देहयष्टि वाले), स्निग्धवर्ण (शुभ वर्ण),

पीनवक्षा: (पुष्ट व उन्नत वक्षस्थल), धर्मज्ञ (धर्म का ज्ञाता), विशालाक्ष (विशाल नेत्रों से युक्त), सत्यसंचय: (सत्यमार्गी), वश्य: (जितेंद्रिय), समाधिमान् (स्थिर चित्त), प्रजापतिसम: (ब्रह्मदेव के समान), धाता (प्रजा का पालनकर्ता), रिपुनिषूदन: (शत्रुओं का संहारक), स्मृतिमान् (अच्छी स्मरणशक्ति से संपन्न), सर्वशास्त्रार्थतत्त्वज्ञ (सभी शास्त्रों के अर्थ का तत्त्ववेत्ता), सर्वलोकप्रिय (समाज में सभी लोगों का प्रिय), साधु: (सौम्य, संसार की नश्वरता की अक्षय स्थिति जाननेवाला), अदीनात्मा (उदार), सर्वसम: (एक-सा व्यवहार रखनेवाला), सदैव प्रियदर्शन: (हर समय जनता के लिए, जिसका दर्शन सुखद है), सर्वगुणोपेत: (सर्वगुण संपन्न), धैर्येण हिमवान् इव (हिमालय की तरह धैर्यवान), विष्णुना सदृशो वीर्ये (पराक्रम में विष्णु के समान), सोमवत् प्रियदर्शन (चंद्रमा के समान आनंददायक), कालाग्नि सदृश: क्रोध (प्रलयंकारी अग्नि के समान क्रोधी), क्षमया पृथिवीसम: (पृथ्वी के समान क्षमाशील)।

इतने सारे गुणों का किसी अन्य व्यक्ति में होना संभव नहीं। समर्थ रामदास ने तभी कहा है कि श्रीराम का बखान पूर्ण रूप से कैसे करें। कालिदास प्रारंभ में ही कह देते हैं कि रघुवंश वर्णन कहीं हास्यास्पद नहीं हो। तुलसीदास अपनी मदद के लिए समस्त सृष्टि को निमंत्रित करते हैं (रा.मा. 1.12)—*'सारद सेस महेस बिधि आगम निगम पुरान। नेति नेति कहि जासु गुन करहिं निरंतर गान।'* अर्थात् सरस्वतीजी, शेषजी, शिवजी, ब्रह्माजी, शास्त्र, वेद और पुराण, ये सब 'नेति नेति' कहकर (पार नहीं पाकर) सदा जिनका गुणगान किया करते हैं।

संत एकनाथ को प्रभु श्रीराम का वर्णन करना अपनी प्रतिभा से परे लगता है। इतने गुणों की बात ही क्या है, इनमें से कोई दो-तीन गुणों के कारण ही हम उच्च शिखर पर पहुँच जाते हैं, तो फिर सारे ही गुणों के निधान श्रीराम संपूर्ण मानवता के लिए आदर्श मानदंड के रूप में युगों-युगों से स्थापित हैं तो यह उचित ही है।

श्रीराम के मार्ग में चलने के प्रयास में ही मानव समाज का कल्याण है और रामकथा हमें जीना सिखाती है। जीने के लिए क्या सूत्र होंगे, यह हमें प्रभु श्रीराम के जीवन से सीखने को मिलता है। रामकथा से मनुष्य के जीवन से तीनों दोष (मन, वचन, कर्म) दूर होते हैं। रामकथा में वैदिक ज्ञान की गहराई है, पुराणों का संदेश है, उपनिषदों का विचार और जीवन-दर्शन है, सनातन संस्कार हैं। रामकथा इतिहास होते हुए भी भविष्य की आवश्यकता है। इस कथा के प्रत्येक प्रसंग में जीवन के सिद्धांत हैं, जिसके द्वारा मनुष्य सुख प्राप्त करता है और उसका कल्याण संभव है। सीता का पातिव्रत्य, राम की गुरुभक्ति एवं आज्ञापालन, लक्ष्मण का भ्रातृप्रेम, दशरथ की सत्य प्रतिबद्धता, कौसल्या का वात्सल्य, भरत की भ्रातृभक्ति आदर्श समाज के लिए महत्त्वपूर्ण हैं। रामकथा भक्ति और मुक्ति देने के साथ-साथ आदर्श जीवन का एक महान् मार्गदर्शन भी है।

वाल्मीकि श्रीराम को साक्षात् मूर्तिमान धर्म कहते हैं तो श्रीमद्भागवत में वेदव्यास कहते हैं—'मनुष्यों को धर्म की शिक्षा देकर लोकानुग्रह करना ही राम के अवतार का मुख्य प्रयोजन है।' मारीच भी श्रीराम को धर्म के मूर्तिमान स्वरूप कहता है (वा.रा. 3.37.13)। शत्रु का कहना यहाँ महत्त्वपूर्ण है, यही श्रीराम को विशेष बनाता है।

सनातन संस्कृति में श्रीराम के अमिट प्रभाव को इस तरह से समझा जा सकता है कि हिंदू परिवार में जन्म और विवाह के अवसर पर रामजन्म और राम-विवाह संबंधी गीत गाए जाते हैं तथा अंतिम यात्रा में 'राम नाम सत्य है' कहा जाता।"

"मुनिवर! एक साधारण सा प्रश्न है। श्रीराम के साथ सामान्य रूप में चंद्र शब्द क्यों होता है?"

"वत्स! प्रश्न केवल प्रश्न होता है, साधारण या असाधारण जैसा कुछ नहीं। और फिर तुम्हारा प्रश्न तो महत्त्वपूर्ण है। हाँ, इसका उत्तर विस्तार में न जाकर संक्षिप्त में दूँगा। अगर तुम्हारी जिज्ञासा शांत न हो तो कह देना, किसी और दिन अलग से चर्चा करेंगे। समय आज बहुत हो रहा है। श्रीराम के साथ चंद्र उपाधि इसलिए जुड़ी, क्योंकि राम के सौंदर्य और लोकप्रियता की अभिव्यंजना के लिए महर्षि वाल्मीकि ने अनेक स्थलों में चंद्रमा उपमा दी (वा.रा. 2.44.22, 5.34.28)। क्षत्रिय होते हुए भी चंद्रमा के समान शीतल व्यक्तित्व था उनका। वाल्मीकिजी ने रामायण में एक स्थान पर (वा.रा. 6.102.32) 'रामचंद्र' शब्द का प्रयोग किया है। वैसे यह राम के शील और शांत स्वभाव के कारण भी है। साथ ही यह भी ध्यान योग्य है कि श्रीराम सूर्यवंशी हैं। अतः उनका संबंध सोम से प्रत्यक्ष नहीं हो सकता। यही अप्रत्यक्षता श्रीराम को विशिष्ट बनाती है।"

"गुरुकुल में भोजन का समय हो रहा है, अतः अब आपको और प्रश्न करने की अनुमति नहीं दी जा सकती।" छात्रों को प्रश्न पूछने के लिए हाथ खड़ा करता देख आचार्य संवरण ने कहा था।

"आचार्य! विषय ही ऐसा है, प्रश्न पूछ लेने दो।" गुरुदेव ने कहा था।

"कुलपतेय! अनुशासन इसकी अनुमति नहीं देता और यह आपके द्वारा ही निर्धारित है। फिर भी आपके गुरुकुल के छात्रों के प्रति स्नेह को देखते हुए दो प्रश्न की अनुमति है।"

"हे आचार्य श्रेष्ठ! रामकथा में कुछेक पात्र अप्राकृतिक लगते हैं, जैसेकि कबंध राक्षस या फिर अन्य राक्षस व वानरों का चित्रण?"

"नहीं वत्स! प्रकृति अत्यंत रहस्यपूर्ण है। हमारी कल्पनाओं से भी अधिक। कबंध राक्षस का शारीरिक चित्रण आज कुछ लोगों को अजीब लग सकता है, लेकिन आज के पश्चिम सिनेमा में भी अजब-गजब पात्रों की कल्पना रची जाती है। कहीं ऐसा तो नहीं कि इसकी प्रेरणा उन्हें रामायण से मिली हो? यह भी तो कहा जा सकता है कि हजारों

साल पहले के रचनाकारों की कल्पना आज के युग की तरह ही थी, अर्थात् वे हमसे अधिक आगे की सोच रखते थे। या फिर यह भी हो सकता कि ऐसे पात्र प्रकृति में हों। क्यों नहीं हो सकते? यह भी सत्य है कि रचना में काव्यात्मकता का पुट आने से इनकार नहीं किया जा सकता। रामकथा में कबंध एक महत्त्वपूर्ण चरित्र है। वहीं श्रीराम को यह भी बताते हैं कि पंपा के मार्ग में ही मतंग ऋषि की सेवा में रहनेवाली शबरी मिलेगी (वा.रा. 3.73.27)। अर्थात् प्रकृति में हर पात्र की अपनी भूमिका है।"

"मुनिश्रेष्ठ! कुछ लोग राम को काल्पनिक मानते हैं। उनके लिए क्या कहेंगे?"

"वत्स! एक मिनट के लिए मान लेते हैं कि राम काल्पनिक चरित्र हैं, इतिहास-पुरुष नहीं। यह भी मान लेते हैं कि वे न तो अवतार थे, न ही भगवान्। लेकिन क्या आप अपना राजा/शासक श्रीराम जैसा व्यक्तित्व नहीं चाहते? क्या आप नहीं चाहते कि श्रीराम जैसे गुणोंवाला आपका पुत्र, भाई, पति हो? क्या आप यह नहीं चाहते कि श्रीराम की तरह आपका मित्र हो? इन सब प्रश्नों के उत्तर में 'हाँ' होना ही श्रीराम के चरित्र की स्वीकार्यता का प्रमाण है। वे जन-जन के आदर्श हैं, वे जननायक हैं। हर समाज चाहेगा राम का होना। रावण के होने से समाज का निर्माण नहीं हो सकता। अत: राम हर युग के हर समाज में अगर पूजे जाते हैं तो क्या गलत है? अब कोई श्रीराम और रामकथा को काल्पनिक माने या यथार्थ, श्रीराम मानव समाज के लिए हर युग में आवश्यक हैं।

हर युग, हर काल, हर समाज में हरेक चाहेगा कि रावण रूपी राक्षस का वध हो। क्यों? श्रीराम ने रावण को सिर्फ सीताजी के लिए नहीं मारा था, बल्कि रावण ने मातृशक्ति का अनेक बार अपमान किया था। उसने अपनी बहन को विधवा बना दिया, अपनी बहू का शील भंग किया, अपने भाई की होनेवाली पत्नी रंभा का बलात् संभोग किया और माता पार्वती की ओर कुदृष्टि रखने लगा। ऐसे में उसका नाश तो होना ही था। उसे उसके अधर्म का फल तो मिलना ही था। क्या आज भी रावण स्वीकार्य है? नहीं। अत: श्रीराम का होना हर युग में संदर्भित है और अपेक्षित भी।

जब भारतीय संस्कृति पर मलेच्छों, असुरों, यवनों का हमला हुआ, तब तुलसीदास ने लोकभाषा में रामचरितमानस की रचना की। यह श्रीराम के आदर्श को पुनर्स्थापित करने के लिए रामकथा का स्मरण था। आज जब सनातन संस्कृति पर हर तरफ से हमले हो रहे हैं, तब रामकथा और प्रभु श्रीराम अधिक प्रासंगिक हैं। जय सियाराम।"

"कुलपते! आप गुरुकुल में भोजन के लिए आमंत्रित हैं।" आचार्य संवरण ने हाथ जोड़कर मुनिश्रेष्ठ से प्रार्थना की।

"क्षमा करें आचार्य! आज मंदिर के सेवकों और आश्रम के सुरक्षा वीरों के साथ भोजन करने का कार्यक्रम है।"

"उत्तम! हमें आज्ञा दें, मुनिश्रेष्ठ।" आचार्य संवरण ने गुरुदेव से आशीर्वाद लिया और गुरुकुल के छात्रों सहित वहाँ से जाने लगे।

"अजकुमार! बड़े महाजन, हमारे व्यवस्थापक महोदय कहाँ हैं?"

"गुरुदेव! भोजन की व्यवस्था के लिए आपसे पहले ही भोजनागृह में पहुँच गए होंगे।"

"उत्तम! अति उत्तम!! बड़े महाजन की व्यवस्था अति उत्तम है। ये छोटे महाजन दिखाई नहीं देते? विशेषकर विवाह के पश्चात्!!" अजकुमार मौन रहा था। "अच्छा, तुम जाओ देखो, सोनकर चाचा वकील से मिलकर लौट आए? अन्यथा वे मेरे बिना भोजन नहीं करेंगे। और जनरल आप भी भोजन करके ही जाइएगा, कई दिनों बाद आए हो।"

"जी गुरुदेव, लेकिन आपके द्वारा मुझे जनरल कहा जाना स्वीकार नहीं। आप मुझे प्रेम से कर्नल कहते आए हैं, यही नाम मुझे प्रिय है।"

"अब तुम ब्रिगेडियर हो। और मैं देख रहा हूँ कि एक दिन मेजर जनरल, फिर लेफ्टिनेंट जनरल बनोगे। तो कह दिया।"

"आपका आशीर्वाद है, गुरुदेव।"

"वह तो सदा है, आर्य श्रेष्ठ। सेना के वीर सैनिक स्वस्थ और सानंद होंगे। और सीमा सुरक्षित होगी, ऐसा मेरा विश्वास है।"

"जी गुरुदेव! सब कुशल-मंगल हैं।"

"कितने दिनों की छुट्टियों में आए हो?"

"एक सप्ताह तो रहूँगा।"

"यहाँ जितने दिन हो तो प्रतिदिन मंदिर दर्शन करने तो आओगे ही। कुछ अतिरिक्त समय लेकर आना। आजकल अजकुमार की इच्छानुसार रामकथा पर परिचर्चा हो रही है।"

"अति सुंदर। आज की वार्त्ता तो सारगर्भित थी। ...और कैसे हो अजकुमार?"

"सब प्रभु की कृपा है, भाईजी। आप भोजन करके ही जाइएगा। मैं अभी सोनकर चाचा को देखकर आता हूँ।" कहकर अजकुमार वहाँ से बाहर निकला था।

"जनरल! आजकल अजकुमार पर प्रभु की कृपा कुछ अधिक ही है।"

"वह कैसे गुरुदेव?"

"अब तक तो प्रभु की सेवा में ही रहता था, अब प्रभु के नाम में भी डूब रहा है। अधिक-से-अधिक जानना चाहता है। ऐसा लगता है, श्रीराम को हृदय में बसा लेने को आतुर है!"

□

तृतीय सर्ग : इक्ष्वाकु वंश

"आचार्य श्रेष्ठ! मंत्री महोदय आपसे मिलने आए हैं।"

"आचार्य प्रतिप्रभ! क्या आप जानते नहीं कि गुरुकुल के समय में अध्ययनरत होने पर मैं छात्रों के अतिरिक्त किसी से नहीं मिलता, राजनेता से भी नहीं।"

"मुनिश्रेष्ठ! कहा था। लेकिन मंत्री महोदय कहने लगे, एक मिनट के लिए दर्शनाभिलाषी हूँ।"

"प्रिय प्रतिप्रभ! एक मिनट में दर्शन तो भगवान् भी नहीं देते और फिर हम आचार्य दर्शन नहीं, श्रवण के योग्य हैं। मना कर दीजिए। वैसे भी आज का विषय 'इक्ष्वाकु वंश' है, जिसके लिए मुझे कुछ बिंदुओं पर चिंतन-मनन करना है, ग्रंथों को पढ़ना है, समय भी मात्र आधा घंटा ही शेष रह गया है और मैं कभी भी प्रवचन में देर से नहीं पहुँचता। हाँ, आज की परिचर्चा भी मंदिर प्रांगण में है, जहाँ आश्रम के गृहस्थ भी आ रहे हैं, अत: मंत्रीजी चाहें तो वहाँ कुछ देर बैठकर सुन सकते हैं। उन्हें लाभ होगा।"

"भक्तो! जय सियाराम।" कहकर गुरुदेव ने आसन ग्रहण किया ही था कि मंत्री महोदय लपककर उनके चरण स्पर्श करने पहुँच गए।

"राजन्! स्वस्थ रहें। समय हो तो बैठें और इक्ष्वाकु वंश की महिमा गान का आनंद लें। ज्ञानवर्धन भी होगा। जान पाओगे कि कैसे यह वंश सदा ही धर्म स्थापना के लिए उद्यत रहा। इसीलिए विश्व इतिहास में लंबे समय तक राज कर पाया।"

"जी-जी महाराज! अवश्य।" मंत्री सकपकाया था। पास खड़े आचार्य प्रतिप्रभ देखकर मुसकराए थे। चुनाव नजदीक हैं और लक्ष्मीनारायण आश्रम के प्रमुख आचार्य आग्नेय शास्त्री का विजयी होने का आशीर्वाद न देना, अर्थात् नेताजी की पराजय। यह बात तेजी से चहुँओर फैल जाएगी। प्रतिप्रभ ने अनेक बार मंत्री को समझाया था कि सनातन के लिए, धर्म के लिए कार्य कीजिए, सत्ता केवल शासन के लिए नहीं मिली है,

लेकिन राजनेता लोग मानते कहाँ हैं। पिछले टर्म में भी यही हुआ था, तब तो मुनिश्रेष्ठ ने क्षमा कर एक अवसर और दिया था। मगर इस बार भी वही सब हुआ। परिणामस्वरूप अधर्मी चारों ओर बढ़ते ही जा रहे हैं। आश्चर्य की बात इसमें यह है कि इनमें अनेक विदेशी भी हैं, विशेषकर पूर्वी पड़ोसी देश से अवैध ढंग से देश में आकर बसनेवालों की संख्या बहुत तेजी से बढ़ रही है। इनको बसाने का काम भी यही राजनेता कर रहे हैं, न्याय व्यवस्था इनको संरक्षण प्रदान कर रही है। अर्थात् अराजकता को कोई रोकने-टोकनेवाला नहीं। व्यवस्था को दीमक अंदर से खोखला कर रहा है। समाज टूट रहा है। आमजन में असंतोष है। यह सब देख-सुनकर गुरुदेव का क्रोधित होना स्वाभाविक था।

"आज का विषय इक्ष्वाकु वंश! प्रभु श्रीराम का वंश। और आज के विषय का चुनाव भी प्रभु के परम सेवक अजकुमार का ही है। ...क्यों वत्स!!" गुरुदेव ने अजकुमार की ओर देखकर कहा था। अजकुमार तुरंत उठ खड़ा हुआ और हाथ जोड़कर कहने लगा, "जय सियाराम। महामुनि, इसके पहले कि आप आज के विषय पर अपना वक्तव्य दें, एक प्रश्न है, जो लंबे समय से मन और मस्तिष्क के बीच अनुत्तरित है।"

"वत्स! प्रभु के दरबार में संकोच कैसा? प्रश्न क्या है?"

"मुनिश्वर, आप पूजन करते हैं भगवान् विष्णु का, प्रमुख हैं लक्ष्मीनारायण मंदिर के और उन्हीं के प्रांगण में बैठकर आप जब भी हमसे वार्त्ता करते हैं तो प्रायः राम नाम को ही जपते हैं। यह कैसी पहेली है, गुरुदेव?"

"वत्स। राम नाम में संपूर्ण ब्रह्मांड समाया है और रामकथा में विश्व इतिहास समेटा हुआ है। राम महामानव हैं, युगपुरुष हैं और हैं तो विष्णु के अवतार ही। जिसकी चर्चा हम पूर्व में कर चुके हैं। एक संदर्भ और देता हूँ, वाल्मीकि रामायण (6.117) में श्रीराम के विष्णु अवतार होने का प्रतिपादन, साथ ही उनका स्तवन है। सत्य तो यह है कि पृथ्वीलोक पर भगवान् विष्णु को भी मानव रूप में अवतरित होना पड़ता है। अतः जब भी हम लौकिक युग की बात करते हैं तो श्रीराम के नाम से। श्रीराम पीढ़ियों की तपस्या का प्रतिफल हैं। उसी इक्ष्वाकु वंश की परिचर्चा हम करने जा रहे हैं।"

"हमारी पीढ़ियाँ भी श्रीराम की सेवा में तन-मन-धन से जुटी रही हैं।" अजकुमार मन में सोच ही रहा था कि देखता है कि अपराजिता ने आकर पहले गुरुमाता के चरण स्पर्श किए थे और फिर गुरुदेव के। और यह क्या...

"पुत्रवती भव।" गुरुदेव ने पहली बार आशीर्वचन में कहा और पल भर के लिए आँखें बंद कर ली थीं, अर्थात् परमात्मा तक उनके शब्द पहुँच रहे थे। तो क्या मुनिश्वर ने उसके मन की बात जान ली है, ऐसा उसे पहले भी कई बार लगा है। उन्होंने आँखें खोलीं तो उनकी दृष्टि मुझ पर ही थी और अजकुमार ने भी एक पल उन्हें देखकर आँखें झुका ली थीं। तभी देखता है कि पड़ोस की छोटकी ठकुराइन ने भी अपराजिता के पीछे-पीछे

पहले गुरुमाता के चरण स्पर्श किए और फिर गुरुदेव के… "पुत्रवती भव! छोटी बहू!" गुरुदेव ने आशीर्वचन के साथ-साथ दोनों हाथ ऊपर उठाकर शुभाशीष दिया था और फिर कहने लगे, "छोटी बहू, तुम सदा बड़ी बहू के पीछे ही क्यों रहती हो?"

"गुरुदेव! आप तो सर्वज्ञानी हैं। जानते हैं कि जब वे बड़ी हैं, मेरी जिज्जी हैं तो हर स्थान पर पहला अधिकार उन्हीं का होना चाहिए।" सुनकर गुरुदेव की आँखें प्रसन्नता में कमल हो गईं, कहने लगे—

"छोटी बहू! ये संस्कार ही तुमको श्रेष्ठ बनाते हैं। यह आश्रम, यह राष्ट्र, यह समय एक दिन तुम्हें तुम्हारे नाम के साथ अभिमान करेगा।" कहकर गुरुदेव ने दोनों हाथ पुनः ऊपर उठाए और आँखें बंद कर परमात्मा से दो क्षण वार्त्तालाप से करते हुए प्रतीत हुए। यह सब अजकुमार ही देख पा रहा था, तभी गुरुदेव ने आँखें खोलीं; छोटी बहू को स्थान पर जाने का संकेत दिया और फिर आगे बोलना जारी रखा था—

"इक्ष्वाकु वंश अर्थात् सूर्यवंश। यह महान् वंश भारत के इतिहास का प्रतिनिधित्व करता है। इस वंश की चर्चा करने से पूर्व एक रोचक प्रसंग सुनाना चाहूँगा, जहाँ महर्षि वाल्मीकि संपूर्ण ब्रह्मांड का वर्गीकरण करते हुए उनकी उत्पत्ति का इतिहास बताते हैं। यह वर्गीकरण आधुनिक विज्ञान की दृष्टि से भी तर्कपूर्ण और तथ्य आधारित माना जाएगा। आदिकवि वाल्मीकि रामायण (3.14) में कहते हैं—श्रीराम को पंचवटी जाते समय रास्ते में एक विशालकाय गिद्ध मिला, जिसका नाम जटायु था। वह राजा दशरथ के मित्र था। उन्होंने अपना परिचय देते हुए समस्त प्राणियों की उत्पत्ति का क्रम बताया। उनके मतानुसार पूर्व काल में जो प्रजापति हुए हैं, उनमें सर्वप्रथम कर्दम हुए। फिर विकृत, तीसरे शेष, चौथे संश्रय, पाँचवें बहुपुत्र हुए। छठे स्थान पर स्थाणु, सातवें मरीचि, आठवें अत्रि, नौवें क्रतु, दसवें पुलस्त्य, ग्यारहवें अंगिरा, बारहवें प्रचेता (वरुण) और तेरहवें पुलह हुए। चौदहवें दक्ष, पंद्रहवें विवस्वान, सोलहवें अरिष्टनेमि और सत्रहवें कश्यप हुए। कश्यप अंतिम प्रजापति हैं। दक्ष की साठ कन्याओं में से आठ कन्याओं को प्रजापति कश्यप ने पत्नी रूप में ग्रहण किया, जिनके नाम अदिति, दिति, दनु, कालका, ताम्रा, क्रोधवशा, मनु और अनला हैं।

अदिति के गर्भ से तैंतीस देवता उत्पन्न हुए—बारह आदित्य, आठ वसु, ग्यारह रुद्र और दो अश्विनी कुमार। दिति ने दैत्य पुत्रों को जन्म दिया। पूर्वकाल में वन और समुद्रों सहित सारी पृथिवी उन्हीं के अधिकार में थी। दनु ने अश्वग्रीव नामक पुत्र और कालका ने नरक तथा कालक नामक पुत्रों को जन्म दिया। ताम्रा ने क्रौंची, भासी, श्येनी, धृतराष्ट्री तथा शुकी कन्याओं को जन्म दिया। इसमें क्रौंची ने उल्लुओं को, भासी ने भास पक्षियों को, श्येनी ने श्येनो (बाजों) और गिद्धों को तथा धृतराष्ट्री ने हंसों और चक्रवाक नामक पक्षियों को जन्म दिया। सबसे छोटी बेटी शुकी ने नता कन्या और नता से विनता पुत्री हुई।

क्रोधवशा ने दस कन्याओं को जन्म दिया—मृगी, मृगमंदा, हरी, भद्रमदा, मातंगी, शार्दूली, श्वेता, सुरभी, सुरसा और कद्रुका। मृगी की संतान मृग है और मृगमंदा के ऋक्ष, सृमर और चमर। भद्रमदा ने इरावती को जन्म दिया, जिसका पुत्र ऐरावत है। हरी की संतानें सिंह, वानर, लंगूर हैं। शार्दूली ने व्याघ्र पुत्र को जन्म दिया। मातंगी की संतानें मातंग (हाथी) है। श्वेता ने दिग्गज को जन्म दिया। सुरभी ने रोहिणी और गंधर्वी कन्याएँ उत्पन्न कीं। रोहिणी ने गौओं को जन्म दिया। गंधर्वी ने घोड़ों को। सुरसा ने नागों को, कद्रु ने पन्नगों को। कश्यप की पत्नी मनु ने मनुष्यों को जन्म दिया। कश्यप की पत्नी अनला से समस्त वृक्ष उत्पन्न हुए।

ताम्रा की पुत्री शुकी, उसकी पौत्री विनता के दो पुत्र हुए—गरुड़ और अरुण। उन्हीं अरुण से जटायु और संपाती उत्पन्न हुए। इस तरह से रामायण में केवल इक्ष्वाकु वंश का वर्णन ही नहीं, बल्कि संपूर्ण सृष्टि की वंशावली है। यही नहीं, अनेक वंशों की विशिष्टता का वर्णन भी हुआ है। उदाहरणार्थ—जटायु के बड़े भाई गृध्रराज संपाती (गीध) को लेते हैं। ये वही हैं, जो अंगद और हनुमानजी से मिलते हैं। जब ये दोनों वीर दक्षिण दिशा में सीता माता की खोज कर रहे होते हैं। तब गृध्रराज संपाती पक्षियों के मार्ग का विस्तृत वर्णन वानरों से करते हैं—'आकाश का पहला मार्ग गौरैया व अन्न खानेवाले कबूतर आदि का। उससे ऊपर का दूसरा मार्ग कौओं और वृक्षों के फल खाकर रहनेवाले दूसरे पक्षियों का। उससे ऊपर तीसरा मार्ग चील, क्रौंच और कुरर का। बाज चौथे और गिद्ध पाँचवें मार्ग से उड़ते हैं। हंसों का छठा मार्ग है। उनसे भी ऊँची उड़ान गरुड़ की। हम सब (संपाती व जटायु) का निकट संबंध गरुड़ से है (वा.रा. 4.58.25-30)।'

अब हम मानव समाज की बात करते हैं। इस व्यवस्था में महाराज मनु की भूमिका अति महत्त्वपूर्ण है। वैवस्वत मनु प्रलयोत्तरकालीन मानवी समाज के आदि पुरुष हैं। सभी राजवंश उसी से प्रारंभ होते हैं। सृष्टि प्रलय के समय वैवस्वत मनु के बचने की कथा वैदिक ग्रंथों और पुराणों में प्राप्त है। मनु के लिए कालिदास कहते हैं—'*वैवस्वतो मनुर्नाम माननीयो मनीषिणाम्।* (रघु. 1.11) अर्थात् मनीषियों में माननीय विश्व-विदित वैवस्वत मनु हुए।' मनु के संदर्भ में एक महत्त्वपूर्ण तथ्य और भी है। हिंदुस्तान का भारतवर्ष नाम किस भरत के नाम पर पड़ा, उसको लेकर अनेक मत हैं। लेकिन सत्य यह है कि वायु पुराण (1.45.75-76) में निर्देश है कि समुद्र के उत्तर और हिमालय के दक्षिण देश का नाम भारत है, प्रजा के भरण-पोषण करने के कारण मनु ही भरत कहलाता है। निरुक्त का भी यही वचन है। निरुक्त (8.13) में भरत का अर्थ सूर्य है—'*भरत आदित्यस्तस्य भा:।*'और मनु सूर्यवंशी थे। अत: मनु उपनाम भरत हिंदुस्तान के पहले राजा थे। उन्हीं के नाम से यह देश भारत कहलाता है। वैवस्वत मनु के दस पुत्रों में इक्ष्वाकु ज्येष्ठ थे। मनु ने अपने ज्येष्ठ पुत्र से कहा कि तुम एक राजवंश के संस्थापक बनो, दंड की सहायता से

राज करो तथा व्यर्थ ही किसी को दंड मत दो, अपराधियों को दंड देने से स्वर्ग प्राप्त होता है। इस तरह के उपदेश की रूपरेखा के साथ इक्ष्वाकु अयोध्या का प्रथम शासक हुआ (वा.रा. 2.110.7)। इसी ने इक्ष्वाकु वंश स्थापित किया। उसकी पत्नी का नाम सुदेवा था। सुदेवा काशी की राजकन्या थीं (प.पु. 2.42.1-5)। इक्ष्वाकु ने कुलगुरु वसिष्ठ के आज्ञानुसार और आध्यात्मिक विद्या प्राप्त कर राजसत्ता का संचालन किया।

इक्ष्वाकु वैदिक (सतयुग) काल के वीर राजा का वर्णन ऋग्वेद और अथर्ववेद में हुआ है। ऋग्वेद (10.60.4) में ऋषि लौपायन कहते हैं—'शत्रु संहारक और ऐश्वर्य संपन्न राजा इक्ष्वाकु शासन में प्रतिष्ठा प्राप्त करते हैं, पाँचों वर्णों के लोग स्वर्गीय सुखों का उपभोग करें।' अथर्ववेद (19.39.9) भी इक्ष्वाकु का वर्णन करते हुए कहता—'*यं त्वा वेद पूर्व इक्ष्वाको यं वा त्वा कुष्ठ काम्य:।* अर्थात् हे कुष्ठ औषधे! सभी रोगों का निवारण करनेवाली अचूक ओषधि रूप में आपका परिचय सर्वप्रथम राजा इक्ष्वाकु ने प्राप्त किया था।'

इक्ष्वाकु वंशी सागर तक पृथ्वी के अधिपति थे। इस कुल परंपरा में त्याग हेतु धन-संचय किया जाता। वे सत्य के साथ मितभाषी होते। उनकी कीर्ति चारों ओर थी। वे सभी शैशवकाल में विद्या अभ्यासी होते, यौवन में विषयों के कामी होते, वृद्ध अवस्था में मुनि का जीवन जीते और योगी की तरह देह त्याग देते। इक्ष्वाकु वंश के राजाओं को त्रेता युग में राज्याश्रम मुनि भी कहा जाता, अर्थात् राज्य रूपी आश्रम में साधन करनेवाला मुनि रूप में राजा। इक्ष्वाकु कुल में सदा ज्येष्ठ पुत्र ही राज्य का अधिकारी हुआ। यह राजव्यवस्था और समाज-व्यवस्था थी (वा. रा. 2.110.36)।

इक्ष्वाकु वंश ही लोकप्रचलित सूर्यवंश है। यही इक्ष्वाकु वंश आगे चलकर महान् राजा रघु के नाम पर रघुवंश कहलाया। इक्ष्वाकु वंश के राजा साक्षात् धर्म के समान हैं, उत्तम व्रत के पालक हैं (वा.रा. 1.21.6)। यही राजा के संस्कार होने चाहिए।

इक्ष्वाकु वंश के 188 उत्तराधिकारियों के नाम अभिलिखित हैं। हरिश्चंद्र 33वें, सगर 40वें, भगीरथ 44वें, दशरथ 63वें सम्राट् हुए। श्रीराम सूर्यवंश के 64वें शासक थे, अर्थात् रामायण काल से पूर्व करीब 3,000 वर्ष से लेकर त्रेतायुग तक और आगे भी इक्ष्वाकु वंश में निरंतरता है।"

"आचार्य श्रेष्ठ! सूर्यवंश के अतिरिक्त चंद्रवंश का वर्णन भी होता है? क्या इनका आपस में कोई संबंध है? क्या इन दोनों वंश के अतिरिक्त और भी कोई वंश हुए?"

"अति उत्तम प्रश्न! परंतु इस विषय पर विस्तार से बात करने पर विषयांतर हो जाएगा। और फिर यह तो भारतगाथा हो जाएगी। अर्थात् भारत का आदि इतिहास, जो हजारों साल में फैला हुआ है और उसमें अनेक शाखाएँ (वंश) हैं। फिर भी इस पर संक्षिप्त जानकारी आवश्यक है, जिससे आज के विषय 'इक्ष्वाकु वंश' को लेकर स्पष्टता रहे।

सूर्यवंश और चंद्रवंश (सोमवंश) का आपस में संबंध इस तरह से है कि दोनों ही वैवस्वत मनु से संबंधित हैं, अर्थात् दोनों शाखाएँ मनु से ही निकली हुई हैं। मनु दोनों वंशों के मूल पुरुष हैं। प्रारंभ से देखें तो सभी राजवंशों के आद्य संस्थापक मनु हैं। मनु की पत्नी का नाम श्रद्धा था। '*ततो मनुः श्राद्धदेवः संज्ञायामास भारत। श्रद्धायां जनयामास दश पुत्रान् स आत्मवान्* (भा.पु. 9.1.11)।' मनु के दस पुत्रों के नाम थे—इक्ष्वाकु, नृग, शर्याति (शर्य्याति), दिष्ट (नाभानेदिष्ट), धृष्ट, करूष, नरिष्यंत, पृषध्र, नभग (नाभाग) और कवि (भा.पु. 9.1.12)। इला नाम की एक कन्या भी थी (भा.पु. 9.1.16)। मत्स्य पुराण (11-12) के निर्देशानुसार इला ही इल नाम दसवाँ पुत्र है। अर्थात् पुराणों में इला नामक स्त्री और इल नामक पुरुष द्विरूप पद्धति से प्राप्त है। सरल शब्दों में कहें तो प्रमुख रूप से मनु के नौ पुत्र और एक कन्या ही मानी जानी चाहिए। वैसे भी दसवें पुत्र 'कवि' का संक्षिप्त वर्णन ही प्राप्त है, क्योंकि किशोर अवस्था में ही वह परम पद-मोक्ष को प्राप्त हो गया था (भा.पु. 9.2.15)। मनु के पुत्र तो और भी हुए, लेकिन वे सब विभिन्न लड़ाइयों में नष्ट हो गए और उनका कोई वर्णन उपलब्ध नहीं है।

मनु के उपरोक्त नौ पुत्रों में से पाँच पुत्र ही वंशकर हुए, अन्य के वंश अल्पावधि में ही विनष्ट हुए। इन पाँच पुत्रों में भी इक्ष्वाकु के अतिरिक्त मनु के अन्य पुत्रों का उल्लेख वैदिक साहित्य में सीमित ही है, जिनके वंश अल्पावधि में ही विनष्ट हो गए, इनके तो नाम भी पौराणिक साहित्य में अप्राप्य हैं। एक कारण यह भी है कि इनमें से कई राजाओं ने क्षत्रिय वर्ग त्यागकर ब्राह्मण धर्म स्वीकार कर लिया था। एक पुत्र (पृषध्र) तो शूद्र वर्ण के जनक बन गए (भा.पु. 9.2.9)। इस तरह के वर्णांतर के कारण राजकीय महत्त्व कम होता चला गया। परिणामस्वरूप राजवंश की सूची से नाम हट गए।

मनुपुत्रों में से इक्ष्वाकु से इक्ष्वाकु वंश अयोध्या में, नाभानेदिष्ट से दिष्टवंश वैशाली में (भा.पु. 9.2.22-33), नारिष्यंत से नरिष्यंत वंश, जो आगे चलकर ब्राह्मण बन गए। ब्राह्मणों का आग्निवेश्यायन गोत्र इन्हीं से हुआ (भा.पु. 9.2.20-22)। शर्याति से शर्याति वंश पश्चिम क्षेत्र आनर्त में (भा.पु. 9.3.28), यह वंश बहुत दिनों तक नहीं चला। हाँ, हैहयवंशियों में एक वर्ग शर्याती का ही है। हैहयवंश वही है, जिसका संदर्भ और संघर्ष भृगुवंशी परशुराम से है, जिसकी चर्चा हम कर चुके हैं। नभग से नभग वंश, जो वर्णांतर करके अंगिरस गोत्रीय रथीतर ब्राह्मण बन गए (भा.पु. 9.6.3)। मनुपुत्र करूष से कारूष क्षत्रिय हुए। वे बड़े ही ब्राह्मणभक्त, धर्मप्रेमी और उत्तरापथ के रक्षक थे (भा. पु. 9.2.16)। मनु पुत्र धृष्ट से धार्ष्ट क्षत्रिय हुए। अंत में वे ब्राह्मण बन गए (भा.पु. 9.2.17)। मनुपुत्र नृग से नृगवंश चला (भा.पु. 9.2.17-18)।

मूल प्रश्न पर लौटते हैं, इक्ष्वाकु वंश अर्थात् लोकप्रचलित सूर्यवंश का संबंध मनु

के पुत्र इक्ष्वाकु से है और मनु की बेटी इला से चंद्रवंश की उत्पत्ति हुई। इला के गर्भ से पुरुरवा का जन्म हुआ (भा.पु. 9.14.15)। इला के गर्भ से उत्पन्न होने के कारण वह 'ऐल' के नाम से विख्यात हुआ। यह सोमवंश (चंद्रवंश) का मूल पुरुष है (वा. पु. 2.28.43-49)। इस तरह से हमने न केवल सूर्यवंश और चंद्रवंश का संबंध जान लिया, बल्कि मनु महाराज और उनसे उत्पन्न अन्य वंशों की संक्षिप्त जानकारी भी पा ली। यह शायद पर्याप्त होगा। अब हम आज के विषय इक्ष्वाकु वंश पर आगे चर्चा करते हैं।

इक्ष्वाकु राजवंश की यह विशेषता है कि यह भारत का अब तक का सबसे लंबा राजवंश है, जब बाहर से आक्रमण हो रहा था और मध्य-उत्तर और पश्चिम के सभी राज्य पस्त हो रहे थे, अयोध्या बचा रहा। कोई राजवंश न इतना बड़ा रहा, न अटूट क्रम से स्थिर रहा, न किसी की वंशावली ऐसी पूर्ण है, न ही इतना विस्तृत वर्णन किसी और राजवंश का उपलब्ध है। एक प्रमुख बात और कि इतना आदर किसी और राजवंश का नहीं माना जाता, जितना इस महान् सूर्यवंश का माना जाता है। हजारों वर्ष तक निरंतर शासन करने से यह वंश इतना शक्तिशाली हो गया था कि बाहरी आक्रमणकारी का इनकी ओर बढ़ने का साहस ही नहीं होता। अत: इनकी राजधानी का नाम 'अयोध्या' अर्थात् अजेय पड़ गया।

इक्ष्वाकु का सबसे बड़ा पुत्र विकुक्षी हुआ, जो अपने पिता के बाद अयोध्या का शासक बना। इक्ष्वाकु के पुत्रों में विकुक्षी के अतिरिक्त, निमि और दंड विख्यात शासक हुए। दंड ने दक्षिण भारत में स्वतंत्र सत्ता बनाई। वाल्मीकि रामायण के अनुसार इक्ष्वाकु का सबसे छोटा पुत्र मूर्ख और अधर्मी था। उसे दंडनीय समझकर इक्ष्वाकु ने उसका नाम दंड ही रखा और उसे विंध्य तथा शैवाल के बीच का देश प्रदान किया। दंडकारण्य इसी नाम से हुआ। निमि से निमिवंश का उद्‍भव हुआ, जिसका संबंध विदेह और मिथिला से है। इन तीन के अतिरिक्त इसके पच्चीस पुत्रों ने आर्यावर्त के पूर्व भाग, पच्चीस पुत्रों ने पश्चिम भाग और 47 पुत्रों ने दक्षिण दिशा में साम्राज्य विस्तार किया (भा.पु. 9.6.4-5)। भारत में आर्य संस्कृति का प्रसार इक्ष्वाकु के पश्चात् ही तीव्र हुआ।

इक्ष्वाकु वंश की एक से अधिक वंशावली आधुनिक युग में प्रचलन में है। पौराणिक साहित्य और रामायण में अंतर है। यही अंतर रघुवंश (कालिदास) में भी है। इसके अनेक कारण हैं, जिसमें प्रमुख है इसका अति प्राचीन होना। दूसरा प्रमुख है अनेक राजाओं के एक से अधिक पुत्र का होना। तीसरा है छोटी सूची में, जो प्रमुख राजा हुए हैं या जिन्होंने यज्ञ किए या जिनका राज्याभिषेक हुआ है, केवल उनका नाम लिया गया है। एक और कारण यह भी है कि एक ही राजा के अनेक नाम होते थे और एक ही नाम के अनेक राजा हुए, जिनके कारण भ्रम उत्पन्न होना स्वाभाविक है। इन सब कारणों से पुराण और

वैदिक साहित्य में इन वंशावली को लेकर एक वाक्यता नहीं है। उदाहरणार्थ, मत्स्य पुराण में केवल प्रमुख राजाओं की नामावली है और जिसका स्पष्ट निर्देश नामावली के अंत में प्राप्त है (म.पु. 12.57)।

एक और उदाहरण, कालिदास ने रघुवंश में राजा दलीप, रघु, अज, दशरथ, राम, कुश, अतिथि और अंत में राजा अग्निवर्ण का चरित्र प्रस्तुत किया है। कालिदास का वंशानुक्रम वाल्मीकि रामायण से थोड़ा भिन्न है। वाल्मीकि के अनुसार रघु दिलीप के पौत्र ककुत्स्थ के पुत्र थे और अज रघु से तेरहवीं पीढ़ी में हुए थे (वा.रा. 1.70.38–43)। लेकिन रघुवंश में कालिदास ने रघु को दिलीप का पुत्र और अज को रघु का पुत्र बताया। यह क्यों किया, यह तो वाल्मीकि और कालिदास ही बता सकते हैं, परंतु इसकी संभावना यही लगती है कि कालिदास के मतानुसार जिन प्रमुख राजा का वर्णन हुआ, उन्हें उसी क्रम में सीधे-सीधे उन्होंने रख दिया।

इक्ष्वाकु वंश की नामावली में अंतर तो आधुनिक युग में प्रचलित वाल्मीकि रामायण कथा में भी है। एक स्थान पर (वा.रा. 1.70.42–43) कहा गया—अंबरीष के पुत्र नहुष हुए और नहुष के ययाति तथा ययाति के नाभाग थे। जबकि दूसरे स्थान पर (वा.रा. 2.110.33) अंबरीष के पुत्र नहुष और नहुष के पुत्र नाभाग हुए, ऐसा कहा गया। आश्चर्य करनेवाली बात यह है कि यह दोनों नामावली महर्षि वसिष्ठजी कह रहे हैं। अब यह तो संभव नहीं कि महर्षि वसिष्ठ जैसा परम विद्वान् दो स्थानों पर दो तरह की नामावली कहे। और न ही महर्षि वाल्मीकि यह त्रुटि कर सकते हैं। अर्थात् यहाँ मूल रामायण के साथ छेड़छाड़ हुई है, यह प्रमाणित होता है। हजारों वर्ष पुरानी रामायण में क्षेपकों के कारण अनेक भ्रम उत्पन्न हुए।

इस संदर्भ में एक रोचक उदाहरण देता हूँ। इक्ष्वाकु वंश में एक राजा हुए हैं सुदास। यह राजा सर्वकाम का पुत्र था एवं राजा मित्रसह कल्माषपाद का पिता था। वैदिक काल में भी सुदास नाम का एक महान् राजा हुआ है। ये दोनों सुदास भिन्न हैं, लेकिन इन्हें एक ही राजा मानने की भूल अनेक बार की जाती है। वैदिक कालीन सुदास को ऋग्वेद में पैजवन उपाधि दी गई है (ऋ. 7.18.23)। पैजवन इसका पैतृक/कुल नाम है। निरुक्त में यही पिजवन भी कहा गया है। यह राजा दिवोदास का पुत्र था (ऋ. 7.18.25)। इसका वर्णन सतयुग की प्रामाणिक कथा 'मैं आर्यपुत्र हूँ' में विस्तार से हुआ है, जहाँ यह दाशराज्ञ युद्ध का नायक है। परंतु सुदास पैजवन को सुदास सर्वकाम मान लेने पर काल का भ्रम होता है और फिर हमारा इतिहास काल्पनिक लगने लगता है। जबकि हमारा पौराणिक इतिहास प्रामाणिक है, बस इसकी व्याख्या करते समय विद्वानों को सतर्कता बरतने की आवश्यकता है, अन्यथा आप अपने हजारों वर्ष के स्वर्णिम इतिहास को माइथोलॉजी अर्थात् मिथ्या-गप-कथा बना देंगे।

अतः इक्ष्वाकु वंश की प्रामाणिक एक नामावली का बनाना असंभव तो नहीं, लेकिन असहमति बनी रहेगी। अंततः प्रयास करने पर यह नामावली कुछ यों हो सकती है—मनु, इक्ष्वाकु, विकुक्षि (शशाद), ककुत्स्थ, अनेनस, पृथु, विश्वगश्व (विश्वरंधि), आर्द्र (चंद्र), युवनाश्व (प्रथम), श्रावस्त, बृहदश्व, कुवलयाश्व, दृढाश्व, प्रमोद, हर्यश्व (प्रथम), निकुंभ, संहताश्व (बर्हणाश्व), कृशाश्व, प्रसेनजित्, युवनाश्व (द्वितीय), मान्धातृ, पुरुकुत्स, त्रसदस्यु, संभूत, अनरण्य, त्रसदश्व, हर्यश्व (दूसरा), वसुमत् (वसुमनस्), त्रिधन्वन्, त्रैयारुण, त्रिबंधन, सत्यव्रत (त्रिशंकु), हरिश्चंद्र, रोहित, हरित, चंचु (चंप), विजय, भरुक (रुरुक), वृक, बाहु, सगर, असमंजस, अंशुमान (अंशुमत), दिलीप (प्रथम), भगीरथ (भगेरथ), श्रुत, नाभाग, अंबरीष, सिंधुद्वीप, अयुतायु, ऋतुपर्ण, सर्वकाम, सुदास, मित्रसह, अश्मक, मूलक, सतरथ, अदिविद (ऐडविड), विश्वसह (प्रथम), दिलीप (दूसरा), दीर्घबाहु, रघु, अज, दशरथ, राम (65)।

इक्ष्वाकु वंश में विकुक्षि के आगे चर्चा करें, उसके पहले मनु के पुत्र नाभानेदिष्ट के दिष्ट वंश की चर्चा कर लेते हैं, जिसका वर्णन रामायण में आया है। श्रीराम को लेकर मिथिला जाते समय रास्ते में पड़नेवाले नगर विशाला पर विश्वामित्र ने वहाँ के वंश की पूरी कथा सुनाई। मनु से निकली इस शाखा का वर्णन इतिहास के संदर्भ में महत्त्वपूर्ण हो जाता है (वा.रा. 1.47.11-22)। यह शाखा भिन्न है अयोध्या की मुख्यधारा से। दिष्ट वंश में एक राजा विशाल नाम से प्रसिद्ध हुए। उनका जन्म अलंबुषा के गर्भ से हुआ। उन्होंने ही गंगा पास विशालापुरी बसाई थी। (वैशालि), इसी कारण से इस वंश को वैशाल नाम भी प्राप्त हुआ। विशाल के पुत्र हेमचंद्र, उनके पुत्र सुचंद्र, उनके पुत्र धूम्राश्व, उनके पुत्र सृंजय, उनके पुत्र सहदेव, सहदेव के कुशाश्व, उनके पुत्र सोमदत्त, उनके पुत्र काकुत्स्थ, उनके पुत्र सुमति। ये प्रमति के नाम से भी जाने जाते हैं। सुमति ही श्रीराम के समय विशालापुरी पर राज करते थे। अतः समकालीन हुए। दिष्ट वंश का विस्तृत वर्णन भागवत पुराण (9.2.22-36) में भी हुआ है।

इक्ष्वाकु राजा का ज्येष्ठ पुत्र विकुक्षि का एक नाम शशाद् भी है। यह व्यंजनात्मक नाम इसके पिता ने ही रखकर इसे दंडरूप में राज्य से बाहर निकाल दिया था। पिता का देहांत हो जाने पर विकुक्षि अपनी राजधानी लौट आया और शासन करने लगा और संसार में शशाद् नाम से प्रसिद्ध हुआ (भा.पु. 9.6.6-11)। दंड का कारण यह था कि विकुक्षि ने एक बार यज्ञ के लिए बहुत से पशुओं का शिकार किया, लेकिन उनमें से एक शश (खरहा) भूनकर खा लिया, इससे इसका नाम शशाद् पड़ा।

विकुक्षि के पुत्रों में पुरंजय प्रमुख है। इसे 'इंद्रवाह' एवं 'ककुत्स्थ' नाम भी प्राप्त थे (भा. 9.6.12)। इस नामांतर की कथा का विस्तृत वर्णन (भा. 9.6.13-19) में हुआ है। सतयुग के अंत में देवताओं और दानवों के घोर संग्राम में जब देवता दैत्यों से हारने

लगे, तब पुरंजय ने सब दैत्यों को हराकर उनका नगर, धन और ऐश्वर्य जीतकर इंद्र को दे दिया। अतः पुर जीतने के कारण पुरंजय, इंद्र को वाहन बनाने के कारण 'इंद्रवाह' और बैल के ककुद् पर बैठने के कारण 'ककुत्स्थ' नाम पड़ा। कहीं चंद्रवाह भी कहा है।

ककुत्स्थ का पुत्र अनेनस अयोध्या का राजा बना। भागवत पुराण में (9.6.20) इसका नाम अनेना है। इसे सुयोधन भी कहा गया (म.पु. 12.28)। अनेनस का पुत्र पृथु हुआ, जो अयोध्या के राजसिंहासन पर विराजमान हुआ। इसने सौ यज्ञ किए थे। पृथु का पुत्र विश्वरंधि हुआ, विश्वरंधि का चंद्र और चंद्र का युवनाश्व (भा.पु. 9.6.20)। विश्वरंधि को विश्वगश्व, विष्ठराग और विश्वग नामांतर भी प्राप्त थे। चंद्र के तीन नाम थे—आर्द्र (वि.पु.), आंध्र (वा.पु.) और इंदु (म.पु.)। चंद्रराजा का पुत्र युवनाश्व (प्रथम) नाम से सुविख्यात है। इसके पुत्र का नाम श्रावस्त था। इसने श्रावस्ती (श्रावस्त) नगर की स्थापना की और उत्तर कौशल की राजधानी वहाँ बसाई। करीब पचास पीढ़ियों के बाद श्रीराम के पुत्र लव ने उत्तर कौशल देश की राजधानी अयोध्या से हटाकर पुनः एक बार श्रावस्ती नगरी में बसाई थी। जो उजड़ने लगी तो लव के ज्येष्ठ बंधु कुश ने पुनः एक बार अयोध्या बसाई, जिसकी चर्चा हम आगे करेंगे। श्रावस्ती अयोध्या के शासकों की द्वितीय राजधानी के रूप में बनी रही। यह आधुनिक युग में बहराइच जनपद के सीमा पर स्थित महेट (महेत) के नाम से प्रसिद्ध है। भागवत पुराण (9.6.21) में श्रावस्त को शाबस्त नाम दिया है और श्रावस्ती नगर को शाबस्ती पुरी कहा है। श्रावस्त के पुत्र का नाम वृहदश्व (बृहदश्व) था।

इक्ष्वाकु वंशीय राजा वृहदश्व की राजधानी श्रावस्ती नगरी में ही थी। यह एक आदर्श एवं प्रजाहित दक्ष राजा था। वृद्ध होने पर इसने अपने पुत्र कुवलाश्व को राजगद्दी पर बिठाकर वानप्रस्थाश्रम के लिए अरण्य में चला गया। कुवलाश्व (कुवलयाश्व) को धुंधुमार नाम भी प्राप्त है। भागवत पुराण में इसकी (9.6.23) कथा का वर्णन है। कुवलाश्व बड़ा बली था। पिता बृहदश्व ने वन में जाते समय इसे उत्तंकाश्रम को पीड़ा देनेवाले धुंधु दैत्य को दंड देने के लिए कहा। कुवलाश्व ने उत्तंक ऋषि को प्रसन्न करने के लिए अपने पुत्रों के साथ दैत्य धुंधु का वध किया। इसी से इसका नाम 'धुंधुमार' हुआ। इस युद्ध में कुवलाश्व के तीन छोड़कर सभी पुत्र मारे गए। बचे हुए पुत्रों (दृढाश्व, कपिलाश्व और भद्राश्व) में दृढाश्व राजगद्दी पर कुवलाश्व के बाद बैठा। दृढाश्व के पश्चात् पद्म पुराण (1.8.138), लिंग पुराण (65.37) और मत्स्य पुराण (12.33) में प्रमोद का उल्लेख हुआ है। राजा प्रमोद का हर्यश्व (प्रथम) पुत्र हुआ। हर्यश्व से निकुंभ का जन्म हुआ और राजा निकुंभ का पुत्र बर्हणाश्व हुआ (भा.पु. 9.6.24)। बर्हणाश्व को विष्णु पुराण (4.2.45) में अमिताश्व, वायु पुराण (2.26.65) व मत्स्य पुराण (12.33) में संहताश्व कहा गया।

भागवत पुराण (9.6.25–26) के अनुसार बर्हणाश्व के कृशाश्व और राजा कृशाश्व के सेनजित (प्रसेनजित) और राजा सेनजित के युवनाश्व नामक पुत्र हुआ। कृशाश्व का नामांतर कृताश्व है। बर्हणाश्व के दो पुत्रों में वह ज्येष्ठ था। राजा कृशाश्व के पौत्र और राजा सेनजित के पुत्र युवनाश्व की कथा का वर्णन भागवत पुराण में मिलता है। वह युवनाश्व (द्वितीय) के नाम से सुविख्यात है। वह शक्तिशाली राजा था। इसकी सौ पत्नियाँ थीं, लेकिन वह संतानहीन था। इसलिए वह दुःखी होकर अपनी सौ स्त्रियों के साथ वन में चला गया। वहाँ भृगुऋषियों ने बड़ी एकाग्रता से इंद्र देवता का यज्ञ करवाया, पुत्र प्राप्ति के लिए। इससे उसे एक चक्रवर्ती पुत्र उत्पन्न हुआ, जिसका नाम मांधाता (माँ धाता) हुआ (भा.पु. 9.6.27–31)। युवनाश्व (द्वितीय) ने पौरव वंश के राजा मतिनार की कन्या गौरी के साथ विवाह किया था। युवनाश्व (द्वितीय) की एक कन्या का नाम कावेरी था (ह.पु. 1.27.9)। यह दानी राजा था, इसने राज्य ब्राह्मणों को दान में दिया था। महान् शासक युवनाश्व धार्मिक स्वभाव वाला था, इसने अनेक अश्वमेध यज्ञ किए थे (महा. 3.126.5–6)।

मांधाता (मान्धातृ यौवनाश्व) का निर्देश ऋग्वेद में (ऋ. 1.112.13, 8.39.8, 10.2.2) भी प्राप्त है। यह उसके अति महान् वैदिक कालीन सूर्यवंशीय राजा होने का प्रमाण है। ऋग्वेद में प्रायः इसे मंधातृ कहा गया है। इसका शब्दशः अर्थ 'पवित्र व्यक्ति' है। इसे अंगिरस की भाँति पवित्र कहा गया है (ऋ. 8.40.12)। यह एक राजर्षि था। यह सतयुग का चक्रवर्ती राजा था, जिसका विस्तृत वर्णन पुस्तक 'मैं आर्यपुत्र हूँ' में भी हुआ है। यह युवनाश्व (द्वितीय) एवं गौरी का पुत्र होने के कारण इसे यौवनाश्व (पैतृक नाम) एवं गौरिक (मातृक नाम) प्राप्त है। इसने सात द्वीपवाली पृथ्वी पर शासन किया। जहाँ से सूर्य का उदय होता है और जहाँ वे अस्त होते हैं, वह सारा भूभाग इसके ही अधिकार में था (भा.पु. 9.6.34–37)। कह सकते हैं कि इसके काल में अयोध्या के सूर्यवंशियों में साम्राज्य विस्तार का नवजागरण हुआ। इसे त्रैलोक्य विजयी नरेश उद्घोषित किया गया है (ह.पु. 1.12.6)। इसने अंगार, मरुत, असित, गय, अंगराज और बृहद्रथ आदि राजाओं पर भी विजय पाई थी (महा. 12.29.88)। ऋग्वेद (8.39.8) में इसे दस्युहंता कहा गया है। इसने पश्चिम भारत के हैहय राजाओं को भी जीता था। इन राजाओं का वर्णन हम कर चुके हैं। शूरवीर के साथ ही मांधाता दानवीर भी था। इसकी प्रजापालन की कर्तव्य भावना एवं दयालुता का परिचय पद्म पुराण में मिलता है। मांधाता का विवाह यदुवंशी राजा शशबिंदु की बेटी बिंदुमती से हुआ था, जिसका दूसरा नाम चैत्ररथी था (ह.पु. 1.12.7)। बिंदुमती से मांधाता को तीन बेटे पुरुकुत्स, अंबरीष और मुचुकुंद तथा पचास बेटियाँ हुईं। इन पचास कन्याओं का विवाह सौभरि ऋषि से हुआ था (भा.पु. 9.6.38)। ज्येष्ठ पुत्र पुरुकुत्स इसके पश्चात् अयोध्या का राजा बना। अंबरीष का वर्णन (भा.पु. 9.7.1) में

हुआ है। मांधाता का तृतीय पुत्र मुचुकुंद पराक्रमी था। उसने विंध्य और ऋक्ष पर्वतों के बीच में नर्मदा के किनारे एक नगरी की स्थापना की, जो आगे चलकर माहिष्मती पुरी नाम से विख्यात हुई (ह.पु. 2.38.14-23)। मांधाता ने अपने शासनकाल में शांति व युद्ध की शिक्षा दूर-दूर तक प्रसारित की। उसने सैकड़ों राजसूय व अश्वमेध यज्ञ किए (महा. 12.29.91)। राजा मांधाता को युग निर्माता कहा जाना चाहिए। वह पराक्रमी सम्राट् था। इसने एक दिन में सारी पृथ्वी जीत ली थी (महा. 12.124.16)। इसके जीवन का विस्तृत वर्णन विष्णु पुराण (4.2.59-111) में हुआ है।

राजा मांधाता का पुत्र पुरुकुत्स अयोध्या का राजा बना। इसके शासनकाल में मौनेय नामक गंधर्वों ने नर्मदा के तट पर नागकुल को परास्त कर उनका धन लूट लिया। नागों के सहायता माँगने पर पुरुकुत्स ने गंधर्वों को नष्ट कर दिया। नागराज ने प्रसन्न होकर अपनी कन्या नर्मदा का विवाह उसके साथ कर दिया (वि.पु. 4.3.3-15)। पुरुकुत्स की बेटी पुरुकुत्सा कान्यकुब्ज के राजा कुश को ब्याही थी और राजा गाधि की माँ थी। पुरुकुत्स का वर्णन ऋग्वेद (1.63.7) में भी हुआ है। शतपथ ब्राह्मण (13.5.4.5) में इसे पुरुकुत्स ऐक्ष्वाक नाम से संबोधित किया गया है। यहाँ उसके अश्वमेध यज्ञ करने का वर्णन है। शास्त्रों के इन वर्णनों से प्रमाणित होता है कि इक्ष्वाकु वंश में यह वैदिक काल चल रहा था।

पुरुकुत्स के पुत्र त्रसदस्यु का वर्णन भी ऋग्वेद (4.42.8-9) में हुआ है। जहाँ ऋषि कहते हैं—'पुरुकुत्स को बाँध दिए जाने पर इस राष्ट्र का पालन करनेवाले सप्तर्षि हुए। उन्होंने यजन किया, तब पुरुकुत्स की स्त्री पुरुकुत्सानी ने प्रार्थना की, तब इंद्रावरुण ने राजा त्रसदस्यु प्रदान किया।' अर्थात् त्रसदस्यु के जन्म के समय पुरुकुत्स किसी महान् विपत्ति में था। त्रसदस्यु के दानदाता होने का निर्देश ऋग्वेद (4.38.1) में प्राप्त है। ऋषि वामदेव गौतम कहते हैं—'हे द्यावा-पृथिवि! दानदाता त्रसदस्यु ने याजकों को जो संपत्ति प्रदान की, वह आपका ही वैभव है।' त्रसदस्यु का पुत्र संभूत हुआ (ह.पु. 1.12.10)। मत्स्य पुराण (12.36) में इसे संभूति नाम प्राप्त है। संभूत का पुत्र अनरण्य हुआ (वा.पु. 2.26.75)। अनरण्य के शासन में प्रजा सुखी थी, किंतु अंतिम दिनों में आनवों और हैहयों के आक्रमण तथा दक्षिण की जंगली जातियों ने उपद्रव मचाना शुरू कर दिया था। अंत में राक्षसों के साथ एक युद्ध में राक्षसराज के हाथों अनरण्य मारा गया। यह युद्ध अयोध्या के पश्चिम में रौनाही (रत्नपुर) में लड़ा गया था। परंतु राक्षस अयोध्या पर अधिकार कभी नहीं जमा पाए। इतना प्रबल विरोध हुआ था। अनरण्य का वर्णन रामायण में रावण ने भी किया है (वा.रा. 6.60.8)। अनरण्य का पुत्र त्रसदश्व हुआ (वा.पु. 2.26.76)। विष्णु पुराण (4.3.18) के अनुसार इसका नाम पृषदश्व है। त्रसदश्व का पुत्र हर्यश्व (द्वितीय) हुआ। ययाति कन्या माधवी को पत्नी बनाया। माधवी के गर्भ से इसे वसु-मनस नामक

पुत्र उत्पन्न हुआ (महा. 5. 114.20)। इसे विष्णु पुराण (4.3.20) में सुमना कहा गया है और वायु पुराण (2.26.76) में वसुमत् कहा गया है। मातामह ययाति को पुण्यफल प्रदान करने के कारण यह दानपति के नाम से सुविख्यात हुआ। वसुमनस (सुमना) का पुत्र त्रिधन्वा (त्रृधन्वन या त्रिधन्वन) हुआ और त्रिधन्वा के त्रय्यारुणि (त्रयारुणि या त्रैयारुण या त्रैय्यारुण) हुआ (वि.पु. 4.3.20)। त्रैय्यारुण का पुत्र त्रिबंधन इसे निबंधन भी कहते हैं। इसका पुत्र सत्यव्रत (त्रिशंकु) नाम से प्रसिद्ध हुआ (भा.पु. 9.7.5)। त्रिशंकु का वाल्मीकि रामायण में विस्तृत वर्णन है (वा.रा. 1.57-60)। कई पुराणों में यही कथा अलग तरीके से की गई है। इन कथाओं के मूल में वसिष्ठ से त्रिशंकु का शत्रुत्व होना ही है। कारण त्रिशंकु का दुर्वर्तनी होना बताया गया। परंतु विश्वामित्र त्रिशंकु के मित्र और हितैषी थे। वसिष्ठ और विश्वामित्र इन दो ऋषियों के बीच त्रिशंकु के कारण झगड़ा (स्पर्धा) भी हुआ। ध्यान देनेवाली बात है कि वसिष्ठ के कहने पर इसके पिता ने इसे राज्य के बाहर निकाल दिया था और वह स्वयं, अच्छा पुत्र हो, इस इच्छा से राज्य छोड़कर तपस्या करने चला गया। अयोध्या में कोई भी राजा न होने के कारण वसिष्ठ राज्य का कारोबार देखने लगे, बाद में त्रिशंकु ही राजगद्दी पर बैठा। त्रिशंकु नाम इसे वसिष्ठ के शाप के कारण प्राप्त हुआ था। परंतु इसके धार्मिकता का वर्णन विश्वामित्र के मुख से आया (वा.रा. 1.59.2)। त्रिशंकु ने सौ यज्ञ किए थे, इसने कहा था—'मैंने कभी भी असत्य कथन नहीं किया तथा नहीं करूँगा। गुरु को भी मैंने शील तथा वर्तन से संतुष्ट किया है, प्रजा का धर्मपालन किया है। इतना धर्मनिष्ठ होते हुए भी मुझे यश नहीं मिला (वा.रा. 1.58.18-24)।' सदेह स्वर्ग जाने की इच्छा त्रिशंकु के विचित्र स्वभाव का एक भाग है। वसिष्ठ के विरोध के बावजूद विश्वामित्र ने त्रिशंकु को स्वर्ग पहुँचा दिया (ह.पु. 1.13)। सत्य तो यह है कि आकाश के दक्षिण में त्रिशंकु नाम का तारा विश्वामित्र द्वारा खोजा गया, जिसका नामकरण विश्वामित्र द्वारा राजा त्रिशंकु के नाम पर किया गया। पृथ्वी से उस तारे का अंतर तीन शंकु = तीस महापद्म मील है; ऐसा खगोलज्ञ कहते हैं। त्रिशंकु की विस्तृत कथा वायु पुराण (2.26.80-119) में भी प्राप्त है। त्रिशंकु की पत्नी का नाम सत्यरथा था। वायु पुराण में इन्हें सत्यव्रता नाम प्राप्त है, ये कैकेय वंश की थीं (वा.पु. 2.26.117)। उससे त्रिशंकु को हरिश्चंद्र नामक सुविख्यात पुत्र हुआ (ह.पु. 1.13.24)।

इक्ष्वाकु वंश में श्रीराम से पूर्व सभी राजाओं में 'हरिश्चंद्र त्रैशंकव' सबसे प्रसिद्ध हैं। तारामती इसकी पत्नी का नाम था। महाभारत में इसे समस्त भूपालों का सम्राट् कहा गया है। सातों द्वीपों पर विजय प्राप्त करने का निर्देश वहाँ प्राप्त है। इसके द्वारा राजसूय यज्ञ किया गया था (म. 2.12.5-20)। पिता त्रिशंकु के समान इसका पुरोहित सर्वप्रथम विश्वामित्र थे, किंतु आगे चलकर राजसूय यज्ञ के समय देवराज वसिष्ठ पुनः इसके

पुरोहित बन गए। विश्वामित्र की दक्षिणा की पूर्ति के लिए इसे स्वयं, पत्नी तारामती एवं पुत्र रोहित को बेचना पड़ा था। इस कथा के माध्यम से इसकी सत्यप्रियता जग-प्रसिद्ध है। यह भी दीर्घकाल तक निस्संतान था। आगे चलकर इसने वरुण देव से प्रार्थना की कि मेरे पुत्र हो तो बलि चढ़ा दूँ। वरुण के कृपाप्रसाद से इसे रोहित नामक पुत्र उत्पन्न हुआ, किंतु आगे चलकर रोहित ने अपनी बलि देने से इनकार कर दिया। रोहित ने शुन:शेप नामक ब्राह्मण कुमार को यज्ञ बलि के लिए तैयार किया, किंतु अंत में विश्वामित्र ने शुन:शेप की रक्षा की थी (भा.पु. 9.7.7-25)। अयोध्या का राजा बनकर रोहित ने रोहितपुर नामक दुर्ग युक्त नगरी की स्थापना की थी। यह रोहितास वर्तमान में बिहार प्रांत में है। इसकी पत्नी का नाम चंद्रवती था, जिससे इसे 'हरित' नामक पुत्र हुआ था (ह.पु. 1.13.26)। राजा हरित का पुत्र चंप था (भा.पु. 9.8.1)। चंचु इसका नामांतरण है। इसी ने चंपापुरी बसाई थी। इसके पुत्र का नाम विजय था। विजय अपने पिता का ज्येष्ठ पुत्र था, उसका छोटा भाई सुदेव था। सभी क्षत्रियों को जीतने के कारण 'विजय' कहलाया (वा.पु. 2.26.120)। इसके पुत्र का नाम रुरुक था। कहीं इसे भरुक, रूचक, कुड़क भी कहा गया है (भा.पु. 9.8.2)। भरुक का पुत्र वृक हुआ। वृक को वायु पुराण (2.26.121) में हतक कहा गया है। वृक का पुत्र बाहु (बाहुक) हुआ (भा.पु. 9.8.2)। बाहु को फल्गुतंत्र (ब्रह्मांड) और असित (वा.रा. 1.70.30) नामांतरण भी प्राप्त है। यह महान् राजा सगर का पिता था। हैहय राजा ने तालजंघ और कंबोज आदि राजाओं की सहायता से बाहु पर आक्रमण कर इसको पराजित किया। पराजय के पश्चात् यह और्व ऋषि के आश्रम में रहने गया। उसी आश्रम में इसकी मृत्यु हुई। उसकी पत्नी कालिंदी ने आश्रम में ही उसके पुत्र सगर को जन्म दिया (वा.पु. 2.26.120-123)।

सगर पराक्रमी, सत्यधर्मी, सत्यवक्ता, दानवीर, विचारज्ञ एक प्रतापी राजा था। सगर एक महान् योद्धा था। उसने अपने पिता द्वारा खोए हुए राज्य पर आधिपत्य स्थापित कर अन्य भूभाग को भी जीता। उसके जन्म के संबंध में पुराणों में कथा है। उसके पिता बाहु शत्रुओं को अपना राज्य खोने पर पत्नी सहित वन में चले गए। वहाँ उसकी मृत्यु हो गई। उसकी पत्नी भी सती होने के लिए तैयार हुई, परंतु महर्षि और्व ने उसे गर्भिणी समझकर सती होने से रोका। जब उसकी सौतों को यह बात मालूम हुई तो उन्होंने उसे भोजन के साथ गर (विष) दे दिया। परंतु गर्भ पर विष का कुछ भी प्रभाव न पड़ा, बल्कि विष को धारण किए उस बालक का जन्म हुआ। गर के साथ जन्म होने के कारण ही वह 'सगर' कहलाया (भा.पु. 9.8.3-4, शि.पु. भाग 2, 3.38, ह.पु. 1.14.1-10)। यह कथा वाल्मीकि रामायण में भी है (वा.रा. 1.70.29-37)।

महान् योद्धा सगर ने पहले तो हैहयों और तालजंघ को मार भगाया एवं पश्चिमोत्तर भारत की अन्य जातियों को पराजित किया। सगर की एक रानी विदर्भ राजकुमारी केशिनी

और एक यादव राजा अरिष्टनेमि कश्यप की पुत्री और गरुड़ की बहन सुमति थी। केशिनी के एक बेटा असमंजस हुआ और सुमति के अनेक पुत्र हुए। सगर ने अश्वमेध यज्ञ के लिए घोड़ा छोड़ा। इंद्र ने इसे चुराकर कपिल मुनि के आश्रम में बाँध दिया। सगर के बेटे पृथ्वी को खोदते वहाँ पहुँचे और घोड़ा देखकर कपिल मुनि को 'यही चोर है' कहा। कपिलमुनि ने आँख उठाकर ज्यों ही देखा तो सभी पुत्र भस्म हो गए। यह समाचार सुनकर सगर ने असमंजस के पुत्र अंशुमान को घोड़ा छुड़ाने के लिए भेजा। अंशुमान से प्रसन्न होकर कपिल मुनि ने उसे घोड़ा दिया और यह वर दिया कि तुम्हारा पोता स्वर्ग से गंगा लाएगा। घोड़ा पाकर सगर ने अपना यज्ञ पूरा किया और बेटों ने जो गड्ढा खोदा था, उसका नाम 'सागर' रख दिया (वा.रा. 1.38-41)। इस कथा का सांकेतिक अर्थ है कि सगर के बेटे सबसे पहले बंगाल की खाड़ी तक पहुँचे थे। सगर ने ही समुद्र का अनुसंधान भी किया था। इस कार्य में उसके साठ हजार नगरवासी मृत हुए, कथा में जिन्हें उसकी छोटी रानी के पुत्र दिखाया गया है। महाराज सगर की यह जीवन-कथा इक्ष्वाकु वंश और अयोध्याजी की पहचान बनी, जिसका वर्णन महर्षि वाल्मीकि रामायण के प्रारंभ में ही सुंदर शब्दों में करते हैं (वा.रा. 1.5.1-3)। सगर के सिक्के मोहनजोदड़ो के उत्खनन में प्राप्त हुए हैं। सगर की यही विद्या कालांतर में श्रीराम के काम आई, जब उन्होंने लंका के लिए समुद्र पर सेतु निर्माण करवाया। भागवत पुराण (5.19.29-31) के अनुसार सगर के पुत्र जब अश्वमेधीय अश्व ढूँढ़ रहे थे, उस समय उन्होंने जंबुद्वीप के समीप के प्रदेश से आठ उपद्वीप उत्खनन करके बाहर निकाले। उन्हें उपद्वीपों को खोजना भी कहा जा सकता है। वे स्वर्णप्रस्थ, चंद्रशुक्ल, आवर्तन, रमणक, मंदरहरिण, पांचजन्य, सिंहल और लंका हैं।

सूर्यवंश के शासक के लिए सगर का उदाहरण उत्तम है, जिन्हें अपने पुत्र असमंजस (असमंज) को पापकर्म में प्रवृत्त होने के कारण राज्य से निकाल देना पड़ा था। ऐसी स्थिति में असमंजस के सबसे बड़े पुत्र अंशुमान को राजा बनाया गया था। केशिनी पुत्र असमंज पापाचार में प्रवृत्त था, वह सत्पुरुषों को पीड़ा देनेवाला था और नगरवासियों का अहित करने लगा तो राजा पिता ने पुत्र को नगर से ही बाहर निकाल दिया (वा.रा. 1.38.20-21)। सगर के बाद राजा अंशुमान बने। अंशुमान असमंज के पुत्र अर्थात् सगर के पौत्र थे। अंशुमान के पुत्र का नाम दिलीप था (वा.रा. 1.42.2)। दिलीप के पुत्र भगीरथ हुए (वा.रा. 1.42.7)। इन सबका वर्णन रामायण में गंगा नदी की कथा के संदर्भ में आता है।

वैसे सगर के बाद उसका बेटा असमंजस अयोध्या का उत्तराधिकारी था, लेकिन उद्दंडता के कारण पिता सगर ने उसे बहिष्कृत कर दिया। तत्पश्चात् असमंजस के पुत्र अंशुमान को राजा बनाने की कथा पुराणों में भी है (भा.पु. 9.8.15-30)। असमंजस

को पंचजन नामांतर प्राप्त है (ह.पु. 1.15.7)। असमंजस अपने दूसरे नाम बर्हिकेतु से भी प्रसिद्ध थे (वा.पु. 2.26.165)। असमंजस का पुत्र अंशुमान (अंशुमत) ने पितामह सगर का अश्वमेधीय यज्ञ का घोड़ा ढूँढ़कर लाया था। अश्वमेध यज्ञ पूरा होते ही सगर ने इसे राज्य दिया और वह वन में चला गया। अंशुमत ने भी अपने पुत्र को राजसिंहासन पर बिठाया और तप करने के लिए वन में चला गया। पितरों की मानस कन्या यशोदा अंशुमत की स्त्री है। अयोध्या के राजा अंशुमत का पुत्र दिलीप (प्रथम) परमप्रतापी भगीरथ राजा का पिता था। अंशुमत और दिलीप ने भी गंगा को पृथ्वी पर लाने का प्रयास किया, लेकिन सफल होने से पूर्व ही उनकी मृत्यु हो गई (भा.पु. 9.9.1-2)।

राजा भगीरथ का संबंध गंगाजी से है (वा.रा. 1.42-44)। अतः गंगा भगीरथी कहलाती हैं (वा.रा. 1.44.5)। गंगा को जाह्नवी भी कहा जाता है। इस संदर्भ में भी लोकप्रचलित कथा है, जिसका वर्णन रामायण में आता है। भगीरथ जिस मार्ग से जाते, गंगा साथ जाती। उस समय मार्ग में पराक्रमी राजा जह्नु यज्ञ कर रहे थे और गंगाजी अपने प्रवाह से यज्ञ मंडप बहा ले गईं। कुपित राजा गंगा का जल पी गए (रोक दिया)। तब ऋषि ने महात्मा जह्नु का स्तुतिगान किया, राजा प्रसन्न हुए और गंगा को मार्ग दिया (वा.रा. 1.43.37-38)।

भगीरथ चक्रवर्ती नरेश था। अपने पितरों के उद्धार करने के लिए वे अनेकानेक प्रयत्न कर गंगा नदी को पृथ्वी (मैदानी भूभाग) पर लाए। इस तरह अपने पूर्वज महाराज सगर, प्रपितामह असमंजस, पितामह अंशुमत एवं पिता दिलीप (प्रथम) से चलता आ रहा प्रयत्न सफल किया। इसी कारण आगे चलकर अत्यधिक प्रयत्न के लिए 'भगीरथ' नाम को लाक्षणिक रूप में प्रयुक्त करना आरंभ हुआ। इसको लेकर गंगावतरण की कथाएँ पुराणों में भी निर्देशित हैं। गंगा को पृथ्वी पर उतारने का श्रेय उसे ही है, इसीलिए गंगा को उसकी कन्या कहा गया तथा 'भगीरथी' नाम दिया गया (ह.पु. 1.15.15-16)। इस कथा को रूपात्मक भी मानें तो यह भी सत्य है कि उन दिनों उत्तरी भारत अकालग्रस्त होता रहता था। इसी समस्या के समाधान के रूप में गंगा के प्रवाह की दिशा बदलने का सफल प्रयास, साथ ही उसकी एक और शाखा निकाली गई। यह भी स्पष्ट हो जाता है कि भगीरथ के राज्यकाल में उच्च स्तर की यांत्रिक शिक्षा का प्रचलन था। गंगा की धारा मोड़कर उत्तर भारत को हरा-भरा प्रदेश बनाने का श्रेय राजा भगीरथ को जाता है। अतः भगीरथ का काल अयोध्या के इतिहास में नवयुग का संदेश लाता है। भगीरथ ने सफलता के हर्षातिरेक गंगा के तट पर एक महान् यज्ञ किया था। उस यज्ञ में गंगा के किनारे घाटों का निर्माण कराया गया। उस समय अयोध्या ज्ञान और संस्कृति का केंद्र थी। गंगा को पृथ्वी पर लाने के उपरांत यह पूर्ववत् फिर राज्य करने लगा। यह धर्मप्रवृत्ति वाला दानशील राजा था। महाभारत में 16 श्रेष्ठ राजाओं का जो आख्यान नारद ने सुनाया

था, उसमें भगीरथ की कथा सम्मिलित है। अपनी राजनीतिक, सामाजिक, आर्थिक और सांस्कृतिक उपलब्धियों के कारण ही षोडश राजाओं में भगीरथ का स्थान है (महा. 12.29.54-70)। भगीरथ के उपरांत उसका पुत्र श्रुत अयोध्या का राजा बना। श्रुत के पुत्र का नाम नाभाग था (भा.पु. 9.9.16)। भागवत में इसका 'नाभ' नामांतर प्राप्त है। इसके पुत्र का नाम अंबरीष था। अंबरीष शूर और धार्मिक राजा था। अंबरीष का पुत्र सिंधुद्वीप था। सिंधुद्वीप का पुत्र अयुतायु और अयुतायु के पुत्र का नाम ऋतुपर्ण था और ऋतुपर्ण के पुत्र का नाम सर्वकाम हुआ (भा.पु. 9.9.16-17), (ह.पु. 1.15.17-19)।

'सिंधुद्वीप आंबरीष' के वैदिक सूक्त द्रष्टा का निर्देश ऋग्वेद में प्राप्त है (ऋ. 10.9), जहाँ ये ऋषि बनकर आपो देवता (जल) का स्तुतिगान कर रहे हैं। ऐसी महान् परंपरा रही है हमारी। यह संस्कृति विश्व इतिहास की अमूल्य धरोहर है। इन मूल्यों का संरक्षण हम सनातनी नहीं करेंगे तो कौन करेगा!" यह कहकर गुरुदेव एक पल के लिए शांत हुए, आँख बंद की, 'ॐ' का उच्चारण किया और पुन: कहना प्रारंभ किया...

"अयुतायु को अग्नि पुराण (273.30) में श्रुतायु कहा गया है, जबकि ब्रह्म पुराण (5.79) और हरिवंश पुराण (1.15.18) में अयुताजित नाम से स्मरण किया गया। अयुतायु पुत्र ऋतुपर्ण अक्षविद्या में निपुण था। यह वीरसेन पुत्र नल राजा का मित्र था। इसने नल को अपनी अक्ष विद्या दी तथा नल ने भी अपनी अश्व विद्या इसे दी (भा. पु. 9.9.16-17)। ऋतुपर्ण पुत्र सर्वकाम का नामांतरण सर्वकर्मन् भी है। परशुराम द्वारा किए गए क्षत्रिय संहार के समय पराशर ऋषि ने इसका रक्षण किया था। अपने इस वनवास काल में शूद्र के समान आचरण किया, जिस कारण इसे सर्वकाम नाम प्राप्त हुआ (महा. 12.49.69)। सर्वकाम राजा का पुत्र राजा सुदास हुआ। यह राजा मित्रसह (कल्माषपाद) का पिता था (भा.पु. 9.9.18)। राजा सुदास वैदिक राजा सुदास पैजवन से भिन्न है। कोसलाधिपति मित्रसह (कल्माषपाद) को ही सौदास भी कहते हैं। उसकी पत्नी का नाम मदयंती था (भा.पु. 9.9.18)। इसके पुत्र का नाम अश्मक था। अश्मक से मूलक का जन्म हुआ (भा.पु. 9.9.40)।

अश्मक ने पौतन नामक शहर बसाया (महा. 1.168.25)। अश्मक पुत्र मूलक नारीकवच नाम से सुविख्यात है, क्योंकि स्त्रियों ने इसकी रक्षा की थी। विष्णु पुराण (4.4.74) के अनुसार जब परशुरामजी द्वारा क्षत्रियों का संहार किया जा रहा था, उस समयमूलक की रक्षा वस्त्रहीन स्त्रियों ने घेरकर की थी। इससे उसे नारीकवच भी कहते हैं। यही कथा वायु पुराण (2.26.179) में भी है, जहाँ मूलक स्त्रियों का वेश धारण किए रहता था। इस काल में अयोध्या का राज्य कमजोर हुआ था। अंतत: मूलक राजा का संवर्धन काफी गुप्तरूप से किया गया, जिसका संकेत नारीकवच नाम के अनश्रुति में प्राप्त है। मूलक के पुत्र का नाम दशरथ (प्रथम) था, दशरथ के ऐडविड और ऐडविड

के राजा विश्वसह। विश्वसह के पुत्र चक्रवर्ती सम्राट् खट्वांग हुए (भा.पु. 9.9.40-41)। दशरथ (प्रथम) श्रीराम के पिता दशरथ से भिन्न और उनसे पूर्वकाल में अयोध्या के राजा हुए। दशरथ (प्रथम) को वायु पुराण (2.26.180) में शतरथ नाम प्राप्त है। ऐडविड को इलिविल नामांतर प्राप्त है (वि.पु. 4.4.75)। राजा विश्वसह का पुत्र सम्राट् खट्वांग दिलीप (द्वितीय) के नाम से भी जाना जाता है (वा.पु. 2.26.182)। दिलीप खट्वांग अपने वंश इक्ष्वाकु का एक महान् शासक था (महा. 12.29.71-80)। उसने देवासुर संग्राम में देवताओं के प्रार्थना करने पर दैत्यों का वध किया था (वि.पु. 4.4.76)। इसके राज्यकाल में वेदघोष (वेद शास्त्र के स्वाध्याय का शब्द), धनुष की प्रत्यंचा की ध्वनि, अतिथियों के लिए खाओ, पियो और अन्न ग्रहण करो आदि पाँच शब्दों का प्रयोग निरंतर होता था (महा. 7.61.10-11)। पितृ की कन्या यशोदा इसकी माता दी। मगध की राजकुमारी सुदक्षिणा से उसने विवाह किया था। उसका पुरोहित शांडिल्य था (ह.पु. 1.18.60-63)। राजा दिलीप खट्वांग ने संतान की कामना से गुरु वसिष्ठ की गौ नंदिनी (कामधेनु कन्या) की अभूतपूर्व सेवा की थी। कालिदास के रघुवंशम् की कथा अनुसार इसे रघु नामक विख्यात पुत्र हुआ (रघु. सर्ग 1-3)। भागवत पुराण (9.10.1) के अनुसार खट्वांग के पुत्र दीर्घबाहु, दीर्घबाहु के पुत्र रघु, रघु के अज और अज के पुत्र महाराज दशरथ हुए। यही क्रम अन्य ग्रंथों के अनुसार भी प्रमाणित होता है। दिलीप (द्वितीय) के काल में प्रजा सुखी थी (रघु. 1.63)। राजा दिलीप ने सैकड़ों अश्वमेध यज्ञ किए (रघु. 3.38-39)। दिलीप (द्वितीय) का पुत्र दीर्घबाहु विष्णु भक्त था। दीर्घबाहु को अयोध्या का राजा बनाकर खट्वांग आत्मस्वरूप में लीन हो गया था।

रघु अपने वंश का महान् शासक था। इसकी महत्ता के कारण ही इक्ष्वाकु वंश आगे चलकर 'रघुवंश' नाम से विख्यात हुआ। इक्ष्वाकु वंश का श्रेष्ठ राजा होने के कारण ही इसे अयोध्या का महाबली सम्राट् कहा गया (ह.पु. 1.15.25)। इसके पराक्रम और दानवीरता की कथा रघुवंशम् व स्कंध में प्राप्त है। रघु ने दिग्विजय के पश्चात् हारे हुए राजाओं से अपनी संप्रभुता स्वीकार कराके उन्हें मुक्त कर दिया था। महाराज रघु ने इस प्रकार धर्म विजय का आदर्श स्वरूप प्रस्तुत किया (रघु. 4.43)। दिग्विजय के पश्चात् रघु ने विश्वजित यज्ञ किया और उसमें अपना सर्वस्व अर्पित कर दिया (रघु. 4.86)।

महर्षि विश्वामित्र कहते हैं—'प्रतिज्ञा का त्याग रघुवंशियों के योग्य नहीं (वा.रा. 1.21.2)।' कोई भी रघुवंशी न तो मांस खाता, न मधु का सेवन करता (वा.रा. 5.36.41)। रघुवंश के राजा में क्षात्रतेज के साथ-साथ ब्रह्मतेज भी होता और वे वेद के ज्ञाता होते। रघुवंश में गुरु वसिष्ठ का विशेष स्थान हर पीढ़ी में रहा। महर्षि वसिष्ठ इक्ष्वाकु वंशावली पुनः चित्रकूट में श्रीराम को सुनाते हैं (वा.रा. 2.110)। उद्देश्य है

श्रीराम को मनाना, लेकिन वनवास से वापसी के लिए श्रीराम तैयार नहीं। यह है रघुवंशी राजा का चारित्रिक संस्कार।

रघुवंशी राजाओं के चरित्र की विवेचना करने पर यही निष्कर्ष निकलता है—सत्पात्र को दान देने के लिए धन इकट्ठा करनेवाला, यश के लिए विजय चाहनेवाला, संतान के लिए विवाह करनेवाला। उनका जीवन भी परिभाषित था। बाल्यकाल में विद्याध्ययन करनेवाले, यौवन में सांसारिक भोग भोगनेवाले, वृद्धावस्था में मुनियों के समान रहनेवाले, अंत में योग द्वारा शरीर का त्याग करनेवाले।

रघु विनययुत प्रकृति के थे। रघु राजा ने समुचित दंड नीति से समाज को व्यवस्थित किया था और जन-मन इससे प्रभावित था। रघु राजा की षड्-विध सेना थी। अर्थात् सेना में वंशागत, भृतक (वेतनभोगी), मित्र, अमित्र, आटविक (मार्गदर्शक) तथा अस्थायी सैनिक थे। दूसरी तरह से देखने पर छह प्रकार की सेना थी—गज, अश्व, रथ, पदाति, नाविक, आटविक रूप (रघु. 4.26)।

इस सेना के साथ महाराज रघु दिग्विजय की इच्छा रखते थे। वर्षा ऋतु के पश्चात् षड्-विध सेना लेकर चतुर्व्यूह बनाकर राजा रघु गंगा के प्रवाह के साथ सर्वप्रथम पूर्व दिशा की ओर गए (रघु. 4.24-26)। और रास्ते में आनेवाले सभी प्रदेशों को जीतते हुए सागर तट पर जा पहुँचे। रास्ते में उन्हें सुह्य जनपद मिला। इसकी राजधानी ताम्रलिप्त थी, जिसे आजकल तामलुक कहते हैं। सुह्य राजा ने रघु की अधीनता स्वीकार की। फिर बंग प्रदेश जीतकर उत्कल (वर्तमान उड़ीसा प्रदेश) पहुँचे और फिर दक्षिण में स्थित कलिंग जनपद तक जा पहुँचे। रास्ते में कपिशा (कोसी नदी) को पार किया। इस तरह महेंद्र गिरि तक अपना साम्राज्य स्थापित किया। वहाँ के राजा को बंदी बनाकर छोड़ दिया। और फिर अगस्त्य ऋषि की दिशा (दक्षिण) की ओर बढ़ा। धुर दक्षिण में स्थित पांड्य जनपद तक जा पहुँचा। मलय पर्वत और ताम्रपर्णी नदी इस जनपद की भौगोलिक पहचान रही। आजकल के तिन्नवली और रामेश्वरम् इसी जनपद के अंतर्गत थे। रास्ते में कावेरी को पार किया। और फिर वहाँ के राजा को अपने अधीन कर पश्चिम घाट की ओर से लौटने लगे। दर्दुर पर्वत श्रेणियों (उन दिनों पूर्वी घाट के दक्षिणी भाग का नाम) से सह्याद्रि (सह्य) पर्वत पर आए, जिसे उन दिनों भी सह्य कहा जाता। यह वही पर्वतश्रृंखला है, जिसका संबंध परशुराम से जोड़ा जाता है और यह समुद्र के समानांतर है। यही मलय देश था, जिसके राजा ने रघु का लोहा माना। वहाँ से उत्तर चलकर अपरांतक देश पहुँचे (आजकल का कोंकण)। मालाबार का एक भाग भी इसी के अंतर्गत था, वहाँ के राजा ने रघु को कर देकर अधीनता स्वीकार की। आगे चलकर रघु ने (नासिक के समीप) त्रिकूट पर्वत पर जयस्तंभ बनाया। फिर राजा रघु भूमि मार्ग से परसिया जा पहुँचे। और फिर आगे यवन से भीषण युद्ध हुआ। उन्हें पराजित कर हूण को भी युद्ध में इस तरह मारा

कि उनकी पत्नियाँ सिर धुनने लगीं, जिससे उनके गाल तक लाल हो गए। फिर हिंदूकुश पर्वत में स्थित कंबोज जनपद को भी अपने अधीन किया। फिर उसके आगे हिमालय गिरि पर चढ़े। वहाँ पर्वतीय जनों के साथ भीषण युद्ध हुआ और अंत में किन्नरों की पराजय हुई। वहाँ यश की गाथा शिखरों पर रचकर वह लौहित्य (ब्रह्मपुत्र) नदी के पार प्राग्ज्योतिष (कामरूप देश की राजधानी) पहुँचा। यह पूर्वी भारत का प्राचीन राज्य था, जिसका राजा अपनी सेना के साथ राजा रघु की शरण में गया। इस तरह चारों दिशाओं को जीतकर महाराज वापस कोसल में घर पहुँचे। तब विश्वजीत यज्ञ संपूर्ण हुआ। आगे फिर राजा ने सभी कमाई हुई संपदा दक्षिणा रूप में सत्पुरुषों के बीच दान कर दी। साथ ही पराजित राजाओं को ससम्मान वापस उनके देश भेजा। यह था रघु का चरित्र, जो रघुवंश की परंपरा बनी। रघु के बाद पुत्र अज अयोध्या का राजा बना (रघु. 4.27-86)। महाराज रघु की विजयगाथा कालांतार में रघुवंशम् में लिखी गई, अतः स्वाभाविक रूप से इसमें कुछेक नाम उदाहरणार्थ हूण, परसिया, यवन आदि कालिदास के समकालीन लिये गए। इन भौगोलिक क्षेत्रों और निवासियों के नाम रघु के युग में भिन्न थे। अतः कोई भ्रम नहीं होना चाहिए।

अज का विवाह विदर्भकुल की राजकुमारी इंदुमती के साथ हुआ। अज और इंदुमती के पुत्र दशरथ का जन्म तो हुआ, लेकिन जल्द ही इंदुमती ने पृथ्वीलोक छोड़ दिया और अज इस दुःख को सह न सके (रघु. 6-9)। कई विद्वानों के अनुसार ऋग्वेद (1.126.4) में राजा दशरथ का वर्णन है। लेकिन वैदिक काल में इस नाम को इस तरह से लेते हैं कि जो दसरथ का नेतृत्व कर रहा हो, ऐसा राजा। ऋग्वेद के उपरोक्त मंत्र का संदर्भ त्रेतायुग के राजा दशरथ से नहीं है। महाराज दशरथ इक्ष्वाकु वंश (रघुवंश) के महान् राजा हुए, इनको ककुत्स्थ कुलभूषण भी कहा जाता है (वा.रा. 2.24.13)। जैसाकि हम चर्चा कर चुके हैं कि ककुत्स्थ इक्ष्वाकु के पौत्र और विकुक्षि के पुत्र थे। उनके ही पौत्र पृथु हुए। अज का पुत्र दशरथ (द्वितीय) सूर्यवंश का विख्यात राजा सनातन हिंदू समाज में प्रातः स्मरणीय विभूति श्रीराम के ये पिता थे। इसी के नाम से राम दाशरथि राम नाम से प्रसिद्ध हुए। दशरथ अतिरथी, यज्ञयाग करनेवाला, धर्मनिष्ठ, मनोनिग्रही तथा जितेंद्रीय था (वा.रा. 1.6.2-4)। लेकिन अति विषयासक्त होने के कारण इसके वृद्धावस्था के सारे दिन अनर्थकारी हुए एवं अंत में पुत्रशोक से उन्हें मरना पड़ा। लक्ष्मण और भरत के भाषण में भी इसके लिए आधार प्राप्त है। श्रीराम के वनवास गमन की सूचना मिलने पर लक्ष्मण माता कौसल्या से कहते हैं—एक तो वे बूढ़े हैं, दूसरे विषयों ने उन्हे वश में कर लिया है, अतः कामदेव के वशीभूत हुए नरेश कैकेयी जैसी स्त्री की प्रेरणा से क्या नहीं कह सकते हैं (वा.रा. 2.21.3)।"

"गुरुदेव! महाराज दशरथ एक महान् राजा हुए और लोकप्रिय थे। उनकी शासन व्यवस्था की जानकारी क्या प्राप्त है?"

"जी, सबकुछ विस्तार में उपलब्ध है। वैवस्वत मनु को ग्रामणी कहा गया है तो पृथु, मांधाता, भगीरथ, सगर आदि चक्रवर्ती कहे गए। महाभारत के षोडश राजोपाख्यान में अंबरीष, दशरथ और राम को षोडश राजिक भी कहा गया। हरिश्चंद्र सम्राट् कहे गए। वाल्मीकि इक्ष्वाकु वंशीय राजा को सार्वभौम कहते हैं (वा.रा. 2.88.18)। महर्षि वाल्मीकि रामायण में परिषद् (वा.रा. 2.2.1) और अनेक स्थानों पर सभा की चर्चा करते हैं। दशरथ अपने सभासदों को भवन्तः (वा.रा. 2.2.25) कहते। वेदों में स्पष्ट कहा गया है कि प्रशासन हेतु सभा और समितियाँ होती थीं (अथर्व. 12.1.56)। राजाओं के मंत्रियों की संख्या साम्राज्य के विस्तार के आधार पर घटती-बढ़ती रहती थी। धृष्टि, जयंत, विजय, सुराष्ट्र, राष्ट्रवर्धन, अकोप, धर्मपाल, सुमंत्र—ये आठ बुद्धिमान, निष्ठावान, सत्यवादी मंत्री राजा दशरथ की कार्य-संचालन में सहायता व परामर्श करते। यह शासन व्यवस्था का वर्णन भी है। ये सभी मंत्रिजनोचित गुणों से संपन्न थे। सुमंत्र अर्थशास्त्र के ज्ञाता थे (वा.रा. 1.7.3)। महाराज दशरथ के महामंत्री-सचिव सूतपुत्र थे (वा.रा. 2.14.43)। महाराज दशरथ की यह अमात्य व्यवस्था थी। इन आठ अमात्यों के नाम इनके गुणों की तरह ही सार्थक थे।

राजा के मंत्रियों का अपेक्षित गुणों का वर्णन करते हुए वाल्मीकि कहते हैं (वा.रा. 1.7.6-19)—'वे सब विद्वान्, विनयशील, कार्यकुशल, जितेंद्रिय, शस्त्र विद्या के ज्ञाता, समस्त राजकार्यों में सावधान, क्षमाशील थे। वे मुसकराकर बात करनेवाले तथा राजा की आज्ञा के अनुसार कार्य करनेवाले थे। वे कभी काम, क्रोध या स्वार्थ के वशीभूत होकर झूठ नहीं बोलते। वे अपने पुत्र को भी उचित दंड देने में नहीं हिचकते थे। यदि शत्रु ने अपराध नहीं किया है तो वे उसकी हिंसा नहीं करते थे। वे नीति रूपी नेत्रों से देखते हुए सदा सजग रहते थे। वे सभी बातों पर बुद्धि द्वारा विचार कर किसी निश्चय पर पहुँचते थे। उनमें राजकीय मंत्रणा को गुप्त रखने की पूर्ण शक्ति थी। शत्रुपक्ष के राजाओं की कोई भी बात उनसे छिपी नहीं रहती थी। वे कोष के संचय और चतुरंगिणी सेना के संग्रह में सदा लगे रहते थे। समस्त देशों व कालों में वे गुणवान ही सिद्ध होते।' ऐसे गुणवान मंत्रियों की व्यवस्था कैसी होती होगी, सहज अनुमान लगाया जा सकता है।

रघुकुल के राजा और राज्य के संविधान पर नियमन और नियंत्रण करने के लिए तपस्वी ऋषियों की मंडली थी। ये शासक की अनुचित प्रवृत्तियों को रोकते। सत्य, धर्म और सदाचरण की रक्षा के लिए राजा को कड़े शब्दों में आदेश भी देते। ऋषियों का मंत्रिमंडल था, जिनमें आठ ऋषि थे। वसिष्ठ और वामदेव दो श्रेष्ठ ऋषि राजा के ऋत्विज् थे (वा.रा. 1.7.4)। अन्य छह ऋषि सुयज्ञ, जाबालि, काश्यप, गौतम, मार्कंडेय

और कात्यायन थे। महर्षि वसिष्ठ रघुकुल के उपाध्याय थे, कुलगुरु भी थे। उनका वचन राजसभा में किसी भी विषय पर अंतिम निर्णय होता। महर्षि विश्वामित्र द्वारा राम को यज्ञ रक्षा के लिए माँगने पर दशरथ द्वारा मना करने पर महर्षि वसिष्ठ ने ही राम को देने का कठोर निर्णय सुनाया था। राजपुरोहित मुनि वसिष्ठ के अतिरिक्त वामदेव, जाबालि, कश्यप और गौतम ऋषि राजा दशरथ को मंत्रणा देते।

राजा दशरथ ने अयोध्या में ऐसे सहस्रों महारथी वीरों को बसाया और पाला था, जो ऐसे पुरुषों पर बाणों का प्रहार नहीं करते थे, जो अपने समूह से बिछुड़कर असहाय हो गया हो, जिसके आगे-पीछे कोई न हो, जो पिता और पुत्र दोनों से दीन हो, जो युद्ध से हारकर भागे जा रहे हों (वा.रा. 1.5.20-22)। ये वीरों के संस्कार हैं, जो इक्ष्वाकु वंश ने दिए थे।

राजा दशरथ और कौसल्या की एक पुत्री शांता थी, अर्थात् श्रीराम की बहन्। शांता को राजा दशरथ ने अपने मित्र अंग देश के राजा रोमपाद को दत्तक पुत्री के रूप में दिया था (वा.रा. 1.11.3-5, वि.पु. 4.18.17-18)। पुत्र-प्राप्ति के लिए राजा दशरथ ने पुत्रकामेष्टि यज्ञ करवाया, जिसे पुत्री शांता के पति ऋषि ऋष्यश्रृंग ने करवाया। यज्ञ-समाप्ति पर राजा दशरथ ने ऋत्विजों को सारी पृथ्वी दान कर दी (वा.रा. 1.14.45), परंतु समस्त ऋत्विज निष्पाप नरेश दशरथ से कहते हैं—'महाराज! अकेले आप ही इस संपूर्ण पृथ्वी की रक्षा करने में समर्थ हैं। इसके पालन की शक्ति हममें नहीं। हम तो सदा वेदों के स्वाध्याय में ही लगे रहते हैं (वा.रा. 1.14.47-48)।' इक्ष्वाकु वंश के राज के समय इन संस्कारों के कारण ही समाज में आदर्श व्यवस्था बन पाई थी।

द्राविड़, सिंधु-सौवीर, सौराष्ट्र, दक्षिण भारत के सारे प्रदेश तथा अंग, वंग, मगध, मत्स्य, काशी और कोसल पर अयोध्या नरेश दशरथ का आधिपत्य था (वा.रा. 2.10.36-37)। लेकिन एक अवगुण, अति विषयासक्त होने के कारण महान् सम्राट् दशरथ के अंतिम दिन पीड़ादायक हुए। इसी प्रसंग में महर्षि वाल्मीकि एक उदाहरण देते हुए कहते हैं कि महाराज दशरथ जब कैकेयी से श्रीराम के वनवास पर न भेजने की विनती कर रहे थे, तब वे पृथ्वी पर अनुचित अवस्था में यों पड़े थे, जैसेकि राजा ययाति देवलोक से भ्रष्ट हो गए थे (वा.रा. 2.13.1-2)। क्योंकि ऐसी भ्रष्टता का उदाहरण रघुवंश में नहीं था। परंतु साथ ही महाराज दशरथ के व्यक्तित्व का एक पक्ष और भी है, कैकेयी के वर माँगने पर वे धर्म से उसी तरह बँधा महसूस कर रहे थे, जिस तरह राजा बलि इंद्रप्रेरित वामन के पाश से अपने को मुक्त करने में असमर्थ हो गए थे (वा.रा. 2.14.11)। दशरथ अंत तक धर्म के मार्ग पर रहे, तभी तो श्रवण को अनजाने में तीर चलाने का प्रसंग स्मरण करते हुए कहते हैं—'मनुष्य शुभ या अशुभ जो भी कर्म करता है, उसी कर्म के फलस्वरूप दुःख या सुख को प्राप्त करता है। जो कर्मों का आरंभ

करने से पूर्व, उनसे होनेवाले लाभ और हानि को नहीं समझता, वह मूर्ख है (वा.रा. 2.63.6-7)।"

"गुरुदेव! आपने श्रीराम के पिता का विस्तृत वर्णन किया, लेकिन माता का नहीं। ऐसा क्यों? क्या उनके संदर्भ ग्रंथों में उपलब्ध नहीं?"

"बालिके! उपलब्ध है। श्रीराम के चरित्र-निर्माण में उनकी माता का महत्त्वपूर्ण योगदान है। माता शिशु की पहली पाठशाला है और शिक्षक भी। श्रीराम ने न केवल जन्म देनेवाली माता, बल्कि अन्य सभी माताओं को समान रूप से आदर दिया। सभी उन्हें बराबर से स्नेह करती थीं। श्रीराम की माताश्री महारानी कौसल्या कोसल प्रदेश के शासक भानुमान की राजकन्या थीं। वे मृदु स्वभाव की थीं। पति सुख से वंचित तथा सौत (कैकेयी) द्वारा सताए जाने के कारण उदासीन वृत्ति में रहती थीं। श्रीराम के चरित्र में धार्मिकता का अंश इन्हीं की देन थी। उन्हें हजार गाँव स्त्री धन के स्वरूप में नैहर से मिले थे (वा.रा. 2.31.22-23)। कौसल्या कैकेयी के साथ बहन सा व्यवहार करती थी (वा.रा. 2.73.10), परंतु कैकेयी बड़ी रानी कौसल्या से उचित व्यवहार नहीं करती थी (वा.रा. 2.20.39)। दूसरी रानी सुमित्रा मगध देशाधिपति शूर राजा की राजकन्या थी और तीसरी रानी कैकेयी कैकेय देश के राजा अश्वपति कैकेय की राजकन्या थी। अयोध्या नरेश की दूसरी रानी सुमित्रा अत्यंत विवेकशील और धर्मनिष्ठ राजपत्नी थी (वा.रा. 2.44.1)। श्रीराम के वनगमन के समय सुमित्रा ने अपने सकुशल संभाषणों द्वारा कौसल्या को सांत्वना भी दी थी (वा.रा. 2.44.30)। इस प्रसंग में यह भी प्रमाणित होता है कि सुमित्रा अयोध्या की राजनीति से दूर थी। वह मितभाषणी थी। वह सेवापरायण और सरल हृदय स्त्री थी। इसका शब्दों में अर्थपूर्ण वर्णन तुलसीदास करते हैं—*'धीरजु धरेउ कुऊवसर जानी। सहज सुहृदय बोली मृदु बानी (रा.मा. 2.73.1)।'*

कैकेयी अनार्या है, यह वाल्मीकिजी स्वयं कहते हैं (वा.रा. 2.18.31, वा.रा. 2.19.19)। कैकेयी कैकेयराज अश्वपति की पुत्री थी (वा.रा. 2.31.13)। महाराज दशरथ की कनिष्ठ, किंतु अत्यंत प्रिय पत्नी। भरत की माता। राजा दशरथ जब देवासुर संग्राम में देवताओं की सहायता करने गए थे, उस समय रथ के पहिए की कील टूट गई। तब कैकेयी ने राजा को बचाया था, अर्थात् वह युद्ध में साथ जाया करती थी। भरत के मामा कैकेयी के भाई, कैकेय देश के राजकुमार युधाजित थे (वा.रा. 1.73.1-2)। कैकेयी की माता का आचरण भी अधर्म आधारित ही रहा है (वा.रा. 2.35.17)। परंतु अंत में कैकेयी के अपने बेटे भरत ने ही उसका सारा षड्यंत्र नष्ट कर दिया। भरत ने अपनी माँ की कड़े शब्दों में भर्त्सना की और उन्हें क्रोधी, अविचारी, घमंडी, दुष्ट, कुलटा, पापबुद्धि, दुर्जन होते हुए सज्जन की तरह दिखनेवाली और कुल कलंकिनी कहा (वा.रा. 2.73-74)। इस तरह से कैकेयी के संदर्भ में भी पर्याप्त जानकारी रामायण में

प्राप्त है। साथ ही, यह वर्णन भी है कि राजा दशरथ के महल में अन्य साढ़े तीन सौ रानियाँ थीं (वा.रा. 2.39.36-37)। अतः यह नहीं कहा जाना चाहिए कि केवल पुरुष समाज का ही वर्णन हुआ है।

राजसत्ता के लिए राजपुत्र उन दिनों भी षड्यंत्र करते थे और गद्दी पाने के लिए हर दुष्कर्म भी। लेकिन रघुवंश में यह कभी न तो सफल हुआ और न ही इसे स्वीकार करने की परंपरा रही। फिर चाहे दिलीप हो या रघु या फिर अज। राजा स्वयं योग्य राजपुत्र को राजसत्ता सौंपता और राजपुत्र भी उसे पितृाज्ञा मानकर स्वीकार करते।

श्रीराम ने जिस वंश में जन्म लिया, उसके पूर्वज पराक्रमी के साथ-साथ प्रजा वत्सल और त्यागी महापुरुष थे। सूर्यवंश की उपरोक्त वंशावली इसका प्रमाण है। हर पीढ़ी में त्याग, पराक्रम, उदारता और सच्चरित्रता की गुणवत्ता बढ़ती गई। इक्ष्वाकु, मांधाता, हरिश्चंद्र, भगीरथ जैसे साधक तपस्वी थे। ये सभी सिर्फ युद्ध निपुण या पराक्रमी ही नहीं थे। इन्हीं पुण्यशील शासकों के अर्जित पुण्य का फलोदय श्रीराम हैं। श्रीराम के काल में इस वंश को सर्वोच्च ख्याति मिली। जिस किसी में कहीं दुर्गुण थे भी तो प्राप्त दुष्परिणाम ने संदेश का काम किया।

समस्याएँ हर युग-काल में एक समान रही हैं। मानवीय गुण-अवगुण सदा एक से रहे हैं। अंतर मात्र इतना है कि उस मानवीय दुर्गुण से बचने के उपाय समाज ने क्या कर रखे हैं। श्रीराम भरत से कहते हैं कि जब माता कैकेयी का विवाह हमारे पिता राजा दशरथ के साथ संपन्न हुआ था, उस वक्त कैकेयी के पिता अश्वजित ने भी यह शर्त रखी थी कि केवल कैकेयी के पुत्र को ही राजा बनाया जाना चाहिए (वा.रा. 2.107.3)। इस वचन को सुनने के बाद भी भरत की प्रतिक्रिया, बड़े भाई के प्रति श्रद्धाभाव व विश्वास ही उस युग को और रघुवंश को महान् बनाती है। कलियुग में भरत नहीं होते। श्रीराम के होने की संभावना तो फिर और भी कम हो जाती है।"

"गुरुदेव! इक्ष्वाकु वंश के राजतंत्र में लोकतंत्र की क्या स्थिति थी?"

"रघुवंशियों अर्थात् इक्ष्वाकु वंश के राज्यकाल में राजतंत्र होते हुए भी लोकतंत्र अक्षुण्ण था, इसलिए महाराज दशरथ ने राम को युवराज बनाने के लिए जन-स्वीकृति ली (वा.रा. 2.1.46)। राज्य की सभा में सभी जातियों के मुख्य लोग सभासद होते थे। नीति एवं राजधर्म में राजा का आचरण ही आदर्श राज्य का आधार होता। राजा अपने व्यवहार से समाज का उन्नायक होता। अतएव श्रीराम ने अपने आचरण द्वारा प्रजा तथा समाज को आदर्श रूप में ढाला था। श्रीराम का वैयक्तिक जीवन भी समाज के लिए ही था। प्रजा के विभिन्न वर्गों का उनकी स्थिति, क्षमता और संस्कार के अनुसार पालन-पोषण करना राजा का कर्तव्य होता। वह यह कर्तव्य विवेक के साथ निभाता है। वह धर्म नियंत्रित होता। इस युग में भारतीय राजा उतना शासक नहीं होता, जितना

प्रजा के हित का परामर्शदाता। राजा के मंत्रिमंडल में विनयशील, सलज्ज, कार्यकुशल, जितेंद्रिय, अस्त्र-शस्त्र कुशल, सुदृढ़, पराक्रमी, यशस्वी तथा सावधान मंत्री होते। इन सबका ही परिणाम था कि प्रजा में से किसी की अपमृत्यु नहीं होती। किसी को कोई पीड़ा नहीं होती। सभी सुंदर और नीरोग होते। कोई दुःखी, दरिद्र और दीन नहीं होता। रघुवंश (सूर्यवंश) के राजाओं के चारित्रिक गुणों से प्रेरित होकर ही कालिदास ने रघुवंशम् महाकाव्य की रचना की। यह श्रीराम के कुल के संस्कारी व आदर्श होने का स्वतः प्रमाण है, इसका वर्णन उन्होंने स्वयं (रघु. 1.9) में किया है। अंत में यही कहा जा सकता है कि कहने के लिए कि इक्ष्वाकु वंश का शासन राजतंत्र था, लेकिन वास्तविकता में लोक केंद्रित, लोकहितकारी व लोक-आधारित था। अर्थात् राजतंत्र के मूल में लोकतंत्र ही था।"

"गुरुदेव! त्रेतायुग के इक्ष्वाकु वंश के राजाओं की वंशावली के अतिरिक्त भी कोई जानकारी उपलब्ध है?"

"हाँ वत्स! सभी विषयों की पर्याप्त जानकारी उपलब्ध है। उदाहरणार्थ, कुछेक विषय लेते हैं। त्रेता युग में राजा के लिए रत्नजड़ित चँवर और सुसज्जित श्वेत छत्र होता था (वा.रा. 2.15.9-10)। राजा के महल की सुरक्षा कई स्तर पर थी। जब श्रीराम महाराज दशरथ से मिलने उनके महल में जाते हैं तो धनुर्धर वीरों द्वारा सुरक्षित महल की तीन ड्योढ़ियों को श्रीराम ने घोड़े जुते हुए रथ से पार किया, फिर दो ड्योढ़ियों में वे पैदल ही गए (वा.रा. 2.17.20)। अयोध्या नरेश के रथ पर कोविदार वृक्ष से चिह्नित ध्वज शोभा पाता (वा.रा. 2.96.18)। दशरथ महाराज की सवारी में रहनेवाला गजराज का नाम शत्रुंजय था (वा.रा. 2.97.25)। राजा के राज्याभिषेक का वर्णन (वा.रा. 4.26) में हुआ है।

इक्ष्वाकु वंश में यह निर्देश था, जो राजा प्रजा से उसकी आय का छठा भाग कर के रूप में ले ले, उसे पुत्र की भाँति प्रजा की रक्षा करनी चाहिए। यही राजा का धर्म है (वा.रा. 3.6.11)। इसी तरह फल-फूल का आहार करनेवाले मुनि जिस उत्तम धर्म का अनुष्ठान करता है, उसका चौथा भाग धर्म के अनुसार प्रजा की रक्षा करनेवाले राजा को प्राप्त हो जाता है (वा.रा. 3.6.14)।"

"गुरुदेव! इक्ष्वाकु वंश इतने लंबे समय तक राज कैसे करता रह पाया? इसका प्रमुख कारण क्या है?"

"प्रमुख कारण रहा—शस्त्र के साथ-साथ शास्त्र को स्वीकारना। सूर्यवंशी जानते थे कि लोक में छह युक्तियाँ व उपायों के नाम हैं—संधि, विग्रह, यान, आसन, द्वैधीभाव तथा समाश्रय। इससे राजा सबकुछ पा सकते हैं (वा.रा. 3.72.7-8)। शत्रु से मेल रखना संधि, उससे लड़ाई छेड़ना विग्रह, आक्रमण करना यान, अवसर की प्रतीक्षा में

बैठे रहना आसन, दुरंगी नीति बरतना द्वैधीभाव तथा अपने से बलवान राजा की शरण लेना समाश्रय है। शास्त्र यह भी कहता है कि बुद्धि के आठ गुण हैं—सुनने की इच्छा, सुनना, सुनकर ग्रहण करना, ग्रहण करके धारण करना, ऊहापोह करना (अंतर्द्वंद्व), अर्थ-तात्पर्य को भलीभाँति समझना तथा तत्त्वज्ञान से संपन्न होना। चार प्रकार का बल होता है, यही शत्रु को वश में क़रने के नीतिशास्त्र के चार उपाय भी हैं—साम, दान, भेद, दंड। इनके साथ ही बाहुबल, मनोबल, उपाय बल और बंधु बल— ये चार बल भी हैं। अंत में राजा के चौदह गुण हैं—देश-काल का ज्ञान, दृढ़ता, सब प्रकार के क्लेशों को सहन करने की क्षमता, सभी विषयों का ज्ञान, चतुरता, उत्साह (बल), मंत्रणा को गुप्त रखना, परस्पर विरोधी बात न कहना, शूरता, अपनी और शत्रु की शक्ति का ज्ञान, कृतज्ञता, शरणागतवत्सलता, अमर्षशीलता, अचंचलता (स्थिरता)। उपरोक्त आठ गुणोंवाली बुद्धि, चार प्रकार का बल और चौदह गुण से इक्ष्वाकु वंश के राजा संपन्न होते, इन सभी से बालिकुमार अंगद भी संपन्न थे (वा.रा. 4.54.2)। इसके साथ ही एक महत्त्वपूर्ण तथ्य और भी है। शास्त्रों के अनुसार राजा के सात व्यसन हैं। इक्ष्वाकु वंश के राजा इन व्यसनों से दूर ही रहते। ये व्यसन हैं—वाणी और दंड की कठोरता, धन का अपव्यय, मद्यपान, स्त्री, मृगया और द्यूत। रावण इन सभी व्यसनों के वशीभूत था (वा.रा. 6.14.17)। इसलिए उसका सर्वनाश हुआ। इन व्यसनों से आमजन को भी सावधान रहने की आवश्यकता है।

कालिदास ने रघुवंशम् में शासन पद्धति, जोकि प्रजा के कल्याण और सर्वांगीण विकास के लिए थी, के उच्च आदर्शों का वर्णन किया है, साथ ही उन चारित्रिक दोषों का भी स्पष्ट संकेत दिया, जिनसे किसी महान् वंश का पतन हो जाता है। कहने का तात्पर्य है कि राजा रणबाँकुरा तो होता है, लेकिन साथ ही जितेंद्रिय भी हो तो अति विशिष्ट बन जाता है। रावण, कुंभकर्ण और इंद्रजित् बलाढ्य थे, लेकिन जितेंद्रिय नहीं थे। इसके विपरीत इक्ष्वाकु वंश के राजा मांधाता, सगर, भगीरथ, दिलीप, रघु, श्रीराम आदि में बलाढ्यता के साथ-साथ जितेंद्रियता भी थी। तुलसीदासजी राजा की व्याख्या अति सुंदर शब्दों में करते हैं कि मुखिया को मुख के समान होना चाहिए। एक मुँह खाता है, लेकिन सारे अंगों का पालन करता है। '*मुखिया मुखु सों चाहिए खान पान कहुँ एक। पालइ पोषइ सकल अंग तुलसी सहित बिबेक* (रा.मा. 2.315)।'

इक्ष्वाकु वंश में कुछ और भी विशेषताएँ रही हैं। इस वंश में गुरु का स्थान जानने के लिए दशरथ के उस कथन को देख सकते हैं, जिसमें वे महाराज जनक से कहते हैं (वा.रा. 1.70.16)—'आपको तो विदित होगा कि इक्ष्वाकु कुल के देवता महर्षि वसिष्ठ हैं। हमारे यहाँ सभी कार्यों में भगवान् वसिष्ठ मुनि ही कर्तव्य का उपदेश करते हैं। और इन्हीं की आज्ञा का पालन किया जाता है।'

दूसरी विशेषता, भरत जब माता कैकेयी से यह कहते हैं (वा.रा. 2.73.20-22)—'इस कुल में जो सबस बड़ा होता है, उसी का राज्याभिषेक होता है, दूसरे भाई बड़े की आज्ञा के अधीन रहकर कार्य करते हैं। इक्ष्वाकु वंशी नरेशों के कुल में इस नियम का विशेष रूप से पालन करने की प्रथा रही है।' यह कथन भारत के सूर्यवंश के संस्कार हैं। इस संस्कार के पालन मात्र से कुल का कल्याण हो सकता है। यह धर्म की शक्ति है।

तीसरी विशेषता, भरत मंथरा पर क्रोधित होने पर शत्रुघ्न से कहते हैं (वा.रा. 2.78.21-22)—'क्षमा कर, स्त्रियाँ सभी प्राणियों के लिए अवध्य होती हैं। यदि मुझे श्रीराम का भय नहीं होता तो मैं भी अपनी माता पापिनी कैकेयी को मार डालता।' यहाँ भरत के संस्कार बोल रहे हैं, साथ ही श्रीराम संस्कार पुरुष के रूप में स्थापित हो रहे हैं।

अंत में, कोई प्रश्न कर सकता है कि रामराज्य कैसे सुनिश्चित हो सकता है? इसे जानने के लिए हमें श्रीराम के वे संवाद सुनने-पढ़ने चाहिए, जो उन्होंने भरत से कुशल-प्रश्न के बहाने राजनीति का उपदेश के रूप में कहे थे (वा.रा. 2.100)। इसमें सभी मूल रूप से आज भी (हर युग में) शासक के लिए उपयोगी हैं।"

"गुरुदेव! क्या त्रेतायुग में केवल इक्ष्वाकु वंश का ही वर्णन उपलब्ध है? उसमें भी क्या केवल राजाओं का ही निर्देश प्राप्त है? क्या अन्य की चर्चा आवश्यक नहीं? क्या ऋषियों की वंश-परंपरा और माता सीता के व्यक्तित्व का वर्णन उपलब्ध नहीं? क्या राक्षसों की भी वंशावली थी? क्षमा करें गुरुदेव, ऐसे अनेक प्रश्न मन में उभर रहे हैं।" आश्रम का यह जाग्रत् गृहस्थ गुरुदेव के प्रवचन में प्रश्न अवश्य करता।

"सभी प्रश्न उचित हैं और उनके उत्तर आवश्यक हैं। सभी का वर्णन उपलब्ध हैं, लेकिन चूँकि राजा प्रमुख है तो उनका विस्तृत वर्णन होना स्वाभाविक है। यही कारण है कि हमने भी उसकी चर्चा विस्तार में की। श्रीराम से संबंधित अन्य लोगों की भी संक्षिप्त चर्चा की जा सकती है। कुछेक की हमने की भी है। अन्य में भरत के स्वरूप का वर्णन भी रामायण में हुआ है। वे श्याम वर्ण और उनके उदर का कुछ पता ही नहीं चलता था। नेत्र कमल के समान थे। भरत महान् धर्मज्ञ, सत्यवादी, लज्जाशील, जितेंद्रिय, प्रिय वचन बोलनेवाले, मृदुल स्वभाव वाले महाबाहु, शत्रुदमन थे (वा.रा. 3.16.31-32)। श्रीराम और लक्ष्मण में शारीरिक अंतर केवल इतना ही है कि लक्ष्मण सुवर्ण के समान गौर वर्ण है और श्रीराम श्यामसुंदर हैं (वा.रा. 5.35.23)। भरत और शत्रुघ्न के लिए तुलसीदास कहते हैं (रा.मा. 1.310.2)—'*सखि जस राम लखन कर जोटा। तैसेइ भूप संग दुइ ढोटा। स्याम गौर सब अंग सुहाए। ते सब कहहिं देखि जे आए।*'

माता सीता में ऋग्वेद की ऋषिका के गुण मिलते हैं। माता सीता के व्यक्तित्व को समझने के लिए वैदिक ऋषिकाओं को जानना आवश्यक हो जाता है और इससे तुम्हारे

पिछले दिनों उठाए उस प्रश्न का उत्तर भी मिल जाएगा कि वैदिक ग्रंथों में स्त्री का प्रतिनिधित्व/वर्णन हुआ है या नहीं।

'ऋषिका शची पौलोमी' इंद्र की पत्नी थीं। वे यज्ञ भी करती थीं। ज्ञान पर गर्वित नारी सशक्तीकरण का आदर्श उदाहरण। राजा पुलोम की पुत्री शची ऋग्वेद के सूक्त (10.159) की ऋषिका हैं और देवता भी, अर्थात् इस सूक्त में उन्होंने आत्मस्तुति की है। अनेक स्थानों पर इंद्र को शचीपति के रूप में उल्लेख किया गया (ऋ. 4.30.17, ऋ. 1.106.6)। 'ऋषिका रोमशा' आत्मसम्मान को ठेस पहुँचाने वाले शासक को ललकारती हैं (ऋ. 1.126.7)। शरीर में रोम होने के कारण पति (भावयव्य राजा) द्वारा त्यागी गई, फिर तप से वेद ज्ञान। रोमशा सामवेद के अनेक मंत्रों की भी द्रष्ट्री हैं। 'ऋषिका लोपामुद्रा' का ऋषिकाओं में महत्त्वपूर्ण स्थान है। उन्हें पति-पत्नी की समानता का प्रतीक माना गया। वे अगस्त्य ऋषि की पत्नी थीं, जिन्होंने नारियों के गौरव को प्रवर्धित किया। लोपामुद्रा ऋग्वेद की (1.179.1-2) दो मंत्रों की ऋषिका हैं। विदर्भ राजा की राजकन्या होते हुए भी उन्होंने ऋषिका का जीवन चुना। ऋषि मुद्गल की पत्नी 'इंद्रसेना' पराक्रमी भी थीं (ऋ. 10.102.2)।

देवों की माता 'ऋषिका अदिति' चारों वेदों की प्रकांड विदुषी हैं। उन्होंने अपने पुत्र इंद्र को वेदों का उच्चकोटि का ज्ञान दिया। अदिति का ऋषित्व (ऋ. 4.18.7) में मिलता है। 'ब्रह्मजाया जुहू', ब्रह्मा की पुत्री बृहस्पति की पत्नी ऋग्वेद के सूक्त (10.109) की ऋषिका हैं। उनके सामाजिक विचार हैं—'समान गुण, कर्म और स्वभाव वालों का ही आपस में विवाह होना चाहिए। विवाह से पूर्व वर-कन्या दोनों एक-दूसरे को स्वयं देख लें। विवाह के बाद पत्नी को छोड़ना या दुःख देना अनैतिक।' 'अप्सरा उर्वशी' ऋग्वेद सूक्त (10.95) की ऋषिका हैं, उन्होंने ऋषित्व ही नहीं, देवत्व प्राप्त किया। ऋग्वेद (10.95) में उर्वशी-पुरुरवा संवाद जीवन-दर्शन है। 'अपाला आत्रेयी' ऋग्वेद सूक्त (8.91) की ऋषिका और 'घोषा काक्षीवती' ऋग्वेद सूक्त (10.39-40) की ऋषिका, दोनों दीर्घकाल तक रोग से पीड़ित थीं और साधना से स्वास्थ्य लाभ प्राप्त किया। 'दक्षिणा प्राजापत्या' ऋग्वेद (10.107) की ऋषिका हैं। ऋषिका ने दक्षिणा देनेवाले यजमानों की स्तुति की है। अर्थात् दान-दक्षिणा का महत्त्व स्थापित किया है।

'सूर्या सावित्री' ऋग्वेद (10.85) की ऋषिका हैं। यह सूर्यपुत्री होने के कारण सूर्या हैं, सविता से उत्पन्न होने से सावित्री कहलाती हैं। इस सूक्त में सूर्या के विवाह का विस्तृत वर्णन मिलता है। अतः इस सूक्त को सूर्या सूक्त तथा विवाह सूक्त भी कहा जाता है। विवाह बंधन की गरिमा आज भी हिंदू विवाह संस्कार में मंत्र रूप में पढ़ी जाती है। 'श्रद्धा कामायनी' ऋग्वेद सूक्त (10.151) की ऋषिका हैं। यह काम गोत्रीय होने के कारण कामायनी पद से संयुक्त हुई है। 'सार्पराज्ञी' ऋग्वेद सूक्त (10.189) की ऋषिका

हैं। इन्हें ऋषिका के साथ देवता भी प्रमाणित किया गया है। इनसे पृथ्वी सहित सूर्य की वैज्ञानिक दृष्टि मिलती है। इन ऋषिकाओं के गुण माता सीता में थे। ऋषिकाओं का संदर्भ मैंने इसलिए भी लिया, क्योंकि सीताजी के व्यक्तित्व का वर्णन शब्दों में संभव नहीं। तुलसीदास कहते हैं (रा.मा. 1.246.1-2)—'*सिय सोभा नहिं जाइ बखानी। जगदंबिका रूप गुन खानी। उपमा सकल मोहि लघु लागीं। प्राकृत नारि अंग अनुरागीं। सिय बरनिअ तेई उपमा देई। कुकबि कहाइ अजसु को लेई। जौं पटतरिअ तीय सम सीया। जग असि जुबति कहाँ कमनीया।* अर्थात् रूप और गुणों की खान जानकीजी की शोभा का वर्णन नहीं हो सकता। उनके लिए सब उपमाएँ तुच्छ लगती हैं, सीताजी के वर्णन में उन्हीं उपमाओं को देकर कौन कुकवि कहलाए। यदि किसी स्त्री के साथ सीताजी की तुलना की जाए तो जगत् में ऐसी सुंदर युवती है ही कहाँ!'

ऋग्वेद में कुल 29 ऋषिकाओं का वर्णन है। यह इस बात का भी प्रमाण है कि नारी हर क्षेत्र में वैदिक काल से पुरुष के समकक्ष थीं। एक महत्त्वपूर्ण तथ्य और कहना चाहूँगा। ऋग्वेद में सीता की स्तुति कृषि संबंधि कार्यों के देवता के रूप में हुई है (ऋ. 4.57.6-7)। ये रामायण की माता सीता से भिन्न हैं। लेकिन वैदिक देवता सीता का संदर्भ देकर पश्चिम के विद्वान् रामायण की सीता को काल्पनिक बनाकर रामकथा को मिथ्या (कथा) सिद्ध करने का प्रयास करते हैं। लेकिन वे यह भूल जाते हैं कि प्राचीन काल में ये नाम प्रचलित थे और हर नाम का अपना एक प्राकृतिक संदर्भ होता था। इन नामों की महत्ता को देखकर ही त्रेता और द्वापर में नामकरण होता था। इस विषय पर एक बात और है, इक्ष्वाकु वंश में नारी शासिकाओं का उल्लेख भी मिलता है। अयोध्या के महाराजा अग्निवर्ण की मृत्यु के पश्चात् उनकी विधवा महिषी ने शासन किया था (रघु. 19.57)।

आपकी जिज्ञासा को शांत करने के लिए इक्ष्वाकु वंश से इतर जनक वंश की चर्चा संक्षिप्त में कर लेते हैं। विष्णु पुराण (4.5.30) और वायु पुराण (2.27.15) के अनुसार सीताजी के पिता जनक का नाम सीरध्वज है। ये दोनों संदर्भ सीताजी के जन्म को लेकर हैं। साथ ही शतपथ ब्राह्मण (11.3.1.2-4, 11.6.3.1) तथा बृहदारण्यक उपनिषद् (3.1.1-2) में राजा जनक का याज्ञवल्क्य के साथ विस्तृत वर्णन है। अर्थात् वैदिक ग्रंथों में भी रामकथा के प्रमुख चरित्रों का सजीव प्रामाणिक वर्णन है। पुराणों में राजा जनक का नाम सीरध्वज है, अन्यथा जनक वंश में राजाओं के नाम जनक ही हैं। जनक वंश का वर्णन भी पुराणों में उपलब्ध है (भा.पु. 9.13, वि.पु. 4.5.11-34, गरुड़ पु. 1.138.44-58, वा.पु. 2.27.1-23)। इस वंश की स्थापना मनु के पौत्र और इक्ष्वाकु के पुत्र निमि 'विदेह' राजा ने की थी। निमि के पुत्र का नाम मिथि (मिथिल) था। मंथन से उत्पन्न होने के कारण बालक का नाम 'मिथिल' हुआ, विदेह से उत्पन्न होने के कारण 'वैदेह' और

जन्म लेने के कारण 'जनक' नाम हुआ। निमि विदेह के कारण इस राजवंश को विदेह नाम प्राप्त हुआ और पुत्र मिथि (मिथिल) ने मिथिलापुरी बसाई (भा.पु. 9.13.13)। मिथिल वंश में उत्पन्न सभी नरपति मैथिल भी कहलाते हैं (भा.पु. 9.13.27)। निमि और पुरोहित वसिष्ठ के बीच हुए झगड़े में इन दोनों ने परस्पर को विदेह (देह रहित) बनने का शाप दिया था। उस विदेहत्व अवस्था के कारण इसे विदेह नाम प्राप्त हुआ (भा. पु. 9.13.3-10)। पुत्र मिथि जनक के कारण इस राजवंश को जनक नामांतर भी प्राप्त हुआ है। यह सूर्यवंश की एक उपशाखा है, क्योंकि इसका संबंध भी मनु और इक्ष्वाकु से है। वाल्मीकि रामायण में भी इस वंश की जानकारी प्राप्त है। जनक वंश में राजाओं का क्रम है—मनु, इक्ष्वाकु, निमि, मिथिजनक, उदावसु, नंदिवर्धन, सुकेतु, देवरात, बृहद्रथ, महावीर्य, सुधृति, धृष्टकेतु, हर्यश्व, मरु, प्रतीन्धक (प्रतीक), कीर्तिरथ, देवमीढ, विबुध, महाधृति (महीध्रक), कीर्तिरात, महारोमा, स्वर्णरोमा, हस्वरोमा, सीरध्वज (वि. पु. 4.5.21-28, वा.रा. 1.71.3-13)। ये सारे राजा आत्मज्ञान और वैदिक यज्ञकर्म में प्रवीण थे। राजा जनक के पूर्वज महाराज देवरात के पास भगवान् शंकर का धनुष धरोहर के रूप में रखा हुआ था (वा.रा. 1.66.12)।

अश्वपति कैकेय देश के राजा थे और इतने विद्वान् थे कि ब्राह्मणों को भी समय-समय पर ज्ञान देते थे (श.ब्रा. 10.6.1.2) और (छा.उ. 5.11.4)। इन्हीं ग्रंथों में जनक वैदह का भी वर्णन है, अतः यह प्रमाणित हुआ कि दोनों समकालीन राजा थे (श.ब्रा. 11.3.1.2-4)।

इक्ष्वाकु वंश के अतिरिक्त विश्वामित्र के वंश की कथा भी रामायण में प्राप्त है। राजा कुशनाभ महाराज कुश के पुत्र थे। 'गाधि' राजा कुशनाभ के पुत्र थे। राजा गाधि के पुत्र थे विश्वामित्र। मुनि विश्वामित्र कुश कुल में उत्पन्न होने के कारण ही कौशिक कहलाते हैं (वा.रा. 1.34.1-6)। शोभभद्र के तट पर अपने कुल की उत्पत्ति विश्वामित्र ने राम और लक्ष्मण को बताई थी (वा.रा. 1.34.13)। ऋषि गौतम के ज्येष्ठ पुत्र शतानंद भी मिथिला में विश्वामित्र के वंश का वर्णन करते हुए कहते हैं—'प्राचीन काल में कुश नाम से प्रसिद्ध एक राजा थे। वे प्रजापति के पुत्र थे। कुश के बलवान पुत्र का नाम कुशनाभ हुआ। कुशनाभ के पुत्र गाधि नाम से विख्यात थे। उन्हीं गाधि के महामुनि विश्वामित्र हैं (वा.रा. 1.51.18-19)।' उनका जन्म नाम विश्वरथ था। विश्वामित्र नाम उन्हें ब्राह्मण होने के पश्चात् प्राप्त हुआ। विश्वामित्र के पितामह की पत्नी का नाम पौरुकुत्सी था, जो अयोध्या के राजा पुरुकुत्स राजा की कन्या थीं। विश्वामित्र की बहन सत्यवती का विवाह भार्गव ऋषि ऋचीक से हुआ था, जिनके पुत्र का नाम जमदग्नि और पौत्र का नाम परशुराम था। इस प्रकार विश्वामित्र इक्ष्वाकु वंश और भृगुवंश दोनों से निकट का संबंध रखते हैं। विश्वामित्र गाधिन राज का वंशज होने के कारण उन्हें

गाधिन (गाथिन्) पैतृक नाम भी प्राप्त हुआ। विश्वरथ कठोर तपस्या करके विश्वामित्र बने और कहा, 'मैं अपने आप को समूचे विश्व का मित्र मानता हूँ (ऐ.आ. 1.2.2)।' सोमवंश की शाखा अमावसु वंश में कान्यकुब्ज देश के कुशिक नामक सुविख्यात क्षत्रिय कुल में उत्पन्न हुए विश्वामित्र, ज्ञानोपासना एवं तप सामर्थ्य के कारण एक श्रेष्ठतम ऋषि एवं वैदिक सूक्त द्रष्टा आचार्य बन गए। परंपरागत ब्राह्मण देवराज वसिष्ठ से उन्हें आमरण संघर्ष करना पड़ा। अंत में इस संघर्ष में वे पूरी तरह से यशस्वी हुए एवं उनके वंश के लोग सर्वश्रेष्ठ ब्राह्मण माने जाने लगे। विश्वामित्र को ब्राह्मणत्व प्राप्त होने का निर्देश वाल्मीकि रामायण के अतिरिक्त अनेकानेक वैदिक ग्रंथों में प्राप्त है। इससे यह प्रमाणित होता है कि एक राजा के ब्राह्मण बनने की घटना प्राचीन काल में महत्त्वपूर्ण मानी गई।

विश्वामित्र ने घोर तपस्या सरस्वती नदी के किनारे रुषंगु तीर्थ पर की थी। यह आद्य विश्वामित्र का आश्रम था (महा. 9.39.22-32, 42.4-37)। रामायणकालीन महर्षि विश्वामित्र का आश्रम ताटका वन के समीप था। यह वही पुण्य स्थान था, जहाँ उन्होंने अपना आश्रम 'सिद्धाश्रम' बनाया था (वा.रा. 1.27-29)। महाभारत के अनुसार, इनका आश्रम कौशिकी नदी (उत्तर बिहार की कोशी नदी) के तट पर था। कौशिकी नाम भी कौशिक पैतृक नाम से प्राप्त हुआ (महा. 1.65.30)। विश्वामित्रजी के तपस्या के पूर्व सौ पुत्र थे और तपस्या के समय चार पुत्र हुए—हविष्पंद, मधुष्पंद, दृढनेत्र और महारथ (वा.रा. 1.57.3)।

जिस समय राजा विश्वामित्र महान् तप कर ब्रह्मर्षि बनने के लिए तप कर रहे थे, तब इक्ष्वाकु वंश के राजा त्रिशंकु राज कर रहे थे। उनकी कामना थी कि वे सशरीर स्वर्गलोक जाएँ (वा.रा. 1.57.10-11)। उनकी कामना विश्वामित्र ने पूरी की थी। इसका तात्पर्य मात्र इतना है कि विश्वामित्र ने आकाश में स्थित एक ग्रहसमूह को त्रिशंकु का नाम दिलवाया (वा.रा. 2.41.11)। अयोध्या की राजगद्दी से पद भ्रष्ट किए गए त्रिशंकु को विश्वामित्र ने ही पुनः सत्ता पर बिठाया था और त्रिशंकु ने भी विश्वामित्र को राजपुरोहित नियुक्त किया था।

ब्रह्मर्षि विश्वामित्र द्वारा त्रिशंकु को पुनः कोसल राज्य प्राप्त होने की घटना अयोध्या के इक्ष्वाकु राजवंश के इतिहास में महत्त्वपूर्ण घटना मानी जाती है। सत्यव्रत त्रिशंकु के पुत्र हरिश्चंद्र के राज्यकाल में उसके पुत्र रोहित को यज्ञ में बलि देने का षड्यंत्र भी विश्वामित्र द्वारा ही असफल किया गया था। विश्वामित्र ने रोहित की रक्षा कर इक्ष्वाकु वंश का पुनः एक बार रक्षण किया था। साथ ही रोहित के स्थान पर बलि दिए जानेवाले शुनःशेप की भी रक्षा की और उसको अपना पुत्र मानकर उसका नाम देवरात रखा और उसे अपना ज्येष्ठ पुत्र नियुक्त किया (भा.पु. 9.7, 16)।

विश्वामित्र ने पहले दक्षिण में तपस्या की फिर पश्चिम दिशा में स्थित पुष्कर में तपस्या की (वा.रा. 1.61.2-3)। इस समय अयोध्या में महाराज अंबरीष का शासन था। यह वंश के साथ-साथ काल भी प्रदर्शित कर रहा है। विश्वामित्र हर युग में हुए हैं, फिर चाहे सतयुग में राजा सुदास के कालखंड में, दाशराज्ञ युद्ध में राजपुरोहित की भूमिका में हों या त्रेता में श्रीराम के हाथों ताटका राक्षसी के वध के समय में हों या फिर द्वापर में युधिष्ठिर के राजसूय यज्ञ में उपस्थित होकर अपना विशिष्ट कार्य संपन्न किया हो। क्यों जनरल विश्वरथ! सही कह रहा हूँ?" कहकर गुरुदेव मन-ही-मन कहने लगे, 'और हाँ, इस युग में तुम्हें वसिष्ठ कुल से अर्थात् मुझसे कोई संघर्ष भी नहीं करना होगा, मैं स्वयं तुम्हें आचार्य पद पर स्थापित करूँगा, तुम इसके योग्य हो।'

हड़बड़ाकर ब्रिगेडियर विश्वरथ उठ खड़े हुए, हाथ जोड़े, लेकिन कुछ कहने की स्थिति में नहीं थे।

"विश्वरथ! ये पौराणिक कथाएँ मात्र श्रवण और पूजन के लिए नहीं हैं, बल्कि इनमें जीवन संदेश और जीवन-दर्शन भी है। अगर हम इन्हें न ग्रहण करें तो इन ग्रंथों के होने का क्या औचित्य रह जाता है? मैं देख पा रहा हूँ, तुम्हें भविष्य में अनेक महत्त्वपूर्ण कार्य करने हैं, मेरे रहते हुए और मेरे बाद भी…" कहकर मुनिश्वर ने ब्रिगेडियर विश्वरथ की तरफ देखा था, मानो कह रहे हों कि इस कलियुग में तुम्हें भी अपने नाम के अनुरूप योग्य कार्य करना है। गुरुदेव ने पल भर के लिए पलकों से आँखों को ढका, लंबी साँस ली और फिर अपनी दिव्य-दृष्टि खोलकर आगे बोलना जारी रखा—

"अन्य ऋषियों के वंशों का वर्णन भी वैदिक ग्रंथों में प्राप्त है। उस पर चर्चा हम अध्याय 'त्रेतायुग' में कर चुके हैं, आगे भी करते रहेंगे। आज मैं वाल्मीकि रामायण में उपलब्ध ऋषियों की चर्चा को ही यहाँ प्रस्तुत करता हूँ। शरभंग मुनि गौतम गोत्रीय थे (वा.रा. 3.7.15)। ऋषि गौतम और अहिल्या के ज्येष्ठ पुत्र शतानंद महाराज जनक के पुरोहित थे (वा.रा. 1.51.2)।

अब मैं महान् ऋषि अगस्त्य का वर्णन करूँगा। जो अग अर्थात् पर्वत को स्तंभित कर दे, उसे अगस्त्य कहते हैं। '*अगं पर्वतं स्तम्भयति इति अगस्त्यः* (वा.रा. 3.11.79)।' दक्षिण को अगस्त्य की दिशा भी कहते हैं (वा.रा. 3.11.84)। मुनि अगस्त्य ने विंध्य पर्वत श्रेष्ठ को पार किया। कहा जाता है कि विंध्य ने सूर्य का मार्ग रोकने के लिए बढ़ा था, किंतु महर्षि अगस्त्य के कहने पर नमन हो गया (वा.रा. 3.11.85)। ऋग्वेद में अगस्त्य के अनेक सूक्त और मंत्र हैं (ऋ. 1.165.13-15, ऋ. 1.166-169, ऋ. 1.171-178, ऋ. 1.180-191)। इन्हें मित्रावरुण के पुत्र के रूप में उल्लेखित होने के कारण अगस्त्य मैत्रावरुणि नाम मिला। अगस्त्य और वसिष्ठ दोनों को मित्रावरुण तथा उर्वशी से उत्पन्न माना जाता है। इनकी पत्नी के रूप में लोपामुद्रा का नाम प्रसिद्ध है।

अगस्त्य का आश्रम दक्षिण में मलय पर्वत पर था। अगस्त्य कुलनाम भी है। अगस्त्य कुल में अगस्त्य शिष्य (ऋ. 1.179.5-6) तथा अगस्त्य स्वसा (ऋ. 10.60.6) के नाम पर भी ऋचाएँ हैं।

रामायण में प्राप्त वंशों की चर्चा में वानरों के वंश की बात करना आवश्यक हो जाता है। सुग्रीव पंपा सरोवर के पास ऋष्यमूक गिरिवर पर निवास करते (वा.रा. 3.72.12)। कपिश्रेष्ठ सुग्रीव महात्मा वानर ऋक्षरजा के पुत्र थे (वा.रा. 3.75.26)। वाली भी ऋक्षरजा वानरराज के पुत्र थे। ज्येष्ठ होने के कारण पिता की मृत्यु के पश्चात् वाली को किष्किंधा राज्य पर प्रतिष्ठित किया गया (वा.रा. 4.9.1-2)। 'वाली' को 'बाली' भी कहा जाता है, अर्थात् विशेष बल वाला। वाली को वालिन् नामांतर भी प्राप्त है। वाली के सचिव का नाम 'तार' था (वा.रा. 4.25.46)। वानर का अर्थ भी विशेष नर से है, जोकि विद्वान् होते थे, बलशाली होते थे। उनको विशेष विद्या प्राप्त थी। वाली की पत्नी का नाम तारा था। तारा को सुषेण वानर की कन्या कहा गया है (वा.रा. 4.22.13)। वाली के पराक्रम की अनेक कथाएँ हैं। वाली एक बार लंकाधिपति रावण को भी युद्ध में परास्त कर चुका है। इसके बाणों में इतना सामर्थ्य था कि बाण से वह सात साल वृक्षों को बींध डालता। एक-एक पेड़ को हिलाकर पर्णरहित करता था (वा.रा. 4.11.67, 70)। दुंदुभि नामक महाबलशाली राक्षस का भी वध किया (वा.रा. 4.11.66)। वाली का मृत्यु के पूर्व श्रीराम के साथ किया हुआ संवाद इसकी शूरता, तार्किकता, धर्मनिष्ठता पर प्रकाश डालता है (वा.रा. 4.17-18)।

सुग्रीव अर्थात् सुंदर ग्रीव (गरदन)। इसका अर्थ यह भी है, जो सुंदर अर्थपूर्ण कथन कहता हो, जो अच्छा वक्ता हो, जिसका उच्चारण स्पष्ट हो। यही नहीं, जो वेदों को शुद्ध रूप में कहता हो। यह उसी तरह है, जैसे राम का एक अर्थ यह भी है, जो अन्य को आराम दे, प्रसन्नता दे, सुख दे। सुग्रीव के दो मंत्री थे—प्लक्ष और प्रभाव। जिन्होंने राजा सुग्रीव को लक्ष्मण के क्रोध का कारण समझाकर सजग किया (वा.रा. 4.31.42)। भागवत पुराण (10.67.2) के अनुसार द्विविद सुग्रीव का अमात्य था। सुग्रीव ज्ञानी भी था। इसी संदर्भ में जिज्ञासु श्रीराम सुग्रीव से पूछते हैं (वा.रा. 4.46.1)—'तुम समस्त भूमंडल के स्थानों का परिचय कैसे जानते हो?' इस प्रश्न के उत्तर में ही सुग्रीव के भूगोल ज्ञान का कारण छिपा है। सुग्रीव कहते हैं—'जब वाली मुझे मारना चाहता था तो मैं चारों ओर भागता रहा और सारी पृथ्वी की परिक्रमा कर डाली। (वा.रा. 4.46.11-13)'

रामायण में वानर यूथपतियों का विस्तृत वर्णन हुआ है—शतबलि वीर वानर, तारा के महाबली पिता, रुमा के पिता और सुग्रीव के श्वसुर, हनुमानजी के पिता केसरी, लंगूर वानरों के महाराज गवाक्ष, रीछों के सेनापति धूम्र, यूथपति पनस, यूथपति नील, गवय, दरीमुख, अश्विनी कुमारों के पुत्र मैंद और द्विविद, यूथपति वीरगज, रीछों के राजा

जांबवान, यूथपति रुमण, यूथपति गंधमादन, यूथपति तार, वीर इंद्रजानु, यूथपति रंभ, यूथपति दुर्मुख, यूथपति नल, दधिमुख, शरभ, कुमुद, वह्नि, रंह तथा वीर हनुमान और युवराज अंगद (वा.रा. 4.39)।

हम सबके पूजनीय महाबली हनुमानजी के गुणों का अर्थपूर्ण वर्णन तो सुग्रीव स्वयं करते हैं (वा.रा. 4.44.1-7) और अंत में कहते हैं—'*त्वय्येव हनुमन्नस्ति बलं बुद्धिः पराक्रमः। देशकालानुवृत्तिश्च नयश्च नयपण्डित।* अर्थात् हनुमन! तुम नीति शास्त्र के पंडित हो। एकमात्र तुम्हीं में बल, बुद्धि, पराक्रम, देश-काल का अनुसरण तथा नीतिपूर्ण बरताव एक साथ देखे जाते हैं।' श्रीराम के कथनानुसार 'हनुमान ने ऋग्वेद की शिक्षा ली थी, यजुर्वेद का अभ्यास किया था और सामवेद के विद्वान् थे (वा.रा. 4.3.28)। उन्होंने कई बार व्याकरण का स्वाध्याय किया (वा.रा. 4.3.29)।'

हनुमान का परिचय जांबवान भी देते हैं। जहाँ वे उनके उत्पत्ति की कथा सुनाते हैं (वा.रा. 4.66)। पुंजिकस्थला नाम से विख्यात अप्सरा है। कपियोनि में उसका नाम अंजना था। वह वानरराज केसरी की पत्नी हुई। अंजना का वायु देवता के मानसिक संकल्प से हनुमान का जन्म हुआ। उदयगिरि के शिखर पर उनके हनु (ठोड़ी) का बायाँ भाग इंद्र के वज्र की चोट से खंडित हो गया, तभी से उनका नाम 'हनुमान' पड़ा। इस तरह वे केसरी क्षेत्रज पुत्र हैं और वायुदेव के औरस पुत्र। हनुमान वानर राजा सुग्रीव के अमात्य भी थे। हनुमान कुशल और संभाषण चतुर राजनीतिज्ञ, वीर सेनानी एवं निपुण दूत थे। उनके शौर्य, चातुर्य, बल, धैर्य, पांडित्य, नीतिमानता एवं पराक्रम का विस्तृत वर्णन वाल्मीकि रामायण में हुआ है। निपुण राजनीतिज्ञ, समयोचित मंत्रणा देनेवाले सचिवोत्तम एवं महापराक्रमी वीर पुरुष होकर भी विनम्रता, दीनता, वाणी की मनोहारिता आदि सत्त्व गुणों का होना उन्हें विशिष्ट बनाता है। वे श्रीराम के परमभक्त के नाते ही पहचाने जाते हैं। इसी कारण तुलसीदास रामचरितमानस (1.16.10) में कहते हैं—'*महाबीर बिनवउँ हनुमाना। राम जासु जस आपु बखाना।* अर्थात् मैं महावीर श्रीहनुमानजी की विनती करता हूँ, जिनके यश का श्रीराम ने स्वयं (अपने श्रीमुख से) वर्णन किया है।'

यहाँ यह भी स्पष्ट करता चलूँ कि हमने महाकाव्य रामायण के प्रतीकों को समझने में भूल की है। नाम के शब्दों के शब्दार्थ को सच मान लिया और भावार्थ की अनदेखी की है। यहाँ भी महाबीर हनुमान को वानराकृति रूप धारण, हमारे पौराणिक साहित्य समझ की सबसे बड़ी भूल मानी जानी चाहिए। वे अन्य अनेक वानर जातीय वीरों के समान उन आदिवासियों-वनवासियों में से एक थे, जिसमें वानरों को देवता मानकर पूजा की जाती थी। समस्या वानर से नहीं है। प्रकृति का हर जीवन सनातन में पूजनीय है। समस्या श्री हनुमान को वानर मान लेने में भी नहीं है, समस्या एक महान् व्यक्तित्व की विवेचना को विकृत स्वरूप प्राप्त हो जाने पर होती है। मान्यतानुसार हनुमान रुद्रावतार हैं,

साथ ही इनका संबंध ब्रह्मचर्य से भी है। वायुपुत्र, पवनात्मज, अनिलात्मज और वायुतनय आदि उपाधियों से इन्हें भूषित किया गया। हनुमान के अनेक नाम हैं। उन्हें 'मारुति' मरुत पुत्र होने के कारण प्राप्त हुआ। 'हनुमत्' नाम उन्हें इंद्र के वज्र द्वारा इनकी हनु टूट जाने के कारण प्राप्त हुआ। 'वज्रांग' (बजरंग) उन्हें वज्रदेही होने के कारण कहा गया और 'बलभीम' नाम अत्यंत बलशाली होने के कारण प्राप्त हुआ। श्रीराम ने उन्हें ब्रह्मविद्या प्रदान की थी एवं वर दिया था, जब तक रामकथा जीवित रहेगी, तब तक तुम अमर रहोगे (महा. 3.147.37)। महाभारत में उन्हें चिरंजीव कहा गया है एवं उनका स्थान अर्जुन के रथ ध्वज पर निर्देशित है। उनके द्वारा भीम का गर्वहरण करने का निर्देश भी प्राप्त है (महा. 3.146.59-79)।

अंत में रावण और राक्षस कुल की चर्चा के बिना आज का संवाद अधूरा रह जाएगा। छह प्रजापति—मरीचि, अत्रि, अंगिरा, पुलस्त्य, पुलह और क्रतु में से रावण पुलस्त्य कुल का था। पुलस्त्य के पुत्र थे महर्षि विश्रवा और विश्रवा का पुत्र रावण (वा.रा. 5.23.7-8)। सनातन शास्त्रों में कई स्थान पर 10 और 21 प्रजापति का भी वर्णन है। रावण विश्रवा मुनि का औरस पुत्र और कुबेर का सौतेला भाई है (वा.रा. 1.20.15-17)। रावण के परिवार का विस्तृत विवरण वाल्मीकि रामायण (वा.रा. 3.17.21-23) में हुआ है। रावण सनातन संस्कृति में पाशवी वासना और दुष्टता का प्रतीक है। रावण नाम अनार्य नाम इरैवण (अर्थात् राजा) का संस्कृत रूप है। रावण की माता का नाम केशिनी था, जो सुमालि राक्षस की कन्या थी (भा.पु. 7.1.35-43)। रावण के जन्म का वर्णन वाल्मीकि समायण के अतिरिक्त महाभारत (3.259.7) में भी हुआ है।

रावण एक महान् योद्धा था। उसके शरीर पर देवासुर संग्राम में जो घाव हुए थे, उसके चिह्न थे। ऐरावत हाथी के दाँत के निशान भी उसकी छाती पर थे (वा.रा. 3.32.6-7)। युद्धकांड में भी इसका वर्णन है—ऐरावत हाथी के दाँतों के अग्रभाग से आहत होने के कारण रावण के वक्षस्थल में आघात चिह्न बन गया था (वा.रा. 6.40.5)। वह धर्म को जड़ से उखाड़ देनेवाला था, अर्थात् अधर्मी था। परायी स्त्री का सतीत्व का नाश करता था, अर्थात् उनसे बलात् संभोग करता था। इसी क्रम में वह पाताल की भोगवती पुरी में जाकर तक्षक को हराकर उसकी पत्नी को हर लाया। कैलाश पर्वत पर कुबेर को पराजित कर उसका पुष्पक विमान अपने अधिकार में कर लिया था। वह निशाचर क्रोधपूर्वक कुबेर के चैत्ररथ वन, नलिनी नामवाली पुष्करिणी तथा इंद्र के नंदन वन को नष्ट करता रहता। उसे ब्रह्माजी से वरदान प्राप्त था कि वह देवता, दानव, गंधर्व, पिशाच, पक्षी, सर्पों से अभय प्राप्त है। मनुष्य के अतिरिक्त किसी से मृत्यु का भय नहीं। वह प्रजा के अहित में ही रहता और भय का शासन करता अर्थात् क्रूर शासक था (वा.रा. 3.32)।

रावण का उपनाम दशग्रीव (दशानन, दशशीर्ष) था, जिस कारण इसका वर्णन कथाओं में दस सिर और बीस हाथवाला बना। दशग्रीव रूपक देने का मुख्य कारण रहा कि इसकी ग्रीवा दस साधारण ग्रीवों के समान बलवान थी, अन्यथा वाल्मीकि रामायण में इसके एक मुख एवं दो हाथ होने के स्पष्ट निर्देश प्राप्त हैं (वा.रा. 5.22.27-28, 6.40.13)। पौराणिक कथाओं के रूपक के शब्दार्थ को यथार्थ मानकर हमने अपनी ऐतिहासिकता को काल्पनिक बनाने का दोषपूर्ण कार्य किया। जबकि वर्तमान में रायपुर जिले में रहनेवाले गोंड लोग आज भी अपने को रावण का वंशज मानते हैं। इसी तरह राँची जिले में 'रावना' नामक परिवार रहते हैं। रावण का संबंध मध्य भारत के विंध्य प्रदेश के निवास करनेवाली अनार्य जातियों से रहा है।

रावण की धर्मपरायण पत्नी मंदोदरी राजस्थान के जोधपुर के मदौर क्षेत्र के राजा मयासुर की पुत्री थी। अत: यहाँ आज भी दशहरे का उत्सव नहीं मनाते। मंदोदरी के अतिरिक्त रावण की धान्यमालिनी नामक एक और पत्नी थी, जो अतिकाय की माता थी (वा.रा. 5.22.39, 6.71.30)। इन दो पत्नियों के अतिरिक्त रावण की हजार पत्नियाँ थीं, जिनमें देव, गंधर्व, नाग आदि स्त्रियों का समावेश था (वा.रा. 5.10-11)। रावण के पुत्रों में इंद्रजित् के अतिरिक्त अक्ष (वा.रा. 5.47), अतिकाय (वा.रा. 6.71.30), त्रिशिरा (वा.रा. 6.69), नरांतक और देवांतक (वा.रा. 6.69.9-10) हैं।

परंतु दुष्ट रावण के भाई विभीषण ने सदा ही धर्म की बात की। तब भी, जब रावण ने हनुमान के वध का आदेश दिया। उनके मतानुसार दूत का वध अधर्म है। विभीषण और कुंभकर्ण के अतिरिक्त रावण के दो अन्य भाइयों—मत्त और युद्धोन्मत्त का भी निर्देश प्राप्त है (वा.रा. 6.71.2)।

रावण के चार मंत्री—दुर्धर, प्रहस्त, महापार्श्व तथा निकुंभ थे। अन्य दैत्यों का विवरण भी उपलब्ध है। मारीच और सुबाहु दैत्य सुंद और उपसुंद के पुत्र हैं (वा.रा. 1.20.25-26)। ताटका सुंद दैत्य की पत्नी है। मारीच ताटका का पुत्र है (वा.रा. 1.24.27)। यक्षराज सुकेतु की पुत्री है ताटका (वा.रा. 1.25.6)। जबकि दैत्य सुंद जंभपुत्र है (वा.रा. 1.25.8)। सुंद को अगस्त्य ऋषि ने मारा था (वा.रा. 1.25.10)।

शूर्पणखा श्रीराम से रावण का परिचय देते हुए कहती है कि वह रावण की बहन है और रावण विश्रवा मुनि के पुत्र हैं। कुंभकर्ण और विभीषण भी उनके भाई हैं और खर व दूषण भी शूर्पणखा के भाई हैं (वा.रा. 3.17.20-24)। श्रीराम द्वारा शूर्पणखा अनार्या कही गई है (वा.रा. 3.18.19)। दूषण खर का सेनापति भी था (वा.रा. 3.22.7)। ये दोनों जनस्थान में निवास करते थे, यह दंडकारण्य का एक प्रदेश, वर्तमान में नासिक का क्षेत्र है। खर-दूषण के लिए भी पुलस्त्य वंशी कहा गया है (वा.रा. 3.23.28)। खर-दूषण की सेना में चौदह हजार राक्षस थे (वा.रा. 3.24.23)।

राक्षसों को पुलह और पुलस्त्य ऋषियों की संतान कहा गया है। पुलस्त्य गोत्रीय, अगस्त्य और कौशिक, विश्वामित्र गोत्रीय—इन तीनों को मिलाकर राक्षसों की सात भिन्न-भिन्न जातियाँ कही गई हैं। इन सबके स्वाभाविक स्वरूपों का वर्णन प्राप्त है (वा. पु. 2.9.56)। पुलह के पुत्रगण बड़े दाँतोंवाले, मायावी और सदा क्रोधित रहनेवाले जीव समुदाय हैं (वा.पु. 2.9.64-65)। पुराणों में असुर (म.पु. 25.8), दानव (म.पु. 25.17, 25.30), राक्षस (म.पु. 25.37) और दैत्यों (म.पु. 25.63) का स्वतंत्र निर्देश प्राप्त है। किंतु कालांतर में इन जातियों का स्वतंत्र अस्तित्व नष्ट हो गया और सभी अनार्य अर्थात् असभ्य तथा दुष्टजातियों के लिए ये नाम प्रयुक्त किए जाने लगे। राक्षस वंश का इतना वर्णन पर्याप्त होगा। अंत में कोई प्रश्न?"

"गुरुदेव! क्या देव, गंधर्व, अप्सरा, यक्ष, नाग, गरुड़ आदि वंशों का वर्णन उपलब्ध है?"

"हाँ, वत्स उपलब्ध है। आज और इसके पूर्व भी अनेक प्रवचनों में इनका संदर्भ आता रहा है। तुम्हारी जिज्ञासा को शांत करने के लिए इनका संक्षिप्त विवरण देता हूँ। देव मानवों में बौद्धिक, सांस्कृतिक एवं आध्यात्मिक दृष्टि से सर्वाधिक प्रगत होते हैं। इस विषय को थोड़ा विस्तार देना हो तो इस तरह से समझ सकते हैं कि जैसे आधुनिक काल में पृथ्वी पर अनेक मानव जातियाँ रहती हैं, उसी प्रकार वैदिक काल और फिर त्रेता में देव, गंधर्व, सर्प, नाग, गरुड़, यक्ष के साथ-साथ असुर, दानव, दैत्य आदि अनेक मानव जातियाँ अस्तित्व में थीं। इन जातियों में सर्वमान्य मानवों जैसे गुण-अवगुण थे। इनके बीच आपसी संघर्ष का होना स्वाभाविक है। मनुष्य रूप धारण किए हुए अनेक देव प्राचीन ग्रंथों में प्राप्त है। वेदों में अग्नि, इंद्र, मित्र और वरुण आदि देवों का चरित्र चित्रण मानुषी आकृति में हुआ है। मनुष्य भी देवजाति में प्रवेश पा सकता था। पृथ्वी पर सर्वाधिक पराक्रमी व्यक्ति को देवत्व ही नहीं, इंद्रपद भी प्राप्त होता रहा है। देवों के शासक इंद्र हैं। देव और अन्य मनुष्य जातियों में विवाह होते थे। मानव ही नहीं, असुरों, यक्ष, गंधर्व आदि अन्य जातियों से भी देवत्व प्राप्त करने की कथाएँ पुराणों में उपलब्ध हैं, जिसमें भी सामर्थ्य एवं शक्ति के साथ संस्कारों का साक्षात्कार हुआ है, वह देव बन सकता है।

गंधर्व, एक मानववंश, कश्यप और अरिष्टा की संतति है (वि.पु. 1.21.25)। इनका देश हिमालय का मध्य भाग है। गंधर्व और किन्नर देश भी पुराणों में निर्दिष्ट हैं। तुंबुरु और किन्नर आदि इनके भेद (प्रकार) हैं। गंधर्व की स्त्रियाँ अप्सराएँ हैं। उर्वशी, मेनका और रंभा आदि अप्सराओं का निर्देश सर्वत्र आता है। ऋषि, मुनि और राजाओं की पत्नी रूप में अनेक अप्सराओं का वर्णन है। इस वंश के लोक सुरूप, शूर तथा विशेष शक्तिशाली थे। चित्ररथ, चित्रसेन आदि गंधर्व नृपों का उल्लेख हुआ है (महा.

2.10.10)। यक्ष पुलह और पुलस्त्य की संतान मानी जाती है। कुबेर इनका राजा है। वे मेरु पर्वत के समीप रहते थे। उन्होंने ब्रह्मा से पूछा था, 'हमारा कर्तव्य क्या है?' ब्रह्मा ने कहा था, 'तुम यज्ञ करो।' इसी कारण उन्हें 'यक्ष' नाम प्राप्त हुआ (वा.रा. 7.4.13)। महाभारत में इनका विस्तृत वर्णन हुआ है। मणिकंधर, मणिभद्र, पूर्णभद्र, मणिभूष आदि यक्षों का निर्देश प्राप्त है (महा. 2.10.14-15)। नाग प्राचीन मानव जातियों में से एक है। नागों के तीन प्रमुख निवास स्थानों का निर्देश पौराणिक ग्रंथों और महाभारत में प्राप्त है। नागलोक नागों का प्रमुख निवास स्थान। नागराज वासुकि इस देश के राजा थे। इस लोक की दूरी भूतल से (मुख्य भूमि) हजारों योजन की थी। नागधन्वा तीर्थ सरस्वती नदी के तट पर और नागपुर नैमिषारण्य में गोमती नदी के तट पर था। नागपुत्रों में अनंत, तक्षक, कर्कोटक, शंखपाल तथा कुलिक प्रमुख हैं। गरुड़ एक व्यक्ति के अतिरिक्त एक समुदाय एवं मनुष्य जाति का नाम है। इसी वंश में पिंगाक्ष, निबोध, सुपुत्र और सुमुख हुए। सर्प नागजाति विशेष है, जिसके राजा का नाम तक्षक था (म.पु. 8.7)। जमीन पर घसीटकर चलने के कारण सरीसृप नाम प्राप्त हुआ। सर्प का वर्णन पुराणों में है (म.पु. 38.10)। और कोई प्रश्न?"

"गुरुदेव! क्या श्रीराम के आगे के वंश का वर्णन भी प्राप्त है?"

"जी है, द्वापर में हुए महाभारत युद्ध और उसके बाद का भी उपलब्ध है। इसकी विस्तृत चर्चा तब करेंगे, जब द्वापर युग विषय होगा। यह चर्चा दो भाग में हो सकती है। राम उत्तरकालीन अयोध्या वंशवृक्ष और महाभारतोत्तरकालीन वंशवृक्ष। महाभारत के युद्ध में सूर्यवंश की श्रावस्ती शाखा (लव) के राजा वृहद्वल ने कौरवों की ओर से भाग लिया था, इसकी हत्या अर्जुन पुत्र अभिमन्यु ने की थी (वि.पु. 4.4.112, भा.पु. 9.12.8)। महाकाव्य 'रघुवंशम्' में श्रीराम के बाद के कुश, कुश के पुत्र अतिथि और अठारह अन्य राजाओं का तथा अंतिम (उन्नीसवें) राजा अग्निवर्ण का चरित मुख्य रूप से प्रस्तुत किया गया है। स्कंद पुराण के अनुसार इक्ष्वाकु वंशीय राजा विद्युति पुरुवंशीय राजा परीक्षित के समकालीन है, लेकिन भागवत के अनुसार बृहद्रण थे। वैसे अयोध्या के इक्ष्वाकु वंश का अंतिम राजा सुमित्र (भा.पु. 9.12.15) माना जाता है, जो मगध के महापद्म नंदराजा के समकालीन हैं। सूर्यवंश की श्रावस्ती शाखा का राजा प्रसेनजित् द्वितीय महात्मा बुद्ध के समकालीन था। एक ओर जहाँ जैन धर्म के सभी तीर्थंकरों का संबंध इक्ष्वाकु वंश से है, वहीं दूसरी ओर महात्मा बुद्ध का संबंध भी इक्ष्वाकु वंश की एक शाखा से है। इसकी चर्चा फिर कभी।"

"महर्षे! जैसा आपने प्रारंभ में कहा था कि इक्ष्वाकु वंश ही आगे चलकर रघुवंश के नाम से जाना गया, क्योंकि महाराज रघु एक महान् राजा थे, तो फिर पुरुषोत्तम श्रीराम के नाम से यही वंश आगे क्यों नहीं चला? आधुनिक युग अर्थात् कलियुग में इस वंश

की क्या प्रासंगिकता है ?"

"उत्तम प्रश्न वत्स! श्रीराम के नाम से वंश आगे इसलिए नहीं चला, क्योंकि श्रीराम जन-जन के हो गए। आधुनिक युग में श्रीराम के वंश से अधिक श्रीराम जैसे चरित्रवान व्यक्तियों की आवश्यकता है, जिन्हें श्रीराम का प्रतिनिधि कहा जा सके।"

"उन्हें किस नाम से पुकारा जा सकता है, गुरुदेव ?"

"रामवंशी।"

□

चतुर्थ सर्ग : अयोध्याजी

"बेटा!"

"जी माते!" अजकुमार अनायास ही बोल पड़ा था। वृद्धा के चेहरे की झुर्रियाँ, मैली-कुचैली साड़ी से मेल खा रही थीं, लेकिन आवाज में वात्सल्य था। वह अपनी मटमैली आँखों को केंद्रित कर कहने लगी—

"क्या यह बस अयोध्याजी जाती है?"

"जी माते।" उसी बस की ओर देखकर तो वह पूछ रही थी, जिसमें अजकुमार को भी चढ़ना था।

"तो क्या तुम मुझे मेरे रामलला से मिलवाने ले चलोगे! मेरे पास इतने पैसे हैं।" और बुढ़िया ने अपने हाथ की मुट्ठी खोल दी थी। उसमें कई छोटे-बड़े नोट बुरी तरह से गुँथे हुए थे। जाने क्यों, अजकुमार ने उसके हाथों को अपने हाथ में लेकर उसकी मुट्ठी बंद की और कहा—

"यहीं ठहरो। मैं आपकी टिकट लेकर आता हूँ।" कहकर उसने अपराजिता की ओर देखा तो उसकी धर्मपत्नी ने वृद्धा का हाथ अपने हाथ में लिया और फिर धीरे से अपने करीब लाकर उसे अपने होने का भाव दिया। वृद्धा के चेहरे पर मुसकराहट ऐसी उभरी कि उसके पीले-टूटे दाँत भी दिखने लगे। वृद्धा ने हाथ आगे बढ़ाया और अपराजिता के सिर पर रखकर आशीर्वाद दे दिया। यह बिन माँगे पुण्य था, जिसे ग्रहण कर अपराजिता ने वृद्धा को कसकर अपने में समेट लिया। अजकुमार लौटा तो वे तीनों बस में चढ़ने के लिए पंक्तिबद्ध हुए थे। तभी आगे चढ़नेवाले किसी यात्री ने ऊँची आवाज में 'जय श्रीराम' कहा तो एक साथ सब बोल पड़े—'जय श्रीराम'। बस अभी चली भी नहीं थी और वातावरण राममय हो गया था।

"सुना है, अयोध्याजी सैकड़ों वर्षों बाद अपने भव्य रूप में पुनः वापस लौटी हैं।"

"ठीक ही सुना है तुमने भैया, रामलला का मंदिर अलौकिक बना है, देखोगे तो देखते रह जाओगे!" आगे की सीट वाले अयोध्याजी की बात क्या कहने लगे

अजकुमार को, गुरुदेव के शब्द कानों में गूँजने लगे···उस दिन प्रवचन का विषय था, 'अयोध्याजी'···

"यही एकमात्र नगरी है, जिसका नाम श्रद्धाभाव के साथ 'अयोध्याजी'··· कहकर लिया जाता है।

हे अयोध्या! तुम मनु द्वारा बसाई गई हो!

हे अयोध्यापुरी! तेरे वैभव का स्तुतिगान तो वेद भी करते हैं!

हे वैदिक नगरी! तुम सभ्य मानव समाज के प्रारंभ का जीवंत प्रकरण हो!

हे दिव्य नगरी! तेरी महिमा तो तेरे नाम में ही है, जिसे युद्ध में न हराया जा सके!

हे नरश्रेष्ठ श्रीराम की नगरी! तेरा अमरत्व आदि से अनंत तक है!

हे सनातन नगरी! मेरा सादर नमन स्वीकार कर।" कहकर गुरुदेव ने अजकुमार की तरफ देखा और फिर आगे कहने लगे, "वत्स! मेरा भी प्रणाम कहना अयोध्याजी को।" किसी नगर के लिए ऐसे भाव सनातन संस्कृति में ही संभव है और फिर क्यों न हो, यह नगर श्रीराम के जन्म से भी तो संबंधित है। अजकुमार सोच ही रहा था कि गुरुदेव ने अपना प्रवचन प्रारंभ किया था··· "आज भी अयोध्या ही विश्व में एकमात्र नगर है, जिस पर एक भी आक्रमण सफल नहीं हो सका। करीब 10,000 वर्ष पूर्व, सरयू नदी के किनारे कोशल (कोसल) देश की राजधानी अयोध्या का निर्माण मनु ने करवाया था, जिसे सूर्यवंशी शासक इक्ष्वाकु ने विकसित और समृद्ध किया। कई शताब्दियों तक अयोध्या नगरी सूर्यवंशी राजाओं की राजधानी रही है। यह राम की जन्मभूमि है। श्रीराम आराध्य हैं, भारत के चित्त हैं, सनातन समाज के संस्कार हैं, अत: अयोध्या को जानना जरूरी है।

सतयुग में कोसल नाम का बड़ा जनपद अति प्रसिद्ध था। उसी जनपद में अयोध्या नाम की नगरी है, जिसे साकेत नाम से भी जाना जाता। यह बारह योजन लंबी और तीन योजन चौड़ी रही है (वा.रा. 1.5.5–7)। वाल्मीकि रामायण (1.6.26) में निर्देशित है, जहाँ पहुँचकर किसी के लिए भी युद्ध करना असंभव था, इसलिए वह पुरी 'अयोध्या' इस सत्य एवं सार्थक नाम से प्रकाशित होती थी। अर्थात् सरल शब्दों में इस नगरी पर कोई विजय नहीं प्राप्त कर सकता, जिसके कारण अयोध्या नाम पड़ा। इस पुरी के चारों ओर प्राकार (कोट) था। इसके ऊपर नाना प्रकार के 'शतघ्नी' (तोप की तरह किले को बचाने के लिए विशेष यंत्र) थी (वा.रा. 1.5.11)। कोट के नीचे जल से भरी हुई परिखा (खाई) थी। महर्षि वाल्मीकि ने नगरी के वर्णन में 'दुर्गगंभीर-परिखां' विशेषण दिया है (वा.रा. 1.5.13)। इस प्रकार से अयोध्या 'कोटखाई' से घिरकर यथार्थत: 'अयोध्या' हो रही थी।

मनु द्वारा बसाई गई इस नगरी का परवर्ती इक्ष्वाकु वंशीय शासकों ने पालन किया। लंबाई में अड़तालीस और चौड़ाई में बारह कोस में बसी यह समृद्ध और संपन्न नगरी थी।

यहाँ के राजमार्गों पर प्रतिदिन पानी का छिड़काव होकर पुष्प बिखेरे जाते (वा.रा. 1.5.8)। रामकथा के वर्णन से तत्कालीन अयोध्या नगरी के वैभव की सहज ही कल्पना की जा सकती है। महिलाओं की नृत्यशालाओं और क्रीड़ा भवनों की उपलब्धता एक प्रमुख विचारणीय बिंदु है। अयोध्या नगरी को समृद्ध बनानेवाले राजा दशरथ योग्य और गुणशाली थे। अयोध्याजी उनके एक प्रभावशाली शासक होने का प्रमाण माना जाए। उन्होंने अयोध्या को इंद्र की अमरावती की तरह समृद्ध और विकसित किया (वा.रा. 1.5.9)।

अयोध्या नगरीय सभ्यता की जननी रही है। भूमंडल की सबसे पहली लोक-प्रसिद्ध राजधानी। आर्यावर्त का इतिहास उसकी धुरी पर भ्रमण करता है। ऋग्वेद (4.30.18) में सरयू के तट पर आर्य नगरी की चर्चा हुई है। यह अयोध्या ही है, क्योंकि महर्षि वाल्मीकि ने सरयू के तट पर कोसल जनपद के साथ अयोध्या नगरी का वर्णन किया है (वा.रा. 1.5.5-6)। ऋग्वेद में अयोध्या के राजाओं—मनु (ऋ. 1.80.16), इक्ष्वाकु (ऋ. 10.60.4), पृथु (ऋ. 1.112.15), मांधाता (ऋ. 10.2.2), पुरुकुत्स (ऋ. 1.112.7), त्रसद (त्रसदस्यु) (ऋ. 7.19.3), त्र्य्यारुणि (ऋ. 5.27.1) आदि का वर्णन आता है। ऋग्वेद में अयोध्या के राजाओं के उल्लेख से वैदिक काल में अयोध्या नगरी की ऐतिहासिकता प्रमाणित होती है। अथर्ववेद (10.2.31) में अयोध्या का विस्तृत वर्णन है। ऋषि नारायण कहते हैं—'जिसमें आठ चक्र और नौ द्वार हैं, 'देवानां पूरयोध्या'—देवशक्तियों की पुरी (नगरी) यह अयोध्या है, उसमें जो तेजस्वी कोश है, वही तेजस्विता से युक्त होकर स्वर्गीय आनंद से परिपूर्ण है।'

ब्राह्मण ग्रंथों में भी अयोध्या का वर्णन मिलता है। शतपथ ब्राह्मण (1.8.1.1-24) में महाप्रलह की कहानी में अयोध्या के संस्थापक वैवस्वत मनु के साहासिक कार्यों का विवरण प्राप्त है। ऐतरेय ब्राह्मण (7.3.1) में अयोध्या का वर्णन ग्राम रूप में है, साथ ही अयोध्या नरेश रोहित का उल्लेख भी (ऐ.ब्रा. 7.1.4) हुआ है। प्रश्नोपनिषद् (6.1) में 'कौसल्यो राजपुत्रो' का संदर्भ लेकर भरद्वाज पुत्र सुकेशा का कथन है, अर्थात् इस घटनाक्रम का संबंध अयोध्या से रहा है। तैत्तिरीयोपनिषद् (1.10.1) में अयोध्या नरेश त्रिशंकु का एक ऋषि के रूप में चित्रण हुआ है। कोसल जनपद का वर्णन भागवत पुराण (5.19.8 और 9.10.42) में हुआ है और श्रीराम को कोसलेंद्र कहा गया है (भा.पु. 9.10.4)। कोसल राज्य का वर्णन वायु पुराण में भी हुआ है (वा.पु. 2.26.199)। इन वर्णनों से स्पष्ट है कि इन ग्रंथों के काल में अयोध्या नगरी शासन की केंद्रस्थली रही।"

"गुरुदेव! सरयू का भी स्तुतिगान हमारी संस्कृति में सुनते हैं। तो क्या उसका वर्णन भी हुआ?"

"वैदिक ग्रंथों में विस्तृत वर्णन उपलब्ध है और यहाँ भी यह संदर्भित है। वैसे भी सरयू को जानना इसलिए जरूरी है, क्योंकि यह अयोध्या के जीवन की साक्षी रही है।

वैदिक ऋषियों द्वारा पूजी गई 'देवानां पूरयोध्या' (अथर्व. 10.2.31) के पास से बहनेवाली नदी सरयू कैलाश पर्वत पर स्थित ब्रह्मसर से निकलती है, जो अयोध्यापुरी से सटकर बहती हुई फिर गंगाजी से मिल जाती है। वाल्मीकिजी रामायण में (1.24.8-10) कहते हैं—

'ब्रह्माजी ने अपने ही मानसिक संकल्प से कैलाश पर्वत पर एक उत्तम सरोवर बनाया। मन द्वारा प्रकट होने से यही सरोवर 'मानस' नाम से प्रसिद्ध हुआ। उस ब्रह्मसर से उत्पन्न होने के कारण नदी का नाम सरयू पड़ा।' यह विवरण देकर वे श्रीराम से मन को संयम में रखकर सरयू और गंगा के संगम के जल को प्रणाम करने के लिए महर्षि विश्वामित्र के माध्यम से कहलवाते हैं। दोनों धर्मात्मा भाई (श्रीराम और लक्ष्मण) दोनों नदियों (सरयू और गंगा) को प्रणाम करते हैं (वा.रा. 1.24.11), अर्थात् त्रेतायुग में सरयू का माहात्म्य गंगा के समतुल्य था।

सरयू का वर्णन ऋग्वेद (10.64.9) में भी हुआ है। ऋषि गय प्लात देवता विश्वेदेवा का स्तुतिगान करते हुए कहते हैं—'सरयू (और सरस्वती तथा सिंधु) हमारे संरक्षण के लिए आगमन करें। मातृ सदृश और जल प्रेरक ये सभी देवियाँ घृतवत् पुष्टिप्रद और मधु के समान दूध और पोषक प्रवाह हमें प्रदान करें।' कृषि श्यावाश्व आत्रेय ऋग्वेद (5.53.9) में सरयू का रक्षाभाव के साथ स्तुतिगान करते हुए कहते हैं—'हे मरुतो! जल से परिपूर्ण सरयू नदी हमें सीमित न करे। हम आपसे रक्षित होकर सुख में स्थित हों।'

वाल्मीकि रामायण में सरयू का स्तुतिगान अनेक स्थानों पर हुआ है। श्रीराम और लक्ष्मण महर्षि विश्वामित्र के साथ ताटका वध के लिए अयोध्या से निकलकर सर्वप्रथम सरयू के तट पर ही पहुँचे थे (वा.रा. 1.22.11)। विश्वामित्र श्रीराम से सरयू को प्रणाम कर उसके जल से आचमन करने के लिए भी कहते हैं (वा.रा. 1.22.12)। वनगमन के समय भी श्रीराम ने माता-पिता के साथ ही सरयू को भी स्मरण किया था—'मैं कब पुन: लौटकर माता-पिता से मिलूँगा और सरयू के तट पर भ्रमण करूँगा (वा.रा. 2.49.15)।' लंका से लौटते समय भी श्रीराम सीता को यज्ञयूपों से सुशोभित सरयू को दिखाते हैं (वा.रा. 6.123.54-55) और कहते भी हैं कि इसी के तट पर मेरे पिताजी की राजधानी है। भागवत, स्कंद, पद्म, नृसिंह पुराण से ज्ञात होता है कि सरयू के तट पर सूर्यवंशी राजाओं के यज्ञ हुआ करते थे। पुरातन काल में सरयू अयोध्याजी के तीन ओर पूर्व, उत्तर और पश्चिम दिशा में बहती थी। इस प्रवाह के कारण अयोध्या मत्स्य आकृति की हो गई। पश्चिम दिशा में मछली का सिर और पूर्व दिशा में उसका पुच्छ भाग माना गया, जबकि उत्तर-दक्षिण का मध्यस्थल, मछली का मध्य भाग कल्पित हुआ। अत: इसे पुराणों में 'मत्स्याकृति नगरी' कहा गया। इसका वर्णन स्कंद पुराण के वैष्णव खंड के 'श्रीअयोध्या माहात्म्य' अध्याय में हुआ है। महाभारत (3.84.70) में सरयू का वर्णन मिलता है। ये

सभी अयोध्या की ऐतिहासिकता के प्रमाण हैं। पिछले दिनों आपने यही प्रश्न किया था। प्रश्न करनेवाले को संतोष हुआ होगा, ऐसा मेरा मानना है। लेकिन अयोध्या की कथा यहीं नहीं समाप्त हो जाती। महाभारत काल तक आते-आते अयोध्या का नाम कोसला भी हो गया था (महा. 3.85.10-11)।

अयोध्या की ख्याति का वर्णन कालिदास ने महाकाव्य 'रघुवंशम्' में श्रीराम पुत्र महाराज कुश के स्वप्न के माध्यम से सोलहवें सर्ग में किया है। अयोध्याजी का यहाँ अलौकिक वर्णन हुआ है। श्रीराम की जल-समाधि के पश्चात् अयोध्या उजड़ गई थी, जिसे महाराज कुश ने आकर पुनः बसाया था। दक्षिण कोसल प्रदेश की अपनी राजधानी कुशावती से चलकर अयोध्या आने के लिए कुश ने विंध्याचल को पार किया था। महाकवि कालिदास 'रघुवंशम्' में साकेत और अयोध्या को एक ही नगर स्पष्ट रूप से स्वीकार करते हैं (रघु. 5.31, 13.79, 14.13)। जैन ग्रंथों में भी साकेत एवं अयोध्या की एकरूपता स्वीकार है, अर्थात् एक ही नगर के दो नाम थे। बौद्ध युग में भी साकेत का महत्त्वपूर्ण स्थान था। इस युग में अयोध्या का नाम 'विशाखा' भी है। तुलसीदास मानस में कहते हैं (1.15-1)—'*बंदऊं अवध पुरी अति पावनि। सरजू सरि कलि कलुष नसावनि॥* अर्थात् मैं अति पवित्र श्री अयोध्यापुरी और कलियुग के पापों का नाश करनेवाली श्रीसरयू नदी की वंदना करता हूँ।' अयोध्या मोक्षायनी सप्तपुरी में से एक है। पुराणानुसार—'*अयोध्या मथुरा माया काशी कांची ह्यवंतिका। पुरी द्वारावती चैव सप्तैता मोक्षदायिका:।*' यही भाव ब्रह्मांड पुराण (3.40.91), बृहद्धर्मोत्तर पुराण (2.24.6) और गर्ग संहिता (9.7.13) में है।

नृसिंह पुराण में सरयू के तट पर अयोध्या नगरी की चर्चा की गई है। '*आसीद् भूमौ महाभाग पुरी दिव्या सुशोभना। सरयूतीरमासाद्य अयोध्या नाम नामतः* (न.पु. 24.3)।' स्कंद पुराण के वैष्णव खंड में, श्रीअयोध्या-माहात्म्य में, अयोध्यापुरी का वर्णन सुविस्तृत रूप में प्राप्त है। इस प्रकार स्पष्ट हो जाता है कि वैदिक काल से निरंतर अयोध्या का अस्तित्व बना रहा। स्कंद पुराण के प्रभास खंड के द्वारकामाहात्म्यम् में कहा गया है—'*धन्यानामपि सा पूज्या अयोध्या सर्वकामदा। या स्वयं रामदेवेन पालिता धर्मबुद्धिना।* (स्क. पु. 7.25.6) अर्थात् सभी धन्य नगरियों में पूजनीया नगरी तो अयोध्या है, जिसका पालन स्वयं श्रीराम धर्मबुद्धि से करते हैं।' इसी पुराण में आगे कहा गया—'*प्रभासे च कुरुक्षेत्रे यत्फलं वत्सरैः शतैः। वसतां निमिषार्धेन ह्योध्यायां च तद् भवेत्।* (स्क.पु. 7.25.9) अर्थात् प्रभास में अथवा कुरुक्षेत्र में एक वर्ष तक तीर्थवास करने से जो फल मिलता है, वह तो यहाँ अयोध्या में आधी पलक झपकते भर की देरी से ही मिल जाता है।'

यह भी सत्य है कि अयोध्याजी का मूल स्वभाव उत्सवधर्मिता का नहीं, बल्कि वैराग्य, वीतरागता व त्याग का रहा है, इसलिए राजा हरिश्चंद्र को राज त्यागने में और

श्रीराम को वनवास जाने में देर नहीं लगती। रघु ने विश्व जीतकर अगले दिन ही दान में दे दिया। इस पावन भूमि की दिव्यता ही है कि जैन मत के चौबीस तीर्थंकरों में से पाँच तीर्थंकरों का जन्म इसी नगरी में हुआ था। प्रथम तीर्थंकर ऋषभनाथ, दूसरे तीर्थंकर अजितनाथ, चौथे तीर्थंकर अभिनंदननाथ, पाँचवें तीर्थंकर सुमतिनाथ तथा चौदहवें तीर्थंकर अनंतनाथ के गर्भ, जन्म तथा दीक्षा का सौभाग्य भी इस पुण्य नगरी को प्राप्त है। तुलसीदासजी तो सीधे-सीधे सरल शब्दों में स्पष्ट कहते हैं (रा.मा. 1.34.2)—'*राम धामदा पुरी सुहावनि। लोक समस्त बिदित अति पावनि। चारि खानि जग जीव अपारा। अवध तजें तनु नहिं संसारा।* अर्थात् शोभायमान अयोध्यापुरी श्रीराम के परमधाम को देनेवाली है, सब लोकों में प्रसिद्ध है और अत्यंत पवित्र है, जगत् में चार खानि (प्रकार) के अनंत जीव हैं, इनमें से जो कोई भी अयोध्याजी में शरीर छोड़ते हैं, वे फिर संसार में नहीं आते, अर्थात् जीवन-मृत्यु के चक्कर से छूटकर भगवान् के परमधाम में निवास करते हैं।'

आदिकवि वाल्मीकि की रामायण की एक विशिष्टता और भी है, यह उस युग के अयोध्या का विस्तृत वर्णन करती है। कथा रूप में होने से इसे हम आसानी से जान सकते हैं। कुछ उदाहरण लेते हैं। अयोध्या को साखू (शाल) के वन सब ओर से घेरे हुए थे (वा.रा. 1.5.12)। वह पुरी बड़े-बड़े फाटकों और किवाड़ों से सुशोभित थी (वा.रा. 1.5.10)। वहाँ बाहर के जनपदों में जानेवाला विशाल राजमार्ग था, वह उभय पार्श्व में विविध वृक्षावालियों से सुशोभित होने के कारण सुस्पष्टतया अन्य मार्गों से विभक्त जान पड़ता था (वा.रा. 1.5.7)। उत्सव के समय रात्रि में दीपक व प्रकाश की विशेष व्यवस्था भी होती थी। राम-राज्याभिषेक की पहली रात्रि को सब मार्गों में दीप-वृक्ष (दीपस्तंभ) लगाए गए थे और खूब रोशनी हुई थी (वा.रा. 2.6.18)। नगरी के चारों ओर चार द्वार थे। पश्चिम की ओर जो द्वार था, उसका नाम 'वैजयंत द्वार' था। राजकुमार भरत जब नाना-मामा के घर से अयोध्या लौटे तो इसी द्वार से प्रविष्ट हुए थे—'*द्वारेण वैजयन्तेन प्राविशच्छान्तवाहन:* (वा.रा. 2.71.33)।' पूर्व द्वार से विश्वामित्र के साथ श्रीराम व लक्ष्मण सिद्धाश्रम और मिथिला गए थे। दक्षिण द्वार से श्रीराम-लक्ष्मण और सीता वनवास के लिए गए थे (वा.रा. 2.45-50)। उत्तर के द्वार से पुरवासी सरयू के तट जाया करते थे।

कांबोज और वाह्लीक देश के उत्तम घोड़ों से, वनायु देश के अश्व तथा सिंधु के निकट पैदा होनेवाले दरियाई घोड़ों से अयोध्या भरी रहती थी (वा.रा. 1.6.22)। हिमालय पर्वत पर उत्पन्न भद्रजाति के हाथी, विंध्य पर्वत के मंद्रजाति तथा सह्यपर्वत पर पैदा हुए मृग जाति के हाथी भी नगर में मौजूद होते (वा.रा. 1.6.25)। घोड़े, हाथी, गाय-बैल, ऊँट तथा गदहे आदि उपयोगी पशुओं से वह पुरी भरी-पूरी थी (वा.रा. 1.5.13)। कर

देनेवाले सामंत नरेशों के समुदाय पुरी को सदा घेरे रहते थे। विभिन्न देशों के निवासी वैश्य उस पुरी की शोभा बढ़ाते थे (वा.रा. 1.5.14)। उस पुरी में सभी कलाओं के शिल्पी निवास करते थे। स्तुतिपाठ करनेवाले सूत और वंशावली का बखान करनेवाले मागध वहाँ भरे हुए थे (वा.रा. 1.5.10-11)। अयोध्या में चित्ररथ नाम के सूत श्रेष्ठ सचिव भी रहते थे (वा.रा. 2.32.17)।

अयोध्या के राजा का अंत:पुर विशाल होता था। महाराज दशरथ के महल में उन तक आठ ड्योढ़ियों को पारकर ही पहुँचा जा सकता था (वा.रा. 2.57.24)। अयोध्या के राजमहलों में द्वारयुक्त अनेक कक्ष्याओं का निर्माण किया जाता था। राजकुमारों के भवन (महल) अलग-अलग होते थे। श्रीराम का भवन दशरथ के भवन से भिन्न था (वा.रा. 2.5.15)। महल की तीन ड्योढ़ियों (कक्ष्या) तक रथ द्वारा प्रवेश किया जा सकता था। वसिष्ठजी का रथ श्रीराम के महल के तीसरे कक्ष्य तक पहुँच गया था (वा.रा. 2.5.5), उसी तरह श्रीराम का रथ भी महाराज दशरथ के महल की तीसरी कक्ष्य तक पहुँचा था, दो ड्योढ़ियों (कक्ष्या) में राम पैदल ही गए थे (वा.रा. 2.17.20)।

राजा दशरथ राजमहल के ऊपरी भाग में निवास करते थे, तभी वसिष्ठजी उनसे मिलने के लिए महल के ऊपर चढ़कर गए थे (वा.रा. 2.5.22)। महलों के छत पर चढ़कर नगर को देखा जा सकता था। कैकेयी के राजमहल के छत पर से ही मंथरा ने राज्याभिषेक की शोभा देखी थी (वा.रा. 2.7.1-2)। राजमहल के द्वार पर द्वारपाल होते थे। महाराज दशरथ के सचिव सुमंत्र को भीतर जाने से द्वारपाल नहीं रोकते थे, क्योंकि उनके लिए पहले से आज्ञा थी कि किसी भी समय भीतर आने से उन्हें न रोका जाए (वा. रा 2.14.44)। महल के अंत:पुर में एकांत कक्ष होता था, जिसके द्वार पर धनुष आदि लिये युवक डटे रहते, साथ ही गेरुआ वस्त्र पहने वृद्ध पुरुष भी बैठे रहते, जो अंत:पुर की स्त्रियों के अध्यक्ष (संरक्षक) होते (वा.रा. 2.16.2-3)।

रानी कैकेयी के राजमहल में तोते, मोर, क्रौंच और हंस कलरव करते रहते थे (वा.रा. 2.10.12) और महारानी कौसल्या ने एक सारिका-पक्षिणी भी पाली हुई थी (वा.रा. 2.53.22)। महल को नित्य फूलने-फलने वाले वृक्ष और बहुत सी बावड़ियाँ सुशोभित करती थीं (वा.रा. 2.10.14)।

अयोध्या की समाज व्यवस्था का वर्णन करते हुए मुनि वाल्मीकि (वा.रा. 1.6.17-18) कहते हैं कि चारों वर्णों के लोग देवता और अतिथियों के पूजक, कृतज्ञ, उदार, शूरवीर और पराक्रमी थे। वे सभी सत्य का आश्रय लेनेवाले थे। वे सदा स्त्री-पुत्र और पौत्र आदि परिवार के साथ सुख में रहते थे। शूद्रों की स्थिति अच्छी थी। जटाधारी तपस्वी श्रवण कुमार का जन्म वैश्य पिता और शूद्र माता से हुआ था (वा.रा. 2.63.51)। श्रवण कुमार की मृत्यु के पश्चात् अंधे पिता ने कहा था—'अब कौन हमें वेदों व अन्य शास्त्रों

की चर्चा सुनाएगा, कौन संध्योपासना तथा अग्निहोत्र करके हम बूढ़ों की सेवा करेगा (वा.रा. 2.64.32-33)।' दशरथ के अश्वमेध यज्ञ में हजारों शूद्र सम्मिलित हुए थे (वा.रा. 1.13.20)। शबरी को श्रीराम ने 'तपोधने' कहकर संबोधित किया है और पूछा कि क्या तुम्हारी तपस्या में वृद्धि हो रही है (वा.रा. 3.74.8)। ये सभी उदाहरण तत्कालीन समाज की वर्ण व्यवस्था को समझने के लिए पर्याप्त होने चाहिए। इससे यह भी स्पष्ट होता है कि अयोध्या के शूद्रों को अन्य वर्णों के समान शिक्षा, वेदोच्चारण, तपस्या व राजकीय समारोह में भाग लेने का अधिकार था।

अयोध्या के निवासी अर्थ का महत्त्व जानते थे और मानते भी थे (वा.रा. 6.83.32-38)। अर्थ से ही राष्ट्र समृद्धिशाली होता है। अत: अयोध्या में कृषि, पशुपालक, विविध उद्योग-धंधों, व्यापार, आय के विभिन्न स्रोतों की समुचित व्यवस्था थी। श्रीराम भरत से चित्रकूट में पूछते भी हैं—'तात! कृषि और गोरक्षा से आजीविका चलानेवाले सभी वैश्य तुम्हारे प्रीतपात्र हैं न? क्योंकि कृषि और व्यापार आदि में संलग्न रहने पर ही यह लोक सुखी एवं उन्नतिशील होता है (वा.रा. 2.100.47)।' आर्थिक क्षेत्र में पशुपालन का विशेष महत्त्व था (वा.रा. 2.100.44-45)। ऋग्वेद में व्यापारी के लिए वणिज (ऋ. 1.112.11) एवं पणि (ऋ. 1.33.3) शब्द का उल्लेख है। अयोध्या त्रेता में वाणिज्य और उद्योग के विचार से प्रमुख नगरी थी। यहाँ अनेक देश के व्यापारी आया करते थे। '*नानादेश निवासैश्च वणिग्भिरुपशोभिताम्* (वा.रा. 1.5.14)।' व्यापार के लिए सिक्कों का प्रचलन था। श्रीराम ने वनगमन के समय सुयज्ञ को एक हजार निष्क (स्वर्ण मुद्रा) भेंट में दी थीं (वा.रा. 2.32.10)। स्वर्ण के साथ ही रजत मुद्रा का भी चलन था (वा.रा. 1.14.50)।

अयोध्या नगर में उन दिनों जो-जो व्यापारी, कारीगर, श्रमिक होते थे, उनका वर्णन भी वाल्मीकि करते हैं। इनमें मणिकार मणियों को सान पर चढ़ाकर चमका देनेवाला, कुंभकार, सूत का ताना-बाना करके वस्त्र बनाने की कला के विशेषज्ञ, शस्त्र निर्माण करनेवाले, मायूरक—मोर पंख से छत्र आदि बनानेवाले, चंदन आदि की लकड़ी आरे से चीरनेवाले, मणि-मोती में छेद करनेवाले, रोचक—दीवारों तथा वेदी आदि में शोभा का संपादन करनेवाले, दंतकार—हाथी के दाँत आदि से नाना प्रकार की वस्तुओं का निर्माण करनेवाले, सुधाकार—चूना बनानेवाले, गंधी, सोनार, कंबल और कालीन बनानेवाले, गरम जल से नहलाने का कार्य करनेवाले, वैद्य, धूपक-धूपन क्रिया द्वारा जीविका चलानेवाले, शौंडिक—मद्य विक्रेता, धोबी, दर्जी, महतो, नट, केवट आदि प्रमुख हैं। अर्थात् त्रेता हर कार्य में दक्ष (विशेषज्ञ) का युग था, इसे आज के समय में स्किल डेवलपमेंट कहते हैं (वा.रा. 2.83.12-16)। उपरोक्त सभी के वेश सुंदर होते, सभी शुद्ध वस्त्र धारण करते थे। अर्थात् सभी आर्थिक और सामाजिक रूप से संपन्न थे (वा.रा. 2.83.17)।

अपनी जन्मभूमि अयोध्या के प्रति श्रीराम का श्रद्धाभाव प्रशंसनीय हैं। कोसल जनपद की सीमा पार करके श्रीराम ने अयोध्या की ओर मुख किया और हाथ जोड़कर कहा—'पुरी शिरोमणि अयोध्या! मैं तुमसे तथा जो-जो देवता तुम्हारी रक्षा करते और तुम्हारे भीतर निवास करते हैं, उनसे भी मैं वन में जाने की आज्ञा चाहता हूँ (वा.रा. 2.50.2)।' यह सनातन संस्कारों का उच्चतम स्तर है। आगे कहते हैं—'वनवास की अवधि पूरी करके महाराज के ऋण से उऋण हो, मैं पुनः लौटकर तुम्हारे दर्शन करूँगा (वा.रा. 2.50.3)।'

भूकंप, बाढ़, नदी का कटाव और अन्य प्राकृतिक आपदाओं के कारण अयोध्या का भौगोलिक स्वरूप में परिवर्तन अवश्य हुआ, किंतु गंगा, सरयू, तमसा, गोमती, स्यंदिका, अचिरावती आदि नदियाँ आज भी उस कोसल महाजनपद का स्मरण करा देती हैं, जिसकी भव्य राजधानी अयोध्याजी रही है। अष्टचक्र नवद्वार के रूप में रूपायित वैभवशालिनी अयोध्या, जिस महाजनपद की राजधानी होगी, वह कोसल देश भी अति विशिष्ट रहा होगा। कोसल की चर्चा के बिना अयोध्या का वर्णन अधूरा ही रह जाएगा। अतः इस पर भी संक्षिप्त में बात करना चाहूँगा।

कोसल (कोशल) के लिए महर्षि वाल्मीकि (वा.रा. 1.5.5) कहते हैं—'*कोशलो नाम मुदितः स्फीतो जनपदो महान।*' अर्थात् प्राचीन भारत का महत्त्वपूर्ण महाजनपद था कोसल। इसी कारण श्रीराम को कोसलेंद्र (भा.पु. 9.10.4) कहा गया। वाल्मीकि रामायण (वा.रा. 2.95.1) में श्रीराम को कोसलेश्वर भी कहा गया। भागवत पुराण में ही (भा.पु. 9.10.42) कोसल जनपद को उत्तरकोसल भी कहा गया। कोसल की पूर्वी सीमा पर सदानीरा (गंडकी) नदी थी। यही नदी कोसल और विदेह को अलग करती थी। कोसल देश की पश्चिमी सीमा पांचाल देश को स्पर्श करती थी। इसी दिशा से अयोध्या के दूत भरत को बुलाने के लिए कैकेय देश गए थे और इसी मार्ग से भरत वापस आए थे (वा.रा. 2.68-71)। पश्चिम दिशा में कुटि कोष्टिका (रामगंगा) नदी कोसल देश की सीमा थी। कोसल की उत्तरी सीमा हिमालय को स्पर्श करती थी। दक्षिण की सीमा गंगा नदी को स्पर्श करती थी। आधुनिक काल में सीतापुर, बहराइच, गोंडा, बस्ती, गोरखपुर, देवरिया, फैजाबाद, अयोध्या, सुल्तानपुर, उन्नाव, बाराबंकी, लखनऊ, प्रतापगढ़, आजमगढ़, रायबरेली जिले आदि के क्षेत्र कोसल को प्राचीन काल में निर्मित करते थे। यह जनपद सरयू के दोनों तटों पर बसा था। घाघरा नदी को ही प्राचीन सरयू से तादात्म्य स्थापित किया जा सकता है। अचिरावती नदी आधुनिक राप्ती नदी है। रोहिणी नदी को आजकल रोवई, रोहबिनी या रोहिनी कहा जाता है। हिरण्यवती नदी आधुनिक छोटी गंडकी थी। काकुत्स्था नदी देवरिया जनपद में घघी नाम से जानी जाती है। सदानीरा आजकल बड़ी गंडकी कहलाती है। स्यंदिका को वर्तमान में सई नदी कहा जाता है।

बाहुका नदी बूढ़ी राप्ती नाम से प्रसिद्ध है। कोसल जनपद की द्वितीय नगरी श्रावस्ती थी, जिसकी स्थापना इक्ष्वाकु वंशीय राजा श्रावस्त ने की थी। इस नगरी के भग्नावेश वर्तमान में श्रावस्ती के सहेट-महेट गाँवों में देखे जा सकते हैं। श्रीराम के ज्येष्ठ पुत्र कुश की कुशावती वाल्मीकि रामायण के मतानुसार विंध्य पर्वत के तलहटी में थी और आधुनिक काल में विद्वान् इसे कुशीनगर में मानते हैं। हजारों वर्ष पूर्व के नगर और ग्रामों को आधुनिक बस्तियों से संबंध स्थापित करना सरल कार्य नहीं। नदी प्रवाह में परिवर्तन इसका प्रमुख प्राकृतिक कारण है।"

"गुरुदेव! रामायण में क्या अयोध्या और कोसल के अतिरिक्त अन्य स्थानों का भी वर्णन है?"

"रामकथा में इतिहास के साथ-साथ भारत का भूगोल भी है। नदी-तालाब और पेड़-पहाड़ का प्रामाणिक वर्णन है। श्रीराम के वनवास के साथ महर्षि वाल्मीकि भारत का भ्रमण कराते हैं, जो कथा की ऐतिहासिकता का प्रमाण है। इसके द्वारा हम अयोध्या के समकालीन पूरे भारतवर्ष को जान पाते हैं। श्रीराम के वनगमन का उदाहरण लेते हैं।

तमसा के बाद श्रीराम ने वेदश्रुति नामक नदी को पार किया और अगस्त्यसेवित दक्षिण दिशा की ओर बढ़े (वा.रा. 2.49.10)। इसके आगे उन्होंने गोमती नदी को पार किया (वा.रा. 2.49.11) और इसके बाद स्यंदिका नदी को पार किया (वा.रा. 2.49.12)। तमसा नदी का आधुनिक नाम मंदाह है और वेदश्रुति नदी को वर्तमान में विसूही कहते हैं। ध्यान रहे, इन सात हजार सालों में इन नदियों ने भी अपना स्थान परिवर्तित किया है। कोसल देश के आगे श्रीराम गंगा के तट पर पहुँचे। यहाँ वाल्मीकि त्रिपथगामिनी दिव्य गंगाजी का अति सुंदर वर्णन करते हैं (वा.रा. 2.50.12-27)। यहाँ श्रीराम शृंगवेरपुर में इंगुदी वृक्ष के नीचे विश्राम करते हैं (वा.रा. 2.50.28)। इस क्षेत्र पर गुह राजा का राज था (वा.रा. 2.50.33)। निषाद कुल का राजा श्रीराम का प्रिय मित्र था।

रात्रि-विश्राम के पश्चात् गंगा को पार कर वे वत्स देश (प्रयाग) जा पहुँचे (वा.रा. 2.52.101)। उसके आगे तीनों उस ओर आगे बढ़ते हैं, जहाँ गंगाजी से यमुना मिलती हैं (वा.रा. 2.54.1-2)। शाम होते-होते वे संगम के नजदीक स्थित मुनिवर भरद्वाज के आश्रम पर पहुँचे (वा.रा. 2.54.9)। अर्थात् भरद्वाजजी का आश्रम संगम के निकट था। मुनि भरद्वाज श्रीराम से, उन दिनों के मान (माप) से प्रयाग से चित्रकूट की दूरी 10 क्रोश बताते हैं। अर्थात् वे न केवल उस स्थान को जानते हैं, बल्कि वहाँ का वर्णन भी करते हैं। मुनि कहते हैं—'वहाँ पर एक सुंदर और महर्षियों द्वारा सेवित परम पवित्र पर्वत (चित्रकूट) है, जिस पर तुम्हें निवास करना होगा (वा.रा. 2.54.28)।'

चित्रकूट में उन दिनों लंगूर, वानर, रीछ, सर्प, मोर, गजराज, हिरण होते थे (वा.रा. 2.54.29, 39-40)। महर्षि वाल्मीकि चित्रकूट को गंगा की सहायक नदी माल्यवती

(मंदाकिनी) के तट पर अद्वितीय सुंदरता वाले स्थान के रूप में वर्णन करते हैं (वा.रा. 2.56.35)। आज चित्रकूट के लालपुर गाँव के पास वह विशिष्ट पहाड़ी है, जहाँ श्रीराम की कुटी थी। चित्रकूट अर्थात् चित्त का कूट, यह आध्यात्मिक तपस्या है। वहीं पंचवटी अर्थात् पाँच तत्त्व (धरती, जल, वायु, आकाश, अग्नि) से बना शरीर। अर्थात् श्रीराम का पहला वन में निवास ज्ञान का मार्ग है और दूसरा वन में निवास कर्म का मार्ग।

चित्रकूट के वृक्षों का विस्तृत वर्णन (वा.रा. 2.94.8-10) में हुआ है। श्रीराम सीताजी से कहते हैं—'आम, जामुन, असन लोध, प्रियाल, कटहल, धव, अंकोल, भव्य, तिनिश, बेल, तिंदुक, बाँस, काश्मरी (मधुपर्णिका), अरिष्ट (नीम), वरण, महुआ, तिलक, बेर, आँवला, कदंब, बेत, धन्वन (इंद्रजौ), बीजक (अनार) आदि घनी छाया वाले वृक्षों से जो फूलों और फलों से लदे होने के कारण मनोरम प्रतीत होते, व्याप्त हुआ यह पर्वत अनुपम शोभा का पोषण एवं विस्तार कर रहा है।'

चित्रकूट के जानवरों और पक्षियों का वर्णन भी हुआ है। जब चित्रकूट में भाइयों का मिलन देखने के लिए सब लोग पहियों से युक्त नाना प्रकार की सवारियों द्वारा बड़ी उतावली के साथ चले, तब रथ के पहियों से आक्रांत हुई चित्रकूट की भूमि भयंकर शब्द करने लगी, उस तुमुल नाद से भयभीत हुए हाथी-हथिनियों से घिरकर वहाँ से दूसरे वन में भाग गए। वराह, भेड़िए, सिंह, भैंसे, सृमर (मृगविशेष), व्याघ्र, गोकर्ण (मृगविशेष) और गवय (नीलगाय), चितकबरे हरिणों सहित संत्रस्त हो उठे। चक्रवाक, हंस, जलकुक्कुट, वक, कारंडव, नरकोकिल क्रौंच आदि पक्षी होश-हवाश खोकर विभिन्न दिशाओं में उड़ गए (वा.रा. 2.103.39-43)। यह चित्रण महर्षि वाल्मीकि की पशु-पक्षियों के प्रति संवेदनशीलता को प्रदर्शित करता है। इसी कारण से श्रीराम ने इस स्थान को छोड़ा था (वा.रा. 2.117.3-4)।

एक महत्त्वपूर्ण बात, ऋषि भरद्वाज के दो आश्रम थे। एक संगम के पास, दूसरा चित्रकूट के पास। पहले आश्रम में श्रीराम और फिर भरत चित्रकूट जाते समय रुके थे, जबकि दूसरे में भरत लौटते हुए महर्षि भरद्वाज से मिले (वा.रा. 2.113.6)। श्रीराम से चित्रकूट में मिलने जाते समय भरत संगम के पास स्थित भरद्वाज ऋषि के आश्रम में रुके थे। भरत का दिव्य स्वागत करते हुए भरद्वाज ऋषि के माध्यम से वाल्मीकि द्वारा किया गया वर्णन अद्भुत है। इसमें उस युग और स्थान (प्रयाग-संगम के पास) के पेड़, वृक्ष, भोजन, फल-फूल आदि का मनमोहक वर्णन हुआ है (वा.रा. 2.91)।

श्रीराम का चौदह वर्ष का वनवास भारत भ्रमण के रूप में देखा जा सकता है। यह वनयात्रा पूरे राष्ट्र को एक सूत्र में पिरोने के लिए उपयोगी है। वनवास से संबंधित स्थान उत्तर से लेकर दक्षिण तक फैले हुए हैं। शृंगवेरपुर (वा.रा. 2.50.26), भरद्वाज आश्रम (वा.रा. 2.54.5), अक्षयवट (श्यामवट) (वा.रा. 2.55.23), चित्रकूट (वा.रा.

2.56.10) से निकलकर ऋषि अत्रि के आश्रम में पहुँचे (वा.रा. 2.117. 5)। यहाँ से आगे श्रीराम ने दंडकारण्य में प्रवेश किया था (वा.रा. 3.1.1)। आगे शरभंग आश्रम (वा.रा. 3.5.20), सुतीक्ष्ण आश्रम (वा.रा. 3.7.4-5) होते हुए लगभग दस वर्ष दंड-कवन में विचरण किया (वा.रा. 3.11.26)। उन्होंने अनेक पर्वत शिखर व गुफाएँ देखीं, अनेक नदियों को भी पार किया (वा.रा. 3.11.1-2)। इस बीच वे मुनि मांडकर्णि आश्रम पंचाप्सर सरोवर भी पहुँचे (वा.रा. 3.11.11)। अन्य अनेक आश्रमों में सुखपूर्वक निवास करके, फिर मुनि सुतीक्ष्ण के आश्रम में लौट आए (वा.रा. 3.11.27)। इसके आगे की यात्रा में अगस्त्य आश्रम (वा.रा. 3.12), पंचवटी (वा.रा. 3.15), जनस्थान (वा.रा. 3.18), गोदावरी तट (वा.रा. 3.64), क्रौंचारण्य (वा.रा. 3.69.5), मतंग मुनि आश्रम (वा.रा. 3.69.8), शबरी आश्रम (वा.रा. 3.74), पंपासर पंपा सरोवर (वा.रा. 3.75, 4.1), ऋष्यमूक पर्वत (वा.रा. 4.5.1), किष्किंधा (वा.रा. 4.11-26), प्रस्त्रवण पर्वत (वा.रा. 4.27), सह्यगिरि (वा.रा. 6.4.37), मलय पर्वत (वा.रा. 6.4.71), महेंद्र पर्वत (वा.रा. 6.4.92), समुद्रतट (वा.रा. 6.4.94), सुवेल पर्वत-सेतुबंध (वा.रा. 6.22.72), मकरालय समुद्र (वा.रा. 6.22.74) तथा लंका प्रवेश (वा.रा. 6.23), आगे श्रीराम के अयोध्या वापसी का मार्ग (वा.रा. 6.123)। ये सभी स्थान अयोध्या के समकालीन हैं।"

"महर्षि! इन स्थानों पर क्या उस युग के साक्ष्य मिलते हैं?"

"वत्स! इन नामों का क्रमवार उपस्थित होना और आज भी इनका भौगोलिक अनुक्रम भी इसी क्रम में होना, यह अपने आप में प्रमाण है। फिर भी तुम्हारे प्रश्न का संदर्भ पुरातत्त्व से है तो जिस तरह से सरस्वती क्षेत्र के प्रमाण के लिए भिराना और राखीगढ़ी व लोथल है और सिंधु घाटी के लिए मेहरगढ़, उसी तरह गंगा क्षेत्र के लिए लहुरादेवा, कोल्डीहवा और झूस्सी में साक्ष्य मिलते हैं। श्रीराम के वनवास के मार्ग में कई तरह के साक्ष्य मिलते हैं। इनमें लोककथा, लोकगीत, कुल परंपरा, जीवन संस्कृति में राम रचे-बसे हुए हैं। इन क्षेत्रों के नाम में कहीं-कहीं परिवर्तन/नामांतर हुआ है। निषाद राजा का शृंगवेरपुर को वर्तमान में 'सिंगरौर' नाम से भी जाना जाता है, जो प्रयागराज जिले में स्थित है।

श्रीराम ने लगभग दस वर्ष तक दंडकवन में विचरण किया था (वा.रा. 3.11.26)। चित्रकूट-सतना से आगे मध्य भारत में दंडकवन का भूभाग है। वर्तमान के मध्य प्रदेश, छत्तीसगढ़, महाराष्ट्र, उड़ीसा, तेलंगाना और आंध्र प्रदेश (राज्य का बड़ा हिस्सा) इस भूभाग में शामिल थे, विशेष रूप से आधुनिक काल का बस्तर क्षेत्र और जबलपुर-अमरकंटक के आसपास का महाकोसल का क्षेत्र। इन क्षेत्रों और इनके आसपास के क्षेत्रों में श्रीराम वनवास के अनेक स्मृति-चिह्न संरक्षित हैं। इनमें मांडव्य आश्रम, शृंगी आश्रम, कर्क आश्रम, सीताकुंड, कांगेर (काँकेर), राम घाट के साथ-साथ कोटुमसर गुफाएँ, बागेश्वर, गुप्तेश्वर, कोटिमहेश्वर आदि। इन क्षेत्रों के जनजातीय लोगों का इनके संरक्षण

में विशेष योगदान रहा है। वाल्मीकि रामायण का अरण्यकांड इन क्षेत्रों का ही सुंदर वर्णन करता है। आगे पंचवटी का वर्णन तो श्रीराम स्वयं करते हैं, जिसमें वृक्षों के साथ-साथ पक्षियों और अन्य जीवन-जंतुओं का भी वर्णन हुआ है (वा.रा. 3.15.13-19)। पंचवटी में श्रीराम का आश्रम गोदावरी नदी के निकट ही था (वा.रा. 3.15.12)।

किष्किंधा भारत के कर्नाटक राज्य के हंपी से लेकर कोप्पल जिले का क्षेत्र है। सह्याद्रि पर्वतश्रृंखला का दक्षिण भाग जो मुख्यत: कर्नाटक तथा केरल में है, इन्हीं को मलय पर्वत कहा जाता है। तुंगभद्रा नदी सह्य पर्वत से निकलकर किष्किंधा की पर्वतमालाओं के बीच से बहती हुई कृष्णा नदी में मिलती है। तुंगभद्रा नदी पश्चिम से पूर्व की ओर बहती है (वा.रा. 4.27.16)। रावण सीता को हरकर लंका जाते समय पंपा सरोवर को लाँघकर गया था (वा.रा. 3.54.5)। रामायण काल में पंपा सरोवर, किष्किंधा और प्रस्रवण पर्वत, तुंगभद्रा नदी के निकट स्थित थे। तुंग और भद्रा नदी के संगम से बनी तुंगभद्रा आज भी कर्नाटक में स्थित है। कर्नाटक में स्थित जिला कोपलहंपी का एनागोंडी गाँव प्राचीन किष्किंधा की राजधानी थी। ये सभी भौगोलिक साक्ष्य रामकथा को आज भी जीवंत किए हुए हैं।

श्रीराम समुद्र किनारे महेंद्रगिरि पर्वत पर चढ़कर समुद्र को देखते हैं (वा.रा. 6.4.92-94) इसे आधुनिक काल में 'गंधमादन' के नाम से जाना जाता है। इस पहाड़ी को 'राम झरोखा' भी कहा जाता है। पंपा सरोवर के पश्चिम तट पर ऋषि मतंग का आश्रम है, जहाँ तपस्विनी शबरी रहती थी तथा पूर्व भाग में ऋष्यमूक पर्वत है, जहाँ सुग्रीव रहते थे। यही मलय पर्वत भी है (वा.रा. 4.5.1)। सीता माता से मिलकर लौटते हुए हनुमानजी ने अरिष्ट पर्वत से छलाँग लगाई थी (वा.रा. 5.56.50)। वहाँ से उछलकर वे समुद्र के उत्तर तट पर स्थित महेंद्र गिरि के शिखर पर कूद पड़े। आज इसे श्रीलंका में नुवारा एल्या पर्वत के नाम से जाना जाता है। इसके पास ही रावण गुफा है और अशोक वाटिका भी। वापसी में हनुमान समुद्र के बीच सुनाभ पर्वत पर उतरे थे (वा.रा. 5.57.13-14)। यह मैनाक पर्वत है। यहाँ से वे महेंद्र पर्वत पर आए, जहाँ वानर सेना उनकी प्रतीक्षा कर रही थी। श्रीराम और सुग्रीव आदि ने सुवेल पर्वत के शिखर से त्रिकूट पर्वत पर बसी लंकापुरी को देखा था (वा.रा. 6.39)। महेंद्र गिरि के शिखर से हनुमान लंका के लिए छलाँग लगाते हैं (वा.रा. 5.1.14)। समुद्र के जल में गिरिश्रेष्ठ मैनाक छिपा था (वा.रा. 5.1.91)। वनवास में आए ऐसे अनगिनत स्थानों को आज चिह्नित किया जा सकता है।"

"गुरुदेव! क्या वनवास मार्ग के अतिरिक्त अन्य स्थानों को भी, जो उस युग के समकालीन थे, पहचाना जा सकता है?"

"ऐसे अनेक स्थान हैं। सिद्धाश्रम आधुनिक युग में बिहार का बक्सर नगर है। त्रेता में मिथिला आधुनिक समय में बिहार राज्य और निकटस्थ नेपाली मिथिला प्रांत में फैला

हुआ था। इसमें बिहार के आधुनिक नगर मधुबनी, सीतामढ़ी और जनकपुर तथा नेपाल का भी जनकपुर नगर शामिल थे। गंगापार दक्षिण का वनक्षेत्र ताटका वन कहलाता था। सिंह, व्याघ्र, सूअर और हाथी इस जंगल में थे। धव (धौरा), अश्वकर्ण (शालवृक्ष), ककुभ (अर्जुन), बेल, तिंदुक (तेंदू), पाटल (पाडर) तथा बेर के वृक्ष थे (वा.रा. 1.24.15)। ये सब आज भी यहाँ पाए जाते हैं। इसी क्षेत्र में ताटका से पूर्वकाल में मलद और करुष जनपद थे, जो समृद्धशाली थे (वा.रा. 1.24.17)।

इस पूरे क्षेत्र की अधिक जानकारी के लिए महाराज कुश की चर्चा कर लेते हैं। उनकी पत्नी विदर्भ देश की राजकुमारी थी (वा.रा. 1.32.1-2)। उनके चार पुत्र थे—कुशांब, कुशनाभ, असूर्तरजस तथा वसु। कुशांब ने कौशांबी पुरी बसाई। कुशनाभ ने 'महोदय' नामक नगर बसाया। असूर्तरजस ने धर्मारण्य नगर बसाया और वसु ने गिरिव्रज। यह गिरिव्रज नगर वसुमती के नाम से प्रसिद्ध हुई (वा.रा. 1.32.6-8)। गिरिव्रज के चारों ओर पाँच पर्वत (विपुल, वराह, वृषभ, ऋषिगिरि और चैत्यक) सुशोभित होते हैं (महा. 2.21.1-10)। सोन नदी दक्षिण-पश्चिम की ओर बहती हुई मगध देश में आई है, इसलिए यहाँ सुमागधी नाम से विख्यात हुई (वा.रा. 1.32.9)। इसी वंश में आगे विश्वामित्र का जन्म होता है (वा.रा. 1.34)। कौशांबी कोसम गाँव है। धर्मारण्य आज का गया है। महोदय नगर कुशनाभ की कन्याओं के कुब्ज होने से कान्यकुब्ज हुआ, जो आगे कन्नौज (बिहार) हुआ। गिरिव्रज (राजगीर) बिहार है। मलद-करूष (वा.रा. 1.24) आज के आरा जिले के उत्तरी भाग हैं।

उस युग के देश व जनपदों की जानकारी के लिए रामकथा का वह घटनाक्रम पर्याप्त होगा, जब वसिष्ठजी सुमंत्र से महाराज दशरथ के पुत्र कामेष्टि यज्ञ में अनेक देशों के राजाओं को आमंत्रित करने के लिए कहते हैं (वा.रा. 1.13.21-27)। इसमें मिथिला के राजा जनक, काशी के राजा, कैकेय देश के राजा, अंग देश के राजा रोमपाद, मगध देश के राजा प्राप्तिज्ञ, कोसलराज भानुमान, पूर्व देश, सिंधु-सौवीर एवं सुराष्ट्र देश के राजा के साथ दक्षिण भारत के नरेश थे, अर्थात् उस युग में भी भौगोलिक व राजनीतिक व्यवस्था के साथ भारत एक सांस्कृतिक राष्ट्र था। महाराज दशरथ स्वयं अपने राज्य के विस्तार का वर्णन करते हैं। कोपभवन में कैकेयी से कहते हैं—'जहाँ तक सूर्य का चक्र घूमता है, वहाँ तक सारी पृथ्वी मेरे अधिकार में है। द्रविड़, सिंधु-सौवीर, सौराष्ट्र, दक्षिण भारत के सारे प्रदेश तथा अंग, वंग, मगध, मत्स्य, काशी और कोसल आदि सभी समृद्धिशाली देशों पर मेरा आधिपत्य है (वा.रा. 2.10.36-37)।' यह कथन इस बात का भी ऐतिहासिक प्रमाण है कि त्रेतायुग में भी भारत एक सशक्त राष्ट्र था। अयोध्या नरेश अज के काल में भी मगध देश था और उसकी राजधानी पुष्पनगर (कुसुमपुर) थी। अंग देश भी था। अवंति देश महाकाल उज्जैन के निकट था। एक देश अनूप था, जिसे हैहय

या महिष भी कहा जाता। इसके एक राजा का नाम कृतवीर्य हुआ, जिसका पुत्र सहस्त्रार्जुन (कार्तवीर्य) था। इसकी राजधानी माहिष्मती नर्मदा के तट पर स्थित थी। आधुनिक काल में यह महेश्वर है। एक और देश शूरसेन जनपद था, जिसका अधिपति सुषेण था। जिसका केंद्र मथुरा था। इसके अतिरिक्त कलिंग जनपद था, जहाँ महेंद्र गिरि (पर्वत) था। इसके साथ ही प्राचीन पांड्य देश की राजधानी उरगपुर (त्रिचनापल्ली) थी। ये सभी राजा महाराज अज के समय काल में उपस्थित थे (रघु. 6)। सरयू और गंगा के संगम पर स्थित क्षेत्र अंग देश कहलाया। यहीं भगवान् शिव के रोष के कारण काम (कंदर्प) अंगहीन हो गया था (वा.रा. 1.23.5-14)।"

"आचार्य! इतिहास में भूगोल! यह अद्‌भुत है। और अधिक जानने की जिज्ञासा हो रही है।" छात्र अति उत्साह में था। गुरुदेव मुसकराए, ॐ कहकर थोड़ा रुके, फिर कहना प्रारंभ किया—

"महर्षि वाल्मीकि ने रामकथा में तीन घटनाक्रम के माध्यम से भूगोल की जानकारी दी। सर्वप्रथम राम वनवास द्वारा उत्तर भारत से लेकर मध्य भारत होते हुए दक्षिण भारत का विस्तृत वर्णन होता है, फिर सुग्रीव के माध्यम से चारों दिशाओं में वानर सेना को भेजने पर संपूर्ण पृथ्वी का भूगोल वर्णन हुआ है। पहले की चर्चा हम कर चुके, दूसरे की आगे करेंगे। तीसरा घटनाक्रम है भरत को कैकेय देश से बुलवाने के लिए भेजे गए दूत और भरत की अयोध्या वापसी। इसमें भारत के पश्चिमोत्तर क्षेत्र का विस्तृत वर्णन हुआ है। और भी यात्राएँ हैं, उदाहरणार्थ—विश्वामित्र व श्रीराम की मिथिला की यात्रा, ये सब छोटी यात्राएँ हैं। इसका वर्णन हमने अभी-अभी किया है।

भरत को कैकेय देश संदेश देने के लिए सिद्धार्थ, विजय, जयंत, अशोक और नंदन दूत भेजे जाते हैं (वा.रा. 2.68.5)। कैकेय देश वर्तमान में उत्तरी पाकिस्तान और अफगानिस्तान का कुछ हिस्सा, साथ ही जम्मू-कश्मीर का क्षेत्र, यह पंजाब की उत्तरी-पश्चिमी दिशा में स्थित था, अर्थात् वर्तमान के पाकिस्तान के रावलपिंडी और पेशावर शहर के आसपास का क्षेत्र।

अयोध्या से दूत अपरताल पर्वत के दक्षिण भाग और प्रलंबगिरि के उत्तर भाग में दोनों के बीच से बहनेवाली मालिनी नदी के तट से होते हुए आगे बढ़कर हस्तिनापुर में गंगा को पार कर पश्चिम की ओर बढ़कर पहले पांचाल देश, फिर कुरुजांगल प्रदेश के बीच होते हुए शरदंडा नदी के तट पर पहुँचे। आगे कुलिंगाा पुरी में प्रवेश किया। वहाँ से आगे तेजोभिभवन गाँव को पार कर अभिकाल गाँव में पहुँचे और उसके आगे इक्षुमती नदी को पार किया। उसके आगे वाह्लीक देश के मध्य में स्थित सुदामा पर्वत के पास पहुँचे और उसके आगे विपाशा (व्यास) को पार कर नगर राजगृह (कैकेय देश की राजधानी, जिसे गिरिव्रज भी कहा जाता) जा पहुँचे (वा.रा. 2.68.12-22)। राजगृह

वर्तमान में पाकिस्तान का नगर जलालपुर है। वर्तमान में भी अयोध्या से इस शहर जाने के भूभाग पर उपरोक्त नदियों, पहाड़ों व क्षेत्रों को चिह्नित किया जा सकता है।

भरत ने कैकेय देश से अयोध्या आने के लिए वह मार्ग नहीं लिया, जिस मार्ग से दूत अयोध्या से कैकेय देश पहुँचे थे। उसका प्रमुख कारण यह था कि दूत जल्द-से-जल्द पहुँचने के लिए सीधे राह से राजगृह आए थे, जबकि भरत के साथ रथ और सेना थी। अतः उसके निर्वाह के अनुकूल मार्ग से चलकर ही आया जा सकता था। ध्यान देनेवाली बात यह है कि राजकुमारों की सुरक्षा के साथ में सेना का होना आवश्यक है। भरत राजगृह से निकलकर पूर्व दिशा की ओर चले, पहले उन्होंने सुदामा नदी को पार किया, फिर हादिनी नदी को, फिर शतद्रु (सतलुज) को पार किया। फिर ऐलधान गाँव को पार कर अपरपर्वत जनपद पहुँचे। वहाँ शिला नदी के दर्शन कर शल्यकर्षण देश पहुँचे। फिर शिलावहा नदी का दर्शन कर पर्वतों को पार कर चैत्ररथ वन में पहुँचे। तत्पश्चात् सरस्वती तथा गंगा की धारा विशेष के संगम से होते हुए वीरमत्सय देश पहुँचे। यह श्लोक (वा.रा. 2.71.5) यहाँ महत्त्वपूर्ण है, उनके लिए, जो त्रिवेणी संगम प्रयाग में सरस्वती को काल्पनिक बताते हैं। विस्तार में जानने के लिए 'मैं आर्यपुत्र हूँ' पुस्तक पढ़ी जा सकती है। जिज्ञासु छात्र इसका अध्ययन अवश्य करें। भरत वहाँ से आगे भारुंडवन पहुँचे और आगे कुलिंगा नदी को पार कर यमुना के तट पर पहुँचकर अपनी सेना को विश्राम दिया। आगे अंशुधान ग्राम और फिर प्राग्वट नगर में आ गए। इस नगर में गंगा को पार कर कुटिकोष्टिका नदी के तट पर आए, फिर उसको भी पार कर धर्मवर्धन ग्राम पहुँचे। वहाँ से तोरण ग्राम होते हुए जंबूप्रस्थ में गए, फिर वरूथ ग्राम में पहुँचे। वहाँ निवास कर अगले दिन उज्जिहाना नगरी के कदंब उद्यान में पहुँचे। वहाँ से शीघ्रगामी घोड़ों को जोतकर सर्वतीर्थ नामक ग्राम में एक रात रहकर उत्तानिका नदी पार कर हस्तिपृष्ठक ग्राम पहुँचे। वहाँ से आगे कुटिका नदी पार की, फिर लौहित्य ग्राम पहुँचकर कपीवती नदी को पार किया, फिर स्थाणुमती और विनत ग्राम के निकट गोमती नदी को पार कर कलिंग नगर के पास सालवन पहुँचे और रातोरात शीघ्र ही सालवन को लाँघकर अरुणोदय में अयोध्यापुरी के दर्शन किए। भरत सात रातें व्यतीत कर आठवें दिन अयोध्या पहुँचे। इतनी नदियों का होना उस काल की भौगोलिक स्थिति का समझने के लिए पर्याप्त है। साथ ही कथा के माध्यम से हर स्थान की विशेषता भी जन-जन तक पहुँची (वा.रा. 2.71.2-18)। भरत ने कैकेय देश से आते समय अयोध्या में पश्चिम द्वार से प्रवेश किया था, जिसका नाम 'वैजयंत' था (वा.रा. 2.71.33)।

सभी जिज्ञासुगण ध्यान दें, अब हम इतिहास में भूगोल का दूसरा उदाहरण लेते हैं। सुग्रीव सीता की खोज के लिए चारों दिशाओं में अलग-अलग वानर सेना को भेजते हैं। साथ ही उन्हें उस दिशा का भौगोलिक वर्णन करके दिशा-निर्देश देते हैं। उनका भूगोल

व संदर्भित क्षेत्र का ज्ञान अद्‌भुत है और आज भी प्रामाणिक रूप से देखा जा सकता है। यह इस तथ्य को भी प्रदर्शित करता है कि त्रेता युग में भारत विश्व का केंद्र था और यहाँ के लागों को विश्व की संपूर्ण जानकारी थी।

यूथपति विनत को पूर्व दिशा की ओर वानर सेना के साथ भेजा गया था। विनत श्वेत नामक वानर का पुत्र था। पूर्व दिशा में कहाँ-कहाँ सीता को खोजना है, उसका वर्णन भी सुग्रीव यूथपति से करते हैं। सुग्रीव ने गंगा, सरयू, कौशिकी, यमुना, शोणभ्रद, मही, कालमही आदि नदियों के किनारों के साथ-साथ ब्रह्माल, विदेह, मालव, काशी, कोसल, मगध, पुंड्रदेश तथा अंग आदि जनपदों में भी छानबीन करने के लिए कहा। इसके आगे के जिन क्षेत्रों का वर्णन है, उसे आज भी पूर्व दिशा में देखा जा सकता है। जो कर्ण प्रावरण (वस्त्र की भाँति पैर तक लटके हुए कानवाले), ओष्ठ कर्णक (ओंठ तक फैले हुए कानवाले), घोरलोह मुख (लोहे के समान काले और भयंकर मुखवाले) तथा कच्ची मछली खानेवाले हैं, इन सबके निवास स्थानों में भी खोजने को कहा। ये लोग आज भी पूर्व दिशा में पाए जाते हैं। इन्हीं का नाम लेते हुए सुग्रीव कहते हैं कि यवद्वीप (जावा), सुवर्ण द्वीप (सुमात्रा) तथा रूप्यक द्वीप में भी सीता को खोजना है। ये सब भारत की पूर्व दिशा में हैं। यवद्वीप के आगे शिशिर पर्वत है, तदंतर लाल जल की शोण नद है। पूर्वोक्त देशों से परे भयंकर इक्षुरस समुद्र है। उसके पार शाल्मली द्वीप है, आगे सुरा समुद्र आगे घृत और दधि के समुद्र, आगे क्षीर समुद्र, आगे ऊँचा पर्वत उदयगिरि है। यह दक्षिण अमेरिका का एंडी पर्वत है। उदय पर्वत पूर्व दिशा का चिह्न, इसके सामने का द्वीप सुदर्शन है, अर्थात् जब सूर्य देवता उदित होते हैं तो सबके नेत्रों को प्रकाश प्राप्त होता है। सुग्रीव पूर्व दिशा में इन सभी स्थानों पर सीताजी को ढूँढ़ने के लिए कहते हैं (वा.रा. 4.40.16-67)।

सुग्रीव ने दक्षिण दिशा में सीताजी को खोजने के लिए प्रमुख वानर सेनापतियों को भेजा था, जिसमें अग्निपुत्र नील, कपिवर हनुमानजी, जांबवान, सुहोत्र, शरारि, शरगुल्म, गज, गवाक्ष, गवय, सुषेण (द्वितीय), वृषभ, मैंद, द्विविद, गंधमादन और इन सबका अगुआ अंगद को बनाया था। इतने लोगों को भेजने का कारण था कि उस दिशा में रावण के होने की संभावना अधिक थी।

दक्षिण दिशा के दुर्गम स्थानों का परिचय भी सुग्रीव ने उस दिशा में जानेवाले वानरों को दिया। प्रत्येक दिशा में यह करते हुए उन्होंने इसका प्रारंभिक केंद्र किष्किंधा के स्थान पर आर्यावर्त के मध्य में स्थित नर्मदा का क्षेत्र चुना। कह सकते हैं कि उनके ज्ञान परिचय का केंद्रबिंदु आर्यावर्त था। तभी वे दक्षिण दिशा का परिचय प्रारंभ करते हुए सर्वप्रथम विंध्य पर्वत और नर्मदा नदी, फिर गोदावरी, फिर महानदी, कृष्णवेणी, फिर महाभागा नदी का वर्णन करते हैं। वे इन नदियों के तटों पर स्थित नगरों में सीताजी को खोजने के लिए कहते हैं। इसी क्रम में विदर्भ, ऋष्टिक, माहिषक, वङ्ग (मत्स्य देश),

कलिंग तथा कौशिक देशों का वर्णन करते हुए आंध्र, पुंड्र, चोल, पांड्य तथा केरल देश के दंडकारण्य में भी छानबीन करने के लिए कहते हैं। तदनंतर अयोमुख (मलय) पर्वत और फिर कावेरी नदी का वर्णन करते हैं। मलय पर्वत पर स्थित मुनिश्रेष्ठ अगस्त्य का दर्शन करने के लिए कहते हैं। यह अगस्त्य ऋषि के अनेक आश्रमों में से एक था। इसके बाद ताम्रपर्णी नदी को पार कर आगे बढ़ने पर पांड्य वंशी राजाओं के नगर द्वार (आधुनिक तंजौर) में जाकर सीताजी को ढूँढ़ने की बात करते हैं। इसके आगे समुद्र तट पर महेंद्र गिरि नाम के प्रमुख पर्वत का वर्णन करते हैं। इस समुद्र के पार सौ योजन के द्वीप का वर्णन सुग्रीव करते हैं। यही राक्षसराज रावण का निवासस्थान है, वह बतलाते हैं—अगर इस लंका द्वीप में सीताजी न मिलें तो उसे लाँघकर आगे बढ़ जाना, आगे समुद्र में पुष्पितक पर्वत है। इस दुर्धर्ष पर्वत को लाँघकर आगे बढ़ने से सूर्यवान पर्वत मिलेगा, जो पुष्पितक पर्वत से चौदह योजन दूर है। इसके आगे वैद्युत् पर्वत मिलेगा, फिर कुंजर पर्वत मिलेगा, जहाँ महर्षि अगस्त्य का तीसरा आश्रम है। इसी पर्वत पर भोगवती नगरी है। इसके आगे ऋषभ पर्वत है। उसके आगे पृथ्वी की अंतिम सीमा पर पुण्यकर्मा पुरुषों का निवास है। उसके आगे पितृलोक है, जो यमराज की राजधानी है, जहाँ जाने के लिए सुग्रीव मना करते हैं। इन स्थानों का विस्तृत वर्णन हुआ है। इनमें से कुछेक पर्वत (भूमि) आज समुद्र में डूबी हुई है, क्योंकि इन हजारों वर्षों में अनेक ग्लेशियर पिघल गए हैं, जिनके कारण समुद्र-स्तर बढ़ गया है। लेकिन फिर भी इन वर्णनों की विवेचना करने पर यह आज भी तथ्यात्मक रूप से सत्य पाए जाते हैं (वा.रा. 4.41)।

सुग्रीव पश्चिम दिशा में जाने के लिए तारा के पिता सुषेण को वानर सेना के साथ सीता को खोजने के लिए भेजते हैं। पश्चिम दिशा का वर्णन करते हुए सुग्रीव कहते हैं—'पहले सौराष्ट्र, वाह्लीक और चंद्रचित्र देशों व नगरों के साथ पुन्नाग, बकुल, उद्दालक आदि वृक्षों से भरे कुक्षिदेश व केवड़े के वनों में सीता की खोज करें।' आगे कहते हैं कि 'पश्चिम दिशा में प्राय: मरुभूमि है।' आज भी यह सत्य है। आगे कहते हैं—'इस दिशा में भी पर्वतमाला और दुर्गम प्रदेश हैं। इससे आगे बढ़कर समुद्र तक जाना। समुद्र तट पर मुरवीपत्तन तथा रमणीय जटापुर, अवंती, अंगलेपापुरी में सीता को ढूँढ़ना। सिंधु नदी व समुद्र के संगम पर सोमगिरी पर्वत है, वहाँ भी देखना। वहाँ से आगे समुद्र के बीच में पारियात्र पर्वत का शिखर दिखाई देगा, जो सौ योजन विस्तृत है। यहाँ गंधर्व निवास करते हैं। यहाँ भी जानकी की खोज करनी चाहिए। इसी पर्वत के आगे वज्र नाम का ऊँचा पर्वत है, वहाँ अनेक गुफाएँ हैं, उसमें भी सीता का अनुसंधान करना। आगे चक्रवान नामक पर्वत है। उसके आगे वराह नामक पर्वत है, वहीं प्राग्ज्योतिष नामक नगर है। उस क्षेत्र में भी सीता की खोज करना। इसके आगे मेघगिरि पर्वत है, यहाँ भी सीता को तलाशना। इसके आगे सोने के साठ हजार पर्वत मिलेंगे। उसके मध्य में पर्वतों का राजा गिरिश्रेष्ठ मेरु

विद्यमान है, वहाँ के सभी दुर्गम स्थानों, सरोवर और सरिताओं में सीता सहित रावण का अनुसंधान करना। इसके आगे अस्ताचल है, जिसके आगे की भूमि के विषय में मुझे कोई जानकारी नहीं। पश्चिम दिशा में इतनी ही दूर तक वानर जा सकते हैं (वा.रा. 4.42)।'

उत्तर दिशा के लिए सुग्रीव ने शतबलि वीर वानर को हजारों वानरों सहित भेजा। सुग्रीव कहते हैं—'उत्तर में पुलिंद, शूरसेन, प्रस्थल, भरत (अर्थात् इंद्रप्रस्थ व हस्तिनापुर के आसपास का क्षेत्र), कुरु (अर्थात् कुरुक्षेत्र के आसपास का क्षेत्र), मद्र, कांबोज, यवन व शकों के देश में सीता को ढूँढ़ो और आगे दरद देश तथा हिमालय पर्वत पर ढूँढ़ो। आगे फिर सोमाश्रम होते हुए काल पर्वत पर जाओ। इसके लाँघकर सुदर्शन पर्वत फिर देवसख पर्वत आगे सुनसान मैदान में फिर कैलाश पर्वत मिलेगा, पास ही सुंदर सरोवर है। यहाँ सब जगह सीता का अनुसंधान करो। इसके बाद क्रौंचगिरी की दुर्गम गुफा आगे मानस शिखर है, फिर मैनाक पर्वत है, उसके आगे सिद्धसेवित आश्रम, फिर वैखानस सरोवर, फिर शैलोदा नदी, फिर उत्तर कुरुदेश के आगे उत्तर दिग्वर्ती समुद्र, जिसके मध्य में सोमगिरी पर्वत है, यहीं तक हम जा सकते हैं। वहाँ तक किसी तरह जाकर सीता की खोज करना (वा.रा. 4.43)।'

रामायण में इन सभी क्षेत्रों का विस्तार से वर्णन हुआ है, जिसमें नदियों, तालाब, पहाड़, पेड़, फल, रहनेवाले लोगों की जीवन संस्कृति के साथ ही आकाश-नक्षत्रों को भी विस्तार से साथ ही बतलाया गया, जो आज भी क्रमिक रूप से इन दिशाओं में देखा जा सकता है। ग्लेशियर के पिघलने और समुद्र तल के परिवर्तन तथा मानव के नगरीकरण के कारण कुछ-कुछ परिवर्तन हो सकता है, साथ ही कई नदियाँ इन सात हजार वर्षों में सूख गई हैं।

विश्व भूगोल के महान् ज्ञाता सुग्रीव जिन पर्वतों का नाम लेते हैं, वे महेंद्र, हिमवान, विंध्य, कैलाश तथा श्वेत शिखर वाले मंदराचल, साथ ही पश्चिम दिशा में समुद्र के परवर्ती तट पर प्रकाशमान पर्वत, सूर्य के निवास स्थान उदयाचल और संध्याकालिक अस्ताचल, अन्नपर्वत, मेरु पर्वत, धूम्रगिरि और महारूण पर्वत आदि प्रमुख हैं। इनके संदर्भ आपको सनातन साहित्य में मिल जाएँगे।"

"महर्षि! सुग्रीव की विश्व मानचित्र की जानकारी अद्भुत है। जिन क्षेत्रों का विस्तार से रामकथा में वर्णन हुआ है, उन क्षेत्रों के वृक्षों व जीव-जंतुओं का भी कृपया संक्षिप्त में वर्णन करें। जानने की उत्सुकता हो रही है।"

"हम इसकी चर्चा करते रहे हैं। यह सत्य है कि रामायण में अनेक स्थानों पर प्रकृति के चित्रण में वनस्पति शास्त्र (वृक्षों) व जीव-जंतुओं का विस्तृत वर्णन हुआ है। एक उदाहरण लेते हैं, प्रस्त्रवणगिरि पर चौमासे में एक गुफा में रहते हुए श्रीराम लक्ष्मण से तुंगभद्रा नदी के तट पर स्थित वृक्षों व पशु-पक्षियों का वर्णन करते हैं (वा.रा. 4.27.17-

25)। इसमें चंदन, तिलक, साल, तमाल, अतिमुक्तक, पद्मक, जलबेंत, तिमिद, बकुल, केतक, हिंताल, नीप, स्थलबेंता, कृतमाल (अमलतास) आदि वृक्षों का वर्णन हुआ है। ये वृक्ष आज भी इन स्थानों पर पाए जाते हैं, जो ऐतिहासिक कथा का प्रमाणीकरण है। किष्किंधा पर्वत के पास माल्यवान पर्वत पर निवास करते हुए श्रीराम वर्षा का भी सुंदर वर्णन करते हैं (वा.रा. 4.28)। इसमें वर्षा ऋतु का विज्ञान भी है। महर्षि वाल्मीकि कहते हैं (वा.रा. 4.28.3)—'यह आकाश स्वरूपा तरुणी सूर्य की किरणों द्वारा समुद्रों का रस पीकर कार्तिक आदि नौ मासों तक धारण किए हुए गर्भ के रूप में जलरूपी रसायन को जन्म दे रही है।' साथ ही वर्षा ऋतु में गजेंद्र (हाथी), गवेंद्र (वृषभ), मृगेंद्र (सिंह), नगेंद्र (पर्वत), नरेंद्र (राजा) और सुरेंद्र (इंद्रदेव) की प्रतिक्रियाओं का अर्थपूर्ण वर्णन हुआ है। '*मत्ता गजेन्द्रा मुदिता गवेन्द्रा वनेषु विक्रान्ततरा मृगेन्द्राः। रम्या नगेन्द्राः निभृता नरेन्द्राः प्रकीडितो वारिधरैः सुरेन्द्रः* (वा.रा. 4.28.43)। अर्थात् गजेंद्र (हाथी) मतवाले हो रहे हैं, गवेंद्र (वृषभ) आनंद में मग्न हैं, मृगेंद्र (सिंह) वनों में अत्यंत पराक्रम प्रकट करते हैं, नगेंद्र (बड़े-बड़े पर्वत) रमणीय दिखाई देते हैं, नरेंद्र (राजा लोग) मौन हैं, युद्धविषयक उत्साह छोड़ बैठे हैं और सुरेंद्र (इंद्रदेव) जलधरों के साथ क्रीड़ा कर रहे हैं।'

सनातन संस्कृति में स्वर्ग कल्पना में नहीं, बल्कि धरती पर ही होता था, तभी तो वाल्मीकिजी अनेक स्थानों पर नगरों को स्वर्ग के समान बताते हैं। महर्षि वाल्मीकि (वा.रा. 1.45.10) कहते हैं—'मुनिवर विश्वामित्र श्रीराम-लक्ष्मण के साथ उस दिव्य नगरी विशाला की ओर चल दिए, जो स्वर्ग के समान जान पड़ती थी।' अनेक स्थानों पर इन नगरों की पहचान वृक्ष और जीव-जंतु बने हैं। अनेक स्थानों की विशेषता नदी रही है। रामायण में नदी-ज्ञान का उदाहरण लेते हैं। वाल्मीकि कहते हैं—'पूर्व की ओर बहनेवाली गोदावरी और कावेरी, दक्षिण और उत्तर की ओर बहनेवाली गंडकी एवं शोणभद्र आदि नदियाँ हैं (वा.रा. 2.15.6-8)।'

श्रीराम ने वन के मार्ग में अगस्त्य ऋषि आश्रम जाते हुए नीवार (जलकदंब), कटहल, साखू, अशोक, तिनिश, चिरिबिल्व, महुआ, बेल, तेंदू आदि के सैकड़ों जंगली वृक्ष देखे (वा.रा. 3.11.74-75)। ये सभी वृक्ष आज भी इस क्षेत्र की विशेषता हैं।

सीताहरण के पश्चात् श्रीराम का वृक्षों और पशुओं से सीता का पता पूछना, जहाँ एक ओर प्रकृति से सुंदर संवाद प्रस्तुत करता है, साथ ही उस युग में जनस्थान की विस्तृत जानकारी देता है। कदंब, अर्जुन, ककुभ, अशोक, तालवृक्ष, जामुन, आम, कनेर, शाल, कटहल, कुरव, धव, अनार, वकुल, पुन्नाग, चंदन तथा केवड़े आदि के वृक्षों से श्रीराम का संवाद मार्मिक है। श्रीराम हरिण (मृग), गजराज, व्याघ्र और सभी अन्य पशुओं व पक्षियों से अपनी करुण पुकार करते हैं (वा.रा. 3.60)।

कबंध राक्षस श्रीराम से पंपा सरोवर का मार्ग बताते हैं। कहते हैं—'मार्ग में उन्हें

जामुन, प्रियाल (चिरौंजी), कटहल, बड़, पाकड़, तेंदू, पीपल, कनेर, आम के साथ-साथ धव, नागकेसर, तिलक, नक्तमाल, नील, अशोक, कदंब, करवीर, भिलावा, लाल चंदन तथा मंदार के वृक्ष मिलेंगे (वा.रा. 3.73.3-5)।' यह वन का ज्ञान भी है। वहाँ पहुँचकर श्रीराम देखते हैं कि पंपा सरोवर के तट पर ये सभी वृक्ष उसकी शोभा बढ़ा रहे थे (वा.रा. 3.75.16-17)। साथ ही बिजौरा, वट, लोध, मालती, कुंद, झाड़ी, भंडीर (बरगद) वंजुल, छितवन, कतक, माधवी लता के वृक्ष भी थे (वा.रा. 3.75.23-24)। पंपा सरोवर के आसपास के वन का मनोहारी चित्रण हुआ है। जब चैत्रमास था (वा.रा. 4.1.42)। तब वसंत ऋतु की शोभा का अद्‌भुत वर्णन हुआ है। हर्ष में भरे हुए झुंड-के-झुंड पक्षी एक-दूसरे को बुलाते हुए से इच्छानुसार कलरव कर रहे थे। इन सबके बीच श्रीराम की विरह वेदना अनायास ही उभरती। पंपा के जल में लाल कमल और नीलकमल खिले हुए थे। हंस और कारंडव आदि पक्षी सब ओर फैले हुए थे। पर्वत शिखर पर मयूर के साथ-साथ मोरनी भी काम पीड़ित होकर नाच रही थी। वन में केतकी (केवड़े), सिंदुवार तथा वासंती व गंध भरी मधुमालती भी थी। चिरिबिल्व (चिलबिल), महुआ, बेंत, मौलसिरी, चंपा, दालचीनी और नागकेसर भी इस वन में खिले थे। साथ ही पद्‌मक और नील अशोक व लोध्र भी सुशोभित होते। पर्वत शिखरों पर अंकोल, कुरंट, चूर्णक (सेमल), पारिभद्रक (नीम या मदार), आम, पाटलि, कोविदार, मुचुकुंद (नारंग) और अर्जुन वृक्ष भी होते। साथ ही केतक, उद्‌दालक (लसोड़ा), शिरीष, शीशम, धव, सेमल, पलाश, कुरबक, तिनिश, चंदन, स्यंदन, हिन्ताल के पेड़ भी होते। इस प्रकार पंपा के वन के माध्यम से भूगोल व वनस्पति शास्त्र की व्याख्या हो रही है (वा.रा. 4.1)।

यही नहीं, महर्षि वाल्मीकि रबी की फसल, अधिक ठंड और पाले का होना, अन्न-प्राप्ति, सूर्यदेव का दक्षिण दिशा में होना, हिमालय पर्वत पर घनीभूत हिम का संचयन आदि का सार्थक वर्णन भी करते हैं (वा.रा. 3.16)। उन दिनों जौ और गेहूँ व धान की खेती होती थी। इसका प्रामाणिक वर्णन भी हुआ है (वा.रा. 3.16.16-17)। लक्ष्मण श्रीराम से ठंडे जल का अति सुंदर वर्णन करते हुए कहते हैं—'प्यासे हाथी शीतल जल के स्पर्श से असह्य ठंड के कारण सूँड़ को सिकोड़ते हैं, वहीं जलचर पक्षी जल के पास ही डरकर बैठे हैं और पानी में नहीं उतर रहे (वा.रा. 3.16.21-22)।' इस तरह से कह सकते हैं कि रामायण प्रकृति ज्ञान का भंडार है।"

"गुरुदेव! क्या श्रीराम की अयोध्या की तरह ही समकालीन रावण की श्रीलंका का भी वर्णन प्राप्त है?"

"हाँ, वत्स। न केवल लंका का, बल्कि रावण राज्य का भी वर्णन उपलब्ध है। श्रीराम के पूछने पर हनुमानजी लंका की सेना का परिमाण, पुरी के दरवाजों को दुर्गम बनाने के साधन, उस पुरी की रक्षा के उपाय तथा राक्षसों के भवन का वर्णन विस्तार से

करते हैं (वा.रा. 6.3)। पुरी के चार बड़े-बड़े दरवाजे हैं, जिनमें मजबूत किवाड़ लगे हैं। दरवाजों पर विशाल और प्रबल यंत्र लगे हैं, जो तीर और पत्थरों के गोले बरसाते हैं, जो शत्रु सेना को आगे बढ़ने से रोकते हैं, साथ ही लोहे के सैकड़ों काँटों से भरी गदाएँ रखी गई हैं, उस पुरी के चारों ओर ऊँचा परकोटा है, परकोटे के चारों ओर ठंडे जल से भरी हुई अगाध गहराई से युक्त कई खाइयाँ बनी हुई हैं। चारों दरवाजों के सामने खाइयों पर मचानों के रूप में चार संक्रम (लकड़ी के पुल) हैं, जिन्हें जब आवश्यकता होती, तभी यंत्रों द्वारा गिरा दिया जाता था (वा.रा. 6.3.16)। यह सब दरशाता है युद्ध विद्या उन दिनों कितनी विकसित हो चुकी थी।

सीताजी से लंका का वर्णन रावण स्वयं भी करता है, कहता है—'मेरी राजधानी का नाम लंका है। वह महापुरी समुद्र के बीच में एक पर्वत के शिखर पर बसी है। समुद्र ने उसे चारों ओर से घेर रखा है (वा.रा. 3.47.29)। लंका राज्य का विस्तार सौ योजन है (वा.रा. 3.55.19)।' लंका त्रिकुटा पर्वत पर बसी थी। एक नील पर्वत था, जिस पर तीन महल थे। दूसरा सुंदर पर्वत, जहाँ अशोक वाटिका थी। तीसरा सुबेल पर्वत था, जिसके पास मैदान था, जहाँ युद्ध हुआ। जनस्थान रावण के राज्य की सीमा थी। उसकी रक्षा खर-दूषण करते थे (वा.रा. 3.31.40)।

हनुमानजी ने लंका पहुँचकर वहाँ सरल (चीड़), कनेर, खजूर, प्रियाल (चिरौंजी), मुचुलिंद (जंबीरी नीबू), कुटज, केतक (केवड़े), प्रियंगु (पिप्पली), नीप (कदंब या अशोक), छितवन, असन, कोविदार और करवीर देखें (वा.रा. 5.2.9-11)। इसी क्रम में आगे हनुमानजी द्वारा श्रीलंका में प्रकृति का सुंदर विस्तृत वर्णन सुंदरकांड में हुआ है।

लंका में गृहों की आकृतियों (विभिन्न संस्थानों) का वर्णन है। उन्हीं के अनुसार उनके नाम हैं। कोई कमल के आकार में बने हुए थे, कोई स्वास्तिक के चिह्न (आकार) से युक्त थे। किन्हीं का निर्माण वर्धमान संज्ञक गृहों के रूप में हुआ था (वा.रा. 5.4.7)। चारशालाओं से युक्त गृह को, जिसके प्रत्येक दिशा में एक-एक अर्थात् कुल चार द्वार होते, उसे 'सर्वतोभद्र' कहा गया। जिसमें तीन द्वार हैं और केवल पश्चिम दिशा में न हो, उसे 'नंद्यावर्त' कहा गया। जिसमें केवल दक्षिण दिशा में नहीं है, उसे 'वर्धमान' गृह, जिसमें केवल पूर्व दिशा की ओर द्वार न हो, उसे 'स्वास्तिक' कहा गया। हनुमानजी ने उस विशाल पुरी को सतमहले, अठमहले मकानों और सुवर्ण जड़ित स्फटिक मणि की फर्शों से सुशोभित देखा (वा.रा. 5.2.52)। रावण के राजभवन में लता मंडप, चित्रशाला और विश्रामगृह भी थे (वा.रा. 5.12.1)। लंका में आपानशाला, पुष्पगृह, क्रीड़ागृह और गृहोद्यान थे, साथ ही तहखाने भी थे (5.12.14-15)।

लंका में रावण के अंतःपुर का वर्णन असुरों की जीवन-शैली को दरशाता है कि वे कैसे भोग में लिप्त रहते। वे सदैव अनेक स्त्रियों के साथ कामवासना में लगे रहते (वा.रा.

5.9–10)। लंका का वर्णन करते हुए तुलसीदास कहते हैं—'*भोगावति जसि अहिकुल बासा। अमरावति जसि सक्रनिवासा। तिन्ह तें अधिक रम्य अति बंका। जग बिख्यात नाम तेही लंका।* (रा.मा. 1.177.4) अर्थात् जैसी नागकुल के रहने की पाताल लोक में भोगावतीपुरी है और इंद्र के रहने की स्वर्गलोक में अमरावती पुरी है, उनसे भी अधिक सुंदर और बाँका वह दुर्ग था, जगत् में उसका नाम लंका प्रसिद्ध हुआ।'

लंका में रावण की पानभूमि में भोजन/व्यंजन का विस्तृत वर्णन है। इनमें मोर, मुरगे, सूअर, गैंडा, साही, हरिण, मयूर, बकरे, खरगोश, भैंसे, भेड़ का मांस होता, जिन्हें दही व नमक मिलाकर रखा जाता। मत्स्य भी खाया जाता। कृकल पक्षी का मांस भी होता। चटनियाँ भी साथ खाई जातीं। अनेक प्रकार के पेय होते। अंगूर व अनार के रस में मिश्री और मधु मिलाने से बने रस को पतला होने पर 'राग' कहते, गाढ़ा होने पर 'खांडव' कहते। कदंब आदि वृक्षों से स्वत: उत्पन्न हुई फलों के रस को सुरा कहा जाता। कृत्रिम सुरा में शर्करा से तैयार 'शर्करासव', मधु से बनाई हुई मदिरा 'माध्वीक', महुआ व अन्य पुष्पों के मकरंद से बनाई हुई सुरा 'पुष्पासव' कहलाती और द्राक्षा आदि फलों के रस से तैयार सुरा 'फलासव' कहलाती (वा.रा. 5.11.14–23)। इस विषय पर इतना विस्तृत वर्णन हुआ है कि इस पर विस्तार से चर्चा की जा सकती है। कोई और प्रश्न?"

"मुनिश्रेष्ठ! क्या श्रीराम ने भी नगरों का निर्माण करवाया था?"

"हाँ, कैकेय देश के राजा युधाजित ने सिंधु के दोनों ओर स्थित गंधर्व क्षेत्र पर विजय प्राप्त करने के लिए श्रीराम से सहायता का आग्रह किया था। श्रीराम के आदेश पर भरत ने गंधर्वों को हराकर गांधार देश को दो भागों में विकसित किया। भरत के पुत्र तक्ष को सिंधु नदी के पूर्वी क्षेत्र का राज्य सौंपा गया, जिसकी राजधानी तक्षशिला बसाई गई। इसी तक्षशिला में विश्व का प्राचीनतम विश्वविद्यालय हुआ। यहाँ के उत्खनन में उस युग के पुरातात्त्विक प्रमाण मिले हैं। दूसरे पुत्र पुष्कल को सिंधु नदी के पश्चिम क्षेत्र का शासन सौंपा गया, जिसकी राजधानी पुष्कलावत बनी। पुष्कलावत आधुनिक युग में स्वात और काबुल नदियों के संगम पर स्थित है। यहाँ के उत्खनन में भी उस युग के प्रमाण मिलते हैं। महाभारत में भी इस नगर के संदर्भ हैं (वा.रा. 7.101)।

श्रीराम ने लक्ष्मण के पुत्रों अंगद और चंद्रकेतु को कारुपथ क्षेत्र का राजा बनाने का निर्णय भरत के सुझाव पर लिया था। यह क्षेत्र वर्तमान काल में बंगाल, बिहार और ओडिशा में स्थित है। अंगद को कारुपथ का राजा बनाकर अंगदीया नाम की राजधानी विकसित की गई। चंद्रकेतु को मल्लदेश का राजा बनाकर चंद्रकांतापुरी को विकसित किया गया (वा.रा. 7.102)। चंद्रकांता वर्तमान में बंगाल के उत्तर 24-परगना जिले में चंद्रकेतुगढ़ है। यहाँ भी उत्खनन किए जाने पर उस (त्रेता) युग के प्रमाण मिलते हैं। अंगदिया और चंद्रकेतुगढ़ का भी संदर्भ महाभारत में आता है।

कुश को दक्षिण कोसल का राजा बनाया गया था और राजधानी कुशावती को बनाया गया, जो विंध्य पर्वत के किनारे स्थित है। लव को उत्तरी कोसल का राजा बनाया गया, जिसकी राजधानी श्रावस्ती बनी। यह उत्तर प्रदेश में नेपाल सीमा पर स्थित है (वा.रा. 7.108.3-6)। श्रावस्ती नगरी इक्ष्वाकु वंश के ही राजा श्रावस्त ने बसाई थी। यह इंदु राजा का पौत्र और युवनाश्व (द्वितीय) का पुत्र था। महाभारत में भी इस राजा का वर्णन है। इसका राज्यकाल श्रीराम से पचास पीढ़ियाँ पूर्व का माना जाता है। शत्रुघ्न के पुत्र सुबाहु को मधुरापुरी (मथुरा) का राजा बनाया गया था और दूसरे पुत्र शत्रुघाती को विदिशा का राजा बनाया गया (वा.रा. 7.108.10)। इनका संदर्भ पुराणों में भी उपलब्ध है (वा.पु. 2.26.184-200, भा.पु. 9.11.12-14, वि.पु. 4.4.100-101)। ये सभी आठ नगर विकास-पतन और पुनर्निर्माण के कई चरणों से निरंतर निकले हैं। इनमें से दो-तीन तो आज भी महत्त्वपूर्ण हैं और अन्य स्मृतियों में जीवंत हैं।"

□

3
बालकांड

प्रथम सर्ग : गर्भाधान संस्कार

अजकुमार अनायास ही नींद से जागा तो लगा कि त्रेतायुग की अयोध्या नगरी के साथ-साथ पूरे भारत का प्रवास करके लौटा है। बस अयोध्याजी में प्रवेश कर चुकी थी। बगल में बैठी अपराजिता बाहर के दृश्य को तन्मयता से देख रही थी। उसके आगे बगल में वृद्ध महिला सिमटकर सोई हुई थी। हम अयोध्या बस स्टैंड पहुँचे तो अपराजिता ने वृद्ध महिला को उठाया था।

"अयोध्याजी आ गए हैं अम्मा···यहाँ कहाँ जाओगी?"

"सीधे रामलला के दर्शन करूँगी और कहाँ जाना है!"

"फिर उसके बाद?"

"उसके बाद का कहें। जैसा रामजी चाहें।"

"कहाँ रुकोगी?"

"वहीं मंदिर के बाहर रह लेंगे।"

"अच्छा, आप पहले हमारे साथ चलो।" अपराजिता ने अधिकारपूर्वक उसे साथ ही रिक्शे पर बिठा लिया था। धर्मशाला पहुँचे तो प्रभारी से कहने पर एक अतिरिक्त कमरा आसानी से मिल गया था।

"हे संगिनी! यह सब गुरुदेव की कृपा है। उनका ही प्रभाव है। जानती हो, जब उस दिन मैंने अयोध्या जाने की योजना के संदर्भ में उनसे कहा तो ऐसे हलके से मुसकराए, मानो मेरे मन को पढ़ लिया हो और फिर कह दिया कि वहाँ रहने-खाने की चिंता न करना। एक कमरा रामतीर्थ धर्मशाला में बोलकर आरक्षित करवा दूँगा। वहाँ के महंत और प्रभारी, दोनों को कह भी दूँगा, कोई काम हो तो तुम्हारी मदद करेंगे।"

"हाँ जानती हूँ। ···हे भर्ता! एक काम करते हैं, यह साड़ी अम्मा को देकर आते हैं, उन्होंने कितनी मैली और फटी साड़ी पहनी हुई है।" साड़ी लेकर अपराजिता खड़ी हो गई। उसने अजकुमार की आँखों में देखा, वहाँ भी स्वीकृति का संदेश था। फिर क्या था, वह तुरंत अम्मा के कमरे की ओर चल पड़ी···पीछे-पीछे अजकुमार।

"बेटी, तेरी सारी मनोकामना पूरी हों। तुझे राम सा बेटा हो।" कहकर अम्मा ने अपराजिता के सिर पर हाथ रखा, मानो देवताओं की माता अदिति वरदान दे रही हों।

अपराजिता ने झुककर अम्मा को प्रणाम किया था, "अम्मा! अब जल्दी से यह साड़ी पहनकर तैयार हो जाओ। रामलला के दर्शन करने चलना है।"

"फिर वहीं से हनुमानगढ़ी भी दर्शन करने जाएँगे, बेटी।"

"हाँ अम्मा। वहाँ भी जाएँगे और हर दिन, सुबह-शाम जाएँगे, मन करेगा तो दिनभर वहीं रामजी और हनुमानजी के दर्शन करते रहेंगे।"

"...आप सुनेंगे तो अचरज करेंगे स्वामी, उन्हें तीन-तीन पुत्रियाँ चाहिए।" रामलला के दर्शन करके लौटे तो अजकुमार कपड़े बदलने लगा। अपराजिता अति प्रसन्न थी, निरंतर बोलती जा रही थी।

"तीन-तीन! क्या अर्थ है स्वामिनी? आपकी सखी की बातें सुनकर अधिक जानने की उत्सुकता हो रही है।" बातों में पति की भागीदारी देख अपराजिता पलंग पर आराम से बैठ विस्तार से बताने लगी—

"जी! मैं भी पूछ बैठी थी। कहने लगी कि मुझे दुर्गा, सरस्वती व लक्ष्मी माता के गुणोंवाली तीन पुत्रियाँ चाहिए। दुर्गा रूप में सबसे बड़ी बेटी और फिर लक्ष्मी व सरस्वती। आगे विस्तार से कहने लगी कि बेटी दुर्गा को मैं पुलिस में भेजूँगी और बेटी लक्ष्मी घर का व्यापार सँभालेगी और बेटी सरस्वती आश्रम के गुरुकुल में अध्यापन करेगी। इन तीनों क्षेत्र में महिलाओं की समाज को सदा ही आवश्यकता रही है। ...उसकी बातों को सुनकर लगता है, माता सबसे उत्तम व प्रभावशाली गुरु हो सकती है।"

"और आपको क्या चाहिए?" पास बैठते हुए अजकुमार ने पूछ लिया था।

"पुत्र।" अपराजिता ने तुरंत उत्तर दिया था।

"तुम्हारी सखी ने तो अपनी पुत्रियों का विस्तार से वर्णन किया तो तुमने भी तो कुछ सोचा होगा कि कैसा पुत्र चाहिए?" अजकुमार ने उसकी आँखों में झाँकते हुए पूछा था।

"हे भर्तृ! आप तो जानते ही हैं कि शिव मेरे आराध्य हैं। शिव महादेव हैं, सदा स्तुतिगान के योग्य। परंतु पुत्र मुझे श्रीराम के गुणोंवाला चाहिए। जिस पर महाकाल की कृपा बनी रहे।" अपराजिता की आँखों में स्वप्न तैर रहा था और मुख पर चमक उभरी थी।

"हे वामांगिनी! श्रीराम ही क्यों?" अजकुमार ने अपराजिता का हाथ अपने हाथ में लेकर पूछा था।

"हे नाथ! श्रीराम मेरे आदर्श हैं। वे आदर्श पुत्र हैं, आदर्श भाई, आदर्श शिष्य, आदर्श मित्र, आदर्श पति, आदर्श योद्धा, आदर्श क्षत्रिय, आदर्श राजा; अर्थात् पुरुष के हर

रूप में आदर्श, अतः पुरुषोत्तम कहलाए। वे सच्चे अर्थों में आर्य हैं। वे हर युग में वंदनीय हैं। इस युग के लिए वे अधिक आवश्यक और संदर्भित भी हैं, जो फिर घर-परिवार और समाज में आर्य होने का आदर्श स्थापित कर सकें।"

"जानता हूँ, अपराजिते!"

"तो फिर आपने प्रश्न क्यों किया?"

"प्रश्न मैंने इसलिए किया, क्योंकि यही विचार तुम्हारे गर्भ में बीज बनेगा। जो हमारे बच्चे के व्यक्तित्व का मूल आधार होगा, अंकशायिनी। ऐसा ही कुछ दशरथ-कौसल्या ने पुत्रकामेष्टि यज्ञ के माध्यम से किया था।"

"यह भाव तो मेरे रोम-रोम में रचा-बसा है, प्राणेश। हम विवाह के प्रारंभिक दिनों से ही श्रीराम की चर्चा करते आए हैं। अभी पिछले दिनों रामकथा, इक्ष्वाकु वंश और अयोध्याजी का विस्तृत वर्णन, जो गुरुदेव ने किया है, वह मेरी धमनियों में रक्तकण बनकर बह रहा है। संपूर्ण सिद्धि के लिए मैं गर्भाधान संस्कार के संबंध में अधिक-से-अधिक जानना चाहती थी। गुरुमाता से मैंने इस संबंध में जब निवेदन किया तो उन्होंने सहर्ष स्वीकार किया था।"

"हे महादेव! अपराजिता ने आपको याद किया।" परम शांत स्वर्गलोक में स्वर उभरे थे।

"महादेवी! आप तो जानती ही हैं कि किसी भी काल का कोई भी जीव जब भी मुझे याद करता है तो मैं उपस्थित हो जाता हूँ।"

"इसलिए आप महाकाल कहलाते हैं। नित्य नूतन निरंतर हर पल, हर क्षण में उपस्थित।"

"और मैं अकेला नहीं होता हूँ। आप सदा साथ होती हैं। आप मेरी शक्ति हैं, प्रकृति हैं। मुझ निराकार का आकार हैं।"

"बस-बस! अब मुझे और प्रशंसा की आवश्यकता नहीं। आप तो यह बताइए कि आप आगे अब क्या करने जा रहे हैं?"

"मैं कुछ नहीं करूँगा। निवेदन आपसे किया गया है, अतः आप गुरुमाता बनकर अपराजिता को गर्भाधान संस्कार के महत्त्व रेखांकित करेंगी।"

"और ऐसा करते-करते राम के गुणोंवाला शिशु गर्भ में आएगा।"

"अवश्य। जाकि रही भावना जैसी··· और फिर महादेवी, आप तो जानती ही हैं कि अपराजिता कौसल्या का ही दूसरा नाम है। जब कौसल्या जन्म देंगी तो राम ही जन्म लेंगे।"

"हे देवों के देव महादेव! बड़ा रोचक होगा। गर्भाधान संस्कार से लेकर शिशु के जन्म तक के सभी संस्कारों को सुनना। तो स्वामी चलते हैं पृथ्वीलोक, गुरुमाता और अपराजिता के बीच हो चुकी वार्त्ता को पुनः सुनने। अपराजिता स्मरण करेगी और हम आनंद लेंगे।"

"...इस विषय पर हम तीन चरणों में वार्त्ता करेंगे। गर्भाधान संस्कार क्या है, क्यों किया जाना चाहिए तथा कब और कैसे किया जाना चाहिए। और अंत में, श्रीराम की कथा से भी उदाहरण लेंगे।" गुरुमाता ने चर्चा प्रारंभ की थी।

सनातन संस्कृति में गर्भाधान भी संस्कार है, अतः स्वाभाविक रूप से प्रजनन भी संस्कार का ही एक भाग हुआ। सरल व स्पष्ट शब्दों में, जिस कर्म संस्कार द्वारा पुरुष अपनी पत्नी में अपना बीज (वीर्य) स्थापित करता है, उसे गर्भाधान कहते हैं। ऋषि जैमिनि के शब्दों में—*'गर्भः संधार्यते येन कर्मणा तद् गर्भाधान मित्युनुगतार्थं कर्मनामधेयम्।'*

ऋषि शौनक कहते हैं कि जिस कर्म की पूर्ति में स्त्री, पति द्वारा प्रदत्त शुक्र धारण करती है, उसे गर्भालंभन या गर्भाधान कहते हैं। अर्थात् यह कृत्य कोई धार्मिक कृत्य नहीं, अपितु यथार्थ कर्म है। इस प्रजनन कार्य को ही सोद्देश्य और संस्कृत बनाने के लिए गर्भाधान संस्कार किया जाता है।

ऋग्वेद का सूक्त (10.184) गर्भाधान के लिए विशेष रूप से संदर्भित है। अथर्ववेद के सूक्त (6.17) का तो नाम ही गर्भदृंहण सूक्त है।

ऋषि कहते हैं (ऋ. 10.184.1)—'हे वधू! (विष्णूः) गर्भाशय को व्यापक करनेवाली परमात्मा की शक्ति तेरे (योनिम्) गर्भाशय को (कल्पयतु) गर्भधारण के योग्य (समर्थ) बनाए। (त्वष्टा) विश्वकर्मा परमात्मा की निर्मात्री शक्ति (रूपाणि) गर्भ के रूप, रंग, लिंग, योनि को (पिंशतु) निश्चय करे। (प्रजापतिः) प्रजापति की उत्पादन शक्ति (आ सिञ्चतु) गर्भ को सात धातुओं के रस से सिंचित करे और (धाता) गर्भ को धारण करनेवाली शक्ति (ते गर्भ दधातु) तेरे गर्भ की धारणा स्थित करें, जिससे गर्भपात या दुर्बल संतान न हो।'

ऋषि अगली ऋचा (ऋ. 10.184.2) में स्तुति करते हैं—*'गर्भं धेहि सिनीवालि गर्भं धेहि सरस्वति। गर्भं ते अश्विनौ देवावा धत्तां पुष्करस्त्रजा॥'* अर्थात् हे अन्नपूर्णे! तू गर्भ को धारण कर। हे ज्ञानमयि! तू गर्भ को धारण कर। पुष्टिकारक वीर्य व रज को पैदा करनेवाले अश्विनी देव तेरे गर्भ का पोषण करें।

अथर्ववेद में ऋषि अथर्वा कहते हैं (6.17.1)—'हे वधू! जिस प्रकार इस पृथिवी ने अपने गर्भ में पंचभूतों को धारण किया हुआ है, वैसे ही तेरा यह गर्भ गर्भस्थ शिशु

को अनुकूल प्रसव के लिए पूर्णता से सुरक्षित धारण रखे।' यजुर्वेद (19.76) में ऋषि गर्भाधान की विस्तृत व्याख्या करते हुए कहते हैं—'गर्भोत्पत्ति में हेतु भूत पुरुषेन्द्रिय, गर्भधारण योग्य 'स्त्री-योनि' में प्रविष्ट होता हुआ वीर्य और मूत्र को पृथक्-पृथक् छोड़ता है, वही वीर्य ढका हुआ गर्भ होकर जन्मता है और जन्म के समय उस आवरण को छोड़ता है। सत्यस्वरूप ब्रह्म के नियम से बँधे हुए बाहर के अंतरिक्षस्थ विश्वप्राण से (अर्थात् इस जन्म संबंधी प्राकृत सत्य विज्ञान से) शरीर में विद्यमान पदार्थों में उत्तम पदार्थ सत्त्व गुण युक्त 'मन' विविध पान (भोग) के साधन, विभिन्न रक्षा शक्तियों से युक्त, चक्षु-श्रोत्रादि दश इंद्रिय समूह और पवित्र प्रजनन समर्थ रजोवीर्य रूप शक्ति इस शिशुदेह में बनती है।'

गर्भाधान के संदर्भ में ऋषि दंपती लोपामुद्रा और अगस्त्य के बीच हुआ संवाद अति महत्त्वपूर्ण है। बेटी, इसे ध्यान से सुनो। वैदिक ऋषियों ने परिपक्व शारीरिक एवं मानसिक स्थिति बन जाने पर ही दंपतियों को आवश्यकता के अनुरूप संतान पैदा करने का निर्देश दिया है। उन दिनों पति-पत्नी की शारीरिक-मानसिक स्थिति का परीक्षण करने के बाद ही गर्भाधान संस्कार कराया जाता था। आवश्यकता के अनुसार परिपक्वता लाने के लिए विशेष तप भी कराए जाते। इक्ष्वाकु वंश में इसके अनेक उदाहरण हैं।

लोपामुद्रा कहती हैं (ऋ. 1.179.1)—'हम विगत जीवन के अनेक वर्षों में उषाकाल सहित दिन-रात तपरत रहे हैं। श्रेष्ठ संतान की प्राप्ति की दृष्टि से समर्थ पुरुष ही पत्नियों के समीप जाएँ।' उत्तर में ऋषि अगस्त्य कहते हैं (ऋ. 1.179.3)—'हमारा अब तक का तप बेकार नहीं गया है, देवता श्रेष्ठ प्रवृत्तियों के कारण हमारी रक्षा करते हैं, अतः हमने विश्व की सारी स्पर्धाएँ जीत ली हैं। हम दंपती यदि अब उचित ढंग से संतान उत्पन्न करें, तो इस जीवन में सौ वर्षों तक जीवन की चुनौतियों में विजयी होंगे।'

गृह्य सूत्र गर्भाधान के साथ ही संस्कारों का प्रारंभ करते हैं। केवल वैदिक संस्कृति में गर्भाधान एक संस्कार है। इसे धार्मिक इसलिए माना गया, क्योंकि यह नवीन आत्मा के प्रवेश का द्वार है। इसके पीछे आधारभूत विचार यह था कि अगर हम उत्कृष्ट समाज का नव-निर्माण करना चाहते हैं तो सबसे पहले वहाँ ध्यान देना होगा, जहाँ मानव का बीज उगना शुरू होता है। स्त्री को चाहिए कि जैसी संतान वह चाहती है, गर्भाधान के समय उस विचार में रँग जाए, तन्मय हो जाए, उसी कल्पना में डूब जाए। संतान को जन्म देना/गर्भधारण भी यज्ञ के समान है, इसे केवल कर्म नहीं माना जाता सनातन संस्कृति में।

गर्भ का धारण अर्थात् वीर्य का स्थापन गर्भाशय में स्थिर करना, जिससे होता है, उसी को गर्भाधान संस्कार कहते हैं। जैसे बीज और क्षेत्र के उत्तम होने से अन्नादि उत्तम होता है, वैसे ही उत्तम स्त्री-पुरुष से संतान भी उत्तम होती। इसके लिए युवावस्था में

ब्रह्मचर्य का पालन अवश्य हो। पच्चीस वर्ष के पहले पुरुष का वीर्य उत्तम नहीं होता। इसकी व्याख्या परम वैद्य सुश्रुत ने कर रखी है। जो अपने कुल की उत्तमता, उत्तम संतान, दीर्घायु, सुशील, बुद्धिबल, पराक्रम युक्त, विद्वान् करना चाहे वे सोलहवें वर्ष पूर्व कन्या और पच्चीसवें वर्ष से पूर्व पुत्र का विवाह न करें। गर्भाधान का उत्तम समय कन्या का भी चौबीस वर्ष ही है। पुरुष के लिए विशेष रूप से पच्चीसवें वर्ष से युवावस्था का प्रारंभ और चालीसवें वर्ष में युवावस्था की पूर्णता होती है। अर्थात् सब धातुओं की पूर्ण पुष्टि होती है (सुश्रुत शारीरस्थानम्, 10.57-58)। यही निर्देश चरक संहिता (शारीरस्थानम्, अध्याय 8) में है।

बेटी अपराजिता! सनातन दर्शन के अनुसार मृत्यु के बाद भी मात्र यह भौतिक शरीर ही नष्ट होता है, जबकि सूक्ष्म शरीर आत्मा के साथ संयुक्त रहता है। यह सूक्ष्म शरीर संस्कारों का वाहक है। ये संस्कार पूर्वजन्मों से ही नहीं आए, अपितु माता-पिता के संस्कार भी रज और वीर्य के माध्यम से सूक्ष्म शरीर में प्रविष्ट होते हैं। यही नहीं, गर्भधारण की परिस्थितियाँ भी इन पर प्रभाव डालती हैं। अर्थात् गर्भधारण के समय माता-पिता की मानसिकता व शारीरिक स्वास्थ्य का प्रभाव भी बालक पर पूर्ण रूप से पड़ता है। माता-पिता के शुद्धाहार व शुद्ध विचारों का बालक पर बहुत प्रभाव होता है। बालक के पूर्वजन्मस्थ अशुभ संस्कार भी पवित्र वातावरण को पाकर ओझल/नष्ट हो जाते हैं। अतः गृहस्थ जीवन में प्रवेश के लिए पाणिग्रहण एक अनिवार्य विधान है। यह मात्र कामसुख का इंद्रिय भोग के लिए न होकर अच्छी संतान के प्रजनन के लिए है। पुरुष व स्त्री के वीर्य और रज में जीव पहले से ही उपस्थित रहता है। वह जीव वैसे तो शुद्ध सत्त्व रूप में रहता है, किंतु अनेक प्राकृतिक व आगंतुक दोषों के कारण विकार उत्पन्न हो जाते हैं। इन विकारों के परिमार्जन के लिए ही गर्भाधान संस्कार का विधान है। स्त्री-पुरुष के संस्कार और संकल्प से ही चैतन्य जीवन जन्म लेता है।

सनातन शास्त्र का यह सैद्धांतिक मत है कि जैसा बीज बोया जाएगा, वैसा ही वृक्ष होगा। फिर उसी के अनुरूप फल भी लगेंगे। वृक्षोत्पत्ति में देश, काल, जल, भूमि, परिस्थिति और वातावरण का योगदान होता है, लेकिन सर्वाधिक महत्त्वपूर्ण बीज ही है। उत्कृष्ट भूमि, उत्कृष्ट बीज और उपयुक्त पर्जन्य की अनुकूलता और उपलब्धता से ही अच्छे किस्म के अन्न की पैदावार होती है। गर्भाधान के समय स्त्री-पुरुष जिस भाव से भावित होते हैं, अर्थात् जैसी भावना उनके मन में होती है, उसका प्रभाव उनके रज-वीर्य में भी पड़ता है। *'आहाराचार चेष्टाभिर्यादृशीभिः समन्वितो। स्त्री पुंसौ समुपेयातां तयोःपुत्रोऽपितादृशः॥'* (सुश्रुतसंहिता, शारीरस्थान 2.48) अर्थात् स्त्री-पुरुष जैसे आहार-व्यवहार तथा चेष्टा से संयुक्त होकर परस्पर समागम करते हैं, उनका शिशु भी वैसे ही स्वभाव का होता है।

मनु के अनुसार 16 रात्रियाँ ऋतुकाल की हैं। इनमें रक्तस्राव की पहली 4 रात्रियाँ अत्यंत निंदित हैं। सत्रहवीं रात्रि से रजोदर्शन की चौथी रात्रि तक सर्वथा संयम से रहना चाहिए। भोग की संख्या जितनी कम होगी, उतनी ही शुक्र की निरोगिता, पवित्रता और शक्तिमत्ता बढ़ेगी। यहाँ तक कि भोग सुख भी उसी में अधिक प्राप्त होगा और संतान भी स्वस्थ, मेधावी, पुष्ट, धर्मशील व संवर्धनशील होगी। गर्भाधान संस्कार में काल अर्थात् समय महत्त्वपूर्ण है। दिन में गर्भाधान निषिद्ध है। यहाँ तक कि संध्या में सर्वथा अनुचित है। उदाहरणार्थ, दिति के गर्भ से हिरण्याक्ष और हिरण्यकशिपु जैसे दैत्य इसलिए उत्पन्न हुए थे, क्योंकि दिति ने आग्रहपूर्वक संध्याकाल में पति कश्यप से गर्भाधान कराया था, अर्थात् दिन व संध्याकाल में संभोग अपेक्षित नहीं है। रात्रि के तृतीय पहर की संतान धर्मपरायण होती है।

पुरुष सदा ऋतुकाल में स्त्री का समागम करे। अपनी स्त्री के अतिरिक्त दूसरी स्त्री का त्याग आवश्यक है। स्त्री भी अपने विवाहित पुरुष को छोड़कर अन्य पुरुषों से सदैव पृथक् रहे। पुत्र के लिए ऋतुकाल की छठी, आठवीं, बारहवीं, चौदहवीं और सोलहवीं रात्रि को ऋतुदान करें और कन्या के लिए पाँचवीं, सातवीं, नवमी और पंद्रहवीं रात्रियों को उत्तम समझें। विवाह के उपरांत ऋतुस्नान से शुद्ध पत्नी के समीप पति को प्रतिमास जाना होता है, किंतु गर्भाधान से पूर्व उसे विशिष्ट संतान की इच्छा के लिए विशिष्ट व्रत का अनुष्ठान करना होता है।

शुभ मुहूर्त में शुभ मंत्र से प्रार्थना करके गर्भाधान करना चाहिए। बृहदारण्यक उपनिषद् के अध्याय छह का चतुर्थ ब्राह्मण संतानोत्पत्ति से संबंधित है। इसमें कहा गया है—जिस प्रकार जन्म लेनेवाला, जिस विधि से उत्पन्न किया हुआ, जिन गुणों से विशिष्टता को प्राप्त हुई संतान अपने तथा पिता के लिए लोक-परलोक में हितकारी होता है, वैसे संतान की उत्पत्ति कैसे हो? यह बताने के लिए अथवा ऐसे पुत्र की प्राप्ति के उपाय का संपादन करने के लिए यह चतुर्थ ब्राह्मण प्रारंभ किया जाता है। इसी उपनिषद् में यह भी कहा गया है कि स्त्री की उपस्थेंद्रिय वेदी है और योनि का मध्य भाग प्रज्वलित अग्नि है (बृ.उ. 6.4.3)। अर्थात् मैथुन यज्ञ हुआ और गर्भाधान प्रथम संस्कार। गर्भधारण के संपादन हेतु बृहदाराण्यक उपनिषद् का मंत्र (6.4.21) है। इसके अंत में प्रार्थना की जाती है—'हे प्रिये, भगवान् तेरी जननेंद्रिय को गर्भधारण करने का सामर्थ्य दें। भगवान् सूर्य तेरी (उत्पन्न होनेवाली) संतान के अंगों को विभागपूर्वक पुष्ट एवं दर्शनीय बनाएँ। भगवान् प्रजापति मुझसे अभिन्न रूप में स्थित हों, तुझमें वीर्य का आधान करें। देवी, तुम यह गर्भधारण करो। देव अश्विनीकुमार (सूर्य और चंद्रमा) तेरे गर्भ को पुष्ट करें।'

महर्षि चरक कहते हैं—'जो स्त्री बलवान और पराक्रमी पुत्र चाहती है, उसे ऋतुस्नान के पश्चात् प्रतिदिन प्रातःकाल विशाल साँड़ देखना चाहिए। तात्पर्य यह है कि

नारी जिसे देखती है, उसी का संस्कार उसके चित्त पर पड़ता है। यह विज्ञान सम्मत भी है। स्पष्ट रूप से जिस प्रकार की धार्मिक, शूर, विद्वान्, तेजस्वी संतान की इच्छा हो, वैसा ही भाव गर्भाधान के समय रखना चाहिए। वैसी ही वस्तुओं को देखना चाहिए, उसी तरह का चिंतन करना चाहिए। हम वही रचते हैं, जिसकी हम कल्पना करते हैं। हम अपना संसार अपनी इच्छानुसार ही निर्माण करते हैं, ठीक उसी तरह संतान भी।'

दयानंद सरस्वती कहते हैं—'माता-पिता गर्भाधान के पूर्व, मध्य और पश्चात् मादक द्रव्य, रूक्ष तथा बुद्धिनाशक पदार्थों को छोड़कर जो शांति, आरोग्य, बल, बुद्धि, पराक्रम और सुशीलता से सभ्यता को प्रदान करें, वैसे घृत, मिष्ट, अन्नपान आदि श्रेष्ठ पदार्थों का सेवन करें, जिससे राजस वीर्य भी दोषों रहित होकर अन्युत्तम गुणयुक्त हो।'

पुरुष के अधिक वीर्य होने से पुत्र और स्त्री के आर्तव अधिक होने से कन्या होती है। स्त्री-पुरुष के शरीर और मन की पवित्रता, स्वस्थता व आनंद के संयोग से ही श्रेष्ठ संतान उत्पन्न होती है। उत्तम संतान वधू-वर के आहार पर निर्भर है। इसलिए पति-पत्नी अपने शरीर व आत्मा की पुष्टि के लिए बल और बुद्धि आदि की सर्वोषधि का सेवन करें। ऐसा करने से अंत:करण की शुद्धि, बल, पुरुषार्थ, आरोग्य और बुद्धि की प्राप्ति होती है। आहार में क्या-क्या लिया जाना चाहिए, सनातन शास्त्रों में विस्तृत वर्णन है। सरल उपाय है—मौसम के अनुसार प्रकृति का दिया हुआ फल, अन्न, शाक-सब्जी खाओ, उसमें भी स्थानीय उत्पादन का अधिक उपयोग करें।

प्रेमपूर्वक गर्भाधान करें। रात्रि में नियत समय पर जब दोनों का शरीर आरोग्य, अत्यंत प्रसन्न और दोनों में अत्यंत प्रेम बढ़ा हो, उस समय गर्भाधान क्रिया करें। जिस क्षण दिव्यता का अनुभव हो, तब संतान को संसार में लाइए। जैसे दशरथ-कौसल्या ने राम को जन्म दिया व साथ ही अन्य तीन धर्मज्ञ राजकुमारों ने भी जन्म लिया।

मानव के शरीर की नाभि में अमृत कुंड होता है। यहीं से मनुष्य जन्म के पहले अपनी माँ के गर्भ से जुड़ा होता है। यहीं से वह संसार में आता है। माँ की ऊर्जा संतान को इसी के माध्यम से मिलती है। नाभि अत: महत्त्वपूर्ण केंद्र है। इसलिए साधना में जितना अधिक अपनी नाभि पर केंद्रित होंगे, उतना अधिक लाभ होगा।"

अजकुमार ध्यान से सुन रहा था। अपराजिता की बातों के समाप्त होने पर कहने लगा, "सारगर्भित व्याख्या की गुरुमाता ने और तुमने प्रिये इसका पालन भी अब तक किया है। मैंने भी गुरुदेव से प्रार्थना की थी। उन्होंने भी उदाहरण के साथ इस विषय पर मुझसे चर्चा की थी; कह रहे थे¨

"गर्भाधान संस्कार के अनेक उदाहरण रामायण में मिलते हैं। उत्तम संस्कारी बच्चों के लिए यह किया जाता रहा है। गंधर्व कुमारी सोमदा तपस्वी मुनि चूली से यही कामना

करती है (वा.रा. 1.33.11-17)। पुत्र कामना के लिए दिलीप और सुदक्षिणा गुरु वसिष्ठ के आश्रम में गए थे। यहाँ उद्‌देश्य मात्र पुत्र प्राप्ति नहीं था, बल्कि संस्कारी पुत्र प्राप्ति की मनोकामना थी। दिलीप और सुदक्षिणा ने भी गर्भधारण एक संस्कार के रूप में किया और इसके लिए गुरु वसिष्ठ के आश्रम में गौसेवा तथा त्याग भाव से जीवनयापन किया। यही भाव उनके पुत्र में आया, जो इक्ष्वाकु वंश की परंपरा और गुणों की विशेषता रही है। सुदक्षिणा के मन में यही भाव रहते कि उसका पुत्र उसी तरह भूपति होगा, जैसे इंद्र स्वर्ग पर राज करते हैं (रघु. 3)। 'अज' के जन्म के समय भी इक्ष्वाकु वंश के राजा व रानी ने त्याग और उच्च विचार रखे थे। अतः महान् राजा 'अज' का जन्म हुआ। यही भाव रघु और महारानी के साथ भी थे, जब महारानी गर्भधारण कर रही थीं।

वाल्मीकि रामायण में राजा दशरथ भी गर्भाधान संस्कार करते हैं। राजा दशरथ के मन में विचार आया कि (वा.रा. 1.8.2-8) पुत्र-प्राप्ति के लिए अश्वमेध यज्ञ का अनुष्ठान करूँ, यज्ञ द्वारा भगवान् का यजन करूँ। इस विचार के मूल में गर्भधारण के संस्कार ही हैं। उत्तर में सभी ऋषि कहते भी हैं कि (वा.रा. 1.8.11-12)— 'महाराज! तुम यज्ञ द्वारा सर्वथा अपनी इच्छा के अनुरूप पुत्र प्राप्त कर लोगे, क्योंकि पुत्र के लिए तुम्हारे हृदय में ऐसी धार्मिक बुद्धि का उदय हुआ है।' यह सुनकर महर्षियों का आशीर्वाद प्राप्त करके नरेश महल में जाकर अपनी प्यारी पत्नियों से कहते हैं, 'देवियो! दीक्षा ग्रहण करो। मैं पुत्र के लिए यज्ञ करूँगा।' यह सुनकर रानियों के मुख कमल वसंत ऋतु में विकसित होनेवाले पंकजों के समान खिल उठे (वा.रा. 1.8.23-24)। अंत में पुत्र प्राप्ति के लिए राजा दशरथ ने अथर्ववेद के मंत्रों से पुत्रेष्टि यज्ञ करना निश्चित किया (वा.रा. 1.15.2)। इस यज्ञ से ठीक पहले महाराज गर्भधारण संस्कार का संकल्प ले रहे हैं (वा.रा. 1.14.60)।

गर्भाधान संस्कार के भाव महर्षि वाल्मीकि ने बालकांड के सर्ग 12 में प्रस्तुत किए हैं। ऋषि ऋष्यश्रृंग महाराज दशरथ से कहते हैं (वा.रा. 1.12.13)—'तुम यज्ञ द्वारा सर्वथा चार अमित पराक्रमी पुत्र प्राप्त करोगे, क्योंकि पुत्र के लिए तुम्हारे मन में ऐसे धार्मिक विचार का उदय हुआ है।' यज्ञ अनुष्ठान में समाज के सभी वर्ग के लोगों को ससम्मान बुलाया गया। काम और क्रोध के वशीभूत होकर भी किसी का अनादर नहीं होने दिया गया (वा.रा. 1.13.14)। यही भाव शिशु में आए। और यही कारण है कि श्रीराम पुरुषोत्तम गुणोंवाले हुए हैं। यज्ञ में ब्रह्माजी से रावण के वध की कामना की गई (वा.रा. 1.15.11), जिसके कारण विष्णु यज्ञ में उपस्थित हुए (वा.रा. 1.15.16-17)। यज्ञ में भगवान् विष्णु ने अवतार काल में राजा दशरथ को ही पिता बनाने की इच्छा की (वा.रा. 1.16.8) और फिर वे यज्ञ में विशालकाय पुरुष के रूप में उपस्थित हुए (वा.रा. 1.16.11)। इस तरह से गर्भाधान संस्कार की पृष्ठभूमि संपन्न हुई।

त्रेतायुग (करीब 8000 वर्ष पूर्व) से वर्ष का प्रारंभ चैत्र मास से माना जाने लगा था। महाराज दशरथ का अश्वमेध यज्ञ व पुत्र कामेष्टि यज्ञ चैत्र मास की शुक्ल पक्ष की प्रथमा को प्रारंभ हुआ (वा.रा. 1.13.1), जिसमें राजा दशरथ के मित्र मिथिला, काशी, अंग, मगध, सिंधु-सौवीर, सुराष्ट्र आदि के राजा और हजारों प्रजा, जिसमें चारों वर्ण के प्रतिष्ठित लोग सम्मिलित थे, आमंत्रित थी (वा.रा. 1.13.20-29)। यह दरशाता है कि यज्ञ भी एक सामूहिक उत्सव था। गर्भाधान के पूर्व सभी लोगों के साथ मिलकर इसे पर्व के रूप में मनाया गया। यह भाव यहाँ प्रमुख है। इसी कारण सामूहिकता का भाव चारों राजकुमारों में आया।

पुत्रेष्टि यज्ञ में देवताओं और ऋषियों द्वारा ब्रह्माजी से रावण के अत्याचारों से बचाने की प्रार्थना इस बात का प्रमाण और प्रतीक है कि समाज-परिवार की सामूहिक भावना का कितना प्रभाव आनेवाले जीव के व्यक्तित्व में गर्भ में आने से पूर्व भी पड़ सकता है। अर्थात् गर्भ पर प्रभाव सिर्फ माता-पिता के भाव तक ही सीमित नहीं, बल्कि उस दौरान परिवार और आसपास का वातावरण भी इसे प्रभावित करता है। वहाँ उपस्थित सभी महात्माओं की प्रार्थना से ही तो अंत में भगवान् विष्णु ने राजा दशरथ के पुत्र के रूप में अवतार लेने का निर्णय लिया था।

भगवान् विष्णु राजा दशरथ को चार पुत्र देकर पिता बनाने का निश्चय करते हैं। पुत्रेष्टि यज्ञ करते हुए राजा दशरथ के अग्निकुंड से एक विशालकाय पुरुष का प्रकट होना और आगे का घटनाक्रम इस बात का सांकेतिक प्रमाण है कि इस संस्कार द्वारा किस तरह के श्रेष्ठ पुत्रों का जन्म होगा और किस उद्देश्य से होगा। यज्ञ से प्राप्त खीर को खाकर महाराज दशरथ की तीनों महारानियों ने शीघ्र ही पृथक्-पृथक् गर्भधारण किया। उनके वे गर्भ अग्नि और सूर्य के समान तेजस्वी थे (वा.रा. 1.16.31)। यह गर्भधारण संस्कार का उत्तम उदाहरण है। आगे चलकर चारों वीर धर्मज्ञ पुत्रों के सद्गुण इसका प्रमाण है।

कौसल्या ने रामजन्म के समय (गर्भावस्था) में स्वप्न में सिंह, सूर्य तथा चंद्रमा को देखा था। दशरथ ने सुनकर कहा—'हे सुंदरी! ये स्वप्न उत्तम पुरुष का जन्म सूचित करते हैं।' यह उल्लेख प्राकृत में लिखी गई 'पउमचरियं' (पर्व 25.1-3) में प्राप्त है। रामजन्म के अवसर पर अलौकिक घटनाओं का वर्णन प्राचीन काल से पौराणिक ग्रंथों में हो रहा है। 'पउमचरियं' के अनुसार सुमित्रा ने हाथ में कमल धारण की हुई लक्ष्मी तथा किरणों से प्रज्वलित चंद्र और सूर्य को रात्रि के अवसान के समय स्वप्न में देखा (प.च. पर्व 25.4)। इससे आगे उसने पर्वत के शिखर पर स्वयं स्थित होकर सागरपर्यंत फैली हुई पृथ्वी को देखा। पति दशरथ ने सुनकर कहा हे—'हे भद्रे! तुम्हें भी पुत्र होगा (प.च. पर्व 25.5-6)।

तुलसीदास सुंदर और सरल शब्दों में कहते हैं—'*एहि बिधि गर्भसहित सब नारी। भईं हृदयं हरषित सुख भारी। जा दिन तें हरि गर्भहि आए। सकल लोक सुख संपति छाए।* (रा.मा. 1.189.3) अर्थात् इस प्रकार सब स्त्रियाँ गर्भवती हुईं। वे हृदय से बहुत हर्षित हुईं। उन्हें बड़ा सुख मिला। जिस दिन से श्रीहरि गर्भ में आए, सब लोकों में सुख और संपत्ति छा गई।'

दूसरी तरफ, रावण अशुभ समय में गर्भाधान का उदाहरण है। वह इस तरह से कि सुकेश नाम के शक्तिशाली राक्षस राजा के तीन बलशाली पुत्र हुए—माल्यवान, सुमाली और माली। सुमाली रूपवान और शक्तिवान था, उसने अति सुंदर कन्या केतुमति से शादी कर ली, जिससे प्रहस्त, धूम्राक्ष तथा अंकपन जैसे पुत्रों का जन्म हुआ, जो बाद में रावण की सेना के शक्तिशाली कमांडर थे। सुमाली और केतुमति ने पुत्रियों को भी जन्म दिया, जिनमें कैकसी अति सुंदर थी। सुमाली ने इसका विवाह विश्व के सबसे शक्तिशाली पुरुष से करना चाहा, लेकिन सभी पराक्रम में सुमाली से कम थे। तब कैकसी ने ऋषियों के बीच योग्य वर की खोज की और पुलस्त्य मुनि के पुत्र ऋषि विश्रवा को अपना पति बनाने की इच्छा व्यक्त की। मुनि विश्रवा ने उसे चेतावनी दी थी कि अशुभ समय में उसने संभोग की इच्छा व्यक्त की है, इसलिए बच्चे बुराई में स्थिर रहेंगे। लेकिन इसके बावजूद विवाह हुआ तो रावण पहला पुत्र, फिर कुंभकरण और फिर विकराल मुख वाली शूर्पणखा तथा अंत में धर्मात्मा विभीषण का जन्म हुआ (वा.रा. 7.3.1, 7.5, 7.9)।

श्रीराम के जन्मकाल में ही वन में वानर यूथपतियों का जन्म होता है। ऋक्षराज जांबवान ब्रह्मा के पुत्र थे (वा.रा. 1.17.7)। वानरराज वाली इंद्र पुत्र (वा.रा. 1.17.10)। सुग्रीव सूर्य पुत्र (वा.रा. 1.17.10) था। महाकाय वानर तार बृहस्पति पुत्र (वा.रा. 1.17.11)। तेजस्वी वानर गंधमादन कुबेर का पुत्र (वा.रा. 1.17.12)। नील अग्निपुत्र (वा.रा. 1.17.13)। सुंदर रूप वाले मैंद और द्विविद दोनों अश्विनी कुमारों के पुत्र (वा.रा. 1.17.14)। वानर सुषेण वरुण पुत्र और शरभ पर्जन्य पुत्र (वा.रा. 1.17.15)। हनुमान वायु देवता के पुत्र (वा.रा. 1.17.16)। जिस देवता का जैसा रूप, वेश और पराक्रम था, उसी के समान उनके पुत्र उत्पन्न हुए (वा.रा. 1.17.19-20)। यह वाल्मीकिजी का कथन है। यह सत्य भी है कि जैसा बीज होगा, वृक्ष भी वैसा ही होगा। आम लगाने से आम का ही वृक्ष उगेगा। फिर प्रश्न हो सकता है कि पुरुष से मानव ही तो जन्म लेगा। लेकिन कहने का तात्पर्य यह है कि जैसा पुरुष का गुण होगा, वही संतान में आएगा। साथ ही जैसा भाव होगा, वैसा उस वृक्ष का गुण बनेगा। उदाहरणार्थ, बीज डालने के बाद अनुकूल वातावरण हो तो वह फलता-फूलता है और फिर वृक्ष पर भी लगानेवाले का भाव आरोपित होता है। यही बात भोजन पकाने के समय भी मानी जाती है। यही संस्कार है।"

"गुरुदेव! प्राणी जो कुछ है, 'वंशानुसंक्रमण' है। जिन संस्कारों के माता-पिता का 'रज' और 'वीर्य' होगा, उन संस्कारों की संतान होगी। लेकिन इस वंशानुसंक्रमण को भी क्या इच्छित पर्यावरण द्वारा बदला जा सकता है?"

"अवश्य, यही संस्कारों की भूमिका आती है। दो प्रकार के संस्कार होते हैं—प्रथम गर्भस्थ संस्कार, जब वह माता के पेट में होता है तथा दूसरा जन्मस्थ संस्कार, जन्म लेने के बाद।

वत्स! अब मैं तुम्हें गर्भाधान के उचित समय के संदर्भ में कुछ महत्त्वपूर्ण बातें बताता हूँ। ध्यान से सुनो। रक्तस्राव का काल स्त्री का ऋतुकाल है। गर्भाशय से योनि द्वारा रक्त का आना संकेत करता है कि गर्भाशय की गर्भधारण करने की ऋतु आ गई है। यह किशोरावस्था का सूचक है। लेकिन यह केवल शारीरिक अवस्था है, लेकिन गर्भधारण तभी किया जाना चाहिए, जब मानसिक और सांस्कृतिक अवस्था भी हो। जिस प्रकार प्रकृति में उत्पादन के लिए ऋतु मौसम का विचार महत्त्वपूर्ण है। हर मौसम में हर वनस्पति नहीं उत्पन्न हो सकती, इसलिए संतानोत्पत्ति के लिए भी ऋतु संबंधी विचार आवश्यक है। साथ ही उत्पत्ति के लिए क्षेत्र भी महत्त्वपूर्ण है। कोई खेत बहुत उपजाऊ होता है, किसी खेत में कुंद भी उग नहीं सकता। प्रकृति में उपस्थित इन उदाहरणों में निहितार्थ भाव को समझो।

और हाँ, ऋतु काल का ठीक प्रकार से नियमित रूप में आना ही स्त्री के स्वास्थ्य और निरोगिता की परीक्षा है। यही कारण है, जो मासिक धर्म के बंद हो जाने पर शरीर में अनेक रोग होने की संभावना होती है।

वत्स! अंत में एक महत्त्वपूर्ण संदर्भ के साथ आज का विषय समाप्त करूँगा। रामराज्य एक आदर्श राज व्यवस्था है। यह श्रीराम की शासन व्यवस्था है। इसका संदर्भ सदियों से लिया जाता रहा है। इसकी अनेक विशेषताएँ हैं। उदाहरणार्थ, रामराज्य में अपराध नहीं होते। रामराज्य में वैराग्य हर एक के भीतर होता। रामराज्य में भेद नहीं होता। लेकिन रामराज्य परिवार में भी होना चाहिए, तभी समाज में होगा। यह श्रीराम के परिवार से भी समझा जा सकता है। रामराज्य में, जब घर में संतान-प्राप्ति का अवसर आता तो अत्यधिक सावधान रहा जाता। गर्भाधान से लेकर जन्म तक फिर लालन-पालन से भी घर का वातावरण ऐसा रखा जाता कि शिशु में अच्छे संस्कार आएँ, ताकि फिर बड़ा होकर परिवार-समाज में उसकी प्रशंसा हो। यही रामराज्य होना है।"

अयोध्याजी की पवित्र भूमि पर इन विषयों की चर्चा को पुनः स्मरण करते हुए, कब रात्रि का दूसरा प्रहर प्रारंभ हो गया, यह अपराजिता और अजकुमार को पता ही नहीं चला। दोनों आनंद में थे। चारों ओर वातावरण में शांति थी, तभी अपराजिता अजकुमार की आँखों में झाँकते हुए कह बैठी—

"सुनिए!"

"जी।"

"हमने शास्त्रानुसार सभी निर्देशों का पालन किया है, शुभ मुहूर्त व उचित संयोग है, अतः आज रात्रि गर्भाधान से संस्कारित होना चाहूँगी। क्या आप भी…"

"जी प्रिये। मैं भी…"

□

द्वितीय सर्ग : पुंसवन संस्कार

"प्रिये!"

"जी प्रियवर!"

"आपको गर्भधारण किए दो मंहीने पूर्ण हुए।"

"और आप अब पुंसवन संस्कार करना चाहेंगे।"

"प्राणेश्वरी! आपको कैसे पता ?"

"प्राणनाथ! मुझे गुरु माताजी ने सब बताया है।"

"क्या बताया है ?"

"एक ही शर्त पर बताऊँगी।"

"वह क्या ?"

"आप इस संस्कार में जैसा-जैसा अपेक्षित, वैसा-वैसा करके मुझे प्रसन्न रखेंगे और गुरुदेव से प्राप्त ज्ञान मुझसे भी साझा कर मुझे और मेरे गर्भस्थ शिशु को लाभान्वित करेंगे।"

"अवश्य प्रिये! मेरा उद्देश्य भी यही था। गुरुदेव समय-समय पर इस विषय पर मेरा ज्ञानवर्धन करते रहते हैं।"

"गुरुदेव ने आपको यह अवश्य बताया होगा कि कल का दिन पुंसवन संस्कार के लिए नियत किया गया है। गुरुमाता ने उनसे पूछकर ही यह दिवस चुना है, क्योंकि यह संस्कार चंद्रमा के पुष्य नक्षत्र में स्थित होने पर करना चाहिए। और कल ऐसा संयोग है। '*विज्ञाते गर्भे तिष्ये पुंसवनम्* (बौधायन गृह्य सूत्र 1.9.1)।' यहाँ तिष्य का एक अर्थ पुष्य नक्षत्र से संबंधित है तो इसका दूसरा अर्थ भाग्यवान और कल्याण करनेवाला से है। गुरुमाता कह रही थीं''' गर्भधारण का निश्चय हो जाने के पश्चात् शिशु को पुंसवन संस्कार द्वारा अभिषिक्त किया जाता है। वैसे तो पुंसवन का अभिप्राय पुं-पुमान (पुरुष) का सवन (जनम हो) से है। गर्भाधान का निश्चय हो जाने के दूसरे माह से तीसरे मास तक इस संस्कार का विधान बताया जाता है। यह गर्भपोषण संरक्षण के लिए है।"

"गुरुदेव कह रहे थे, पुंसवन संस्कार का अर्थ है—संतान पुरुषत्व युक्त हो। भले ही वह पुत्र हो या पुत्री। वैदिक संस्कृति में पुत्र तथा पुत्री की सामाजिक स्थिति में कभी कोई भेद नहीं रहा। वैसे पुत्र होगा या पुत्री, यह तो गर्भाधान के समय ही निश्चित हो जाता है। ऐसी स्थित में पुंसवन को पुत्र से जोड़कर देखना स्वत: ही गलत हो जाता है। हाँ, यह सत्य है कि उस युग में युद्ध के लिए पुरुषों की आवश्यकता अधिक थी। अत: पुत्र की कामना की जाती थी।

ऋषि ब्रह्मा कहते हैं (अथर्व. 3.23.3)—'हे स्त्री! आप पुरुष लक्षणों से युक्त पुत्र पैदा करें और उसके पीछे भी पुत्र ही पैदा हों, जिन पुत्रों को आपने जन्म दिया और जिनको जन्म देंगी, उन सभी पुत्रों की आप माता हों।' यदि संतान पुत्री हो तो यह आशा की जाती थी कि वह आगे चलकर पुरुष संतान को जन्म देगी। वेदों में पुमान (पुरुष) संतति की प्राप्ति के लिए प्रार्थनाएँ हैं। पति अपनी पत्नी से प्रार्थना करता है—'तेरी योनि में पुत्र को जन्म देनेवाले गर्भ का आघान हो। तेरे गर्भ से वीर पुत्र का जन्म हो (अथर्व. 3.23.2)।' इस अवसर पर अनेक अनुष्ठान किए जाते। अथर्ववेद के इसी सूक्त के एक और मंत्र (3.23.5) में ऋषि ब्रह्मा कहते हैं—'हे स्त्री! हम आपके निमित्त प्रजापति द्वारा निर्धारित संस्कार करते हैं।' वैदिक ज्ञान कितना व्यावहारिक है, इससे ही पता चलता है कि अथर्ववेद के इस सूक्त (3.23) का नाम ही वीर प्रसूति सूक्त है। इस सूक्त के देवता चंद्रमा या योनि हैं। अर्थात् हम योनि का भी स्तुतिगान करते रहे हैं।"

"गुरुमाता कहती हैं—माँ के पेट में संतान का दो दिशाओं में निर्माण होता है। प्रथम शारीरिक विकास के लिए पुंसवन संस्कार का विधान है। दूसरा, मानसिक विकास के लिए सीमंतोन्नयन संस्कार, जिसकी चर्चा समय आने पर करूँगी। जब तक संतान माँ के गर्भ में है, तब तक उसका शरीर और मन को अपनी इच्छानुसार ढाला जा सकता है। चूँकि पुंसवन का मुख्य लक्ष्य शारीरिक विकास है, इसलिए यह संस्कार गर्भाधान के निश्चय हो जाने पर किया जाता है। अर्थात् दूसरे या तीसरे महीने में हो जाना चाहिए। इस समय गर्भिणी को कैय होने लगता है, क्योंकि गर्भावस्था में शरीर में जो नए-नए परिवर्तन होते हैं, शरीर के लिए वे सब अपरिचित होते हैं और यह उसी कारण होता है। अत: कैय होने पर मैं घबराई नहीं।"

"हम गुरुमाता के जीवनपर्यंत आभारी रहेंगे, जिन्होंने तुम्हें यह व्यावहारिक ज्ञान दिया। गुरुदेव कह रहे थे—पुंसवन का वर्णन अथर्ववेद (6.11) सूक्त में भी है। इसका तो नाम ही पुंसवन सूक्त है। प्रथम मंत्र में यह स्पष्ट होता है कि अश्व रूप (सशक्त) नर-शुक्र जब सौम्य नारी रज से संयुक्त होता है, तब पुत्र का योग बनता है और इस गर्भिणी का संस्कार पुंसवन कहलाता है। अन्यत्र जब कन्या उत्पत्ति का योग बनता है तो

गर्भिणी का संस्कार स्त्रैषूय कहलाता है। तुम्हारी सखी का स्त्रैयूष संस्कार हुआ होगा, जिसका वर्णन इसी सूक्त के तीसरे मंत्र में है।

पुंसवन संस्कार का समय द्वितीय से तृतीय मास तक माना गया है। कारण है कि विभिन्न स्त्रियों में गर्भधारण के चिह्न विभिन्न काल में प्रकट होते हैं। कुलाचार व पारिवारिक/सामाजिक प्रथाएँ भी इसके विविधता के मूल में होती हैं। पहली बार गर्भधारण होने पर गर्भ के चिह्न कुछ पहले स्पष्ट हो जाते हैं, जबकि बाद के गर्भ देर से प्रकट होते हैं। इसलिए द्वितीय आदि गर्भों में पुंसवन संस्कार का काल बाद का निर्देशित किया गया है। याज्ञवल्क्य के मतानुसार—'*गर्भाधानमृतौ पुंसः सवनं स्यन्दनात्पुरा* (याज्ञवल्क्य स्मृति 1.11)।' अर्थात् 'गर्भाशय में गर्भ के गतिशील होने के पूर्व ही यह संस्कार कर देना चाहिए।' बृहस्पति इस बात का समर्थन करते हैं। ऋषि शौनक गर्भधारण के स्पष्ट हो जाने पर इसे तीसरे मास में करने का निर्देश देते हैं।"

"गुरुदेव का वैदिक ज्ञान अद्‍भुत है। उस दिन गुरुमाता आगे कहने लगीं''बहू! मन को शांत कर मैं जो कह रही हूँ, उसे ध्यान से सुनो। सभी बहनें इसे सुनकर लाभ लें। पुंसवन के समय गर्भिणी का स्तन बढ़ने लगता है, क्योंकि प्रकृति भावी संतान के भोजन की तैयारी कर रही होती है। कालिदास इसका सुंदर वर्णन करते हैं—'*दिनेषु गच्छत्सु नितान्तपीवरं तदीयमानीलमुखं स्तनद्वयम्। तिरश्चकार भ्रमराभिलीनयोः सुजायतोः पङ्कजकोशयोः श्रियम्।*' (रघु. 3.8) अर्थात् 'ज्यों-ज्यों दिन बीतने लगे, सुदक्षिणा रानी के विशाल चारों तरफ से नील वर्ण मुखवाले दोनों कुचों (उरोज) ने भौंरों से व्याप्त सुंदर कमल की दो कलियों की शोभा को अपनी शोभा से तिरस्कार (नीचा) कर दिया था।' गर्भवती को पहले दिन से प्रतिदिन प्रसन्न रहना चाहिए। श्वेत और साफ धुले वस्त्र धारण करें। शांत मन से रहें। सबका भला चाहनेवाले बड़े-बुजुर्ग तथा गुरु की सेवा करें। बेचैन करनेवाली बातों को न सुने। सूखे-बासी, गले-सड़े अन्न का भोजन न करे। जिन भी बातों से गर्भ की हानि की संभावना हो, उन सबसे दूर रहे। इस समय अधिक खारा, खट्टा, तीखा कड़वा आदि न खाएँ। अल्प आहार करें। क्रोध, द्वेष, लोभ आदि दोषों में न फँसें। चित्त को सदा प्रसन्न रखें।"

पुंसवन संस्कार के शुभ दिन गुरुमाता अति प्रसन्न थीं। स्त्रियों को कहने लगीं—"अपराजिता के अंक में जल से भरा जो पात्र मैंने रखवाया है, वह प्रतीक है, वह जल से पूर्ण पात्र भावी शिशु में जीवन के उत्साह के आविर्भाव का सूचक है। अब सभी बेटी-बहनें मेरे कहे अनुसार गोशाला में विद्यमान वटवृक्ष की शाखाओं में से जो छोटी-छोटी अंकुरित टहनियाँ/जटा/पत्तियाँ व वट पुष्प लाई हैं, उसे अपराजिता को दक्षिण नासापट

से सुँघाएँ। आचार्य सुश्रुत के अनुसार वटवृक्ष में ऐसे गुण हैं, जिनमें गर्भकालीन समस्त कष्टों के निवारण की क्षमता है (सुश्रुत शारीरस्थानम् 2.33)। सनातन संस्कृति में यह एक प्रचलित सामान्य प्रथा रही है।

गर्भाशय के स्पर्श के माध्यम से भावी माता द्वारा पूर्णरूप से सावधानी रखने की आवश्यकता पर बल दिया जाता, जिससे गर्भस्थ शिशु स्वस्थ तथा सबल हो। यह सब करने के पीछे गर्भपात की आशंका को समाप्त करना भी होता है। चरक संहिता (शारीरस्थानम् 8.21)में पुंसवन संस्कार का वर्णन करते हुए उन सावधानियों का उल्लेख है, जो गर्भिणी के लिए इसलिए आवश्यक हैं कि गर्भपात न हो जाए और गर्भस्थ संतान पुष्ट रहे। उदाहरणार्थ—उकड़ू बैठना, विषम (ऊँचा-नीचा) और कठिन आसन पर बैठना, कठोर परिश्रम करना, गैस/मल/मूत्र के वेग को रोकना, बहुत भूखा रहना, ऊबड़-खाबड़ सवारी, अनुचित व्यायाम, इन सावधानियों का अभिप्राय यह है कि गर्भ में संतान पर किसी भी तरह का कुप्रभाव न पड़े।"

घर के बाहर प्रांगण में आमंत्रित पुरुष-परिवार के बच्चे एकत्र थे। वहाँ गुरुदेव प्रसन्न होकर अजकुमार से कहने लगे—"वत्स! भागवत के छठें स्कंध, अध्याय 18-19 में वर्णित है कि दिति ने पति महर्षि कश्यप की आज्ञा से इंद्र के वध की क्षमता रखनेवाले पुत्र की कामना की थी। पुराणों में इसे पुंसवन नामक व्रत बताया गया है (भा. पु. 6.18.47-54)। इस व्रत में दिए गए निर्देशों का पालन करना गर्भिणी के लिए और गर्भस्थ शिशु के लिए लाभदायक है।

वत्स! आज तुम एकांत में जाकर, अपनी गर्भिणी पत्नी से यजुर्वेद (13.4) का यह मंत्र कहना, जिसका अर्थ है—'पहले (हिरण्यगर्भ) प्रकाशमान पदार्थों का गर्भ था, अर्थात् गर्भ सब दिव्य पदार्थों का सार है या उनसे बना होता है। वह पंचभूत का प्रकाशक एक पालक था और है। वह पृथिवी (स्त्री) और द्यौ (पुरुष) को एकत्र धारण कर संयुक्त करता है। उस सुख स्वरूप अंतर्गर्भ देव के लिए हमारा नमस्कार हो।'

उपरोक्त मंत्र पढ़ने के पश्चात् तुम अपनी पत्नी के गर्भाशय पर हाथ धरकर यजुर्वेद का यह मंत्र (12.4) बोलना, जिसका अर्थ है—'हे गर्भस्थ जीव! परमेश्वर के अनुग्रह, नियम व सामर्थ्य से तू गंभीर आत्म-शक्तिवाला उत्तम ज्ञान कर्म से पूर्ण है। दुःखों को दूर करनेवाले ज्ञान-कर्म-उपासना से युक्त हो। ज्ञान साधन की तेरी दृष्टि गायत्री छंदयुक्त विज्ञान रूप अर्थवाली हो। तेरे दोनों पार्श्व बड़े और वेग से ले जानेवाले हों। तेरी आत्मा स्तुति के योग्य ऋग्वेद की तरह हो। तेरे हस्त-कान-पादादि अवयव यजुर्वेद के मंत्र हों। तेरा शरीर दिव्य गुणों से युक्त सामवेद हो। हे गर्भस्थ जीव! तू शब्द-अर्थ और उनके संबंध को जाननेवाले जीवन में सुंदर उड़नेवाले पक्षी की तरह है। इसलिए जीवन में सुख का भोग कर।'

इक्ष्वाकु वंश में राजा दिलीप ने भी पुंसवन संस्कार किया था। कालिदास कहते हैं—'*प्रियानुरागस्य मनःसमुन्नतेर्भुजार्जितानां च दिगन्तसंपदाम्। यथाक्रमं पुंसवनादिकाः क्रिया धृतेश्च धीरः सद्दशीर्व्यधत्त सः ॥*' अर्थात् 'धैर्यवान और बुद्धिमान उस राजा दिलीप का जैसा रानी सुदक्षिणा में स्नेह था तथा जैसी उनमें मन की उदारता थी और बाहुबल से उपार्जित चारों दिशाओं के प्रांत की जैसी संपत्ति थी तथा मेरा पुत्र होगा, इससे जितना संतोष था, उसके अनुरूप पुंसवन आदि सभी संस्कारों को जैसा जिसका क्रम है, उसी क्रम से उन्होंने किया (रघु. 3.10)।'

आज बहू का पुंसवन संस्कार है। इस शुभ अवसर पर एक महत्त्वपूर्ण बात और भी है, ध्यान से सुनो, इस समय तुम्हें भी ब्रह्मचारी रहकर स्वप्न में भी वीर्य को नष्ट न होने देना चाहिए। वीर्य के स्थिर रहने से दूसरी संतान भी उत्तम होती है। ऐसा करने से अप्रत्यक्ष रूप से गर्भधारण करनेवाली स्त्री संभोग से बचती है। अजनंदन! तुम्हें बहू का इस समय विशेष ध्यान रखना चाहिए। उस पर प्रिय, मधुर व प्रसन्न करनेवाले भाव ही व्यक्त किए जाएँ।" अजकुमार उठा और गुरुदेव के चरणों में समर्पित हुआ था। गुरुदेव ने प्रथम उसे आशीर्वाद दिया, फिर सामने बैठे सभी अतिथियों को दोनों हाथों को ऊपर उठाकर आशीर्वाद देते हुए कहा, "आप सभी आमंत्रित जन भी गर्भवती स्त्री के लिए मंगल कामना करें।"

□

तृतीय सर्ग : सीमंतोन्नयन संस्कार

"क्या बात है प्राणेश? इस विशेष प्रेम का कोई विशेष कारण?"

"प्राणप्रिया, इस विशेष प्रेम की आपको आजकल अधिक आवश्यकता है।"

"अर्थात् आप सामान्य दिनों में इतना प्यार नहीं करना चाहते।"

"करता तो तब भी हूँ, लेकिन इस समय यह दोगुना इसलिए है, क्योंकि दो-दो जीव के लिए करना पड़ रहा है।"

"ओह! अब समझी। यह विशेष प्रेम, आनेवाले अतिथि के स्वागत के लिए है।"

"जी हाँ, इसे ही सीमंतोन्नयन संस्कार कहते हैं। पिछले कुछ दिनों से गुरुदेव इस विषय पर प्रवचन कर रहे हैं। कारण स्पष्ट है, आजकल उनके वार्त्तालाप का केंद्र आनेवाला शिशु ही होता है। कह रहे थे—'सीमंतोन्नयन अर्थात् मस्तिष्क का उन्नयन, मस्तिष्क का विकास। सीमंतोन्नयन संस्कार, जिसमें माता का ध्यान शिशु के मस्तिष्क विकास पर केंद्रित हो। इस समय जैसा मानसिक जीवन माता-पिता व्यतीत करेंगे, उसी की छाप उनकी संतान पर पड़ेगी।

इस संस्कार का उद्देश्य गर्भ की शुद्धि के साथ ही उसकी रक्षा भी है। संस्कार के इस नाम का कारण है कि इसमें गर्भिणी स्त्री के केशों (सीमंत) को ऊपर उठाया (उन्नयन) जाता है। गृह्य सूत्र प्रायः गर्भ के चतुर्थ मास में इस संस्कार को उचित ठहराते हैं '*प्रथम गर्भायाश्चतुर्थे मासि सीमन्तोन्नयनम्* (बौधायन गृह्य सूत्र 1.10.1)', जबकि स्मृतियों के अनुसार यह छठे से आठवें मास तक हो सकता है (याज्ञवल्क्य स्मृति 1/11), '*षष्ठेऽष्टमे वा सीमन्तः प्रसवे जातकर्म च।*'

सामान्यतः गर्भ में चार मास के बाद भ्रूण के अंग-प्रत्यंग, हृदय आदि प्रकट हो जाते हैं। गर्भ में चेतना आ जाती है, इसलिए उसमें इच्छाओं का उदय होने लगता है। वे इच्छाएँ माता के हृदय में प्रतिबिंबित होकर प्रकट होती हैं। गर्भ में जब मन तथा बुद्धि में चेतनशक्ति का उदय होने लगता है, तब उनमें जो संस्कार डाले जाते हैं, उनका बालक-

बालिका पर बहुत गहरा प्रभाव पड़ता है। कह सकते हैं कि इस समय गर्भ शिक्षण योग्य होता है। इसलिए माता-पिता को इस काल में परस्पर स्नेह बनाए रखना चाहिए, साथ ही उत्तम विचार माता के मन में आने चाहिए।

सीमंतोन्नयन संस्कार का मूल उद्देश्य विश्वासमूलक के साथ-साथ व्यावहारिक भी है। पूर्व में जनसाधारण के मन में ऐसी धारणा थी कि गर्भवती को अमंगलकारी शक्तियाँ ग्रस्त कर सकती हैं। दुष्ट राक्षसियाँ पत्नी के गर्भ को खा सकती हैं, इसलिए पति को चाहिए कि उनके निवारण के लिए यह संस्कार करे। लेकिन इस धारणा के नींव में भी शिशु की दीर्घजीवी होने की भावना ही है। जहाँ तक रही बात पुत्र-प्राप्ति की, तो उसके पीछे उस युग की आवश्यकता पर दृष्टि डालनी होगी। इसकी चर्चा हम कर चुके हैं, पुनः दोहराता हूँ, युद्ध व संघर्ष के कारण पुरुषों की संख्या कम रहती थी, लेकिन फिर इस तथ्य को भी ध्यान रखना होगा कि पुत्री को अस्वीकार नहीं किया जाता था, न ही उसे गर्भ में मार डालने की कामना की जाती थी।

गर्भ के पाँचवें मास से भावी शिशु का मानसिक निर्माण आरंभ हो जाता है। इस कारण गर्भवती के लिए अधिकतम सावधानी रखना आवश्यक है। इस संस्कार में प्रतीकात्मक और भावनात्मक रूप से इस तथ्य पर सर्वाधिक बल दिया जाता है। इस संस्कार का एक प्रयोजन गर्भवती को यथासंभव हर्षित और उल्लसित रखना है। गर्भवती के केशों को सजाने-सँवारने आदि माध्यम से पति-पत्नी में परस्पर स्नेह और प्रगाढ़ता बढ़ाकर इस प्रयोजन को पूर्ण किया जा सकता है।"

"फिर तो मैं चाहूँगी कि यह संस्कार एक दिन का न होकर शिशु के जन्म तक चले। इस कारण ही सही आपका अतिरिक्त स्नेह तो मिलेगा। गुरुमाता का कहना है कि सीमंतोन्नयनम में गर्भिणी स्त्री का मन संतुष्ट आरोग्य गर्भ स्थिर उत्कृष्ट हो।

संस्कार के दौरान विभिन्न मंत्रों में यही भाव प्रमुख होता है—'जिस प्रकार देवमाता अदिति का सीमंतोन्नयन प्रजापति ने किया, उसी प्रकार इस गर्भिणी का सीमंतोन्नयन करके इसके पुत्र को दीर्घायु भी करता हूँ।' संस्कारों के प्रतीक स्त्री की उर्वरता और फलवत्ता के प्रतीक हैं। शास्त्र कहते हैं—'गर्भिणी के साथ वृद्ध, कुलीन, सौभाग्यवती पुत्रवती स्त्रियाँ बैठें और प्रसन्नता की बात करें।' अतः आजकल गुरुमाता अन्य विशिष्ट बहनों के साथ अपना अधिकांश समय मेरे साथ व्यतीत करती हैं, विशेषकर जब आप गुरुकुल और मंदिर की सेवा में रहते हैं।"

"शिशु के व्यक्तित्व-निर्माण में गुरुमाता की भूमिका अति महत्त्वपूर्ण है। गुरुदेव कह रहे थे कि इस संस्कार का वर्णन ऋग्वेद (2.32.4-5) में अर्थपूर्ण हुआ है। ये दो ऋचाएँ राका देवता को समर्पित हैं। यहाँ राका पूर्णिमा की अधिष्ठात्री देवी है। ये उत्तम ऐश्वर्य प्रदान करती हैं, पुष्टिकारक अन्न तथा श्रेष्ठ संतति प्रदात्री है। इनका स्तुतिगान करते हुए

ऋषि गृत्सगद भार्गव शौनक कहते हैं—'हे चंद्रवदने ज्योतिर्मयि! (अर्थात् पति शिष्टता से वार्त्तालाप करने योग्य पूनम के चाँद की तरह सुंदर पत्नी को प्रशंसनीय भाषा में पुकारे) तेरी जो उत्तम सुंदरता (शारीरिक सौंदर्य) और अच्छे विचार (मानसिक गरिमा) है, जिनसे तू तन-मन-धन रूप सर्वस्व देनेवाले पति के लिए नाना द्रव्य और अन्नादि बसने योग्य सामग्री संपादन (देती) करती है, हमें प्राप्त हो। हे सुभगे (सौभाग्यवती)! असंख्यों के पोषण में चित्तवाली होकर तू हमारे पास आ। मैं (पति) उत्तम गुणोंवाली चाँद सी सुंदर स्त्री (पत्नी) को अपने पास बुलाऊँ। वह सौभाग्यवती हमारी बात को सुने और स्वयं समझे। वह उत्तम कार्यों का ताँता लगाती रहे, कठिनतम स्थिति में भी कभी न टूटे, साहस न खोवे। ऐसी पत्नी सौ हाथों से संसार का उपकार करनेवाले (अर्थात् दानशील) वीर पुत्र को देवे (उत्पन्न करे), जिसकी जन-जन की वाणी से सराहना हो (अर्थात् प्रशंसा पात्र)।' इन दोनों मंत्रों में पति-पत्नी संबंधों को लेकर अनेक भाव हैं। प्रमुख रूप से यहाँ संदर्भित है कि गर्भिणी को किस प्रकार की संतान को जन्म देकर समाज के प्रति अपने कर्तव्य को निभाना चाहिए। ऋषि भरद्वाज बार्हस्पत्य (ऋ. 6.7.1) देवता वैश्वानर अग्नि का स्तुतिगान करते हुए कहते हैं—'दीप्तिमान विद्वान् पुरुषों के मूर्धन्य, अग्रणी, कांतिवाले, त्यागशील, पार्थिव सुखों में जो अरति रखते हैं, निरंतर काम करनेवाले, पूर्ण रूप से सत्य में निष्ठा करनेवाले, समस्त विश्व के नायक, सबके हितैषी, क्रांतदर्शी मेधावी, समन्वित जीवनवाले मनुष्यों में अतिथि के समान पूजनीय, हर बात में आगे रहनेवाले योग्य पुरुष को उत्पन्न करें—अर्थात् ऐसा अग्निवत् तेजस्वी बालक का जन्म हो।' ...गुरुदेव ने यह भी कहा था, इस अवसर पर मंगलगान व ब्राह्मण भोजन की प्रथा है।"

"तो फिर मैं चाहूँगी कि हम मंदिर में प्रसाद चढ़ाने के साथ-साथ आश्रम के अनाथालय और वृद्धाश्रम में उसका वितरण करें। मैं भी साथ चलूँगी। ...काश! आज आपके माता-पिता जीवित होते तो कितने प्रसन्न होते!"

"हाँ, वह तो है। इस मामले में हम अभागे हैं।"

"नहीं-नहीं। ऐसा नहीं सोचते। वे हमें स्वर्गलोक से आशीर्वाद दे रहे होंगे। हमें जो मिला है, उसके लिए सदा प्रभु की कृपा मानना चाहिए और जो नहीं मिला, उसे प्रभु की इच्छा। हमें इस आश्रम में उनके साथ के सभी लोगों से माता-पिता जैसा प्यार ही मिल रहा है। फिर चाहे वह सोनकर ताई हो या फिर महाजन चाची और पांडे बुआजी। ...अरे हाँ! एक बात तो कहना मैं भूल ही गई, शाम महाजन चाची की बहू सुरूपा को देखने चलेंगे...चाची कह रही थी कि उसकी तबीयत कुछ ठीक नहीं...जानते तो होंगे आप कि वह भी गर्भ से है। इसलिए वह कीर्तन में भी नहीं आ पाई थी।"

"पहले भी कहाँ आती थी...तुम्हीं तो हमेशा उसे देखने जाती हो।"

"कोई बात नहीं, छोटी है।"

"छोटी कैसे! तुम दोनों एक ही उम्र की हो, करीब-करीब एक ही साथ शादी करके आश्रम में आई हो···हमारे एक महीने बाद ही तो आ गई थी। मैंने तुम्हें आज तक नहीं कहा, विशेषकर औरतों के विषय में मैं कभी नहीं कहता, लेकिन आज कह रहा हूँ, वह अपने आप को बड़े घर का समझती है।"

"हाँ-हाँ! बड़े घर की है और लाड़ली भी।"

"मुझे उसके बड़े घर की होने में कोई समस्या नहीं है, हो भी नहीं सकती, लेकिन दूसरे को तो छोटे घर का न समझे। वह जब तुम्हारे साथ रूखा व्यवहार करती है तो मुझे कष्ट होता है।"

"वह हमारे घर न आकर बड़ी नहीं हो जाएगी और हम उसके घर जाकर छोटे नहीं हो जाएँगे। अत: आप इन बातों को छोड़िए, यह याद रखिए कि महाजन चाचा और चाची आपको और मुझे कितना प्यार करते हैं, हम जब भी मिलते हैं तो आशीर्वाद ही देते हैं···चाचाजी आप पर आँख मूँदकर विश्वास करते हैं···मैं चाहूँगी कि यह आशीर्वाद मुझे और मेरे बच्चे को अधिक-से-अधिक लोगों से मिले, अत: आप मन छोटा न करें, वहीं से हम पांडे बुआ की बहू सुवेषा से भी मिलते हुए आएँगे। वह हम सबमें सबसे छोटी बहू है और मेरी लाड़ली भी है।"

"मैं बड़ा भाग्यशाली हूँ, अपराजिते। तुम जैसी पत्नी मिली है, प्रभु की कृपा है, मैंने अवश्य कोई सत्कर्म किए थे, जो तुम सी सकारात्मक स्त्री मिली। मेरा जीवन धन्य हो गया।"

"स्वामी, जीवन धन्य तो मेरा हुआ, जो आप सा जीवनसाथी मिला, ऐसा संस्कारी पुरुष, जिसकी प्रशंसा गुरुदेव और गुरुमाता भी करते हैं।"

"गुरुदेव और गुरुमाता तो मेरे लिए माता-पिता के समान हैं, शायद उनसे भी बढ़कर।"

"और मैं उन दोनों की सेवा ठीक उसी तरह से करती हूँ, जिस तरह से आपके माता-पिता का करती। सच कहूँ तो गुरुमाता और गुरुदेव मेरे लिए देवता के समान हैं··· गुरुमाता से याद आया, माते कह रही थीं कि हमें कुछ दान भी करना चाहिए··· तो इस पर भी हम विचार करेंगे।"

"अति उत्तम विचार।"

"प्रियवर! एक बात पूछूँ?"

"हाँ! हाँ!"

"क्या महाराज दशरथ भी महारानी कौसल्या की गर्भस्थ अवस्था में पुंसवन और सीमंतोन्नयन संस्कार किए होंगे।"

"हमारे विचार कितने मिलते हैं?"

"वो कैसे?"

"यही प्रश्न मेरे मन में भी आया तो मैंने गुरुदेव से पूछ लिया था। पहले तो हँसे, फिर कहने लगे—'महाराज और महारानी होंगे आमजन के लिए, मगर आपस में तो संबंध पति-पत्नी के ही थे। साथ ही गर्भस्थ शिशु के लिए उतने ही उत्साहित होंगे, जितना कोई भी अन्य भावी माता-पिता होता है। इन सब संस्कारों के बिना संस्कार पुरुष श्रीराम का जन्म संभव ही नहीं। और फिर अंत में हास्यात्मक व्यंग्य में कहते हैं कि अपने-अपने परिवार में हरेक पति-पत्नी घर के महाराजा-महारानी ही तो होते हैं। क्यों महारानी!"

"हाँ महाराज अजकुमार! सत्य ही तो है। गुरुदेव का विनोद भी अर्थपूर्ण होता है।"

"यह तो है महारानी अपराजिता! वैसे आपका दान करने का विचार हमारे भावी शिशु के चरित्र-निर्माण में सहायक होगा। वह श्रीराम की तरह ही दानवीर होगा और सबको साथ लेकर चलनेवाला।"

□

चतुर्थ सर्ग : जातकर्म संस्कार

"आप आ गए! मैं प्रतीक्षा ही कर रही थी। दर्शन कर आए अपने इष्ट भगवान् नारायण के?" अपराजिता ने लेटे-लेटे ही पूछा था।

"जी प्रिये!" अजकुमार ने उसके पास पहुँचकर पलंग के किनारे बैठते हुए कहा था।

"और वही माँगा होगा, जो गर्भाधान के पूर्व से निरंतर माँगते आए हो।" अपराजिता की आँखों की चंचलता अब दिव्यता में तैर रही थी।

"जब जानती हो तो प्रश्न कैसा?"

"आपकी इच्छाओं की पूर्ति का समय निकट लगता है। मुझे पूर्ण विश्वास है कि आपकी अटूट श्रद्धा-विश्वास के कारण ही आपके इष्ट भगवान् नारायण मेरे आदर्श श्रीराम के गुणों के साथ मेरे गर्भ से जन्म लेंगे। दर्द बढ़कर असहनीय हो जाए, उसके पहले ही आप गुरुमाता को तुरंत बुला लाएँ।"

"हृदयेश्वरी! तुम अपना ध्यान रखना, मैं अभी गया और अभी आया, चार कदम पर ही तो है गुरुमाता की कुटिया।"

"आप चिंता न करें, न ही घबराएँ, मैं ठीक हूँ।"

"बहू! मैं दाई माँ को साथ ही ले आई।" गुरुमाता दौड़ी चली आई थीं। आते ही दाई माँ के अनुभवी हाथ सक्रिय हुए थे।

"अभी समय है, गुरु माँ। ''बेटी, अभी दर्द बढ़ेगा।" दाई माँ के शब्दों में वात्सल्य भिगोया हुआ था।

"और क्या! माँ बनना इतना आसान नहीं बहूरानी। शिशु का परम आनंद पाने के लिए यह तो सहना ही होगा। यों समझ लो कि ईश्वर परीक्षा लेते हैं। और फिर कोई सामान्य शिशु का जन्म नहीं हो रहा। तुम्हारी कामना की पूर्ति के लिए उपयुक्त

ग्रह-नक्षत्र की प्रतीक्षा तो करनी ही पड़ेगी। तब तक मैं तुम्हें जातकर्म संस्कार की बात बताती हूँ। ज्ञान मार्ग से सत्य जानोगी तो आनंद दोगुना होगा और कष्ट भी कम होगा…

…जन्म के समय ही यह संस्कार नियत है। इस समय के बीत जाने पर जन्म से उत्पन्न अशौच के बाद यह संस्कार किया जाता। उत्पन्न होने से पहले शिशु माँ के पेट में एक अलग पर्यावरण में होता है। उसके मुँह, नाक व कान प्रकृति द्वारा श्लेष्मा से बंद किए होते हैं, जिससे माँ के पेट का मलिन जल उसके भीतर न चला जाए। उन सब इंद्रियों को सजग करने के लिए प्रयत्न करना भी जातकर्म संस्कार का एक उद्देश्य है।

तुम चिंतित क्यों हो, अजकुमार? वैसे पुरुष की चिंता के भाव हैं इस संस्कार में। तुम चाहो तो गुरुदेव के पास जाकर इस विषय पर चर्चा कर सकते हो।" गुरुमाता के शब्दों को अजकुमार ने सदा ही आदेश माना था, किंतु आज अधूरे मन से घर से निकला और गुरुदेव के पास मंदिर जाने के लिए हुआ तो सामने पीपल के नीचे ही मिल गए। आश्रम के विशाल प्रांगण में स्थित पीपल और बरगद के वृक्षों के नीचे बैठना गुरुदेव को अति प्रिय था। आश्रम के निवासी की व्यक्तिगत चर्चा हो या पारिवारिक, गुरुकुल का काम हो या आश्रम की व्यवस्था पर विचार-विमर्श, गुरुदेव इन्हीं वृक्ष देवता की छाँव में बैठकर कार्य करते। अजकुमार को आता देख मुसकराए। वहीं चबूतरे पर अजकुमार भी सहज भाव से आसन लगाकर बैठ गया। आश्रम के सहकर्मी उचित परामर्श ले कार्यालय के लिए वहाँ से निकले तो गुरुदेव ने कहना प्रारंभ किया…

"वत्स! तुम्हारी गुरुमाता सही कह रही है। अति प्राचीन काल में अपनी पत्नी के सहवास का सुखोपभोग करनेवाले पुरुष के लिए इस प्राकृत संकट से स्त्री और शिशु की रक्षा के लिए प्रयत्नशील होना स्वाभाविक था। इस तरह से जातकर्म संस्कार की व्यवस्था अनुभव के आधार पर निर्मित हुई। अत: इस संस्कार का प्राकृतिक आधार प्रसवजन्य शारीरिक आवश्यकताओं तथा परिस्थितियों में निहित है। शिशु की जन्म की प्राकृतिक प्रक्रिया नहीं बदली है, अत: यह संस्कार आज भी प्रासंगिक है। इस संस्कार के विकास-क्रम में आदि मानव का विस्मय, प्राकृत व अति प्राकृतिक शक्तियों से भय और चिंता का भाव है, जो फिर माता व शिशु की रक्षा तथा शुद्धि के सांस्कृतिक उपायों व आकांक्षाओं से संयुक्त हुआ। इस संस्कार द्वारा गर्भस्रावजन्य दोष नष्ट हो जाते हैं।

अथर्ववेद (1.11) में सरल और सुरक्षित प्रसव का विस्तृत वर्णन है। इस सूक्त का नाम ही नारीसुखप्रसूति सूक्त है, जिसके ऋषि अथर्वा हैं और इसमें हुआ स्तुतिगान, आधुनिक युग की परिभाषा में विज्ञान आधारित है। ऋषि (अथर्व. 1.11.1) देवगण से प्रार्थना करते हैं—'हे अखिल विश्व के पोषक, श्रेष्ठजनों के हितैषी पूषा देवता! हम अपनी हवि समर्पित करते हैं, आप इस प्रसूता की सहायता करें। यह सावधानीपूर्वक

अपने अंगों को प्रसव के लिए तैयार करे—ढीला करे। नारी भलीभाँति शिशु का प्रसव करे। स्त्री के शरीर के संधिस्थान प्रसव करने के लिए विशेष रूप से कोमल हो जाएँ।' अगले मंत्र (अथर्व. 1.11.2) में ऋषि दार्शनिक व्याख्या करते हुए कहते हैं—'द्युलोक की चार दिशाएँ हैं, जिस प्रकार भूमि को चारों दिशाएँ घेरे हुए हैं, वैसे ही गर्भ को दिव्य पंच भूतों ने घेरा (धारण किया) हुआ है। वे ही इस आवरण से (गर्भाशय से) मुक्त (बाहर) करें।'

ऋषि अगली ऋचा (अथर्व. 1.11.3) में प्रसवशील माता से कहते हैं—'हे प्रसव सहायक देव! आप गर्भ को मुक्त करें। हम उसकी योनि (गर्भ मार्ग) को विस्तृत (फैलाते) करते हैं। हे सुख प्रसविनी स्त्री! तू अपने अंगों को ढीला छोड़ और गर्भ को नीचे की ओर प्रेरित कर।' अगले मंत्र (अथर्व. 1.11.4) में व्यवस्था देते हुए ऋषि कहते हैं—'गर्भस्थ शिशु को आवेष्टित करनेवाले (समेटकर रखनेवाली थैली) 'जरायु' प्रसूता के लिए मांस-मज्जा या चर्बी की भाँति उपयोगी नहीं, अपितु अंदर रह जाने पर गंभीर दुष्परिणाम प्रस्तुत करनेवाली सिद्ध होती है। अत: यह पूर्णरूपेण बाहर आकर कुत्तों का आहार बने।' इसके अगले मंत्र (अथर्व. 1.11.5) में ऋषि दिशा-निर्देश देते हैं कि 'हे प्रसूता! निर्विघ्न प्रसव के लिए गर्भमार्ग, योनि एवं नाड़ियों को विशेष प्रकार से खोलता हूँ। मूत्रद्वार को भिन्न करता हूँ, माता और शिशु को नाल से अलग करता हूँ, शिशु को जरायु से पृथक् करता हूँ।' अंतिम मंत्र (अथर्व. 1.11.6) में ऋषि कहते हैं—'जिस प्रकार वेगपूर्वक वायु प्रवाहित होती है। पक्षी जिस वेग से आकाश में उड़ते हैं, मन जिस तीव्र गति से विषयों में लिप्त होता है, उसी प्रकार दस माह गर्भ में रहनेवाला शिशु गर्भ से मुक्त होकर बाहर आए।' अर्थात् इस प्रक्रिया में सहायक-जन को सावधानी बरतनी है।

जातकर्म संस्कार के संदर्भ में अथर्ववेद के इस सूक्त (1.11) में वही है, जो आज भी पुरुष के भाव होते हैं। पत्नी की प्रसवकालीन वेदना को देखकर पति के हृदय का स्वभावत: विचलित होना स्वाभाविक है और अथर्ववेद के इस सूक्त में वह देवताओं से प्रार्थना करता है कि वह उसकी पत्नी को इस पीड़ा से यथाशीघ्र मुक्त करे। उसे नए सदस्य के आगमन की खुशी के साथ ही अपनी पत्नी की चिंता है। यही कारण है कि वह देवताओं को प्रसव वेदना को सरल और सहनशील कर देने के लिए प्रार्थना करता है।

जातकर्म संस्कार का वर्णन राजा दिलीप और रानी सुदक्षिणा के संदर्भ में कालिदास करते हैं—'*स जातकर्मण्यखिले तपस्विना तपोवनादेत्य पुरोधसा कृते। दिलीप सूनुर्मणिराकरोद्‌ भव: प्रयुक्त संस्कार इवाधिकं ब भौ* (रघु. 3.18) अर्थात् आश्रम से आकर तपोनिधान पुरोहित ने जातकर्म की जब समग्र विधि पूरी की, वह दिलीप का पुत्र खान से निकले हुए मणि की भाँति संस्कार-युक्त हो दमक उठा (सुशोभित हुआ)।'

शिव पुराण (उमासंहिता) में भी जातकर्म संस्कार का वर्णन है। अध्याय (38.29–

39) में इक्ष्वाकु वंश के राजा बाहु का वर्णन करते हुए वैशंपायन बोले—'भार्गव और्व ने राजा बाहु की गर्भिणी पत्नी को सती होने से रोका। गर्भ की रक्षा के लिए वह उन्हीं के आश्रम में निवास करने लगी और शंकर का ध्यान करती। किसी समय पाँच उच्च ग्रहों से युक्त शुभ मुहूर्त तथा शुभ लग्न में उसका गर्भ उत्पन्न हुआ। महान् राजा सगर ने जन्म लिया। ऋषि और्व के आश्रम में ही उस महात्मा राजा का जातकर्म आदि संस्कार हुआ। बाद में ऋषि और्व ने वेद-शास्त्रों को पढ़ाकर सगर को अस्त्र विद्या सिखाई (शि.पु. उमासंहिता 38.34-39)।' अर्थात् वन में भी आदिकाल से हम जातकर्म संस्कार करते आए हैं। सनातन संस्कृति प्रारंभ से उन्नत और समृद्ध है। रामायण में भी इसका सुंदर वर्णन है। सब अतिथियों को विदा करके सफल मनोरथ हुए राजा दशरथ पुत्रोत्पत्ति की प्रतीक्षा करते हुए अयोध्या में सुख से रहने लगे (वा.रा. 1.18.7)। यही गर्भधारण का समय है। इस यज्ञ समाप्ति के पश्चात् जब छह ऋतुएँ बीत गईं, तब बारहवें मास में चैत्र के शुक्ल पक्ष की नवमी तिथि को पुनर्वसु नक्षत्र एवं कर्क लग्न में कौसल्या देवी ने दिव्य लक्षणों से युक्त जगदीश्वर श्रीराम को जन्म दिया। उस समय (सूर्य, मंगल, शनि, गुरु और शुक्र) ये पाँच ग्रह अपने-अपने ऊँच स्थान में विद्यमान थे तथा लग्न में चंद्रमा के साथ बृहस्पति विरामजान थे (वा.रा. 1.18.8-10)। और एक महत्त्वपूर्ण तथ्य, नौ दिन शक्तिस्वरूपा माँ दुर्गा की आराधना के अंतिम दिन श्रीराम का जन्म संयोग नहीं संदेश है।

तुलसीदासजी श्रीराम के जन्म काल का सारगर्भित वर्णन करते हुए कहते हैं—*'जोग लगन ग्रह बार तिथि सकल भए अनुकूल। चर अरु अचर हर्षजुत राम जनम सुखमूल।'* (रा.मा. 1.190) अर्थात् 'योग, लग्न, ग्रह, वार और तिथि सभी अनुकूल हो गए। जड़ और चेतन सब हर्ष से भर गए, क्योंकि श्रीराम का जन्म सुख का मूल है।' महाराज दशरथ ने जातकर्म संस्कार किया, जिसका वर्णन तुलसीदास करते हुए कहते हैं—*'नंदीमुख सराध करि जातकरम सब कीन्ह। हाटक धेनु बसन मनि नृप बिप्रन्ह कहं दीन्ह* (रा.मा. 1.193)', अर्थात् 'राजा ने नांदीमुख श्राद्ध करके सब जातकर्म संस्कार आदि किए और ब्राह्मणों को सोना, गौ, वस्त्र और मणियों का दान दिया।'

महर्षि वाल्मीकि के मतानुसार दशरथ राजा के चारों पुत्र भाद्रपदा नामक चार तारों के समान कांतिमान थे। प्रोष्ठपदा कहते हैं भाद्रपदा नक्षत्र को। उसके दो भेद हैं—पूर्व भाद्रपदा और उत्तर भाद्रपदा। इन दोनों में दो-दो तारे हैं। अर्थात् राजा दशरथ के चारों पुत्र पृथक्-पृथक् गुणों से संपन्न और सुंदर थे (वा.रा. 1.18.16)।"

कहकर गुरुदेव ने कुछ पल के लिए आँखें बंद कीं। मौन पसर गया था। कुछ ही देर में आँखें खोलते हुए अजकुमार की ओर प्रेम से देखते हुए कहने लगे, "शुभ घड़ी निकट है···जातक (नवजात शिशु) के जन्मग्रहण के पश्चात् तुम शिशु का मुख दर्शन करना और फिर शिशु के कान के पास दीर्घायुष्य मंत्रों का धीरे से जाप करना। गुरुमाता

लग्नपत्र बनाने के लिए जातक के ग्रह-नक्षत्र की स्थिति की जानकारी अवश्य रख रही होंगी। जन्म का समय जन्मकुंडली के मूल में है, अत: अति महत्त्वपूर्ण है। और हाँ! ध्यान रहे—पुत्र की प्राप्ति से जहाँ पितृऋण से मुक्ति मिलती है, वहीं कन्या का जन्म कम महत्त्वपूर्ण नहीं और कन्यादान से पुण्य प्राप्त होता है (वसिष्ठ धर्मसूत्र 17.1-2)। वैसे महाकाल की कृपा से तुम्हारी मनोकामना पूर्ण होगी।"

अजकुमार वायु के वेग से अपने घर के पास पहुँचा था। उसने बाहर के कमरे से गुरुमाता को मंत्रोच्चार करते सुना—'*एजतु दशमास्यो गर्भो जरायुणा सह। यथायं वायुरेजति यथा समुद्रऽएजति। एवायं दशमास्यो अस्त्रज्जरायुणा सह।* (यजु. 8.28)।' वैदिक ऋषि शुन: शेप कहते हैं—'दस मास की पूर्णता पर गर्भ जरायु के साथ उसी प्रकार चलायमान हो, जिस प्रकार यह वायु प्रकंपित होती है और समुद्र की लहरें कंपायमान होती हैं। यह दस मास का पूर्ण गर्भ जरायु सहित उदर से बाहर आए।' अभी गुरुमाता का मंत्रोच्चार समाप्त हुआ ही था कि बच्चे की रोने की आवाज आई।

"बधाई हो गुरुमाता, आप दादी बन गईं। पोता हुआ है।" दाई माँ के उल्लास से भरे एक-एक शब्द को सुनकर अजकुमार एक पल के लिए अति प्रसन्नता में भावशून्य हो गया। तभी शंख की आवाज उसने सुनी थी। यह तो गुरुदेव हैं, जाने कैसे सब जान लेते हैं। अजकुमार बाहर के कमरे में ही खड़ा-खड़ा ईश्वर को धन्यवाद देने लगा था। वह अपने बेटे को देखने के लिए आतुर था। उधर गुरुमाता के शब्द भीतर से बाहर आ रहे थे—

"नालच्छेदन से पूर्व ही जातकर्म संस्कार...प्रथम कृत्य है मेधाजनन...यह आयुवर्धक भी है। ध्यान रहे—माँ के स्तनों को धोकर शिशु को दूध पिलाना है। माँ का दूध सर्वाधिक पोषक पदार्थ है। साथ ही शिशु के कान में 'वेदोसि' अर्थात् 'तू वेद है', 'तू ज्ञानी है' कहते हुए शिशु का नाम रखा जाता है। यह गुह्य नाम केवल माता-पिता जानते हैं। इसके पश्चात् प्रसूति गृह में दस दिन तक भात व पीली सरसों की आहुतियों के साथ पिता द्वारा यज्ञ का विधान है। इससे प्रसूति गृह के रोग के कीटाणु नष्ट होते हैं।"

अब तक आश्रम के अनेक जन बाहर एकत्र हो चुके थे। गुरुदेव के साथ सभी आनंदित होकर आशीर्वाद में अथर्ववेद के मंत्रों का पाठ कर रहे थे—'*मा नो हासिषुर्ऋषयो दैव्या ये तनूपा ये नस्तन्वस्तनूजा: । अमर्त्या मत्यांअभि न: सच ध्वमायुर्धत्त प्रतंर जीवसे न:* (अथर्व. 6.41.3)।' अर्थात् ऋषि कहते हैं—'हे दिव्य ऋषिगण! हमारी दिव्य ज्ञानेंद्रियाँ, शरीर पालक प्राण, शरीर के अंग, जो हमारे शरीर में उत्पन्न हुए हैं, वे असमय हमारा त्याग न करें। अर्थात् ये सब सदा स्वस्थ बने रहें। हम मरणशीलों को अमर शक्तियाँ प्राप्त होती रहें। हमारे जीवन की लंबी आयु बनाए रखो।'

'*इमं जीवेभ्य: परिधिं दधामि मैषां नु गादपरो अर्थमेतम्। शतं जीवन्त: शरद:*

पुरूचीस्तिरो मृत्युं दधतां पर्वतेन॥' (अथर्व. 12.2.23) अर्थात् ऋषि भृगु कहते हैं—'मैं जीवधारियों के लिए जन्म-मरण की रेखा बाँधता हूँ कि वे सौ बरस और उससे भी अधिक जीते हुए महान् प्रयत्नों से मृत्यु को दूर कर दें। इनमें से कोई भी इसके निमित्त से इधर-उधर मत जाए, अर्थात् मर्यादाओं का उल्लंघन न करते हुए अनुशासन में रहकर सौ बरस कर दीर्घ जीवन प्राप्त करें।'

'विवस्वान् नो अभयं कृणोतु यः सुत्रामा जीरदानुः सुदानुः। इहेमे वीरा बहवो भवन्तु गोमदश्ववन्मय्यस्तु पुष्टम्॥' (अथर्व. 18.3.61) अर्थात् ऋषि अथर्वा कहते हैं—'जो हमारा रक्षक, प्राण व अन्न देने में समर्थ, कल्याण का उत्तम दान देनेवाला, अज्ञान-अंधकार का नाशक परमात्मा है, वह हम प्रजाओं के लिए अभय प्रदान करे। इस घर में बहुत से वीर पुत्र-पौत्रादि हों, संतति की वृद्धि हो, घर-परिवार, गाय व अश्वादि पशुओं से परिपूर्ण रहें। अर्थात् धन-धान्य से समृद्ध रहे।'

□

पंचम सर्ग : नामकरण संस्कार

"गृहस्वामिनी! सुनो! घर के भीतर से लेकर बाहर के आँगन में भी स्वच्छता का विशेष रूप से ध्यान कर लिया गया है। गुरुमाता इसको लेकर अनुशासित हैं। अतिथियों के बैठने की व्यवस्था भी हो चुकी है और लोग आने भी लगे हैं। क्या तुम स्नान आदि के साथ नामकरण संस्कार के लिए तैयार हो? क्या हमारा राजकुमार भी तैयार है?"

"जी स्वामी, आप चिंता न करें। मैं तैयार हूँ। और सब व्यवस्था जिज्जी, भाभी और चाची ने कर रखी है। पांडे बुआजी ने पूजन का सामान देख लिया है। आप गुरुमाता और गुरुदेव का आने पर स्वागत करें।"

उत्सव का वातावरण था। आँगन के वृक्ष भी प्रसन्नचित्त थे। आस-पड़ोस के पुरुष बाहर की व्यवस्था और महिलाएँ भीतर जुटी हुई थीं। पुजारी आ चुके थे। यज्ञकुंड व पूजन के लिए सामग्री की माँग होती और बच्चे लाने के लिए घर के भीतर दौड़ पड़ते। आए हुए अतिथियों की उत्सुकता शिशु को देखने में थी और घर के भीतर शिशु के पास छोटकी पड़ोसन बैठी थी। छोटकी एकटक बालक को देखती रहती, कभी बात करती, कभी पुचकारती, कभी आँखों से खेलती। छोटकी ठकुराइन अर्थात् करणीसुता राठौर, वह भी गर्भ से थी। आश्रम के लोग कहते भी कि दोनों पड़ोसियों में इतना प्रेम है कि इस विषय में भी दोनों आगे-पीछे चल रही हैं, जेठानी-देवरानी की तरह। छोटकी के पतिदेव अर्थात् छोटे ठाकुर बाहर की व्यवस्था में जुटे हुए थे। उसके होते अजकुमार को कुछ करना ही नहीं पड़ता। अब ये छोटे ठाकुर क्यों कहलाते हैं, कोई नहीं जानता। बस एक बार गुरुदेव ने बड़े राठौर के जीवित रहते, इन्हें इस नाम में संबोधित क्या कर दिया, यही उनका प्रचलित नामकरण हो गया। आज गुरुदेव नए शिशु का क्या नाम रखेंगे, सभी को उत्सुकता थी।

गुरुदेव गुरुमाता के साथ पहुँचे तो आज विशेष परिधान में थे। पीले रंग के सिल्क का कुरता और श्वेत-स्वच्छ धोती। मुख पर मानो आज सूर्य देवता विराजमान थे। क्यों

न हो! गुरुदेव अति प्रसन्न थे। गुरुमाता के पहुँचते ही महिलाओं ने उन्हें घेर लिया था। गुरुदेव ने अपना स्थान ग्रहण किया और पुजारी ने आज्ञा मिलते ही पूजन प्रारंभ कर दिया था। परमपिता परमेश्वर का आह्वान हुआ और सभी देवताओं का पूजन भी हो गया। गुरुदेव ने अपनी प्रमुख भूमिका में कहना प्रारंभ किया था—

"...शिशु के नामकरण की पृष्ठभूमि में अनेक तत्त्व निहित हैं। वे व्यक्ति के किसी विशेष गुण की ओर संकेत करते हैं। नाम के चुनाव में धार्मिक भावनाओं, रक्षक देवता और संत-महात्मा के नाम का भी संबंध होता है। नामकरण संस्कार शिशु के लौकिक व्यवहार की सिद्धि को बताया गया है। यह ग्यारहवें दिन या सौवें दिन करने की विधि है। आज अजकुमार और अपराजिता के नवजात शिशु के जन्म का ग्यारहवाँ दिन है और आप सभी शिशु के नामकरण संस्कार में आमंत्रित हैं। नाम के अनुसार ही शिशु का रूप और कर्म होता है। अतः नामकरण शिशु में निहित प्राणतत्त्व की अधिकता के अनुसार किया जाता रहा है। नामकरण वंश परंपरा के अनुसार भी रखा जाता रहा है। भारतीय ज्योतिष विद्या में नामकरण को लेकर विस्तृत व्याख्या है। इसी के आधार पर जन्मकुंडली बनती है। शिशु का नाम मंगलमय रखने का विधान है। नाम का प्रभाव व्यक्ति के जीवन व व्यक्तित्व पर भी पड़ता है।

नामकरण के संदर्भ में मनुस्मृति (3.9) में कहा गया है कि वृक्ष, पर्वत आदि नाम वालों से विवाह न करें। कारण यह है कि जिसका नाम ही जड़ पदार्थों को सूचित करता है, उसमें उन्नति की प्रेरणा कैसे हो सकती है। इसी प्रकार पशु-पक्षियों से संबंध नाम से हृदय में उत्कृष्ट भावना जाग्रत् नहीं हो सकती। नाम का उद्‌देश्य है कि जिसे संबोधित किया जा सके और हृदय में उच्च भावना जाग सके। चरक कहते हैं कि नाम ऐसा होना चाहिए, जिसका कोई अभिप्राय हो। '*तत्र आभिप्रायिकं नाम* (च.शा. 8.50)।' और नाम सुगम होने चाहिए, कठिन नहीं। दो नाम रखे जाने चाहिए। एक नाम, जो बालक के उत्पन्न होने के नक्षत्र, मुहूर्त आदि को सूचित करें और दूसरा, उसके जीवन के अभिप्राय को। शतपथ ब्राह्मण में भी इस संस्कार का उल्लेख है। नाम उच्चारण में सुखकर, सरल, मनोहर, मंगलसूचक व अर्थपूर्ण होने चाहिए। ब्राह्मण ग्रंथ में रुद्र, पशुपति, वायु, अशनि, ईशान आदि के माध्यम से नामकरण का निर्देश हुआ है (श.ब्रा. 6.1.3.7-17)।

नामकरण के संदर्भ में यजुर्वेद (7.29) का वर्णन किया जा सकता है—'*कोसि कतमोसि कस्यासि को नामासि। यस्य ते नामामन्महि यं त्वा सोमेनातीतृपाम।*' अर्थात् 'हे शिशो! तू कौन है (स्त्री या पुरुष)? कौन सा है (संतानों में तेरी संख्या कौन सी है)? किसकी संतति है? तेरा नाम क्या है? अर्थात् किस गुण-कर्म स्वभाव से युक्त नाम वाला होगा? तू वही है, तेरा नाम हमने अभी रखा है। और तुझे हमने दूध आदि से तृप्त किया है।'

ऋग्वेद (7.56.10) में वसिष्ठ मैत्रावरुणि कहते हैं—*'प्रिया वो नाम हुवे तुराणामा यत्तृपन्मरुतो वावशानाः।'* अर्थात 'हे मरुतो! आप लोगों के प्रिय मनोहर नामों की मैं प्रशंसा करता हूँ (घोषित करता हूँ) जो सब प्रकार से तृप्त करते हैं, अर्थात् बोलने, सुनने, लिखने, पढ़ने में अच्छे लगते हैं, सबको प्रसन्न करते हैं। ऐसे ही हे प्रिय वत्स! तुझे प्रिय नाम से पुकारता हूँ, तेरे प्रिय नाम की घोषणा करता हूँ।'

जिस दिन नाम धरना हो, उस दिन अति प्रसन्नता से इष्ट-मित्र, हितैषी लोगों को बुलाकर यथावत् संस्कार कर संस्कार का कार्य संपन्न करना चाहिए। मुझे प्रसन्नता है कि अजकुमार व अपराजिता ने ऐसा ही आज किया। नामकरण संस्कार के पूर्व कुछ आरंभिक कृत्य संपन्न किए जाते हैं। उसके पश्चात् शिशु का नामकरण किया जाता है। नामकरण संस्कार में जिस तिथि जिस नक्षत्र में बालक का जन्म हुआ, उस तिथि व नक्षत्र का नाम लेकर, उस तिथि व नक्षत्र के देवता के नाम से चार आहुति देना होता है, यह जन्मदिन के स्मरण के लिए व्यवस्था है। यह कार्य भी उपस्थित ब्राह्मणों ने विधिपूर्वक संपन्न किया है। अब शिशु के नामकरण के पूर्व मैं कुछेक नामकरण की चर्चा करना चाहूँगा। इस तरह से हम अपने पूर्वजों के संस्कारों से जुड़ पाएँगे। यह आज के संस्कार कार्यक्रम को दिव्यता प्रदान करेंगे। इस हेतु हम अपने प्रभु श्रीराम का स्मरण भी कर पाएँगे।

श्रीराम के नामकरण संस्कार का वर्णन महर्षि वाल्मीकि (वा.रा. 1.18.21) करते हैं। ग्यारह दिन बीतने पर महाराज दशरथ ने बालकों का नामकरण संस्कार किया। महर्षि वसिष्ठ ने प्रसन्नता के साथ नाम रखे। *'ज्येष्ठं रामं महात्मानं भरतं कैकेयी सुतम्। सौमित्रिं लक्ष्मणमिति शत्रुघ्नमपरं तथा।'* अर्थात् 'ज्येष्ठ पुत्र का नाम राम रखा। श्रीराम महात्मा (परमात्मा) थे। कैकेयी कुमार का नाम भरत और सुमित्रा के एक पुत्र का नाम लक्ष्मण तथा दूसरे का नाम शत्रुघ्न निश्चित किया गया (वा.रा. 1.18.21-22)।' इस संस्कार के समय राजा ने ब्राह्मणों के साथ-साथ पुरवासियों और जनपदवासियों को भी भोजन करवाया और दान दिए गए (वा.रा. 1.18.23)। राम और लक्ष्मण के नामकरण का महर्षि वाल्मीकि सार्थक शब्दों से चित्रण करते हैं—'रामस्य लोकरामस्य' और 'लक्ष्मणो लक्ष्मिवर्धनः' (वा.रा. 1.18.28-29)। लक्ष्मण के लिए महर्षि ने 'लक्ष्मणो लक्ष्मिसम्पन्नो' भी कहा है (वा.रा. 1.18.30)।

तुलसीदास कहते हैं (रा.मा. 1.196.3)—*'जो आनंद सिंधु सुखरासी। सीकर तें त्रैलोक सुपासी। सो सुखधाम राम अस नामा। अखिल लोकदायक विश्रामा।'* अर्थात् 'ये जो आनंद के समुद्र और सुख की राशि है, जिसके एक कण से तीनों लोक सुखी होते हैं, उनका नाम राम है, जो सुख का भवन और संपूर्ण लोकों को शांति देनेवाला है।'

अध्यात्म रामायण के अनुसार—*'तं गुरुः प्राह रामेति रमणाद् राम इत्यपि। भरणाद् भरतो नाम लक्ष्मणं लक्षणान्वितं। शत्रुघ्नं शत्रुहन्तारमेवं गुरुरभाषत।'* (अ.रा. 1.3.40-41)। अर्थात् 'ज्ञान द्वारा अज्ञान के नष्ट हो जाने पर मुनिजन, जिनमें रमण करते हैं, जो भक्तजनों के चित्त को आनंदमग्न करते हैं, उनका नाम गुरु वसिष्ठ ने 'राम' रखा। संसार का पोषण करनेवाला होने से दूसरे पुत्र का नाम 'भरत' रखा, समस्त सुलक्षण संपन्न होने से तीसरे का नाम 'लक्ष्मण' रखा, शत्रुओं का घातक होने से चौथे पुत्र का नाम 'शत्रुघ्न' रखा।' इसी तरह रघु के नामकरण संस्कार का उल्लेख रघुवंशम् (3.21) में हुआ है। यह नामकरण भी अर्थपूर्ण और उद्देश्यपूर्ण है। महाकवि कहते हैं—*'श्रुतस्य यायादयमन्तमर्भकस्तथा परेषां युधि चेति पार्थिवः। अवेक्ष्य धातोर्गमनार्थमर्थविच्चकार नाम्ना रघुमात्म संभवम्।'* (रघु. 3.21) अर्थात् 'शब्दों के अर्थों को जाननेवाले राजा दिलीप ने यह बालक शास्त्र के पार को निश्चय जान सकेगा तथा युद्ध में शत्रुओं का नाश कर सकेगा। इस कारण लघि धातु के जाना रूप अर्थ को विचार कर अपने लड़के का रघु ऐसा नाम रखा।' हम सब जानते हैं कि महाराज रघु एक महान् राजा सिद्ध हुए। यह नामकरण का एक उत्तम उदाहरण हुआ।" यह कहकर पलभर के लिए गुरुदेव रुके, 'ॐ' का उच्चारण किया, मन-ही-मन प्रभु को नमन किया और फिर आगे अति प्रसन्न भाव से कहा—

"आज, आप सभी शिशु के नाम को लेकर आतुर और उत्साहित होंगे। अजकुमार व अपराजिता के शिशु का नाम 'रामवंशी' रखता हूँ। हे शिशु! तुझे 'रामवंशी' इस प्रिय नाम से पुकारता हूँ।

इस नाम का महत्त्व इसी से समझा जा सकता है कि नाम रामवंशी होने मात्र से शिशु राम के वंश का अर्थात् राम के चरित्र को अपने भीतर कहीं महसूस करता रहेगा। शिशु के माता-पिता ने प्रभु श्रीराम की विशेष पूजा-अर्चना की है। अतः यह नाम उपयुक्त है। यह नाम माता-पिता की कामना के अनुरूप व शिशु के चरित्र के अनुकूल है।

जो श्रीराम के चरणों में समर्पित है, वही रामवंशी है। जो श्रीराम के पवित्र मार्ग पर अग्रसर है, वही रामवंशी है। जो श्रीराम के गुणों को अपना ले, वही रामवंशी है। जो श्रीराम नाम का जप करे, वही रामवंशी है। जो श्रीराम के जीवन-चरित्र से प्रेरित हो, वही रामवंशी है। जो श्रीराम की तरह संस्कारवान है, वही रामवंशी है। जो श्रीराम की तरह शस्त्र और शास्त्र दोनों का साधक हो, वही रामवंशी है। जो श्रीराम के जीवन-मूल्यों से पोषित हो, वही रामवंशी है। जो श्रीराम की तरह धर्म स्थापना के लिए सबकुछ त्यागने को सदा तत्पर रहे, वही रामवंशी है। यह शिशु सच्चे अर्थों में रामवंशी होगा। अब मैं अजकुमार और अपराजिता से कहूँगा, इस समय शिशु के मन की ओर झुककर इस

प्रकार संबोधित करें—'हे शिशो! तू कुल देवता का भक्त है, तेरा नाम रामवंशी है। तू···मास में···नक्षत्र में जनमा है तथा तेरा लौकिक नाम रामवंशी है।' सभी उपस्थित जन भी कहें—रामवंशी यह नाम प्रतिष्ठित है। शिशु रामवंशी दीर्घायु हो···ऐसा आशीष भी दें।

सभी आमंत्रित लोग जाते समय यह आशीर्वाद दें—'हे बालक रामवंशी! तू आयुष्मान, विद्यावान, धर्मात्मा, यशस्वी, पुरुषार्थी, प्रतापी, परोपकारी, श्रीमान हो।'"

□

षष्ठ सर्ग : निष्क्रमण संस्कार

"बहूरानी, पीछे के आँगन में, जहाँ मैंने बतलाया था, क्या वहाँ गोबर और मिट्टी से लीपकर स्वास्तिक का चिह्न बना दिया?" कहते हुए गुरुमाता पीछे के आँगन में पहुँच गई थीं, सबकुछ नियत स्थान पर देखकर प्रसन्न हुईं।

"बहू! तुम हो कहाँ?" यह सुनकर वहाँ रंगोली बना रही पड़ोस की एक कन्या ने सहज भाव में कहा, "भीतर कमरे में रामवंशी को दूध पिला रही हैं।" वहाँ धड़धड़ाते हुए पहुँचकर गुरुमाता ने अपराजिता को देखा और तुरंत कह पड़ीं, "मेरी आवाज का उत्तर क्यों नहीं दे रही बहू···और तेरी गोद में आँचल के पीछे यह दूसरा शिशु कौन है?"

"माते! नाराज न होना, सौमित्र है।"

"जब तुम जानती हो कि मैं नाराज होंगी तो यह कार्य क्यों? छोटकी को समझा चुकी हूँ कि जब तक सौमित्र का निष्क्रमण संस्कार नहीं होता, घर से बाहर नहीं निकलेगा। तुम दोनों बहुएँ, लेकिन मानती कहाँ हो। ···जब दोनों बच्चों का शास्त्रानुसार संस्कार हो जाएँ तो जो मन करे, करना।"

"माते! नाराज न हो, छोटकी को रात में ज्वर था, सौमित्र बहुत रो रहा था, मेरे कान तक आवाज आई तो रह न सकी। इनसे बोलकर सौमित्र को बुलवा लिया, मजे से दूध पीकर सो रहा है, इसलिए आँचल में छिपा रखा है।"

"मुझे क्यों नहीं बताया? वैद्य को बुलाया? आवश्यकता पड़ी तो तुरंत अस्पताल भी चल सकते हैं···मैं पहले छोटकी को देख आती हूँ।" गुरुमाता के सुर ही बदल गए थे।

"चिंता न करें, गुरु माँ। देवरजी बता गए कि छोटकी हल्दी वाला गरम दूध पीकर···रात थोड़ा सो ली तो अब कुछ ठीक है।"

"बड़ी बहू, तुम दोनों का प्यार देखकर मेरा जीवन सफल हुआ। इतना प्यार तो सगी जेठानी-देवरानी छोड़ सगी बहनों में नहीं होता। ···तुम दोनों इन दोनों शिशुओं की बड़ी माँ और छोटी माँ बनोगी, मेरे दोनों बाल-गोपाल अति भाग्यवान हैं, जो उन्हें दो-दो माँ मिलीं।"

"आप भी तो हैं इन दोनों की दादी माँ, हमसे ज्यादा इनसे प्यार करनेवाली, मैं जानती हूँ।" अपराजिता ने कहा तो गुरुमाता ने उसके सिर पर हाथ रख आशीर्वाद दिया था। और रामवंशी को उसके गोद से उठा लिया।

"अले मेरा बेटा! मेरा राजदुलारा। मेरा रामवंशी आज तो घर से बाहर निकलेगा। पहले हम इसे घर में पीछे के कोने से सूर्य देवता के दर्शन कराएँगे, फिर हमारा रामवंशी अपनी माता के साथ कुल देवता का पूजन करेगा। फिर हम सब मंदिर जाएँगे, वहाँ आठ लोक पालों, सूर्य, चंद्र, वायु देव और आकाश की स्तुति होगी। शंख ध्वनि और वैदिक मंत्रों का उच्चारण होगा। फिर हम गोशाला चलेंगे। वहाँ से गुरुकुल के प्रांगण में गुरुदेव से निष्क्रमण संस्कार पर प्रवचन सुनेंगे। आज आनंद आएगा। वहाँ शास्त्रार्थ जो होगा।"

"शास्त्रार्थ क्यों गुरुमाता?"

"जानती तो हो बहू, तुम्हारे गुरुदेव गुरुकुल में शिष्यों को प्रश्नोत्तर के लिए खुला मंच देते हैं। और आज का गुरुदेव का वक्तव्य गुरुकुल में है तो यह होना ही है। चूँकि विषय रामवंशी के निष्क्रमण संस्कार का है तो वहीं आश्रम के अन्य लोग भी एकत्र होंगे। आज तो गुरुदेव भी प्रात:काल से उत्सुक हैं रामवंशी को लेकर, चलो-चलो जल्दी करो।"

"…निष्क्रमण संस्कार अर्थात् बालक को जहाँ का वायुस्थान शुद्ध हो, वहाँ भ्रमण कराना। प्रथम बार शिशु के सूर्य और चंद्रमा के दर्शन कराने के संस्कार को निष्क्रमण कहते हैं। माता-पिता इस संस्कार के अंतर्गत आकाश आदि पंचभूतों के अधिष्ठाता देवताओं से बालक के कल्याण की कामना करते हैं। अथर्ववेद (8.2.14) में ऋषि स्तुतिगान कर रहे हैं—*'शिवे ते स्तां द्यावापृथिवी असंतापे अभिश्रियौ। शं ते सूर्य आ तपतु शं वातो वातु ते हृदे। शिवा अभि क्षरन्तु त्वापो दिव्या: पयस्वती:।'* अर्थात् 'हे बालक! तेरे निष्क्रमण के समय द्युलोक तथा पृथ्वीलोक सुखद और शोभास्पद हों। सूर्य तेरे लिए कल्याणकारी प्रकाश करें। तेरे हृदय में स्वच्छ कल्याणकारी वायु का संचरण हो। दिव्य जल वाली गंगा-यमुना आदि नदियाँ तेरे लिए निर्मल स्वादिष्ट जल का वहन करें।'

यह संस्कार चतुर्थ मास तक हो सकता है। स्मृतियों के अनुसार तृतीय मास में सूर्य दर्शन तथा चतुर्थ मास में चंद्र दर्शन करना चाहिए। निष्क्रमण संस्कार का मुख्य उद्देश्य शिशु की आयु वृद्धि कराना है। तीन माह तक बालक का शरीर अपरिपक्व होता है। इस कारण वह प्रसूति गृह में ही रहता है। इस संस्कार के साथ ही माता भी इस गृह से बाहर आती है और पुन: पारिवारिक जीवन में भाग लेना आरंभ करती है। शिशु को घर के अन्य भाग में ले जाया जाता है। उसके छोटे से जिज्ञासु नेत्र घर के प्रत्येक सदस्य और अन्य वस्तुओं को एकाग्रतापूर्वक देखते हैं। शिशु का जीवन घर के बाहर प्राकृत संकटों से सुरक्षित रहे। इस संस्कार के मूल में यही भाव है। शिशु की रक्षा के लिए देवताओं का अर्चन और उनकी सहायता प्राप्त करने का प्रयास किए जाने के पीछे यही उद्देश्य है।

इस संस्कार का महत्त्व शिशु की दैहिक आवश्यकता और उसके मन पर सृष्टि की असीमित महत्ता का अंकन है। व्यावहारिक रूप से कहना होगा कि एक निश्चित समय के पश्चात् बालक को घर के बाहर उन्मुक्त वायु में लाना चाहिए। यह अभ्यास निरंतर प्रचलित रहना चाहिए। शिशु के उदीयमान मन पर यह अंकित होता है कि यह ईश्वर की अपरिमित सृष्टि है, उसका आदर विधिपूर्वक करना चाहिए।

सभी उपस्थित जनों से आग्रह है, रामवंशी के निष्क्रमण संस्कार में यजुर्वेद के (36.24) मंत्र का हम सब पाठ करें...

तच्चक्षुर्देवहितं पुरस्ताच्छुक्रमुच्चरत्। पश्येम शरदः शतं जीवेम शरदः शतं शृणुयाम शरदः शतं प्र ब्रवाम शरदः शतमदीनाः स्याम शरदः शतं भूयश्च शरदः शतात्।

अर्थात् 'हे शिशु! वे देवगणों द्वारा धारण किए गए, जगत् के नेत्र भूत, दीप्तिमान सूर्यदेव पूर्व से उदित होते हैं। सूर्यदेव की सहायता से हम सौ वर्ष तक देखें, सौ वर्ष की आयु प्राप्त करें। सौ वर्ष तक कानों से सुनें, सौ वर्ष तक उत्तम वाणी बोलें, सौ वर्ष तक दीनता रहित रहें और सौ वर्ष तक शरद ऋतुओं को पूर्ण करते हुए इससे भी अधिक समय तक आनंदपूर्वक रहें।'

सभी आमंत्रित लोग—*'त्वं जीव शरदः शतं वर्धमानः शतं हेमन्ताच्छतमु वसन्तान्'* (ऋ. 10.161.4) कहकर रामवंशी को आशीर्वाद दें।

अंत में जिज्ञासु छात्रों के प्रश्न आमंत्रित हैं।"

"आचार्य! एक सरल प्रश्न है—सनातन संस्कृति के जातकर्म संस्कार और आधुनिक मेडिकल की डिलिवरी में क्या अंतर है?"

"इस सरल से प्रश्न का सरल उत्तर यह हुआ कि आधुनिक विज्ञान एक बच्चे को जन्म देती है, जबकि सनातन संस्कृति एक संस्कारित शिशु को जन्म देती है। प्रथम क्रिया भावहीन है, जबकि दूसरी में भावप्रधान है। वत्स इस सरल प्रश्न के उत्तर में मानव जीवन का सार समाया हुआ है।"

"गुरुमाता! रामवंशी को दूध..." अपराजिता ने धीरे से कहा था।

"हाँ-हाँ बहू चलो, यह गुरु-शिष्यों का शास्त्रार्थ तो लंबा चलेगा।"

□

सप्तम सर्ग : अन्नप्राशन संस्कार

"हे ब्राह्मण देवता! आज रामवंशी का अन्नप्राशन है। क्या आप चलेंगे?"

"हे ब्राह्मणी! आप इस सुख से मुझे क्यों वंचित करना चाहती हैं। मैं तो इस जन्म में भी शिशु के माध्यम से, विशेषकर रामवंशी के माध्यम से उस युग में श्रीराम की बाललीला का आनंद ले लेता हूँ। आप भी तो यही करती हैं, जगत् माते।"

"ठीक है, मैं आपका उत्तर जानती थी। एक बात मैं भी कहना चाहती हूँ, संस्कार कार्यक्रमों में जब आप संस्कारों पर चर्चा करते हैं तो आनंद मुझे भी होता है। अतः आप इस विषय पर भी प्रवचन करें, ऐसी मेरी अपेक्षा है।"

"लेकिन आज आप इस संस्कार पर प्रवचन करेंगी तो मुझे प्रसन्नता होगी। अन्नदेव आपके कार्यक्षेत्र के देवता हैं।"

"ठीक है, ठीक है। समय पर पहुँच जाइएगा।" कहकर गुरुमाता कुटिया से तेजी से बाहर निकली थीं। प्रत्येक दिन की तरह आज भी रामवंशी से मिलने को आतुर। और आज तो विशेष दिन था।

"बेटियो! बहुओ! इस संस्कार के संदर्भ में जानकारी होना आप सबके लिए आवश्यक है और महत्त्वपूर्ण भी। अन्नप्राशन अर्थात् विधिपूर्वक बालक को प्रथम भोजन करवाने का संस्कार। मधु-घृत-पायस (खीर) से शिशु को प्रथम कवल (ग्रास) दिया जाता है। अन्नप्राशन संस्कार के द्वारा शिशु माता के स्तन का दूध छोड़कर अन्न पर चलने लगता है और उसका शरीर बलिष्ठ तथा स्वस्थ होता है।

यहाँ उपस्थित सभी माता-पिता आगे ध्यानपूर्वक सुनें। अन्न खिलाना शिशु के जीवन में एक अन्य महत्त्वपूर्ण सोपान है। छह मास तक अपने भोजन के लिए शिशु केवल माता के दूध पर आश्रित रहता है। तब तक उसका शरीर विकसित हो जाता है, ऐसे में उसे अधिक मात्रा में भिन्न प्रकार के भोजन की आवश्यक होती है। प्राकृतिक रूप से इस समय तक माता के स्तन में दूध भी घटने लगता है। ऐसे में यह आवश्यक हो जाता है कि शिशु के लिए दूध के स्थान पर किसी और खाद्य की व्यवस्था की जाए।

यह माता के लिए भी आवश्यक है, अन्यथा वह और कमजोर हो जाएगी, अगर बच्चा उसी के दूध पर निर्भर रहेगा। अतः अन्नप्राशन संस्कार शिशु की शारीरिक आवश्यकता की पूर्ति से संबंधित है।

मनु और याज्ञवल्क्य स्मृतियों के अनुसार यह संस्कार छठें मास में किया जाता है। आज हम सबका दुलारा रामवंशी छह मास का हो रहा है। इस संस्कार का समय, आचार्य लौगाक्षि के अनुसार शिशु की पाचन शक्ति के विकसित हो जाने, से संबंधित होना चाहिए। जिसका संबंध दाँतों के निकलने से भी है। सत्य तो यह है कि छठें महीने में दाँत निकलना प्रारंभ हो जाता है। दाँत शिशु में ठोस अन्न ग्रहण करने की क्षमता विकसित होने का प्रत्यक्ष चिह्न है। अतः यह संस्कार छठे माह से एक वर्ष के बीच किया जा सकता है। इसके अधिक इस संस्कार को स्थगित नहीं किया जा सकता है, अन्यथा यह माता के स्वास्थ्य के लिए हानिकारक होगा।

सनातन शास्त्रों में अन्न को प्राण कहा गया है। अतः अन्न का मानव जीवन में सर्वाधिक महत्त्व है। शुद्ध सात्त्विक और पौष्टिक अन्न से ही शरीर व मन स्वस्थ रहते हैं। अन्न से शरीर के साथ-साथ मन, बुद्धि और आत्मा का भी पोषण होता है। अन्नप्राशन संस्कार शुद्ध, सात्त्विक एवं पौष्टिक अन्न आजीवन ग्रहण करने का व्रत है। चूँकि शिशु इस समय अबोध होता है, अतः माता-पिता को यह बात ध्यान रखना होगा कि भोजन शिशु के लिए स्वास्थ्यवर्धक हो। इस संस्कार में पकाए गए भोजन को वाग्देवता को आहुति दी जाती है। शिशु की समस्त इंद्रियों के लिए प्रार्थना की जाती है, जिससे वह सुखी व संतुष्ट जीवन व्यतीत कर सके। यहाँ भोजन शब्द का अर्थ व्यापक रूप में हुआ है। देवताओं के पूजन के पश्चात् माता-पिता सोने या चाँदी के चम्मच से शिशु को हविष्यान्न (खीर) चटाते हैं। अथर्ववेद (8.2.18) में ऋषि ब्रह्मा देवता आयु का स्तुतिगान करते हुए कहते हैं—'हे अन्नप्राशन संस्कार से संस्कारित होनेवाले बालक! जौ और धान तुम्हारे लिए बलदायक और पुष्टिकारक हों, ये दोनों वस्तुएँ यक्ष्मानाशक (रोगनाशक) तथा देवान्न होने से पापनाशक हैं।'

अन्नप्राशन संस्कार में यजुर्वेद का (11.83) मंत्र निर्देशित हैं—*'अन्नपतेन्नस्य नो देह्यनमीवस्य शुष्मिणः। प्रप्र दातारं तारिष ऽउर्जं नो धेहि द्विपदे चतुष्पदे।'* अर्थात् हे अन्न के स्वामी! आप हमारे लिए आरोग्यप्रद तथा पोषणयुक्त अन्न प्रदान करें, दानशील मनुष्यों को भलीभाँति पोषित करें। हमारे पुत्र-पौत्रादि और पशुओं के लिए भी शक्तिवर्धक अन्न प्रदान करें।

प्रभु श्रीराम का भी अन्नप्राशन संस्कार हुआ था। तुलसीदासजी रामचरितमानस के बालकांड में अति मनमोहक चित्रण करते हुए कहते हैं (रा.मा. 1.203)—*'भोजन करत चपल चित इत उत अवसरु पाइ। भाजि चले किलकत मुख दहि ओदन लपटाइ।'* अर्थात्

'रामलला भोजन करते हैं, पर चित्त चंचल है। अवसर पाकर मुँह में दही-भात लपटाए किलकारी मारते हुए इधर-उधर भाग चले।' आनंद रामायण में भी श्रीराम की बाललीला का सुंदर चित्रण हुआ है—'राम अपने पिता की थाल में भोजन करते देखते तो आकर उसमें से एक ग्रास हाथ में लेकर बाहर भाग जाते। राजा के कहने पर कौसल्या राम को पकड़ने के लिए जब दौड़ती तो योगियों को भी अगम्य राम उनके हाथ नहीं आते थे। बाद में वे स्वयं धीरे से आकर पीछे से आनंदपूर्वक अपने कोमल हाथों से माता-पिता के मुँह में वह कौर रख देते थे (आ.रा. 1.2.20-22)।'

अंत में मैं इस संस्कार कार्यक्रम का लाभ उठाते हुए आप सबको अन्न संबंधी शास्त्र के अनुसार निर्देश देती हूँ। यह आप सबके लिए लाभदायी होगा। जो अन्न शरीर के अनुपात में दिया जाता है, वह शरीर की रक्षा करता है, वह कभी शरीर का क्षय (हानि) नहीं करता। अधिक खा जाने से हानि होती है। जो अनुपात में कम मात्रा में दिया गया होता है, वह शरीर की रक्षा करने में पर्याप्त नहीं होता (श.ब्रा. 10.4.1.3)।

उपनिषद् कहते हैं—'अन्नं ब्रह्म', अन्न ही ब्रह्म है (तैत्तिरीयोपनिषद् 3.2), इसे ब्रह्म समझकर उसका यथावत् उपयोग करो। *'अन्नं न निन्द्यात् तद् व्रतम्'* (तैत्तिरीयोपनिषद् 3.7), अर्थात् अन्न की कभी निंदा, खाते-खिलाते समय शिकायत या अपव्यय नहीं करना चाहिए, यही व्रत है। आज आप सभी यही संदेश लेकर यहाँ से जाएँ।"

□

अष्टम सर्ग : चूड़ाकर्म संस्कार

"भाभीश्री! क्या रामवंशी तैयार हो गया है? नाई चाचा आए हैं।"

"आज तो रामवंशी की बुआ अति उत्साही लग रही हैं।"

"सबसे पहले लल्ला हमारे पास आएगा, लाओ जिज्जी रामवंशी को मैं लेकर जाऊँगी चूड़ाकर्म संस्कार के लिए।"

"हाँ! हाँ! रामवंशी पहले अपनी छोटी बुआ, फिर सोनकर चाची और फिर बड़ी मौसी, सबकी गोद में बारी-बारी से आएगा। लो, रामवंशी की दादी माँ भी आ गईं।"

"और हमारा मुंडन कब होगा? सौमित्र पूछ रहा है।" छोटी ठकुराइन भी सौमित्र को गोद में लिये पीछे-पीछे वहाँ पहुँची थीं।

"छोटकी! सौमित्र से कह दो कि हर काम में हड़बड़ी न करे, नहीं तो बावला कहीं रामवंशी के विवाह के दिन अपनी भी शादी की जिद कर बैठा तो रातोरात बहू कहाँ से लाओगी?" गुरुमाता की बात सुनकर सब महिलाएँ हँस पड़ी थीं। "अपराजिते! पहले मंदिर चलो। फिर मुंडन संस्कार होगा, वहीं साथ में आप सबको इसका महत्त्व बताऊँगी। चलो-चलो, देर न करो।"

मंदिर के ठीक सामने, बूढ़े बरगद की छाँव में घर-परिवार और आस-पड़ोस की सभी महिलाएँ-बच्चे साथ में बुजुर्ग भी एकत्र थे। अजकुमार के साथ छोटे ठाकुर और सोनकर परिवार के सभी पुरुष भी वहाँ थे। गुरुमाता ने देखा कि वहाँ महाजन की बहू सुरूपा अपने बेटे को गोदी में लिये बैठी है। बगल में पांडेजी की बहू सुवेषा भी अपने छोटे से बेटे के साथ थी।

"कैसे हैं मेरे भरतेंद्र और रिपुदमन?" कहकर दोनों बहुओं के सिर पर आशीर्वाद से हाथ फेरा और दोनों नन्हे बालकों को पुचकारने लगीं।

"अच्छे हैं गुरुमाता।" सुरूपा ने कहा।

"बहू, तुम दिखती ही नहीं हो, कहाँ रहती हो?"

"समय ही नहीं मिलता, गुरुमाता।"

"समय निकाला करो बहू...और तुम ठीक हो?" प्रश्न सुवेषा से था तो उसने मुसकराकर सिर 'हाँ' में हिला दिया था। पीछे-पीछे अपराजिता भी वहाँ पहुँची तो उसने सबसे पहले महाजन चाची और पांडे बुआजी के चरण स्पर्श किए थे। दोनों वरिष्ठ महिलाओं का आशीर्वाद लेकर दोनों बहुओं के गोद में टुकुर-टुकुर देख रहे बालकों को लाड़ किया। इस बीच गुरुमाता ने अपना आसन ग्रहण कर लिया था। एक दृष्टि सामने बैठे सभी पर डाली, प्रणाम और आशीर्वाद की मुद्रा दो मिनट के लिए की और फिर कहने लगीं—

"सभी का स्वागत है। चूड़ाकर्म संस्कार को केश छेदन संस्कार भी कहते हैं। चूड़ाकर्म अर्थात् मुंडन बालक के जन्म के तीसरे वर्ष में करना चाहिए। उत्तरायण काल शुक्ल पक्ष में, जिस दिन भी आनंदमंगल हो, उस दिन यह संस्कार करें। अथर्ववेद का (6.68) वपन सूक्त, इसमें मुंडन संस्कार की विधि का वर्णन है।

गर्भ में शिशु के सिर में अनेक दूषित जीवाणु होते हैं। बालक के सिर के बाल इस तरह से दूषित होते हैं, जिसके कारण उसे फोड़े-फुंसियाँ आदि छोटी-छोटी बीमारियाँ घेरे रह सकती हैं। इसलिए पहले से तीसरे वर्ष तक बालक के सिर के बाल अवश्य कटवा लेना चाहिए। शुभमुहूर्त में कुशल नाई से बालक का मुंडन करवाकर सिर में दही-मक्खन लगाकर तत्पश्चात् बालक का स्नान कराकर मांगलिक क्रियाएँ की जाती हैं।

इस संस्कार का उद्‌देश्य दीर्घ आयु, समृद्धि, सौंदर्य और कल्याण है। आयुर्वैदिक ग्रंथों में चूड़ाकर्म के प्रयोजन की पुष्टि है। सुश्रुत के अनुसार केश, नख के अपमार्जन से हर्ष, सौभाग्य और उत्साह की वृद्धि और पाप का शमन होता है (चिकित्सा स्थान 24.73)। आचार्य चरक (सूत्र स्थान 5.99) कहते हैं कि *'पौष्टिकं वृष्यमायुष्यं शुचि रूप विराजनम्। केशश्मश्रुनखादीनां कल्पनं सम्प्रसाधनम्।'* अर्थात् 'केश, श्मश्रु (दाढ़ी-मूँछ) तथा नखों को काटने से पौष्टिकता, बल, आयुष्य, शुचिता और सौंदर्य की प्राप्ति होती है।'

चूड़ाकर्म संस्कार के मूल में स्वास्थ्य की भावना है। पारंपरिक रूप से इस संस्कार में केश काटकर किसी देवता को अर्पित कर दिया जाता रहा है। यजुर्वेद (3.63) में मुंडन में व्यवहार में आनेवाले धार वाले उपकरण (क्षुर) को लक्ष्य करके उसकी स्तुति करते हुए ऋषि कहते हैं—'आप नाम से ही शिव कल्याणकारी हैं, लोहा आपके पिता हैं, मैं आपको नमन करता हूँ, आप शिशु की हिंसा (पीड़ित) अर्थात् क्षति न करें।' मुंडन संस्कार में इन मंत्रों के माध्यम से निर्देश दिए गए हैं, जिससे उनके द्वारा अपने उपकरणों का विशुद्धीकरण किया जाए, साथ ही उनसे सँभलकर इनके प्रयोग करने का आदेश है। व्यावहारिक रूप से भी नाई भिन्न-भिन्न व्यक्तियों का मुंडन और बाल काटते रहते हैं, ऐसे में असावधानी होने पर किसी एक के सिर का रोग दूसरे की त्वचा को संक्रमित कर सकता है। मुंडन में तो विशेष सावधानी की आवश्यकता है, क्योंकि शिशु के सिर पर

पहली बार इस उपकरण (क्षुर) का प्रयोग हो रहा है, दूसरा कम उम्र में त्वचा कोमल होती है।

शरीर के बाहर जो केश हैं, वे त्याज्य हैं। चूँकि अपवित्र बालों को बार-बार वपन करने का विधान है, इसलिए सर्वप्रथम उनका वपन करने करते समय जिस विधि का आश्रय लिया जाता है, उसे ही चूड़ाकर्म संस्कार कहते हैं। इस संस्कार में मंत्रों द्वारा सोमदेव और अग्निदेव का स्तुतिगान किया जाता है और प्रार्थना की जाती है कि यह बालक के लिए कष्टदायी और अहितकर न हो। चूड़ाकर्म में शिखा वपन निषेध है। जिस स्थान पर शिखा होती है, उसे ब्रह्मरंध्र कहा जाता है। केशों द्वारा ब्रह्मरंध्र से होकर सूर्य किरण के प्राण शरीर में प्रवेश करते हैं और उसी मार्ग से शरीर में स्थित प्राण सूर्य की ओर जाते हैं। यही कारण है, जो ध्यान, उपासना, समाधि और संध्यावंदन के समय शिखा बाँधने का नियम है, ताकि अंत:करण का प्रकाश (तेज) सूर्य के आकर्षण से बाहर न निकल सके। शिखा बँध जाने के बाद ब्रह्मरंध्र बंद हो जाता है। शिखा रखने का वैज्ञानिक महत्त्व भी है। मस्तक के ऊपर जहाँ बालों का भँवर होता है, वहाँ शरीर की संपूर्ण नाड़ियों का मेल होता है। इस स्थान की सुरक्षा के लिए शास्त्रों व परंपरा में इस स्थान पर चोटी रखने का विधान है। आजकल प्राय: इस प्रथा का उच्चाटन (खींचकर हटाना—उखाड़ना) हो रहा है। यजुर्वेद (3.63) में ऋषि आगे कहते हैं—'हे बालक! मैं तेरी दीर्घायु के लिए, तुझे अन्न ग्रहण करने में समर्थ बनाने के लिए, शक्ति प्राप्त करने और ऐश्वर्य वृद्धि के लिए तेरा चूड़ाकर्म संस्कार करता हूँ।'

चूड़ाकर्म (मुंडन) संस्कार का संबंध दाँत निकलने से भी है। दाँत निकलते समय बच्चे को दस्त लगते हैं। बच्चा चिड़चिड़ा और कमजोर हो जाता है, सिर में भारीपन होता है। अत: सिर को हलका करने के लिए सिर पर से बालों का बोझ उतार दिया जाता है।

केशों का मुंडन अविद्या के मुंडन का प्रतीक भी है। प्राचीन काल में विचारशील लोग सिर मुँड़ाकर रखते थे। ब्रह्मचर्य आश्रम में प्रवेश करने पर भी ब्रह्मचारी को मुंडन कराना होता था। संन्यास में प्रवेश करते समय भी सिर का मुंडन होता आया है। एक उपनिषद् का नाम ही मुंडकोपनिषद् है। मुंडकोपनिषद् में सिर के बाल कटवा लेनेवाले को शिरोव्रत कहा गया है (तृतीय मुंडक 2.10)। शिरोव्रत (सर्वश्रेष्ठ व्रत) को ही ब्रह्मविद्या का उपदेश देने का भी निर्देश है।

तुलसीदासजी (रा.मा. 1.202.2) कहते हैं—*'चूड़ाकरन कीन्ह गुरु जाई। ब्रिपन्ह पुनि दछिना बहु पाई। परम मनोहर चरित अपारा। करत फिरत चारिउ सुकुमारा।'* अर्थात् 'तब गुरुजी ने जाकर चूड़ाकर्म संस्कार किया। ब्राह्मणों ने फिर बहुत सी दक्षिणा पाई। चारों सुंदर राजकुमार बड़े ही मनोहर अपार चरित्र करते फिरते हैं।' इक्ष्वाकु वंश में मुंडन संस्कार की प्रथा थी। रघु के मुंडन संस्कार का वर्णन कालिदास रघुवंशम् (3.28) में

करते हैं। कहते हैं—'चूड़ाकर्म संस्कार हो चुकने पर उस बालक रघु ने चंचल शिखा वाले अपने समवयस्क मंत्रिपुत्रों के सहित वर्णमाला का भलीभाँति परिचय पा चुकने पर उसी के द्वारा समस्य वाङ्मय में नदी के द्वारा मकरादि जैसे समुद्र में प्रवेश करते हैं।'

आज रामवंशी का मुंडन संस्कार है। जब तक नाई चाचा रामवंशी के केश काटकर भूदेवता (जमीन में) को अर्पित नहीं कर देते (गाढ़ नहीं देते), तब तक आप सब मंगल गीत गाओ। गुरुकुल के छात्र अथर्ववेद के वपन सूक्त और यजुर्वेद (3.63) का शुद्ध मन से जप करें। अंत में यजुर्वेद (25.21) का जप करें—'हे देवताओ! हम सदैव कल्याणकारी वचनों को ही सुनें, नेत्रों से सदैव कल्याणकारी दृश्य ही देखें। हे देव! परिपुष्ट अंगों से युक्त सुदृढ़ शरीर वाले हम आपकी वंदना करते हुए पूर्ण आयु तक जीवित रहें।' और यही इस संस्कार का उद्देश्य भी है।

आश्रम की महिलाओं ने अपने लाड़ले के लिए विशेष पकवान बनवाया, उसे प्रसाद रूप में ग्रहण करके ही जाएँ। सभी आमंत्रित जन का धन्यवाद।"

□

नवम सर्ग : उपनयन (व्रतादेश) संस्कार

"ब्राह्मण देवता! यह मुझसे नहीं होगा।"

"ब्राह्मणी! मगर क्यों?"

"अभी रामवंशी की उम्र ही क्या है, स्वामी।"

"शास्त्रानुसार वह उपनयन के योग्य हो गया है। और हे स्वामिनी! जब अब तक आपने उसके सभी संस्कार शास्त्रानुसार उसी आयु में ही किए तो इससे कैसी दूरी?"

"संस्कार करने में मुझे कोई आपत्ति नहीं है, उसे दूर भेजने में है। आपने मेरे चारों बेटों को दूर भेज दिया, मैंने कभी कुछ कहा?"

"आप जानती हैं देवी कि उन्हें मैंने राष्ट्र की चारों दिशाओं में क्यों भेजा है, जिससे वहाँ आश्रम स्थापित कर राष्ट्र को सांस्कृतिक दृष्टि से भी सुरक्षित करें।"

"तो फिर रामवंशी को दूर भेजने की क्या आवश्यकता? क्या मेरे चारों बेटे अपना कर्तव्य निर्वहन नहीं कर रहे? क्या राष्ट्र की सांस्कृतिक सीमाएँ सुरक्षित नहीं।"

"तुम्हारे चारों पुत्र तो मेरी कल्पना से अधिक कार्य कर रहे हैं और मुझे उनके पिता होने का गौरव भी है, लेकिन अब असुरों की संख्या देश के भीतर बहुत तेजी से बढ़ रही है, इस कबीलाई सोचवाले लोगों ने समाज में अव्यवस्था फैला रखी है, ये संप्रदाय के नाम पर अधर्म करते हैं। क्या आप चाहती हो कि मैं चुपचाप देखता रहूँ? सोनकर परिवार ने अपनी दो पीढ़ियों के चार पुरुष इस संघर्ष में दे दिए और चेहरे पर उनके कभी कोई प्रश्न नहीं उभरा। अगर उनका एक बेटा अपना जीवन बलिदान नहीं करता और दो पोते आज अगर जेल में सजा न पा रहे होते तो हम सब इस आश्रम में सुरक्षित नहीं रह गए थे। पास की बस्ती में बसे इन असुर संप्रदाय के लोगों ने आश्रम के लोगों का जीवन दूभर कर दिया था। आज भी सोनकर अपने दोनों पोतों से मिलने जेल जाता है। मैं भी उनसे दो बार मिल चुका हूँ। लेकिन हम शासन व्यवस्था को यह समझाने में असफल रहे कि अगर ये वीर बच्चे दो-चार का वध नहीं करते तो उस दिन दंगाई आश्रम में घुसकर हम सबकी हत्या कर देते। क्या सोनकर परिवार की महिलाओं

ने एक बार भी तुम्हारी तरह कमजोर भाव प्रकट किए? क्या बड़े ठाकुर की दुर्घटना तुम भूल गईं?"

"क्या उपरोक्त समस्या का समाधान केवल हिंसा है? तब उनमें और हममें क्या अंतर रह जाएगा?"

"हिंसा का समाधान प्रतिहिंसा ही है। हमारे शास्त्र इसकी विस्तृत विवेचना करते हैं और हमारे पुराण अनेक उदाहरण प्रस्तुत करते हैं। यह प्रकृति का नियम है। जहाँ तक रही बात अंतर की, तो उनमें और हममें वही अंतर है, जो कभी देवता और राक्षसों में होता था और आज एक चोर तथा सिपाही में होता है। वे अधर्म फैलाने के लिए हिंसा करते हैं और हम धर्म-स्थापना के लिए प्रतिहिंसा करते हैं। उनके पास केवल शस्त्र हैं, हमें शस्त्र और शास्त्र दोनों की आवश्यकता है। हाँ, हम इन असुरों को आर्य बनाने अर्थात् सुसंस्कृत बनाने के लिए भी प्रयासरत हैं। ये सब पूर्व में हमारी तरह हिंदू ही थे, अतः इनकी घर वापसी करना ही एकमात्र विकल्प है, लेकिन इसमें समय लगेगा, तब तक अनेक संस्कारी वीर रामवंशी का हमें निर्माण करना होगा, तभी सनातन संस्कृति बच पाएगी। क्या तुम नहीं चाहोगी, तुम्हारा पोता रामवंशी इस कार्य के किए आदर्श स्थापित करे? प्रभु श्रीराम ने भी चौदह वर्ष वनवास में काटे थे, तभी सभी ऋषि-मुनि अपने-अपने आश्रम में सुरक्षित रह पाए। अगर श्रीराम ताटका से लेकर रावण का वध नहीं करते तो क्या यह संभव होता? क्या महलों में रहकर समाज और देश सुरक्षित रहते हैं? कौसल्या ने श्रीराम को वनवास में जाने से रोकने का प्रयास किया था और राजा दशरथ ने श्रीराम को ताटका वध के लिए जाने से रोकने का प्रयास किया था। रामकथा यहाँ संदेश दे रही है, हम सनातनियों को इसे समझना होगा।"

"चाहे आप जो कहें, लेकिन मुझसे यह नहीं होगा। मेरा लाड़ला, राजदुलारा भिक्षा माँगे और फिर आप उसे दूर गुरुकुल में भेज दें। मेरा एक दिन भी रामवंशी के बिना संभव नहीं।"

"तुम्हारे लाड़ से रामवंशी बिगड़ जाएगा। जब राजकुमार होते हुए श्रीराम महलों से दूर जा सकते हैं तो रामवंशी क्यों नहीं? अपनी भावनाओं को नियंत्रित करो, देवी। क्या तुम चाहती हो रामवंशी सामान्य व्यक्ति बनकर रह जाए? रामवंशी के विराट् व्यक्तित्व का आधार होगा यह संस्कार।"

"आप तर्कों और तथ्यों से मुझे सदा ही संतुष्ट करते आए हैं, लेकिन इनसे भाव नियंत्रित नहीं होते। आज फिर मेरा अपना सगा पोता होता रामवंशी तो मैं एक पल न लगाती, लेकिन न जाने क्यों उससे स्नेह अपनों से अधिक हो गया है।"

"यह आपने आदर्श उपस्थित किया है, देवी। वर्तमान में इस समाज को इसी की आवश्यकता है। आज रामवंशी यह कभी नहीं सोचता होगा कि तुम उसकी सगी दादी नहीं हो, इतना प्यार दिया है तुमने उसे, अतः तुम्हारा अधिकार उस पर अधिक है, तुम्हारे

मना करने पर वह कदापि नहीं जाएगा। क्या तुम उसे प्रभु श्रीराम के मार्ग पर चलकर कुछ विशेष कार्य करने से वंचित करना चाहती हो?"

"नहीं, स्वामी नहीं। वह शिखर पर पहुँचे, यही मैं चाहती हूँ। लेकिन मेरे आँसुओं को आप नियंत्रित नहीं कर पाएँगे, उन पर मेरा वश भी नहीं। और हाँ, इसके लिए आपको अपराजिता से अवश्य अनुमति लेनी चाहिए।"

"हाँ, यह तुमने उचित ही कहा है।" कहकर गुरुदेव पहली बार अजकुमार के घर की ओर अकेले ही चल पड़े थे।

"अजकुमार! क्या तुमने बहू से बात कर ली?" ऐसा पहली बार हुआ था कि अजकुमार गुरुदेव के प्रश्न पर मौन था। आँखें भर रही थीं तो तुरंत नीचे देखने लगा। गुरुदेव ने पीछे कमरे में दूर खड़ी अपराजिता को देखा, वह भी अपनी आँखें नीचे किए हुए थी।

"क्या बेटी, तुम्हें मेरा निर्णय स्वीकार है?" गुरुदेव ने पूछ ही लिया था।

"गुरुदेव! दुःख तो होगा, माँ हूँ, जन्म दिया है, लेकिन रामवंशी के हित में ही आपने यह निर्णय लिया होगा।" कहकर अपराजिता ने हाथ जोड़ लिये थे।

"जी बेटी। पहले अत्रि परंपरा, फिर भरद्वाज परंपरा के गुरुकुल में भेजने की योजना है। दोनों आचार्य—अत्रि गुरुकुल से आचार्य प्रतिक्षत्र आत्रेय और भरद्वाज गुरुकुल से आचार्य पायु भरद्वाज, यहाँ विशेष रूप से पधारे हैं।" कहकर गुरुदेव ने दोनों को आशीर्वाद दिया और धीरे-धीरे वापस मंदिर में आकर एकांत में बैठे तो आँखें नम थीं। आखिर उनका लाडला भी उनकी आँखों से दूर जा रहा है, कल उसका उपनयन होगा…

"मैं अत्रि गुरुकुल का आचार्य प्रतिक्षत्र आत्रेय, वसिष्ठ आश्रम स्थित आग्नेय गुरुकुल के प्रधान आचार्य आग्नेय शास्त्री को सादर नमन करता हूँ। आप ऋषि श्रेष्ठ हैं। हम सबमें वरिष्ठ हैं, आदरणीय हैं, पूज्य हैं। आपका वही स्थान है, जो अग्नि देव का देवताओं के बीच है। आप माँ जगदंबा के भक्त, महादेव की आप पर विशेष कृपा है और लक्ष्मीनारायण मंदिर के तो आप प्रधान पुजारी तथा विश्वप्रसिद्ध वसिष्ठ आश्रम के संरक्षक हैं। आपका निर्देश है कि रामवंशी हमारे गुरुकुल में वेद अध्ययन के लिए जाएगा तो इसे हम हमारा सौभाग्य ही मानते हैं।

आज हम सब यहाँ रामवंशी के उपनयन संस्कार के लिए एकत्र हुए हैं। जैसाकि इस महान् आश्रम की परंपरा है और आचार्य आग्नेय का निर्देश भी कि संस्कार करने से पूर्व इस विषय पर हम आचार्यगण अपना मत रखें, जिससे जो नहीं जानते हैं, वे जान सकें और जो जानते हैं, वे अपने विचारों को और समृद्ध कर सके। उपनयन तथा वेदारंभ

संस्कार आपस में इतने निकट हैं कि इनका भेद करना सामान्यजन के लिए कठिन हो जाता है। सरल शब्दों में उपनयन शिक्षा के मंदिर में प्रवेश करने का द्वार है और इस द्वार से प्रविष्ट होकर विद्या का अध्ययन आरंभ करना वेदारंभ संस्कार है। आजकल उपनयन संस्कार तो होता है, लेकिन वेदारंभ केवल गुरुकुल में किया जाता है। उपनयन संस्कार में मुख्य कर्म यज्ञोपवीत का धारण करना है। यज्ञोपवीत अर्थात् उपनयन संस्कार का इतना महत्त्व आज भी है कि जिनका यज्ञोपवीत नहीं होता, उनका विवाह से पहले नाममात्र का यज्ञोपवीत अर्थात् उपनयन संस्कार कर दिया जाता है।

उपनयन का अर्थ है—'उप' अर्थात् समीप और 'नयन' अर्थात् ले जाना। उपनयन का अर्थ हो गया—वह कृत्य, जिसके द्वारा बालक आचार्य के समीप ले जाया जाए। उद्देश्य आचार्य द्वारा वेद-विद्या में दीक्षा से है। कालांतर में अन्य महत्त्व बढ़ते चले गए और उसने विद्या में शिक्षा के मूल विचार को आच्छादित कर लिया। आधुनिक काल में शिक्षा से इसका संबंध पूर्णतः लुप्त हो गया और अब उपनयन विवाह के पूर्व किसी भी समय किया जाने लगा। यहाँ जनेऊ महत्त्वपूर्ण हो गया, वह संस्कार, जिसमें बालक को यज्ञोपवीत पहनाया जाए। जिसका दुष्परिणाम यह हुआ कि बालक-बालिका संस्कारित नहीं हो पा रहे, न ही विवाहपूर्व ब्रह्मचर्य का पालन कर पा रहे, जिसके कारण वैवाहिक जीवन में अनेक समस्याएँ उत्पन्न होने लगीं। परिणामस्वरूप समाज का पतन प्रारंभ हुआ। अराजकता और अशांति चारों ओर तेजी से फैलने लगी।

अथर्ववेद के मतानुसार उपनयन शब्द का प्रयोग ब्रह्मचारी को ग्रहण करने के संदर्भ में होता है। '*उपनयनमानो ब्रह्मचारिणम्*' (अथर्व. 11.7.3)। इस संस्कार का संबंध यहाँ आचार्य द्वारा ब्रह्मचारी को वेदविद्या में दीक्षा से है। विद्यार्थी द्वारा ब्रह्मचर्य के लिए प्रार्थना और आचार्य द्वारा उसकी स्वीकृति ही इस संस्कार के केंद्र में है। वैदिक काल में छात्र को ब्रह्मचारी और अध्यापक को आचार्य कहा जाता और ब्रह्मचारी का उपनयन उसका द्वितीय जन्म माना जाता। अथर्ववेद का (11.7) सूक्त ब्रह्मचर्य सूक्त है, जिसके ऋषि ब्रह्मा और देवता ब्रह्मचारी हैं। इसमें ब्रह्मचर्य के संस्कारों का विस्तृत वर्णन है। ऋषि कहते हैं (अथर्व. 11.7.3)—'ब्रह्मचारी को अपने समीप बुलाते हुए (उपनयन संस्कार करके) आचार्य अपने ज्ञान रूपी शरीर के गर्भ में उसे धारण करते हैं। आचार्य तीन रात्रि तक उसे अपने गर्भ में रखते हैं। यहाँ तीन दिनों का उल्लेख नहीं है, क्योंकि रात्रि अंधकार की अज्ञानता की अज्ञानग्रस्त स्थिति की प्रतीक होती है। जब तक शिष्य के तीनों प्रकार के अंधकारों (भावना, विचारणा व कायापरक और अभाव, अज्ञान व अशक्ति) का निवारण नहीं हो जाता, तब तक आचार्य उसे अपने संरक्षण (गर्भ) में रखते हैं। जब (दूसरे आध्यात्मिक जन्म को लेकर) वह बाहर आ जाता है, तो देवगण (दिव्य-सत् पुरुष) एकत्र होते हैं, उसके सहयोग व अभिनंदन के लिए।'

मनुस्मृति (2.173) के अनुसार उपनयन संस्कार रूपी द्वितीय जन्म (वैदिक-ब्रह्म जन्म) में सावित्री ब्रह्मचारी की माता और आचार्य पिता हैं। यहाँ आचार्य उसको कहते हैं, जो वेदों के शब्द-अर्थ संबंध और क्रिया का जाननेवाला हो, छल-कपट रहित, अतिप्रेम से सबको विद्या का दाता, परोपकारी, तन-मन-धन से सबको सुख बढ़ाने में तत्पर, पक्षपात किसी का न करे। सबका हितैषी, धर्मात्मा और जितेंद्रिय हो।

वैदिक काल में ही चार आश्रमों के सिद्धांत की प्रतिष्ठा हो चुकी थी। ब्रह्मचर्य (छात्र जीवन) को एक सम्मानित रूप मिल चुका था और ब्रह्मविद्या की प्राप्ति के लिए आचार्य का महत्त्व मान्य हो गया था। वैदिक परंपरा में आचार्य ही अंतिम गति होता *'आचार्यस्तु ते गतिर्वक्ता'* (छां.उ. 4.14.1)। ब्रह्मचारी के लिए गुरुकुल में प्रवेश के लिए अनेक नियम/निश्चित शर्तों को पूरा करना होता। तैत्तिरीय उपनिषद् के शीक्षा वल्ली में दी हुई शिक्षा के अनुसार अपना जीवन बना लेनेवाला मनुष्य इस लोक और परलोक के सर्वोत्तम फल को पा सकता है और ब्रह्म विद्या को ग्रहण करने में समर्थ हो जाता है—इस भाव को समझाने के लिए इस प्रकरण का नाम शीक्षा-वल्ली रखा गया है। ब्रह्मचारी आचार्य के पास गुरुकुल में ही रहते, बदले में गुरु की सेवा करते, गायों को चराते व यज्ञीय अग्नि को निरंतर प्रदीप्त रखते।

ब्रह्मचर्य काल में धर्म का अर्जन और गृहस्थ जीवन में अर्थ-काम का उपभोग, यह हमारी परंपरा रही है। धर्म नियंत्रित अर्थ और काम तभी संभव है, जब प्रारंभ में ही धर्म तत्त्वों से मनुष्य दीक्षित हो जाए। जीवन के चरम लक्ष्यमोक्ष प्राप्त करने में भी धर्म ही सहायक होता है। मनुस्मृति (2.38-42) में उपनयन का विस्तृत वर्णन है। यह संस्कार यौवन के पदार्पण करने के पूर्व किशोरावस्था में संस्कारित और दीक्षित करने का अनुष्ठान है। आचार्य के समीप दीक्षा के लिए अभिभावक द्वारा पहुँचाना इस संस्कार का उद्‌देश्य है। ब्रह्मचारी भेष में अपनी माता से पहली भिक्षा फिर समाज के सभी वर्ग से भिक्षाटन का अभ्यास, इस संस्कार के माध्यम से संभव हो पाता है।

शास्त्रानुसार उपनयन संस्कार उस समय किया जाए, जब बालक का मानसिक विकास तीव्र गति से होने लगे। इसी समय उसकी भावनाओं में परिवर्तन संभव है। यह छह-सात से आठवें वर्ष में किया जाना उचित माना गया है। मनुस्मृति (2.39) का वचन है कि ब्रह्मतेज के अर्जन के इच्छुक विद्वान् माता-पिता के बालक का पाँचवें वर्ष में यज्ञोपवीत करें। विधिवत् यज्ञोपवीत धारण करना इस संस्कार का मुख्य अंग है। यज्ञोपवीत के सूत्र धारण करने को 'व्रतबंध' कहते हैं। इस संस्कार के बाद ही वेदाध्ययन तथा गायत्री मंत्र के जप आदि वैदिक कर्म करने का अधिकार प्राप्त होता है। साधारणतः उपनयन सूर्य के उत्तरायण होने पर ही किया जाता है। शतप्रथ ब्राह्मण (11.5.4) में उपनयन संस्कार के निर्देश हैं।

उपनयन संस्कार मूलतः गुरुकुल प्रथा से संबंध रखता है, जो मुख्यतः बालक को संयमित जीवन के साथ व्रत लेने का विधान है। इसके बाद बालक गुरु का अभिवादन करके भिक्षा माँगकर लाता और गुरु को अर्पण कर देता। इस संस्कार के संपन्न होने पर ही आचार्य उसको वेदाध्ययन आरंभ कराते। वैदिक काल में मात्र वाणी से ही उपयुक्त शिक्षाएँ नहीं दी जाती थीं, अपितु गुरु शिष्यों से इन उपदेशों का जीवन में पालन करने की व्यावहारिक शिक्षा भी देते, उपनयन संस्कार उसका एक उदाहरण है।

उपनयन संस्कार की समाप्ति पर विद्यार्थी तीन दिन पर्यंत कठोर संयम से व्रत का पालन करता। इसे त्रिरात्र व्रत कहते। यह विद्यार्थी जीवन के कठोर अनुशासन का आरंभ होता। सात्त्विक भोजन के साथ भूमि पर शयन करना पड़ता। वह दिन में शयन नहीं कर सकता और यही सब रामवंशी को भी करना होगा। इसकी व्यवस्था यहीं मंदिर प्रांगण में स्थित आग्नेय गुरुकुल में कर दी गई है। उसके पश्चात् हम रामवंशी के साथ अपने गुरुकुल के लिए प्रस्थान करेंगे।

आचार्य आग्नेय अपने प्रत्येक प्रवचन में रामकथा का उदाहरण अवश्य देते हैं। यों तो संपूर्ण पृथ्वी राममय है, लेकिन इस आश्रम में प्रभुराम विशेष रूप से उपस्थित हैं, ऐसा मैं भी अनुभव कर रहा हूँ। आज के मंगल कार्य में राम नाम का जप न हो, यह संभव नहीं। महाराज रघु के उपनयन संस्कार का सुंदर वर्णन करते हुए महाकवि कालिदास कहते हैं—*'अथोपनीतं विधिवद्विपश्चितो विनिन्युरेनं गुरवो गुरुप्रियम्। अबन्ध्ययत्नाश्च बभूवुरत्र ते क्रिया हि वस्तूपहिता प्रसीदति।'* (रघु. 3.29) अर्थात् 'इसके बाद शास्त्रानुकूल उपनयन कर चुकने पर गुरुओं के प्रिय रघु को विद्वान् गुरु लोगों ने शिक्षा दी और वे गुरु लोग रघु के विषय में सफल श्रमवाले हुए, क्योंकि शिक्षा सत्पात्र को दी हुई फलवती होती है।' आप सभी उपस्थित रामभक्तों को बताना चाहूँगा कि श्रीराम का उपनयन (यज्ञोपवीत) संस्कार कुल पुरोहित ऋषि वसिष्ठ ने किया था (वा.रा. 1.18.24, 2.20.45)। गोस्वामी तुलसीदास सुंदर शब्दों में कहते हैं (रा.मा. 1.203.2)—*'भए कुमार जबहिं सब भ्राता। दीन्ह जनेऊ गुरु पितु माता। गुरगृहँ गए पढ़न रघुराई। अलप काल बिद्या सब आई।'* अर्थात् 'ज्यों ही सब भाई कुमारावस्था के हुए, त्यों ही गुरु, पिता और माता ने उनका यज्ञोपवीत संस्कार करा दिया। श्रीरघुनाथजी गुरु के घर में विद्या पढ़ने गए और थोड़े ही समय में उनको सब विद्याएँ आ गईं।'

श्रीराम राजकुमार थे, किंतु उन्हें भी वेदाध्ययन के लिए महलों से दूर जाना पड़ा। यह हमारे संस्कार हैं और परंपरा भी। इसके अनेक अर्थ हैं और संदेश भी। हर युग में महान् बनने के लिए महान् तप करना होता है और तप मोहमाया के साथ संभव नहीं। मैं देख रहा हूँ कि गुरुमाता का विशेष स्नेह है रामवंशी के लिए। कहा गया है कि यह प्रेम उनके अपने पुत्र और पौत्र से भी अधिक है। यह इतना अधिक है कि अपने पुत्र के उपनयन में

वे स्वयं उपस्थित थीं और आशीर्वाद भी दिया था, लेकिन आज वे इस उपनयन संस्कार में उपस्थित भी नहीं हैं। अतः यह प्रमाणित होता है कि ऐसे में रामवंशी का यहाँ के गुरुकुल में अध्ययन अर्थपूर्ण नहीं हो पाता। अतः मैं आचार्य आग्नेय के निर्णय को स्वीकृति देता हूँ। और अपने प्रवचन के अंत में अपेक्षा करता हूँ कि बालक रामवंशी उपनयन के पश्चात् सर्वप्रथम भिक्षा अपनी दादी माँ के द्वार पर जाकर ही माँगे। और फिर अपनी माता अपराजिता के द्वार पर जाए।" अंत में 'ॐ' कहकर आचार्य प्रतिक्षत्र ने अपना कथन समाप्त किया था। यह देखकर आचार्य पायु ने कहना प्रारंभ किया—

"सभी उपस्थित आचार्यगण बालक रामवंशी का उपनयन यथाविधि करावें। सभी ऋग्वेद (3.8.4) का मंत्र पढ़ें—*'ओम युवा सुवासाः परिवीत आगात् स उ श्रेयान् भवति जायमानः। तं धीरासः कवय उन्नयन्ति स्वाध्योऽ मनसा देवयन्तः।'* अर्थात् 'यह (युवा) स्वस्थ निरोग बालक (सुवासा) अच्छे वस्त्रों को धारण करके (परिवीत) यज्ञोपवीत पहनकर (आगात्) सम्मुख प्राप्त है। इस प्रकार (जायमानः) प्रकट होता हुआ (स उ श्रेयान्), वह ब्रह्मचारी निश्चय से कल्याणकारी अथवा पहले से श्रेष्ठतम जन्मवाला (भवति) होता है। तं (उस) ब्रह्मचारी को (धीरासः) धीर, (कवयः) क्रांतदर्शी बुद्धिमान, (स्वाध्यः) अच्छे ध्यान से युक्त, (मनसा) मन से उसे (देवयन्तः) दिव्य बनाने की कामना रखनेवाले विद्वान्, (उन्नयन्ति) उन्नति पथ पर ले जाते हैं।'

तत्पश्चात् बालक के मुख से यह वचन बुलवाएँ—*'ब्रह्मचर्यमागाम् ब्रह्मचार्यसानि।'* अर्थात् 'मैं ब्रह्मचर्य व्रत (विद्याध्ययन के विषय को) सिद्ध करूँ, प्राप्त होऊँ, ब्रह्मचारी बनूँ।' साथ ही बालक *'ओम् सूर्यस्यावृतमन्वावर्त्ते* (यजु 2.27)' मंत्र खंड बोल के, आचार्य की प्रदक्षिणा करे। मंत्रखंड का अर्थ है—'(सूर्यस्य) मैं सूर्यवत् ज्ञान-ज्योति से प्रकाशमान आचार्य के (आवृतम्) अनुशासन की परिधि में (अनु आ वर्त्तस्व) व्रत की मर्यादा में अनुसरण करूँगा।' ...इसके पश्चात् *'ॐ सर्वं वै पूर्णं स्वाहा'* इस मंत्र से तीन पूर्णाहुति दें। अब माता-पिता, आचार्य, संबंधी, इष्ट मित्र सब मिलकर निम्न मंत्र बोलकर आशीर्वाद दें—*'ओं त्वं जीव शरदः शतं वर्धमानः, आयुष्मान तेजस्वी वर्चस्वी विद्यावान् गुणवान् भूयाः।'* अर्थात् 'हे बालक! तू प्राण व ज्ञान से वृद्धि को प्राप्त होता हुआ सौ वर्ष तक जिए और आयुष्मान तेजस्वी वर्चस्वी विद्वान् और गुणवान हो।'"

"हे जगज्जननी! मुझे शक्ति दे। मेरा लाड़ला मेरे द्वार पर भिक्षा लेने आए तो मेरी आँखों में आँसू नहीं, सूर्य का तेज और मेरी शारीरिक प्रतिक्रिया में चंद्रमा की शीतलता हो। अपने पुत्र प्रेम को मैं हृदय में कहीं छिपा सकूँ, ऐसी शक्ति दे माते! मेरा पुत्र पहले अपनी दादी माँ के पास गया होगा। गुरुमाता का उस पर अधिकार मुझसे कम तो नहीं,

वह उसे चाहती भी तो हैं, इतना कि उन्होंने अश्रुधारा बहा दी होगी। और फिर रामवंशी गया होगा अपनी छोटी माँ के पास, ठकुराइन सिर्फ नाम की ही ठकुराइन है, रामवंशी को देखकर ही उसके हृदय के भाव आँसुओं में बह रहे होंगे। अपना पुत्र सौमित्र के होते हुए भी ठकुराइन ने सदा रामवंशी को अधिक स्नेह दिया। फिर रामवंशी और सौमित्र में इतना अधिक प्यार है कि सौमित्र कम उम्र में भी उपनयन संस्कार में जिद करके रामवंशी के साथ बैठ गया। हे माते! ऐसा कुछ कर कि रामवंशी तो गुरुदेव के बताए गुरुकुल में अवश्य जाए, लेकिन सौमित्र नहीं। कम-से-कम सौमित्र पास रहेगा तो मेरा वात्सल्य प्रवाहित होता रहेगा।"

"हे जगज्जननी! अपराजिता ने आपको स्मरण किया है।" महादेव ने मुसकराकर कहा ही था कि नीचे पृथ्वीलोक पर अपराजिता हाथ जोड़कर आँख बंद कर कह रही थी—

"हे महादेव! मेरे पुत्र को शक्ति देना कि वह अपनी दादी माँ के अति प्रेम से विचलित न हो, न ही छोटी माँ के प्रेम से, बल्कि अपनी दादी माँ को स्नेहपूर्वक संतुलित करे और छोटी माँ को भावनाओं में बहने से रोके। और मुझे! मुझे तो कुछ भी नहीं चाहिए देवों के देव, बस इतना चाहती हूँ कि अपने पुत्र को जी भरकर देख लूँ, न जाने कितने समय बाद लौटे।" यह सुनकर महादेवी कहाँ चुप रहनेवाली थीं, मुसकराकर कह गईं—

"लीजिए, महेश्वर! आपको भी अपराजिता ने याद किया। और आप कहाँ खोए हैं!"

"महादेवी! मैं इस उपनयन द्वारा त्रेतायुग के उस उपनयन का स्मरण कर रहा हूँ, जब प्रभु श्रीराम भिक्षा लेने के लिए माता कौसल्या के पास पहुँचते हैं।"

"मैं समझ गई, जगदीश्वर! आपने अपराजिता को संदेश दिया है कि वह कौसल्या जैसा आचरण करने का प्रयास करे।"

□

दशम सर्ग : वेदारंभ संस्कार

"आप परमात्मा हैं! सब जानते हैं।"

"और आप मेरी आत्मा। मुझे जानती हैं।"

"हे महादेव! परमात्मा और आत्मा के भिन्न-भिन्न नाम होने मात्र से सनातन में द्वैत दर्शन परिभाषित हुआ।"

"हे महादेवी! जबकि मैं और आप तो एक ही हैं, इसलिए अद्वैत सिद्धांत ज्यादा लोकप्रिय हुआ।"

"यही सत्य है, प्राणेश्वर! लेकिन हम विषय से न भटकें तो उत्तम होगा। मैं जानती हूँ कि दर्शनशास्त्र आपका प्रिय विषय है। लेकिन चूँकि हम इस समय संस्कार पुरुष श्रीराम की कथा सुन रहे हैं, वह भी रामवंशी के माध्यम से, तो उचित होगा कि हम इस विषय पर और कभी बात करें। मैं व्रत लेती हूँ कि दर्शन पर चर्चा करने पर आपका साथ दूँगी।"

"प्रियेश्वरी! आप तो सब जानती हैं कि दर्शन क्यों मेरा प्रिय विषय है। दर्शन का प्रमुख विषय अध्यात्म है। आत्मा का अध्ययन। जब मानव इसकी चर्चा करता है तो जाने-अनजाने आपके दर्शन कर रहा होता है, अर्थात् मुझसे मिल रहा होता है, जो मुझे आत्मिक संतोष देता है। मैं भी संकल्प लेता हूँ कि दर्शन-अध्यात्म पर विस्तार से आगे कभी बात करूँगा।"

"स्वामी! पृथ्वीलोक से किसी ने हमारा स्मरण किया।"

"महादेवी! आपकी लाड़ली जनकात्मजा है, सौमित्र से वार्त्ता कर रही हैं, सरयू के तट पर।"

"जनकात्मजाजी, भ्राता श्री जगदंबे की पूजा नित नियम से करते हैं और महादेव उनके आराध्य हैं।" सौमित्र ने कहा था।

"प्रथम दृष्टि में तुम्हारे भैया सौम्य, संस्कारी और सरल सामान्य लगते हैं, कोई विश्वास नहीं कर सकता, जो कुछ उन्होंने चलती ट्रेन में उन राक्षसों के साथ किया?" जनकात्मजा अपनी उत्सुकता छिपा नहीं पा रही थी।

"महोदया! संस्कारी का अर्थ शक्तिहीन नहीं होता। होना भी नहीं चाहिए, अन्यथा संस्कार होना अर्थहीन है। वैसे भी शक्ति का अर्थ शारीरिक और मानसिक दोनों स्तर से है। शस्त्र और शास्त्र समाज के लिए दोनों आवश्यक हैं। सिर्फ शस्त्र होने से असुर प्रवृत्ति उत्पन्न होती है और सिर्फ शास्त्र के होने से शक्तिहीन मानव का निर्माण होता है। कलियुग के उदाहरण से स्पष्ट हो जाएगा, सिर्फ शस्त्र होने से सीरिया बनेगा, जबकि सिर्फ शास्त्र होने से तिब्बत। शस्त्र शक्ति देता है और शास्त्र संस्कार। रावण के पास शस्त्र था और शास्त्र ज्ञान होते हुए भी नहीं होने से वह निरंकुश अराजक पशु समान हो गया, जबकि श्रीराम के पास शस्त्र और शास्त्र दोनों होने से वे पुरुषोत्तम कहलाए।"

"तुम्हारे इस तथ्य और तर्क को स्वीकार करती हूँ। तुम विचारों से समृद्ध हो। कहाँ पढ़े हो, अर्थात् किस स्कूल से पढ़े हो?"

"गुरुकुल में!"

"गुरुकुल में! अच्छा! और तुम्हारे भैया?"

"भ्राताश्री भी गुरुकुल में ही पढ़े हैं।"

"दोनों भाई गुरुकुल भी क्या साथ-साथ गए थे?"

"हाँ, ऐसा ही कुछ हुआ था। सुना है कि भ्राताश्री जब गुरुकुल जाने लगे तो मैंने आसमान सिर पर उठा लिया था। फिर क्या था, गुरुदेव ने मुझे भी साथ ही गुरुकुल भेज दिया।"

"जब तक तुम्हारे भ्राताश्री आते हैं, तब तक तुम मुझे गुरुकुल के बारे में बताओ। सुना है कि गुरुकुल में सर्वप्रथम वेदारंभ संस्कार होता है। तुम तो स्वयं गुरुकुल में पढ़े हो। मुझे इन सबके बारे में जानने की उत्सुकता है। सुना है, श्रीराम भी गुरुकुल गए थे। तभी तो तुलसीदासजी कहते हैं—*'गुरगृहँ गए पढ़न रघुराई। अलप काल विद्या सब आई'* (रा.मा. 1.203.2)।"

"श्रीराम तो प्रभु हैं। विष्णु के अवतार। त्रेता के युगपुरुष। चारों युग में पुरुषोत्तम। जबकि हम दोनों भाई सामान्यजन हैं। हाँ, भ्राताश्री गुरुकुल में अन्य की तुलना में अधिक प्रतिभावान थे।"

"गुरुकुल में तुम दोनों भाइयों ने वेदाध्ययन किया है, यह जानकर मन प्रसन्न हो गया। कृपया, वेदारंभ संस्कार के संदर्भ में विस्तार से बताओ, सच कह रही हूँ, मैं जानने के लिए उत्साहित हूँ।"

"वेदारंभ की बात करने से पहले गुरु और गुरुकुल विषय पर कुछ कहना चाहूँगा।

यह आवश्यक है, ध्यान से सुनिए—

गुरु वसिष्ठ श्रीराम को गुरु का महत्त्व बताते हैं (वा.रा. 2.111.2)—'इस संसार में उत्पन्न पुरुष के तीन गुरु हैं—आचार्य, पिता और माता।' श्रीराम इस संदर्भ में भी विशिष्ट हुए। उनके दो गुरु हुए। गुरुकुल में वेदों का ज्ञान के लिए महर्षि वसिष्ठ और व्यावहारिक शस्त्र ज्ञान के लिए महर्षि विश्वामित्र।

तभी तो मुनि वसिष्ठ कहते हैं (वा.रा. 1.21.18)—'धर्मज्ञ कुशिकनंदन विश्वामित्र सब अस्त्र-शस्त्रों को अच्छी तरह जानते हैं। जो अस्त्र अब तक उपलब्ध नहीं हुए हैं, उनको भी उत्पन्न करने की इनमें पूर्ण शक्ति है।' यह कथन इस बात का भी प्रमाण है कि वैदिक ऋषि सिर्फ शास्त्र नहीं, बल्कि शस्त्र का ज्ञान भी रखते थे। कह सकते हैं कि शस्त्र का शास्त्र भी ऋषियों के पास होता था। वे नवीनतम अनुसंधान में लगे रहते थे। वे युद्ध विद्या में भी प्रवीण होते थे, तभी तो शस्त्र का ज्ञान देते थे। फिर भी समाज में एक व्यवस्था थी कि जो जिसका कार्य/धर्म है, वह उसे ही करना चाहिए। तभी महर्षि वसिष्ठ राजा दशरथ से आगे कहते हैं (वा.रा. 1.21.21) कि ऋषि विश्वामित्र उन राक्षसों का संहार करने में समर्थ हैं, किंतु ये आपके पुत्र का कल्याण करना चाहते हैं, इसलिए आपसे याचना कर रहे हैं।"

"अद्भुत! रामकथा पर तुम्हारा ज्ञान अर्थपूर्ण है।"

"श्रीराम हमारे जीवन में रचे-बसे हैं। श्रीराम हमारे आदर्श हैं, श्रीराम का जीवन हमारे लिए पथ-प्रदर्शक है।"

"सुंदर! अति सुंदर।" जनकात्मजा एकाग्र होकर सुन रही थीं।

"आप वेदारंभ के बारे में जानना चाहती हैं तो वेदारंभ का अर्थ है—गायत्री मंत्र से लेकर चारों वेदों के अध्ययन करने के लिए नियम धारणा करना। उपनयन संस्कार का दिन ही वेदारंभ का भी है। यदि एक ही दिन न हो तो एक वर्ष के भीतर हो। वैदिक काल में उपनयन संस्कार के साथ ही गुरुकुल में वेदों का अध्ययन आरंभ हो जाता था। सत्य तो यह है कि गुरुकुल में जाना ही उपनयन था, किंतु कालांतर में जब संस्कृत बोलचाल की भाषा नहीं रह गई तो उपनयन एक दैहिक संस्कार बनकर रह गया। इसलिए उपनयन के अतिरिक्त एक संस्कार करना आवश्यक समझा गया, जिसमें वैदिक स्वाध्याय का आरंभ किया जा सके। व्यास स्मृति में उपनयन और वेदारंभ में भेद किया गया। वेदारंभ संस्कार विशुद्ध रूप से शिक्षा संबंधी संस्कार है। यह उपनयन और समावर्तन संस्कार के मध्य में स्थान पाता है।

गुरुकुल में आचार्य बालक को यज्ञोपवीत धारण कराकर उसे संयमित जीवन जीने की प्रतिज्ञा कराकर वेदाध्ययन कराते हैं। असंयमित जीवन जीनेवाला वेदाध्ययन का अधिकारी नहीं, क्योंकि वे वेदों के रहस्य को नहीं समझ सकते तथा साथ ही दुरुपयोग

की आशंका बढ़ जाती। गुरु के पास बैठकर वेद का विधिवत् अध्ययन करने से समस्त शंकाओं का समाधान संभव है। दु:खों का अंत ज्ञान से ही संभव है। सनातन संस्कृति की प्रसिद्ध उक्त है—*'ऋते ज्ञानान्नमुक्तिः।'* अर्थात् 'ज्ञान के बिना मुक्ति नहीं।' विष्णु पुराण (1.19.41) के श्लोक के अनुसार *'सा विद्या या विमुक्तये'*, अर्थात् 'विद्या वही है, जो मुक्ति की साधिका हो।' गीता (4.38) में कहा गया है—*'न हि ज्ञानेन सद्दशं पवित्रमिह विद्यते।'* अर्थात् 'ज्ञान के समान कोई पवित्र वस्तु नहीं।' अत: वेदारंभ को परम आवश्यक संस्कारों में स्थान मिला। वैसे भी मनु (2.6) के अनुसार—*'वेदोऽखिलो धर्ममूलम्'*, अर्थात् 'समस्त धर्मों का मूल वेद है।'

वेदारंभ मुख्य रूप से वेद की विभिन्न शाखाओं की रक्षा के लिए उसके अभ्यास की परंपरा से जुड़ा रहा है। कुल परंपरा के अनुसर स्वाध्याय की पद्धति थी। तत्त्वज्ञान की प्राप्ति ही इस संस्कार का मुख्य उद्देश्य रहा है। वेद की अनेक ऋचाओं का पाठ होता, जिसमें सामवेद (641) का पाठ प्रमुख रूप से होता, जिसका भावार्थ है—'अत्यंत वैभवशाली, उदार एवं पूज्य परमात्मन्! आप संपूर्ण वेद विद्याओं के ज्ञान से संपन्न हैं, आप सन्मार्ग और गम्य दिशाओं को भी जानते हैं। हे आदिशक्ति के स्वामिन्! आप हमें शिक्षा का सांगोपांग रहस्य बतला दें। आप हमें उपदेश दें।'

गणेश और सरस्वती की पूजा करने के बाद वेदारंभ (गुरुकुल) में प्रविष्ट होने का विधान है। ब्रह्मचर्य में विद्यार्थी भिक्षा माँगकर जो लाता है, आचार्य को समर्पित करता है, जिसमें से कुछ अंश निकालकर शेष भिक्षा ब्रह्मचारी को वापस कर दी जाती। इसके पश्चात् ही यज्ञ कार्य संपन्न माना जाता।

तीन धागों वाले सूत्र को यज्ञ-सूत्र या यज्ञोपवीत कहा जाता। इसे धारण कर लेने का अभिप्राय यह है कि अब यह बालक विद्याभ्यास करने लगा है। चूँकि पूर्वकाल में शरीर पर कुरता आदि नहीं पहना जाता, बल्कि नीचे धोती ऊपर मात्र एक अनसिला अंगवस्त्र डाला जाता। ऐसी अवस्था में यज्ञोपवीत बाहर से दिख जाता। कालांतर में भी यह कपड़े के ऊपर ही डाला जाता। वर्तमान में यह व्यवस्था भी नहीं रही। यज्ञोपवीत में तीन सूत्र तीन ऋणों के सूचक हैं—ऋषिऋण, पितृऋण, देवऋण। प्रथम ऋण वेद विद्या के अध्ययन से, द्वितीय ऋण गृहस्थाश्रम, तृतीय ऋण गृहस्थ को त्यागकर देश-सेवा करने से मुक्त होता। इसलिए ये तीनों ऋण ब्रह्मचर्य, गृहस्थ और वानप्रस्थ तीन आश्रम के सूचक हैं। अत: जब व्यक्ति इन तीनों ऋणों से मुक्त हो जाता, अर्थात् तीनों आश्रमों को लाँघ जाता, तब इस सूत्र को यज्ञ की अग्नि में डाल देता और संन्यास आश्रम में प्रविष्ट हो जाता। वैदिक काल से यह जीवन व्यवस्था रही है।

वैदिक काल में प्रारंभ से शिक्षा गुरुकुल में ही ली जाती। उसके अपने नियम और अनुशासन होते। गुरुकुल में वेदमार्ग पर चलना सिखाया जाता। त्रेता में राजकुमार होते हुए

भी श्रीराम वसिष्ठजी के गुरुकुल गए। शिक्षा भी दो तरह की होतीं—एक सैद्धांतिक तथा दूसरी व्यावहारिक। श्रीराम को पहली शिक्षा ऋषि वसिष्ठ ने दी तथा दूसरी विश्वामित्रजी द्वारा ताटका वध में मिली।

वैदिक काल में शिक्षा केंद्र (गुरुकुल) प्रकृति के वैभवपूर्ण स्थलों में होते थे। ऋग्वेद (8.6.28) में ऋषि वत्स काण्व कहते हैं—'पर्वत की उपत्यका (घाटी) और नदियों के संगम पर (किए गए प्रयोगों से) विप्र बनता है।' इस तरह से शिष्य का प्रकृति से सीधा संपर्क स्थापित होता। वैदिक शिक्षा में गुरुकुल का नाम दिया जाता। इसके द्वारा बालक गुरु के कुल से जुड़ जाता, अर्थात् एक छोटे परिवार से बृहद परिवार का सदस्य बनता। अर्थात् सही अर्थों में समाजवाद का भाव अपने आप सभी के साथ जुड़ गया। ऋषियों का यह एक ऐसा विचार था, जिसके आधार पर वैदिक समाज हजारों साल समृद्ध रहा।

अनेक संदर्भों में गुरुकुल और आश्रम एक-दूसरे के पर्याय हैं। आश्रम का मूलभूत भाव है—श्रम, इसे तपस्या भी कहा जाता है। यहाँ श्रम ही श्रम है, आलस्य का स्थान नहीं, सदा सजग सचेत रहना पड़ता है। अथर्ववेद के ग्यारहवें कांड के सातवें सूक्त का नाम ही ब्रह्मचर्य सूक्त है। इसमें 'तप' शब्द का प्रयोग अनेक बार हुआ है। ब्रह्मचारी, जो ब्रह्म में विचरण करे (चर्य) वह ब्रह्मचारी है। *ऋषि जुहू ब्रह्मजाया* (ऋ. 10.109.5) कहते हैं—'हे देवगण! सर्वव्यापी बृहस्पति देव विरक्त होकर ब्रह्मचर्य नियम का निर्वाह करते हुए सर्वत्र विचरण करते हैं।'

इन शब्दों की संक्षिप्त और सरल व्याख्या से आपको बहुत-कुछ स्पष्ट हुआ होगा, ऐसा मेरा मानना है।"

"हाँ, स्पष्ट हो रहा है, लेकिन साथ ही जिज्ञासा भी बढ़ रही है। गुरुकुल का पाठ्यक्रम क्या होता?"

"यह अति महत्त्वपूर्ण प्रश्न है, जिसको लेकर आधुनिक जन में भ्रम है। गुरुकुल में अध्यापन के विषय जानने के लिए यह समझें कि वैदिक संस्कृति में भौतिक ज्ञान और आध्यात्मिक ज्ञान दोनों पढ़ाया जाता, इन दोनों को आत्मसात् करने से ही जीवन का समग्र रूप सामने आता। भौतिक ज्ञान को 'अपरा' विद्या कहा जाता और आध्यात्मिक ज्ञान को 'परा' विद्या कहा जाता।

चारों वेद (ऋग्वेद, यजुर्वेद अथर्ववेद और सामवेद) के साथ-साथ जिन शास्त्रों और विषयों का अध्ययन कराया जाता है, उनके नाम हैं—अंग (वेदांग)—शिक्षा, कल्प, व्याकरण, निरुक्त, छंद, ज्योतिष। उपांग—पूर्व मीमांसा, वैशेषिक, न्याय, योग, सांख्य और वेदांत। उपवेद—आयुर्वेद, धनुर्वेद, गंधर्व वेद और अर्थवेद (शिल्पशास्त्र)। ब्राह्मण—ऐतरेय, शतपथ, पंचविंश और गोपथ।

अध्ययन में ऋग्वेद का उपवेद आयुर्वेद, जिसमें धन्वंतरि, सुश्रुत, पतंजलि व चरक आदि के आर्ष ग्रंथ हैं, का भी अध्ययन होता। इसको 'वैद्यक शास्त्र' भी कहते हैं। यजुर्वेद का उपवेद धनुर्वेद, जिसको शस्त्रास्त्र विद्या कहते हैं, जिसमें अंगिरा आदि का ग्रंथ है, को भी पढ़ाया जाता। सामवेद का उपवेद गंधर्व वेद, जिसमें नारद संहिता ग्रंथ है, उनको पढ़कर स्वर, राग, रागिणी, समय, वादित्र, ताल आदि का अभ्यास कराया जाता। अथर्ववेद का ऊपवेद अर्थवेद, जिसको शिल्पशास्त्र कहते हैं, जिसमें विश्वकर्मा और त्वष्टा ग्रंथ हैं, उनको पढ़कर विमान, तार, भूगर्भादि विद्याओं को साक्षात् कर पाते।

वेदाध्ययन अर्थात् वेदों का अध्ययन। वेद केवल अध्यात्म, दर्शन व धर्म के शास्त्र नहीं हैं, बल्कि लौकिक व अलौकिक सभी ज्ञान के भंडार हैं। वेद आदिकाल से हजारों-लाखों वर्ष का अनुभवजनित ज्ञान है। रामायण और महाभारत का भी पाठ होता। ये दोनों ग्रंथ वेद के व्याख्यान रूप हैं। इनके साथ-साथ पुराणों का भी अध्ययन होता। रामायण के रचयिता महर्षि वाल्मीकि को खगोल शास्त्र और समुद्र विज्ञान का भी ज्ञान था। रामायण के पाठ से यह हमें सरलता से समझ आता। गुरुकुल में कम-से-कम पाँच भाषाओं का ज्ञान आवश्यक होता—संस्कृत, हिंदी के अतिरिक्त एक देशी, एक स्थानीय और एक विदेशी भाषा।

गुरुकुल की शिक्षा में हस्तशिल्पों की शिक्षा भी शामिल होती। विद्यार्थी को जीवन की वास्तविकताओं से परिचित कराया जाता। यह उस युग की उत्तम शिक्षा व्यवस्था का प्रमाण है। यही कारण है कि लक्ष्मण वनवास में पहले चित्रकूट, फिर पंचवटी में पर्णकुटी (सुंदर कुटिया) का निर्माण कर सके (वा.रा. 2.56.20, 3.15.20)। इस तरह गुरकुल में सभी ज्ञान प्राप्त होते। इन विद्याओं को पढ़कर गुरुकुल का विद्यार्थी महाविद्वान् होकर अपने और सब जगत् के कल्याण और उन्नति करने में सदा प्रयत्नशील रहता।

और हाँ, सभी संस्कारों में यज्ञ कराए जाते, उसको कराने के पीछे एक सामान्य कारण यह भी होता कि यज्ञ में किए जानेवाले कर्मकांड और मंत्रों का उच्चारण सामूहिक रूप से होता। इन मंत्रों में ज्ञान है, संस्कार है, समाज को संदेश है, जो फिर जन-जन तक उत्सव के रूप में पहुँचता रहता। इसी तरह वेद उपनिषद् का ज्ञान पीढ़ियों में आगे हस्तांतरित होता रहा।"

"आप लोगों की दिनचर्या क्या होती? दैनिक जीवन के लिए क्या दिशा-निर्देश होते?"

"ब्रह्ममुहूर्त में उठना, 5 बजे प्रात:काल मंगल आरती, 7 बजे योग और कुश्ती, फिर नाश्ते के पश्चात् आश्रम में पढ़ाई, दोपहर में गौ सेवा, शाम में तीरंदाजी और कोई भी खेल खेला जाता। बीच-बीच में प्रमुख आचार्यों के प्रवचन और शास्त्रार्थ होता, दोनों

संध्याकाल में पूजन। आश्रम में स्वच्छता अभियान, पौधरोपण नियमित रूप से होते। आश्रम में कृषि कार्य भी करना होता।

आपके दूसरे प्रश्न के उत्तर के लिए वेदारंभ में उपदेश है—तू आज से ब्रह्मचारी है। दुष्ट कर्मों को छोड़ धर्म किया कर। दिन में शयन कभी मत करना। आचार्य के अधीन धर्माचरण में रहा कर, परंतु यदि आचार्य अधर्म करने का उपदेश दे तो तू उसको मत मान और उसका आचरण मत कर। क्रोध और मिथ्या भाषण करना छोड़ दे। आठ प्रकार के मैथुन (स्त्री का ध्यान, कथा, स्पर्श, क्रीड़ा, दर्शन, आलिंगन, एकांतवास और समागम) को छोड़ दे। भूमि में शयन करना। अति भोजन, अति निद्रा कभी मत करना। निंदा, लोभ, भय, मोह, शोक का ग्रहण कभी मत करना। रात्रि के चौथे पहर में जाग, आवश्यक शौचादि, दंत धावन, स्नान, संध्योपासना, ईश्वर की स्तुति प्रार्थना और उपासना, योगाभ्यास का आचरण नित्य किया कर। क्षौर (सिर के बाल काटना) मत करा। मांस मत खा और मद्यादि मत पी। बैल, घोड़ा, हाथी, ऊँट आदि की सवारी मत कर। जूता और छत्र धारण मत कर। नित्य युक्ति से आहार-विहार करके विद्या ग्रहण में यत्नशील हो। सुशील, थोड़ा बोलनेवाला, सभा में बैठने योग्य गुण ग्रहण कर। युवावस्था में यह सब करने पर व्यक्ति में किस तरह के संस्कार बनेंगे, कल्पना की जा सकती है।"

"क्या कन्या भी गुरुकुल जाती थी?"

"हाँ, कन्या का भी उपनयन संस्कार होता रहा है। वे भी यज्ञोपवीत धारण करतीं। ब्रह्मसूत्र यज्ञोपवीत का दूसरा नाम है। अथर्ववेद (11.7.18) के अनुसार कन्या ब्रह्मचारिणी रहकर ही युवा पति को प्राप्त होती है, अर्थात् कन्याओं को वेदाध्ययन का अधिकार वैदिक काल से प्राप्त था। वेद स्पष्ट निर्देश करते हैं कि जैसे लड़के पूर्ण ब्रह्मचर्य और पूर्ण विद्या पढ़, पूर्ण युवक होकर ही अपने सदृश कन्या से विवाह करें, वैसे ही कन्या भी अखंड ब्रह्मचर्य से पूर्ण विद्या पढ़, पूर्ण युवती हो, अपने तुल्य पूर्ण युवावस्था वाले पति को प्राप्त होएँ। जो बालक को पाँच वर्ष आयु तक माता, पाँच से आठ वर्ष तक पिता, आगे पच्चीस वर्ष तक (और कन्या को भी इसी तरह आठ से चौबीस वर्ष तक) आचार्य की शिक्षा प्राप्त हो, तभी (पुरुष और स्त्री) विद्यावान होकर धर्म, अर्थ, काम, मोक्ष के व्यवहारों में संस्कारित माने जाएँगे। इसको पूर्ण करके सर्व रोगों से रहित, सर्व विद्यादि, शुभ गुण, कर्म, स्वभाव सहित होगा।"

"ब्रह्मचर्य काल के लिए शास्त्रों के क्या उपदेश हैं और इसका लाभ क्या है?" जनकात्मजा की जिज्ञासा बढ़ती जा रही थी।

"ब्रह्मचर्य काल का वर्णन छांदोग्योपनिषद् (3.16.1-7) के मंत्रों में हुआ है। यह मनुस्मृति में भी उपलब्ध है। सत्य तो यह है कि जो मनुष्य अपने संतान, कुल, संबंधी और देश की उन्नति करना चाहे वे आगे कही हुई बातों का यथावत् आचरण करे।

मनु (2.93) कहते हैं—कर्ण, नेत्र, त्वचा, जिह्वा, नासिका (ये पाँच ज्ञानेंद्रियाँ हैं) और—गुदा, शिशन, हस्त, पाद तथा वाणी (ये पाँच कर्मेंद्रियाँ हैं), ये मिलकर दस इंद्रियाँ हैं। मनु (2.94) दस इंद्रियों में से प्रथम पाँच ज्ञानेंद्रियों से (सुनना, छूना, देखना, चखना और सूँघना आदि के रूप में ज्ञान प्राप्त होता है। उदाहरणार्थ—कान सुनते हैं, करते कुछ नहीं, वे प्रिय-अप्रिय सुनकर अनुकूल-प्रतिकूल क्रिया नहीं करते। जबकि दूसरी तरफ पाँच इंद्रियाँ (गुदा, शिशन, हाथ, पॉव तथा वाक्) कर्मेंद्रियाँ हैं, इनसे ही मनुष्य सभी प्रकार के कार्य करता है। मनु (2.95)—एकादशवी इंद्रिय मन है, जो अपने गुण के कारण उभयात्मक है, अर्थात् दोनों ज्ञानेंद्रिय और कर्मेंद्रिय है। इस मन के वश में हो जाने पर दोनों पंच वर्गों की इंद्रियाँ वश में की जाती हैं। यहाँ वश में करना अर्थात् नियंत्रित और नियमित करना है। मनु (2.96)—जीव इंद्रियों के प्रसंग से ही विषयों में आसक्त होता है और विभिन्न दोष को प्राप्त करता है। इसके विपरीत इंद्रियों पर संयम रखने में, विषयों में अनासक्त रहने से सिद्धि अर्थात् ब्रह्मप्राप्ति रूपी लक्ष्य इंद्रियों के माध्यम से प्राप्त कर लेता है। अभिप्राय यह है कि इंद्रियों का दास होने की अपेक्षा उनका नियामक या स्वामी बनना चाहिए। मनु (2.97)—सत्य यह है कि एक इच्छा पूरी होने पर संतुष्टि नहीं होती। एक पूरी होने पर दूसरी इच्छा उठ खड़ी होती है तथा उसके पूरा होने पर तीसरी इच्छा उत्पन्न हो जाती है। इससे मनुष्य को सच्चा सुख नहीं मिलता। अतः सच्चा सुख तो वास्तव में इंद्रियों पर संयम रखने में ही है। मनु (2.98)—व्यक्ति इंद्रियों के द्वारा सभी विषयों को भोगता है, फिर भी अतृप्त और असंतुष्ट रहता है। इंद्रियों के शिथिल हो जाने पर विषय-सुख सुलभ होने पर भी उन्हें भोग नहीं पाता। इसके विपरीत, दूसरा व्यक्ति स्वेच्छा से ही विषयों का परित्याग कर आत्म-विश्रांति के सुख का अनुभव करता है, अर्थात् काम्य विषयों को भोगने की अपेक्षा उनका परित्याग महत्त्व रखता है। मनु (2.99)—इंद्रियों को जीतने के लिए विषयों में छिपे दोषों की जानकारी होनी चाहिए। इस जानकारी से ही मनुष्य इंद्रियों पर नियंत्रण रखने में सफल हो पाता है। मनु (2.100)—इंद्रियों के अधीन व्यक्ति वेद-अध्ययन, यज्ञानुष्ठान तथा तप-साधना आदि कुछ भी सिद्ध नहीं कर पाता, अर्थात् सत्कर्मों में प्रवृत्त नहीं हो पाता। मनु (2.101)—प्रिय व अप्रिय के सुनने से, कोमल-कठोर के स्पर्श से, सुंदर-असुंदर देखने से, स्वादिष्ट-अस्वादिष्ट के खाने से, सुगंधित-दुर्गंधित के सूँघने से जिस व्यक्ति को किसी भी प्रकार का हर्ष-विषाद नहीं होता, अर्थात् समस्थिति रहती है, वह जितेंद्रिय है। मनु (2.103)—विवेकशील पुरुष के लिए उचित है कि वह दसों इंद्रियों के साथ ही अपने मन को वश में करके सभी प्रयोजन अर्थात् धर्म, अर्थ, काम और मोक्ष रूपी चारों पुरुषार्थों को सिद्ध करे। इससे शरीर को साधने में किसी भी प्रकार के कष्ट की अनुभूति नहीं होगी।

उपरोक्त निर्देशों के अतिरिक्त गुरुकुल के आचार्य ने प्रारंभ में ही हमें कह दिया था—उत्तम विद्या की श्रद्धा करता हुआ पुरुष अपने से न्यून से भी विद्या पावे तो ग्रहण करें। किसी भी वर्ण से उत्तम धर्म को ग्रहण करे। इस तरह से ब्रह्मचर्याश्रम में उत्तम गुण सीखे।

प्रधान आचार्य ने तो यहाँ तक कह दिया था—'हे शिष्य! जो तेरे माता-पिता, आचार्य आदि के अच्छे धर्मयुक्त उत्तम कर्म हैं, उन्हीं का आचरण तू कर। और जो हमारे दुष्ट कर्म हों, उनका आचरण कभी मत कर। हे ब्रह्मचारिन्! तू सत्य धारण कर, पढ़ और पढ़ाया कर और सत्योपदेश करना कभी मत छोड़। हर्ष-शोकादि छोड़, प्राणायम, योगाभ्यास कर।'

इन उपदेशों के बाद गुरुकुल में हमारा प्रवेश हुआ था। ...एक मिनट के लिए क्षमा चाहता हूँ, मेरा एक फोन है...हाँ भरतेंद्र भाई...यहाँ सब ठीक है, चिंता करने की आवश्यकता नहीं...भ्राताश्री को कहूँगा आपसे और रिपुदमन से बात करने के लिए...अभी मेरे साथ एक सहयात्री हैं...उनसे बात कर रहा हूँ...फिर आराम से बात करूँगा...प्रणाम।"

"आपके भाई भरतेंद्र और रिपुदमन भी हैं?"

"हम भाई जैसे ही हैं। संयोग से आश्रम में हमारी उम्र के दो युवक हैं—भरतेंद्र और रिपुदमन।"

"सौमित्र का अर्थ तो लक्ष्मण है, भरतेंद्र तो भरत हैं ही और रिपुदमन का अर्थ शत्रुघ्न होता है तो क्या आप चारों में भी आत्मीय प्रेम है?" जनकात्मजा के चेहरे पर भावपूर्ण आश्चर्य उभरा था।

"जी हाँ!" सौमित्र पहले चौंका था, फिर जनकात्मजा की बात पर मुसकराया था।

"रामकथा में चारों भाइयों के प्रेम के बारे में तुम्हारा क्या मत है?"

"वह प्रेम अद्‍भुत है। उदाहरण देखिए, श्रीराम सदा धनुर्वेद का अभ्यास करते और पिताजी की सेवा में लगे रहते (वा.रा. 1.18.27)। यह परिवार में संस्कारों का प्रमाण है, जहाँ बड़ा बेटा पिता की सेवा में है, वहीं छोटा भाई लक्ष्मण बड़े भाई श्रीराम की सेवा में रहते (वा.रा. 1.18.29)। बचपन में राम मृगया खेलने (शिकार) जाते तो लक्ष्मण धनुष लेकर उनका साथ देते तथा उनकी रक्षा करते हैं (वा.रा. 1.18.31)। ठीक इसी तरह शत्रुघ्न भरतजी को प्राणों से भी अधिक प्रिय थे और शत्रुघ्न भी भरत की सेवा में लगे रहते (वा.रा. 1.18.32)। यह परिवार में संस्कारों का फल है, जिसके अनेक लाभ व सुख रामकथा में आगे देखने-सुनने को मिलते हैं।"

"सत्य कहा, स्वीकार करती हूँ। हे सौमित्र! गुरुकुल के संदर्भ में जो बातें तुमने कही हैं, सुनकर मैं आनंद में हूँ। गुरुकुल के संदर्भ में ही मुझे महर्षि विश्वामित्र का नाम स्मरण हो रहा हैं। महर्षि विश्वामित्र का व्यक्तित्व विराट् है। उनके संदर्भ में कुछ कहो।"

"विश्वामित्र अपनी प्रदीर्घ तपश्चर्या के लिए प्रसिद्ध हैं। वे अपराजित, अचिंत्य कर्मा, तपसा, अमितप्रभ, परमांगतिम् हैं (वा.रा. 1.51.13.14)। ऐसे अद्भुत सामर्थ्य वाले, संसार का कल्याण करनेवाले सक्षम विश्वामित्र का मार्गदर्शन श्रीराम के चरित्र-निर्माण में अहम भूमिका निभाता है। यहाँ तपस्या का अर्थ ज्ञान अर्जित करना है। तभी विश्वामित्र महर्षि कहलाए, जिन्होंने कालांतर में श्रीराम को अनेक तरह की अस्त्र-शस्त्र विद्या दी थी।

विश्वामित्रजी को बार-बार तपस्या क्यों करनी पड़ी? इसका उत्तर रामकथा में उपलब्ध है। यह कथा शतानंदजी ने श्रीराम को राजा जनक की उपस्थिति में सुनाई (वा.रा. 1.51-65)। कारण अप्सरा मेनका और रंभा के कथा में आगमन से स्पष्ट होता है। समुद्र मंथन करने से अप (जल) में उसके रस से सुंदर स्त्रियाँ उत्पन्न हुई हैं, इसलिए अप्सरा कहलाईं (वा.रा. 1.45.33)। अप्सराओं के सामने विश्वामित्र को भी परीक्षा देनी पड़ी थी। पहले मेनका के कारण काम के अधीन हो जाना और फिर रंभा के कारण क्रोध के अधीन। अर्थात् विश्वामित्र जब तक जितेंद्रिय नहीं हुए, तब तक उन्हें ब्राह्मणत्व प्राप्त नहीं हुआ। इससे स्पष्ट हुआ कि ब्रह्मर्षि का पद प्राप्त करने अर्थात् ज्ञान प्राप्त करने के लिए इंद्रियों का पूर्ण वश में होना आवश्यक है।

महर्षि विश्वामित्र का विराट् चरित्र रामकथा में अति महत्त्वपूर्ण है। इसने श्रीराम के व्यक्तित्व पर गहरा प्रभाव डाला। वाल्मीकि रामायण में अनेक प्रसंग हैं, जिससे महर्षि विश्वामित्र और श्रीराम के व्यक्तित्व को जाना जा सकता है, जो फिर समाज को संदेश भी देते हैं। विशेषकर गुरुकुल में इन प्रसंगों के माध्यम से आचार्य अपने विद्यार्थियों को जीवन का अनुभव बाँटते। कुछ उदाहरण लेते हैं—मुनि विश्वामित्र का श्रीराम को वन में मारीच और सुबाहु जैसे राक्षस के वध के लिए ले जाने का आग्रह करना उनको फील्ड ट्रेनिंग देने के समान है। तभी तो वे राजा दशरथ से कहते हैं (वा.रा. 1.19.10)—'श्रीराम मुझसे सुरक्षित रहकर अपने दिव्य तेज से उन विघ्नकारी राक्षसों का नाश करने में समर्थ हैं। मैं इन्हें अनेक प्रकार का श्रेय प्रदान करूँगा।' यहाँ श्रेय नया ज्ञान ही है।

विश्वामित्र जब श्रीराम को वन ले जाना चाहते थे, तब उनकी उम्र सोलह वर्ष की थी (वा.रा. 1.20.2) और दशरथ की उम्र साठ की थी (वा.रा. 1.20.10)। श्रीराम और लक्ष्मण के हाथों में धनुष थे, पीठ पर तरकश बाँध रखे थे (वा.रा. 1.22.7), हाथों की उँगलियों में गोहटी के चमड़े के बने हुए दस्ताने पहन रखे थे। उनके कटि प्रदेश में तलवार लटकी थी (वा.रा. 1.22.9-10)। विश्वामित्रजी ने सर्वप्रथम बला और अतिबला मंत्र समुदाय को सरयू के तट पर श्रीराम को ग्रहण करने को कहा (वा.रा. 1.22.12-13)। ये बला और अतिबला नामक विद्याएँ सब प्रकार के ज्ञान की जननी हैं

(वा.रा. 1.22.17)। यह श्रीराम का पहला पाठ था मुनि विश्वामित्र द्वारा। दोनों राजकुमार उस रात सरयू के तट पर तृण की शैया पर सोए थे (वा.रा. 1.22.24)। यह उन दिनों के छात्र जीवन का वर्णन है।

राम एक जिज्ञासु छात्र बनकर विश्वामित्र एवं अन्य महर्षियों से प्रश्न पूछते रहते हैं। अनेक उदाहरण हैं, दो-तीन लेते हैं। मिथिला जाते समय मार्ग में श्रीराम मुनिश्रेष्ठ विश्वामित्र से कौतूहलपूर्वक पूछते हैं—'भगवन्! यह हरे-भरे समृद्धिशाली वन से सुशोभित देश कौन सा है (वा.रा. 1.31.22-23)।' गंगा के तट पर पहुँचकर गंगाजी के बारे में प्रश्न पूछते हैं (वा.रा. 1.35.12)। श्रीराम गंगा के उस पार विशाला पहुँचकर मुनि विश्वामित्र से पुनः प्रश्न पूछते हैं—'विशाला में कौन सा राजवंश राज्य कर रहा है (वा.रा. 1.45.12)।' और उत्तर में मुनिवर विशालापुरी का प्राचीन इतिहास बताते हैं। यह विद्या लेने और देने की अद्भुत कला है। यही नहीं, वनवास में भी चित्रकूट के लिए भरद्वाजजी से मार्ग पूछते हैं, वाल्मीकिजी से स्थान पूछते हैं और अगस्त्यजी से राक्षसों को मारने का उपाय पूछते रहते हैं।

ताटका वध उदाहरण है कि गुरु केवल शास्त्र ही नहीं पढ़ाता, बल्कि शस्त्र ज्ञान का विवेकसम्मत और परिस्थिति अनुकूल व्यावहारिक उपयोग करने की सीख भी देता है, जिससे दैनिक जीवन में परिस्थितियों के अनुरूप उसका उपयोग करने की क्षमता शिष्य में आ सके। कालांतर में यही व्यावहारिक ज्ञान वनवास के समय श्रीराम के लिए अत्यंत उपयोगी सिद्ध हुआ।

विश्वामित्र श्रीराम से कहते हैं—'नरश्रेष्ठ! तुम ताटका वध में स्त्री हत्या का विचार करके इसके प्रति दया न दिखाना। एक राजा/राजपुत्र को चारों वर्ण, अर्थात् सभ्य मानव जाति के हित के लिए स्त्री हत्या भी करनी पड़े तो उससे मुँह नहीं मोड़ना चाहिए। प्रजा की रक्षा के लिए क्रूरतापूर्ण और सदोष कर्म भी करना पड़े तो कर लेना चाहिए। चूँकि ताटका महापापिन है और उसमें धर्म का लेशमात्र भी नहीं है, अतः उसे मार डालो (वा.रा. 1.25.17-19)।' यह कथन राजा के संस्कार बतलाता है और राजा का धर्म भी। विश्वामित्र आगे उदाहरण भी देते हैं—'जब विरोचन की पुत्री मंथरा पृथ्वी का नाश करना चाहती थी, तब इंद्र ने उसका वध किया था। जब शुक्राचार्य की माता तथा भृगु की पत्नी त्रिभुवन को इंद्र से शून्य कर देना चाहती थी, तब विष्णु भगवान् ने उनको मार डाला था (वा.रा. 1.25.20-21)।'

उत्तर में श्रीराम ने मुनि विश्वामित्र से कहा, 'मेरे पिता ने मुझे यह उपदेश दिया था कि 'बेटा! तुम पिता के कहने से पिता के वचनों का गौरव रखने के लिए कुशिकनंदन विश्वामित्र की आज्ञा का पालन करना।' मैं गौ, ब्राह्मण तथा समूचे देश का हित करने के लिए आपके आदेश का पालन करने को तैयार हूँ (वा.रा. 1.26.3-5)।' यह कथन

श्रीराम के व्यक्तित्व और उनके पुत्र व शिष्य होने के साथ-साथ एक क्षत्रिय होने के संस्कारों का प्रमाण है।

श्रीराम जब ताटका का वध करते हैं तो सभी देवता प्रसन्न होते हैं और विश्वामित्र से कहते हैं—'कुशिकनंदन! आपने इंद्र सहित संपूर्ण देवताओं को संतुष्ट किया है। अब रघुकुल तिलक श्रीराम पर आप अपना स्नेह प्रकट कीजिए। प्रजापति कृशाश्व के अस्त्र रूपधारी पुत्रों को श्रीराम को समर्पित कीजिए। श्रीराम आपके अस्त्रदान के सुयोग्य पात्र हैं (वा.रा. 1.26.28-30)।' इस कथन का अर्थ है कि श्रीराम एक परीक्षा में उत्तीर्ण हुए और उन्हें इसका पारितोषिक मिलना चाहिए। या दूसरे शब्दों में श्रीराम अगले स्तर के ज्ञान प्राप्ति के योग्य हो गए हैं।"

"ओह! अब मैं समझी कि तुम्हारे भ्राताश्री को उस राक्षसी को चलती ट्रेन से बाहर फेंकने में संकोच क्यों नहीं हुआ। मैं तो वह दृश्य याद करके अब भी सिहर उठती हूँ, जबकि उसको बीते घंटों हो चुके हैं। कल्पना करो, अगर तुम्हारे भ्राताश्री ने उन दोनों राक्षसों और राक्षसी को ट्रेन से बाहर न फेंका होता तो उन्होंने मिलकर तुम्हारे भ्राताश्री को बाहर फेंक देना था और फिर जो गुंडागर्दी वे हम सब पर, विशेषकर उस सीधे-सरल परिवार के साथ करते, सोचकर ही मैं काँप उठती हूँ। इन राक्षस प्रवृत्ति वालों ने विश्वभर में अराजकता फैला रखी है और इनका यही एकमात्र उपाय है।"

"लो, आपने भ्राताश्री को याद किया और वे आ पहुँचे।"

"आपकी ही बात हो रही थी। किससे मिलकर आ रहे हैं आप?"

"माई से।"

"ये माई कौन है?"

"सुना है, माताश्री-पिताश्री जब मेरे जन्म से पूर्व अयोध्या आए थे, पुत्र-प्राप्ति की मनोकामना लेकर, तब माई उन्हें यात्रा में मिली थी। तब से वे उनका ध्यान रखते हैं। और अब मैं और सौमित्र भी जब कभी अयोध्या आते हैं तो उनसे अवश्य मिलते हैं। अनुज! माई तुम्हें पूछ रही थीं, कह दिया कि हमारे साथ ट्रेन की एक सहयात्री भी अयोध्या आई हुई हैं तो उनके साथ हैं।"

"मैं भी मिलना चाहूँगी।" जनकात्मजा बोल पड़ी थी।

"अवश्य। लेकिन वह आपसे वहीं रुकने की जिद कर सकती हैं और उनकी कुटिया आपके रहने योग्य नहीं।"

"लेकिन आप दोनों तो वहीं रुकते हैं।"

"हाँ, उन्हें इससे खुशी मिलती है। तो चलें। आपको आपके होटल छोड़ देते हैं, फिर हम दोनों भाइयों को जाना होगा।"

"थोड़ा रुकिए। मुझे उस ट्रेन हादसे के बाद से थोड़ा भय लग रहा है और फिर हम

रामकथा पर बात कर रहे थे, सौमित्र को अच्छा ज्ञान है।"

"क्या आपको भी रामकथा में रुचि है?"

"बहुत अधिक। श्रीराम मेरे आदर्श हैं, मेरे आराध्य हैं। इसी कारण तो मैं अयोध्या आती रहती हूँ।"

"अति सुंदर! रामकथा के किस विषय पर बात हो रही थी?"

"ताटका वध के संदर्भ में।"

"आप जानती हैं कि ताटका वध के बाद क्या हुआ था? विश्वामित्रजी ने श्रीराम को क्या दिया था?"

"नहीं, कैप्टन।"

"बताओ सौमित्र! तुम्हीं आगे बताओ।"

"जी भ्राताश्री। महर्षि विश्वामित्र ने श्रीराम को अनेक प्रकार के अस्त्र दिए। महामुनि विश्वामित्र श्रीराम से कहते हैं (वा.रा. 1.27)—'महायशस्वी, राजकुमार! तुम्हारा कल्याण हो। ताटका वध के कारण मैं तुम पर बहुत संतुष्ट हूँ। अतः बड़ी प्रसन्नता के साथ तुम्हें सब प्रकार के अस्त्र दे रहा हूँ। इनके प्रभाव से तुम अपने शत्रुओं को, चाहे वे देवता, असुर, गंधर्व अथवा नाग ही क्यों न हों, रणभूमि में बलपूर्वक अपने अधीन करके उन पर विजय पा जाओगे। वीर! मैं तुमको दिव्य और महान् दंडचक्र, धर्मचक्र, कालचक्र, विष्णुचक्र तथा भयंकर ऐंद्रचक्र देता हूँ (वा.रा. 1.27.4-5)। नरश्रेष्ठ! इंद्र का वज्रास्त्र, शिव का श्रेष्ठ त्रिशूल तथा ब्रह्माजी का ब्रह्मशिर नामक अस्त्र भी दूँगा। साथ ही तुम्हें ऐषीकास्त्र तथा परम उत्तम ब्रह्मास्त्र भी प्रदान करता हूँ (वा.रा. 1.27.6)। कुलभूषण। दो अत्यंत उज्ज्वल और सुंदर गदाएँ, जिनके नाम मोदकी और शिखरी हैं, तुम्हें अर्पण करता हूँ। धर्मपाश, कालपाश और वरुणपाश भी बड़े उत्तम अस्त्र हैं, इन्हें भी तुम्हें अर्पित करता हूँ (वा.रा. 1.27.7-8)। रघुनंदन! सूखी और गीली दो प्रकार की अशनि और पिनाक एवं नारायणास्त्र भी तुम्हें दे रहा हूँ। अग्नि का आग्नेय शस्त्र, जो शिखरास्त्र के नाम से प्रसिद्ध है, तुम्हें अर्पण करता हूँ। अस्त्रों में प्रधान, जो वायव्यास्त्र है, वह भी तुम्हें दे रहा हूँ (वा.रा. 1.27.9-10)। राघव! हयशिरा नामक अस्त्र, क्रौंच अस्त्र भी तुम्हें देता हूँ। कंकाल, घोर मूसल, कपाल तथा किंकणी आदि अस्त्र, जो राक्षसों के वध में उपयोगी होते हैं, तुम्हें दे रहा हूँ (वा.रा. 1.27.11-12)। राजकुमार! नंदन नाम से प्रसिद्ध विद्याधरों का महान् अस्त्र तथा उत्तम खड्ग भी तुम्हें अर्पित करता हूँ। गंधर्वों का प्रिय सम्मोहन अस्त्र तथा प्रस्वापन, प्रशमन तथा सौम्य अस्त्र भी देता हूँ (वा.रा. 1.27.13-14)। पुरुष सिंह! वर्षण, शोषण, संतापन, विलापन तथा कामदेव का प्रिय दुर्जय अस्त्र मादन, गंधर्वों का प्रिय मानवास्त्र तथा पिशाचों का प्रिय मोहनास्त्र भी मुझसे ग्रहण करो (वा.रा. 1.27.15-17)। महाबाहु राम! तामस, महाबली सौमन, संवर्त,

दुर्जय, मौसल, सत्य और मायामय उत्तम अस्त्र भी तुम्हें अर्पण करता हूँ। सूर्य देवता का तेज:प्रभ नामक अस्त्र, जो शत्रु के तेज का नाश करनेवाला है, तुम्हें अर्पित करता हूँ (वा.रा. 1.27.18–19)। सोमदेवता का शिशिर नामक अस्त्र, त्वष्टा (विश्वकर्मा) का अत्यंत दारुण अस्त्र, भगदेवता का भयंकर अस्त्र तथा मनु का शीतेषु नामक अस्त्र भी तुम्हें देता हूँ (वा.रा. 1.27.20)। और अंत में महामुनि विश्वामित्र कहते हैं कि ये सभी अस्त्र इच्छानुसार रूप धारण करनेवाले, महान् बल से संपन्न तथा परम उदार हैं, तुम शीघ्र ही इन्हें ग्रहण करो (वा.रा. 1.27.21)।"

"इतने सारे अस्त्र! क्या यह संभव है?" जनकात्मजा की आँखों में उत्सुकता थी।

"ये अस्त्रों के मात्र नाम नहीं हैं। इतने नाम हैं, अर्थात् ये सभी भिन्न-भिन्न अस्त्र-शस्त्र रहे होंगे, अन्यथा महर्षि वाल्मीकि इनके नाम अलग-अलग क्यों लिखते या बताते। यह यथार्थ में अस्त्र विद्या है, तभी तो मुनि वाल्मीकि (वा.रा. 1.27.22) कहते हैं कि मुनिवर विश्वामित्रजी ने स्नान आदि से शुद्ध होकर पूर्वाभिमुख बैठकर श्रीराम को इन सभी उत्तम अस्त्रों का उपदेश दिया। अगले श्लोक में कहते हैं कि जिन अस्त्रों का संग्रह देवताओं के लिए भी दुर्लभ है, उन सबको विप्रवर विश्वामित्रजी ने श्रीराम को समर्पित कर दिया। अंत में श्रीराम अस्त्रों से कहते हैं (वा.रा. 1.27.27) कि आप सब मेरे मन में निवास करें, अर्थात् उन्होंने सभी ज्ञान को मन-मस्तिष्क में स्मरण कर लिया।"

"यह सब मेरी तो कल्पना से भी परे हैं। एक तरह से तो यह श्रीराम को पारितोषिक हुआ?"

"कह सकते हैं। या यह भी कह सकते हैं कि एक परीक्षा में उत्तीर्ण होने पर अगली कक्षा (स्तर) का ज्ञान उन्हें सौंपा गया।"

"शायद यही कहना उपयुक्त होगा। सौमित्र पूर्व में तुम यह कह भी तो चुके हो कि गुरु ने व्यावहारिक और उपयोगी ज्ञान दिया, अर्थात् ताटका वध एक प्रैक्टिकल परीक्षा थी श्रीराम की।" जनकात्मजा रामकथा में डूब रही थी।

"हाँ, गुरुदेव बनकर विश्वामित्र द्वारा अपने शिष्य श्रीराम की वनवास के लिए तैयारी थी। साथ ही ऐसा प्रतीत होता है कि अंतिम परीक्षा रावण वध की तैयारी करा रहे हैं। ईश्वर हमें आनेवाली कठिनाई के लिए तैयार करता है। गुरुजन भविष्यद्रष्टा होते हैं।"

"अद्भुत व्याख्या। सौमित्र! ताटका वन में और क्या-क्या हुआ? वह भी बतलाओ।"

"ताटका वन के दूसरी छोर पर सिद्धाश्रम था। यहाँ भगवान् विष्णु को सिद्धि प्राप्त हुई थी (वा.रा. 1.29.4–5)। यहीं पर भगवान् विष्णु ने कश्यप और अदित के गर्भ से वामन अवतार लिया था, जिन्होंने विरोचनकुमार राजा बलि से तीन पग भूमि के लिए याचना की थी और फिर तीनों लोकों को आक्रांत करके पुन: देवराज इंद्र को लौटा दिया

(वा.रा. 1,29.19-21)। इसी आश्रम मे विश्वामित्र भी यज्ञ करते थे, जहाँ राक्षस विघ्न डालने आया करते थे। इस सिद्धाश्रम में जब विश्वामित्र ने श्रीराम और लक्ष्मण के साथ प्रवेश किया तो अतिथि आगमन को दरशाते हुए वाल्मीकि लिखते हैं, उस समय पुनर्वसु नामक दो नक्षत्रों के बीच चंद्रमा की भाँति उनकी शोभा हुई (वा.रा. 1.29.25)।"

"आप दोनों भाइयों को मुझे लेकर कोई शंका तो नहीं? कहीं सोच रहे हो कि बिन बुलाए अतिथि की तरह गले पड़ गई।"

"नहीं महोदया! आज अतिथि के होने पर शंका उत्पन्न होती है, लेकिन वैदिक संस्कार में अतिथि का सत्कार कैसे होता था, इसके अनेक उदाहरण हैं। उनमें से एक है, जब विश्वामित्र दशरथ से मिलने जाते हैं, यहाँ अद्भुत वर्णन हुआ है (वा.रा. 1.18.42-59)। यही नहीं, अभी-अभी जैसाकि मैं बता रहा था कि जब ऋषि विश्वामित्र अपने ही आश्रम सिद्धाश्रम में वापस लौटते हैं तो सभी तपस्वी उनके पास आकर उनको पूजते हैं और दोनों राजकुमार श्रीराम और लक्ष्मण का भी अतिथि-सत्कार करते हैं (वा.रा. 1.29.26-27)। और फिर आप अतिथि नहीं, सहयात्री हैं, वह भी अयोध्याजी आनेवाले यात्रियों में से। अर्थात् आप रामभक्त हुईं और रामभक्त हमारे लिए देवतुल्य हैं।"

"धन्यवाद सौमित्र! लेकिन पता नहीं, तुम्हारे भ्राताश्री को यह वार्त्तालाप स्वीकार है या नहीं! क्योंकि चुप बैठे हैं।"

"नहीं-नहीं। मैं आनंद ले रहा हूँ। रामकथा के श्रवण में मुझे कभी भी कहीं भी कोई समस्या नहीं होती। आप महोदया अपने प्रश्न पूछें, सौमित्र यथासंभव उत्तर देगा।" कहकर रामवंशी सरयू की तरफ देखने लगा और राम की आराधना में डूबने लगा।

"जी भ्राताश्री। महोदया आप प्रश्न करें।"

"महर्षि विश्वामित्र द्वारा दिए गए शस्त्र ज्ञान का उपयोग श्रीराम कैसे करते हैं?'

"उसे भी सुनें व समझें महोदया—शीतेषु नामक मानवास्त्र से (मनु द्वारा प्रयुक्त) श्रीराम मारीच राक्षस को मूर्च्छित करके दूर फेंक देते हैं (वा.रा. 1.30.15-20)। इसके पश्चात् आग्नेयास्त्र से सुबाहु राक्षस को श्रीराम मार देते हैं और अन्य निशाचरों का संहार वायव्यास्त्र से करते हैं (वा.रा. 1.30.22-23)। अर्थात् शत्रु के गुण-दुर्गुण के अनुसार ही उस पर अस्त्र-शस्त्र का प्रहार करना चाहिए। यह प्रयोग अधिक उपयोगी होता है और सफल भी। ऐसे ही अनेक अस्त्र-शस्त्रों का वर्णन युद्धकांड में हुआ है।

एक रोचक बात बताता हूँ। विश्वामित्रजी ने श्रीराम द्वारा ताटका वध के पश्चात् जैसे उन्हें अस्त्र-शस्त्र का ज्ञान दिया था, ठीक उसी तरह सुबाहु व मारीच राक्षस को मारने के पश्चात् उन्हें राजा जनक के परम धर्ममय यज्ञ में साथ चलने के लिए कहा। मुनि कहते हैं—'वहाँ एक बड़ा ही अद्भुत धनुषरत्न है, तुम्हें उसे देखना चाहिए (वा.रा. 1.31.7)।' यह भी श्रीराम को एक पारितोषिक था, एक और परीक्षा पास करने

के पश्चात्। इसे व्यावहारिक विद्या संस्कार भी कह सकते हैं।"

"क्या इन अस्त्र-शस्त्र विद्याओं का ज्ञान उपलब्ध है? क्या अस्त्र विद्या अनिवार्य विषय है? क्या यह आज भी गुरुकुल में पढ़ाया जाता है?"

"गुरुकुल में पढ़ाया जाता रहा है और पढ़ाया जाना चाहिए। बिना शक्ति के न तो शांति संभव है और न ही समाज में व्यवस्था। सुरक्षा जीवन की प्रथम आवश्यकता है। वर्तमान में अस्त्र-शस्त्र विद्या की परंपरा प्रचलन में कम है, लेकिन हमारे आचार्य इस विषय में स्पष्ट मत रखते हैं। उन्होंने हमें सभी उपलब्ध जानकारी दी थी।"

"सत्य कह रहे हो, सौमित्र। वर्तमान में अस्त्र-शस्त्र विद्या की परंपरा का प्रचलन कम हुआ है, इसलिए हमारा उत्पीड़न बढ़ा है। ट्रेन में हुई दुर्घटना इसका उदाहरण हो सकता है कि कैसे दो राक्षस और एक राक्षसी ने पूरी बोगी को डरा दिया था और पूरे रास्ते वे सबको आतंकित करते रहे, मगर किसी की हिम्मत नहीं हुई रोकने की। हम गलत का विरोध करने का साहस भी खोते जा रहे हैं। अतः इन अस्त्र-शस्त्र के बारे में थोड़ा और बताओ।" इस बार सौमित्र ने एकाग्र होकर सुना। फिर कुछ देर ठहरकर ही बोलना प्रारंभ किया—

"महर्षि विश्वामित्र प्रसिद्ध व प्रचलित अस्त्र विद्या के जानकार थे, साथ ही नवीन अस्त्र का निर्माण करने की अद्भुत सामर्थ्य उनके पास था। राजकुमार राम को आगे चलकर रावण जैसे पराक्रमी और अजेय राक्षस से युद्ध करना होगा, इसे जानते हुए ही विश्वामित्र राम को अधिक शक्तिशाली और बलशाली बनाना चाहते थे। राम को अनेक मोर्चे पर युद्ध लड़ना पड़ेगा तो केवल शस्त्र विद्याएँ ही नहीं, अपितु मानसिक और वैचारिक दृष्टि से भी समर्थ, शक्तिशाली होना आवश्यक है। इस दृष्टि से उपयोगी सिद्ध होनेवाली अस्त्र विद्या का उपदेश राम को देने के लिए वे उत्सुक हुए। इसी संदर्भ में बला और अतिबला विद्याएँ देखी जानी चाहिए। इन विद्याओं को प्राप्त करने पर थकान या ज्वर कभी नहीं होगा। नींद या असावधानी रहने पर भी राक्षस पास नहीं फटक सकता। भूख और प्यास नहीं सताएगी। उत्साह और बल की वृद्धि, शत्रु के शस्त्राघात को सहन करने की क्षमता और क्षुधा एवं तृष्णा से बाधित न होने के गुणों के कारण ही इस विद्या को बला कहा गया है (वा.रा. 1.22)। श्रीराम को प्रारंभ में ही बला-अतिबला मंत्रों का उपदेश देकर समर्थ बनाना, महर्षि विश्वामित्र की लक्ष्यवेधी दूरदृष्टि है।

तलवार या गदा का उपयोग द्वंद्वयुद्ध में होता। धनुष-बाण का उपयोग युद्ध में होता। अस्त्र दो प्रकार के होते—(1) मंत्र शक्ति के बल पर चलाए जानेवाले अस्त्र को दैवी अस्त्र कहा जाता। योद्धा धनुष की प्रत्यंचा पर तीर चढ़ाकर विशिष्ट देवता के मंत्र का मन-ही-मन ध्यान कर बाण छोड़ने पर वह अस्त्र विशेष रूप में प्रकट होता। (2) यांत्रिक साधनों से फेंके जानेवाले। ये बाण कई प्रकार के होते—'क्षुर', जिसका अग्रभाग

नाई के छुरे के समान हो। 'क्षुरप्र' अर्धचंद्राकार बाण। 'नाराच' पूर्णतः लोहे का बना हुआ बाण। 'वत्सदंत', जिसका अग्रभाग बछड़े के दाँत के समान हो। 'शिलीमुख' जिसका मुखभाग वक विशेष (कंक) की पांखों के समान हो। 'कर्णी', जिसके पार्श्व भाग में कान का सा आकार बना हो। 'शल्य', जिसका अग्रभाग बड़ा हो। 'विपाठ' कनेर के पत्ते के अग्रभाग के समान आकार वाले बाण का नाम है (वा.रा. 6.76.6-7)। जिस बाण का अग्रभाग फरसे के समान होता, उसे 'भल्ल' कहते। जिसका मुख भाग दोनों हाथों की अंजलि के समान होता, उसे 'अंजलिक' कहा जाता। सिंह की दाढ़ के समान अग्रभाग वाला बाण 'सिंहदंष्ट्र' कहलाता (वा.रा. 6.45.23)।

अनेक अस्त्रों के उदाहरण रामायण में उपलब्ध हैं। **आग्नेयास्त्र :** यह विस्फोटक बाण होता। इसे छोड़ने पर चारों ओर अग्नि फैलकर सब वस्तुओं और मनुष्यों को जलाकर राख कर देती। इसका मुकाबला करने के लिए पर्जन्यास्त्र का उपयोग किया जाता। **पर्जन्यास्त्र :** इससे कृत्रिम तूफान उठता, बिजली कड़कती और बरसात होने लगती। **वायव्यास्त्र :** इससे आँधी-तूफान चलने लगते। **पन्नगास्त्र :** इससे चारों तरफ साँप दिखाई देते और शत्रुपक्ष में भगदड़ मच जाती। इस अस्त्र का प्रतिकार गरुड़ास्त्र से किया जाता। **ब्रह्मास्त्र :** इससे शत्रु का संपूर्ण विनाश किया जाता। **पाशुपतास्त्र :** यह अत्यंत विध्वंसकारी अस्त्र था। **नारायणास्त्र :** यह सर्वनाश करनेवाला अस्त्र था।

गुरुकुल में हमने शस्त्रों की भी पूजा की। यह हमारी परंपरा रही है। तभी महर्षि विश्वामित्र कहते हैं—'रघुनंदन! राजा जनक के महल में शिव का अद्भुत धनुष पूजनीय देवता की भाँति प्रतिष्ठित है और नाना प्रकार के गंध, धूप आदि सुगंधित पदार्थों से उसकी पूजा होती है (वा. रा. 1.31.13)।' पूजने की प्रथा तो हमारी अद्भुत है। हम प्रकृति की सभी शक्तियों का पूजन और स्तुतिगान करते हैं। एक सुंदर उदाहरण देता हूँ। विश्वामित्र जब अन्य महर्षियों और श्रीराम व लक्ष्मण के साथ सिद्धाश्रम से मिथिला नरेश जनक के यज्ञ में जाने के लिए निकले तो सर्वप्रथम उन्होंने वन देवताओं से आज्ञा ली (वा.रा. 1.31.15)।"

"क्या श्रीराम की फील्ड ट्रेनिंग अर्थात् ज्ञानार्जन आगे भी चलता रहा?"

"महोदया! ज्ञानार्जन की कोई आयु-सीमा नहीं होती। अंतिम समय तक हम सभी सीखते रहते हैं, सीखना चाहिए भी। अभी-अभी दिए हुए उदाहरण को ही आगे बढ़ाता हूँ। मिथिला जाते समय वे सभी उत्तर दिशा में दूर तक गए और शोणभद्र के तट पर पड़ाव डाला। वहाँ श्रीराम ने इस क्षेत्र के बारे में जानकारी चाही और विश्वामित्र ने शोणभद्र तटवर्ती प्रदेश की पूरी कथा सुनाई, जिसमें इतिहास के साथ-साथ भूगोल और अन्य ज्ञान भी था। श्रीराम के प्रश्न पूछने की चर्चा रामायण में अनेक स्थानों पर हुई है। यह विद्या देने

और ग्रहण करने का उत्तम माध्यम था, जो सदियों से इस भूमि पर संस्कृति का हिस्सा रहा है। कथा के माध्यम से अपने शिष्यों को बताया जाता। प्रवास के दौरान चलते-चलते गुरु द्वारा शिष्यों को ज्ञान दिया जाता। इससे व्यावहारिक ज्ञान सरलता से समझ भी आता है, लंबे समय तक याद भी रहता है, साथ ही उपयोगी भी होता है।

श्रीराम गंगाजी के संदर्भ में पुन: प्रश्न करते हैं कि सरिताओं में श्रेष्ठ गंगा की त्रिपथगा नाम से प्रसिद्धि क्यों हुई (वा.रा. 1.36.3) ? इसके उत्तर में महर्षि विश्वामित्र ने अनेक रोचक कथा सुनाईं। इसमें से एक गंगा से कार्तिकेय की उत्पत्ति का प्रसंग है—कार्तिकेय गर्भस्राव काल में स्कंदित हुए थे, इसलिए देवताओं ने उन्हें स्कंद कहकर पुकारा (वा.रा. 1.37.27)। स्कंद का देवसेनापति पद पर अभिषेक किया गया (वा.रा. 1.37.30)। त्रिपथगा, दिव्या और भगीरथी इन तीनों नाम से गंगा की प्रसिद्धि है। ये आकाश, पृथ्वी और पाताल तीनों पथों को पवित्र करती हुई गमन करती है, इसलिए त्रिपथगा मानी गई (वा.रा. 1.44.6)।

विशाला नगर में रुककर श्रीराम आगे मिथिला पहुँचे। जहाँ उन्हें गौतम ऋषि का आश्रम दिखा और पुन: इसकी जानकारी उन्होंने महर्षि विश्वामित्र से चाही। यहीं पर ऋषि विश्वामित्र ने ऋषि गौतम और अहिल्या की कथा सुनाई कि किस तरह इंद्र के साथ समागम कर लेने से अहिल्या पति गौतम के शाप का शिकार हुई। यह पति-पत्नी के संस्कारों की कथा है, जिसके अंत में श्रीराम के दर्शनमात्र से वे शाप मुक्त होती हैं (वा.रा. 1.48-49)।

इसी क्रम में इक्ष्वाकु वंश के महाराजा सगर की अति महत्त्वपूर्ण कथा भी है। महाराज सगर ने हिमवान और विंध्य पर्वत के बीच आर्यावर्त में यज्ञ किया। कहा गया कि हिमवान और विंध्य एक-दूसरे को देखते हैं। इस कथन का अर्थ है कि इन दोनों पर्वत के बीच कोई इतना ऊँचा दूसरा पर्वत नहीं था, अर्थात् ऋषि विश्वामित्र को इस तथ्य की जानकारी थी। यह भूगोल का ज्ञान रामायण कथा में है, जो विश्वामित्र श्रीराम को बता रहे हैं (वा.रा. 1.39.4-5)।"

"महर्षि वाल्मीकि जब रामायण (वा.रा. 1.38-41) में महाराज सगर के यज्ञ के वर्णन सुनाते हैं तो यह घटनाक्रम मुझे रोचक लगती है, लेकिन अपने यज्ञिय अश्व की खोज के लिए जब सगर अपने साठ हजार पुत्रों को पृथ्वी खोदकर ढूँढ़ने के लिए कहते हैं तो इस रहस्य को मैं समझ नहीं पाती, सौमित्र।"

"महोदया! मैं आपके प्रश्न और आपकी जिज्ञासा को समझ रहा हूँ। यह स्वाभाविक है। वास्तविकता में यह यज्ञ भूगर्भ का अनुसंधान है। साठ हजार पुत्र के स्थान पर यहाँ राज्य की जनता/श्रमिक समझो, जिन्हें राजा अपने पुत्र की तरह मानता था। रसातल के इस सर्वोत्तम अनुसंधान में ही उन्हें पूर्व दिशा में पर्वताकार एक दिग्गज का मस्तक दिखाई

देता है। इस गजराज का नाम विरुपाक्ष रखा गया। महर्षि वाल्मीकि उन राजपुत्रों के माध्यम से कहते हैं कि जब यह दिग्गज अपना मस्तक इधर-उधर हिलाता है तो भूकंप आता है। वास्तविकता में यह गजराज भूतल के निचली सतह की चट्टान है, जिसके हिलने से भूकंप आता है। यह आधुनिक विज्ञान आज कहता है, लेकिन महाराज सगर अपने यज्ञ से हजारों वर्ष पूर्व ही जान गए थे (वा.रा. 1.40.13-15)।

महाराज सगर ने भूगर्भ की सभी विशाल चट्टानों का नामकरण भी कर दिया था। जहाँ पूर्व दिशा के गजराज का नाम विरुपाक्ष है, वहीं दक्षिण दिशा में खोदने में जो दिग्गज दिखाई दिया, उसका नामकरण महापद्म और पश्चिम में जो गजराज दिखाई दिया, उसका नाम सौमनस और उत्तर दिशा के दिग्गज का नाम श्वेतभद्र रखा। सगर पुत्रों ने इन सब गजराजों की परिक्रमा करके इनका पूजन किया। इस तरह सें इन भूगर्भा चट्टानों को भी देवता माना (वा.रा. 1.40.13-23)। अद्भुत है सनातन संस्कृति।"

"इसमें कोई संदेह नहीं कि सनातन संस्कृति अद्भुत है। तुम सचमुच में ज्ञानी हो, सौमित्र। तुम्हें यह भी ज्ञात होगा कि महाराज सगर ने अपने पुत्रों को समुद्र में भी यज्ञिय अश्व खोजने का आदेश दिया था, अर्थात् वास्तविकता में यह समुद्र का अनुसंधान हुआ।"

"जी, सत्य है। लंका जाने के लिए समुद्र पर रामसेतु का निर्माण करने के लिए श्रीराम द्वारा सगर राज से वार्त्तालाप (वा.रा. 6.21-22) वास्तविकता में उनका समुद्र ज्ञान है, जो उन्हें उनके पूर्वज महाराज सगर से प्राप्त हुआ। उस पर विश्वकर्मा पुत्र नल द्वारा सेतु बनाना उसी का क्रियान्वयन है। विभीषण कहते भी हैं कि श्रीराम को समुद्र की शरण में जाना चाहिए अर्थात् सागर का सर्वेक्षण करना चाहिए, जिससे समुद्र के अंदर उस उथले भाग का पता लग सके (वा. रा. 6.19.30-31)।

नल सेतु का बनना उन दिनों के ज्ञान का अद्भुत प्रदर्शन है। नल सेतु में साल, अश्वकर्ण, धव, बाँस, कुटज, अर्जुन, ताल, तिलक, तिनिश, बेल, छितवन, खिले हुए कनेर, आम, अशोक, ताड़, अनार की झाड़ियाँ, नारियल, बहेड़े, करीर, बकुल तथा नीम के वृक्ष के साथ पर्वत शिखर और चट्टान आदि का उपयोग हुआ (वा.रा. 6.22.55-60)। नल ने सौ योजन लंबा और दस योजन चौड़ा समुद्र सेतु केवल पाँच दिन में बना दिया (वा.रा. 6.22.68-76)। इतना कठिन कार्य इतने कम समय में, यह इसका महत्त्वपूर्ण पक्ष है। नल ने वानर सेना को सुमुद्र में सेतु बनाने के लिए जिन सब चीजों को लाने का निर्देश दिया, इसे पथ और सेतु निर्माण का ज्ञान कह सकते हैं।"

"सौमित्र! आप अति बुद्धिमान हैं। इतना ज्ञान सब गुरुकुल से मिला?"

"जी, गुरुकुल में कुछ आचार्यों द्वारा और कुछ भ्राताश्री द्वारा।" कहकर सौमित्र ने दूर खड़े अपने भाई रामवंशी को देखा था, जो चुपचाप अभी-अभी उठकर सरयू के किनारे जा खड़ा हुआ था। रामवंशी चिंतन की मुद्रा में था और न जाने किस दृश्य को

जल के ऊपर खड़ा कर रहा था।

"तुम्हारे भ्राताश्री से ? क्या सचमुच! विश्वास नहीं होता।"

"भ्राताश्री शस्त्र और शास्त्र दोनों में प्रवीण हैं, हम सबके बीच श्रेष्ठ हैं।"

"मन कर रहा है कि मैं इस कथा को उनके मुख से भी सुनूँ।"

"रामकथा में से ऐसे अनेक मोती निकाल लाते हैं, भ्राताश्री।"

"जैसे ?"

"उदाहरणार्थ व्यावहारिक और उपयोगी ज्ञान के कुछ उदाहरण देता हूँ। यमुना को पार करने के लिए श्रीराम और लक्ष्मण ने जंगल के सूखे काठ बटोरकर एक बहुत बड़ा बेड़ा तैयार किया था। इस सूखे बाँस के ऊपर खस बिछाया गया और फिर बेंत और जामुन की टहनियों से सीताजी के बैठने के लिए एक आसन बनाया (वा.रा. 2.55.14-15)। अर्थात् दोनों राजकुमारों को इस कला का ज्ञान भी था।"

"तुम्हारे भ्राता सरयू को प्रणाम कर रहे हैं।"

"नदी को हाथ जोड़कर पूजन करना सनातन के संस्कार हैं, साथ ही प्रकृति के प्रति आदरभाव अर्थात् संरक्षण के लिए समर्पित भाव होना है। रामकथा में ऐसे अनेक उदाहरण हैं। माता सीता भी यमुना को प्रणाम करती हैं (वा.रा. 2.55.19)।"

"तुम्हारे भ्राता इतने बुद्धिमान!! क्या कारण है ?"

"बुद्धि के आठ गुण (अंग) होते हैं—सुनने की इच्छा, सुनना, ग्रहण करना, स्मरण रखना, ऊहा (तर्क-वितर्क), अपोह (सिद्धांत का निश्चय), अर्थ का ज्ञान होना तथा तत्त्व को समझना (वा.रा. 6.113.26)। इन सभी कलाओं को भ्राताश्री रामवंशी ने विकसित किया है। भ्राताश्री श्रीराम के अनन्य भक्त हनुमानजी के भी भक्त हैं और उन्हीं से इस विषय में प्रेरित हैं।"

"तो क्या तुम्हारे भ्राताश्री भी वीर हनुमान की तरह आजीवन ब्रह्मचर्य का व्रत लिये हुए हैं ?"

"नहीं-नहीं। ऐसा मुझे तो नहीं लगता।"

"तो इतने गंभीर क्यों रहते हैं ?"

"समय पर वे खुलकर बातचीत करते हैं। इस समय अवश्य किसी विषय पर चिंतन कर रहे होंगे। उनका चिंतन सदा ही उद्देश्यपूर्ण होता है। वैसे भी वर्तमान की एकाग्रता भूतकाल के चिंतन और भविष्य की चिंता से नहीं सधता। और फिर बिना एकाग्रता के ध्यान संभव नहीं। वास्तविकता में भूतकाल का अनुभव और भविष्य का चिंतन करके वर्तमान को एकाग्रता से जोड़ना चाहिए। यही भ्राताश्री सदा करते हैं।"

□

एकादश सर्ग : केशांत (गोदान) संस्कार

"ऐसा लगता है कि सरयू के तट पर ही सदा के लिए बस जाऊँ। यहाँ मुझे असीम शांति मिलती है।" सौमित्र और जनकात्मजा अचानक रामवंशी के पास पहुँचे और पूछा तो उसने सहजता से उत्तर दिया था।

"मुझे भी यह स्थान बहुत पसंद है। यहाँ से जाने का मन ही नहीं कर रहा। हम जब तक अयोध्या में हैं, तब तक प्रतिदिन रामलला के दर्शन कर यहीं आ जाएँगे। क्या आप दोनों भाइयों को स्वीकार है?"

"मुझे कोई आपत्ति नहीं।" सौमित्र ने तुरंत कह दिया था।

"जब सौमित्र आएगा, तो भ्राताश्री तो आएँगे ही।" रामवंशी के कहने पर तीनों हँस पड़े थे।

"कैप्टन! क्या गुरुकुल में आपका केशांत संस्कार हुआ था?"

"नहीं! मैं बीच में ही सैनिक स्कूल भेज दिया गया था। गुरुकुल के आचार्य ने और जनरल विश्वरथजी ने मिलकर मेरे दादाश्री को कहा था कि मैं सेना में जाने के योग्य हूँ।"

"उन्होंने आपके गुणों को सही पहचाना था। और आप इस तरह क्षत्रिय कर्म के लिए भेज दिए गए। यही हमारी व्यवस्था थी वैदिक काल में। शायद मैं ठीक कह रही हूँ क्षत्रिय श्रेष्ठ!!"

"जी! जी हाँ!!"

"क्या आप मुझे केशांत संस्कार की जानकारी देंगे। वेदारंभ पर हम अभी-अभी लंबी चर्चा कर चुके हैं। उत्सुकता हो रही है आगे जानने की। आपने तो गुरुकुल में देखी, सुनी और समझी होगी। क्या रामकथा में भी इसका वर्णन हुआ है?"

"महर्षि वाल्मीकि रामायण (1.18.24) में स्पष्ट करते हुए कहते हैं कि महर्षि वसिष्ठ ने समय-समय पर चारों बालकों के संस्कार करवाए थे। महाकवि कालिदास रघुवंशम् (3.33) में कहते हैं—'*अथास्य गोदानविधेरनन्तरं विवाह दीक्षां निरवर्त्तयद् गुरुः।* अर्थात् पिता दिलीप महाराज ने राजकुमार रघु का केशांत संस्कार कर चुकने के

बाद विवाह संस्कार किया।' इस संस्कार का संबंध भी गुरुकुल प्रथा से है। क्योंकि इस अवसर पर आचार्य और नाई को गोदान किया जाता है, अत: यह गोदान संस्कार भी कहलाता है।"

"क्या इस संस्कार के बाद विवाह के योग्य होना माना जाए?"

"नहीं-नहीं। यह आवश्यक नहीं। यह ब्रह्मचर्य की समाप्ति का सूचक नहीं। यह संस्कार सामान्यत: सोलह वर्ष की आयु में संपन्न होता था। इसमें चूड़ाकर्म की तरह ही संस्कार होते, जिसमें सिर के साथ-साथ दाढ़ी-मूँछों का क्षौर भी होता था। सरल शब्दों में कहें तो यह ब्रह्मचारी के यौवन के पदार्पण का सूचक है। इस समय ब्रह्मचारी बालक नहीं रह जाता, मुख पर दाढ़ी-मूँछ निकल आती हैं, हृदय में पौरुष की चेतना का उदय हो जाता है। यौवनपूर्ण प्रकृतियों के नियमन के लिए अपेक्षाकृत अधिक सतर्कता की आवश्यकता होती है। अत: ब्रह्मचारी व्रत का स्मरण दिलाना आवश्यक हो जाता है। वस्तुत: केशांत संस्कार बालपन की समाप्ति का सूचक माना जा सकता है। परंतु यथार्थ में ब्रह्मचर्य की समाप्ति के साथ केशांत का कोई संबंध नहीं। समावर्तन ही ब्रह्मचर्य जीवन की समाप्ति का सूचक है। केशांत संस्कार गुरुकुल में ही होता था। संक्षिप्त में यह भी कह सकते हैं कि केशांत अर्थात् लंबी अवधि तक केशधारण करनेवाले ब्रह्मचारी का केशवपन।"

□

द्वादश सर्ग : समावर्तन संस्कार

"समावर्तन संस्कार! तो फिर इसके बारे में बताएँ, क्षत्रिय श्रेष्ठ।" जनकात्मजा की जिज्ञासा समाप्त होने का नाम ही नहीं ले रही थी।

"हे महिले! यह संस्कार ब्रह्मचर्य के समाप्त होने पर संपन्न किया जाता। यह विद्यार्थी जीवन के अंत का सूचक होता। समावर्तन का अर्थ है—वेदाध्ययन के अनंतर गुरुकुल से घर की ओर प्रस्थान। जिसमें ब्रह्मचर्य व्रत, वेद विद्या, उत्तम शिक्षा और पदार्थ विज्ञान को पूर्ण रीति से प्राप्त हो, के विवाह (विधानपूर्वक गृहाश्रम को ग्रहण करने) के लिए गुरुकुल को छोड़कर घर की ओर आना। अर्थात् समावर्तन, विद्याध्ययन प्राप्त कर ब्रह्मचारी युवक का गुरुकुल से घर की ओर प्रत्यावर्तन है। यह गृहस्थ जीवन में प्रवेश की अनुमति देता है।

इस संस्कार को स्नान भी कहा जाता है, क्योंकि यह इस संस्कार का महत्त्वपूर्ण अंग रहा है। जिस प्रकार एक यज्ञ के अंत में यज्ञ करनेवाला यज्ञीय स्नान (अवभृथ स्नान) करता है, उसी प्रकार ब्रह्मचर्य रूपी दीर्घसत्र के अंत में ब्रह्मचारी का स्नान करना आवश्यक हो जाता है। इसे एक प्रतीक रूप में भी लिया जाता है। चूँकि ज्ञान एक सागर है और अध्ययन करनेवाला यह समझा जाता है कि सागर को पार कर लिया। इस प्रकार विद्यार्थी जीवन के अंत में किया जानेवाला सांस्कारिक स्नान, विद्यार्थी द्वारा विद्यासागर को पार करने का प्रतीक हुआ।

गुरुकुल में विद्यार्थी जीवन की समाप्ति जीवन का एक महत्त्वपूर्ण अवसर माना जाता है। समावर्तन संस्कार उन्हीं का किया जाता, जो संपूर्ण अध्ययन की समाप्ति तथा व्रतों का पालन कर चुकते। इसके बाद विद्यार्थी को जीवन के दो मार्गों में से किसी एक मार्ग का चुनना होता। एक है प्रवृत्ति मार्ग, जिसमें विवाह करके सांसारिक जीवन में प्रवेश करना। द्वितीय मार्ग है, निवृत्ति मार्ग, जिसमें सांसारिक बंधनों से दूर मानसिक व शारीरिक तपश्चर्या का जीवन व्यतीत करना होता।

समावर्तन संस्कार वर्तमान युग के उपाधि वितरण समारोह के समान हुआ। अर्थात्

एक तरह से यह दीक्षांत समारोह होता। गुरुकुल परंपरा में स्नातक तीन प्रकार के होते—प्रथम, जो अपना ब्रह्मचर्य व्रत तो पूर्ण करते, किंतु विद्या पूर्ण नहीं कर पाते। द्वितीय प्रकार, जो संपूर्ण विद्या तो प्राप्त करते, लेकिन जिनका ब्रह्मचर्य अपूर्ण रह जाता। तीसरे प्रकार में वे सर्वोत्कृष्ट आते, जो अपना अध्ययन पूर्ण करते और व्रतों का पालन भी। जो केवल विद्या को समाप्त तथा ब्रह्मचर्य व्रत को न समाप्त करके स्नान करता है, वह विद्या स्नातक। जो ब्रह्मचर्य व्रत को समाप्त तथा विद्या को न समाप्त करके स्नान करता है, वह व्रत स्नातक। और जो विद्या तथा ब्रह्मचर्य व्रत दोनों को समाप्त करके स्नान करता है, वह विद्याव्रत स्नातक कहलाता है।

इस संदर्भ में एक अर्थपूर्ण वैदिक मंत्र है (अथर्व. 11.7.26)—*'तानि कल्पद् ब्रह्मचारी सलिलस्य पृष्ठे तपोऽतिष्ठत् तप्यमानः समुद्रे। स स्नातो बभ्रुः पिङ्गलः पृथिव्यां बहु रोचते।'* अर्थात् 'जो ब्रह्मचारी समुद्र के समान गंभीर, बड़े उत्तम व्रत-ब्रह्मचर्य में निवास कर महातप को करता हुआ वेदपठन, वीर्य निग्रह, आचार्य के प्रिया चरणादि कर्मों को पूरा कर स्नानविधि करके पूर्ण विद्याओं को धरता, सुंदर वर्णयुक्त होकर पृथिवी में अनेक शुभ गुण, कर्म और स्वभाव से प्रकाशमान होता है, वही धन्यवाद के योग्य है।'

समावर्तन संस्कार से पूर्व विद्यार्थी को गुरु से अनुमति की प्रार्थना तथा दक्षिणा से उन्हें संतुष्ट करना होता। गुरु से आज्ञा अर्थात् स्नातक गृहस्थ जीवन के लिए विद्याभ्यास तथा चारित्रिक दृष्टि से योग्य है। गुरुदक्षिणा के संदर्भ में गुरु प्रायः कहते—'वत्स! धन की मुझे अपेक्षा नहीं है। मैं तुम्हारे गुणों से ही संतुष्ट हूँ।'

समावर्तन स्नान के पश्चात् उसे सुंदर वस्त्र, सुगंधित माला आदि पहनाया जाता और फिर ईश्वर से मंगलकामना करते हुए उसे गुरुकुल से विदा किया जाता। इसके बाद वह ब्रह्मचारी अपने जीवन आदर्शों का पालन करते हुए विवाह अर्थात् गृहस्थ आश्रम में प्रवेश करता। इस संस्कार में ऋग्वेद (10.128) सूक्त की सभी 9 ऋचाओं का पाठ होता और इन मंत्रों द्वारा हवन होता। ऋग्वेद के मंत्र (1.25.21) के माध्यम से वरुण देव से प्रार्थना की जाती—'हे देव! आप हमारे कटि एवं उर्ध्व भाग के मौंजी, उपवीत एवं मेखला को हटाकर गृहस्थ का वस्त्र धारण करने की आज्ञा दें और निर्विघ्न जीवन का विधान करें।'

घर जाते समय गुरु स्नातक को लोक-परलोकहितकारी एवं जीवनोपयोगी शिक्षा देते। सत्य बोलना, धर्म का आचरण करना, स्वाध्याय में प्रमाद (आलस्य) न करना, आचार्य को धन लाकर देना, संतान परंपरा का उच्छेद न करना, देव कार्यों व पितृकार्यों में प्रमाद न करना, माता-पिता व अतिथि को देवता मानना, जो प्रशंसनीय कार्य हैं उनकी ओर ही प्रवृत्त होना, जो श्रेष्ठ ब्राह्मण हैं, उनका आसन आदि से सत्कार करना, श्रद्धापूर्वक दान देना, इसी प्रकार तुम्हें उपासना करनी चाहिए, ऐसा ही आचरण करना

चाहिए। इस उपदेश प्राप्ति के बाद स्नातक पुनः गुरु को प्रणाम करके गृहस्थाश्रम में प्रवेश की आज्ञा लेकर अपने माता-पिता के पास आता था। घर में उसका विधिपूर्वक स्वागत होता।

संक्षिप्त में कहना हो तो समावर्तन संस्कार अर्थात् गुरुकुल में शिक्षा समाप्त। यह सामान्यतः वेदारंभ से 14 वर्ष बाद किया जाता। वेदारंभ में जो प्रतिबंध लगाए जाते, वे सब समावर्तन संस्कार में हटा लिये जाते।"

"क्षत्रिय श्रेष्ठ! आपका तो समावर्तन संस्कार हुए लंबा समय बीत गया। आगे विवाह संस्कार का क्या विचार है।"

"अभी इस विषय पर सोचा नहीं।" मुसकराकर झेंपते हुए रामवंशी ने कहा था।

"सोच लीजिए। अब तो आपने कलियुग की एक ताटका का वध भी कर दिया है।"

"फिर तो किसी नारी श्रेष्ठ के स्वयंवर में मुझे जाना होगा, लेकिन मुझे चुना भी तो जाना चाहिए।"

'आपका वरण तो हो गया, क्षत्रिय श्रेष्ठ।' जनकात्मजा ने यह मन-ही-मन कहा था। उसकी आँखें रामवंशी की आँखों को देखते हुए एक पल के लिए स्थिर हो गई थीं।

श्रीरामजी को देखकर सीताजी की भी तो यही स्थिति थी। तुलसीदास कहते हैं—*'थके नयन रघुपति छबि देखें। पलकन्हिहूँ परिहरीं निमेषें॥ अधिक सनेहँ देह भै भोरी। सरद ससिहि जनु चितव चकोरी॥ लोचन मग रामहि उर आनी। दीन्हे पलक कपाट सयानी॥ जब सिय सखिन्ह प्रेमबस जानी। कहि न सकहिं कछु मन सकुचानी॥'* (रा.मा. 1.231.3-4) अर्थात् 'श्रीरामजी की छवि देखकर नेत्र निश्चल हो गए, पलकों ने भी गिरना छोड़ दिया, अधिक स्नेह के कारण शरीर विह्वल हो गया, मानो शरद ऋतु के चंद्रमा को चकोरी देख रही हो। श्रीरामजी को नेत्रों के रास्ते हृदय में लाकर जानकीजी ने पलकों के किवाड़ लगा दिए, जब सखियों ने सीता को प्रेम के वश जाना, तब वे मन में सकुचा गईं, कुछ कह नहीं सकती थीं।'

श्रीराम की स्थिति भी भिन्न नहीं थी—*'अस कहि फिरि चितए तेहि ओरा। सिय मुख ससि भए नयन चकोरा। भए बिलोचन चारु अचंचल। मनहुँ सकुचि निमि तजे दिगंचल।'* (रा.मा. 1.229.2) अर्थात् 'ऐसा कहकर श्रीराम ने फिर उस ओर देखा, सीताजी के मुख रूपी चंद्रमा के लिए उनके नेत्र चकोर बन गए। सुंदर नेत्र स्थिर हो गए। मानो निमि ने (जनकजी के पूर्वज, जिनका सबकी पलकों में निवास माना गया है, क्योंकि लड़की-दामाद के मिलन प्रसंग को देखना उचित नहीं) सकुचाकर पलकें छोड़ दीं (जिससे पलकों का गिरना रुक गया)।'

आगे तुलसीदास कहते हैं—*'सिय सोभा हियँ बरनि प्रभु आपनि दसा बिचारि। बोले सुचि मन अनुज सन बचन समय अनुहारि।'* (रा.मा. 1.230) अर्थात् 'इस प्रकार हृदय में सीताजी की शोभा का वर्णन करके और अपनी दशा को विचारकर प्रभु श्रीराम पवित्र मन से अपने छोटे भाई लक्ष्मण से समयानुकूल वचन बोले।'

□

4

आश्रम कांड

प्रथम सर्ग : विवाह संस्कार

"सुनिए। रामवंशी बड़ा हो गया है, उसके विवाह को लेकर चिंता होती है।" संध्या पूजन करने के उपरांत पतिदेव को शांत मन से पास बैठे देख अपराजिता ने कहा था।

"चिंता कैसी भाग्यवान! जब तक संस्कारी कन्या नहीं मिलेगी, विवाह व्यर्थ है।" अजकुमार ने सरल भाव से उत्तर दिया था।

"स्वामी, वह कैसे मिलेगी, उसके लिए प्रयास तो करना होगा।" अपराजिता के शब्दों में चिंता से अधिक कर्तव्य-बोध था।

"हाँ, प्रयास तो करना होगा, सच कह रही हो तुम। वैसे जगत् के स्वामी भगवान् लक्ष्मीनारायण ने कुछ अवश्य सोच रखा होगा। बाकी जैसा महादेव चाहेंगे, वैसा ही होगा।" अजकुमार ने लंबी साँस ली थी और प्रभु का नाम लेकर पलकें बंद कर उनका स्तुतिगान किया था।

"हाँ, यह तो है। फिर भी कल प्रात: आप जब उनके दर्शन को जाएँ तो इस बारे में भी प्रभु से बात करें।"

"वैसे तुम्हारा बेटा मिथिला क्यों गया है?"

"कुछ अधिक बताया नहीं। बस इतना कह गया कि किसी विशेष मित्र के आमंत्रण पर वहाँ जा रहा है, सौमित्र भी साथ ही है।"

~•~

"मिथिला की पुण्यभूमि पर तुम्हारा स्वागत है, वत्स। विवाह-संस्कार के संदर्भ में तुम्हारे क्या विचार हैं?"

जनकात्मजा ने रामवंशी की आँखों में गहरे तक देखा था। रामवंशी ने मंदिर के गर्भगृह के भीतर रामदरबार पर दृष्टि डाली और फिर मंदिर के प्रांगण को देखने लगा। जनकात्मजा के पिताश्री की आँखों में अनेक प्रश्न उभर रहे थे। साथ बैठी हुई माता के

मुख पर चिंता की रेखाएँ आ-जा रही थीं, लेकिन मंदिर के पुजारी शांत थे और बड़ी आत्मीयता से बात कर रहे थे। प्रश्न भी उन्होंने सहज होकर ही पूछा था। रामवंशी ने साथ बैठे सौमित्र को देखा, उसकी आँखें उत्सुक हो रही थीं उत्तर सुनने के लिए।

"हे ब्राह्मण देवता! सनातन संस्कारों में विवाह का महत्त्वपूर्ण स्थान है। घर का मधुर वातावरण, पत्नी के साथ विवाहित प्रेममय जीवन तथा इसके फलस्वरूप होनेवाली संतान का पालन-पोषण हम वैदिक आर्यों को आदिकाल से अत्यंत प्रिय रहा है। यहाँ विवाह शब्द का तात्पर्य स्त्री और पुरुष के उस संबंध से है, जो मैथुन के साथ ही समाप्त नहीं हो जाता, अपितु उसके पश्चात् जब तक उत्पन्न शिशु स्वयं अपनी आवश्यकताओं की पूर्ति करने योग्य नहीं हो जाता, विद्यमान रहता है। वैवाहिक विधि-विधान में सर्वाधिक महत्त्वपूर्ण प्रकरण इस बात के प्रतीक हैं कि विवाह पति-पत्नी के बीच एक नवीन संबंध को जन्म देता है।

विवाह मात्र दो व्यक्तियों का शारीरिक संबंध नहीं है, वह तो दो हृदयों-आत्माओं का संबंध है। हृदय भावनाओं का केंद्र है। हृदय की कोमल भावनाओं से अभिन्न कर देने के लिए मनोनय जगत् में एक यथार्थ संबंध स्थापित करना। वैसे भी यह सहवास के लिए अस्थायी संबंध नहीं है। यह एक ऐसा संबंध है, जो जीवन के विभिन्न परिवर्तनों और संकटों की भट्ठी में पककर और भी दृढ़तर व स्थायी हो जाता है। जिस जीवन-दर्शन और परम सत्य पर सनातनी हिंदुओं में स्त्री-पुरुष का विवाह संस्कार प्रतिष्ठित है, उसकी कल्पना दुर्विज्ञेय है। विवाह संस्कार के समय पति-पत्नी द्वारा की गई प्रतिज्ञाओं से यह प्रकट होता है कि लोक-परलोक में उनका संबंध बना रहता है। विवाह सनातन जीवन व्यवस्था के मूल में है।

सनातन संस्कृति में विवाह एक अनिवार्य धार्मिक कर्तव्य तथा यज्ञ माना जाता रहा है। जो व्यक्ति गार्हस्थ जीवन में प्रवेश नहीं करता, उसे अयज्ञीय या यज्ञहीन कहा जाता। *'अयज्ञो वा एष: योऽपत्नीक:'* (तै.ब्रा. 2.2.2.7)। आगे कहा गया है कि एकाकी पुरुष अधूरा है, उसकी पत्नी उसका अर्धभाग है। *'अथो अर्धो वा एष आत्मन: यत् पत्नी'* (तै.ब्रा. 3.3.3.5)। वैसे भी संतानोत्पत्ति करके पितृऋण से मुक्त होना विवाह के बिना असंभव है (तै.सं. 6.3.10.5)। यही भाव शतपथ ब्राह्मण (5.2.1.10) में है—'पत्नी उसका आधा भाग है। जब तक वह स्त्री को नहीं पाता, प्रजा (संतान) उत्पन्न नहीं होती और वह अपूर्ण रहता है। ज्योंही उसको पा जाता है, प्रजावान हो जाता है और पूर्ण हो जाता है। और वह पूर्ण होकर उद्देश्य की पूर्ति करता है।'

उपनिषद् काल आते-आते आश्रम का सिद्धांत पूर्णत: प्रतिष्ठित हो चुका था। इस व्यवस्था में व्यक्ति को क्रमश: सर्वप्रथम ब्रह्मचर्याश्रम, उसके पश्चात् गृहस्थाश्रम, तत्पश्चात् वानप्रस्थाश्रम और अंत में संन्यासाश्रम में जाना होता है। यहाँ यह बात ध्यान

देने योग्य है कि वानप्रस्थ और संन्यास वैदिक युग में लोकप्रचलित नहीं था। ऋषि वसिष्ठ अनेक मंत्रों में अपने पुत्र व पौत्रों के साथ रहने की कामना करते हैं, अर्थात् त्रेतायुग का समाज अपने नए रूप में अपनी समस्याओं के समाधान ढूँढ़ रहा था। इन सबके बीच यह स्पष्ट है कि व्यक्तित्व के विकास के लिए गृहस्थाश्रम सनातन संस्कृति में प्रारंभ से अनिवार्य माना जाता रहा है और श्रेष्ठतम भी कहा गया। यह भी तो सत्य है कि गृहस्थ ही समाज का केंद्र और मूल है। ऋग्वेद इस विषय में स्पष्ट निर्देश करते हैं।

विवाह संस्कार के द्वारा संतानोत्पादन के साथ-साथ संतान को सक्षम, आत्मनिर्भर होने तक के दायित्व का निर्वाह और संतति को योग्य लोकशिक्षण देना भी इस संस्कार का अंग है। गृहस्थाश्रम सभी आश्रमों का आश्रम है। संक्षिप्त में कहा जा सकता है कि विवाह पूर्ण ब्रह्मचर्य से विद्या बल को प्राप्त तथा सब प्रकार से शुभ गुण, कर्म, स्वभावों में तुल्य, परस्पर प्रीति युक्त होकर संतानोत्पत्ति और अपने-अपने वर्णाश्रम के अनुकूल उत्तम कार्य करने के लिए स्त्री और पुरुष का संबंध होता है।

अथर्ववेद का (14.1 और 14.2) सूक्त विवाह प्रकरण संबंधित है। इसकी ऋषिका सूर्या-सावित्री हैं। सूक्त के मंत्र सूर्या के विवाह और दांपत्य को लक्ष्य करके कहे गए हैं। ब्रह्मा की दो सहधर्मिणी शक्तियाँ गायत्री एवं सावित्री कही गई हैं। गायत्री प्राण विद्या है तथा सावित्री पदार्थ विद्या है। सावित्री का अर्थ सुप्रसविनी श्रेष्ठ सृजनकर्त्री भी है। सूर्य के माध्यम से नि:सृत होने से वह सूर्या भी है। सूर्या सूर्य पुत्री हैं, सविता से उत्पन्न होने के कारण सावित्री भी कहलाती हैं। अथर्ववेद के इन दोनों सूक्तों के अधिकांश मंत्र ऋग्वेद (10.85) से लिये गए हैं।

ऋग्वेद (10.85) सूक्त के मंत्र भी विवाह को लक्ष्य करके कहे गए हैं। इसके अतिरिक्त भी अनेक मंत्र हैं, जो दांपत्य जीवन के लिए महत्त्वपूर्ण हैं। कुछ उदाहरण लेते हैं। ऋग्वेद (2.35.4) में ऋषि गृत्समद कहते हैं—'अहंकार रहित स्त्री अपने पति को अलंकृत करती है।' वहीं ऋग्वेद (5.37.3) में ऋषि अत्रि भौम कहते हैं—'जिस प्रकार श्रेष्ठ कामनाएँ करती हुई पत्नी यज्ञ में पति की अनुगामिनी होती है, उसी प्रकार इंद्रदेव भी अपनी अनुगामिनी रानी को यज्ञ में वहन करते हैं।'"

"अर्थपूर्ण व्याख्या। तात! बाल विवाह पर तुम्हारा क्या मत है?" पुजारी उत्तर से संतुष्ट हुए थे तो जनकात्मजा की माताजी के मुख से चिंता की रेखाएँ मिट रही थीं।

"मुनिश्रेष्ठ! वैदिक व्यवस्था में बाल विवाह का प्रचलन नहीं था। कालांतार में यह प्रथा अगर समाज में आई तो उसके अनेक कारण रहे—न्यून जनसंख्या का हल, संयुक्त परिवार, दहेज प्रथा, कौमार्य भंग होने की आशंका। इसके लिए स्मृति काल में व्यवस्था बनाई गई तथा रूढ़िवाद को बनाने के लिए (कु) तर्क गढ़े गए। नग्निका जैसे शब्द रचे गए। ऋषि गौतम ने तो यहाँ तक कह दिया कि रजोदर्शन से पहले कन्या का विवाह कर

देना चाहिए। जब बाल विवाह की आलोचना हुई तो गौने का रिवाज बनाया गया, मगर अनेक प्रकार की समस्याएँ बनी रहीं।

बाल विवाह की हानियाँ सनातन समाज ने पाईं तो पुनः मंथन हुआ। समयानुकूल परिवर्तन यही सनातन समाज की शक्ति है। बाल विवाह से तात्पर्य है—अपरिपक्व शरीर वाले व्यक्तियों का विवाह। बाल विवाह के अतिरिक्त किशोरावस्था विवाह भी है, जिसमें शारीरिक रूप से रज और वीर्य तो प्रकट होने लगता है, परंतु मनुष्य मानसिक रूप से पूर्णतः विकसित नहीं होता। इन दोनों विवाह की हानियाँ हैं, जिसमें प्रमुख हैं—वर-वधू के स्वास्थ्य का नाश, निर्बल संतान, स्त्रियों की अल्पायु में मृत्यु, बाल विधवा होना, बेमेल विवाह, अधिक संतानों का होना, वैयक्तिक विकास का न हो पाना। अतः बाल विवाह स्वीकार्य नहीं, युवावस्था का विवाह ही श्रेष्ठ है। वैदिक व्यवस्था में गर्भाधान संस्कार के लिए स्पष्ट निर्देश हैं। इससे भी इस मत की पुष्टि होती है।"

"पुरुष सिंह! विवाह के उद्‍देश्य क्या हैं?" पुजारी को अब प्रश्न पूछने में आनंद आने लगा था।

"ब्राह्मण देवता! वैदिक काल में विवाह के तीन उद्‍देश्य थे—धर्म, प्रजा तथा रति। इनके बीच महत्ता भी इसी क्रम में थी। आजकल इन उद्‍देश्यों का क्रम उलटा हो गया है—रति, प्रजा तथा धर्म। क्योंकि आजकल पहला उद्‍देश्य विषय भोग है, विषय-भोग के कारण संतान (प्रजा) आ जाती है और संतान हो जाने पर सामाजिक धर्मों का पालन करना पड़ता है।"

"महाबाहो! विवाह कितने प्रकार के हो सकते हैं?"

"मुनिवर! शास्त्रों के अनुसार विवाह आठ प्रकार के होते हैं। मनुस्मृति में इसकी विस्तृत व्याख्या है—**ब्राह्म** : कन्या के योग्य सुशील, विद्वान् और उत्तम पुरुष का सत्कार करके उसका वरण करना और उसे सम्मानपूर्वक वस्त्रादि से अलंकृत कन्या प्रदान करना ब्राह्म विवाह है (मनु 3.27)। **दैव** : यज्ञ में विद्वान् (ऋत्विज्) का वरण कर, उसे वस्त्र-आभूषण आदि से सुशोभित कन्या समर्पित करना दैव विवाह है (मनु 3.28)। **आर्ष** : एक गाय, बैल का जोड़ा वर से लेकर धर्मपूर्वक कन्यादान करना आर्ष विवाह है (मनु 3.29)। **प्राजापत्य** : कन्या और वर को यज्ञशाला में विधि करके सबके सामने 'तुम दोनों मिलकर गृहाश्रम के कर्मों को यथावत् करो', ऐसा कहकर दोनों का प्रसन्नतापूर्वक पाणिग्रहण होना प्राजापत्य विवाह है (मनु 3.30)। **आसुर** : वर की जातिवालों को यथाशक्ति धन ले-देकर कन्या देना आसुर विवाह है। महाभारत काल में पांडु का विवाह माद्री के साथ आसुर विवाह था (मनु 3.31)। **गंधर्व** : वर और कन्या का इच्छा से संयोग होना, अपने मन में मान लेने पर गंधर्व विवाह है (मनु 3.32)। **राक्षस** : हनन, छेदन अर्थात् कन्या को रोकनेवालों का विदारण कर रोती, काँपती हुई

कन्या को बलपूर्वक हरण करके विवाह करना राक्षस विवाह है (मनु 3.33)। **पैशाच :** सोती, पागल हुई या नशा पीकर उन्मत्त हुई कन्या को एकांत पाकर दूषित कर देना, सब विवाहों में नीच, दुष्ट, पैशाच विवाह है (मनु 3.34)।"

"क्षत्रिय श्रेष्ठ! यह लोकप्रचलित है कि मिथिला के राजा जनक ने अपनी पुत्री सीता के स्वयंवर से संबंधित धर्मयज्ञ उत्सव का आयोजन किया था। इस संदर्भ में तुलसीदासजी कहते हैं—'*धनुषजग्य सुनि रघुकुल नाथा। हरषि चले मुनिबर के साथा* (रा.मा. 1.209.5)।' वैदिक काल से ही पुत्री को जीवनसाथी चुनने का अवसर दिया जाता था। स्वयंवर के संदर्भ में आपका क्या मत है? मुझे आपकी बातों को सुनकर इस विषय पर भी अधिक जानने की उत्सुकता हो रही है।" जनकात्मजा की माता ने उत्साहित होकर प्रश्न पूछा था।

"माते! सीताजी सुंदर, सुशील, बहादुर और कुल कन्या थीं। उन्होंने बाल्यावस्था में एक बार भगवान् शिव के धनुष को बड़ी आसानी से उठा लिया था। यह देख जनक का संकल्प था कि सीता सम्मानपूर्वक किसी क्षत्रिय वीर को दी जाए, जिसके लिए धनुष प्रकरण की व्यवस्था थी (भा.रा. 1.17, आ.रा. 1.3.59)।

राजा जनक मुनि विश्वामित्र से कहते हैं कि उनकी कन्या सीता वीर्यशुल्का है, अर्थात् उचित पराक्रम प्रकट करने पर ही कोई पुरुष उसके साथ विवाह करने का अधिकारी हो सकता है (वा.रा. 1.66.16)। यह एक तरह से कन्या के लिए वर की योग्यता हुई। शिव के धनुष की प्रत्यंचा चढ़ाना सीताजी के वर की योग्यता का प्रकट प्रमाणीकरण हुआ, अर्थात् वह पुरुष वीरों का वीर होना चाहिए। शिव के धनुष का आकार इतना बड़ा था कि उसको आठ पहियों वाले लोहे की संदूक में रखा गया था (वा.रा. 1.67.4)। श्रीराम ने अन्य राजाओं की उपस्थिति में धनुष की डोरी चढ़ाई थी। श्रीराम द्वारा बलपूर्वक खींचे जाने से वह महान् धनुष सहसा टूट गया। तब सीताजी सुंदरमाला लेकर आईं और भगवान् राम के गले में डालकर उन्होंने उनका विधिपूर्वक पति रूप में वरण किया। इससे वहाँ आए सभी महाबलि क्षत्रिय कुपित हो गए और श्रीराम पर सब ओर से आक्रमण करते हुए उन पर बाण बरसाने लगे। श्रीराम ने अपने अस्त्रों से उन सबके बाण व रथ काट डाले तथा सभी नरेशों को कंपित कर दिया (न.पु. 47.116-126)। यहाँ श्रीराम के पराक्रम का पुनः प्रमाणीकरण हो रहा है, जो सीताजी के स्वयंवर को योग्यता के लिए आवश्यक था।

विवाह संस्कार का सुंदर वर्णन वाल्मीकि रामायण के सर्ग (1.73) में हुआ है। आगे चलकर अनसूया देवी को सीताजी अपने स्वयंवर की कथा स्वयं सुनाती हैं (वा.रा. 2.118.26-54)। स्वयंवर के संदर्भ में तुलसीदासजी अर्थपूर्ण वर्णन करते हैं—'*कह मुनि सुनु नरनाथ प्रबीना। रहा बिबाहु चाप आधीना। टूट तहीं धनु भयउ बिबाहू। सुर*

नर नाग बिदित सब काहू।' (रा.मा. 1.285.4) मुनि विश्वामित्र कहते हैं—'हे नरेश (जनक)! सुनो, यों तो विवाह धनुष के अधीन था, धनुष के टूटते ही विवाह हो गया। देवता, मनुष्य और नाग सब किसी को यह मालूम है।' आगे रामचरितमानस में विवाह का अलौकिक और विस्तृत वर्णन करते हुए महाकवि कहते हैं—*'भुवन चारि दस भरा उछाहू। जनकसुता रघुबीर बिआहू। सुनि सुभ कथा लोग अनुरागे। मग गृह गली संवारन लागे।'* (रा.मा. 1.295.2) अर्थात् 'चौदह लोकों में उत्साह भर गया कि जानकीजी और श्रीराम का विवाह होगा। यह शुभ समाचार पाकर लोग प्रेममग्न हो गए और रास्ते, घर और गलियाँ सजाने लगे।'

त्रेता युग में स्वयंवर का प्रचलन इस तथ्य को प्रमाणित करने के लिए पर्याप्त है कि भारतीय समाज की नारी अपना सबसे बहुमूल्य निर्णय लेने के लिए स्वतंत्र थी। स्वयंवर का सुंदर वर्णन कालिदास ने भी अपने रघुवंशम् महाकाव्य में किया है। अज का विवाह विदर्भ के राजा की अनुजा इंदुमती के साथ एक स्वयंवर द्वारा हुआ था। स्वयंवर में कन्या के साथ चल रही उसकी सखी उससे सभी आए हुए राजाओं का परिचय कराती। उपरोक्त स्वयंवर में सुनंदा राजकुमारी इंदुमती से अज का परिचय कराती हुई इक्ष्वाकु वंशक ककुत्स्थ, दिलीप और रघु आदि राजाओं का वर्णन करती है। स्वयंवर से लौटते समय रास्ते में अज पर सभी अन्य राजाओं ने आक्रमण कर दिया। वे सभी रघु द्वारा उनको हराए जाने से पहले ही क्रोधित थे। ऊपर से अज ने स्वयंवर में इंदुमती को प्राप्त कर लिया तो उनका आक्रोश बढ़ गया था। लेकिन उन सबको अज ने अकेले ही परास्त किया। जब वे वापस अयोध्या पहुँचे तो राजा रघु ने उनका स्वागत किया और राज सौंपकर जंगल में चले गए, क्योंकि इक्ष्वाकु वंश में यही परंपरा बनी हुई थी (रघु. 6-7)।

श्रीराम और लक्ष्मण का विवाह राजा जनक की कन्या सीता व उर्मिला के साथ हुआ। साथ ही राजा जनक के छोटे भाई राजा कुशध्वज की कन्याएँ मांडवी और श्रुतकीर्ति का विवाह भरत और शत्रुघ्न के साथ हुआ (वा.रा. 1.73.30-33)। सावित्री-सत्यवान, इंदुमती-अज, शिव-पार्वती, दमयंती-नल, रुक्मिणी-श्रीकृष्ण सनातन संस्कृति में स्वयंवर के उत्तम उदाहरण हैं। विवाह को लेकर सनातन समाज में एक मत और भी है। वात्स्यायन के 'कामसूत्र' के मतानुसार गंधर्व विवाह आदर्श विवाह है। शकुंतला और दुष्यंत का विवाह गंधर्व विवाह था। वैदिक काल में गंधर्व जाति थी, जो अत्यंत कामुक थी। वैसे तो गंधर्व भी स्वयंवर का ही एक रूप है, लेकिन सनातन समाज में यह कभी लोकप्रिय नहीं रहा, न ही स्वीकार्य हुआ इसके अनेक कारण रहे।"

"नरश्रेष्ठ! दहेज और कन्यादान पर तुम्हारा क्या मत है?" यह प्रश्न जनकात्मजा के पिता की ओर से था। रामवंशी ने उनकी ओर आदरपूर्वक देखा और फिर शांत भाव से कहने लगा—

"मान्यवर! दहेज वैदिक व्यवस्था नहीं है। दहेज ले-देकर हुए विवाह को आसुर विवाह माना जाना चाहिए। जहाँ तक रही बात कन्यादान की, तो परंपरा परवर्ती काल में रूढ़ियों के रूप में समाज में अभिशप्त हुई। दान की वैदिक व्याख्या को न समझते हुए नवयौवना विवाहिता का सम्माननीय होने के स्थान पर दानभोग्य बना दिया गया और इस तरह से गलत परंपरा स्थापित हुई। दान की वैदिक व्याख्या समझने के लिए कुछेक उदाहरण रामायण से पर्याप्त होंगे। राजा दशरथ ने अपने पुत्रों के मंगल के लिए धर्मानुसार गौएँ ब्राह्मण को दान कीं। इस प्रकार विवाह के उपलक्ष्य में राजा ने, वर के पिता ने, उत्तम गोदान कर्म किया (वा.रा. 1.72.21-24)। आगे के उदाहरण से यह और स्पष्ट होगा। महर्षि वाल्मीकि कहते हैं—*'अथ राजा विदेहानां ददौ कन्याधनं बहु।'* (वा.रा. 1.74.3) अर्थात् 'विदेहराज जनक ने उस समय अपनी कन्याओं के साथ बहुत अधिक धन दिया।' यहाँ यह कन्याधन है, कन्यादान नहीं। यह कन्याधन स्वेच्छा से धर्मानुसार दिया जाता है।"

"क्षत्रिय श्रेष्ठ! विवाह संबंध में वर्ण-व्यवस्था की क्या भूमिका है और क्या होनी चाहिए?"

"माननीय! अपने-अपने वर्ण में विवाह होना चाहिए। परंतु वर्ण व्यवस्था गुण और कर्मों के अनुसार होनी चाहिए, जन्मजात से नहीं। वर्ण व्यवस्था कर्म-आधारित होने से पक्षपात न होकर सब वर्ण उत्तम बने रहते हैं और उत्तम बनने में प्रयत्न करते हैं। इसलिए बुरे कर्म छोड़ उत्तम कर्मों को ही किया करते हैं। इससे समाज की उन्नति होती है। कर्म-आधारित एक ही वर्ण में विवाह होने से, एक से शारीरिक और मानसिक गुण और योग्यता होने से पति और पत्नी में सामंजस्य बना रहता है और एक-दूसरे के पूरक होने से संतोष भी होता है। जब तक ऐसी वर्ण व्यवस्था, ब्रह्मचर्य व विद्याग्रहण और स्वयंवर विवाह होता था। आर्यावर्त की उन्नति थी। ऐसा होने पर अब भी देश अपनी पूर्वावस्था को प्राप्त हो सकता है।"

"सुंदर! अतिसुंदर! और विवाह में परिवार की भूमिका क्या है?" उत्तर सुनकर पिता प्रसन्न हो रहे थे।

"महोदय! विवाह केवल वर-वधू के बीच ही नहीं होता, यह दो परिवारों का संबंध है। इससे दो समाज के बीच रिश्ता बनता है, यहाँ तक कि दो राष्ट्रों के बीच भी संबंध बनाने के लिए यह माध्यम बनता रहा है। लेकिन साथ ही इस व्यवस्था का दूसरा पक्ष भी है और वह यह है कि इस तरह से दो परिवार एक-दूसरे के संस्कार से परिचित होकर यह सुनिश्चित करते हैं कि क्या स्त्री-पुरुष का होनेवाला संबंध जनकल्याणकारी, समाज व परिवार के लिए सुख-समृद्धि लाएगा या नहीं। इसमें एक-दूसरे को समझने और समझाने का प्रयास आवश्यक है। दोनों के बीच सामंजस्य बन सकता है या नहीं, देखा जाता है। इसलिए सीताजी के साथ विवाह के ठीक पूर्व ऋषि वसिष्ठ श्रीराम के वंश की व्याख्या

करते हुए कहते हैं—'ब्रह्माजी की उत्पत्ति अव्यक्त है, वे अविनाशी हैं। उनसे मरीचि की उत्पत्ति हुई। मरीचि के पुत्र कश्यप हैं, कश्यप से विवस्वान और विवस्वान से वैवस्वत मनु का जन्म हुआ; मनु पहले प्रजापति थे। मनु से इक्ष्वाकु नामक पुत्र हुआ, जिन्हें अयोध्या के प्रथम राजा माना जाना चाहिए। इक्ष्वाकु से कुक्षि-विकुक्षि-बाण-अनरण्य-पृथु-त्रिशंकु-धुंधुमार-युवनाश्व-मांधाता। मांधाता समस्त भूमंडल के स्वामी अर्थात् चक्रवर्ती सम्राट् हुए। मांधाता से सुसंधि से दो पुत्र ध्रुवसंधि और प्रसेनजित्। ध्रुवसंधि से भरत और भरत से असित। राजा असित की दो रानियाँ थीं और वे युद्ध में प्रवासी होकर हिमालय पर रहने लगे। रानी कालिंदी से सगर का जन्म हुआ। राजा सगर के पुत्र असमंज आगे अंशुमान और अन्य प्रमुख नाम दिलीप-भगीरथ-ककुत्स्थ-रघु-प्रवृद्ध-शंखण-सुदर्शन-अग्निवर्ण-शीघ्रग-मरु-प्रशुश्रुक-अंबरीष-नाभाग-अज-दशरथ-श्रीराम हैं (वा.रा. 1.70.19-45)।' अंत में वसिष्ठजी कहते भी हैं कि हे राजन! मिथिला नरेश! श्रीराम और लक्ष्मण आपकी दो कन्याओं के योग्य हैं और आपकी कन्याएँ इनके योग्य हैं (वा.रा. 1.70.45)।

महर्षि वसिष्ठ से इक्ष्वाकु वंश का परिचय सुनने के पश्चात् राजा जनक ने कहा, 'मुनश्रेष्ठ! अब हम भी अपने कुल का परिचय दे रहे हैं। कुलीन पुरुष के लिए कन्यादान के समय अपने कुल का पूर्णरूपेण परिचय देना आवश्यक है (वा.रा. 1.71.1-2)।' यह विवाह संस्कार है, जिसके द्वारा सफल और सुखी परिवार की नींव डाली जाती है।

राजा जनक अपने वंश का परिचय देते हुए कहते हैं—'निमि नाम के राजा का पुत्र मिथि, मिथि का पुत्र जनक। इन्हीं के नाम पर इस वंश का प्रत्येक राजा जनक कहलाता है। राजा जनक से उदावसु का जन्म हुआ। वंशक्रम में आगे उदावसु—नंदिवर्धन—सुकेतु—देवरात—बृहद्रथ—महावीर—सुधृति—धृष्टकेतु—हर्यश्व—मरु—प्रतीन्धक—कीर्तिरथ—देवमीढ—विबुध—महीध्रक—कीर्तिरात—महारोमा—स्वर्णरोमा—ह्रस्वरोमा और उनके दो पुत्र हुए, ज्येष्ठ मैं हूँ (राजा जनक) और छोटा भाई वीर कुशध्वज है (वा.रा. 1.71.3-13)।'

इस तरह राजा जनक ने भी राजा निमि से लेकर अपने तीस से अधिक प्रतिष्ठित पूर्वजों का गुणगान किया। अर्थात् रामायण काल से ही विवाह से पूर्व अपने पूर्वजों के नामों के स्मरण की परंपरा है, जो उस परिवार के संस्कारों का वर्णन ही है। इस तरह से दो कुल-परिवार के संस्कारों का मेल हो जाता है।

दोनों वंश परिचय सुनने के पश्चात् मुनि विश्वामित्र का यह कहना उचित है कि इन दोनों कुलों में जो धर्म संबंध स्थापित (इक्ष्वाकु और विदेह के बीच) होने जा रहा है, सर्वथा एक-दूसरे के योग्य है। रूप-वैभव की दृष्टि से भी समान योग्यता का है (वा.रा. 1.72.3)।

अत: यह विवाह के लिए महत्त्वपूर्ण है कि दोनों वर-वधू पक्ष योग्यता में समान हों। साथ ही परिवार में सामंजस्य भी आवश्यक है।"

"विवाह के मामले में क्या लड़का-लड़की की सुनी जानी चाहिए?" जनकात्मजा की माता का प्रश्न था।

"माते! इस संदर्भ में ऋग्वेद (10.27.12) में निर्देश है—'कितनी स्त्रियाँ इस प्रकार की हैं, जो वधू की कामना करनेवाले पुरुष के प्रशंसक वचनों और उसकी धन-संपदा को ही पतिवरण का माध्यम मान लेती हैं। परंतु जो स्त्रियाँ सुशील, स्वस्थ और श्रेष्ठ मानसिक भावनाओं से युक्त हैं, वे अपनी इच्छानुकूल मित्र पुरुष को पति रूप में वरण करती हैं।' इसे ही स्वयंवर कहते हैं। अर्थात् वैदिक आदर्श के अनुसार चुनने का अधिकार लड़की को प्राप्त था। लेकिन इस चुनने की प्रक्रिया में सतर्कता आवश्यक थी। जो उपरोक्त मंत्र से स्पष्ट हो रही है। हाँ, स्वीकृति लड़के की भी होती, लेकिन उसमें भी परिपक्वता आवश्यक होती। जब पति-पत्नी ने एक-दूसरे को स्वयं चुना है तो उनका पारस्परिक संबंध मित्रता का ही हो सकता है।"

"वत्स! तुम क्षत्रिय गुण के साथ-साथ ज्ञानी भी हो। तुम्हारे पास शास्त्रों के साथ-साथ व्यावहारिक और पारंपरिक ज्ञान भी है। विवाह के संबंध में और जो कुछ भी जानते हो, उसमें महत्त्वपूर्ण बिंदुओं पर अपना मत व्यक्त करो। तुम्हें सुनना आनंदित कर रहा है।" पुजारी ने सहज होकर कहा तो रामवंशी ने आँख बंद कर सिर झुकाकर उनका अभिवादन किया और कहने लगे—

"हे देवपुरुष! शास्त्रों में कहा गया है कि दोनों (वर-वधू) का तुल्य शील, समान बुद्धि, समान आचार, समान रूपादि गुण हो तो उत्तम है। दोनों परस्पर प्रेम बढ़ानेवाले वचनादि व्यवहारों से वर्त्तकर आनंद भोगें। साथ ही यह निरुक्त (3.4) का प्रमाण है *'दुहिता दर्हिता दूरे हिता भवतीति।'* जितना दूर देश में विवाह होगा, उतना ही उन्हें अधिक लाभ होगा।

विवाह समाज परिवार का आधार है। यह मानव जीवन के मूल में है। सुख और दु:ख की नींव में यही है। बहुविवाह क्यों स्वीकार नहीं? दशरथ इसका उदाहरण हो सकते हैं। एक पत्नी से अधिक होने पर उसका क्या हश्र हो सकता है। रामायण की यह घटना संदेश भी है और शिक्षा भी। वही श्रीराम का हर हाल में एक पत्नीव्रता बने रहना उनके चरित्र को आदर्श रूप में स्थापित करता है। महर्षि वाल्मीकि रामायण में एक पत्नीव्रत की स्पष्ट शब्दों में प्रशंसा भी करते हैं (वा.रा. 2.64.43)। भागवत पुराण में स्पष्ट निर्देश है—'*एक पत्नीव्रतधरो राजर्षिचरित: शुचि:* (भा.पु. 9.10.55), अर्थात् प्रभु श्रीराम ने एक पत्नी का व्रत धारण कर रखा था। उनका चरित्र अत्यंत पवित्र एवं राजर्षियों का सा था।' प्रश्न उठता है कि क्या सीताजी इस विवाह से प्रसन्न थीं? बिल्कुल।

प्रसन्नता महलों में नहीं मिलती। यह जंगलों में भी मिल सकती है। भौतिक अभावों से रिश्तों की बुनियाद नहीं टिकी होती, बल्कि आपसी प्रेम और विश्वास पर सबकुछ निर्भर होता है। माता सीता का श्रीराम के साथ वनवास जाना इसका प्रमाण है। श्रीराम और माता सीता का वैवाहिक संबंध एक पक्षीय नहीं था। पुराणों में वर्णन हुआ है—सती शिरोमणि सीताजी अपने पति के हृदय के भाव जानती रहतीं। वे प्रेम से, सेवा से, शील से, अत्यंत विनय से तथा अपनी बुद्धि और लज्जा आदि गुणों से अपने पति श्रीराम का चित्त चुराती रहतीं (भा.पु. 9.10.56)।"

"वत्स! तुम एक संस्कारी पुरुष हो। शस्त्र और शास्त्र दोनों में प्रवीण हो। तुम बेटी जनकात्मजा के लिए योग्य पुरुष हो। मैं जनकात्मजा के वरण का समर्थन करता हूँ। जनकात्मजा के माता और पिता! क्या आपको भी यह स्वीकार है?" पुजारीजी के प्रश्न पर दोनों माता-पिता ने 'हाँ' में सिर हिलाया था। दोनों के मुख पर संतोष और हर्ष के भाव थे।

"हे ब्राह्मण देवता! विवाह सुनिश्चित करने से पहले अपने कुल का परिचय देना होता है। राजा दशरथ और राजा जनक ने भी दिया था। मैं उसी परंपरा का पालन करना चाहूँगा। मैं रामवंशी शूद्र पुत्र हूँ। हमारा वंश अनेक पीढ़ियों से लक्ष्मीनारायण मंदिर व वसिष्ठ आश्रम के सेवाकार्य में रहा है और मेरे पिता वर्तमान में उसी सेवाकर्म में सेवा प्रमुख हैं। मेरी माँ गृहकार्य में दक्ष गृहस्वामिनी हैं। हाँ, मैं अपने कुल में पहला व्यक्ति हूँ, जो क्षत्रिय कर्म कर रहा है। अर्थात् क्षत्रिय हूँ।" रामवंशी ने स्पष्टता के साथ अपनी बात रखी थी। यह सुनकर सौमित्र को छोड़कर बाकी तीनों पुजारी और जनकात्मजा के माता-पिता असहज हुए थे। जनकात्मजा शांत थी।

"शूद्र होना या शूद्रपुत्र होना गर्व की बात है या हीनता की?" पुजारी ने गंभीर होकर प्रश्न किया था।

"हे विद्वन्! शूद्र होना या शूद्र पुत्र होना न हीनता की बात है, न गर्व करने की।"

"और किसी का ब्राह्मण या क्षत्रिय होना या ब्राह्मण पुत्र या फिर क्षत्रिय पुत्र होना गर्व की बात है या हीनता की?"

"यह भी न तो गर्व की बात है, न ही हीनता की बात है।"

"क्यों?"

"क्योंकि गर्व अहंकार को जन्म देता है, जो पथभ्रष्ट होने के लिए पर्याप्त है। और हीनता इसलिए नहीं, क्योंकि कोई भी कार्य (कर्म) हीन नहीं होता।"

"तो फिर क्या महत्त्वपूर्ण है?"

"अपनी-अपनी योग्यतानुसार, अपने-अपने कर्मानुसार वर्ण में स्थापित होकर धर्मानुसार कर्तव्य का पालन करना।"

"सुंदर! सार्थक! इस संदर्भ में अंतिम प्रश्न करता हूँ, जिसका उत्तर सर्वविदित है, अत: आवश्यक नहीं। श्रीराम ने वानर सेना खड़ी कर दी थी तो वानरों को किस वर्ण में रखोगे? श्रीराम ने वानर सुग्रीव और विभीषण को राजा बनाया। इन दोनों को किस वर्ण में रखोगे? और हाँ, श्रीराम के गुरु महर्षि विश्वामित्र को किस वर्ण में रखोगे? इस विषय पर तुम्हारी टिप्पणी चाहूँगा, जिससे सनातन जीवन व्यवस्था पर तुम्हारी समझ की स्पष्टता से मेरी अंतिम शंका का समाधान भी हो जाएगा।"

"हे देवपुरुष! आर्य संस्कृति में जन्म आधारित वर्ण व्यवस्था थी ही नहीं। एक श्रेष्ठ, समृद्ध और शक्तिशाली सभ्यता में यह संभव ही नहीं। जन्म आधारित व्यवस्था होने का अर्थ होगा—जज का बेटा ही जज बने, कलेक्टर का बेटा कलेक्टर और मंत्री का बेटा मंत्री बने। क्या यह हम आज भी स्वीकार कर सकते हैं? नहीं। तो फिर वैदिक ऋषि यह निर्देश कैसे दे सकते थे। कोई भी व्यवस्था, जो समाज के उत्थान में सहायक नहीं, वह व्यर्थ है और समाज का पतन ही करेगी। इस संदर्भ में मनुस्मृति को लेकर अनेक भ्रम हैं। इसका कारण है कुछ लोभीजन द्वारा इनमें जोड़े गए क्षेपक। इन प्रक्षिप्त श्लोकों को आसानी से चिह्नित किया जा सकता है, क्योंकि यह वैदिक विचारों के अनुसार नहीं है और आपस में भी एक-दूसरे का विरोध करते दिखते हैं। उनमें एकरूपता नहीं। अनेक स्थानों पर हम मनुस्मृति को सही अर्थों में समझते भी नहीं हैं। मनु ने किसी एक वर्ण का विवाह किसी अन्य से वर्जित किया है तो इसका कारण मात्र उसका बेमेल विवाह होना है। आज भी हम किसी उच्च अधिकारी का विवाह किसी चपरासी से नहीं करते। हाँ, परंतु चपरासी का पुत्र और पुत्री उच्च स्थान प्राप्त करें तो वे अपनी योग्यतानुसार विवाह करने के लिए स्वतंत्र हैं। और यही होता भी है। वैदिक काल से लेकर अब तक अनेक राजा अन्य वर्ण से आए और सफल राजा बने तथा उनका विवाह योग्य युवतियों से हुआ।"

"अर्थपूर्ण व्याख्या! हे क्षत्रिय श्रेष्ठ! तो फिर अपने वंश को बताने का यहाँ औचित्य?"

"केवल परंपरानुसार और शास्त्रानुसार संपूर्ण सत्य को सामने रखना ही उद्‌देश्य है, माननीय!"

"तो फिर जनकात्मजा के वंश के बारे में सुनो। जनकात्मजा के पिता और दादा कई पीढ़ियों से वैश्य हैं और कृषिकर्म में हैं। लेकिन जनकात्मजा में क्षत्रिय गुण हैं। शास्त्रों के अनुसार भी एक शूद्र पुत्र क्षत्रिय का विवाह एक वैश्य पुत्री क्षत्रिय के साथ उत्तम है, श्रेष्ठ है। क्योंकि दोनों क्षत्रिय गुण वाले हैं, अत: वे किनके पुत्र या पुत्री हैं, महत्त्वपूर्ण नहीं। क्षत्रिय श्रेष्ठ! वैसे भी इक्ष्वाकु वंश की राजकुमारी रेणुका ने ऋषि जमदग्नि से स्वयंवर किया था। जमदग्नि के पिता ऋषि ऋचीक ने विश्वामित्र की बहन

गाधी कुल की राजकुमारी सत्यवती से विवाह किया था। यह सब भी एक ही वर्ण के नहीं थे। अत: वैदिक परंपरानुसार जनकात्मजा का रामवंशी से विवाह होना श्रेष्ठ है, योग्य है, स्वीकार्य है।"

"सभी उपस्थित आरदणीय को मेरा सादर प्रणाम! मैं चाहूँगा कि मेरे पिता और दादाश्री व दादीश्री के साथ माताश्री को इस संदर्भ में बताया जाए। उनकी अनुमति/सहमति मेरे लिए मेरा धर्म है।"

"सुंदर! अति सुंदर! तुम सच्चे अर्थों में सनातनी हो। आचार्य आग्नेय शास्त्री के शिष्य व पौत्र हो। श्रीराम के पथ पर चलनेवाले रामवंशी हो। श्रीराम ने भी यही किया था। माता सीता तपस्विनी अनसूया को अपने स्वयंवर की कथा सुनाते हुए कहती हैं—'श्रीराम द्वारा महान् धनुष पर प्रत्यंचा चढ़ाने के पश्चात् मेरे पिता ने श्रीराम के हाथ में मुझे दे देने का उद्योग किया। उस समय अपने पिता अयोध्या नरेश महाराज दशरथ के अभिप्राय को जाने बिना श्रीराम ने राजा जनक के देने पर भी मुझे नहीं ग्रहण किया (वा.रा. 2.118.49–51)।' अत: जैसा तुम चाह रहे हो, वैसा ही होगा। मुझे पूर्ण विश्वास है तुम्हारे पिताश्री भी इसे स्वीकार करेंगे। इसी संदर्भ में संस्कारों का एक उदाहरण तब भी है, जब राजा दशरथ महाराज जनक के स्वागत किए जाने के उत्तर में कहते हैं—धर्मज्ञ! मैंने पहले से यह सुन रखा है कि प्रतिग्रह (दान लेनेवाला) दाता के अधीन होता है, अत: विवाह के संदर्भ में आप जैसा कहेंगे, हम वैसा ही करेंगे (वा.रा. 1.69.14)।"

"हे आर्यपुत्र! मेरी आँखों में देखो और मेरा वरण करो। मैं जानती हूँ, तुमने इससे पूर्व किसी और स्त्री की आँखों में नहीं देखा होगा। मैं चाहती भी नहीं कि तुम देखो, यह भी जानती हूँ कि तुम देखोगे भी नहीं, क्योंकि तुम सच्चे अर्थों में प्रभु श्रीराम के भक्त रामवंशी हो।"

"और मैं तुम्हें आर्या कहूँगा, प्रिये। वह सिर्फ इसलिए कि तुम सच्चे अर्थों में आर्या हो। तुमसे मेरा प्रेम केवल देह का आकर्षण नहीं होगा, आत्मा का मिलन होगा, वह तभी संभव हुआ है, क्योंकि तुम माता सीता का अनुसरण करनेवाली विदेही हो।"

"हाँ मेरे आर्यपुत्र।"

"हाँ मेरी आर्या।" और दोनों ने एक-दूसरे की आँखों में आँखों से आँखों तक देखा और क्षणभर देखकर आनंद में पलक से आँखों को ढक लिया।

□

द्वितीय सर्ग : गृहाश्रम संस्कार

श्रीराम स्वयंवर से वापस अयोध्या लौटे तो नगरवासी अति प्रसन्न थे। '*गलीं सकल अरगजाँ सिंचाईं। जहँ तहँ चौकें चारु पुराई। बना बजारु न जाइ बखाना। तोरन केतु पताक बिताना* (रा. मा. 1.343.3)।' ठीक इसी तरह वसिष्ठ आश्रम के निवास मार्ग पर चहल-पहल थी। वातावरण में उल्लास था। आकर्षण का केंद्र अजकुमार का घर-परिवार था। वहाँ पहुँचने वाले प्रत्येक के मुखमंडल पर उत्साह और उमंग था। यह ठीक उसी तरह से था, जैसा अयोध्यावासियों को श्रीराम और सीताजी के दर्शनों की लालसा थी। '*जनु उछाह सब सहज सुहाए। तनु धरि धरि दसरथ गृहँ छाए। देखन हेतु राम बैदेही। कहहु लालसा होहि न केही* (रा.मा. 1.344.2)।' यहाँ भी नव आगंतुक को देखने की लालसा में सभी अजकुमार की कुटिया तक जल्द-से-जल्द पहुँचना चाहते थे। अति विशिष्ट अतिथि का आगमन जो हुआ था। अतिथि की विशिष्टता थी कि वह अतिथि नहीं, बल्कि आश्रम का स्थायी निवासी बनने आया था। आश्रम की परंपरा है कि नव सदस्य का स्वागत कुछ ऐसा हो कि वह दूध में शक्कर की तरह घुल-मिल जाए। रामवंशी जनकात्मजा को लेकर घर पहुँचा तो द्वार पर ही दादी माँ, बड़ी माँ और छोटी माँ के साथ-साथ आस-पड़ोस की महिलाओं ने स्वागत किया था। वैदिक संस्कारों को विधिपूर्वक करते हुए नववधू को विशिष्ट कक्ष में ले जाया गया था।

"बहू जनकात्मजा! बेटी तुम रूपवती हो, संस्कारी और गुणवान भी। तुम्हारे नाम का पर्याय ही सीता है। माता सीता एक आदर्श नारी हैं। भूलोक की सभी नारियों के लिए पूज्य। उन्हीं का संदर्भ लेकर मैं आज तुम्हें रामकथा से गृहस्थ के कुछ महत्त्वपूर्ण पक्ष बताती हूँ, जो मेरा कर्तव्य भी है और तुम्हारे सुखी पारिवारिक जीवन और समृद्ध परिवार के लिए आवश्यक भी।" अपराजिता ने स्नेहपूर्वक कहा था। शब्दों में अर्थ और वाणी में मधुरता थी।

"हे माते! मैं आपके वात्सल्य के माधुर्य से अति आनंद में हूँ। मैं सौभाग्यशाली हूँ कि आपने मेरा गृह प्रवेश सनातन परंपराओं का पालन करते हुए किया। वह भी ठीक

उसी तरह जिस तरह त्रेता युग में अयोध्या पहुँचने पर महारानी कौसल्या, सुमित्रा और कैकेयी तथा अन्य राजपत्नियों ने परम सौभाग्यवती सीता, यशस्विनी उर्मिला और मांडवी तथा श्रुतकीर्ति को सवारी से प्रेमपूर्वक उतारा और मंगल गीत गाती हुईं सब वधुओं को घर में ले गई थीं (वा.रा. 1.77.10-12)। यह नववधू का गृहप्रवेश संस्कार है। उन सबने देवमंदिरों में ले जाकर उन बहुओं से देवताओं का पूजन करवाया था (वा.रा. 1.77.13)। आपने भी सर्वप्रथम मंदिर में लक्ष्मीनारायण भगवान् के दर्शन करवाए, फिर घर में कुलदेवी का पूजन करवाया। तदनंतर उन नव वधुओं ने सास-ससुर आदि के चरणों में प्रणाम किया था। अत: मैं भी आपके चरणों में प्रणाम करती हूँ। मेरी माँ और सखियों ने मुझे वही कहा था, जो तुलसीदास ने कहा है (रा.मा. 1.333.3)—*'सासु ससुर गुर सेवा करेहू। पति रुख लखि आयसु अनु सरेहू। अति सनेह बस सखीं सयानी। नारि धरम सिखवहिं मृदु बानी।'* अर्थात् सास, ससुर और गुरु की सेवा करना, पति का रुख देखकर उनकी आज्ञा का पालन करना। और इस तरह सयानी सखियाँ अत्यंत स्नेह के वश कोमल वाणी में स्त्रियों के धर्म सिखलाती हैं।"

"बेटी! तुम्हारे संस्कार देखकर मुझे गर्व है और संतोष भी कि तुम मेरी बहू हो। मेरी मन:स्थिति ठीक वैसी ही है, जैसी माता कौसल्या की सीताजी के अयोध्या आगमन पर थी। मन कर रहा है कि *'धूप-दीप नैबेद बेद बिधि। पूजे बर दुलहिनि मंगलनिधि। बारहिं बार आरती करहीं। ब्यजन चारु चामर सिर ढरहीं।'* (रा.मा. 1.349.2) अर्थात् माताओं ने वेद की विधि के अनुसार मंगलों के निधान दूलह और दलहिनों की धूप, दीप और नैवेद्य आदि द्वारा पूजा की। माताएँ बार-बार आरती कर रही हैं और वर-वधुओं के सिरों पर सुंदर पंखे तथा चँवर डुलाए जा रहे हैं।" कहकर अपराजिता ने गुरुमाता की ओर देखा। और आँखों-ही-आँखों में कुछ कहने का आग्रह भी कर दिया।

"तुम दोनों के वार्त्तालाप ने मेरा जीवन सफल कर दिया। पुत्री जनकात्मजा! सामान्यत: बहुएँ मात्र चरण स्पर्श करती हैं, लेकिन तुमने अपने भावों से मेरा हृदय स्पर्श किया है। बेटी, तुम्हारा कल्याण हो। इन भावों के साथ अब तुम गृह प्रवेश के समय बोला जानेवाला मंत्र (यजु. 3.43) ध्यान से सुनो—'हे गृहस्थो! हमारे घरों में गाय व बैल, भेड़ और बकरियाँ सुखपूर्वक रहने के लिए सम्मानपूर्वक आवाहित की गई हैं, समीपस्थ हों। घर की समृद्धि के लिए अन्न रस का आह्वान किया गया है। यह प्राप्त हो, हम वैसा प्रयत्न किया करें। कल्याण के लिए तथा सभी अनिष्टों के शमन के लिए हम घरों को प्राप्त करते हैं, जिससे लौकिक एवं पारलौकिक सुख की प्राप्ति हो।' यहाँ वर्तमान काल में गाय व बैल आदि को संपन्नता का प्रतीक कहा जा सकता है, लेकिन मेरे मतानुसार यह आज भी समृद्धि का आधार है।

मनुस्मृति का एक मंत्र गृहस्थ नारी के लिए अति महत्त्वपूर्ण है। इसका सदा स्मरण

करते हुए जितना अधिक आचरण में लाओगी, उतना अधिक लाभ होगा। मनु (5.153) कहते हैं—'स्त्री को अपने परिवार में प्रत्येक स्थिति में प्रसन्नचित्त, गृहकार्यों में निपुणता और सुरुचि संपन्नता दिखानेवाली तथा सोच-समझकर व्यय करनेवाली होना चाहिए।' बेटी तुम तो एक संस्कारी परिवार से हो और स्वयं गुणी हो, लेकिन मनु (9.24) तो अर्थपूर्ण विवेचना करते हुए यहाँ तक कहते हैं—'इस लोक में इस प्रकार की अन्यान्य स्त्रियाँ हुई हैं, जो अधम योनि में उत्पन्न होकर अपने पतियों के शुभ गुणों के कारण प्रतिष्ठित हुई हैं।' मनु इसके उदाहरण भी (9.23) देते हैं—'अक्षमाला नाम की निकृष्ट कुल में उत्पन्न स्त्री महर्षि वसिष्ठ से विवाह करके और साधारण कुलशील वाली शारंगी ने मंदपाल से विवाह करके समाज में अत्यंत सम्मानित स्थान प्राप्त किया।' इसी संदर्भ में मनुस्मृति (9.22) में मनु कहते हैं—'जिस प्रकार नदियाँ समुद्र में मिलकर समुद्र का आकार धारण कर लेती हैं, उसी प्रकार स्त्रियाँ भी पति (गुणी, निर्गुण) के अनुरूप ही समाज में अपनी स्थिति बनाती हैं।'

यही भावपूर्ण संदेश रामकथा में आता है, जब वनवास जाते समय श्रीराम माता कौसल्या से कहते हैं (वा.रा. 2.24.27)—'नारी को चाहिए कि वह पति के प्रिय एवं हित साधन में तत्पर रहकर सदा उसकी सेवा करे, यही स्त्री का वेद और लोक में प्रसिद्ध नित्य (सनातन) धर्म है। इसी का श्रुतियों और स्मृतियों में भी वर्णन है।' इसी घटनाक्रम में आगे माता कौसल्या अपनी बहू सीता से असती (दुष्टा) स्त्रियों की विस्तार में (वा.रा. 2.39.20-25) व्याख्या करती हैं। हर विवाहिता को इन श्लोकों को पढ़कर कुलोचित मर्यादाओं को जानना आवश्यक है।"

"दादी माँ! आपका आशीर्वचन मेरा सौभाग्य है। रामकथा के उपरोक्त संदर्भ के उत्तर में पत्नी धर्म का वर्णन सीताजी भी करती हैं (वा.रा. 2.39.26-31)। इसे मेरा कथन भी माना जाए। देवी सीता कहती हैं—'हे पूजनीय माताजी! आप मेरे लिए जो कुछ भी उपदेश दे रही हैं, मैं उसका पूर्ण रूप से पालन करूँगी। मैं पतिव्रत-धर्म से विचलित नहीं हो सकती।'

माते! इसी विषय में एक उदाहरण और देना चाहूँगी। जब राजा दशरथ कौसल्या को हाथ जोड़कर मनाते हैं, तब महारानी कौसल्या भी स्त्रीधर्म का वर्णन करती हुई कहती हैं—'पति अपनी स्त्री के लिए इहलोक और परलोक में भी स्पृहणीय है। इस जगत् में जो स्त्री अपने बुद्धिमान पति द्वारा मनाई जाती है, वह कुल स्त्री नहीं।' साथ ही कहती हैं—'मुझसे अपराध हुआ हो तो भी मैं आपसे क्षमा पाने के योग्य हूँ। प्रहार पाने के नहीं (वा.रा. 2.62.12-13)।' और मैं माता कौसल्या के इस कथन से भी सहमत हूँ।"

यह सुनकर अब तक शांत छोटी ठकुराइन भी बोल पड़ी, "गुरुमाता! यह आपके तप का ही फल है कि इतनी संस्कारी बहू हमारे बीच है। मैं सभी देवताओं का स्तुतिगान

करती हूँ, हम सब धन्य हुए। बेटी जनकात्मजा को कुछ भी कहने-समझाने की आवश्यकता ही नहीं लग रही। मात्र इतना ही कहूँगी कि समाज और परिवार में सास-ससुर और बहू के बीच का संबंध बहुत संवेदनशील और महत्त्वपूर्ण है, क्योंकि जहाँ बहू को एक अलग परिवार से आकर पति के परिवार को अपना बनाना पड़ता है, वहीं सास-ससुर को नई कन्या को स्वीकार कर उसे घर-परिवार का अभिन्न अंग बनाना होता है। रामकथा में दशरथ-कौसल्या और सीताजी के बीच का संबंध आदर्श रूप प्रस्तुत करता है। यहाँ भी मुझे अपराजिता जिज्जी और बहू जनकात्मजा के बीच वही भाव दिख रहे हैं। यह सब देखकर मुझे अति प्रसन्नता हो रही है।"

"छोटी माँ! प्रसन्नता तो मुझे हो रही है और सौभाग्यशाली भी मैं हूँ, जो मुझे एक नहीं, बल्कि तीन-तीन माताओं का प्यार अलग-अलग रूप में आशीर्वाद के साथ मिल रहा है। दादी माँ, बड़ी माँ और छोटी माँ को पाकर मैं धन्य हुई। मेरे भाग्य को देखकर तो कोई भी स्त्री ईर्ष्या कर सकती है। और इन सबकी प्राप्ति का श्रेय मैं श्रीराम के अनन्य भक्त रामवंशीजी को देना चाहूँगी। मेरा प्रेम उनके प्रति ठीक उसी तरह का है, जैसा माता सीता का श्रीराम के प्रति था। सीताजी स्वयं आदर्श पत्नी का उदाहरण देती हैं, जब वे अशोक वाटिका में राक्षसियों से कहती हैं (वा.रा. 5.24.10-12)—'जिस प्रकार महाभागा शची इंद्र की सेवा में उपस्थित होती हैं, देवी अरुंधती महर्षि वसिष्ठ में, रोहिणी चंद्रमा में, लोपामुद्रा अगस्त्य में, सुकन्या च्यवन में, सावित्री सत्यवान में, श्रीमती कपिल में, मदयंती सौदास में, केशिनी सगर में, दमयंती नल में अनुराग रखती हैं, उसी प्रकार मैं भी अपने पतिदेव श्रीराम में अनुरक्त हूँ।' सभी माताओं से मैं यह कहना चाहूँगी कि यही भाव मेरा मेरे पति के लिए है।"

"बेटी! रामवंशी केवल मेरा पोता ही नहीं, बल्कि मेरे जीवन की सभी इच्छाओं का केंद्र भी है। तुम्हें पाकर मैं अनेक चिंताओं से मुक्त हुई। फिर भी अपना कर्तव्य समझते हुए कुछेक बातों से तुम्हें आगाह करते हुए सावधान करना चाहूँगी। अहल्या के उदाहरण से त्रेतायुग में भी विवाहित स्त्री के पतन (दुराचरण) पर जनमानस में होनेवाले संताप का अनुमान लगाया जा सकता है। इस घटना में इंद्र को केवल दोष देना उचित नहीं, क्योंकि अहल्या भी इंद्र को पहचान कर ही समागम के लिए तैयार हुई। इंद्र और अहल्या ने स्वेच्छा से मिलकर यह महापाप किया। यह महात्मा गौतम ऋषि के साथ विश्वासघात था। यह दुष्कर्म तब भी निंदनीय था, आज भी है। हे जनकात्मजा! अनसूया, लोपामुद्रा या द्वापर की गांधारी बनना आसान नहीं, लेकिन असंभव भी नहीं। ये पतिव्रता नारियाँ हर युग में पूजनीय रही हैं। सावित्री विवाह से पूर्व जानती थी कि सत्यवान की उम्र कम है, फिर भी विवाह किया। क्योंकि उसने अपने पिता से कहा, मेरा पति दीर्घायु हो अथवा अल्पायु, एक बार मन से मैंने उनका वरण किया है, अब मैं किसी दूसरे पुरुष से विवाह

नहीं करूँगी (महा. 3.294.27)। यह परिवार को बनाने और बचाने के लिए बनाए गए आदर्श हैं, वह इसलिए आवश्यक है कि कोई-न-कोई कारण देकर तो सभी विवाह तोड़े जा सकते हैं, फिर समाज कैसे चलेगा।

बेटी! अंत में यही कहूँगी, परिवार में रिश्ते निभाने के लिए विश्वास, भाव व संतोष होना चाहिए। हे पतिव्रता स्त्री! तेरा स्तुतिगान करते हुए ऋषि पराशर शाक्त्य (ऋ. 1.73.3) कहते हैं— 'ये अग्नि देव पतिव्रता स्त्री की तरह पवित्र और वंदनीय हैं।' अर्थात् पतिव्रता स्त्री की तुलना अग्निदेव से की जाती है। और बेटी तू इसके योग्य है।"

"हे माते! मेरे माता-पिता ने चलते-चलते जो कहा था, उसका भाव वही है, जो ऋग्वेद (10.85.25) में ऋषिका सूर्या सावित्री कहती हैं—'हे कन्या! हम इस पितृकुल से आपको मुक्त करते हैं और पतिकुल से आपको भली प्रकार संबंध करते हैं।' अत: दादी माँ, मेरा संबंध तो इस कुल से हो चुका और मैं आजीवन वही करूँगी, जो माता सीता ने किया था। वे मेरी आदर्श हैं और पथ-प्रदर्शक भी।"

"आओ बेटा, रामवंशी! बैठो। आज तुम सभी आश्रमों में सर्वाधिक महत्त्वपूर्ण आश्रम गृहस्थ में प्रवेश कर रहे हो। अत: तुम्हें कुछ महत्त्वपूर्ण बिंदुओं पर ध्यान देना अत्यावश्यक है। इस शुभ अवसर पर यजुर्वेद (3.41) मंत्र को ध्यान से सुनो कि ऋषि क्या कह रहे हैं—'हे गृहस्थ लोगो! तुम विधिपूर्वक गृहाश्रम में प्रवेश करने से मत डरो, मत प्रकंपित हो। अन्न पराक्रम तथा विद्यादि शुभ गुण से युक्त होकर गृहाश्रम को धारण करते हुए तुम लोगों को हम सत्योपदेशक विद्वान् सहायतार्थ प्राप्त होते हैं और अन्नपानाच्छादन स्थान से तुम्हीं हमारा निर्वाह करते हो। इसलिए तुम्हारा गृहाश्रम व्यवहार में निवास सर्वोत्कृष्ट है।'

मनुस्मृति में गृहस्थ को लेकर स्पष्ट निर्देश हैं। मनु (3.60) कहते हैं—'जिन परिवारों में पति अपनी पत्नी से और पत्नी अपने पति से संतुष्ट होते हैं, उन परिवारों में निश्चित रूप से सदैव सुख, शांति, आनंद और संपन्नता का साम्राज्य रहता है। अगर दोनों अप्रसन्न रहें तो उस कुल में नित्य कलह वास करता है।' आगे मनु (3.61) कहते हैं—'यदि स्त्री वस्त्र, आभूषण और भोजन आदि से प्रसन्न नहीं होती तो वह अपने पति के साथ भोग-विलास करने के रूप में उसे आनंदित करने को उद्यत नहीं होती। यदि स्त्री भोग-विलास में प्रवृत्त नहीं होती तो पुरुष के शरीर में कामोत्पत्ति न होने से संतान नहीं होती, अर्थात् कुल-परंपरा नहीं चलती।' मनु (3.62)—'सत्य तो यह है कि स्त्री के प्रसन्न होने से पूरे परिवार की शोभा होती है और इसके विपरीत स्त्री के सुसज्जित और प्रसन्न न होने पर सारा परिवार ही कलंकित होता है।'

अजकुमार! तुम भी इसे ध्यानपूर्वक सुनो। मनु (3.55) स्पष्ट करते हुए कहते हैं कि 'पिता, भ्राता, पति और देवर को योग्य है कि विवाहित होनेवाली कन्या, बहन, स्त्री और भौजाई आदि स्त्रियों की सदा पूजा करें, अर्थात् मधुर भाषण, भोजन, वस्त्र और आभूषण आदि से प्रसन्न रखें, जिनको कल्याण की इच्छा हो, वे स्त्रियों को क्लेश कभी न दें।' मनु (3.56) का अर्थपूर्ण कथन है कि 'जिस कुल में नारियों की पूजा अर्थात् सत्कार होता है, उस कुल में दिव्य गुण, दिव्य भोग और उत्तम संतान होती है। अर्थात् जहाँ स्त्रियों की पूजा होती है, वहाँ देवता रमण करते हैं, वहाँ सभी प्रकार की ऋद्धि-सिद्धि सुलभ होती है।' मनु (3.57) कहते हैं—'जिस परिवार में स्त्रियाँ दुःख और अभावग्रस्त होने के कारण कलपती रहती हैं, उस परिवार का शीघ्र विनाश हो जाता है। इसके विपरीत जहाँ स्त्रियाँ संतुष्ट और प्रसन्न होती हैं, उस कुल की निरंतर और उत्तरोत्तर वृद्धि होती है।' आगे मनु (3.58) कहते हैं—'जिस परिवार में स्त्रियाँ दुःख और अभाव से, दुर्व्यवहार से पीड़ित होकर अपने को, परिवार के पुरुषों को और भाग्य को कोसती रहती हैं, वे परिवार नष्ट हो जाते हैं।' मनु (3.59) में भी यही भाव रखते हुए कहते हैं—'स्त्रियों की प्रसन्नता-अप्रसन्नता पर ही परिवार का उत्कर्ष-अपकर्ष निर्भर रहता है।'

मनु (9.26) कहते हैं—'संतान का हेतुभूत होने के कारण स्त्रियाँ शुभ, पूजनीय और घर की शोभा हैं। सत्य तो यह है कि घरों में स्त्रियों और लक्ष्मी में कोई अंतर नहीं है। स्त्रियाँ साक्षात् लक्ष्मी स्वरूपा हैं।' मनु (9.27 व 9.28) का निर्देश है—'संतान उत्पत्ति, धर्म-कार्य, सेवा, उत्तम रतिभोग, पितरों का उद्धार, यह सब स्त्री के ही अधीन है।' इन दोनों मंत्रों का भावार्थ यही है कि केवल विवाहित पुरुष (अर्थात् गृहस्थ) ही इन सबको पा सकता है।

वत्स! रामकथा में पत्नी के महत्त्व के अनेक उदाहरण हैं। वाली की पत्नी तारा के वचन मूल्यवान थे और सुझाव व परामर्श तार्किक थे, जो यह दरशाते हैं कि पत्नी एक जीवनसाथी के साथ-साथ शुभचिंतक और मित्र भी होती है (वा.रा. 4.15.7-31)। रामकथा की अनेक नारी ने पत्नी धर्म दक्षतापूर्वक निभाया है, उनमें तारा के अतिरिक्त मंदोदरी प्रमुख हैं। दोनों के पति पत्नी के सुझाव को न सुनने पर अपना सर्वनाश कर बैठते हैं। तारा तो सुग्रीव की पत्नी बनने के बाद पुनः एक बार पत्नी धर्म निभाते हुए क्रोधित लक्ष्मण को युक्तिपूर्ण संवाद से शांत करती है। लक्ष्मण का उपरोक्त कथन इसी संदर्भ में था। तुलसीदास कहते हैं (रा.मा. 4.19.2)—'*सुनु हनुमंत संग लै तारा। करि बिनती समुझाई कुमारा। तारा सहित जाइ हनुमाना। चरन बंदि प्रभु सुजस बखाना।*' अर्थात् सुग्रीव कहते हैं—'हे हनुमान! सुनो, तुम तारा को साथ ले जाकर विनती करके राजकुमार लक्ष्मण को समझा-बुझाकर शांत करो। हनुमानजी ने तारा सहित जाकर लक्ष्मणजी की वंदना की और प्रभु के सुंदर यश का बखान किया।' दूसरी तरफ कैकेयी ने भी देवासुर

संग्राम के समय अपने पति की पूरी रात सेवा करके दशरथ के जीवन की रक्षा की थी। सीताजी ने तो कभी भी कोई दुर्भावना प्रकट नहीं की। यहाँ ध्यान देने योग्य बात यह है कि सनातन समाज में सिर्फ पत्नी को ही पतिव्रत धर्म नहीं निभाना होता, बल्कि पति को भी पत्नी के प्रति एकनिष्ठ एवं समर्पित होना पड़ता है। श्रीराम और सीताजी का चरित्र इस आदर्श को व्यावहारिक रूप में प्रस्तुत करता है।

गृहस्थ का एक दूसरा पक्ष भी है, जिन्हें श्रीराम के दो कथनों से समझा जा सकता है। श्रीराम लक्ष्मण से कहते (वा.रा. 2.53.13) हैं—'जो अर्थ और धर्म का परित्याग करके केवल काम का अनुसरण करता है, वह उसी प्रकार शीघ्र ही आपत्ति में पड़ जाता है, जैसे इस समय महाराज दशरथ पड़े हैं।' रामकथा से एक सीख और मिलती है, जब सीताहरण के घटनाक्रम के समय श्रीराम लक्ष्मण से कहते हैं (वा.रा. 3.59.23)—'क्रोध से भरी हुई नारी के कठोर वचन को सुनकर जो तुम मिथिलेशकुमारी सीता को छोड़कर यहाँ चले आए, इससे मैं तुम्हारे ऊपर संतुष्ट नहीं हूँ।' महर्षि वाल्मीकि ने लक्ष्मण के मुख से भी गृहस्थ के लिए एक महत्त्वपूर्ण कथन कहा है (वा.रा. 4.33.46)—'धर्म और अर्थ की सिद्धि के निमित्त प्रयत्न करनेवाले पुरुष के लिए मद्यपान अच्छा नहीं माना जाता। क्योंकि मद्यपान से अर्थ, धर्म और काम तीनों का नाश होता है।'"

गुरुदेव अपनी बात कह ही रहे थे कि देखते हैं कि जनकात्मजा गुरुमाता और अपराजिता व आश्रम की अन्य महिलाओं के साथ मंदिर में संध्या दर्शन के लिए आई हैं। यह देख वे रुक गए। आँखें बंद कर जप करने लगे। थोड़ी देर में बहू ने गुरुदेव के चरण स्पर्श किए तो वे कह उठे—"अखंड सौभाग्यवती भवः ! बैठो बेटी। महत्त्वपूर्ण विषय पर चर्चा हो रही है। तुम्हें भी सुनना चाहिए।

श्रीराम के स्त्री-संदर्भ में विचार को रामवंशी तुम विशेष रूप से सुनो, कहते हैं (वा.रा. 6.114.27-28)—'घर, वस्त्र (कनात आदि) और चहारदीवारी आदि वस्तुएँ स्त्री के लिए परदा नहीं हुआ करती हैं। लोगों को दूर हटाने के जो निष्ठुरतापूर्ण व्यवहार है, ये भी स्त्री के लिए आवरण या परदे का काम नहीं देते हैं। पति से प्राप्त होनेवाले सत्कार तथा नारी के अपने सदाचार, ये ही उसके लिए आवरण हैं।' और फिर आगे कहते हैं—'विपत्ति काल में शारीरिक या मानसिक पीड़ा के अवसरों पर, युद्ध में, स्वयंवर में, यज्ञ अथवा विवाह में स्त्री का दिखना या दूसरों की दृष्टि में आना दोष की बात नहीं है।'

रामवंशी! तुम श्रीराम के एक पत्नीव्रत को भी समझो। अपने जीवन के अनेक घटनाक्रम में उन्होंने एक पत्नीव्रत का संदेश दिया। इन सनातनी संस्कारों का तुम्हें पालन करना है।" यह कहकर गुरुदेव कुछ समय के लिए रुके, फिर रामवंशी और जनकात्मजा को देखकर पुनः कहने लगे, "तुम दोनों ऐहिक और पारलौकिक सुख प्राप्ति के लिए विवाहित जीवन में अपने सामर्थ्य के अनुसार परोपकार करना और नियत काल में

यथाविधि ईश्वरोपासना तथा गृह कृत्य करना, साथ ही सत्य धर्म में ही अपना तन-मन-धन लगाना और धर्मानुसार संतानों की उत्पत्ति करना।

यजुर्वेद (40.2) में ऋषि दध्यङ् आथर्वण कहते हैं—'सभी मनुष्य इस संसार में शरीर से समर्थ होकर (कर्माणि) सत्कर्मों (कुर्वन्नेव) को करते हुए सौ वर्षपर्यंत जीने की इच्छा करें। आलसी और प्रमादी कभी न होवें। उत्तम कर्म से कुछ भी दुःख नहीं होता। इसलिए तुम स्त्री-पुरुष सदा पुरुषार्थी होकर उत्तम कर्मों द्वारा अपनी और दूसरों की सदा उन्नति किया करो।' ऋषि शंयु बार्हस्पत्य यजुर्वेद (3.42) में वास्तु देवता का स्तुतिगान करते हुए कहते हैं—'हे गृहस्थो! देशांतर गमन के समय, जिसके विषय में निरंतर स्मरण करते थे, ऐसे उस घर को (अपनी उपस्थिति से) प्रसन्न कर रहे हैं, घर के अधिष्ठाता देव ज्ञानवान हैं, वे हमारे इस भाव को ग्रहण करें।' इन वैदिक मंत्रों के भावार्थ को आप दोनों ग्रहण करें।" गुरुदेव कुछ पल के लिए रुके, ईश्वर का स्मरण किया और पुनः कहने लगे—

"मनु (3.77) गृहस्थ की महत्ता बताते हुए कहते हैं—'जिस प्रकार वायु पर ही संपूर्ण संसार का जीवन आश्रित है, वायु के अभाव में कोई प्राणी जीवित नहीं रह सकता, उसी प्रकार सभी आश्रम—ब्रह्मचर्य, गृहस्थ, वानप्रस्थ और संन्यास-गृहस्थ पर ही निर्भर हैं।' मनु (3.78) तो स्पष्ट कर देते हैं—'तीनों (ब्रह्मचर्य, वानप्रस्थ और संन्यास) आश्रमों के लोग निश्चिंतता से जिस ज्ञान का लाभ करते हैं, उसका सारा श्रेय गृहस्थ को है, क्योंकि यही आश्रम उनके पालन-पोषण का दायित्व लेकर उन्हें निश्चिंततापूर्वक साधना करने का अवसर जुटाता है। इस दृष्टि से गृहस्थ ही सभी आश्रमों में श्रेष्ठ है।' अतः मनुस्मृति (3.79) में मनु गृहस्थ आश्रम को धारण करने के लिए प्रेरित भी करते हैं। इस संदर्भ में मनु (6.86) एक सरल तथ्य प्रस्तुत करते हैं, जो कटु सत्य भी है, वह यह कि चारों आश्रम के व्यक्ति गृहस्थ से ही उत्पन्न होते हैं। फिर मनु (6.87) कहते हैं—'गृहस्थ ही तीनों आश्रमों के सेवियों का भरण-पोषण करता है।' अतः मनु (6.89) के मतानुसार—'जिस प्रकार सभी नदी-नद समुद्र में पहुँचकर शांत होते हैं, इससे पूर्व प्रवाह के रूप में भटकते रहते हैं, उसी प्रकार सभी आश्रमों में भटकता प्राणी गृहस्थ आश्रम में ही स्थिर होता है।'

हे वत्स! बेटी जनकात्मजा! जब भी कोई भ्रम उत्पन्न हो तो रामकथा का स्मरण करना। रामायण में गृहस्थ आश्रम का महत्त्व दरशाते अनेक घटनाक्रम हैं। वैसे भी रामकथा का सभी गृहस्थ को नियमित पाठ करना चाहिए। महर्षि वाल्मीकि भी चारों आश्रम में गार्हस्थ्य को ही श्रेष्ठ बतलाते हैं (वा.रा. 2.106.22)। विशेष ध्यान देने योग्य बात है कि श्रीराम व सीता का विवाहित जीवन सुखी था। श्रीराम सदा सीता के हृदय में विराजमान रहते थे तथा श्रीराम का मन भी सीता में ही लगा रहता था (वा.रा. 1.77.25)।

इसका मूल कारण है कि सीताजी श्रीराम के हार्दिक अभिप्राय को भी अपने हृदय से ही जान लेती थीं तथा स्पष्ट रूप से बता भी देती थीं (वा.रा. 1.77.28)। एक-दूसरे के मन के भाव को जान लेना और उसके अनुरूप कार्य करना सुखी दांपत्य जीवन के नींव को मजबूत करता है। गृहप्रवेश के समय वैदिक मंत्रों का पाठ अवश्य करें। यजुर्वेद (3.41), इस मंत्र की चर्चा हम पूर्व में अभी-अभी कर चुके हैं, ऋषि शंयु बार्हस्पत्य इससे आगे कहते हैं—'हे घर! हम ओज संपन्न श्रेष्ठ बुद्धि से युक्त, दुःखरहित तथा हर्षित होते हुए (आप में) प्रविष्ट होते हैं।' इन भावों के साथ अब तुम दोनों जाओ और विश्राम करो। सुखी व स्वस्थ रहो।"

□

तृतीय सर्ग : भौतिक संसार

तुलसीदास (रा.मा. 2.1.1) कहते हैं—*'जब तें रामु ब्याहि घर आए। नित नव मंगल मोद बधाए। भुवन चारिदस भूधर भारी। सुकृत मेघ बरषहिं सुख बारी।* अर्थात् जब से श्रीराम विवाह करके घर आए, तब से (अयोध्या) में नित्य नए मंगल हो रहे हैं और आनंद के बधावे बज रहे हैं। चौदहों लोकरूपी बड़े भारी पर्वतों पर पुण्य रूपी मेघ सुख रूपी जल बरसा रहे हैं।'

ऐसा ही कुछ वसिष्ठ आश्रम में हो रहा है। अजकुमार के घर में मंगल है, खुशियाँ हैं। संस्कारी परिवारों में बहू के आने के बाद यही होता रहा है। और होना भी चाहिए। रामवंशी और जनकात्मजा को सुखी दांपत्य जीवन के सूत्र रामकथा से मिलते और वे उसके अनुसरण का प्रयास करते। जैसे—श्रीराम गृहस्थ के बीच-बीच में अवसर निकालकर उत्तम चरित्र में, ज्ञान में तथा अवस्था में बढ़े-चढ़े सत्पुरुषों से शिक्षा लिया करते थे (वा.रा. 2.1.12)। ये एक श्रेष्ठ पुरुष होने के संस्कार हैं। श्रीराम सदा मीठे वचन बोलते, अपने पास आए मनुष्यों से पहले स्वयं ही बात करते। झूठी बात तो उनके मुख से निकलती ही नहीं, सदा वृद्धों का सम्मान करते। वे परम दयालु और इंद्रियों को वश में रखनेवाले थे (वा.रा. 2.1.13-15)। रामवंशी भी अपने दैनिक जीवन में ऐसा ही कुछ करने का प्रयास करता।

जिस कर्म में धर्म का समावेश न हो, उसको नहीं करना चाहिए। जिससे धर्म की सिद्धि होती हो, उसी का आरंभ करना चाहिए। जो केवल अर्थपरायण होता है, वह लोक में सबके द्वेष का पात्र बन जाता है तथा धर्म विरुद्ध काम में आसक्त होना निंदा की बात है (वा.रा. 2.21.58)। रामवंशी के सभी कर्मों के मूल में यही भाव होता।

रामवंशी न केवल रामकथा का नियमित रूप से पाठ करता, बल्कि उस पर मनन-चिंतन भी करता। मानवीय संबंध दो स्तर—परिवार और समाज-पर अभिव्यक्त होते हैं। यही नैतिक मूल्यों की व्यावहारिक प्रयोगशाला हैं। रामकथा के आदर्श के माध्यम से नैतिक मूल्य पारिवारिक और सामाजिक जीवन में आचरण के अंग बन जाते हैं। वैसे भी

मानव के सर्वांगीण विकास में परिवार का योगदान सर्वोपरि है। यही कारण भी रहा कि सनातन समाज में परिवार के प्रति विशेष प्रेम की भावना प्रारंभ से रही है। समय-समय पर उसमें उत्पन्न अवरोध-विरोध को निर्मूल करने के लिए विशेष प्रयत्न हुए। रामकथा में इसे देखा और समझा जा सकता है। यहाँ पारिवारिक संबंधों की गरिमा देखते ही बनती है। जहाँ हर पात्र त्याग और प्रेम की भावना से प्रयासरत है। मात्र इसी कारण से यह पारिवारिक प्रेम की कथा अद्‍भुत बन जाती है। सनातन परंपरा में माता-पिता का सर्वोच्च स्थान है। *'मातृ देवो भव, पितृ देवो भव, आचार्य देवो भव, अतिथि देवो भव'* (तै.उ. 1.11) का पालन श्रीराम आजीवन करते हैं। श्रीराम पिता की अनुमति से ही सभी कार्य करते हैं। यहाँ तक कि धनुर्भंग के बाद भी पिता की स्वीकृति के बिना श्रीराम सीता से विवाह के लिए तैयार नहीं हुए (वा.रा. 2.118.51)। यह बात सीताजी माता अनसूया को बताती हैं। चौदह वर्ष के लिए वन में जाना, एक राजकुमार के लिए सरल कार्य नहीं, यही श्रीराम को पुरुषोत्तम बनाता है। लेकिन श्रीराम की पितृभक्ति एकपक्षीय नहीं है। दशरथ भी श्रीराम के प्रति असीम प्रेम रखते हैं। यहाँ तक कि गुणों के वर्णन में वे अपने से अधिक श्रीराम के गुणों को महत्त्व देते हैं। तभी तो वे कैकेयी से कहते हैं कि मैं कौसल्या और सुमित्रा को भी छोड़ सकता हूँ, राजलक्ष्मी का भी परित्याग कर सकता हूँ, परंतु प्राणस्वरूप अपने पितृभक्त श्रीराम को नहीं छोड़ सकता (वा.रा. 2.12.11)। वे तो यह भी कहते हैं कि श्रीराम के बिना मेरे शरीर के प्राण नहीं रह सकते (वा.रा. 2.12.13)। श्रीराम की मातृभक्ति तो अलौकिक है। केवल अपनी सगी माँ कौसल्या ही नहीं, बल्कि कैकेयी और सुमित्रा के प्रति भी उनके प्रेम में कोई कमी नहीं। ऐसा ही कुछ रामवंशी के साथ भी हुआ था। अपनी जननी माँ को बड़ी माँ कहते और पड़ोस में रहनेवाली छोटी ठकुराइन भी उनके लिए माँ समान ही थी। रामवंशी उन्हें छोटी माँ ही कहता, लेकिन आदर-सम्मान बड़ी माँ से अधिक करता। छोटे ठाकुर भी रामवंशी के लिए पितातुल्य थे। जनकात्मजा ने भी रिश्तों की इस मधुरता को स्वीकार कर इन सभी का आशीर्वाद प्राप्त किया था। माताएँ सदा अपनी संतान का हित चाहती हैं। इसके लिए पूजा, व्रत आदि भी करती हैं। माना कि कौसल्या श्रीराम के अभिषेक का समाचार पाकर उनकी मंगलकामना के लिए परम पुरुष नारायण का ध्यान करती हैं। परंतु महत्त्वपूर्ण यह है कि श्रीराम इन भक्ति भावों के ऊपर कर्तव्य को वरीयता देते हैं।

गृहस्थ आश्रम सभी आश्रमों का केंद्र है और आधार भी। दशरथ कुमार भरत (वा.रा. 2.106.22) कहते भी हैं—'धर्म के ज्ञात पुरुष चारों आश्रमों में गृहस्थ को ही उत्तम बताते हैं।' सभी पारिवारिक संबंधों का स्रोत गृहस्थाश्रम ही है। रामकथा के मूल में भी यही है। यहाँ कई युगल हैं—दशरथ और उनकी रानियाँ, श्रीराम-सीता, रावण और मंदोदरी, वाली और तारा। लेकिन आदर्श रूप श्रीराम और सीता के दांपत्य जीवन

में ही है, जिनका अनुसरण करने का प्रयास रामवंशी और जनकात्मजा सतत करते। सीताजी पति-पत्नी संबंधों की सुंदर व्याख्या करती हैं—'जैसे बिना तार की वीणा नहीं बज सकती, बिना पहिए का रथ नहीं चल सकता, उसी प्रकार सौ बेटों की माँ भी पति के बिना सुखी नहीं हो सकती। पिता, भ्राता और पुत्र, ये परिमित सुख प्रदान करते हैं, परंतु पति अपरिमित सुख का दाता है। उसकी सेवा से इहलोक और परलोक दोनों में कल्याण होता है। अत: ऐसी कौन स्त्री है, जो अपने पति का सत्कार नहीं करेगी (वा.रा. 2.39.29-30)।'

रामकथा के विशिष्ट होने का एक प्रमुख कारण यह भी है कि यह पारिवारिक संघर्ष की कथा नहीं, बल्कि पारिवारिक प्रेम की श्रेष्ठ गाथा है। रामवंशी और जनकात्मजा गृहस्थाश्रम पर आपस में चर्चा करते। दोनों समय-समय पर गुरुदेव व गुरुमाता का मार्गदर्शन भी प्राप्त करते। गुरुमाता आश्रम वालों की गुरुमाता थी, लेकिन रामवंशी के लिए दादी माँ और यही संबोधन रामवंशी करता तथा यही सुनना गुरुमाता पसंद भी करतीं। इस संबोधन में ही इतना वात्सल्य भरा हुआ था कि इससे जनकात्मजा को जो लाड़-प्यार मिलता, वह अप्रतिम और अनुपम होता।

त्रेतायुग में आतिथ्य सत्कार ग्रहण करने के पश्चात् एक-दूसरे से कुशल समाचार पूछने की परंपरा थी। यह अतिथि संस्कार थे। जब मुनि वसिष्ठ महाबली वीर विश्वामित्र (जब वे राजा थे) से मिलते हैं, तब सर्वप्रथम महातेजस्वी विश्वामित्र ने वसिष्ठजी के तप, अग्निहोत्र, शिष्यवर्ग और लता-वृक्ष आदि का कुशल समाचार पूछा (वा.रा. 1.52.4-5)। इसके पश्चात् महातपस्वी वसिष्ठ राजा विश्वामित्र से पूछते हैं (वा.रा. 1.52.7-9)—'राजन्! तुम सकुशल तो हो न? धर्मात्मा नरेश! क्या तुम धर्मपूर्वक प्रजा को प्रसन्न रखते हुए राजोचित रीति-नीति से प्रजावर्ग का पालन करते हो? क्या तुमने अपने भृत्यों का अच्छी तरह भरण-पोषण किया है? क्या वे तुम्हारी आज्ञा के अधीन रहते हैं? क्या तुमने समस्त शत्रुओं पर विजय पा ली है? नरेश! क्या तुम्हारी सेना, कोश, मित्रवर्ग तथा पुत्र-पौत्र आदि सब सकुशल हैं?' उत्तर में राजा विश्वामित्र कहते हैं—'हाँ, भगवन्! यहाँ सर्वत्र कुशल है (वा.रा. 1.52.10)।' इन प्रश्नों और उत्तर के गहरे अर्थ हैं और साथ ही यह एक-दूसरे के बीच आत्मीय संबंध स्थापित करते हैं। इन सभी परंपराओं और संस्कारों का पालन रामवंशी और जनकात्मजा अपने दैनिक जीवन में करने का प्रयास करते।

जीवन अप्रत्याशित है। तुलसीदास कह गए हैं (रा.मा. 2.171)—*'हानि लाभु जीवनु मरनु जसु अपजसु बिधि हाथ।'* परंतु अनपेक्षित घटनाओं में भी जो अपना धैर्य नहीं खोता और धर्म का मार्ग नहीं छोड़ता, वही आर्य है। श्रीराम के जीवन में तो जो हुआ, न भूत में कभी हुआ, न भविष्य में होगा। श्रीराम का वनगमन का दिन उनका 25वाँ जन्मदिवस

था (वा.रा. 3.47.10), यही उनके राज्याभिषेक का दिन भी था (वा.रा. 2.15.3)। परंतु उन्होंने धर्म का मार्ग नहीं छोड़ा और वनवास स्वीकारा, यही राम होना है।

श्रीराम के मार्ग पर चलनेवाले रामवंशी के जीवन में भी उथल-पुथल होगी, किसी ने कल्पना नहीं की थी। ट्रेन दुर्घटना का राजनीतीकरण हो गया था। वोटबैंक की राजनीति ने वैसे ही प्रजातांत्रिक व्यवस्था में सर्वनाश कर रखा है। कहाँ तो रामवंशी के पदोन्नति की चर्चा थी और कहाँ सुबह सूचना मिली कि कानूनी काररवाई होगी। कहाँ कश्मीर में पदस्थ होने को लेकर रामवंशी और जनकात्मजा योजना बना रहे थे, अब वहीं घर में बैठने की स्थिति बन गई। पुलिस में एफ.आई.आर. दर्ज हो गई थी। जनरल विश्वरथ मंदिर में आए तो क्रोधित थे, वैसे तो कुछ विशेष नहीं कर सकते थे, सेवामुक्त हो चुके थे और आश्रम में ही रहने लगे थे। सेवानिवृत्त नहीं होते, तब भी क्या ही कर पाते, क्योंकि मीडिया ने इसे कुछ और ही रंग दे दिया था। अपराधी मरने के बाद पीड़ित और निस्सहाय हो गया था, जबकि एक धर्मपरायण सैनिक को अपराधी के रूप में प्रस्तुत किया जा रहा था। गुरुदेव ने गहरी साँस लेते हुए जनरल विश्वरथ से कहा, "हे देव! हे क्षत्रिय श्रेष्ठ! अगर तुम अपेक्षा रखते हो कि प्रजातांत्रिक शासन व्यवस्था देवगणों की सुरक्षा और समृद्धि के लिए असुरों का विनाश करेगी तो तुम पूर्णतः गलत हो। क्या तुम इतना भी नहीं जानते कि असुर भी वोट करते हैं और इन असुरों की संख्या तेजी से बढ़ रही है। अतः इसका समाधान तो हमें ही ढूँढ़ना होगा। क्योंकि अपनी लड़ाई स्वयं लड़नी पड़ती है।"

इस घटनाक्रम के कारण मीडिया अति सक्रिय हुई थी, उसने मानो आश्रम पर धावा बोल दिया हो, चारों तरफ अशांति फैला दी थी, लेकिन गुरुदेव शांत थे। कहने लगे—

"रामवंशी! मीडिया की कही बातों से विचलित मत होना। उनका उद्देश्य सत्य और धर्म नहीं है। वे व्यापार करते हैं। जहाँ केवल व्यापार ही उद्देश्य हो वहाँ लाभ ही लक्ष्य रह जाता है, जिसके लिए उन्हें अधर्म का मार्ग भी स्वीकार्य है। जबकि सत्य के मार्ग पर चलनेवालों को परीक्षा देनी पड़ती है। यहीं नहीं, भविष्य में अगर तुम्हें कोर्ट से सजा भी हो जाए तो भी विचलित नहीं होना। क्षत्रिय को धर्म की रक्षा के लिए हर समय बलिदान देने के लिए तैयार रहना चाहिए। जो समाज ऐसा नहीं कर पाता, वह नष्ट हो जाता है।"

गुरुदेव का यही निर्देश रहा है। इसी कारण वे मंदिर ट्रस्ट की सैकड़ों एकड़ जमीन अतिक्रमण से छुड़ा पाए थे। अन्यथा विधर्मियों ने स्थानीय राजनेताओं के साथ मिलकर उस पर कब्जा कर लिया था। आश्रम के अखाड़े से निकले अनेक पहलवानों ने इस संघर्ष में आहुति दी थी। इस संघर्ष में सोनकर परिवार की पीढ़ियों का योगदान भी रहा है। आश्रम में सुरक्षा प्रमुख बड़े ठाकुर को असुरों ने रात के अँधेरे में छिपकर गोली मार दी थी, क्योंकि उन्होंने आश्रम की मासूम और अवयस्क बेटी को लव-जिहाद के षड्यंत्र से सफलतापूर्वक निकाला था। बड़े ठाकुर ठहरे पक्के आर्यपुत्र, उस लव-जिहादी और

उसके दोनों साथी को मारकर मरे थे। फिर क्या था, बड़े ठाकुर के कुछेक साथियों ने मिलकर जिहादियों के घर-मोहल्ले में घुसकर वह हाल किया कि आसपास का विधर्मी यह कुकृत्य करने से पहले सात जन्म सोचेगा। छोटे ठाकुर उस समय छोटे ही थे। ऐसी अनेक उग्र प्रतिक्रियाओं का परिणाम था कि आसपास के क्षेत्र में शांति, सुरक्षा और सभ्यता पुनर्स्थापित हो पाई। अन्यथा पूरे प्रदेश और देश में सनातन संस्कृति पर निरंतर प्रहार हो रहे हैं। चारों ओर अधर्म का राज बढ़ रहा है। ऐसे में अधर्मियों के पैसे से पल रही मीडिया के निशाने पर आश्रम का आना स्वाभाविक है। यही नहीं, आश्रम धर्म-परिवर्तन को रोकने और घर वापसी में भी महत्त्वपूर्ण भूमिका निभा रहा है। धर्म-परिवर्तन करानेवाला अंतरराष्ट्रीय गिरोह देश में अति सक्रिय हैं और उसने यहाँ अपना नेटवर्क बना लिया है, जिसमें अनेक राजनेता भी प्रत्यक्ष और अप्रत्यक्ष रूप में शामिल हैं। सनातन संस्कृति पर हो रहे दुतरफा हमले के दुष्परिणाम को गुरुदेव की दूरदृष्टि देख पा रही थी। वैसे तो वैदिक काल से आर्यों पर अनार्यों का आक्रमण होता रहा है। वैदिक ऋषियों ने इसे असफल भी किया है और वही भूमिका इस युग में आचार्य आग्नेय शास्त्री निभा रहे हैं। परंतु इस बार स्थिति विस्फोटक थी।

षड्यंत्र के तहत अंतरराष्ट्रीय मीडिया स्थानीय और राष्ट्रीय मीडिया के साथ मिलकर ट्रेन दुर्घटना के सच को झूठ बनाकर इकतरफा रिपोर्टिंग करने लगा तो आश्रम की विश्व स्तर पर अपकीर्ति होने लगी थी। आश्रम के निवासियों का जब प्रमुख द्वार से निकलना भी मीडिया वालों और तथाकथित सामाजिक संगठनों ने दूभर कर दिया तो रामवंशी वहाँ पहुँचा था। सदा की तरह सौमित्र साथ था। पीछे-पीछे छोटे ठाकुर के कुछ सुरक्षाकर्मी भी साथ हो लिये थे।

"आप सभी शांति और व्यवस्था बनाए रखेंगे तो मैं आप सबके सभी प्रश्नों का उत्तर दूँगा। मेरा अनुरोध आप सभी से मात्र इतना ही है कि आश्रमवासियों को अकारण कष्ट न दें।"

लेकिन मीडिया की भीड़ अराजक हो गई थी। अनेक बार रामवंशी के साथ धक्का-मुक्की भी हुई। सौमित्र क्रोधित हुआ तो उसे रामवंशी ने शांत कराया था। किसी तरह मीडिया के भूखे शिकारी रामवंशी को घेरकर खड़े हुए तो रामवंशी ने कोलाहल के बीच ही कहने का प्रयास किया था।

"प्रणाम सभी को। आप सभी क्या जानना चाहते हैं? क्या प्रश्न है? पूछिए!"

"आपकी क्या प्रतिक्रिया है''' ? आप पर जो काररवाई हो रही है, उस पर क्या कहेंगे?" पास खड़े एक पत्रकार ने पूछा था।

"मुझे आप लोगों द्वारा चलाया जा रहा झूठ और आश्रम के भीतर-बाहर फैलाई जा रही अराजकता को देखकर पीड़ा हो रही है, यह मुझे स्वीकार्य नहीं।"

"तो क्या आप हमारी भी हत्या करेंगे? आप पत्रकारों को धमकाना चाहते हैं?" ठीक सामने खड़े पत्रकार ने धमकाते हुए कहा था।

"न तो मैं आपकी हत्या करूँगा, न ही आपको धमका रहा हूँ। केवल सत्य कहा है कि आप लोगों का आचरण सभ्य नहीं है। आप लोग आश्रमवासियों से अर्थहीन प्रश्न कर रहे हैं, साथ ही उन्हें मानसिक रूप से प्रताड़ित कर रहे हैं।"

"आपने चलती ट्रेन में तीन लोगों की हत्या क्यों की? जबकि मरनेवालों में एक महिला भी है" एक महिला पत्रकार ने सीधे-सीधे प्रश्न किया था।

"मैंने हत्या नहीं की, बल्कि तीन असुरों, राक्षसों या अपराधी जो भी नाम दें, उन तीनों का वध किया है।"

"हत्या और वध में क्या अंतर है, एक ही बात है।"

"नहीं, बहुत अंतर है। आप सब ज्ञानी हैं। पढ़े-लिखे हैं तो इतनी अपेक्षा कर सकता हूँ कि आप इन दो शब्दों के अंतर को समझेंगे और लोगों को समझाएँगे।"

"वध ही मान लें तो यह करने का अधिकार आपको किसने दिया?"

"वध करने का अधिकार लिया या दिया नहीं जाता, बल्कि यह समय अनुसार परिस्थितिवश आवश्यक होता है।" रामवंशी शांत होकर एक-एक शब्द का ध्यानपूर्वक चुनाव कर रहा था।

"अर्थात् आप कानून हाथ में लेंगे!"

"कानून हाथ में मैंने नहीं लिया था, बल्कि जिन दुष्टों ने ले रखा था, उन्हें ऐसा करने से रोका था।"

"ऐसा क्या गुनाह कर दिया था उन तीनों ने?"

"एक नहीं, अनेक अपराध किए थे। ट्रेन के आरक्षित डिब्बे में बलपूर्वक घुसना। किसी अन्य के बर्थ पर पहले तो बिना अनुमति के बैठ जाना और फिर रोकने पर रोकने-टोकनेवाले को धमकाना। और फिर आसपास के सभी यात्रियों को असुविधा करते हुए नमाज पढ़ना।"

"नमाज पढ़ना कब से गुनाह हो गया?" एक पत्रकार ने टोकते हुए बीच में प्रश्न किया था।

"नमाज पढ़ना गुनाह नहीं है, लेकिन सड़क पर पढ़ना, ट्रेन और वायुयान व बसों में पढ़ना क्या स्वीकार्य हो सकता है? ऐसी इबादत, जो दूसरों को कष्ट दे, दुःख दे, क्या ईश्वर को स्वीकार होगी?"

"तो क्या ऐसा करनेवालों की आप हत्या करेंगे?"

"नहीं! वध के और अनेक कारण थे। किसी और की बर्थ पर कब्जा करके जोर-जोर से बात करते हुए अपनी बातों से लोगों को डराना, फिर सामिष भोजन निकालकर

बर्थ पर खाने लगना। ऐसा करने पर बर्थ के बूढ़े दंपती विरोध में खड़े हो गए थे, जिन्हें इतनी जोर से धक्का दिया कि वृद्ध के सिर पर चोट लग गई। वृद्ध महिला ने यह देखकर विरोध किया तो उसे अपराधी महिला ने जोर से थप्पड़ मार दिया। वृद्ध महिला ने पलटकर फिर भी उन्हें रोकना चाहा तो उसे धक्का देते हुए बर्थ से ही दूर ले जाने लगे··· यह सब देखकर मैंने तुरंत अपने छोटे भाई को ट्रेन में चल रहे पुलिसवालों को ढूँढ़ने के लिए भेजा था, साथ ही वहाँ की अराजक अवस्था में बीच बचाव करने लगा···मेरे द्वारा उन्हें ऐसा करने से रोकने का प्रयास उन तीनों को पसंद नहीं आया तो वे मुझ पर वार कर बैठे और मुझसे हाथापाई करते हुए बोगी के आखिर में ले जाकर ट्रेन से बाहर फेंकने का प्रयास किया। अपराधी महिला मेरे कपड़े फाड़ने का प्रयास कर रही थी तो उसके एक साथी ने मेरे ऊपर धारदार हथियार से वार किया था, जो उसने अपने बैग में छिपा रखा था। अगर मैं सेना का कमांडो ट्रेंड नहीं होता और एक आम नागरिक होता तो वे मुझे बाहर फेंकने में सफल होते··· और इस तरह से उनका आतंक स्थापित होता और आप सब इसे दुर्घटना मानकर महत्त्व ही नहीं देते···ऐसा पहले होता रहा है···विश्व में आतंक की अनगिनत घटनाएँ हैं।"

"तुम झूठ बोल रहे हो।" एक पत्रकार ने चिल्लाते हुए कहा था।

"मैं झूठ क्यों बोलूँगा?" रामवंशी ने शांति से उत्तर दिया था।

"क्योंकि तुम दोनों भाई अपने जुर्म को छिपाना चाहते हो।"

"अगर छिपाना होता तो मैं स्वयं पुलिस थाने रिपोर्ट लिखवाने नहीं जाता। यही घटनाक्रम वहाँ भी मैंने लिखवाया है।"

"इतना सबकुछ हो रहा था तो तुमने टिकट कलेक्टर या पुलिस को क्यों नहीं बुलाया?"

"कहा तो, बुलाने के लिए छोटे भाई को भेजा था। यही नहीं, इससे पहले उस वृद्ध दंपती ने यही काम किया था, मगर किसी ने कोई विशेष मदद नहीं की थी। बस यही कहकर चले गए थे कि थोड़ा एडजस्ट कर लो, अगले स्टेशन पर ये लोग उतर जाएँगे, जबकि उन तीनों ने कुटिलता से मुसकराते हुए टी.सी. का मजाक उड़ाया था और यह भी कह दिया था कि हाँ-हाँ, वे रात एक बजे उतर जाएँगे और फिर मजाक-मजाक में एक-दूसरे को यह कहने लगे कि याद है, हमने कैसे एक सिपाही को चलती ट्रेन से फेंक दिया था···यह सुनकर मंद-मंद मुसकाते हुए टी.सी. और जी.आर.पी. के पुलिसवाले चुपचाप चले गए थे। इसके बाद तो उन तीनों की हिम्मत और बढ़ गई।"

"जनता ने वहाँ विरोध क्यों नहीं किया?"

"जिस दिन जनता विरोध करने लगेगी, उस दिन ये लोग अपने आप ही रास्ते पर आ जाएँगे। सवाल यह है कि हमारा समाज इसको लेकर जाग्रत् नहीं है। उसे

गलत का विरोध करना चाहिए। हाँ, घटना के पश्चात् अनेक सहयात्री मेरे साथ थाने गए थे।"

"आप सांप्रदायिकता फैला रहे हैं?"

"इसमें सांप्रदायिकता कैसी?"

"आप समाज में नफरत फैला रहे हैं।"

"अपराधी प्रवृत्ति से घृणा ही की जानी चाहिए और उसका विरोध हर तरह से किया जाना चाहिए। वैसे मैं नफरत नहीं फैला रहा, सोए हुए समाज को जगा रहा हूँ और कटु सत्य को सामने रख रहा हूँ।"

"क्या कोई हिंदू ऐसा करता तो उसके साथ भी आप यही करते?"

"सामान्यतः हिंदू ऐसा करता नहीं, लेकिन अगर वह उपरोक्त अपराध करता तो मैं यही प्रतिक्रिया देता।"

"लेकिन कोई आपकी बातों पर यकीन क्यों करें?"

"यही सवाल आपसे भी किया जाना चाहिए कि लोग आप मीडिया वालों की काल्पनिक बातों पर विश्वास क्यों करे?"

"क्या आपको इस आश्रम में यही शिक्षा दी जाती है?" रामवंशी ने इसका उत्तर भी बड़ी शांति से दिया था—

"हाँ, मुझको यही शिक्षा दी जाती है कि धर्म के लिए सदा खड़े रहो।"

"अर्थात् आप हिंदू-मुसलिम करेंगे।"

"नहीं। यहाँ धर्म अर्थात् मानव समाज का कर्तव्य, आचरण, संस्कार, सभ्यता, विवेक आदि है। कृपया धर्म को मजहब-पंथ-संप्रदाय न समझें।"

"आप लोगों को शर्म नहीं आती, कोई पश्चात्ताप नहीं?"

"शर्म कैसी, कोई चोरी तो नहीं की। पश्चात्ताप कैसा, कोई पाप नहीं किया।"

"चोरी से बड़ा गुनाह किया है, हत्या की है।"

"कह चुका हूँ कि हत्या नहीं वध किया है, वह भी आत्मरक्षा में और यह कानूनन मेरा भी अधिकार है।"

"यह काम न्यायालय का है।"

"तो फिर आप मीडिया में बैठकर फैसला क्यों दे रहे हैं? न्यायालय में मैं अपना मत रखूँगा।"

"अर्थात् आप आगे भी हत्या और अपराध करते रहेंगे?"

"आप इसे हत्या या अपराध जो कहें, ऐसी परिस्थिति में मैं एक नहीं हजार बार यही करूँगा।" यह सुनकर पत्रकार आक्रोशित हो गए।

शोर बढ़ रहा था। प्रश्न रुक नहीं रहे थे। भीड़ के पीछे से अनेक पूछनेवाले आगे

वालों पर चढ़ रहे थे। उनके कैमरे लोगों को तंग कर रहे थे, अनेक मीडिया हाउस के माइक से रामवंशी को चोट तक लगने की स्थिति उत्पन्न हो गई और भीड़ जब अराजक होने लगी तो छोटे ठाकुर को सौमित्र की सहायता से रामवंशी को वहाँ से निकालना ही उचित लगा। उसके पीछे-पीछे मीडिया की भीड़ भी आश्रम के अंदर घुसती चली आई। हाथ जोड़ने पर भी कोई समझने और मानने को तैयार नहीं था। ऐसे में आश्रम के सुरक्षाकर्मी ने उन्हें टोककर बाहर निकलने के लिए कहा। पुलिस मौन होकर केवल दूर से तटस्थ भाव से देख रही थी।

घर जाने से पूर्व रामवंशी मंदिर दर्शन के लिए गया तो वहाँ पाया, दादाश्री जनरल विश्वरथ और अन्य प्रमुख आश्रमवासियों के साथ बैठे हैं। वे सभी शांत अवश्य थे, लेकिन किसी गंभीर विषय पर चर्चा करते हुए से लग रहे थे।

"तुम घर जाकर विश्राम करो, वत्स। कुछ प्रश्नों के उत्तर समय देता है और कुछ के उत्तर अपने आचरण से देने होते हैं, जो तुम अवश्य दोगे। अभी जाकर घर में अपनी माता और पत्नी को मानसिक रूप से संबल दो।"

घर जाने से पूर्व रामवंशी दादी माँ के पास गया, वे तो लगीं रोने। उनके आँसू अपने हाथों से पोंछे, सिर पर हाथ फेरकर अपने हृदय के नजदीक लाकर ठीक उसी तरह से सांत्वना दी, जिस तरह से किसी बच्चे को घर के बड़े देते हैं। वृद्धावस्था बालपन का पुनरागमन ठीक ही कहा गया है। जब वे सामान्य हुईं तो यह कहकर छोटी माँ के घर की ओर गया कि आप चिंता न करें, सब ठीक होगा। छोटी माँ के घर पर पहुँचा तो देखकर ही समझ आ गया कि छोटी माँ चिंतित हैं। सौमित्र तो साथ था ही, फिर भी उसे देखकर कहने लगीं, "अपने भ्राताश्री को एक पल के लिए भी अकेला मत छोड़ना।"

"मुझे क्या हुआ है, छोटी माँ? आप लोग अनावश्यक चिंता कर रहे हैं।"

"अच्छा, तुम घर जाओ। बहू परेशान है।" सुनकर उसने छोटे ठाकुर और छोटी ठकुराइन को सादर प्रणाम किया और अपने घर की ओर बढ़ा। अपने घर के बाहरी द्वार पर पहुँचा ही था कि अंदर से महाजन चाचा की तेज-तेज आवाज सुनी...

"कहे देता हूँ, रामवंशी यहाँ नहीं रहेगा और अगर वह यहाँ रहा तो हम आश्रम छोड़कर चले जाएँगे।"

"ऐसा नहीं कहते मेरे भाई, भाभीजी को समझाओ।" पिताश्री की आवाज थी।

"मैं अब कुछ नहीं कर सकता...और फिर हमारी बदनामी भी तो हो रही है। दुनिया कह रही है कि एक हत्यारे को आश्रम में छिपा रखा है।" सुनकर रामवंशी ने घर के भीतर प्रवेश किया और बाहर के कमरे में बैठे पिताश्री से पूछने लगा कि क्या बात है? वे परेशान लगे, उधर महाजन चाचा मौन ही रहे, रामवंशी रसोई में पहुँचा तो माताश्री उदास मन से खाना बना रही थीं। जनकात्मजा ने देखते के साथ कहा, "आप मुँह-हाथ धो लें,

भोजन तैयार है।" स्पष्ट लग रहा था कि वह जानकर बात बदलना चाहती है। लेकिन पीछे चाचा की घर से बाहर निकलने की आवाज और पिताश्री का उनको रोकने का प्रयास, यह सब उसके कानों तक पहुँच रहे थे। यह सुन रामवंशी पुनः आगे के कमरे में पहुँचा तो देखता है कि पिताश्री असहाय खड़े हैं। वह तुरंत महाजन चाचा के पीछे-पीछे उनके घर पहुँचा तो देखा, चाची बैठे-बैठे हाथ चलाते हुए निरंतर बोल रही हैं··· उसे देखते ही वे चुप हुई थीं।

"क्या बात है चाचाजी? क्या हुआ चाचीजी?" उसने महाजन चाचा से सीधे पूछा तो चाचाजी चुप ही रहे और इधर-उधर देखने लगे।

"आप कुछ कहेंगे, तब ही तो मैं कुछ समझ पाऊँगा। घर पर पिताश्री असहज होकर बैठे हैं और अंदर माताश्री उदास हैं। कुछ कह नहीं रहीं और इधर चाचीजी भी नाराज लग रही हैं, क्या बात है?"

"कुछ बात नहीं है बेटा। तुम भूखे और थके होंगे, अपने घर जाओ।···सौमित्र चलो, तुम भी जाकर आराम करो बेटा। तुम्हारी माँ भी तुम्हारी प्रतीक्षा कर रही होंगी।"

"हम अपने-अपने घर से आ रहे हैं, चाचाजी। और फिर यह भी तो हमारा ही घर है, भरतेंद्र घर पर हो या न हो, आज तक हम इस घर से ऐसे नहीं वापस भेजे गए, आपने इतने वर्षों में जाने नहीं दिया। फिर आज आप इस तरह से क्यों कह रहे हैं, मैं समझ नहीं पा रहा हूँ? समस्या मुझको लेकर है तो मुझे पता तो चले कि बात है क्या? तभी तो मैं कुछ कह या कर पाऊँगा।"

"मैं बताती हूँ···तुम्हारे चाचा बोलेंगे नहीं, लेकिन मैं बोल देती हूँ। तुम्हारे पिताश्री चाहते हैं कि तुम अब यहीं रहो···और आश्रम की व्यवस्था में हाथ बँटाओ··· तो मैंने मना कर दिया···और फिर तुम्हारी तो अब नौकरी भी चली ही गई है तो फिर तुम यहाँ व्यवस्थापक बनना चाहोगे···यह मुझे स्वीकार नहीं।"

"लेकिन चाची, मैं व्यवस्थापक क्यों बनना चाहूँगा और मैं अपने पिता का स्थान क्यों लूँगा? यह तो वैसे भी गुरुदेव अर्थात् दादाश्री के आशीर्वाद और आश्रम के आमजन की सहमति के बिना संभव नहीं।"

"क्या भरोसा! अब···वैसे भी गुरुदेव तुम्हारा ही पक्ष लेंगे, मुझे तो तुम्हारी और तुम्हारे पिताजी की किसी भी बात का भरोसा नहीं।"

"यह आप क्या कह रही हैं चाचीजी, इतना अविश्वास···यह आपको क्या हो गया है···पिताश्री, यह मैं क्या सुन रहा हूँ, आप मुझे व्यवस्थापक बनाना चाह रहे हैं?" पीछे-पीछे अजकुमार भी महाजन के घर पहुँच गया था।

"नहीं-नहीं, यह पूरा सत्य नहीं है, बेटा। मैंने तो सामान्य बातचीत में मात्र इतना कहा था कि यहाँ तुम्हें मीडिया वाले परेशान कर रहे हैं तो तुम कहीं बाहर भी नहीं जा

सकते, यहाँ बैठे-बैठे खाली रहोगे तो परेशान होगे, तो क्यों न आश्रम की व्यवस्था में हम सबका हाथ बँटाओ। बस इतनी सी बात कही थी और तुम्हारी महाजन चाची न जाने क्या-क्या सोच बैठी!"

"हाँ-हाँ, मैं खूब समझ रही हूँ। आप दोनों पति-पत्नी की चाल, पहले बेटे-बहू को रोकोगे, फिर..."

"चाचीजी! आपको यह क्या हो गया है...आपको कैसे विश्वास दिलाऊँ कि ऐसा कुछ भी नहीं... और मेरे यहाँ रहने की मैंने अभी कल्पना भी नहीं की तो आगे की आपकी शंका आधारहीन है।"

"कैसे आधारहीन है? जब तुम्हारी नौकरी ही नहीं रही तो तुम यहाँ ही तो रहोगे, कहाँ जाओगे? और फिर ऐसे में मेरा बेटा क्या करेगा...वह तो फिर यहाँ का व्यवस्थापक बन ही नहीं सकता, तुम्हारे रहते यह संभव नहीं। नहीं-नहीं, मैं तो एक पल अब यहाँ नहीं रह सकती। चलो जी, यहाँ से चलो...इस आश्रम में अब एक दिन नहीं रहेंगे।"

"यह आप क्या कह रही हैं, चाचीजी? आप क्यों कहीं जाएँगी? समस्या मैं हूँ तो मैं एक पल यहाँ नहीं रहना चाहूँगा। मैं रामवंशी, श्रीराम का अनन्य भक्त आपको वचन देता हूँ कि मैं कल का सूर्य इस आश्रम में नहीं देखूँगा। साथ ही मैं चाहूँगा कि भरतेंद्र और व्यवस्थापक को लेकर आपके मन में जो शंका उत्पन्न हुई, उसे भी दूर करता चलूँ। यह आश्रम मेरा परिवार है और मैं अपने परिवार में किसी भी तरह का भ्रम नहीं छोड़ना चाहता। इसके लिए प्रभु श्रीराम का यह भक्त कुछ भी त्याग करने के लिए तत्पर है। अतः हे चाची माँ! मुझे आप अपने मन की सभी बातें स्पष्ट रूप से कहें, विश्वास करें, मैं आपकी आज्ञा पालन में एक पल भी नहीं व्यर्थ करूँगा।"

"अगर ऐसा है तो सुनो! तुम यह तो जानते ही होगे कि इस आश्रम के व्यवस्थापक का कार्य मेरे पति महाजनजी का परिवार पीढ़ियों से कर रहा है। मेरे ससुर का परिवार व्यापारी होते हुए भी धार्मिक और दानी रहा है और संपन्न होते हुए भी आश्रम में ही रहा। धर्म का कार्य भी अर्थ के बिना संभव नहीं, यह जानते हुए ही यहाँ के व्यवस्थापक का पद इस परिवार के पास रहा। जब मैं विवाह करके आई तो मेरे ससुर इसका दायित्व निभा रहे थे और परंपरानुसार उनके वृद्ध होने पर यह कार्य उनके पुत्र अर्थात् मेरे पति को करना था। लेकिन न जाने क्यों, मेरे ससुर के देहांत के बाद गुरुदेव के परामर्श से यह कार्य तुम्हारे पिता अजकुमार को दे दिया गया। उस वक्त मेरे यह कहने पर कि फिर हम आश्रम के लिए उतना दान नहीं दे पाएँगे तो मुझे यह कहकर शांत कर दिया गया था कि समय आने पर मेरे पति या मेरे पुत्र को यह दायित्व दे दिया जाएगा। संकोचवश मेरे पति ने यह कभी नहीं माँगा, लेकिन अब मैं शांत नहीं रहूँगी।"

"महाजन! मेरे भाई! क्यों नहीं कहते कि मैं तुम्हें यह कह चुका हूँ कि भरतेंद्र के

विदेश प्रवास से वापस आते ही यह दायित्व मैं उसे सौंप दूँगा। सेवा प्रमुख के साथ-साथ यह कार्य देखना मेरे लिए अब मुश्किल हो रहा है!" अजकुमार विचलित होकर भी सत्य कह गया था।

"और यह मुझे स्वीकार नहीं, क्योंकि रामवंशी के रहते यह संभव नहीं। न तो गुरुदेव स्वीकार करेंगे, न ही आश्रम के आमजन।" सुरूपा महाजन अपनी बातों में अडिग लग रही थी।

"सब चुप क्यों हैं? सत्य क्यों नहीं बोलते!! सत्य तो यह है कि महाजन चाचा इस कार्य के योग्य नहीं थे। इसी कारण से बड़े महाजनजी ने अपने जीवन काल में ताऊ अजकुमारजी को अपने साथ आश्रम की व्यवस्था देखने में लगा लिया था। उनके जाने के पश्चात् ताऊजी ने यह कार्य गुरुदेव के कहने पर स्वतंत्र रूप से सँभाला और भरतेंद्र भाई के बड़े होते ही उन्हें अपने साथ लगा लिया है। यह सब सर्वविदित है, फिर भी चाचीजी की इन आधारहीन बातों को सुनकर चाचाजी आप कुछ कहते क्यों नहीं? क्या यह मान लिया जाए कि आप अपनी पत्नी के अधीन हैं? ठीक उसी तरह से जिस तरह उस रात महाराज दशरथ कैकेयी···" सौमित्र क्रोध में बोल रहा था।

"सौमित्र! तुम्हारा यह आचरण मुझे स्वीकार नहीं।" रामवंशी ने बीच में टोका था।

"भ्राताश्री! आप पहले ही एक समस्या से जूझ रहे हैं, ऊपर से यह अनावश्यक क्लेश।"

"नहीं सौमित्र, उसे समस्या कहकर अपने उत्तम कार्य को निम्न न करो। चाचाजी, आप भी मुझे और रेल दुर्घटना को लेकर अपराध-बोध न पालें। सौमित्र, यह समस्या नहीं, धर्म मार्ग की चुनौतियाँ हैं, जिसका सामना करना हम जानते हैं। जहाँ तक रही बात चाचीजी की, तो उनकी इच्छा की पूर्ति हमारा कर्तव्य है और धर्म भी। भरतेंद्र योग्य है और आश्रम के लिए उपयुक्त भी। हे माते! मैं रामवंशी, सौमित्र ठाकुर, भरतेंद्र महाजन और रिपुदमन पांडे एक साथ बचपन में पले-बढ़े। हम चारों में कोई भिन्नता, कोई भेद कभी नहीं रहा। मुझे तो आपकी भावनाओं का पता ही नहीं था, अन्यथा मैं स्वयं पिताश्री और दादाश्री को कहकर भरतेंद्र को इस पद पर बिठाता। अब भी आप चिंता न करें। यही होगा। और इसका विश्वास दिलाने के लिए मै रात ही यहाँ से चला जाऊँगा।"

"नहीं-नहीं, तुम क्यों जाओगे बेटा, इन्हें जाना है तो जाएँ, अब इनसे हमारा कोई नाता नहीं···जिन्हें इतनी सी बात समझ नहीं आ रही, उन्हें क्या समझाना।" अजकुमार दुःखी होकर कह गया था।

"पिताश्री, आप ऐसा न कहें। चाचा-चाची कहाँ जाएँगे, और क्यों जाएँगे? मेरे कारण आश्रम में यह सब हो, यह मैं कभी स्वीकार नहीं कर सकता। मैं तो कहीं भी रह लूँगा, चाचीजी को जब विश्वास हो जाएगा, तब लौट भी आऊँगा। आप मन छोटा

न करें।" रामवंशी ने पहले चाची, फिर चाचा के चरण स्पर्श किए, पीछे मुड़ा और यह कहा—

"सौमित्र! तुम इतनी सहायता करना, जब तक भरतेंद्र लौटे, तब तक चाचा-चाची की देखभाल तुम्हारी जिम्मेदारी है। पिताश्री आप परेशान न हों।" कहकर वह बाहर निकलने लगा तो अजकुमार ने कहा था—

"इतनी रात को तू कहाँ जाएगा?"

"पिताश्री! मैं गुरुकुल में पढ़ा हूँ, सैनिक स्कूल का छात्र रहा हूँ और अब तो एक सैनिक भी हूँ, रात-दिन और जंगल-शहर मेरे लिए भिन्न नहीं।" कहकर वह तेजी से अपने घर पहुँचा तो पीछे-पीछे सौमित्र ने पहुँचकर पूरा वृत्तांत सुनाया था।

"हे राम! यह मैं क्या दिन देख रही हूँ?" माँ के आँसू नहीं रुक पा रहे थे, यह भी नहीं कह सकती थी कि बेटा रुक जा। वह अपने बेटे को जानती थी। श्रीराम की तरह ही वचन का पक्का।

"माँ आप परेशान न हों, चाचा-चाची अपने हैं, भरतेंद्र भी अपना ही है, आप अपने भाव पर नियंत्रण रखना।"

"और बहू! इसका क्या दोष है? अभी तो हाथों की मेहँदी भी नहीं उतरी है इसकी।"

"तो मैं कौन सा विदेश जा रहा हूँ। कुछ दिनों की बात है, फिर मैं आ ही जाऊँगा।"

"नहीं। बहू क्यों सहेगी यह सब? अगर तू जाएगा तो यह भी साथ जाएगी। अगर तू रामभक्त है तो मेरी बहू सीता स्वरूपा है। वन में भी रहेगी तो अपनों से अधिक प्यार पाएगी। और फिर माता सीता ने स्वयं कहा है (रा.मा. 2.63.4)—*'मैं पुनि समुझि दीखि मन माहीं। पिय बियोग सम दुःखु जग नाहीं।'* अर्थात् 'मैंने मन में समझकर देख लिया कि पति के वियोग के समान जगत् में कोई दुःख नहीं।' तो फिर अकारण मेरी बहू यह दुःख क्यों झेले? अतः जा बेटी, तू भी जा, ऐसे ही चली जा रामवंशी के साथ, यहाँ एक पल भी नहीं रहना।" यह सब देखकर अजकुमार को क्रोध तो आया था, लेकिन बहू के होने से अपने आप को रोक रहा था।

"जिज्जी, दिल छोटा न करो। भरतेंद्र की माँ को तो आप जानती ही हैं। जब से विवाह कर आश्रम में आई है, कभी यहाँ की न हो सकी। न जाने क्यों, आपके प्रति उसका व्यवहार सदा से ही रूखा रहा है। कैकेयी का आचरण त्रेता में दुःखदायी था तो कलियुग में सुखदायी कैसे हो सकता है। तुलसीदास ने सत्य ही कहा (रा.मा. 2.73)—*'नृप सनेहु लखि धुनेउ सिरु पापिनि दीन्ह कुदाउ।'* अर्थात् 'राजा का प्रेम देखकर सुमित्रा ने अपना सिर धुना और कहा कि पापिनी कैकेयी ने बुरी तरह घात लगाया है।' लेकिन जिज्जी, मैं ऐसा कुछ भी नहीं कहूँगी। बल्कि सुमित्रा ने वनवास के लिए निश्चित विचार

रखनेवाले श्रीराम से जो कहा था (वा.रा. 2.40.8) वही रामवंशी से कहूँगी—'जाओ बेटा, जाओ! तुम्हारा मार्ग मंगलमय हो।' और हाँ बेटा रामवंशी, जाने से पहले बहू के साथ मेरे घर अवश्य आना, छोटी माँ का आशीर्वाद लेने।"

"और मेरे लिए क्या आदेश है, छोटी माँ?" सौमित्र ने सकुचाते हुए पूछा था।

"तुम्हारा प्रश्न ही निरर्थक और अनावश्यक है। जहाँ राम हो, वहाँ लक्ष्मण न हो, यह असंभव है तो फिर ऐसा करने का कलंक मैं अपने माथे पर क्यों लूँगी? वैसे भी रामवंशी के साथ न जाने की तुम्हारी पीड़ा यहाँ तुम्हारे न रहने की मेरी पीड़ा से अधिक कष्टदायी होगी। वह माता नहीं कुमाता होगी, जो अपने पुत्र के धर्म मार्ग पर अवरोध बनकर खड़ी जो जाए।" यह सुनकर सौमित्र ने अपनी छोटी माँ के चरण स्पर्श किए थे। छोटी ठकुराइन अपनी भावनाओं को नियंत्रित करते हुए वहाँ से निकली तो सीधे अपने घर के शयनकक्ष में ही जाकर रुकी थीं।

इधर अपराजिता ने भी अपने आप को संयत किया था। वैसे भी बेटा कोई पहली बार तो घर से जा नहीं रहा। छह वर्ष का ही हुआ था, तब से उसे तिलक लगाकर विदा ही तो करती आई है।

जनकात्मजा ने रामवंशी की ओर देखा तो उसने चलने के लिए कहा था। और दोनों छोटी माँ के घर पहुँचे, तो लगा, मानो छोटी ठकुराइन प्रतीक्षा ही कर रही थीं।

"बेटी! कितना अच्छा हुआ। मेरी मनोकामना पूरी हुई। मैं चाहती थी कि कुछ दिन तुम मेरे घर पर रहो, लेकिन बगल में ही तो रहते हो तो यह मुझे संभव नहीं लग रहा था तो ईश्वर की कृपा हुई और तुम दोनों यहाँ आ गए। मेरी मात्र इतनी इच्छा है कि तुम दोनों कुछ घंटे के लिए ही सही यहाँ रुको, प्रातःकाल सूर्योदय से पूर्व वचन के अनुसार आश्रम से निकल जाना। सौमित्र! जल्दी से अपने कमरे को तैयार करो, तुम्हारे भ्राताश्री और भाभीश्री उसी कमरे में रुकेंगे। बेटी, तुम बैठो, मैं कुछ व्यंजन लाती हूँ रामवंशी के पसंद का। साथ लेते जाना।" रामवंशी शांत मन से बैठक में बैठ तो गया, आँख बंद कर जैसे ही मन सक्रिय हुआ तो स्मरण आया…

श्रीराम बड़ी सुंदर व्याख्या करते हैं, जब कैकेयी द्वारा उन्हें वनवास दे दिया जाता है। वे लक्ष्मण से कहते हैं—'जिसके विषय में कभी कुछ सोचा न गया हो, वही दैव का विधान है। सुख-दुःख, भय-क्रोध, लाभ-हानि, उत्पत्ति-विनाश तथा इस प्रकार के और भी जितने परिणाम प्राप्त होते हैं, जिनका कोई कारण समझ नहीं आता, वे सब दैव के ही कर्म हैं। तपस्वी ऋषि भी दैव से प्रेरित होकर अपने नियमों को छोड़ बैठते और काम-क्रोध द्वारा विवश हो, मर्यादा से भ्रष्ट हो जाते हैं। जो बात बिना सोचे-समझे अकस्मात् सिर पर आ पड़ती है और प्रयत्नों द्वारा आरंभ किए हुए कार्य को रोककर एक नया ही कांड उपस्थित कर देती है, अवश्य वह दैव का विधान है (वा.रा. 2.22.19-24)।'

क्या मेरे दुःख का, कष्ट का यह प्रारंभ है ? रामवंशी के मन में प्रश्न उठा था। दुःख कैसा ? कष्ट कैसा ? श्रीराम तो वनवास जाने से पूर्व यहाँ तक कहते हैं कि राज्य अथवा वनवास दोनों समान हैं, बल्कि विशेष विचार करने पर वनवास ही महान् अभ्युदयकारी प्रतीत होता है (वा.रा. 2.22.29)। फिर भी न जाने क्यों, चाची के कटु वचन रामवंशी के कानों के परदे पर प्रहार कर रहे थे। सोचने लगा कि मुझ जैसे सामान्य पुरुष के लिए श्रीराम का अनुसरण कर पाना असंभव है। तभी तो वह इस बात को लेकर चिंतित हुआ था कि कल क्या होगा ? वह आगे क्या करेगा ? पत्नी को लेकर कहाँ जाएगा ? और अगर सच में उसे सजा या ऐसा कुछ हो गया तो जनकात्मजा का क्या होगा। यह क्या हो गया ? नहीं-नहीं, मुझे चिंतित नहीं होना चाहिए। मेरा जीवन निरुद्देश्य नहीं हो सकता। प्रभु श्रीराम ने मेरे लिए भी कोई मार्ग-कार्य सोच रखा होगा। प्रात:काल मंदिर पहुँचा तो लगा कि दादाश्री उसकी प्रतीक्षा कर रहे थे।

"जाओ वत्स! श्रीराम के वनवास मार्ग पर तुम भी वनगमन करो। आश्रम में ऋषि-महात्माओं से मिलो और सनातन धर्म का प्रचार करो। भारत भ्रमण करो। धर्म को स्थापित करो।" रामवंशी को मानो ब्रह्मसूत्र मिल गया हो। लक्ष्य मिलते ही ऊर्जा से भर गया। रात का अंधकार गुरुदेव के तेज से हट गया था, मिट गया था। उसने दादाश्री के चरणों में सादर प्रणाम किया था। साधु का वेश धारण कर आश्रम से निकला तो साथ त्रिशूल था। जनकात्मजा और सौमित्र भी साथ हो लिये थे।

अजकुमार छोटे महाजन के आचरण से दुःखी था। बड़े महाजन ऐसा कदापि न होने देते। जब तक जीवित रहे, धनी होते हुए भी धर्मनिष्ठ बने रहे। सोचने लगा—'जब महाराज दशरथ कैकेयी से मिलने उस रात गए, तब वे कामदेव के बाणों से पीड़ित थे और कामवेग के वशीभूत हो उसी का अनुसरण कर रहे थे (वा.रा. 2.11.1)।' यहीं संस्कारों का महत्त्व आ जाता है। एक राजा को सदा ही जितेंद्रिय होना चाहिए। यह राजा ही क्यों, हर पुरुष को होना चाहिए, नहीं तो घर टूटेंगे। यहाँ भी तो आश्रम रूपी परिवार टूटते-टूटते बचा था।

राजा दशरथ कैकेयी के वश में थे, मात्र इतना दोष नहीं, वे स्वयं स्वीकार करते हैं कि प्रिय वचन बोलनेवाली कौसल्या जब-जब दास, सखी, पत्नी, बहन और माता की भाँति मेरा प्रिय करने की इच्छा से मेरी सेवा में उपस्थित होती थी, तब-तब उस सत्कार पाने योग्य देवी का भी मैंने कैकेयी के ही कारण सत्कार नहीं किया (वा.रा. 2.12.68-69)। माता कौसल्या श्रीराम से कहती भी हैं—'पति के प्रभुत्व काल में एक ज्येष्ठ पत्नी को जो कल्याण या सुख प्राप्त होना चाहिए, वह मुझे पहले कभी नहीं देखने को मिला। मैं सौतों से तिरस्कृत रही हूँ। पति की ओर से मुझे सदा तिरस्कार ही मिला है। कभी प्यार और सम्मान प्राप्त नहीं हुआ। मैं कैकेयी की दासियों के बराबर समझी जाती हूँ (वा.रा.

2.20.38-43)।' यह दशरथ और कौसल्या के बीच संबंधों को प्रदर्शित करता है। साथ ही यह भी दरशाता है कि पत्नी की जीवन में कितनी महत्त्वपूर्ण भूमिका हो सकती है। महर्षि वाल्मीकि दशरथ के अँधेरे पक्ष को छिपाते नहीं, बल्कि हर युग के, हर पुरुष को स्पष्ट निर्देश देते हैं।

दूसरी तरफ कैकेयी के कठोर वचन (वनवास जाने के लिए) सुनकर भी श्रीराम के हृदय में शोक नहीं हुआ (वा.रा. 2.18.41)। इस अप्रिय तथा मृत्यु के समान कष्टदायक वचन सुनकर भी श्रीराम व्यथित नहीं हुए (वा.रा. 2.19.1)। यही है श्रीराम होना। जब कैकेयी श्रीराम से विलंब न करते हुए वन में शीघ्र चले जाने के लिए कहती है (वा.रा. 2.19.14) तो उत्तर में श्रीराम कहते हैं—'देवि! मैं धन का उपासक होकर संसार में नहीं रहना चाहता। तुम विश्वास रखो। मैंने भी ऋषियों की ही भाँति निर्मल धर्म का आश्रय ले रखा है (वा.रा. 2.19.20)।' वे आगे कहते हैं—'पूज्य पिताजी का जो भी प्रिय कार्य मैं कर सकता हूँ, उसे प्राण देकर भी करूँगा। तुम सर्वथा उसे मेरे द्वारा हुआ ही समझो (वा.रा. 2.19.21)। पिता की सेवा अथवा उनकी आज्ञा का पालन करना, जैसा महत्त्वपूर्ण धर्म है, उससे बढ़कर संसार में दूसरा कोई धर्माचरण नहीं है (वा.रा. 2.19.22)।' यें हैं एक आदर्श पुत्र के संस्कार। श्रीराम तो कैकेयी से यहाँ तक कहते हैं—'यद्यपि पिता ने स्वयं मुझसे नहीं कहा है, तथापि मैं तुम्हारे ही कहने से चौदह वर्षों तक इस भूतल पर निर्जन वन में निवास करूँगा (वा.रा. 2.19.23)। तुम्हारा मुझ पर पूरा अधिकार है। मैं तुम्हारी प्रत्येक आज्ञा का पालन कर सकता हूँ, फिर भी तुमने स्वयं मुझसे न कहकर इस कार्य (वनवास) के लिए महाराज से कहा, इनको कष्ट दिया। इससे जान पड़ता है कि तुम मुझमें कोई गुण नहीं देखती हो (वा.रा. 2.19.24)।' ये भाव, यह आचरण, यही श्रीराम को विशिष्ट बनाते हैं।

लक्ष्मण कहते हैं श्रीराम से—'आप समझते हैं कि यदि मैं (श्रीराम) पिता की आज्ञा का पालन नहीं करूँगा तो दूसरे लोग भी नहीं करेंगे। इस प्रकार धर्म की अवहेलना होने से जगत् के विनाश का भय उपस्थित होगा (वा.रा. 2.23.5-7)।' इस तरह से श्रीराम समाज में एक आदर्श स्थापित करते हैं। परिवार और समाज का कल्याण इन आदर्शों के बिना संभव नहीं। श्रीराम के आदर्शों का अनुसरण करनेवाला मेरा पुत्र रामवंशी, उसने कल रात उचित ही निर्णय लिया। लेकिन इन सबके लिए उसे कितना कष्ट उठाना पड़ रहा होगा। न जाने किस हाल में होंगे तीनों बच्चे!

इधर अपराजिता ने पूरी रात आँखों में ही काट दी। सूर्योदय की पहली किरण को नमन किया और बच्चों की सुरक्षा तथा सुविधा की कामना की। यह सब उसने रामकथा से ही तो सीखा है। कौसल्या का श्रीराम की वन यात्रा के लिए मंगलकामना पूर्वक स्वस्तिवाचन करना एक माता के संस्कार हैं (वा.रा. 2.25)। यह सनातन संस्कृति है,

जो माता कौसल्या कहती हैं—'वत्स! सभी जातियों में नरमांस भक्षी प्राणी जो हैं, वे मेरे द्वारा यहाँ पूजित होकर वन में तुम्हारी हिंसा न करें (वा.रा. 2.25.20)।' यह एक माता का देवताओं पर श्रद्धा और विश्वास की पराकाष्ठा है। वनगमन को तैयार श्रीराम से माता कौसल्या कहती भी हैं—*'पितु बनदेव मातु बनदेवी। खग मृग चरन सरोरुह सेवी। अंतहुँ उचित नृपहि बनबासू। बय बिलोकि हियँ होइ हराँसू।'* (रा.मा. 2.55.2) अर्थात् 'वन के देवता तुम्हारे पिता होंगे और वनदेवियाँ माता होंगी, पशु-पक्षी अनेक रूप में सेवा करेंगे। वैसे भी राजा के लिए अंत में तो वनवास करना उचित ही है, केवल तुम्हारी सुकुमार अवस्था देखकर हृदय में दुःख होता है।' यह एक राजमाता द्वारा राजा के धर्म की व्याख्या है।

रामवंशी से अधिक चिंता मुझे जनकात्मजा को लेकर हो रही है। मन की चिंता को मस्तिष्क ने सांत्वना दी थी। रामकथा के घटनाक्रम समर्थन में उपस्थित हुए थे। आदर्श स्त्री के वचन सीताजी (वा.रा. 2.27) स्वयं कहती हैं, जब वे श्रीराम के साथ वनवास में जाने का आग्रह करती हैं। वनवास के कष्ट का वर्णन श्रीराम सीता से (वा.रा. 2.28) करते भी हैं। इसके उत्तर में सीता श्रीराम के समक्ष उनके साथ अपने वनगमन का औचित्य बताती हैं (वा.रा. 2.29)। इस संपूर्ण अर्थपूर्ण वार्त्तालाप में सीताजी एक महत्त्वपूर्ण कथन कहती हैं (वा.रा. 2.29.12)—'वीर! मैं जानती हूँ कि वनवास में अवश्य ही बहुत से दुःख प्राप्त होते हैं, परंतु वे उन्हीं को दुःख जान पड़ते हैं, जिनकी इंद्रियाँ और मन अपने वश में नहीं हैं।'

वन में जाने से पूर्व सीता ने अपने सभी आभूषण वसिष्ठ पुत्र सुयज्ञ की पत्नी को दे दिए, जो उनकी सखी भी थी। इनमें हार, सुवर्णसूत्र और करधनी थी। साथ ही उत्तम बिछौनों से युक्त और नाना प्रकार के रत्नों से विभूषित पलंग भी उन्हीं को दे दिया। इसके साथ श्रीराम ने अपना हाथी शत्रुंजय, जो उन्हें उनके मामा ने दिया था, वह उन्होंने सुयज्ञ को दे दिया (वा.रा. 2.32.4-10)। श्रीराम और सीता ने शेष सभी धन ऋषियों, वेदज्ञ, ब्राह्मण, सूत, दंडधारी ब्रह्मचारी, आश्रित सेवकों, बूढ़े ब्राह्मण, दीन-दुखियों, सहृदों, दरिद्र, भिक्षुक, गरीबों में बाँट दिया था (वा.रा. 2.32)। इस तरह वनवास के लिए जाते-जाते भी एक संस्कार का उदाहरण श्रीराम ने प्रस्तुत कर दिया था। यह दान का संस्कार है। इस दानकर्म में सनातन जीवन संस्कृति है और जीवन-दर्शन भी।

श्रीराम ने वनवास में अपने साथ जो दिव्य धनुष लिया था, वह उन्हें राजा जनक के महान् यज्ञ में महात्मा वरुण से मिला था। साथ ही दिव्य अभेद्य कवच, अक्षय बाणों से भरा हुआ तूणीर (तरकश) तथा सुवर्ण भूषित खड्ग भी दिए गए थे, उन्हें भी साथ लिया था (वा.रा. 2.31.29-31)। इसी का संदर्भ देते हुए गुरुदेव ने रामवंशी को त्रिशूल साथ रखने के लिए कहा था—"हे वत्स! हे पौत्र! यह तुम्हारे लिए विशिष्ट है।

क्षत्रिय धर्म के पालन के लिए तुम जैसे वीरों को अस्त्र-शस्त्र सदा साथ रखना चाहिए। गुरुकुल में अनुसंधान करके नवीनतम अस्त्र-शस्त्र तैयार किए गए, तुम उनका प्रयोग करना जानते हो, शस्त्रागार से उन्हें साथ ले लो। सौमित्र तुम भी अपने साथ इन्हें रखो। और बेटी जनकात्मजा, क्षत्रिय की पत्नी क्षत्राणी कहलाती है। बिना अस्त्र-शस्त्र के एक क्षत्राणी को भी परम शोभा प्राप्त नहीं होती। तुम भी कम-से-कम कटार धारण करो। रामवंशी और सौमित्र जनेऊ के साथ तुम दोनों भी कटार बाँध लो। त्रेता में तो एक ही रावण था, अब तो हर मार्ग पर रावण के वंशज मिलते हैं। यह अनुभव तुम तीनों उस रेलयात्रा में कर चुके हो, जिसके कारण आज तुम तीनों वनगमन के लिए जा रहे हो। इसमें भी ईश्वर की कोई योजना होगी। प्रभु श्रीराम तुम्हारा सदा मार्गदर्शन करेंगे।"

जब से रामवंशी सौमित्र और जनकात्मजा के साथ घर से निकला है, तब से करणीसुता राठौर जहाँ खड़ी थी, वहीं अब बैठी है। घर से बाहर जाते मार्ग को निरंतर सूखी आँखों से एकटक देख रही है। हर बार लगता कि कोई 'छोटी माँ' कहकर पुकारेगा। बच्चों के घर से जाने तक उसने वह सब किया था, जो शिक्षा उसे रामकथा से प्राप्त हुई थी। उसकी प्रेरणास्रोत माता सुमित्रा लक्ष्मण से छोटे भाई के धर्म की व्याख्या करती है (वा.रा. 2.40.4-9)। माता सुमित्रा कहती हैं—'तुम श्रीराम के परम अनुरागी हो, अपने बड़े भाई के वन में इधर-उधर जाने पर कभी प्रमाद न करना। ये संकट में हों या समृद्धि में, ये ही तुम्हारी परम गति। बड़े भाई की आज्ञा के अधीन रहना ही तुम्हारा धर्म है।'

रामकथा में पुत्र धर्म, पिता धर्म, पति धर्म, पत्नी धर्म, राजा धर्म आदि ऐसा कोई भी धर्म नहीं है, जिसके आदर्श उदाहरण प्रस्तुत न हुए हों। अतः रामायण समाज में सदा ही लोकप्रिय रही है। यही कारण रहा कि गुरुदेव ने जाते-जाते रामवंशी से कहा, "वत्स! अपने वनगमन में जब कभी किसी भी बात पर निर्णय लेने में भ्रम हो तो रामकथा में उसका हल ढूँढ़ना।" गुरुदेव को विश्वास था कि रामवंशी ऐसा ही करेगा। अब तक वह श्रीराम के आदर्शों का अक्षरशः पालन करता आया है। कल रात जो कुछ उसने किया, वह आश्रम में एक आदर्श उदाहरण के रूप में पीढ़ियों तक स्मरण किया जाएगा और पीढ़ियाँ प्रेरित होंगी। जब रामवंशी को गुरुदेव ने प्रातःकाल आश्रम से जाते देखा तो गर्व हुआ। क्यों न हो, वचन का पालन करना उन्होंने उसको प्रभु श्रीराम के चरित्र से ही तो समझाया हुआ है।

वचन निभाना कोई श्रीराम से सीखे। सुग्रीव के राज्याभिषेक में भी श्रीराम नगर के अंदर नहीं गए। व्रत का पालन करते हुए श्रीराम ने गंगा के तट से ही सुमंत्र को रथ सहित वापस जाने के लिए कहा (वा.रा. 2.52.13-14)। सुमंत्र के अनुरोध

के बाद भी श्रीराम उन्हें वापस जाने के लिए इसलिए कहते हैं, जिससे छोटी माता कैकेयी को विश्वास हो जाए कि राम वन को चले गए। अन्यथा श्रीराम के वनवासी हो जाने पर भी वे धर्मपरायण महाराज दशरथ के प्रति मिथ्यावादी होने का संदेह करें, ऐसा श्रीराम नहीं चाहते थे (वा.रा. 2.52.61-62)। इस स्तर का समर्पण था श्रीराम का अपने धर्म के प्रति, वचन के प्रति, परिवार और पिता के प्रति। चित्रकूट में भरत से श्रीराम कहते भी हैं—'श्रेष्ठ व्रतों का पालन करनेवाला मेरे जैसा मनुष्य राज्य के लिए अपने पिताजी की आज्ञा का उल्लंघन रूपी पाप कैसे कर सकता है (वा.रा. 2.101.16)।' श्रीराम स्पष्ट कर देते हैं कि वे चाहें तो अकेले ही बाणों द्वारा अयोध्यापुरी को अधिकार में ले सकते हैं, लेकिन अधर्म और परलोक के डर से ऐसा नहीं करते (वा.रा. 2.53.25-26)। यहाँ उनका धर्म के प्रति अटूट विश्वास प्रकट होता है। श्रीराम के व्यक्तित्व को दरशाते उनके अनेक आदर्श कथन हैं। एक स्थान पर कहते हैं—'अपने बंधु-बांधवों या मित्रों का विनाश करके जिस धन की प्राप्ति होती है, वह तो विष मिश्रित भोजन के समान सर्वथा त्याग देने योग्य है। उसे मैं कदापि ग्रहण नहीं करूँगा (वा.रा. 2.97.4)।' आगे कहते हैं—'समुद्र से घिरी हुई यह पृथिवी मेरे लिए दुर्लभ नहीं है, परंतु मैं अधर्म से इंद्र का पद पाने की भी इच्छा नहीं कर सकता (वा.रा. 2.97.7)।'

गुरुदेव एक बार रामकथा सुना रहे थे। उन्होंने देखा कि ध्यान से सुन रहा रामवंशी, मानो अपने पथ का मार्ग व दिशा दृढ़ कर रहा हो। गुरुदेव ने जब कहा, "उस काल में सारथि के महत्त्व को जानने के लिए सुमंत्र से राजा दशरथ व अन्य के वार्त्तालाप को पढ़ा-सुना जाना चाहिए। कोई भी काम छोटा-बड़ा नहीं होता। सभी को यथोचित सम्मान अधिक महत्त्वपूर्ण है। यहाँ सुमंत्र संदेशवाहक भी हैं। वे श्रीराम को गंगा किनारे छोड़कर वापस अयोध्या आने पर महाराज दशरथ को श्रीराम का संदेश सुनाते हैं (वा.रा. 2.58)। सुमंत्र के कथन में सत्यता है और संवेदना भी। सुमंत्र के माध्यम से ही श्रीराम माता कौसल्या से कहते हैं—'कुमार भरत से राजोचित बरताव करना। राजा छोटी उम्र के हों तो भी आदरणीय ही होते हैं। यही राजधर्म है (वा.रा. 2.58.20)।'" सुमंत्र की यह कथा सुनकर तब रामवंशी ने पूछा था, "दादाश्री! लेकिन आजकल न तो रथ होते हैं, न ही सारथि, तो फिर मैं आप तक संदेश कैसे पहुँचाया करूँगा?" यह सुनकर गुरुदेव उस दिन उसकी मासूमियत पर हँस पड़े थे। लेकिन आज स्मरण कर मन को द्रवित होने से रोक न सके। सच ही तो है, उसका संदेश मुझ तक, आश्रम तक, अजकुमार और अपराजिता तक कैसे पहुँचा करेगा? क्योंकि उसने तो अपना मोबाइल भी यहाँ छोड़ दिया है, जिससे न कोई उससे संपर्क करने का प्रयास करे और न ही संपर्क कर दुःखी हो। रामवंशी तप कर रहा है और त्याग भी। लेकिन क्यों?

पूर्वजन्म के कर्मफल को दैव (भाग्य) और इस जन्म के कर्म को पुरुषार्थ कहते हैं। मानवीय जीवन-चक्र इन दोनों से नियंत्रित होता है। श्रीराम का राज्याभिषेक होनेवाला है, परंतु सहसा उन्हें वन जाने का आदेश हो जाता है। तब श्रीराम लक्ष्मण से कहते हैं (वा.रा. 2.22.15)—'सुमित्रा कुमार! मेरे इस प्रवास में तथा पिता द्वारा दिए हुए राज्य के हाथ से निकल जाने में दैव को ही कारण समझना चाहिए।' आगे कहते हैं (वा.रा. 2.22.22)—*'सुख दुःखे भयक्रोधौ लाभालाभौ भवाभवौ। यस्य किञ्चित् तथाभूतं ननु दैवस्य कर्म तत्।'* अर्थात् 'सुख, दुःख, भय, क्रोध, लाभ-हानि, उत्पत्ति और विनाश तथा इस प्रकार के और भी जितने परिणाम प्राप्त होते हैं, जिनका कोई कारण समझ में नहीं आता, वे सब दैव के ही कर्म हैं।' अगर रामवंशी का यों अनायास अकारण आश्रम से घर से दूर जाना दैव कर्म है तो इसका फल भी देवता ही सुनिश्चित करेंगे। यह सोचते ही गुरुदेव के मुख पर भोर की प्रथम किरण पहुँचकर लालिमा बिखेर गई थी।

अयोध्याकांड गृहस्थ संस्कार है। सभी गृहस्थ के लिए पठनीय और अनुकरणीय। यह बताता है कि परिवार से बाहर कर दिए जाने के बाद भी परिवार को कैसे बचाया जाता है, यही है श्रीराम का होना। प्रेम व आदर्श को बचाने के लिए कठोर और साहसिक निर्णय लेने का नाम है श्रीराम का होना। गुरुदेव के इन कथनों ने रामवंशी को निर्णय लेने में सहायता की होगी। उसे भी अपने घर को आश्रम को बचाने के लिए और आश्रम में शांति स्थापित करने के लिए घर छोड़कर जाना पड़ा। हाँ, महाजन की बहू के उस कथन को सुनकर उसे पीड़ा हुई थी कि या तो रामवंशी यहाँ रहेगा या भरतेंद्र! गुरुमाता ने सुबह होते ही जब से यह सब सुना है, मन उद्विग्न है। महाजन की बहू सुरूपा नाम से ही सुरूपा है, अनेक स्थानों पर अपने संस्कारों को प्रदर्शित करती रही है। ठीक उसी तरह, जिस तरह मंथरा एक वृत्ति है, कुसंग है, और कुसंग व्यक्ति को कहाँ ले जाकर पटके, इसकी कल्पना भी नहीं की जा सकती। संदेश स्पष्ट है कि कुसंग के कारण पतन होता है। इसमें दोष सुरूपा के घरवालों का भी है। उन लोगों ने उसका मन दूषित कर रखा है। विवाह के इतने वर्ष हो जाने के बाद भी वे लोग महाजन के घर में हस्तक्षेप करते रहते हैं। दुष्परिणाम सामने है। त्रेतायुग में कोपभवन एक होता था और अलग से होता था। लेकिन आजकल घर का कोई भी हिस्सा कोपभवन बन जाता है। तभी तो महाजन के घर के कटु शब्द आश्रम में बाण की तरह लोगों को चुभते। इन सबके बीच महत्त्वपूर्ण प्रश्न है कि क्या भरतेंद्र इस निर्णय को स्वीकार कर पाएगा? नहीं। क्योंकि उसे संस्कार मैंने दिया है, गुरुदेव ने दिए हैं, आश्रम और गुरुकुल से मिले हैं।

राम के वनवास का कारण बना था मंथरा का लोभ, कैकेयी का क्रोध व मद और राजा दशरथ का काम। जब परिवार के निर्णय में काम, क्रोध, लोभ व मद आ जाएँ तो

परिवार का पतन होता है। सर्वनाश निश्चित है। गुरुमाता निरंतर सोच रही थीं और मन-मस्तिष्क को मथ भी रही थीं। लेकिन क्या यही अंतिम सत्य है ? शायद नहीं। यही समय है, काल है, माया है, महाकाल की व्यवस्था है। जो सोचता है कि मैं कुछ पा रहा हूँ, वह असल में खो रहा होता है और जो सोचता है कि मैं खो रहा हूँ, वह वास्तव में पा रहा होता है। कैकेयी ने सोचा था कि वह सबकुछ पा रही है, जबकि उसने सबकुछ खो दिया और राम ने क्या खोया, जो इतना पाया कि आज भी पूजे जाते हैं। और जब तक मानव सभ्यता इस पृथ्वी पर है, तब तक पूजे जाएँगे।

□

5

अरण्यकांड

प्रथम सर्ग : प्रयागराज आश्रम

भाग्य का खेल देखना हो तो श्रीराम उत्तम उदाहरण हैं। कल तक जो राजा थे, उनके पास नदी पार करने के लिए उतराई देने को कुछ नहीं था। तुलसीदास कहते हैं (रा.मा. 2.101.1)—'*उतरि ठाढ़ भए सुरसरि रेता। सीय रामु गुह लखन समेता। केवट उतरि दंडवत् कीन्हा। प्रभुहि सकुच एहि नहिं कुछ दीन्हा।*' अर्थात् 'निषादराज और लक्ष्मणजी सहित सीता और श्रीराम (नाव से) उतरकर गंगाजी की रेत में खड़े हो गए। तब केवट ने उतरकर दंडवत् की। उसको यह करता देख प्रभु को संकोच हुआ कि इसको कुछ दिया नहीं।'

रामवंशी यही सोचकर स्वयं से कहने लगा, 'मेरे पास तो अब भी कुछ पैसे हैं।' रेल से प्रयागराज पहुँचकर वह अपनी पदयात्रा प्रारंभ करेगा। अनारक्षित बोगी में थोड़ी सी जगह में फँसकर बैठी हुई जनकात्मजा को उसने देखा, वह शांत भाव में दिखी। जैसे ही दोनों की आँखें मिलीं, जनकात्मजा मुसकरा दी थी, मानो रामवंशी के भाव को पढ़ लिया हो। माता सीता तो श्रीराम के मन की बात भी जान लेती थीं, तभी तो तुलसीदास कहते हैं (रा.मा.2.101.2)—'*पिय हिय की सिय जान निहारी। मनि मुदरी मन मुदित उतारी। कहेउ कृपाल लेहि उतराई। केवट चरन गहे अकुलाई।*' अर्थात् 'पति के हृदय की जाननेवाली सीताजी ने आनंद भरे मन से अपनी रत्नजड़ित अँगूठी उँगली से उतारी। श्रीराम ने केवट से कहा कि नाव की उतराई ले लो। केवट ने व्याकुल होकर चरण पकड़ लिये।'

जीवन युद्धभूमि है और गृहस्थ निरंतर संघर्ष का आश्रम। विषम परिस्थिति कभी भी समय, किसी भी रूप में बिना कोई कारण भी आ सकती है। सब समय का खेल है। काल की माया। कोई स्वप्न में भी कैकेयी से इस आचरण की कल्पना नहीं कर सकता था। मंथरा ने कैकेयी की बुद्धि में अनर्थ को ही अर्थ रूप में जँचा दिया (वा.रा. 2.9.36)। मगर इसमें दोष तो कैकेयी का ही है, जो उसकी बातों पर विश्वास कर बैठी। कैकेयी को दो वर राजा दशरथ ने देवासुर संग्राम के अवसर पर दिए थे। यह युद्ध

दक्षिण दिशा में दंडकारण्य में स्थित वैजयंत नाम के नगर के असुर राजा शंबर के साथ हुआ था (वा.रा. 2.9.11-18)। क्या वर देते समय महाराज दशरथ ने कल्पना भी की थी कि उनका रक्षक ही एक दिन उनका भक्षक बन जाएगा? देवासुर संग्राम हर युग में हुआ है। श्रीराम और रावण का युद्ध भी देवासुर संग्राम ही है। इस तरह से असुर वे हुए, जो व्यवस्था व समाज के नियम नहीं मानते। देवता और असुर का यह संघर्ष आज भी जारी है। आध्यात्मिक रूप से देखें तो मूलतः देवता व असुर दोनों ही मानव हैं और ईश्वर की संतान हैं। इसलिए एक तरह जहाँ असुर भी शिव की आराधना करते हैं, वहीं श्रीकृष्ण की गीता में उनके लिए भी वही जीवन-दर्शन है, जो अन्य के लिए। रावण भी शिवभक्त था। लेकिन उसका भी संहार करना पड़ा। लक्ष्मण रेखा पार करने पर यह आवश्यक हो जाता है। रामवंशी के मन में मंथन जारी था। क्या मेरे पिताश्री ने कल्पना की होगी कि ऐसा कुछ होगा? जिस महाजन परिवार के बड़ों ने उन्हें एक महत्त्वपूर्ण कार्य का दायित्व सौंपा था, उसी महाजन परिवार के छोटों ने उस दायित्व के साथ-साथ उनसे उनका पुत्र भी छीन लिया।

श्रीराम के वनगमन के पश्चात् महाराज दशरथ कैकेयी से कहते हैं कि तूने केवल धन में आसक्त होकर धर्म का त्याग किया है, इसलिए मैं तेरा परित्याग करता हूँ (वा.रा. 2.42.7)। पता नहीं, मेरे पिताश्री ने मेरे पीछे आश्रम में क्या कर दिया हो? कहीं महाजन परिवार से रिश्ता न तोड़ लिया हो? कहीं भरतेंद्र के आने से पूर्व ही व्यवस्थापक के कार्य से स्वयं को पदमुक्त न कर लिया हो? कहीं ऐसा कुछ कर लिया तो आश्रम में अशांति और असंतोष को बल मिलेगा। नहीं-नहीं। दादाश्री के रहते वे ऐसा कुछ नहीं करेंगे, बल्कि भरतेंद्र के आने की प्रतीक्षा करेंगे।

रामकथा में आगे सबकुछ भरत पर निर्भर था। भरत का एक अनुचित निर्णय रामकथा में अयोध्या को किसी और ही दिशा में ले जाता, लेकिन भरत का आचरण एक आदर्श अनुज का आचरण है। वसिष्ठजी भरत को राज्य पर अभिषिक्त होने का आदेश देते हैं, क्योंकि महाराज दशरथ का देहांत हो चुका है और श्रीराम वनवास के लिए जा चुके हैं, लेकिन भरत इसे अनुचित बताकर अस्वीकार करते हैं (वा.रा. 2.82)। और तुलसीदास के शब्दों में यहाँ तक कह देते हैं (रा.मा. 2.178.2)—*'मोहि समान को पाप निवासू। जेहि लगि सीय राम बनबासू। रायँ राम कहुँ काननु दीन्हा। बिछुरत गमनु अमरपुर कीन्हा।'* अर्थात् 'मेरे समान पापों का घर कौन होगा, जिसके कारण सीताजी और श्रीरामजी का वनवास हुआ। राजा ने श्रीराम को वन दिया और उनके बिछुड़ते ही स्वयं स्वर्ग को गमन किया।' इन्हीं संस्कारों में परिवार का कल्याण और आपसी संबंधों में मधुरता तथा जीवन में खुशियाँ हैं। भरत का आचरण तो निषादराज के साथ भी अति प्रशंसनीय था—*'राम सखा सुनि संदनु त्यागा। चले उतरि उमगत अनुरागा।'* तुलसीदास

कहते हैं (रा.मा. 2.192.4)—'यह श्रीराम का मित्र है, इतना सुनते ही भरत ने रथ त्याग दिया। वे रथ से उतरकर प्रेम में उमगते हुए चले। भरत ने आगे बढ़कर निषादराज गुह को अपनी छाती से लगा लिया था।'

भरत संस्कारी हैं, त्यागी हैं, ज्ञानी हैं, दार्शनिक हैं, तभी तो निषादराज की बातें सुनकर कहते हैं—'काल के समान प्रबल कोई दूसरा देवता नहीं, जिसके प्रभाव से दशरथनंदन श्रीराम को भी इस प्रकार भूमि पर सोना पड़ा।' (वा.रा. 2.88.11)—*'न नूनं दैवतं किञ्चित् काले न बलवत्तरम्। यत्र दाशरथी रामो भूमावेवमशेत सः।'* सर्वशक्तिमान काल के लिए तुलसीदास सरल शब्दों में कहते हैं (रा.मा. 2.200)—*'सुखस्वरूप रघुबंसमनि मंगल मोद निधान। ते सोवत कुस डासि महि बिधि गति अति बलवान।'* अर्थात् 'जो सुखस्वरूप रघुवंश शिरोमणि श्रीराम मंगल और आनंद के भंडार हैं, वे पृथ्वी पर कुशा बिछाकर सोते हैं। विधाता की गति बड़ी ही बलवान है।'

यहाँ भरत न केवल श्रीराम का, बल्कि माता सीता का भी स्मरण करते हैं और पत्नी धर्म को रेखांकित करते हुए कहते हैं (वा.रा. 2.88.16)—'पति की शैया कोमल हो या कठोर, साध्वी स्त्रियों के लिए वही सुखदायिनी होती है, तभी तो तपस्विनी एवं सुकुमारी मिथिलेश कुमारी सीता यहाँ दुःख का अनुभव (कुश की शैया पर) नहीं कर रहीं।' और फिर भरत अनुज धर्म को परिभाषित करते हुए भाई के त्याग को नई ऊँचाइयों पर ले जाते हुए कहते हैं (वा.रा. 2.88.26)—'आज से मैं भी पृथ्वी पर अथवा तिनकों पर ही सोऊँगा। फल-फूल का ही भोजन करूँगा और सदा वल्कल वस्त्र तथा जटा धारण करूँगा।' क्या मेरा भरतेंद्र महाजन भी पीछे आश्रम में ऐसा ही कुछ विचार रखता होगा? क्यों नहीं? भरतेंद्र में भी वही संस्कार हैं, जो मुझमें हैं। हम दोनों आश्रम के शुद्ध वातावरण में एक साथ पले-बढ़े हैं। गुरुदेव की वाणी और गुरुमाता का वात्सल्य आश्रम के प्रत्येक शिशु को सरल, सहज और समान प्राप्त होता है। फिर मुझे अपने भरतेंद्र पर उतना ही विश्वास करना चाहिए, जितना श्रीराम को अपने भरत पर था। श्रीराम तो लक्ष्मण के रोष को शांत करके भरत के सद्भाव का वर्णन भी करते हैं (वा.रा. 2.97)। एक तरफ श्रीराम का छोटे भाई भरत के प्रति प्रेम और विश्वास है तो दूसरी तरफ भरत का बड़े भाई के प्रति आदर और सम्मान है (वा.रा. 2.98)। दो भाइयों के प्रेम का यह एक आदर्श उदाहरण है, जो मुझे सदा ही प्रेरित करता है। लेकिन मैं इन सबकी अपेक्षा कर ही क्यों रहा हूँ? मुझे तो अपना पक्ष धर्म के आधार पर रखना है। तुलसीदास कहते भी हैं (रा.मा. 2.207.2)—*'सुनहु भरत रघुबर मन माहीं। पेम पात्रु तुम्ह सम कोऊ नाहीं।'* अर्थात् 'हे भरत! सुनो, श्रीराम के मन में तुम्हारे समान प्रेमपात्र दूसरा कोई नहीं है।' रामकथा का निर्देश स्पष्ट है, मुझे अपने भाई से प्रेम करता है, बिना यह जाने कि वह प्रेम करता है या नहीं। रामवंशी के

मन की शंका दूर हुई तो मस्तिष्क शांत हुआ था। मन-मस्तिष्क के स्थिर होते ही जीवन का उद्‌देश्य श्रीराम के आदर्शों में स्पष्ट होने लगा था।

पिता की आज्ञा का पालन करने का उच्चतम उदाहरण श्रीराम तब देते हैं, जब भरत चित्रकूट में श्रीराम से वापस राज ग्रहण करने का आग्रह करते हैं। उस समय तक महाराज दशरथ स्वर्ग सिधार चुके थे। फिर भी उनकी आज्ञा का पालन करते रहना श्रीराम को आदर्श पुत्र के रूप में स्थापित करता है (वा.रा. 2.101.16-27)। साथ ही मातृभक्ति का उपदेश श्रीराम भरत को देते हैं (वा.रा. 1.101.17)—'शत्रु सूदन! मैं तुम्हारे अंदर थोड़ा सा भी दोष नहीं देखता। अज्ञानवश तुम्हें अपनी माता की भी निंदा नहीं करनी चाहिए।' यह उनके संस्कारों का, स्त्री सम्मान का, संबंधों की संवेदनशीलता का प्रमाण है, क्योंकि कैकेयी ने ही उन्हें वनवास दिया था।

जो जीवन-दर्शन कालांतर में 'गीता' में विस्तार से दिया गया, वही श्रीराम भरत से एक श्लोक (वा.रा. 2.105.39) में इस प्रकार कहते हैं—'धीर एवं प्रज्ञावान पुरुष को सभी अवस्थाओं में ये नाना प्रकार के शोक, विलाप तथा रुदन त्याग देने चाहिए।' रामवंशी को इस कथन ने नई ऊर्जा से भर दिया था। सोचने लगा—अतः मुझे भी सभी अपेक्षाओं से निकलना होगा। यही मुक्ति का मार्ग है, यही धर्म का मार्ग है, यही कल्याण का मार्ग है। यही तो दशरथनंदन भरत ने भी किया था और अमर हो गए। भरत ने नंदिग्राम में रहकर राज्य का शासन किया (वा.रा. 2.115.22)। उन्होंने वल्कल और जटा धारण करके मुनिवेषधारी हो नंदिग्राम में निवास किया (वा.रा. 2.115.23)। उन्होंने श्रीराम की चरणपादुकाओं को राज्य पर अभिषिक्त किया (वा.रा. 2.155.24)। यह है भरत होना। यह है श्रीराम का अनुज होना। यह है सनातन संस्कारों का प्रतिफल।

रामकथा में कौसल्या देवी और कैकेयी के चरित्र की विवेचना तो प्राय: होती है, लेकिन सुमित्रा कहीं पीछे छूट जाती हैं, जबकि उनका त्याग अन्य से अधिक महत्त्वपूर्ण निस्स्वार्थ और निरपेक्ष भाव से है। उनमें चरित्र का उच्चतम स्तर तब पहुँचता है, जब वे लक्ष्मण को भी श्रीराम के साथ वनवास भेजने पर भी कौसल्या देवी को समझाती हैं, जब वे महाराज दशरथ के साथ श्रीराम के वनवास की पीड़ा प्रकट कर रही होती है। यह सोचते ही रामवंशी को सौमित्र की माता याद आई थीं, सरल स्वभाव वाली मातृत्व की प्रतिमूर्ति, उसकी अपनी छोटी माँ।

जब सुमित्रा माता ने राम को वनवास दिए जाने की बात लक्ष्मण से सुनी तो उनकी दी गई प्रतिक्रिया को तुलसीदास अर्थपूर्ण शब्दों में व्यक्त करते हैं (रा.मा. 2.73.1-2)—'*धीरजु धरेउ कुअवसर जानी। सहज सुहृय बोली मृदु बानी। तात तुम्हारि मातु बैदेही। पिता रामु सब भाँति सनेही। अवध तहाँ जहँ राम निवासू। तहँइँ दिवसु जहँ भानु प्रकासू। जौं पै सीय रामु बन जाहीं। अवध तुम्हार काजु कछु नाहीं।*' अर्थात् कुसमय

जानकर धैर्य धारण किया और स्वभाव से ही हित चाहनेवाली सुमित्राजी कोमल वाणी से बोलीं—'हे तात! जानकीजी तुम्हारी माता हैं और सब प्रकार से स्नेह करनेवाले श्रीराम तुम्हारे पिता हैं। जहाँ श्रीरामजी का निवास हो, वहीं अयोध्या है। जहाँ सूर्य का प्रकाश हो, वहाँ दिन है। यदि सीता-राम वन को जाते हैं तो अयोध्या में तुम्हारा कुछ भी काम नहीं।' यह है माता सुमित्रा होना। लक्ष्मण को संस्कार यहीं से मिले थे। इन माताओं के संस्कारों ने ही इक्ष्वाकु वंश की गरिमा बनाए रखी।

भाई का प्रेममात्र श्रीराम-लक्ष्मण और भरत-शत्रुघ्न के बीच ही नहीं, बल्कि जटायु और संपाती के बीच भी गहरा और अर्थपूर्ण है। संपाती तो छोटे भाई जटायु को सूर्य के तेज से बचाने के लिए अपने पंख जला लेते हैं (वा.रा. 4.58)। यही नहीं, पिता-पुत्र का प्रेम भी यहाँ देखा जा सकता है। बूढ़े संपाती को उनका पुत्र सुपार्श्व यथासमय आहार देकर प्रतिदिन उनका भरण-पोषण करता है (वा.रा. 4.59.8)। यही सुपार्श्व संपाती को सीता के हरण की सूचना देता है, जो फिर वानरों को बताई जाती है (वा.रा. 4.59.14-22)।

सनातन समाज का आधार है परिवार। पारिवारिक एकता, समरसता व सौमनस्यता के लिए भाइयों के बीच प्रेम आवश्यक है। बड़ा भाई पितृवत् पूज्य व आदरणीय माना जाता, साथ ही बड़े भाई को अपने प्रेम और त्यागपूर्ण आचरण को प्रस्तुत करना पड़ता है। भातृप्रेम की बात करें तो श्रीराम और लक्ष्मण तथा भरत और शत्रुघ्न की जोड़ी आदर्श मानी जाती। श्रीराम अनुजों के प्रति अपने अनुराग की भावना अभिव्यक्ति करते हुए कहते हैं (वा.रा. 2.97.8)—'भरत, शत्रुघ्न या तुम्हारे (लक्ष्मण) बिना यदि तिलमात्र भी सुख मिले तो अग्निदेव उसे भस्म कर डाले।' बड़े भाई को पितृतुल्य मानते हुए भरत ही कैकेयी से कहते हैं (वा.रा. 2.72.33)—*'पिता हि भवति ज्येष्ठो धर्ममार्यस्य जानतः। तस्य पादौ ग्रहीष्यामि स हीदानीं गतिर्मम।'* अर्थात् 'धर्म के ज्ञाता श्रेष्ठ पुरुषों के लिए बड़ा भाई पिता के समान होता है। मैं उनके चरणों में प्रमाण करूँगा। अब वे ही मेरे आश्रय हैं।'

आदर्श भाई के रूप में भरत के व्यक्तित्व में त्याग, समर्पण और उच्चादर्श हैं। वे प्रण लेते हैं और अंत में, जिस राज्य को भरत ने निःस्पृह भाव से सारे षड्यंत्रों और आकर्षण से दूर रहकर एक न्यासी की तरह चौदह वर्षों तक सँभाला, उसे वे विनम्रतापूर्वक श्रीराम को लौटा देते हैं। मानवीय इतिहास में ऐसा कोई दूसरा उदाहरण नहीं। भरत पुण्यात्मा हैं, पवित्र हैं, निष्कलुष हैं, उनका चरित्र अद्भुत है। सामाजिक जीवन में ऐसा भी होता है कि किसी और का किया, किसी और को भोगना पड़ता है। भरत अयोध्या प्रवेश करते समय अयोध्यावासियों के लिए खलनायक थे, क्योंकि सबके मन में यही विचार था कि कैकेयी के षड्यंत्र में भरत शामिल हैं। लेकिन भरत भी परिवार को बचा ले जाते हैं।

विचारों के साथ यात्रा करने पर समय का पता ही नहीं चलता। रामवंशी जनकात्मजा और सौमित्र के साथ प्रयागराज के आश्रम में पहुँच गया था। रामवंशी ने तुलसीदास का स्मरण किया, जो प्रभु श्रीराम के प्रयाग पहुँचने का सुंदर वर्णन करते हुए कहते हैं—'*प्रात प्रातकृत करि रघुराई। तीरथ राजु दीख प्रभु जाई* (रा.मा. 2.104.1)।' प्रयागराज का स्तुतिगान करते हुए तुलसीदास आगे कहते हैं—'*संगमु सिंहासनु सुठि सोहा। छत्रु अखयबटु मुनि मनु मोहा॥ चवँर जमुन अरु गंग तरंगा। देखि होहिं दुःख दारिद भंगा॥*' (रा.मा. 2.104.4) अर्थात् 'गंगा, यमुना और सरस्वती का संगम ही उसका अत्यंत सुशोभित सिंहासन है, अक्षयवट छत्र है, जो मुनियों के भी मन को मोहित कर लेता है, यमुनाजी और गंगाजी की तरंगें उसके (श्याम और श्वेत) चँवर हैं, जिसको देखकर ही दुःख और दरिद्रता नष्ट हो जाती है।' इन्हीं भावों के साथ रामवंशी ने प्रयागराज की धरती को नमन किया और आश्रम के भीतर प्रवेश किया। उसे आश्रम के आचार्य के कक्ष में ले जाया गया था। जनकात्मजा और सौमित्र भी साथ ही थे। आचार्य शुनहोत्र ने गुरुदेव की कुशल-क्षेम पूछी और वसिष्ठ आश्रम की जानकारी ली।

प्रयागराज आश्रम में रामवंशी के घटनाक्रम की पूरी जानकारी थी। आचार्य शुनहोत्र ने प्रशंसा की थी। उनका स्पष्ट मत था कि ऐसी परिस्थिति में संतों, साधुओं और महंतों को भी क्षात्रधर्म अपनाकर वृद्धों, कमजोर और महिलाओं की सुरक्षा करनी चाहिए। अधर्म को रोके बिना धर्म स्थापित नहीं हो सकता। और ऐसा हम करते आए हैं। यह हमारी परंपरा रही, लेकिन पिछले कुछ समय से इस विषय को षड्यंत्र के तहत भ्रमित किया गया।

संध्या पूजन के पश्चात् रामवंशी जनकात्मजा और सौमित्र के साथ रामकथा सुनने पहुँचा। प्रयागराज आश्रम के आचार्य शुनहोत्र प्रवचन कर रहे थे—'रामभक्तों का तीर्थराज प्रयाग में स्वागत है। यात्रा दो प्रकार की हो सकती है—पर्यटन और तीर्थयात्रा। यात्री भी दो प्रकार के हो सकते हैं—पर्यटक और तीर्थयात्री। प्रथम का संबंध भौतिक सुख से है और दूसरे का संबंध आध्यात्मिक सुख से है। प्रथम लौकिक है और दूसरा अलौकिक। फलतः प्रथम के भाव अस्थायी हैं, जबकि दूसरे में स्थायी। पर्यटक को केवल इंद्रिय सुख प्राप्त होता है, जबकि तीर्थयात्री को इंद्रिय सुख के साथ-साथ आत्मिक सुख भी प्राप्त होता है, आत्मिक सुख का संबंध श्रद्धा से है, श्रद्धा में समर्पण है। श्रद्धाभाव से समर्पित तीर्थयात्रा परम आनंद देती है। रामकथा का श्रवण भी परम आनंद देता है, क्योंकि रामकथा भी तीर्थयात्रा है प्रभु श्रीराम की। श्रीराम महल में रहें या वन में, यही भाव प्रमुख हैं। यही कारण है कि श्रीराम-लक्ष्मण व सीता को राजसी तपस्वी कहा जा सकता है। प्रभु श्रीराम के निषादराज अगर मित्र हैं तो केवट भक्त हैं। दोनों निष्काम। गंगा के तट पर श्रीराम ने जटा धारण की, जिसके लिए उन्होंने निषाद राज गुह से बड़का दूध लाने को

कहा (वा.रा. 2.52.67-68)। अर्थात् श्रीराम तपस्वी का रूप धारण करके वन में गए। दूसरी तरफ लक्ष्मण ने वटवृक्ष के नीचे शैया निर्माण की, अर्थात् एक राजकुमार होते हुए भी वे इस व्यावहारिक ज्ञान को जानते थे (वा.रा. 2.53.33)।

इधर सीता माता के भाव देखिए। गंगाजी को पार करते समय सीताजी ने उनका पूजन करके प्रार्थना की (वा.रा. 2.52.83)—'देवि गंगे! महाराज दशरथ के पुत्र पिता की आज्ञा का पालन करने के लिए वन में जा रहे हैं। ये सुरक्षित होकर पिताजी की इस आज्ञा का पालन कर सकें, ऐसी कृपा कीजिए।' ये पत्नी के संस्कार हैं। यहाँ पति के लिए पूर्ण समर्पण है, साथ ही परिवार के कल्याण का भाव भी है।

गंगा को पार कर श्रीराम पैदल ही वन में प्रवेश करते हुए वत्सदेश (प्रयाग) में जा पहुँचे थे। यही वह स्थान है, जहाँ त्रेता युग में ऋषि भरद्वाज का आश्रम था। हम और हमारा आश्रम उसी परंपरा का है। गंगा पार कर दोनों भाइयों ने यहाँ के जंगल में वराह, ऋष्य, पृषत और महारुरु इन चार महामृग के साथ मृगया-विनोद किया था। तत्पश्चात् जब उन्हें भूख लगी तो पवित्र कंद-मूल का भोजन किया था (वा.रा. 2.52.101-102)। महर्षि वाल्मीकि रामायण में रामकथा के साथ-साथ जंगल के पशुओं और वृक्षों का वर्णन करते चलते हैं। यहाँ भी वही हुआ है।

वनवास में भी श्रीराम ने राक्षसों व अधर्मियों का वध किया, क्यों? क्योंकि राजा में सभी वर्ण होते हैं, होने चाहिए। जब वह प्रजा की सेवा करता है तो शूद्र होता है। युद्धभूमि में रक्षा करता है तो क्षत्रिय होता है। जब न्याय करता है तो बुद्धिमान ब्राह्मण है और जब अर्थव्यवस्था को देखता है तो वैश्य है। एक कुशल राजा और प्रशासक में ये सभी गुण होने चाहिए और सदा होने चाहिए। श्रीराम ने इसी धर्म का पालन किया था। हम सबको भी इसी मार्ग को अपनाना चाहिए। अपनाना होगा। तो कोई प्रश्न कर सकता है कि हम में और दानवों-राक्षसों में क्या अंतर रह जाएगा? अंतर है। हम में मानवता है, धर्म है, भाव है, संवेदना है, क्षमाशीलता है। क्षमा की सुंदर व्याख्या (वा.रा. 1.33.7-8) में हुई है—'स्त्री हो या पुरुष, उसके लिए क्षमा ही आभूषण है। क्षमा दान है, क्षमा सत्य है, क्षमा यज्ञ है, क्षमा यश है और क्षमा धर्म है। क्षमा पर ही यह संपूर्ण जगत् टिका हुआ है।' लेकिन केवल क्षमा से कार्यसिद्ध नहीं होगा। राजा हो या किसी भी संस्था का प्रमुख, यहाँ तक कि परिवार, समाज, मठ, आश्रम, कुल आदि किसी भी समूह के प्रमुख में अनेक अन्य गुण भी होने चाहिए। इन सबके लिए श्रीराम आदर्श थे, हैं और रहेंगे।

श्रीराम के राज्याभिषेक के घटनाक्रम को स्मरण करें। भिन्न-भिन्न नगरों के प्रधान पुरुष और अन्य जनपदों के सामंत राजाओं ने अयोध्या के महाराज दशरथ से कहा, 'प्रजानाथ! श्रीराम इक्ष्वाकु कुल में सबसे श्रेष्ठ हैं (वा.रा. 2.2.28)। श्रीराम ने अर्थ के साथ धर्म को भी प्रतिष्ठित किया (वा.रा. 2.2.29)। श्रीराम प्रजा को सुख देने में चंद्रमा के समान

और क्षमा में पृथ्वी की समानता करते हैं (वा.रा. 2.2.30)। श्रीराम धर्मज्ञ, सत्यप्रतिज्ञ, शीलवान, अदोषदर्शी, शांत, दीन-दु:खियों को सांत्वना प्रदान करनेवाले, मृदुभाषी, कृतज्ञ, जितेंद्रिय, कोमल स्वभाववाले, स्थिरबुद्धि, सदा कल्याणकारी, असूयारहित, समस्त प्राणियों के प्रति प्रिय वचन बोलनेवाले और सत्यवादी हैं (वा.रा. 2.2.31-32)। श्रीराम बहुश्रुत विद्वानों, बड़े-बूढ़ों तथा ब्राह्मणों के उपासक हैं (वा.रा. 2.2.33)। देवता, असुर और मनुष्यों के संपूर्ण अस्त्रों का उन्हें विशेष रूप से ज्ञान है (वा.रा. 2.2.34)। श्रीराम गंधर्ववेद (संगीतशास्त्र) में इस भूतल पर सबसे श्रेष्ठ हैं (वा.रा. 2.2.35)।' सच कहें तो अयोध्याकांड का यह दूसरा सर्ग (अध्याय) एक आदर्श राजा के गुणों का विस्तार से वर्णन है। यह वर्णन गृहाश्रम में इसलिए किया जाना चाहिए, क्योंकि इसी आश्रम में रहकर सामान्य और विशिष्ट जनपरिवार-समाज-राष्ट्र के दायित्व का निर्वहन करता है। फिर चाहे वह नगर में वास करे या वन में। युद्ध व संघर्ष गृहाश्रम का अभिन्न अंग है। समाज व राष्ट्र के हित के लिए वानप्रस्थी और संन्यासी को भी इसके लिए तत्पर रहना चाहिए।

श्रीराम को राज्य देने का निश्चय महाराज दशरथ सभी नगर प्रमुख, राजाओं और जनपद के लोगों के अनुमोदन के बाद ही करते हैं (वा.रा. 2.1-2)। यह उस युग की लोकतांत्रिक व्यवस्था हुई। यही नहीं, महाराज दशरथ श्रीराम को हितकर राजनीति की बातें भी बताते हैं—'तुम और भी अधिक विनय का आश्रय लेकर सदा जितेंद्रिय बने रहो। काम और क्रोध से उत्पन्न होनेवाले दुर्व्यसनों का सर्वथा त्याग कर दो। परोक्षवृत्ति से (गुप्तचरों द्वारा यथार्थ बातों का पता लगाकर) तथा प्रत्यक्षवृत्ति (दरबार में सामने आकर कहनेवाली जनता के मुख से उसके वृत्तांतों को प्रत्यक्ष देख-सुनकर) ठीक-ठीक न्याय-विचार में तत्पर रहो। मंत्री, सेनापति आदि समस्त अधिकारियों तथा प्रजाजनों को सदा प्रसन्न रखना। जो राजा कोष्ठागार (भंडारगृह) तथा शस्त्रागार आदि के द्वारा उपयोगी वस्तुओं का बहुत बड़ा संग्रह करके मंत्री, सेनापति, प्रजा आदि समस्त प्रकृतियों को प्रिय मानकर उन्हें अपने प्रति अनुरक्त एवं प्रसन्न रखते हुए पृथ्वी का पालन करता है, उसके मित्र उसी प्रकार आनंदित होते हैं, जैसे अमृत को पाकर देवता प्रसन्न हुए थे। तुम अपने चित्त को वश में रखकर इस प्रकार के उत्तम आचरणों का पालन करते रहो (वा.रा. 2.3.39-46)।' अंत में राजा दशरथ श्रीराम से कहते हैं—'तुम इस समय से लेकर सारी रात इंद्रिय संयमपूर्वक रहते हुए वधू सीता के साथ उपवास करो और कुश की शैया पर सोओ (वा.रा. 2.4.23)।' यह भी एक उत्तम उदाहरण है कि सत्ता का अहंकार पहले से ही न चढ़ें। सनातन व्यवस्था में यह मत ऋषियों द्वारा निर्देशित है कि राजा कितना भी सफल और लोकप्रिय हो, उसे निरंकुश नहीं होने देना चाहिए।

उपरोक्त सभी बातों का हमारे जीवन में भी महत्त्व है। इसे इस तरह से समझ सकते हैं कि इन्हीं संदेशों के कारण श्रीराम को वनवास पर जाने का निर्णय लेने में तनिक भी

समय नहीं लगा। एक बात यहाँ अति महत्त्वपूर्ण है कि वनवास पर जाते हुए भी श्रीराम ने अपने अस्त्र-शस्त्र नहीं त्यागे थे। जबकि हम सबने संन्यासियों, साधुओं, गृहस्थों, तपस्वी ऋषियों ने त्याग दिया। यही कारण है, जो हमारा अस्तित्व सिमटता जा रहा है। मुझे प्रसन्नता है कि रामवंशी और सौमित्र ने रामकथा के संदेश को समझते हुए ही शस्त्रों के साथ वनगमन का निर्णय लिया।

धनुर्धर श्रीराम और लक्ष्मण अपने हाथों में गोह के चर्म से बने हुए दस्ताने बाँधते थे (वा.रा. 2.23.35)। आवश्यकता पड़ने पर बाणों से भरे दो तरकस भी पीठ पर बाँध लेते थे (वा.रा. 2.87.23)। श्रीराम विश्वमानव इतिहास में अब तक के सर्वश्रेष्ठ योद्धा हैं। आप पूछ सकते हैं-कैसे ? मैं आपकी शंका का समाधान प्रश्नों के माध्यम से करता हूँ। क्या किसी और योद्धा ने सोलह वर्ष की उम्र में वन में जाकर राक्षसों का संहार किया ? क्या किसी और योद्धा ने किसी भी काल में वन में चौदह वर्ष पत्नी के साथ काटे ? क्या किसी और योद्धा ने राक्षस सेना का अकेले संहार किया ? क्या किसी और योद्धा ने वन में एक विशाल सेना को स्थापित किया ? क्या किसी और योद्धा ने महायुद्ध में वानर सेना (अर्थात् अप्रशिक्षित) का नेतृत्व किया ? क्या किसी और योद्धा ने अपने समकालीन सबसे शक्तिशाली सेना को उनके देश में ही जाकर पराजित किया ? क्या किसी और योद्धा ने राक्षसराज का वध वन में रहते हुए किया ? इन सभी प्रश्नों का उत्तर 'नहीं' में ही मिलेगा। श्रीराम अयोध्या की तरह एकमात्र अपराजित योद्धा हैं। वे एकमात्र योद्धा हैं, जिन्होंने न एक बार भी धर्म को छोड़ा, न ही एक भी अधर्मी को छोड़ा।

ऐसे महान् योद्धा के संस्कार देखिए, ऋषि भरद्वाज के कहने पर भी श्रीराम उनके आश्रम में निवास नहीं करते और कहते हैं—'भगवन्! मेरे नगर और जनपद के लोग यहाँ से बहुत निकट पड़ते हैं, अतः यहाँ मुझसे मिलना सुगम समझकर लोग इस आश्रम पर मुझे और सीता को देखने के लिए प्रायः आते-जाते रहेंगे। इस कारण यहाँ निवास करना मुझे ठीक नहीं जान पड़ता (वा.रा. 2.54.24-25)।' यह श्रीराम के चरित्र की संवेदनशीलता और व्यक्तित्व की परिपक्वता है। वे सबके लिए सोचते हैं।

अब ऋषि भरद्वाज के संस्कार देखिए। प्रयाग से चित्रकूट का मार्ग ऋषि भरद्वाज श्रीराम से उसी प्रकार बताते हैं, जिस प्रकार एक पिता अपने पुत्रों को यात्रा करते देख उनके लिए मंगलसूचक आशीर्वाद देता है। मुनि श्रीराम से कहते हैं—'संगम पर पहुँचकर यमुना के उस पार जाना, तत्पश्चात् आगे जाने पर एक बहुत बड़ा बरगद का वृक्ष मिलेगा, उसका नाम श्यामवट है, वहाँ उसकी छाया में बहुत से सिद्ध पुरुष निवास करते हैं। वहाँ सीता उस वृक्ष से आशीर्वाद की याचना करें। श्यामवट से एक कोस दूर नीलवन है, यहीं से आगे चित्रकूट का रास्ता जाता है (वा.रा. 2.55.2-9)।'

□

द्वितीय सर्ग : चित्रकूट आश्रम

अगले दिन प्रातःकाल रामवंशी जनकात्मजा और सौमित्र के साथ चित्रकूट के लिए निकले तो सीता-राम के मार्ग का ही अनुसरण किया, साथ ही रामकथा का स्मरण करते चले। वनवास में चित्रकूट की तरफ जाते हुए जंगल के सौंदर्य का वर्णन करते हुए श्रीराम सीता से कहते हैं—'मानवीय हस्तक्षेप के बिना यह प्राकृतिक जंगल कितना सुंदर लग रहा है, यदि हमें पक्षियों के मधुरगीत सुनने का अवसर मिल सके तो हमारा जीवन धन्य हो जाएगा (वा.रा. 2.56)।' यहाँ प्रकृति प्रेम है और नगरीकरण के दुष्परिणाम का प्रस्तुतीकरण। प्रकृति के सौंदर्य का सुंदर व सरल शब्दों में वर्णन करते हुए तुलसीदास कहते हैं (रा.मा. 2.123.4)—*'सरनि सरोज बिटप बन फूले। गुंजत मंजु मधुप रस भूले। खग मृग बिपुल कोलाहल करहीं। बिरहित बैर मुदित मन चरहीं।'* अर्थात् 'सरोवरों में कमल और वनों में वृक्ष फूल रहे हैं और मकरंद-रस में मस्त हुए भौंरे सुंदर गुंजार कर रहे हैं। बहुत से पक्षी और पशु कोलाहल कर रहे हैं और वैर से रहित होकर प्रसन्न मन से विचर रहे हैं।'

वनवास में अनेक बार श्रीराम और माता सीता के बीच प्रेमपूर्ण और भावनात्मक संवाद होता है। उदाहरणार्थ, श्रीराम माता सीता को चित्रकूट की शोभा दिखाते हैं (वा.रा. 2.94) और मंदाकिनी नदी की शोभा का वर्णन भी करते हैं (वा.रा. 2.95)। श्रीराम के इस भ्रमण में भूगोल के साथ-साथ वनस्पति और जीव शास्त्र का वर्णन पढ़ा-देखा-समझा जा सकता है। चित्रकूट में श्रीराम के कहने पर लक्ष्मण कुटि का निर्माण करते हैं (वा.रा. 2.56.20-21)। इसके बाद श्रीराम गृहप्रवेश के सभी संस्कार विधिपूर्वक करते हैं (वा.रा. 2.56.22-33)। श्रीराम ने चित्रकूट में लक्ष्मण द्वार निर्मित पर्णकुटी का शास्त्रोक्त विधि के अनुसार शुद्धीकरण किया (वा.रा. 2.56.29-33)। यह गृहस्थ संस्कार है, जहाँ हमें निवास करना है, वह स्थान हर तरह से शुद्ध हो। यह हमारे जीवन को आनंदमय व स्वस्थ रहने में सहायक है।

रामवंशी जनकात्मजा और सौमित्र के साथ चित्रकूट के आश्रम पहुँचे तो संध्यावंदन

के पश्चात् रामकथा चल रही थी। आचार्य अभीवर्त प्रवचन कर रहे थे—"महारानी कौसल्या महाराज दशरथ से कहती हैं—'शोक धैर्य का नाश कर देता है, शोक शास्त्र ज्ञान को भी लुप्त कर देता है तथा शोक सबकुछ नष्ट कर देता है। अतः शोक के समान दूसरा कोई शत्रु नहीं (वा.रा. 2.62.15)।'

उत्तर में कर्मफल के संदर्भ में महाराज दशरथ कहते हैं (वा.रा. 2.63.7)—'जो कर्मों को आरंभ करते समय उनके फलों की गुरुता या लघुता को नहीं जानता, उनसे होनेवाले लाभ रूपी गुण अथवा हानि रूपी दोषों को नहीं समझता, वह मनुष्य बालक (मूर्ख) कहा जाता है।' संदर्भ तो आप सभी भक्तगण यहाँ समझ ही गए होंगे। राजा दशरथ पुत्र शोक से पीड़ित हैं और कौसल्या से अपने द्वारा मुनिकुमार के मारे जाने का प्रसंग सुना रहे हैं। मुनिकुमार के वध से दुःखी हुए उनके माता-पिता के विलाप और उनके दिए हुए शाप का प्रसंग सुनाकर आधी रात के समय महाराज दशरथ अपने प्राणों को त्याग देते हैं (वा.रा. 2.64)।

राजा के न होने पर राज्य का क्या हश्र होता है, का विस्तृत वर्णन राजा दशरथ की मृत्यु के बाद मार्कंडेय आदि मुनियों द्वारा होता है (वा.रा. 2.67.9-36)। राजा का चरित्र यम, कुबेर, इंद्र और वरुण से भी बढ़कर है। यमराज केवल दंड देते हैं, कुबेर केवल धन देते हैं, इंद्र केवल पालन करते हैं और वरुण केवल सदाचार में नियंत्रित करते हैं, परंतु एक श्रेष्ठ राजा में ये चारों गुण मौजूद होते हैं (वा.रा. 2.67.35) और होने चाहिए। जिस शासक में ये गुण नहीं होते, उस राष्ट्र का पतन निश्चित है। राजा के गुणों का वर्णन रामकथा में अनेक अन्य प्रसंगों में भी आया है। इसकी जानकारी हर युग के शासक को होनी चाहिए। राजा के महत्त्वपूर्ण गुण-व्यवस्था का वर्णन शूर्पणखा भी रावण से करती है (वा.रा. 3.33.2-9)। इसी क्रम में अंत में कहती है (वा.रा. 3.33.10)—'जो राजा गुप्तचरों के माध्यम से दूर-दूर के सारे कार्यों की देखभाल करते रहते हैं, वे दीर्घदर्शी या दूरदर्शी कहलाते हैं।' प्रश्न उठता है कि हमारे वर्तमान के शासक उपरोक्त मूल्यांकन में योग्य पाए जाते हैं या नहीं। यही हमारे राष्ट्र के गुलाम होने का कारण रहा, यही हमारे वर्तमान की निकृष्टता का एक प्रमुख कारक है।

हम वर्तमान में संस्कारहीन समाज हैं, अतः रामकथा हमारे लिए अधिक आवश्यक है। श्रीराम का जीवन आदर्शों का उत्तम उदाहरण प्रस्तुत करता है। यहाँ समय पड़ने पर लक्ष्मण भी श्रीराम को धर्म का मार्ग बतला सकते हैं। सीताहरण के शोक से पीड़ित हुए श्रीराम जब प्रलयकालिक अग्नि के समान समस्त लोकों का संहार करने को उद्यत हो गए, तब लक्ष्मण हाथ जोड़कर बोलते हैं (वा.रा. 3.65.10)—'राजा को अपराध के अनुसार ही उचित दंड देनेवाला, साथ ही कोमल स्वभाव वाला और शांत होना चाहिए। आप तो सदा ही समस्त प्राणियों को शरण देनेवाले तथा उनकी परम गति हैं।'

चित्रकूट में आगे श्रीराम ऋषि अत्रि के आश्रम जाते हैं (वा.रा. 2.117.5), वहीं सीता अनसूया देवी से मिलती हैं। अनसूया देवी कहती हैं—'मैं बहुत विचार करने पर भी पति से बढ़कर कोई हितकारी बंधु नहीं देखती (वा.रा. 2.117.25)। गृहस्थ में शांति और समृद्धि के लिए इन दोनों के बीच संवाद महत्त्वपूर्ण है। वर्तमान में मानव समाज अनेक समस्याओं का सामना कर रहा है, क्योंकि उसकी इकाई परिवार के भीतर शांति नहीं है, सामंजस्य नहीं है। इसीलिए प्रत्येक गृहस्थ महिला को इसे पढ़ना-सुनना और समझकर आत्मसात् करना चाहिए। इसी संदर्भ में तुलसीदास सत्य वचन कहते हैं—'*धीरज धर्म मित्र अरु नारी। आपद काल परिखिअहिं चारी* (रा.मा. 3.4.4)।'

ऋषि अत्रि के आश्रम से ही श्रीराम ने अगले दिन दुर्गम वन में प्रवेश किया और यहीं से अरण्यकांड प्रारंभ होता है। महर्षि वाल्मीकि कहते हैं—'*प्रविश्य तु महारण्यं दण्डकारण्य मात्मवान्। रामो ददर्श दुर्धर्षस्तापसाश्रममण्डलम्॥*' अर्थात् 'दंडकारण्य नामक महान् वन में प्रवेश करके मन को वश में रखनेवाले दुर्जय वीर श्रीराम ने तपस्वी मुनियों के बहुत से आश्रम देखे (वा.रा. 3.1.1)।'

महर्षि वाल्मीकि श्रीराम का तापसो के आश्रम में सत्कार का अर्थपूर्ण वर्णन करते हैं (वा.रा. 3.1)। यहाँ एक अर्थपूर्ण कथन है, क्षत्रिय धर्म का पालन करनेवाले सभी भक्तगण ध्यानपूर्वक सुनें। धर्मज्ञ मुनि श्रीराम से निवेदन करते हैं (वा.रा. 3.1.18-21)—'रघुनंदन! दंड धारण करनेवाला राजा धर्म का पालक, महायशस्वी, इस जन-समुदाय को शरण देनेवाला माननीय और पूजनीय है। इस भूतल पर इंद्र (आदि लोकपालों) का ही चौथा अंश होने के कारण वह प्रजा की रक्षा करता है, अतः राजा सबसे वंदित होता तथा उत्तम एवं रमणीय भोगों का उपभोग करता है। हम आपके राज्य में निवास करते हैं, अतः आपको हमारी रक्षा करनी चाहिए। आप नगर में रहें या वन में, हम लोगों के राजा (रक्षक) ही हैं। आप समस्त जनसमुदाय के शासक एवं पालक हैं। राजन! हमने जीवमात्र को दंड देना छोड़ दिया है, क्रोध और इंद्रियों को जीत लिया है। अब तपस्या ही हमारा धन है। जैसे माता गर्भस्थ बालक की रक्षा करती है, उसी प्रकार आपको सदा सब तरह से हमारी रक्षा करनी चाहिए।' क्या हमारे शासक और क्षत्रिय वर्ग क्षात्रधर्म का पालन कर रहा है ? नहीं। अतः समाज में असुरों का वर्चस्व बढ़ता जा रहा है और अराजकता फैल रही है। देवासुर संग्राम हर काल में हर भूभाग में सदा होता रहता है, इस काल और भारत में भी हो रहा है। वर्तमान मे देवताओं की हो रही निरंतर पराजय का यह एक प्रमुख कारण है। देवसमूह के चारों वर्ण के नर-नारी अपने-अपने कार्य और कर्तव्य का निर्वहन नहीं कर रहे। अतः असुरों का प्रभाव बढ़ रहा है। असुरों का प्रभाव बढ़ना अर्थात् समाज में असुरक्षा, अशांति और असभ्यता का बढ़ना। श्रीराम यह जानते थे, अतः उन्होंने व्यवस्था का पालन के लिए वन में रहते हुए भी असुरों का संहार किया।

वन में नरभक्षी राक्षस विराध का आक्रमण श्रीराम, लक्ष्मण और सीता पर होता है। राक्षस विराध का वध करके श्रीराम मुनि शरभंग के आश्रम में पहुँचते हैं (वा.रा. 3.4)। मुनि शरभंग श्रीराम से कुछ दूर पर स्थित धर्मात्मा मुनि सुतीक्ष्ण के पास निवास के प्रबंध के उद्देश्य से जाने के लिए कहते हैं (वा.रा. 3.5.35)। अर्थात् उन दिनों वन में आश्रमों के बीच संपर्क था। कह सकते हैं कि मुनियों का वन में पूरा एक नेटवर्क था। वे एक-दूसरे के संपर्क में रहते थे और उन्हें इस तरह से अन्य जानकारी और सुरक्षा भी मिलती थी। यही कारण है कि वन में मुनियों को राम के वनवास की जानकारी थी। तभी श्रीराम जहाँ भी जाते थे, वहाँ के मुनि उनके बारे में वर्णन करते थे (वा.रा. 3.6.8)।

सुतीक्ष्ण मुनि के दर्शन कर श्रीराम ऋषियों के संपूर्ण आश्रम मंडल का दर्शन करने के लिए दंडकारण्य में आगे चले थे (वा.रा. 3.8.6)। मुनि सुतीक्ष्ण के आश्रम से निकलने पर एक महत्त्वपूर्ण प्रसंग है, जब सीताजी श्रीराम से अहिंसा धर्म का पालन करने का अनुरोध करती हैं। वे कहती हैं—'वीर! आपने दंडकारण्य निवासी ऋषियों की रक्षा के लिए युद्ध में राक्षसों का वध करने की प्रतिज्ञा की है। आपको इस घोर कर्म के लिए प्रस्थित हुआ देख मेरा चित्त चिंता से व्याकुल हो उठा है। आपके प्रतिज्ञा पालन रूप व्रत का विचार करके मैं सदा यही सोचती रहती हूँ कि कैसे आपका कल्याण हो! कहाँ शस्त्रधारण और कहाँ वनवास!! ये परस्पर विरुद्ध जान पड़ते हैं। राज्य त्यागकर वन में आ जाने पर यदि आप मुनिवृत्ति से ही रहें तो इससे मेरी सास और श्वसुर को अक्षय प्रसन्नता होगी। अत: आप अयोध्या में चलने पर ही पुनः क्षात्र धर्म का अनुष्ठान कीजिएगा (वा.रा. 3.9.10-29)।'"

इस प्रसंग के आते ही रामवंशी सचेत हुआ था। श्रीराम के उत्तर को, जोकि वह जानता था, पुनःसुनने के लिए प्रेरित हुआ। सामने आचार्य अभीवर्त शांत भाव से प्रवचन कर रहे थे। कहने लगे—"विदेहकुमारी सीता की कही हुई यह बात सुनकर सदा धर्म में स्थित रहनेवाले श्रीराम ने जानकी को इस प्रकार उत्तर दिया—'देवी! क्षत्रिय लोग इसलिए धनुष धारण करते हैं कि किसी को दुःखी होकर हाहाकार न करना पड़े। दंडकारण्य में रहकर कठोर व्रत का पालन करनेवाले मुनि बहुत दुःखी हैं। क्रूरकर्मा राक्षसों के कारण कभी सुख नहीं पाते। राक्षसों का ग्रास बन जाने पर भी मुनिजन उन्हें शाप नहीं देते। इन मुनि-ऋषियों की रक्षा करना मेरे लिए आवश्यक कर्तव्य है। विदेहनंदिनि! ऋषियों के बिना कहे ही उनकी मुझे रक्षा करनी चाहिए थी, फिर जब उन्होंने स्वयं कहा और मैंने प्रतिज्ञा भी कर ली, तब अब उनकी रक्षा से कैसे मुँह मोड़ सकता हूँ। सीते! मैं अपने प्राण छोड़ सकता हूँ, तुम्हारा और लक्ष्मण का भी परित्याग कर सकता हूँ, किंतु अपनी प्रतिज्ञा को कदापि नहीं छोड़ सकता (वा.रा. 3.10.2-19)।'"

रामवंशी को अनेक प्रश्नों के उत्तर मिल गए थे। आश्रमों की सुरक्षा उसका कर्तव्य है। उसने देखा था, अनेक स्थानों पर आश्रमों पर असुरों का अनेक तरह से आक्रमण हो रहा था। धर्म-परिवर्तन करनेवाली विदेशी शक्तियाँ वनवासियों के बीच अधिक सक्रिय हैं। धन और बल से यह अधर्म किया जा रहा है। कहीं लोभ से, कहीं भ्रम से, कहीं षड्यंत्र से गरीब और भोले लोगों को मूर्ख बनाया जा रहा है। उसे इसे रोकना होगा। इस भाव को यहाँ के धर्मनिष्ठ निवासियों को बताना होगा, समझाना होगा कि हम सबको मिलकर शहर हो या जंगल, गाँव हो या आश्रम, क्षात्र धर्म का पालन करते हुए हर आसुरी प्रवृत्ति को रोकना-टोकना-नष्ट करना होगा। कदाचित् इन उद्देश्यों को इन आश्रमों में पुनः-पुनः स्थापित करने के लिए ही गुरुदेव ने मुझे वनगमन करने के लिए कहा है। रामवंशी ने गहरी साँस ली थी। सामने प्रवचन चल रहा था—

"सुतीक्ष्ण मुनि के आश्रम से निकलकर दंडकारण्य में विचरते हुए श्रीराम ने पंचाप्सर सरोवर देखा, जिसका संबंध मांडकर्णि मुनि से है। इसकी कथा श्रीराम को साथ चल रहे धर्मभृत् मुनि ने सुनाई (वा.रा. 3.11.11-20)। तदनंतर वे अनेक ऋषियों-मुनियों के आश्रम पर गए। उनमें से कइयों के यहाँ वे चार महीने, पाँच महीने, छह महीने, सात महीने, आठ और साढ़े आठ महीने तक भी रहे तथा इस तरह उनके दस वर्ष वनवास के बीत गए (वा.रा. 3.11.23-26)। फिर अंत में सुतीक्ष्ण मुनि के आश्रम में लौट आए (वा.रा. 3.11.27)।

प्रश्न उठता है कि श्रीराम दंडकारण्य में क्यों घूमते रहे? किसी एक आश्रम में भी तो रहकर अपना वनवास काट सकते थे। इसका उत्तर तुलसीदासजी दे देते हैं (रा.मा. 3.9)—*'निसिचर हीन करउँ महि भुज उठाइ पन कीन्ह। सकल मुनिन्ह के आश्रमन्हि जाइ जाइ सुख दीन्ह।'* अर्थात् 'श्रीरामजी ने भुजा उठाकर प्रण किया कि मैं पृथ्वी को राक्षसों से रहित कर दूँगा। फिर समस्त मुनियों के आश्रम में जा-जाकर उनको दर्शन एवं संभाषण का सुख दिया।'

यही है श्रीराम होना। वे अपने क्षात्र धर्म के पालन के लिए एक स्थान पर नहीं रहे। उन्होंने घूम-घूमकर अपने कर्तव्य का पालन किया। इतना ही नहीं, और भी अनेक कारण हैं श्रीराम के वनगमन के। तभी तो कहा गया है—*'रामजन्म के हेतु अनेका।'*

आप सभी रामभक्तों को इस बात को लेकर जिज्ञासा होगी कि उन दिनों के आश्रम आज कहाँ हैं। हो सकता है कि आपमें से कुछ भक्तजन वहाँ दर्शन करने की अभिलाषा रखते हों?" कहकर आचार्य अभीवर्त ने दूर बैठे रामवंशी की ओर देखा था, हलके से मुसकराए और आगे कहने लगे, "सुतीक्ष्ण मुनि के कई आश्रम थे। प्रथम आश्रम सतना जिला के सतेहा ग्राम में है, यहाँ जैतवारा रेलवे स्टेशन पर उतरकर जाया जा सकता है। दूसरा पन्ना जिला में सारंगधर गाँव में है, यहीं श्रीराम ने राक्षसों के वध की प्रतिज्ञा ली

थी। तीसरा आश्रम नासिक जिला के सप्तश्रृंग में है। यहाँ दंडकवन में घूमकर 10 वर्ष पश्चात् श्रीराम पुनः आए थे। शरभंग आश्रम सतना जिला में स्थित चितहरा स्टेशन के नजदीक वन में है। अत्रि आश्रम भी सतना जिला में मंदाकिनी नदी के पास है। चित्रकूट से अत्रि आश्रम के लिए मंदाकिनी नदी के किनारे-किनारे मार्ग है। इस मार्ग से अब भी जाया जा सकता है।

सुतीक्ष्ण मुनि से पूछकर श्रीराम अगस्त्य मुनि के आश्रम के लिए जाते हैं, जिसके लिए पहले दक्षिण दिशा में चार योजन दूरी पर अगस्त्य मुनि के भाई का आश्रम है। यह पिप्पली का वन है (वा.रा. 3.11.37-39)। इससे भी एक योजन दक्षिण की दिशा में अगस्त्य मुनि का आश्रम है (वा.रा. 3.11.40-41)। नासिक जिला में अंकई किला की पहाड़ी पर यह आश्रम उस युग में था। नासिक से उत्तर दिशा में 16 कि.मी. की दूरी पर पिंपलनेर में एक अति प्राचीन अगस्त्येश्वर आश्रम है, यहाँ पिपलेश्वर महादेव का मंदिर भी है।

मुनि अगस्त्य ने दक्षिण दिशा को शरण लेने (रहने) के योग्य बनाया है। यह वचन स्वयं श्रीराम कहते हैं। इसके लिए उन्होंने वातापि और इल्वल असुर को मृत्यु लोक भिजवाया था (वा.रा. 3.11.54)। श्रीराम लक्ष्मण से आगे कहते हैं (वा.रा. 3.11.88)—'मैं महामुनि अगस्त्य की आराधना करूँगा और वनवास के शेष दिन यहीं रहकर बिताऊँगा।' मुनि अगस्त्य ने श्रीराम को राक्षसों पर विजय पाने के लिए विश्वकर्माजी का बनाया दिव्य धनुष, ब्रह्माजी का अमोघ उत्तम बाण, इंद्र के दो तरकस और सोने के मूठ की तलवार दी (वा.रा. 3.12.32-34)। श्रीराम के पूछने पर मुनि अगस्त्य ने उन्हें पंचवटी में निवास करने की सलाह दी, जो उनके आश्रम से दो योजन की दूरी पर गोदावरी के तट पर स्थित है। साथ ही मुनि अगस्त्य पंचवटी का सुंदर वर्णन भी करते हैं (वा.रा. 3.13.12-22)। इस घटनाक्रम का सरल शब्दों में अर्थपूर्ण वर्णन तुलसीदास ने भी किया है। कहते हैं (रा.मा. 3.12.1)—'*तब रघुबीर कहा मुनि पाहीं। तुम्ह सन प्रभु दुराव कछु नाहीं। तुम्ह जानहु जेहि कारन आयउँ। ताते तात न कहि समुझायउँ।*' अर्थात् श्रीराम ने मुनि अगस्त्य से कहा—'हे प्रभो! आपसे तो कुछ छिपाव है नहीं। मैं जिस कारण से आया हूँ, वह आप जानते ही हैं। इसी से मैंने आपसे समझाकर कुछ नहीं कहा।' मुनि अगस्त्य कहते हैं (रा.मा. 3.12.9)—'*बास करहु तहँ रघुकुल राया। कीजे सकल मुनिन्ह पर दाया। चले राम मुनि आयसु पाई। तुरतहि पंचबटी निअराई।*' अर्थात् मुनि अगस्त्य कहते हैं—हे रघुकुल के स्वामी! आप सब मुनियों पर दया करके वहीं निवास कीजिए। मुनि की आज्ञा पाकर श्रीराम वहाँ से चल दिए और शीघ्र ही पंचवटी के निकट पहुँच गए।"

संतोष और सामंजस्य हो तो पारिवारिक जीवन कहीं भी सुखमय हो सकता है। सीता और श्रीराम का वनवास का जीवन एक आदर्श उदाहरण है। हम भी तो वनवास

में और अधिक एक-दूसरे को समझने लगे हैं। रामवंशी ने पास ही बैठी, प्रवचन में ध्यानमग्न जनकात्मजा को देखा था। उसके मुख पर आनंद था, जबकि भौतिक सुविधाएँ न के बराबर थीं। ऋषि-मुनि जंगल में जो चावल (जंगली) खाया करते थे, उसे निवार कहा जाता था। शीत निवारण के लिए मृगों की लेंडी और भैंसों के सूखे हुए गोबर का प्रयोग होता (वा.रा. 2.99.7)। यही सब आज भी प्रचलन में था। त्रेतायुग से आश्रम में मुनियों की भार्याएँ भी होती थीं, अर्थात् मुनि संन्यासी नहीं, बल्कि गृहस्थ भी होते थे। सिर्फ तप करते समय नितांत अकेले रहते। गुरु वसिष्ठ के आश्रम में गुरु-पत्नी अरुंधती भी रहती थीं। रामवंशी को अनायास ही दादी माँ का स्मरण हुआ। वह उनको लेकर चिंतित हुआ।

उधर आचार्य अभीवर्त अपने प्रवाह में निरंतर बोल रहे थे—"अग्नि देवता की पत्नी का नाम स्वाहा भी है। श्रीराम कहते भी हैं—'भार्या धर्म, अर्थ और काम तीनों की साधन होती है (वा.रा. 2.21.57)।' हाँ, आश्रम की मर्यादाएँ हैं और संस्कार भी, जिसका पालन सभी करते। ऐसे ही कारणों से श्रीराम न तो भरद्वाज आश्रम में अधिक दिन रुकते हैं और चित्रकूट को भी भरत से मिलने के पश्चात् छोड़ देते हैं। तमसा के तट पर श्रीराम लक्ष्मण से कहते हैं कि राजकुमारों का कर्तव्य है कि वे पुरवासियों को अपने द्वारा होनेवाले दुःख से मुक्त करें, न कि दुःख देकर उन्हें और दुःखी बनाओ (वा.रा. 2.46.23)। यहाँ श्रीराम राजकुमारों के धर्म-संस्कार की व्याख्या कर रहे हैं। मित्र राजा गुह जब भाँति-भाँति के उत्तम अन्न श्रीराम के लिए लाते हैं, तब श्रीराम कहते हैं कि दूसरों की दी हुई कोई भी वस्तु मैं ग्रहण नहीं करता, अपने उपयोग में नहीं लाता। वल्कल और मृगचर्म धारण करके फल-फूल का आहार करता हूँ और धर्म में स्थित रहकर तापस वेश में वन के भीतर ही विचरता हूँ। इन दिनों मुझे इसी नियम में स्थित जानो (वा.रा. 2.50.43-44)। यह श्रीराम के संस्कार थे, जो अपने वनवास को भी व्रत की तरह पूर्ण करने के लिए प्रतिबद्ध हुए। इस कथन में वनवास के साथ-साथ आश्रम के तपस्वी मुनियों के लिए भी संदेश है—वनगमन और तीर्थयात्रा पर निकले भक्तजनों के लिए भी।

लक्ष्मण से शैया पर विश्राम करने के लिए कहने पर गुहराज से लक्ष्मण कहते हैं—'जब श्रीराम सीता के साथ भूमि पर शयन कर रहे हैं, तब मेरे लिए उत्तम शैया पर सोकर नींद लेना, स्वादिष्ट अन्न खाना और दूसरे सुखों को भोगना कैसे संभव हो सकता है (वा.रा. 2.51.8-9)।' ये छोटे भाई के संस्कार थे, जो सबकुछ त्यागने के लिए तत्पर हुए। गृहस्थ तीर्थयात्रा पर हो या वन में, यह संस्कार सदा ही सुख देते हैं और इन संस्कारों से ही परिवार का कल्याण संभव है। लक्ष्मण के कथन निषादराज पुनः कहते हैं भरत से (वा.रा. 2.86.1-10)। यहाँ निषादराज गुह ने मित्र धर्म निभाया। पहले श्रीराम का वनवास जाते समय, फिर भरत के आने पर।

तदनंतर निषादराज भरत को आगे कहते हैं—'श्रीराम मुझको क्षत्रिय धर्म समझाते हुए कहते हैं कि हम क्षत्रियों को किसी से कुछ लेना नहीं चाहिए, अपितु सदा देना ही चाहिए। इस तरह श्रीराम ने मेरी दी हुई सभी वस्तुएँ (भाँति-भाँति के अन्न, अनेक प्रकार के खाद्य पदार्थ और कई तरह के फल) स्वीकार तो कीं, किंतु क्षत्रिय धर्म का स्मरण करते हुए उनको ग्रहण नहीं किया, बल्कि आदरपूर्वक लौटा दिया (वा.रा. 2.87.16-17)।' आगे निषादराज बताते हैं—'श्रीराम और सीता (निषादराज के क्षेत्र में) इंगदी वृक्ष की जड़ के पास कुश-तृण की शैया पर सोए थे (वा.रा. 2.87.22)।'"

क्या ऐसे संस्कार आधुनिक युग में देखने को मिलते हैं? क्या कलियुग में हम क्षात्र धर्म का निर्वहन कर रहे हैं? इस बार रामवंशी के मन में स्वतः प्रश्न उभरे थे। नहीं!! स्पष्ट शब्दों में कहना होगा। संस्कारहीनता के कारण ही परिवार और समाज में असंतोष है। यही कारण है कि दादाश्री संस्कारों पर विशेष ध्यान देते हैं। दूसरी तरफ क्षात्र धर्म के प्रति सजगता की कमी के कारण ही हमारी दुर्गति हो रही है और अनेक स्थानों से हमें पलायन करना पड़ रहा है। श्रीराम ने ताटका का वध क्यों किया था? वनवास में अन्य अनेक राक्षसों का वध किया। संदेश स्पष्ट है, अगर ऐसा नहीं किया जाता तो अधर्म की सत्ता का विस्तार होता और एक दिन वह अयोध्या पहुँच जाती। आज हर नगर, राज्य में अधर्म अनेक रूप में पहुँच गया। दादाश्री का मत इस विषय पर भी स्पष्ट है, अतः मैंने भी हर आश्रम में हर साधु और संत समाज से क्षात्र धर्म का निर्वहन करने का आग्रह किया है।

□

तृतीय सर्ग : पंचवटी

चित्रकूट से अत्रि आश्रम की यात्रा कठिन तो थी, लेकिन रामवंशी के साथ-साथ जनकात्मजा और सौमित्र ने भी वन की प्राकृतिक छटा का आनंद लिया था। इस भूभाग में मानव की आधुनिक जीवन संस्कृति का प्रभाव कम है और पुरातन परंपराएँ जीवंत हैं। मध्य प्रदेश और छत्तीसगढ़ व इन राज्यों से सटे अन्य क्षेत्रों के ग्रामीण अंचलों में, विशेषकर वनवासियों के बीच श्रीराम और रामकथा अति लोकप्रिय है। श्रीराम उनके जीवन का एक अंग हैं। हो भी क्यों न ? यहीं तो इनके बीच श्रीराम ने वन में निवास किया था। यह अद्‌भुत और अलौकिक होगा। त्रेतायुग की कल्पना करते हुए रामवंशी सौमित्र और जनकात्मजा के साथ सतना के अत्रि आश्रम पहुँचे थे। आचार्य अवस्यु अति प्रसन्न हुए थे। उन्होंने आचार्य आग्नेय के स्वास्थ्य और वसिष्ठ आश्रम की जानकारी ली थी। तीन अतिथियों के स्वागत में संध्या-पूजन के पश्चात् रामकथा का विशेष प्रवचन था। आचार्य अवस्यु ने आसन ग्रहण कर बोलना प्रारंभ किया—

"पंचवटी पहुँचकर श्रीराम लक्ष्मण से उस स्थान पर आश्रम बनाने को कहते हैं, जहाँ से जलाशय निकट हो, स्थान समतल हो, सुंदर हो, वृक्षों से घिरा हो, पास ही समिधा, फूल और कुश मिलने की सुविधा हो, जहाँ वन और जल दोनों का रमणीय दृश्य हो (वा.रा. 3.15.2-10)। श्रीराम के ऐसा कहने पर लक्ष्मण ने पंचवटी में आश्रम का निर्माण किया। उसके विस्तृत वर्णन से ही स्पष्ट होता है कि उन्हें इसका ज्ञान था (वा.रा. 3.15.21-23)। लक्ष्मण ने आश्रम निर्माण करके शास्त्र के अनुसार देवताओं को फूलों की उपहार सामग्री अर्पित की तथा वास्तुशांति करके ही उसे श्रीराम को दिखाया (वा.रा. 3.15.25)। यह गृह प्रवेश के संस्कार और वास्तुशास्त्र की विद्या है। त्रेतायुग में भी इनका महत्त्व रहा है। अधिक महत्त्वपूर्ण है वन में भी इन परंपराओं का पालन। श्रीराम आश्रम को देखकर बहुत प्रसन्न हुए और कहा (वा.रा. 3.15.29)—'लक्ष्मण! तुम मेरे मनोभाव को समझ लेनेवाले, कृतज्ञ और धर्मज्ञ हो। तुम जैसे पुत्र के कारण मेरे धर्मात्मा पिता अभी मरे नहीं हैं—तुम्हारे रूप में वे अब भी जीवित ही हैं।'

पंचवटी में शरद ऋतु बीत गई और हेमंत का आरंभ हुआ (वा.रा. 3.16.1)। लक्ष्मण हेमंत ऋतु का सुंदर वर्णन करते हैं, साथ ही यह भी कहते हैं कि यह श्रीराम को अधिक प्रिय है (वा.रा. 3.16.4)। लक्ष्मण कहते हैं—'सूर्यदेव इन दिनों यम सेवित दक्षिण दिशा का दृढ़तापूर्वक सेवन करने लगे हैं, इसलिए उत्तर दिशा सिंदूरविंदु से वंचित हुई नारी की भाँति सुशोभित (प्रकाशित) नहीं हो रही (वा.रा. 3.16.8)।' कितना अर्थपूर्ण वर्णन हुआ है।" यह सुनकर रामवंशी ने ऋतुओं को भी श्रीराम की दृष्टि से देखने का प्रयास कर आनंद लिया। पास बैठी जनकात्मजा की ओर देखा तो वह भी उसकी ओर देखकर अर्थपूर्ण मुसकराई थी।

आचार्य अवस्यु अपने प्रवाह में थे, आगे कहते हैं—"मनुष्य प्रायः माता के गुणों का ही अनुवर्तन करते हैं, पिता का नहीं, इस लौकिक उक्ति को भरत ने अपने बरताव से मिथ्या प्रमाणित कर दिया (वा.रा. 3.16.34)। लक्ष्मण आगे प्रश्न करते हैं (वा.रा. 3.16.35)—'महाराज दशरथ, जिसके पति हैं और भरत जैसा साधु जिसका पुत्र है, वह माता कैकेयी वैसी क्रूरतापूर्ण दृष्टिवाली कैसे हो गई?'

पंचवटी में श्रीराम व लक्ष्मण के बीच इस संवाद का तुलसीदास भी अलौकिक वर्णन करते हैं—कहते हैं (रा.मा 3.13.3)—'*एक बार प्रभु सुख आसीना। लछिमन बचन कहे छलहीना॥ सुर नर मुनि सचराचर साई। मैं पूछऊँ निज प्रभु की नाईं॥*' अर्थात् एक बार प्रभु श्रीराम सुख से बैठे हुए थे। उस समय लक्ष्मणजी ने उनसे छल रहित (सरल) वचन कहे—'हे देवता, मनुष्य, मुनि और चराचर के स्वामी! मैं अपने प्रभु की तरह (अपना स्वामी समझकर) आपसे पूछता हूँ।'

श्रीराम उत्तर देते हैं (रा.मा. 3.14.1)—'*थोरेहि महँ सब कहउँ बुझाई। सुनहु तात मति मन चित लाई॥ मैं अरू मोर तोर तैं माया। जेहिं बस कीन्हे जीव निकाया॥*' अर्थात् 'हे तात! मैं थोड़े में ही सब समझाकर कहे देता हूँ। तुम मन, चित्त और बुद्धि लगाकर सुनो। मैं और मेरा, तू और तेरा, यही माया है, जिसने समस्त जीवों को वश में कर रखा है।'

पंचवटी में श्रीराम की पर्णशाला में बड़े-बड़े ऋषि-मुनि आया करते थे (वा.रा. 3.17.3-4)। जब पंचवटी में शूर्पणखा आती है, तब उसकी दृष्टि से श्रीराम के व्यक्तित्व का मनोहारी वर्णन हुआ है (वा.रा. 3.17.7-11)—'श्रीराम का मुख तेजस्वी, भुजाएँ बड़ी-बड़ी, नेत्र प्रफुल्ल कमलदल के समान विशाल, वे हाथी के समान मंद गति से चलते, मस्तक पर जटामंडल, नीलकमल के समान श्याम कांति से सुशोभित, कामदेव के सदृश सौंदर्यशाली, इंद्र के समान तेजस्वी, उनका मध्य भाग (कटिप्रदेश, उदर) क्षीण, वे देखने में सौम्य, सुकुमार, बलशाली और नित्य तरुण थे।'

तुलसीदास कहते हैं—'*मनु माना कछु तुम्हहि निहारी।*' (रा.मा. 3.16.5) अर्थात् (शूर्पणखा कह रही है) 'तुमको (श्रीराम) देखकर कुछ मन माना (चित्त ठहरा) है।'

श्रीराम की तरह ही माता सीता के सौंदर्य का वर्णन भी शूर्पणखा करती है। महत्त्वपूर्ण यह है कि एक स्त्री के सौंदर्य का वर्णन दूसरी स्त्री कर रही है। कहती है (वा.रा. 3.34.15-22)—'सीता की आँखें विशाल और मुख पूर्ण चंद्र के समान मनोरम हैं। वह देवी सी जान पड़ती है और दूसरी लक्ष्मी के समान शोभा पाती है। उसका सुंदर शरीर तपाए हुए सुवर्ण की कांति धारणा करता है। नख ऊँचे तथा लाल हैं। उसके सभी अंग सुडौल हैं और कटिभाग सुंदर तथा पतला है। देवताओं, गंधर्वों, यक्षों तथा किन्नरों की स्त्रियों में भी कोई उसके समान सुंदर नहीं हैं।' तुलसीदासजी के शब्दों में (रा.मा. 3.21.5)—*'रूप रासि बिधि नारि संवारी। रति सत कोटि तासु बलिहारी।'* अर्थात् शूर्पणखा कह रही है—'विधाता ने उस स्त्री (सीताजी) को ऐसी रूप की राशि बनाया है कि सौ करोड़ रति (कामदेव की स्त्री) उस पर न्योछावर हैं।' वैसे सीता पंचवटी में भी सब आभूषणों से विभूषित रहती थीं (वा.रा. 3.19.17)। वन में सीता वृक्ष की आड़ में अपने को छिपाकर श्रीराम से खेल खेलती थीं और यह उनके हँसी-विनोद का एक उपाय था (वा.रा. 3.61.4)। सीता मृगछौनों के साथ भी खेलती थीं (वा.रा. 3.61.5)। सीता का मूल स्वभाव परिहासप्रिय था, वन में घूमना उन्हें पसंद था (वा.रा. 3.62.6)।

लक्ष्मण ने शूर्पणखा के नाक-कान श्रीराम के आदेश पर काटे थे और श्रीराम ने यह आदेश इसलिए दिया था कि शूर्पणखा सीता पर प्रहार करनेवाली थी। अतः इसे स्त्री पर आक्रमण नहीं, बल्कि अनार्या स्त्री से अपनी पत्नी की रक्षा का कर्तव्य निर्वहन माना जाना चाहिए (वा.रा. 3.18.19-21)। नाक-कान कटने के पश्चात् शूर्पणखा सर्वप्रथम अपने भाई खर के पास जाती है (वा.रा. 3.18.25)।

श्रीराम-सीता के वनवास को भी गृहस्थ के रूप में देखा जाना चाहिए। घर-परिवार की समस्या में पति-पत्नी के व्यवहार को इससे समझा जा सकता है। यहाँ जीवन के संघर्ष की व्याख्या हो सकती है। सच कहें तो इस संघर्ष में भी जीवन का आनंद है।" यह सुनकर रामवंशी मन-ही-मन कहने लगा—'सत्य है। हमने भी जो आनंद इस वनवास में प्राप्त किया, वह शायद शहर-नगर के जीवन में संभव नहीं होता।' आचार्य अवस्यु का प्रवचन जारी था। रामकथा में निहित सामाजिक संदेश की व्याख्या करते हुए कहने लगे—"मित्र धनी हो या दरिद्र, सुखी हो या दुःखी, निर्दोष हो या सदोष, सदा ही मित्र के लिए सबसे बड़ा सहायक होता है (वा.रा. 4.8.8)। वह आवश्यकता पड़ने पर धन, सुख और देश का भी परित्याग कर देता है (वा.रा. 4.8.9)। राजा का वध करनेवाला, ब्रह्म हत्यारा, गोघाती, प्राणियों की हिंसा में तत्पर रहनेवाला, नास्तिक और परिवेत्ता (बड़े भाई के अविवाहित रहते अपना विवाह करनेवाला), ये सब नरकगामी होते हैं। चुगली खानेवाला, लोभी, मित्र-हत्यारा तथा गुरु पत्नीगामी—ये पापात्माओं के लोक में जाते हैं। धर्माचारी पुरुषों के लिए मांस सदा ही अभक्ष्य रहा है (वा.रा. 4.17.36-38)।

केवल वीर रस ही नहीं, बल्कि शृंगार रस भी रामकथा का स्वाभाविक अंग रहा है। शारीरिक सौंदर्य का अर्थपूर्ण संदर्भ अनेक स्थानों पर आया है। यह हमारे समकालीन समाज के परिपक्व होने का प्रमाण भी है। श्रीराम लक्ष्मण से शरद ऋतु का वर्णन करते हुए कहते हैं—'शरद ऋतु की नदियाँ धीरे-धीरे जल के हटने से अपने नग्न तटों को दिखा रही हैं, ठीक उसी तरह जैसे प्रथम समागम के समय लजीली युवतियाँ शनैः-शनैः अपने जघन-स्थल को दिखाने के लिए विवश होती हैं (वा.रा. 4.30-58)।'

रामकथा में शृंगार का सौंदर्य-बोध तो है, लेकिन संस्कार कभी उच्छृंखल नहीं होने देते। उदाहरणार्थ—पराई स्त्री के सामने कैसा व्यवहार किया जाता है, यह जानने के लिए यह प्रसंग पर्याप्त है कि वानरराज की पत्नी तारा पर दृष्टि पड़ते ही राजकुमार लक्ष्मण अपना मुँह नीचा करके उदासीन भाव से खड़े हो गए। स्त्री के समीप होने से उनका क्रोध दूर हो गया (वा.रा. 4.33.39)। लक्ष्मण ने सीता के नूपुरों को पहचान लिया, क्योंकि वे नियमित रूप से सीताजी के चरणों में अपना शीश झुकाते थे, लेकिन बाजूबंद और कर्णफूल को न पहचान सके। यह लक्ष्मण के संस्कार थे। यह सनातन परिवार के संस्कार थे। यह परिवार को समृद्ध करते हैं। श्रीराम जब लक्ष्मण को सीता द्वारा फेंके गए आभूषण, जो सुग्रीव को मिले थे, दिखाए तो लक्ष्मण का यह कहना—'भैया! मैं इन बाजूबंदों को तो नहीं जानता और न इन कुंडलों को ही समझ पाता हूँ कि किसके हैं, परंतु प्रतिदिन भाभी के चरणों में प्रणाम करने के कारण मैं इन दोनों नूपुरों को अवश्य पहचानता हूँ (वा.रा. 4.6.22)।' यह सनातन परिवार में संबंधों के संस्कार थे और मर्यादाओं की परंपरा थी, जो परिवार के कल्याण का आधार होती। इन्हीं कारणों से परिवार संयुक्त होते हुए भी खुशहाल होते।

यह सनातन संस्कार ही हैं कि सीताजी वटवृक्ष को नमस्कार करती हैं (वा.रा. 2.55.24)। वन में श्रीराम, लक्ष्मण और सीता पशु-पक्षियों के साथ एक परिवार की तरह रहते हैं। तुलसीदास कहते हैं (रा.मा. 2.139.3)—'*परनकुटी प्रिय प्रियतम संगा। प्रिय परिवारु कुरंग बिहंगा। सासु ससुर सम मुनितिय मुनिबर। असनु अमिऊ सम कंद मूल फर।*' अर्थात् 'प्रियतम (श्रीराम) के साथ पर्णकुटी प्यारी लगती है। मृग और पक्षी प्यारे कुटुंबियों के समान लगते हैं। मुनियों की स्त्रियाँ सास के समान, श्रेष्ठमुनि ससुर के समान और कंद-मूल-फलों का आहार अमृत समान लगता है।' यहाँ पर हर गृहस्थ के लिए संदेश है। सुखी वैवाहिक जीवन का यह मूल मंत्र है।

सनातन जीवन-दर्शन में तीन ऋण (पितृ, देव, ऋषि) से मुक्त होने का निर्देश है। यह ऋण व्यवस्था मानव को समाज (परिवार), सृष्टि और परमात्मा से जोड़ती है। रामकथा में इन तीनों को विशेष महत्त्व दिया गया है। देवऋण के लिए श्रीराम वन में भी प्रातः स्नान के बाद अग्नि और देवताओं का पूजन करते। पितृ ऋण से मुक्ति के लिए

अनेक उदाहरण हैं श्रीराम के जीवन में। ऋषि की आज्ञा का उन्होंने सदा पालन किया और शास्त्र ज्ञान को अनेक स्थानों पर कहा। तपस्वी शबरी से भी श्रीराम इसी भाव से मिले, जबकि शबरी भील जनजाति की थी। उनके साथ श्रीराम का आचरण रामायण काल की सामाजिक व्यवस्था का उत्तम उदाहरण है, जबकि कालांतर में जाति व्यवस्था ने सनातन समाज को हानि पहुँचाई है। इस संकीर्ण व दूषित मानसिकता से बचना चाहिए। सनातन समाज के मूल में यह कभी नहीं रहा, आज भी नहीं है।"

'सत्य कह रहे हैं आचार्य अवस्यु,' रामवंशी सोचने के लिए विवश हुआ था। पिछले दिनों मैं न जाने कितने आश्रम, मठ, मंदिर, गुरुकुल में गया हूँ। किसी में भी मेरी, पिता की जाति नहीं पूछी गई, न मेरी जाति से मेरी पहचान हुई। बल्कि मेरा क्षात्र धर्म ही मेरी पहचान बना। और फिर अपेक्षा से अधिक स्नेह भी ऋषियों व गुरुओं का मिला। मेरे व्यक्तित्व-निर्माण में मेरे माता-पिता से अधिक गुरुदेव और गुरुमाता का योगदान है। गुरुमाता होंगी वे गुरुकुल की, मेरी तो दादी माँ हैं। और मैंने उन्हें इसी नाम से पुकारा है। उनका लाड़ और दुलार, मेरे बालपन की स्मृति का स्वर्णिम पक्ष है, जिसकी कमी सदा मुझे भावुक करती आई है और मैं विचलित हो जाता हूँ। न जाने कैसी होंगी? मेरा स्मरण कर उदास रहती होंगी और कई दिन खाना नहीं खाती होंगी। माँ उन्हें अवश्य समझाती होंगी। कब मिल पाऊँगा सब से? विशेषकर अपने दादाश्री से। उनके शब्दों ने ही मेरे शरीर का निर्माण किया है और उनके विचार मेरी धमनियों में रक्तकण बनकर प्रवाहित होते हैं। अकेला मैं ही नहीं, मेरे जैसे अनगिनत बालक-बालिका आदर्श मानव बनकर समाज में उदाहरण प्रस्तुत कर रहे हैं। वसिष्ठ आश्रम देश-दुनिया की चर्चा के केंद्र में है। कब देख पाऊँगा अपने आश्रम को? यह प्रश्न भी रामवंशी के मन में उभरा था। पीड़ा होने लगी तो रामवंशी ने पुनः प्रवचन पर ध्यान केंद्रित किया—

"प्रश्न उठता है, ब्राह्मण कौन है? क्षत्रिय, वैश्य और शूद्र कौन है? इसके उत्तर में ब्राह्मण कौन होते हैं, इसका उत्तर आज के प्रवचन के लिए पर्याप्त होगा। जन्म से प्रत्येक मानव पूर्णरूपेण समान होता है। समय अनुसार उसमें स्थित गुणों का प्रादुर्भाव होता है और उन्हीं गुणों के अनुसार कर्म सुनिश्चित होने लगते हैं। सद्गुणों के अधिक होने के कारण जो सात्त्विक गुणों की ओर झुकने लगते हैं, वे ब्राह्मण हैं। ब्राह्मण वह है, जिसके लिए कुल से अधिक गुण और आचरण की महत्ता है। केवल ब्राह्मण माता-पिता से जन्म हुआ ब्राह्मण नहीं होता, न ही केवल उपनयन होकर यज्ञोपवीत और शिखा धारण करनेवाला ब्राह्मण होता है। वेद प्रणीत ज्ञान का प्रचारक, वेदों का अनुयायी और सनातन धर्म का प्रचार करनेवाला ब्राह्मण है। लौकिक से अलौकिक, किसी भी विषय का ज्ञान प्राप्त कर अन्य लोगों में उसे बाँटकर मानव कल्याण का लक्ष्य रखनेवाला ब्राह्मण है। विश्वकल्याण के लिए अपने स्वार्थ का लेशमात्र भी विचार न करनेवाला ब्राह्मण है,

जिनका आदर्श समाज के सामने रखा जा सके, वह ब्राह्मण है। समकालीन समाज की परिस्थिति को समझकर, उसके हितार्थ क्या करना है, इसका निर्णय लेने की क्षमता के साथ-साथ संबंधित समाज में विश्वास प्राप्त करनेवाला ब्राह्मण है। रामकथा में ऐसे कई प्रसंग हैं, जहाँ ब्राह्मणों ने अपने होने को चरितार्थ किया है। वर्तमान युग में वसिष्ठ आश्रम के प्रधान आचार्य आग्नेय शास्त्री इसके श्रेष्ठ उदाहरण हैं।" कहकर आचार्य अवस्यु की दृष्टि रामवंशी पर पड़ी तो वह उनकी ओर देखकर ध्यान से सुन रहा था। तुरंत ही सहज रूप में रामवंशी का सिर 'हाँ' कहने के लिए हिला था। आचार्य विषय की निरंतरता बनाते हुए आगे कहने लगे—

"सनातन संस्कृति अनुभवजनित है, पारंपरिक है, परिवर्तनशील है, आदिकाल से चली आ रही है। ऐसे में इसको लेकर भ्रम का होना भी स्वाभाविक है। अधिकांश लोगों का यह मत है कि वर्णाश्रम सनातन संस्कृति का प्रतीक है, लेकिन यह पूर्ण सत्य नहीं। वैदिक काल में इसको लेकर विवेचना करने पर अनेक नए पक्ष उभरेंगे। कालांतर में यह सनातन समाज का अभिन्न अंग बनता चला गया। वैसे भी जो स्थान समष्टि (सामूहिकता) के जीवन में वर्णभेद का है, वहीं व्यष्टि (व्यक्ति) के जीवन में आश्रम का है। ये दोनों सभ्यता के अंतर्गत आते हैं और संस्कृति के पहलू हैं। संस्कृति आत्मा है और सभ्यता शरीर। संस्कृति आभ्यंतर है और सभ्यता बाह्य तत्त्व। संस्कृति अनुभव से उत्पन्न होती है, जो फिर सभ्यता का निर्माण करती है। श्रीराम का जीवन सनातन संस्कृति का उत्तम उदाहरण है, जिसके पालन से श्रेष्ठ समाज का निर्माण संभव है। इसलिए ऋषियों ने, मुनियों ने, ब्राह्मणों ने वनवास में भी श्रीराम का स्तुतिगान किया। श्रीराम की जीवन-कथा के अनेक पक्ष हैं।

श्रीराम का सीता अपहरण के पश्चात् विरह में विलाप उनके पत्नी प्रेम को प्रस्तुत करता है। यह उनकी संवेदनाशीलता व भावुक होने का भी प्रमाण है। श्रीराम का बार-बार सीता वियोग में भावुक होना उनके चरित्र के मानवीय पक्ष को उजागर करता है। इन भावों के बिना पारिवारिक जीवन व्यर्थ है। एक तरफ उनका हृदय दुःख से भरा है तो दूसरी तरफ क्रोध से भरे मस्तिष्क से उन्होंने सीताजी को दुःख देनेवाले लंकापति रावण से प्रतिशोध लेने और उसके कुल का संहार करने की शपथ ली। यह श्रीराम के पुरुषत्व की विशिष्टता है। दूसरी तरफ, सीताजी की मृग की चाहत मृगतृष्णा का उत्तम उदाहरण है। साथ ही शूर्पणखा की कामवासना, छल व प्रतिशोध उसके कुल के विनाश का कारण है। लंका का आमजन भी विनाश के लिए शूर्पणखा के कामभाव को दोषी मानता है (वा.रा. 6.94)।

वाली द्वारा सुग्रीव की पत्नी रूमा को छीनने व कामवश उपभोग करने के अपराध में ही श्रीराम ने वाली का वध किया (वा.रा. 4.18.19)। यह एक बार पुनः श्रीराम के

स्त्री सम्मान का प्रमाण बनता है। श्रीराम किसी भी तरह से अनैतिक का आश्रय करनेवाले को स्वीकार नहीं करते थे। श्रीराम वाली वध के पश्चात् उसे यह कहकर सनातन जीवन-मूल्यों को स्थापित करते हैं (वा.रा. 4.18.13-14)—'बड़ा भाई, पिता तथा गुरु, ये तीनों धर्म मार्ग पर स्थित रहनेवाले पुरुषों के लिए पिता के तुल्य माननीय हैं। इसी प्रकार छोटा भाई, पुत्र और शिष्य, ये तीन पुत्र के तुल्य समझे जाने चाहिए।'

संस्कारों का सुंदर वर्णन वाली वध और उसके पश्चात् तारा के साथ वार्त्तालाप में है। तारा का यह भी कहना उचित है कि पिता की अनुपस्थिति में चाचा को पुत्र की जिम्मेदारी लेनी चाहिए। वाली की पत्नी तारा हनुमानजी से कहती है (वा.रा. 4.21.15)—'पुत्र के वास्तविक बंधु (सहायक) पिता और चाचा ही हैं, माता नहीं।' तारा इस तरह परिवार को एकजुट बनाए रखने का सूत्र बताती है।

रामकथा परिवार की कथा है। गृहस्थों का आदर्श है। परिवार नगर में रहे या वन में, परिवार मानव का हो, वानर का हो या दानव का, हर समय यह उदाहरण प्रस्तुत करती है। हर परिवार के हर सुख-दुःख में साथ खड़ी होती है। तभी तो परिवार की सुरक्षा के लिए युद्ध करने का भी निर्देश देती है। फिर चाहे शत्रु राक्षसराज रावण ही क्यों न हो।"

□

6

युद्धकांड

प्रथम सर्ग : जनस्थान

युद्ध जीवन का कटु सत्य है। आदिकाल से युद्ध मानव समाज का अभिन्न अंग रहा है। यह सबके अस्तित्व से जुड़ा हैं। सभ्यता और संस्कृति की सुरक्षा के लिए युद्ध आवश्यक है। जिस किसी ने इसे स्वीकार नहीं किया, वह इतिहास में विलीन हो गया। इतिहास में अस्तित्व के संघर्ष की कथा ही अंकित होती है।

अत्रि आश्रम से निकलकर पंचवटी तक पहुँचने में रामवंशी ने समय लिया था। कारण था—आचार्य अवस्यु साथ चल रहे थे। उनके द्वारा वनमार्ग में स्थित आश्रमों और गुरुकुल में प्रवचन करते चलने से रामवंशी को पूरे भूभाग की अच्छी जानकारी प्राप्त हुई थी। इस प्रवास में उसने अनेक सामाजिक संगठनों से चर्चा की और उन्हें सक्रिय किया था। पंचवटी पहुँचे तो आश्रम में आचार्य हविर्धान का रामकथा के युद्धकांड पर प्रवचन चल रहा था—

"हर गृहस्थ के जीवन में युद्धकाल आता है। यह संघर्ष और विपत्ति काल होता है। इनसे निपटने के लिए युद्धकांड का पाठ अनिवार्य है। और फिर रामकथा में अंतिम युद्ध के अतिरिक्त अन्य अनेक युद्ध हुए हैं। श्रीराम सभी युद्धों में विजयी रहे।

बालकांड में ताटका वध किया तो अरण्यकांड में विराध को गड्ढे में दबाकर श्रीराम ने उसका वध किया था (वा.रा. 3.4)। विराध राक्षस 'जव' और 'शतह्रदा' का पुत्र था (वा.रा. 3.3.5)। विराध-वध के पश्चात् श्रीराम शरभंग मुनि के आश्रम पर गए और मुनि से वन में निवास के लिए स्थान के संदर्भ जानकारी देने का अनुरोध किया था। उत्तर में शरभंग मुनि ने उन्हें सुतीक्ष्ण मुनि के आश्रम जाने के लिए कहा था (वा.रा. 3.5.33-35)। तदनंतर अगस्त्य मुनि से मिलते हुए श्रीराम पंचवटी पहुँचे थे। पंचवटी में शूर्पणखा का आगमन आनेवाले युद्ध का कारण बना।

राक्षस खर पहले चौदह राक्षसों को पंचवटी में तीनों (श्रीराम, लक्ष्मण और सीताजी) को मारने भेजता है (वा.रा. 3.19.26)। इन सभी का श्रीराम ने चौदह नाराच (लोहे के बाण) से वध कर दिया (वा.रा. 3.20.18-21)। जबकि इन राक्षसों के हाथ में शूल और

पट्टिश (दोनों तरफ धारवाला एक प्राचीन अस्त्र) था (वा.रा. 3.20.15)। श्रीराम ने यह वध अपने परिवार की सुरक्षा के लिए किया था। प्रत्येक गृहस्थ को इस तरह के आक्रमण होने पर युद्ध के लिए लड़ने के लिए तत्पर रहना चाहिए। जो इसके लिए मानसिक और शारीरिक रूप से तैयार नहीं, उन्हें गृहस्थ आश्रम में रहने का अधिकार नहीं।

चौदह राक्षसों के मार दिए जाने पर युद्ध समाप्त नहीं होता है, बल्कि यह एक और बड़े युद्ध का कारण बनता है, जिसके लिए श्रीराम तैयार थे और तत्पर भी। चौदह हजार राक्षसों की सेना के साथ खर-दूषण जनस्थान से पंचवटी की ओर प्रस्थान करते हैं (वा.रा. 3.22)। प्रत्येक गृहस्थ के लिए यहाँ संदेश है, विशेषकर क्षात्र धर्म का निर्वहन करनेवाले पुरुषों को, किसी भी छोटे-बड़े संघर्ष के बाद और बड़े संघर्ष के लिए तैयार रहना चाहिए। सतर्क और सावधान रहना चाहिए।

युद्ध में जाते समय खर के दोनों ओर बारह महापराक्रमी राक्षस (श्येनगामी, पृथुग्रीव, यज्ञशत्रु, विहंगम, दुर्जय, करवीराक्ष, परुष, कालकार्मुक, हेममाली, महामाली, सर्पास्य तथा रुधिराशन) चल रहे थे। और आगे-आगे (महाकपाल, स्थूलाक्ष, प्रमाथ और त्रिशिरा) ये चार राक्षस वीर चल रहे थे। ये चारों राक्षस वीर सेनापति दूषण के पीछे चल रहे थे (वा.रा. 3.23.31-33)। इस युद्ध से पहले श्रीराम कहते हैं—'लक्ष्मण! युद्ध के लिए उद्यत होने पर, जिनका मुख प्रभाहीन (उदास) हो जाता है। उनकी आयु नष्ट हो जाती है (वा.रा. 3.24.9)।' इसका सांकेतिक भावार्थ यह भी है कि जो युद्ध के लिए तैयार और तत्पर नहीं, उसकी पराजय सुनिश्चित है। आक्रमण में ही सुरक्षा है। यह युद्ध का मनोविज्ञान है। जीवन संघर्ष में भी यही सत्य है। साथ ही श्रीराम लक्ष्मण से यह भी कहते हैं (वा.रा. 3.24.11)—'अपना कल्याण चाहनेवाले विद्वान् पुरुष को उचित है कि आपत्ति की आशंका होने पर पहले से ही उससे बचने का उपाय कर ले।' श्रीराम यहाँ सभी को व्यावहारिक उपदेश देते हैं। इसी का पालन करते हुए खर-दूषण के हमले से ठीक पहले श्रीराम लक्ष्मण से सीता को लेकर सुरक्षित गुफा में जाने को कहते हैं, जिससे सीता की रक्षा का समुचित प्रबंध हो (वा.रा. 3.24.12-16)। यह श्रीराम का अपनी पत्नी के प्रति प्रेम और कर्तव्य-बोध का प्रमाण है।

पुरुष को रक्षात्मक के साथ-साथ आक्रामक भी होना चाहिए, इसलिए श्रीराम स्वयं राक्षसों से युद्ध कर उनका वध करने के लिए वहाँ रुके। श्रीराम के नालीक, नाराच और तीखे अग्रभाग वाले विकर्णी नामक बाणों द्वारा राक्षसों की सेना छिन्न-भिन्न होने लगी (वा.रा. 3.25.25)। श्रीराम ने उन पर गंधर्व नामक अस्त्र का प्रयोग भी किया (वा.रा. 3.25.37)। श्रीराम ने सायकों (विशेष बाणों) से असुरों का प्रहार रोका (वा.रा. 3.26.3)। इसके पश्चात् श्रीराम ने क्षुर नामक बाण से दूषण के विशाल धनुष को काट डाला और अर्धचंद्राकार बाण से सारथि का सिर उड़ा दिया (वा.रा. 3.26.7-8) और

दो बाणों से दूषण की दोनों भुजाएँ काट दीं (वा.रा. 3.26.13)। श्रीराम ने फिर खर के सेनापति त्रिशिरा के मस्तक को काटकर उसका वध किया (वा.रा. 3.27.17)। अंत में, श्रीराम ने ब्रह्मदंड के समान तेजस्वी बाण से खर का वध किया (वा.रा. 3.30.24)। यह पूरा युद्ध डेढ़ मुहूर्त में श्रीराम ने जीत लिया (वा.रा. 3.30.31)। रामभक्तो, युद्ध का वर्णन यहाँ करने का एक कारण यह भी है कि गृहस्थ और भक्त को भी युद्ध लड़ना होता है। युद्ध की मानसिकता के लिए तैयार करना ही मेरा यहाँ उद्देश्य है। पिछले दिनों, आश्रम के दो मुनियों की, जो धर्मकार्य के लिए नगर की ओर जा रहे थे, असुरों की भीड़ ने पत्थरों से मारकर हत्या कर दी थी। दोनों मुनि निहत्थे थे और उनका कोई भी दोष नहीं था। फिर प्रश्न उठता है कि उनकी हत्या क्यों की गई? क्योंकि वे सनातनी साधु थे, संत थे, जो असुरों को स्वीकार्य नहीं। जब व्यवस्था सुरक्षा प्रदान न करे और क्षत्रिय अपना धर्म भूल जाए तो वैदिक शास्त्र यही निर्देश देते हैं कि साधुओं को भी त्रिशूल उठा लेना चाहिए।" इस घटना के वर्णन ने रामवंशी का ध्यान आकर्षित किया था। प्रवचन की समाप्ति पर उसने आचार्य हविर्धान से घटना की पूरी जानकारी ली और फिर आश्रम के युवा साधुओं के साथ मिलकर योजना बनाई। अपराधी को दंड मिलना ही चाहिए, ऐसा आचार्य आग्नेय की शिक्षा थी। इस पर आचार्य अवस्यु और आचार्य हविर्धान की सहमति मिलते ही आश्रम में उत्साह और ऊर्जा का प्रवाह था, अन्यथा एक उदासी और डर ने सबको अधमरा कर रखा था। भीड़ लक्ष्यहीन होती है, लक्ष्य उसका नेतृत्व निश्चित करता है। उन दोनों धर्मज्ञ निष्काम साधुओं की हत्या के लिए भीड़ को उकसाने के पीछे एक संस्था का हाथ था, जिसका उद्देश्य इस क्षेत्र में सनातनियों का धर्म परिवर्तन था। देवासुर संग्राह हर युग का सच है तो दूसरा सच यह भी है कि असुरों की हिंसा का प्रतिकार किए बिना देवताओं की सुरक्षा असंभव है। यह सच रामवंशी तो जानता था, लेकिन आश्रम के साधुओं और मुनियों को यह मानने में थोड़ा समय लगा।

अगले दिन प्रवचन में आचार्य हविर्धान अति प्रसन्न लग रहे थे। उद्देश्यहीन प्रवचन भी निरर्थक ही होता है, जबकि अब उनके पास रामकथा के साथ-साथ श्रीराम के चरित्र को चरितार्थ करने की प्रेरणा भी थी। कहने लगे—"त्रेतायुग के युद्ध में योद्धा को जोश दिलाने के लिए आत्मविश्वास से भरे हुए जोशीली बातें कही जाती थीं। शत्रु को शब्दों से डराया जाता था। यह मनोवैज्ञानिक प्रयोग रामकथा में अनेक स्थानों पर देखा जा सकता है। उदाहरणार्थ—श्रीराम और खर-दूषण युद्ध के पूर्व महर्षि वाल्मीकि इसका विस्तृत वर्णन करते हैं (वा.रा. 3.29-30)। यह प्रयोग दोनों पक्ष की तरफ से होता आया है। आज आधुनिक युग में भी जोश दिलवाया जाता है।

जनस्थान के इस युद्ध में राक्षस यह नहीं देख पाते थे कि श्रीराम कब भयंकर बाण हाथ में लेते और कब उन उत्तम बाणों को छोड़ देते हैं। वे केवल उनको धनुष खींचते

देखते थे (वा.रा. 3.25.39), अर्थात् इतनी तीव्रता, विद्युत् गति से श्रीराम बाण चलाते थे। खर-दूषण के वध की सूचना रावण को देने जनस्थान से राक्षस अकंपन गया था (वा.रा. 3.31.1-2)। यहाँ अकंपन द्वारा श्रीराम के व्यक्तित्व का विस्तृत वर्णन किया गया, जिसमें उसने श्रीराम को श्याम वर्ण (साँवला) कहा है। उनके शरीर का गठन सिंह के समान है, कंधे मोटे और भुजाएँ गोल तथा लंबी हैं, वे बड़े यशस्वी और तेजस्वी दिखाई देते हैं। उनके बल तथा पराक्रम की कहीं तुलना नहीं है (वा.रा. 3.31.11)। सीता को हरण करने की बात अकंपन द्वारा ही रावण (दशग्रीव) को कही जाती है, क्योंकि उसके मतानुसार रावण श्रीराम का वध नहीं कर सकता (वा.रा. 3.31.27-31)। इसी संदर्भ में रावण मारीच से मिलता है। मारीच ताटका का पुत्र था। वह अत्यंत अर्थपूर्ण प्रश्न रावण से करता है—'मित्र के रूप में तुम्हारा वह कौन सा शत्रु है, जिसने तुम्हें सीता को हर लेने की सलाह दी।' यहाँ मारीच ही समझदार है, जो अपने रावण का हित चाहता है और उससे सत्य, फिर चाहे जो अप्रिय और कटु हो कह रहा है। क्योंकि वह आगे स्पष्ट करता है—'जो इस कार्य में तुम्हें प्रोत्साहन दे रहा है, वह तुम्हारा शत्रु है, इसमें संशय नहीं (वा.रा. 3.31.42-44)।' मारीच श्रीराम के श्रेष्ठ योद्धा होने का वर्णन भी करता है (वा.रा. 3.31.46-49)। इस उचित सलाह को सुनकर राक्षसराज रावण लंका वापस लौट गया था।

जनस्थान में खर-दूषण के वध के पश्चात् ऋषियों और मुनियों ने अपने आश्रम में लौटकर पर्णशालाओं का निर्माण किया और उसमें निवास करने लगे (रघु. 13.22)। शांति और सभ्यता असुरों को कैसे स्वीकार हो सकती है। असभ्यता और अराजकता ही राक्षसों की व्यवस्था है। शूर्पणखा पुनः रावण के पास पहुँचकर उसे भड़काने लगी (वा.रा. 3.32-34)। अतः शूर्पणखा ही रावण के विनाश का प्रमुख कारण बनी। तुलसीदास कहते हैं (रा.मा. 3.20.3)—*'धुआँ देखि खरदूषन केरा। जाइ सुपनखाँ रावन प्रेरा। बोली बचन क्रोध करि भारी। देस कोस कै सुरति बिसारी।'* अर्थात् 'खर-दूषण का विध्वंस देखकर शूर्पणखा ने जाकर रावण को भड़काया। वह बड़ा क्रोध करके वचन बोली—तूने देश और खजाने की सुधि ही भुला दी।' और अंत में राक्षसराज रावण पुनः सीताहरण के लिए श्रीलंका से निकला।

रावण जब सीताहरण के लिए लंका से निकलकर समुद्र तट पर पहुँचता है तो वहाँ नारियल के कुंज और कदली वन शोभा पा रहे थे (वा.रा. 3.35.13)। यह लंका व दक्षिण भारत के तट प्रांत का क्षेत्र है। रावण की इस यात्रा में प्रकृति का सुंदर वर्णन तो हुआ ही है, साथ ही उस क्षेत्र के पेड़-पौधों फल-फूल के साथ ही समकालीन समाज के लोगों का भी विस्तृत वर्णन होता है (वा.रा. 3.35.14-37)। रावण पुनः मारीच के आश्रम पर पहुँचता है। वहाँ वह मारीच से झूठ कहता है कि श्रीराम शीलरहित, क्रूर, तीखे स्वभाववाला,

मूर्ख, लोभी, अजितेंद्रिय, धर्मत्यागी, अधर्मात्मा और समस्त प्राणियों के अहित में तत्पर रहनेवाला है। उसने बिना किसी वैर-विरोध के शूर्पणखा का रूप बिगाड़ दिया। उससे बदला लेने के लिए ही उसकी पत्नी सीता को बलपूर्वक हर लाना है, जिसमें मारीच की सहायता चाहिए (वा.रा. 3.36.11-13)। उत्तर में मारीच रावण से नीतियुक्त बातें कहता है (वा.रा. 3.37.2)—'सदा प्रियवचन बोलनेवाले पुरुष तो सर्वत्र सुलभ होते हैं, परंतु जो अप्रिय होने पर भी हितकर हो, ऐसी बात के कहने और सुननेवाले दोनों ही दुर्लभ हैं।' मारीच के मतानुसार रावण गुप्तचर नहीं रखता था, इसलिए श्रीराम को नहीं जानता, जो राष्ट्र के लिए हानिकारक था (वा.रा. 3.37.3)। आगे वह कहता है—'जो राजा तुम्हारे समान दुराचारी, स्वेच्छाचारी, पापपूर्ण विचार करनेवाला, छोटी बुद्धिवाला होता है, वह अपना अपने स्वजनों का तथा समूचे राष्ट्र का विनाश कर डालता है (वा.रा. 3.37.7)।'

मारीच रावण को ताटका वध के समय की कथा सुनाता है, जब विश्वामित्र के यज्ञस्थल पर श्रीराम ने मारीच को एक बाण मारकर दूर फेंकवा दिया था। उस समय श्रीराम उसे मारना नहीं चाहते थे। यह वह स्वयं स्वीकार करता है (वा.रा. 3.38)। अर्थात् एक तरह से संदेश है कि श्रीराम अगर मारीच को मार देते तो सीताहरण नहीं होता। प्रभु की लीला प्रभु ही जानें। यह वही मारीच है, जो आगे चलकर मृग बनकर श्रीराम को भ्रमित करता है। तभी मृगमरीचिका लोकोक्ति बनी और सदियों से यह आम जनजीवन में प्रचलित होकर संदेश देती आ रही है। मृग बनने पर भी मारीच को लक्ष्मण पहचान चुके थे (वा.रा. 3.43.5)। फिर भी श्रीराम का उसके पीछे जाना दैवीय व्यवस्था है और फिर वे कहते भी हैं कि अगर यह मारीच है, तब भी इसका वध करना ही चाहिए (वा.रा. 3.43.38-40)। इस संदर्भ में श्रीराम वातापि राक्षस का उदाहरण देते हैं। राक्षस वातापि कपटपूर्ण उपाय से ऋषियों के पेट में पहुँचकर फिर जैसे खच्चरी के अपने ही गर्भ का बच्चा नष्ट कर देता है, उसी प्रकार उनको नष्ट कर देता, लेकिन अगस्त्य ऋषि ने उसको पचाकर नष्ट कर दिया था (वा.रा. 3.43.41-44)। आगे श्रीराम लक्ष्मण से कहते हैं (वा.रा. 3.43.45-46)—'जैसे वातापि राक्षस ऋषि अगस्त्य द्वारा नष्ट हुआ, उसी तरह मारीच भी मेरे द्वारा मारा जाएगा।' यह अधर्म का नाश और धर्म की स्थापना के लिए किए जानेवाला शक्ति कर्म है। इसे अहिंसा द्वारा नहीं पाया जा सकता।

सीताहरण के ठीक पहले एक महत्त्वपूर्ण संवाद है। पंचवटी में लक्ष्मण द्वारा स्त्री के व्यक्तित्व पर कहे गए कथन अर्थपूर्ण हैं, जब वे सीताजी के लगाए गए आरोपों का उत्तर देते हैं (वा.रा. 3.45.28-30)—'देवि! मैं आपकी बात का जवाब नहीं दे सकता, क्योंकि आप मेरे लिए आराधनीय देवी के समान हैं। ऐसी अनुचित और प्रतिकूल बातें मुँह से निकालना स्त्रियों के लिए आश्चर्य की बात नहीं, क्योंकि नारियों का ऐसा स्वभाव संसार में बहुधा देखा जाता है। स्त्रियाँ प्राय: विनय आदि धर्मों से रहित, चंचल, कठोर

तथा घर में फूट डालने वाली होती हैं। आपकी यह बात मेरे दोनों कानों में तपाए लोहे के समान लगी है। मैं ऐसी बात सह नहीं सकता।' नारी को, विशेषकर गृहस्थ जीवन में इन कटु वचनों, अकारण क्रोध और दोषारोपण से बचना चाहिए। ये मात्र शब्द नहीं, बल्कि संपूर्ण परिवार के विनाश के कारण बन सकते हैं। रामकथा माता सीता के माध्यम से जो संदेश दे रही है, उसे सभी ग्रहण करेंगे, ऐसी अपेक्षा रामभक्तों से है।

रावण वन में परिव्राजक (भ्रमण करके भिक्षा माँगकर जीवन-निर्वाह करनेवाला संन्यासी) का रूप धारण करके सीता हरण के लिए आया था (वा.रा. 3.46.4)। अर्थात् उस युग में संन्यासी का समाज में इतना आदर-सम्मान और विश्वास था कि राक्षस भी इसका रूप धारण करने की सोच सका।

सीता के सौंदर्य का वर्णन राक्षस रावण के माध्यम से भी हुआ है। लेकिन यह वर्णन मात्र देह का है, जो रावण की दृष्टिदोष को बतलाता है (वा.रा. 3.46.11-22)। यही भाव शूर्पणखा के सीताजी के लिए थे, जब वह रावण को सीताजी का परिचत देते हुए कहती है—*'रूप रासि बिधि नारि सँवारी। रति सत कोटि तासु बलिहारी।'* (रा.मा. 3.21.5) अर्थात् 'विधाता ने उस स्त्री को ऐसी रूप की राशि बनाया है कि सौ करोड़ रति (कामदेव की स्त्री) उस पर न्योछावर हैं।' रावण ने सीताजी की प्रशंसा की, जिसे सामान्यत: स्त्री समझ नहीं पाती हैं (वा.रा. 3.46.32-33)। लेकिन सीताजी ने रावण का अतिथि-सत्कार नहीं किया था, बल्कि ब्राह्मण वेश में पधारे एक महात्मा का किया था। रावण अपनी कुटिलता में यहाँ सफल हुआ और इस तरह से धोखे में उसने माता सीता का अपहरण किया (वा.रा. 3.49)।"

□

द्वितीय सर्ग : अशोक वाटिका

"सौमित्र!"

"जी, छोटी माँ!"

"तुम्हारे भ्राताश्री कैसे हैं?" इस प्रश्न पर सौमित्र की तरफ पूर्ण शांति थी, कोई उत्तर न मिलने पर छोटी ठकुराइन ने आगे कहा—

"अपने भ्राताश्री का विशेष ध्यान रखना। ...लो, अपनी बड़ी माँ से बात कर लो।" फोन दिए जाने की आवाज आई थी।

"जी। जी... बड़ी माँ, सादर चरण स्पर्श।"

"कल्याण हो! सौमित्र बेटे, साहस से काम लो, यह पुरुषार्थ का समय है। ...तुम्हारे भ्राताश्री पास ही होंगे, मेरी बात कराओ।"

"जी, लीजिए बड़ी माँ...भ्राताश्री! बड़ी माँ का फोन है, आपसे बात करना चाहती हैं।"

"बेटे रामवंशी।" शब्दों में कठोरता के साथ कंपन था, जबकि वनगमन पर जाने के पश्चात् यह पहला दूरभाष संवाद था। और पंचवटी आश्रम का नंबर भी बड़ी मुश्किल से मिल पाया था।

"जी बड़ी माँ।" रामवंशी की आवाज में टूटती हुई उदासी थी।

"वत्स! यह शोक नहीं, प्रतिशोध का समय है। यही क्षत्रिय धर्म है और तुम युद्ध में हो। पता नहीं तुम जानते हो या नहीं कि पहले तुम्हारे पिताश्री, फिर पिछले दिनों तुम्हारी दादी माँ अनंत यात्रा पर चली गईं। मैंने दुःखों को पी लिया, लेकिन तुम्हें संपर्क करने का प्रयास नहीं किया। इन दुःखों से निकल पाती कि जनकात्मजा के साथ हुए षड्यंत्र की जानकारी जनसंचार के माध्यम से मिली। मुझे गर्व है कि जनकात्मजा ने एक क्षत्राणी का धर्म निभाया और जिन दो राक्षसों ने उसे बलपूर्वक छेड़ने की चेष्टा की, उन दोनों को मारकर मरी। लेकिन जिसने इस षड्यंत्र को रचा, वह सूत्रधार है, वह जीवित है। उसकी शत्रुता तुमसे है। क्योंकि तुम सनातन मूल्यों को स्थापित करने के लिए धर्म के मार्ग पर

हो, लेकिन तुम्हें कष्ट देने के लिए उसने जनकात्मजा की हत्या करवाई, यह स्वीकार्य नहीं। यह घोर पाप है। यह अधर्म है। अपराधी को इसका दंड मिलना ही चाहिए। अतः यह कलियुगी रावण जहाँ कहीं भी हो, सीमा पार ही क्यों न हो या फिर पाताल लोक में ही क्यों न छिपा हो, जब तक उसे ढूँढ़कर तुम उसका वध नहीं कर देते, उसके संपूर्ण तंत्र को जड़ से उखाड़कर फेंक नहीं देते, तब तक मैं चैन से सो नहीं पाऊँगी। यही अवसर है तुम्हारे पास अपने मातृऋण से मुक्त होने का। और हाँ, मेरी चिंता करने की आवश्यकता नहीं। भरतेंद्र महाजन ने आश्रम की व्यवस्था को ठीक उसी तरह सँभाला है, जिस तरह श्रीराम के वनवास के समय भरत ने अयोध्या को सँभाला था। अंततोगत्वा वह भी गुरुदेव के आश्रम और गुरुकुल का छात्र है तो ऐसा होना स्वाभाविक है। वैसे तुम्हारे दादाश्री ने तुम्हें जय श्रीराम कहा है···जय श्रीराम।" कहकर फोन काट दिया गया था। इधर फोन काटकर अपराजिता की आँखों की अग्नि ने अश्रुओं को जलाकर ईंधन बना दिया था। उधर रामवंशी की आँखों की अग्नि मुख पर तेजी से फैली थी। सौमित्र ने देखा और उस अग्नि के प्रताप से स्वयं भी दहक उठा।

पंचवटी के आश्रम में आचार्य हविर्धान का रामकथा पर सायंकालीन नियमित प्रवचन चल रहा था।

"···पंचवटी में सीता के न मिलने पर श्रीराम की व्यथा और अवस्था एक आम नर की थी, लेकिन उनका आगे का कार्य उन्हें नरश्रेष्ठ बनाता है (वा.रा. 3.60-63)। तुलसीदास कहते हैं (रा.मा. 3.29.3)—'*अनुज समेत गए प्रभु तहवाँ। गोदावरि तट आश्रम जहवाँ। आश्रम देखि जानकी हीना। भए बिकल जस प्राकृत दीना।*' अर्थात् 'लक्ष्मण सहित प्रभु श्रीराम वहाँ गए, जहाँ गोदावरी के तट पर उनका आश्रम था। आश्रम को जानकीजी से रहित देखकर श्रीराम साधारण मनुष्य की भाँति व्याकुल और दीन हो गए।'

श्रीराम सीता के बारे में जानने के लिए सूर्य देव, वायु देव, पर्वत, नदी और पृथ्वी से भी पूछते हैं (वा.रा. 3.63-64)। तुलसीदास कहते हैं (रा.मा. 3.29.5)— '*हे खग मृग हे मधुकर श्रेनी। तुम्ह देखी सीता मृगनैनी।*' अर्थात् 'हे पक्षियो! हे पशुओ! हे भौंरों की पक्तियो! तुमने कहीं मृगनयनी सीता को देखा है।' यह प्रकृति से संपर्क स्थापित करने का श्रेष्ठ उदाहरण है। इसे आत्मा-परमात्मा संवाद के रूप में भी देखा जा सकता है। यह इस तथ्य को भी प्रदर्शित करता है कि प्रकृति भी हमारी घटनाओं की मूकदर्शक होती है और यह इस बात को भी बतलाता है कि मानव अकेले में मुश्किल घड़ी में इन सबसे बात करता है, अर्थात् अपने आप से वार्त्ता करता है। सीता के हर लिये जाने का संकेत श्रीराम को सर्वप्रथम मृगों ने दिया था (वा.रा. 3.64.16-17)।

सीताजी के बिखरे हुए फूल, आभूषणों के कण और युद्ध के चिह्न देखकर श्रीराम देवता सहित समस्त त्रिलोकी पर रोष प्रकट करने लगे। क्रोध में भरकर संहार के लिए

उद्यत हुए श्रीराम पूर्वकाल में त्रिपुर का संहार करनेवाले रुद्र के समान प्रतीत होते (वा.रा. 3.64.73) हैं। यह प्रभु श्रीराम की लीला है। यह विरह से विद्रोही बने पुरुष द्वारा शत्रु का विनाश करने के लिए उद्यत हो जाने का स्वाभाविक क्रम भी है। तुलसीदास कहते हैं (रा.मा. 3.29.8)—*'एहि बिधि खोजत बिलपत स्वामी। मनहु महा बिरही अति कामी।'* अर्थात् 'श्रीराम सीताजी को खोजते हुए इस प्रकार विलाप करते हैं, मानो कोई महा विरही और अत्यंत कामी पुरुष हो।' लेकिन लक्ष्मण नीति शास्त्र की बात करते हुए श्रीराम को समझाते हैं (वा.रा. 3.65-66)। अवस्था में बड़े होने पर भी श्रीराम ने लक्ष्मण के कहे हुए अत्यंत सारगर्भित उत्तम वचनों को सुनकर उन्हें स्वीकार किया (वा.रा. 3.67.1)। यहाँ प्रभु श्रीराम पुनः हम सबको एक महत्त्वपूर्ण संदेश देते हैं। धैर्य और धीर रखते हुए सीताजी की खोज करने पर ही उन्हें पक्षीराज जटायु से भेंट होती है और माता सीता के हरण की जानकारी मिलती है।

जनस्थान में जटायु के विधिवत् दाह-संस्कार के पश्चात् श्रीराम-लक्ष्णम पहले पश्चिम दिशा (नैर्ऋत्य कोण) फिर दक्षिण-पश्चिम दिशा की ओर गए फिर दक्षिण दिशा में बढ़कर जनस्थान से तीन कोस दूर क्रौंचारण्य वन में प्रवेश किया। फिर तीन कोस पूर्व जाकर क्रौंचारण्य को पार कर मतंग मुनि के आश्रम के पास पहुँचे। वहाँ उन्हें अयोमुखी राक्षसी मिली, जिसके कान, नाक और स्तन लक्ष्मण ने अपने तलवार से काट दिए। आगे उन्हें कबंध (धड़ मात्र) राक्षस मिला, जिसकी दोनों भुजाएँ तलवार से दोनों राजकुमारों ने काट दीं (वा.रा. 3.69-70)। यह वन का संघर्ष है। यह वन की विपत्तियों की कथा है। आधुनिक युग में महानगरों रूपी वन की कथा भी है। लेकिन इन राक्षसों में से कौन उपयोगी हो जाए, कह नहीं सकते। यही प्रभु की माया है। कबंध इसका एक उदाहरण है। जो मनुष्य दुर्दशा से ग्रस्त होता है, वह दूसरे किसी दुर्दशाग्रस्त पुरुष से ही सेवा या सहायता प्राप्त करता है। यह एक नीति है। इसी का संदर्भ देते हुए कबंध राक्षस सुग्रीव का नाम श्रीराम को कहता है, जो सीता को खोजने में मदद कर सकते हैं, क्योंकि वे स्वयं दुर्दशा में हैं (वा.रा. 3.72.7-11)।

समाज भी जंगल का प्रतिरूप ही है। यहाँ जटायु भी है और अयोमुखी व कबंध भी। कौन-कब किस रूप में कहाँ कैसे मिल जाए, कहा नहीं जा सकता। व्यक्ति का कर्तव्य है कि वह निरंतर प्रयास करता रहे। सफलता अवश्य मिलेगी। मार्ग भी मिलेगा और लक्ष्य तक पहुँचने का मार्गदर्शन भी।" रामवंशी को प्रयत्न करने पर इतनी जानकारी तो मिल ही चुकी थी कि ट्रेन दुर्घटना के अपराधी कौन हैं! इन्हीं के संरक्षण में पूर्वी देश के घुसपैठिए समूह बनाकर असामाजिक कार्य करते हैं और पूरे देश में जगह-जगह बस चुके हैं। इन्हीं के समूह ने जनकात्मजा की हत्या से पूर्व बलात्कार करने का प्रयास किया था। यह सब करने के लिए उन्हें निर्देश कश्मीर के आगे सीमा पार एक केंद्र से मिल रहे थे, अर्थात्

रामवंशी आतंकवादी समूह के निशाने पर है। यह जानकर वह क्रोधित नहीं हुआ था, बल्कि और अधिक दृढ़ता से संकल्पबद्ध हुआ था। वैसे भी युद्ध आवेश में नहीं, समझ से लड़ा जाता है और अगर शत्रु शक्तिशाली है तो रणनीति बनाकर योजनाबद्ध ढंग से लड़ा जाना चाहिए। रामवंशी जनस्थान से कश्मीर के लिए वनमार्ग से निकला तो शांत, लेकिन अपने लक्ष्य को लेकर प्रतिबद्ध था।

'मैं श्रीराम का भक्त हूँ, श्रीराम को समर्पित हूँ और श्रीराम के पथ पर चल रहा हूँ तो प्रभु श्रीराम का आशीर्वाद अवश्य प्राप्त होगा और मार्गदर्शन भी।' ऐसे ही कुछ विचार रामवंशी के मन में उठ रहे थे, जब वह श्रीनगर से आगे द्रास और कारगिल में महाबल से मिलने के लिए निकला था। रास्ते में सोनमर्ग से आगे जोजिला दर्रा पार करने लगा तो प्रकृति अपने अलौकिक रूप में हर ओर उपस्थित थी। योजना तो जनकात्मजा के साथ पोस्टिंग पर इसी क्षेत्र में आने की थी। लेकिन अब वह जनकात्मजा के लिए अन्य योजना पर यहाँ आया है, क्योंकि विधाता कुछ और ही योजना पर कार्य करता हुआ दिखाई दे रहा है। हम जो हमारे लिए चाहते हैं, वह सीमित और प्रत्याशित होता है। ईश्वर हमारे लिए जो चाहता है, वह असीमित और अप्रत्याशित होता है। जैसा प्रभु श्रीराम चाहेंगे, वही होगा। वह पुनः रामकथा के आगे उस घटनाक्रम पर पहुँचा था, जहाँ श्रीराम को हनुमानजी से अनायास मिलना है। ...आगे की कथा वह दादाश्री से अनेक बार सुन चुका है, जो उसे अक्षरशः स्मरण है...

"वानर वीर हनुमान पंपा के तट पर श्रीराम से पहली बार मिलने जाने पर भिक्षु (सामान्य तपस्वी) का रूप धारण करते हैं (वा.रा. 4.3.2)। पंपा सरोवर के तट का वर्णन करते हुए महर्षि वाल्मीकि ने वन के अनेक वृक्षों का वर्णन किया। यह प्रकृति प्रेम है। यह प्रकृति का सौंदर्य शास्त्र है। प्रकृति से ही दुःख-सुख है। यह प्रकृति का मानवीयकरण है। वन के जीव के माध्यम से श्रीराम की विरह वेदना का प्रस्तुतीकरण है। यह महर्षि वाल्मीकि की विद्धत्ता का परिचय देता है और हमें पर्यावरण के लिए सजग भी बनाता है (वा.रा. 4.1)।

तुलसीदास पंपा सरोवर का सुंदर वर्णन करते हुए कहते हैं (रा.मा. 3.39.3)—*'ताल समीप मुनिन्ह गृह छाए। चहु दिसि कानन बिटप सुहाए। चंपक बकुल कदंब तमाला। पाटल पनस परास रसाला।'* अर्थात् 'इस पंपा सरोवर के समीप मुनियों ने आश्रम बना रखे हैं, उनके चारों ओर वन के सुंदर वृक्ष हैं। चंपा, मौलसिरी, कदंब, तमाल, पाटल, कटहल, ढाक और आम आदि।' वर्तमान में पंपा सरोवर, ऋष्यमूक पर्वत, किष्किंधा प्रस्रवण पर्वत आदि तुंगभद्रा नदी के किनारे हंपी नगर क्षेत्र में स्थित है।"

रामवंशी को द्रास-कारगिल से लेकर आगे लेह-लद्दाख तक का प्राकृतिक सौंदर्य प्रभावित करता। कोई भी यहाँ का दिव्य रूप देखकर आनंदित होगा। यह वृक्षविहीन

क्षेत्र अपने विराट् स्वरूप में है, जीवन के लिए विरल और विकट। दुर्लभ है, इसलिए अनमोल है। इसका वर्णन शब्दों में करना कठिन कार्य है। लेकिन रामायण में यह वर्णित है। दादाश्री कहते थे··· "प्रकृति का सुंदर वर्णन हनुमानजी द्वारा भी अनेक स्थानों पर हुआ है। सुंदरकांड में अशोक वाटिका की शोभा का वर्णन हुआ है। यहाँ वे अनेक विशिष्ट वृक्षों का वर्णन करते हैं—साल, निंब, बहुवार, चंदन, मौलसिरी, उद्दालक (लसोरा), नागवृक्ष (नाग केसर), चूता (आम), कर्निकर (अमलतास), किंशुक (पलाश), पुन्नाग (श्वेत कमल), सप्तपर्ण (छितवन), चंपक (चंपा), शिंशपा (अशोक) आदि (वा.रा. 5.14, 5.15)। इनके माध्यम से प्रकृति के सौंदर्य का चित्रण हुआ है। यह प्रकृति प्रेम है। सनातन संस्कृति में प्रकृति का विशेष स्थान है। अग्नि को साक्षी मानकर ही श्रीराम और सुग्रीव मित्र बनते हैं। दोनों ने प्रज्वलित अग्नि की प्रदक्षिणा भी की थी (वा.रा. 4.5.14-15)। यह सनातन की शाश्वत परंपरा रही है। अग्निदेव, जो ऊर्जा और सूर्य स्वरूप हैं, उनका साथ होना अर्थात् स्थायी मित्रता। इन विचारों के पीछे के जीवन-दर्शन और संस्कारों को सरलता से समझा जा सकता है—

श्रीराम का सुग्रीव के सामने सीता वियोग में शोक से पीड़ित होना उनके मानवीय पक्ष को प्रदर्शित कर रहा था, जबकि सुग्रीव को उनको समझाना सुग्रीव के व्यक्तित्व को उभार रहा था। सुग्रीव सारगर्भित बातें कहते हैं—'शोक में, आर्थिक संकट में अथवा प्राणांतकारी भय उपस्थित होने पर जो अपनी बुद्धि से दु:ख निवारण के उपाय का विचार करते हुए धैर्य धारण करते हैं। वे कष्ट नहीं भोगते (वा.रा. 4.7.9)।'" इस कथन ने रामवंशी को मानसिक रूप से संतुष्ट कर कुछ करने के लिए प्रेरित किया। यह हताश और निराश के लिए आशा की एक किरण है।

उपरोक्त कथन के समर्थन में रामकथा से कुछेक उदाहरण रामवंशी के मस्तिष्क पटल पर उभर रहे थे। वाली को बाण मारे जाने पर घायल वाली और श्रीराम के मध्य हुआ संवाद नीतिशास्त्र, धर्म, अर्थ और संस्कारों की अर्थपूर्ण व्याख्या है (वा.रा. 4.17-18)। एक ओर अधीर योद्धा वाली है तथा दूसरी ओर धैर्यवान श्रीराम हैं। एक ओर अधर्मी वाली है, दूसरी ओर धर्म के प्रतिमान श्रीराम। श्रीराम अपनी ली गई प्रतिज्ञा का पालन किस तरह से करते थे, इसका उत्तम उदाहरण सुग्रीव का राज्याभिषेक है, जिसके लिए श्रीराम नगर में प्रवेश नहीं करते, क्योंकि पिता दशरथ की आज्ञा का पालन करते हुए चौदह वर्ष वन में रहना था (वा.रा. 4.26.9)। यही नहीं, श्रीराम ने सुग्रीव के राज्याभिषेक के पश्चात् वर्षा ऋतु के कारण चार माह किष्किंधा के पास स्थित प्रस्रवणगिरी की एक गुफा में बिताए (वा.रा. 4.27)। इससे बड़ा धैर्य धारण करने का कोई और उदाहरण नहीं हो सकता। इसी भाव को प्रकट करते हुए अंगद सीताजी की खोज के समय वानरों को कहते हैं—'उत्साह, सामर्थ्य व मन में हिम्मत

न हारना—ये कार्य की सिद्धि करानेवाले सद्गुण कहे गए हैं (वा.रा. 4.49.6)।' ठीक इसी तरह अशोक वाटिका में माता सीता और हनुमान का संवाद भी सनातन समाज का पथ-प्रदर्शक है। जीवन के किसी भी प्रतिकूल परिस्थिति में हिम्मत, आशा न छोड़ने की प्रेरणा सीताजी के कथन में है, जब वे हनुमानजी से अशोक वाटिका में कहती हैं—'जीवन के अंत तक आशा नहीं छोड़नी चाहिए। यदि मनुष्य जीवित रहे तो उसे सौ वर्ष बाद भी आनंद प्राप्त होता ही है (वा.रा. 5.34.6)।'

दक्षिण दिशा में सीताजी की खोज में अंगद और हनुमान विंध्य गिरि के नैर्ऋत्य कोण वाले शिखर पर जा पहुँचे। वहाँ ऋक्षबिल नाम की एक गुफा थी, जिसमें सभी वानर भूखे-प्यासे प्रवेश करते हैं। भीतर एक वृद्धा तापसी रहती थी। उसका नाम स्वयंप्रभा है, जो मेरु सावर्णि की कन्या है और हेमा की सखी। अप्सरा हेमा, जिस मयासुर के संपर्क में आई थी, उसी ने स्वर्णमय वन का निर्माण किया था (वा.रा. 4.50-52)। वानरों को गुफा से निकालकर महासागर के तट पर यही तापसी स्वयंप्रभा पहुँचाती है। यहीं उनकी भेंट गृध्रराज संपाती से होती है। रावण और लंका का पता संपाती (जटायु का भाई) बताते हैं (वा.रा. 4.58)। इसी संदर्भ में आगे तुलसीदासजी कहते हैं (रा.मा. 4.27.6)—'*गिरि त्रिकूट उपर बस लंका। तहँ रह रावन सहज असंका। तहँ असोक उपबन जहँ रहई। सीता बैठि सोच रत अहई।* अर्थात् त्रिकूट पर्वत पर लंका बसी हुई है। वहाँ स्वभाव ही से निडर रावण रहता है। वहाँ अशोक नामक उपवन है, जहाँ सीताजी रहती हैं, इस समय भी वे सोच में मग्न बैठी हैं।'

सनातन धर्म के मतानुसार—किसी ने अगर उपकार किया है तो बदले में उसका भी उपकार किया जाए। यह भाव सागर में भी आए हनुमानजी के लिए। क्योंकि इक्ष्वाकु वंश के राजा सगर ने समुद्र की वृद्धि की थी और इस समय हनुमानजी श्रीराम के हितकार्य में लगे थे (वा.रा. 5.1.112-113)। प्रकृति के इस भाव को सनातन ने आत्मसात् किया हुआ है और रामकथा में प्रकृति के इस गुण की प्रशंसा भी हुई है। हनुमानजी द्वारा समुद्र लाँघने के समय नागमाता सुरसा का राक्षसी रूप धारण कर उनका मार्ग रोकना असल में उनके बल और पराक्रम की परीक्षा है, जिससे उन्हें उनके बलाबल का ज्ञान हो जाएगा (वा.रा. 5.1.144-148)। इस परीक्षा में हनुमान बुद्धि से सफल होते हैं। जाते-जाते सुरसा कहती है (रा.मा. 5.2)—'*राम काजु सबु करिहहु तुम्ह बल बुद्धि निधान। आसिष देह गई सो हरषि चलेउ हनुमान।*' अर्थात् 'तुम श्रीराम का सब कार्य करोगे, क्योंकि तुम बल-बुद्धि के भंडार हो। यह आशीर्वाद देकर वह चली गई, तब हनुमानजी हर्षित होकर चले।' यहाँ महत्त्वपूर्ण है यह समझना कि जीवन-संघर्ष में बल और बुद्धि दोनों आवश्यक हैं।

उधर सीताजी की खोज की जा रही है, इधर श्रीराम अनेक बार विचलित होते हैं,

दुःखी होते हैं, व्यथित होते हैं। यहाँ उनके व्यक्तित्व के अनेक पक्ष और रंग हैं। प्रभु मानवरूप में हैं तो मानवीय भाव से भरे हैं। अनेक स्थान पर श्रीराम का लोकमत के प्रति आग्रह उनके प्रेम से कहीं अधिक सशक्त रहा है तो सीता के हरण होने पर इतने विकल हैं कि चराचर प्राणियों सहित तीनों लोकों का नाश करने के लिए उद्यत हैं (वा.रा. 3.64.71)। वहीं सीता के लंका से लौटने पर उनसे कटु वचन कहते हैं कि रावण तुम पर अपनी दूषित दृष्टि डाल चुका है, ऐसी दशा में मैं तुम्हें कैसे ग्रहण कर सकता हूँ (वा.रा. 6.115.20-21)। और इस भाव को वे सीताजी की अग्निपरीक्षा के बाद स्पष्ट करते हुए कहते हैं—'यदि मैं सीता की शुद्धि के विषय में परीक्षा न करता तो लोग यही कहते कि दशरथपुत्र राम बड़ा ही मूर्ख और कामी है (वा.रा. 6.118.14)।' और फिर सीताजी के प्रति अपने अखंड प्रेम को भी वे व्यक्त करते हुए कहते हैं—'सीता मुझसे उसी तरह अभिन्न हैं, जैसे सूर्य से उसकी प्रभा (वा.रा. 6.118.19)।'

लेह में प्रकृति विराट् है, भव्य है, दिव्य है, अलौकिक है। नीचे असीम शांति ऊपर अनंत आकाश। लेकिन रामवंशी का मन विचलित था। पीड़ा जब असहनीय हो जाती तो रामकथा को स्मरण कर लेता। अद्भुत चरित्र है श्रीराम का, युद्ध और संघर्ष के बीच भी धर्म से विचलित नहीं होते। उनके हर कार्य संपादन में आमजन को जीवन संदेश है। श्रीराम की तरह ही माता सीता का व्यक्तित्व भी आदर्श है। दुष्ट राक्षस के राज्य में रहते हुए निर्भय होकर सीताजी ने रावण को अनार्य कहा है (वा.रा. 5.22.18)। अशोक वाटिका में वृद्ध राक्षसी त्रिटजा से (वा.रा. 5.27.4) सीता अपनी गलती स्वीकार करते हुए कहती हैं—'अवश्य ही उस समय काल ने मृग का रूप धारण करके मुझ मंदभागिनी को लुभाया था, जिससे प्रभावित हो मुझ मूढ़ नारी ने उन दोनों आर्यपुत्रों (श्रीराम और लक्ष्मण) को उसके पीछे भेज दिया (वा.रा. 5.28.10)।' माता सीता की मनःस्थिति का महर्षि वाल्मीकि चंद्रग्रहण के माध्यम से सुंदर चित्रण करते हैं। कहते हैं—'जब रावण सीताजी से मिलने अशोक वाटिका आ रहा था, तब सीताजी का मुख चंद्रग्रहण जैसा हुआ (वा.रा. 5.19.13-14) और जब वह वापस चला गया तो सीताजी का मुख राहु के ग्रास से मुक्त हुए चंद्रमा के समान हो गया (वा.रा. 5.29.7)।' इसी बीच सीताजी का उत्तर रावण को एक संस्कार वचन हैं (वा.रा. 5.21)। माता सीता का संघर्ष श्रीराम से अधिक कठिन है। उन्होंने हर पल चुनौती का सामना किया। वन में सभी के साथ रहते हुए भी चहुँओर अस्तित्व का निरंतर संघर्ष है। नगर के सभ्य जीवन में हम प्रकृति के इस मूल को क्यों भूल जाते हैं। माता सीता हमें अशोक वाटिका में इसी मंत्र का स्मरण कराती हैं।

श्रीराम सीताजी से सर्वाधिक स्नेह करते थे। सीताजी स्वयं हनुमानजी से यह कहती हैं (वा.रा. 5.36.30)—'उनके माता-पिता तथा अन्य संबंधी (कोई भी) ऐसे नहीं हैं, जिन्हें उनका स्नेह मुझसे अधिक अथवा मेरे बराबर मिला हो।' माता सीता हनुमानजी से

अनेक महत्त्वपूर्ण बातें करती हैं। सीताजी को लौटा देने के लिए रावण के भाई विभीषण ने यत्नपूर्वक अनुनय-विनय की थी, यह बात सीताजी स्वयं हनुमानजी को बताती हैं (वा.रा. 5.37.9)। विभीषण की ज्येष्ठ पुत्री 'कला' को उसकी माता ने उसे सीताजी के पास भेजा था, यह सब बतलाने (वा.रा. 5.37.11)। यही बात भविष्य में श्रीराम को विभीषण से मित्रता के लिए आधार देगी। विभीषण के अतिरिक्त राक्षसों में भी बुद्धिमान, विद्वान्, धीर तथा सुशील थे, जो रावण को उचित सलाह देते, उदाहरणार्थ अविंध्य, जिसने रावण को सीता को लौटा देने के लिए प्रेरित किया था (वा.रा. 5.37.12-13)। किंतु दुष्टात्मा रावण इन सबके हितकारी वचनों को भी नहीं सुनता है। त्रिजटा के अतिरिक्त राक्षसी सरमा ने भी सीता की अशोक वाटिका में सहायता की (वा.रा. 6.33-34)। रावण की माता ने भी सीता को वापस देने के लिए कहा था (वा.रा. 6.34.20)। फिर भी दुष्ट रावण नहीं माना।

अपने पति के सुयश के लिए पत्नी किस सीमा तक सोच सकती है, इसका उत्तम उदाहरण तब मिलता है, जब सीताजी हनुमान से अशोक वाटिका में कहती हैं—'यद्यपि तुम भी संपूर्ण राक्षसों का संहार करने में समर्थ हो, तथापि तुम्हारे द्वारा राक्षसों का वध हो जाने पर श्रीरघुनाथजी के सुयश में बाधा आएगी, अर्थात् लोग यही कहेंगे कि श्रीराम स्वयं कुछ भी न कर सके (वा.रा. 5.37.57)।' इसलिए सीताजी हनुमानजी के साथ नहीं जाती और वहीं कष्ट भोगने के लिए रुक जाती हैं। माता सीता का यह वचन आदर्श पत्नी के चरित्र को उच्चतम स्थान पर स्थापित करता है।

अशोक वाटिका को उजाड़ने के पश्चात् हनुमानजी ने पहले किंकर राक्षसों का वध किया, फिर चैत्यप्रासाद (लंका के राक्षसों के कुल देवता का स्थान) का विध्वंस किया। इसके पश्चात् प्रहस्त का पुत्र जंबुमाली रावण द्वारा भेजा गया, जिसने अपने बाणों से हनुमानजी को चोट भी पहुँचाई, जिससे कुपित हो हनुमानजी ने उसका वध किया। इसके पश्चात् रावण ने अपने मंत्री के सात बेटों को भेजा। इन मंत्री कुमारों को हनुमानजी ने लात-घूसों और थप्पड़ से ही वध कर दिया। इसके पश्चात् रावण ने पाँच सेनापतियों (विरुपाक्ष, यूपाक्ष, दुर्धर, प्रघस और भासकर्ण) को भेजा, जिनका वध भी हनुमानजी द्वारा ही होता है। इसके पश्चात् रावण के पुत्र अक्षकुमार (मंदोदरी पुत्र) को भेजा, जिसे पृथ्वी पर पटककर हनुमानजी ने मार गिराया। इसके पश्चात् इंद्रजित् भेजा गया, जिसके दिव्यास्त्र के बंधन में बँधकर हनुमानजी रावण के दरबार में उपस्थित हुए (वा.रा. 5.41-48)। यहाँ भी रावण ने समझदारी से काम नहीं लिया, परिणामस्वरूप लंकापुरी का दहन हुआ। जैसे भगवान् रुद्र ने पूर्वकाल में त्रिपुर को दग्ध किया था, उसी प्रकार हनुमानजी ने लंकापुरी को जला दिया। विभीषण के महल को छोड़कर सभी महल जलकर राख हो गए (वा.रा. 5.54.30)। युद्ध के इन घटनाक्रमों में अनेक संदेश हैं, विशेषकर योद्धाओं के लिए। शत्रु को कभी भी दुर्बल नहीं मान लेना चाहिए और सदा ही सतर्क और

सावधान रहकर युद्धभूमि की अगली योजना बनानी चाहिए। रावण शक्तिशाली होते हुए भी समय को ठीक से पढ़ नहीं पा रहा था।

सीताजी द्वारा हनुमानजी को दी गई चूड़ामणि राजा जनक ने विवाह के समय उन्हें दी थी। यह मणि इंद्र ने राजा जनक को यज्ञ में संतुष्ट होने पर दी थी, जो जल से प्रकट हुई थी। यह सीताजी के मस्तक पर सदा शोभा पाती (वा.रा. 5.66.4-5)। इस मणि को देखकर प्रभु श्रीराम शोक से व्याकुल होकर आमजन की तरह रोने लगे। फिर हनुमानजी से श्रीराम कहते हैं कि सीताजी बड़ी भीरू हैं, वह उन भयंकर राक्षसों के बीच कैसे रहती होंगी (वा.रा. 5.66.12)। लंका से लौटने पर हनुमानजी और श्रीराम के बीच संवाद मानवीय संवेदनाओं का प्रस्तुतीकरण है। हनुमानजी के वृत्तांत वर्णन में जीवन संदेश भी है। हनुमान श्रीराम से कहते हैं—'सीताजी नहीं चाहती कि जिस प्रकार रावण ने श्रीराम के भय से उनके सामने न जाकर छलपूर्वक वन से उनका अपहरण किया था, उस तरह श्रीराम भी सीताजी को प्राप्त करें, अर्थात् वे हनुमान के साथ चुपचाप नहीं जाना चाहती थीं। वे चाहती थीं कि श्रीराम यहाँ आकर युद्ध में रावण को मार डालें और विजयी होकर उन्हें अपनी पुरी को ले चलें, यह उनके यश को वृद्धि करनेवाला होगा (वा.रा. 5.68.12-13)।' यह सनातन संस्कृति के जीवन-मूल्य हैं और सनातन योद्धाओं के संस्कार। यही आर्यों की सभ्यता को श्रेष्ठ बनाता है।

□

तृतीय सर्ग : लंका दहन

रामवंशी का मौन उसके आक्रोश को ढकने में असफल होता तो वह एकांत में चला जाता। जहाँ उसे सौमित्र की उपस्थिति भी कष्ट देती। अब उसका एक ही लक्ष्य था और उसकी प्राप्ति के लिए महाबल के आने की प्रतीक्षा उसके लिए कष्टप्रद हो रही थी। सीमा पार से महाबल जब लौटा तो रामवंशी उत्साहित तो हुआ, लेकिन जो जानकारी मिली, उससे उद्वेलित हुआ था। लेकिन प्रतिज्ञाबद्ध होने के कारण दृढ़ संकल्पित भी। संध्या के पश्चात् उत्तरी मठ के आचार्य भविन ने रामकथा का प्रसंग सुनाते हुए आगे कहा, "रामभक्तों को युद्धकांड का पाठ आवश्यक है। यों तो संघर्ष ही जीवन है, लेकिन युद्ध धर्म के मार्ग पर चलनेवालों की प्रतीक्षा हर चौराहे पर करता है। अर्थात् युद्ध से आप बच नहीं सकते।

युद्धकांड के प्रारंभ में ही सेवक की तीन श्रेणी का वर्णन श्रीराम करते हैं (वा.रा. 6.1.7-9)। हनुमानजी यहाँ उत्तम सेवक हैं, अर्थात् सेवक सैनिक भी होता है। महान् योद्धा श्रीराम की युद्धभूमि में भी सहृदयता उस समय प्रकट होती है, जब वे हनुमान द्वारा सीताजी के खोजने पर प्रसन्न होकर कहते हैं—'आज मेरे पास पुरस्कार देने योग्य वस्तु का अभाव है, जिसने मुझे ऐसा प्रिय संवाद सुनाया, उसका मैं वैसा ही प्रिय कार्य नहीं कर पा रहा हूँ। इस समय इन महात्मा हनुमान को मैं केवल प्रगाढ़ आलिंगन प्रदान करता हूँ, क्योंकि यही मेरा सर्वस्य है (वा.रा. 6.1.12-13)।' तुलसीदास के शब्दों में (रा.मा. 5.31.3)—'*सुनु कपि तोहि समान उपकारी। नहीं कोउ सुर नर मुनि तनुधारी। प्रति उपकार करौं का तोरा। सनमुख होइ न सकत मनमोरा।*' अर्थात् श्रीराम कहते हैं—'हे हनुमान! सुन, तेरे समान मेरा उपकारी देवता, मनुष्य अथवा मुनि कोई भी शरीरधारी नहीं है। मैं तेरा प्रत्युपकार (बदले में उपकार) तो क्या करूँ, मेरा मन भी तेरे समान नहीं हो सकता।'

जिस समय श्रीराम ने वानर सेना को लंका के लिए प्रस्थान करने को कहा, तब सूर्यदेव दिन के मध्य भाग में थे। इसे विजय मुहूर्त कहते हैं। उस दिन उत्तरा फाल्गुनी

नक्षत्र था। अगले दिन चंद्रमा का हस्त नक्षत्र से योग होगा (वा.रा. 6.4.3–5)। इस संदर्भ में तुलसीदासजी थोड़ा आगे बढ़कर कहते हैं (रा.मा. 5.34.3)—*'जासु सकल मंगलमय कीती। तासु पयान सगुन यह नीती।'* अर्थात् जिनकी कीर्ति सब मंगलों से पूर्ण है, उनके प्रस्थान के समय शकुन होना यह नीति है (लीला की मर्यादा है)।" इधर रामवंशी अपनी योजना पर कार्य कर रहा था। जब भी क्रियान्वयन का समय आएगा, तब प्रभु श्रीराम का स्मरण करेगा और वह जानता था कि प्रभु के साथ होते ही पल शुभ और कार्य सफल होगा। उसने पुन: रामकथा पर ध्यान केंद्रित किया था—

"शत्रु की सेना के मार्ग के फल-फूल और जल को विष आदि से दूषित करने का षड्यंत्र भी उन दिनों प्रचलन में था (वा.रा. 6.4.11)। श्रीराम ने वानर सेना को इसके लिए सावधान किया था। शत्रु की सेना मार्ग में अचानक छिपकर पीछे से आक्रमण भी करती थी (वा.रा. 6.4.12)। श्रीराम युद्ध के इस पक्ष से भी अपनी सेना को सचेत करते हैं। साथ ही श्रीराम का आदेश था कि लंका जाते समय रास्ते में किसी तरह का उपद्रव नहीं किया जाए (वा.रा. 6.4.38–39)। यह सनातन योद्धा के संस्कार हैं। यही सनातन योद्धाओं को विशिष्ट बनाता है, अन्यथा यों तो रावण भी विद्वान् था। वह उत्तम, मध्यम और अधम पुरुष की व्याख्या भी करता है। साथ ही मंत्र (निश्चित किया हुआ विचार) भी उत्तम, मध्यम और अधम होते हैं, इसकी भी विस्तृत व्याख्या करता है (वा.रा. 6.6.6–14)। लेकिन इतने विद्वान् का भी अगर सर्वनाश होता है तो सिर्फ इसलिए कि वह अधर्म के साथ था।" इस बिंदु पर रामवंशी चिंतित हुआ था। कारण है कि वर्तमान में, कलियुग में तो अनेक रावण हैं। ऊपर से रावण के विचारों वाला समूह अपने अधर्म को ही मानव-धर्म मान बैठा है। जो कुछ जानकारी महाबल एकत्र कर पाया था, उसमें एक बात और निकलकर आई थी। वह चिंता का प्रमुख कारण थी कि देश के भीतर अनेक जयचंद विदेशी शक्तियों द्वारा स्थापित कर दिए गए हैं, ये राजनीति, मीडिया और न्यायतंत्र के प्रमुख पदों पर षड्यंत्रपूर्वक पहुँचने में सफल भी हैं, जो फिर इन अराजक तत्त्वों की हर तरह से मदद करते हैं। यह सुनकर रामवंशी ने चिंतन-मनन करके महाबल से कहा था, "हमें रावण की लंका दहन करनी है, आतंक के केंद्र के नष्ट होते ही आतंक का तंत्र स्वत: ही समाप्त हो जाएगा।"

आचार्य भविन का प्रवचन प्रवाह में था—"विभीषण के साथ ही कुंभकर्ण ने भी रावण को फटकारा था सीता हरण के लिए, साथ ही उसने युक्तिसंगत बात भी की थी (वा.रा. 6.12)। किंतु उसने अंत में रावण को यह भी कह दिया था कि वह सभी शत्रुओं का वध कर देगा। अत: रावण को सुख से रहना चाहिए और निश्चिंत होकर रहे। यही अधर्म हुआ कुंभकर्ण द्वारा, इसलिए वह भी मारा गया। यहाँ संदेश है कि अगर भाई पापी है तो उसका समर्थन नहीं करना चाहिए। यहाँ तो रावण महापापी था। उसने तो पुंजिकस्थला

नाम की अप्सरा के साथ बलपूर्वक समागम भी किया था। तभी क्रोध में आकर ब्रह्माजी ने उसे शाप दिया था कि जब भी रावण किसी भी दूसरी स्त्री के साथ बलपूर्वक समागम करेगा, उसके मस्तक के सौ टुकड़े हो जाएँगे (वा.रा. 6.13.11-14)। रामभक्तो! इस शाप में भी समाज को संदेश है। विशेषकर शक्तिशाली पुरुषों व शासकों के लिए दिशा-निर्देश है, जो इसका पालन नहीं करेगा, उसका जीवन शापित होगा।

योद्धाओं के लिए रामकथा में अनेक संदर्भ हैं। विभीषण के शरण में आने पर सुग्रीव व वानर सेना की अनेक शंकाओं का उत्तर देते हुए नीतिशास्त्र के अनुकूल श्रीराम अपनी बात कहते हैं (वा.रा. 6.18)। यहाँ प्रभु श्रीराम शरणागत की रक्षा का महत्त्व बताते हैं। यह युद्धनीति भी है। इसी का प्रतिफल हुआ कि रावण ने शुक और सारण को गुप्त रूप से वानर सेना में भेजा तो विभीषण ने पहचानकर दोनों को पकड़ लिया। किंतु श्रीराम ने दोनों को छोड़ दिया था (वा.रा. 6.25)। इन्हीं दोनों ने वापस जाकर रावण को वानर सेना के बारे में सबकुछ बताया। यह युद्ध में एक तरह का मनोवैज्ञानिक खेल था, जिसे श्रीराम ने बहुल सरलता से चला और रावण के मन में भय के बीज बो दिए। शुक और सारण ने ही रावण से वानर यूथपतियों का परिचय करवाया (वा.रा. 6.26-28)। इसी क्रम के अंत में श्रीराम, लक्ष्मण, हनुमान और सुग्रीव का वर्णन होता है। साथ ही वानर सेना की संख्या और गणना की व्याख्या भी होती है। इसके पश्चात् रावण ने अपने गुप्तचर भी भेजे और शार्दूल आदि ने पुनः रावण को वानर सेना के वीरों का परिचय दिया, लेकिन रावण फिर भी नहीं चेता (वा.रा. 6.29-30)। रावण की मति मारी गई थी, यही कहना यहाँ उचित होगा। रावण को उसके नाना माल्यवान ने श्रीराम से संधि करने की सलाह भी दी थी। साथ ही संधि का शास्त्रानुसार वर्णन भी किया (वा.रा. 6.35)। लेकिन दुष्टात्मा रावण काल के अधीन हो रहा था, इसलिए माल्यवान की कही हुई हितकर बात को भी वह सहन नहीं कर सका। यही बात तुलसीदास मंदोदरी के मुख से कहलवाते हैं (रा.मा. 6.7.3)—*'नाना बिधि तेहि कहेसि बुझाई। सभाँ बहोरि बैठ सो जाई। मंदोदरी हृदयँ अस जाना। काल बस्य उपजा अभिमाना।'* अर्थात् 'मंदोदरी ने उसे बहुत तरह से समझाकर कहा, किंतु रावण ने उसकी एक भी बात न सुनी। मंदोदरी ने हृदय में ऐसा जाना लिया कि काल के वश होने से पति को अभिमान हो गया है।' यहाँ संदेश केवल राजाओं के लिए नहीं है। गृहस्थ आश्रम में परिवार के मुखिया को भी दैनिक जीवन के संघर्ष में इन नीतियों का ध्यान रखना चाहिए।

रावण ने लंका के पूरब द्वार की रक्षा के लिए राक्षस प्रहस्त को तैनात किया। दक्षिण द्वार पर महापार्श्व और महोदर, पश्चिम द्वार पर इंद्रजित्, उत्तर द्वार पर शुक और सारण तथा बीच की छावनी के लिए विरुपाक्ष को स्थापित किया। रावण ने स्वयं भी उत्तर द्वार पर जाने की बात की (वा.रा. 6.36.16-20)। श्रीराम भी लंका पर आक्रमण के लिए

विभिन्न द्वारों पर अपने सेनापति नियुक्त करते हैं। सेना के साथ नील पूरब द्वार पर, अंगद दक्षिण द्वार पर, हनुमान पश्चिम द्वार पर, लक्ष्मण के साथ श्रीराम उत्तर द्वार पर और सुग्रीव, विभीषण तथा जांबवान बीच की छावनी पर आक्रमण करें (वा.रा. 6.37.26-32)। युद्ध के समय वानरों के हाथ में वृक्ष और पर्वत शिखर थे (वा.रा. 6.41.45)। वानर सेना लंका पर चढ़ाई कर देती है। राक्षसों के साथ उनका घोर युद्ध होता है। द्वंद्वयुद्ध में वानरों द्वारा राक्षसों की पराजय होती है (वा.रा. 6.42-43)।

यहाँ महर्षि वाल्मीकिजी कहते हैं—'युद्ध भी गंधर्व है (संगीत महोत्सव)। धनुष की प्रत्यंचा से जो टंकार-ध्वनि होती, वह मानो वीणा का मधुर नाद हो, तलवारों का टकराना ताल का काम करता और घायल सैनिक का दर्द से कराहना गीत का स्थान लेता (वा.रा. 6.52.24)।' यह उपमा, यह अलंकार योद्धा को प्रोत्साहित करते हैं।

इंद्रजित् द्वारा श्रीराम और लक्ष्मण को अचेत करने में अनेक तरह के बाणों का वर्णन आता है, जिसका अग्रभाग सीधा और गोल हो—नाराच; जिसका अग्रभाग फरसे के समान हो—भल्ल; जिसका मुख भाग दोनों हाथों की अंजलि के सामान हो—अंजलिक; जिसका अग्रभाग बछड़े के दाँतों के समान हो—वत्सदंत; सिंह की दाढ़ के समान अग्रभाग वाला—सिंहदंष्ट्र; क्षुरे की धार के समान बाण—क्षुर कहलाता (वा.रा. 6.45.23)।

श्रीराम युद्धभूमि पर पिता दशरथ और पितामह अज का स्मरण करते हैं (वा.रा. 6.50.43)। यही भाव गरुड़ को देखकर श्रीराम के मन में उत्पन्न होते हैं और क्यों न हो, श्रीराम-लक्ष्मण को नागपाश से मुक्त गरुड़ द्वारा (वा.रा. 6.50.37-39) किया जाता है। आगे भीषण युद्ध होता है। राक्षस धूम्राक्ष का वध हनुमानजी करते हैं (वा.रा. 6.52)।

धूम्राक्ष के मारे जाने पर महाबली वज्रदंष्ट्र भेजा गया (वा.रा. 6.53)। निशाचर वज्रदंष्ट्र का अंगद के हाथों वध हो जाने पर रावण ने अकंपन को भेजा (वा.रा. 6.55), जिसे हनुमानजी ने मार गिराया (वा.रा. 6.56)। अकंपन के मारे जाने के बाद रावण ने सेनापति प्रहस्त को युद्ध के लिए भेजा (वा.रा. 6.57)। प्रहस्त अपने चार सचिव (नरांतक, कुंभहनु, महानाद, समुन्नत) के साथ लंका के पूरब द्वार से बाहर निकला। वानर यूथपति नील ने प्रहस्त का वध किया (वा.रा. 6.58)। प्रहस्त के मारे जाने के बाद रावण स्वयं युद्ध के लिए आता है (वा.रा. 6.59)। उसके साथ अनेक वीर भी थे, लेकिन श्रीराम ने युद्ध में हराकर जिंदा उसे वापस जाने के लिए विवश कर दिया। यह एक तरह का रावण को जीवनदान था, जो श्रीराम को देवत्व प्रदान करता है। रावण के लौट (युद्ध भूमि से) आने पर कुंभकर्ण को जगाया जाता है। युद्ध लड़ने के लिए रावण उसे भेजता है। कुंभकरण को देखकर वानर भयभीत होते हैं। लेकिन कुंभकर्ण भी श्रीराम के हाथों मारा जाता है। श्रीराम ने वायव्य नामक अस्त्र से पहले उसकी दाहिनी बाँह काट डाली (वा.रा. 6.67.155), फिर ऐंद्रास्त्र से उसकी दूसरी बाँह काट डाली

(वा.रा. 6.67.159), फिर अर्धचंद्राकार बाण के द्वारा उसके दोनों पैर भी उड़ा दिए (वा.रा. 6.67.161) और अंत में ब्रह्मदंड बाण से उसका मस्तक धड़ से अलग कर दिया (वा.रा. 6.67.165)।

कुंभकर्ण के वध के बाद रावण ने अपने बेटों—त्रिशिरा, देवांतक, नरांतक और अतिकाय को युद्ध के लिए भेजा। साथ ही रावण ने अपने दोनों भाई महापार्श्व और महोदर को भी भेजा (वा.रा. 6.69)। नरांतक अंगद के हाथों मारा जाता है। देवांतक और त्रिशिरा का वध हनुमानजी के हाथों होता है और महोदर का नील द्वारा। महापार्श्व को वानरराज ऋषभ ने मारा (वा.रा. 6.70)। अतिकाय रावण की दूसरी पत्नी धान्यमालिनी का पुत्र था। अतिकाय को लक्ष्मण ब्रह्मास्त्र से मारते हैं (वा.रा. 6.71)। इसके बाद इंद्रजित् युद्ध में आता है।

इंद्रजित् के ब्रह्मास्त्र से श्रीराम और लक्ष्मण मूर्च्छित हो जाते हैं। ऐसा होने पर वानर सेना विषाद में डूब जाती है। यह देख विभीषण कहते हैं—'वानर वीरो! आप लोग भयभीत न हों। यहाँ विषाद का अवसर नहीं है, क्योंकि इन दोनों आर्यपुत्रों ने ब्रह्माजी के वचनों का आदर एवं पालन करते हुए स्वयं ही हथियार नहीं उठाए थे, इसलिए इंद्रजित् ने इन दोनों को अपने अस्त्र-समूहों से आच्छादित कर दिया। ब्रह्माजी के ब्रह्मास्त्र का समादर और उसकी मर्यादाओं की रक्षा करते हुए ही ये दोनों राजकुमार धराशायी हुए हैं (वा.रा. 6.74.3-4)।' इस अवस्था में हनुमानजी से जांबवानजी हिमालय से चार दिव्य औषधियाँ लाने के लिए कहते हैं—मृत संजीवनी, विशल्यकरणी, सुवर्णकरणी और संधानी (वा.रा. 6.74.33)। इन औषधियों द्वारा ही श्रीराम, लक्ष्मण और वानर सेना स्वस्थ होती है तथा पुनः भयंकर युद्ध प्रारंभ होता है, अर्थात् युद्ध में उन दिनों भी सेना के साथ (मेडिकल ऐड) चिकित्सा सेना होती थी। गंभीर रूप से घायल योद्धाओं के लिए भी आवश्यक चिकित्सा ज्ञान उपलब्ध था।

इस घटना के पश्चात् रावण ने कुंभकर्ण के दोनों पुत्रों—कुंभ और निकुंभ को युद्ध के लिए भेजा, साथ ही यूपाक्ष, शोणिताक्ष, प्रजंग और कंपन भी युद्ध के लिए साथ भेजे गए (वा.रा. 6.75.46-47)। अंगद द्वारा कंपन और प्रजंग का वध हुआ। द्विविद द्वारा शोणिताक्ष, मैंद द्वारा यूपाक्ष और सुग्रीव द्वारा कुंभ का वध (वा.रा. 6.76) होता है। निकुंभ का वध हनुमानजी के हाथों हुआ (वा.रा. 6.77)। निकुंभ और कुंभ के मारे जाने पर रावण ने खरपुत्र मकराक्ष को युद्धभूमि में भेजा (वा.रा. 6.78)। मकराक्ष का श्रीराम ने वध किया। मकराक्ष के मारे जाने के पश्चात् रावण ने अपने पुत्र इंद्रजित् को भेजा।

जब इंद्रजित् द्वारा (मायामयी) सीता के वध की बात सुनकर श्रीराम शोक से मूर्च्छित हो जाते हैं तो विभीषण उन्हें वही सलाह देते हैं, जो एक आम योद्धा को दी जाती है। वे कहते हैं कि 'वीर राजन! इस मिथ्या प्राप्त हुए शोक और संताप को त्याग दीजिए।

यदि आप सीता को पाना और निशाचरों का वध करना चाहते हैं तो उद्योग कीजिए, हर्ष और उत्साह का सहारा लीजिए (वा.रा. 6.85.8-9)।' इसमें आम योद्धा के लिए भी युद्धमंत्र है। यही आम मानव के लिए जीवन-मंत्र भी है। इंद्रजित् का वध लक्ष्मण ऐंद्रास्त्र से करते हैं (वा.रा. 6.90.71)। इस युद्ध में घायल लक्ष्मण को वानर यूथपति सुषेण ने स्वस्थ किया था (वा.रा. 6.91.24)। यह आयुर्वेद की जीवशक्ति का प्रामाणिक प्रस्तुतीकरण है।

असुर भी समय-समय पर धर्म का पालन करते थे। तभी इंद्रजित् के मारे जाने पर क्रोधित रावण जब सीता माता को मारने के लिए बढ़ा तो उसके मंत्री सुपार्श्व ने उसे अधर्म करने से यह कहकर रोका कि तुम एक स्त्री का वध कैसे कर सकते हो (वा.रा. 6.92.64)।" जबकि आज के असुर तो अधर्म की सारी सीमाएँ पार कर जाते हैं। यही कलियुग है। परंतु जनकात्मजा भी मारी नहीं गई है, बल्कि आतंकियों को मारकर वीरगति को प्राप्त हुई है। मैं उसका बलिदान व्यर्थ नहीं जाने दूँगा—रामवंशी ने अपने आपसे कहा था। रामकथा के युद्ध-प्रसंग ने उसे हर युद्ध में ऊर्जा से भरा है और इस बार तो वह निर्णायक युद्ध के लिए जा रहा है। ऐसे में उसने श्रीराम-रावण युद्ध का क्रमवार स्मरण किया।

"इंद्रजित् के मारे जाने के पश्चात् रावण ने सेना के सभी प्रधान-प्रधान योद्धाओं को श्रीराम से लड़ने के लिए भेजा था, अर्थात् वह अंत तक स्वयं को बचाना चाहता था। जबकि श्रीराम प्रारंभ से ही युद्धभूमि पर डटे हुए थे। उन्होंने रावण की राक्षसी सेना का संहार भी किया (वा.रा. 6.93)। जब वे अकेले राक्षस सेना का संहार कर चुके तो उन्होंने स्वयं कहा कि यह दिव्य अस्त्रबल मुझ में है या भगवान् शंकर में हैं (वा.रा. 6.93.37-38)।

अंत में रावण युद्धभूमि में आया तो उसके साथ महोदर, महापार्श्व तथा विरुपाक्ष थे, साथ ही राक्षसों की विशाल सेना थी (वा.रा. 6.95)। सुग्रीव ने पहले विरुपाक्ष का वध किया (वा.रा. 6.96), फिर महोदर का वध किया (वा.रा. 6.97)। अंगद ने महापार्श्व का वध किया (वा.रा. 6.98)। एक तरफ युद्ध में अनेक स्थान पर वानरों ने अपने मुक्के के प्रहार से राक्षसों का वध किया तो दूसरी तरफ रावण द्वारा धनुष से शूल, गदा, मूसल, कूटपाश, अशनि आदि अस्त्र छोड़े जाते। इस विशिष्ट अस्त्र विद्या को यहाँ समझने की आवश्यकता है कि धनुष द्वारा सिर्फ बाण ही नहीं फेंके जाते थे (वा.रा. 6.100.3-4)। यहाँ तक कि चक्र भी धनुष से प्रकट होने लगे (वा.रा. 6.100.7)। रावण के अस्त्र से मूर्च्छित हुए लक्ष्मण के लिए सुषेण ने हनुमानजी से विशल्यकरणी (बाण के घाव को भरने और पीड़ा दूर करनेवाली) सावर्ण्यकरणी (शरीर में पहले-सी रंगत लानेवाली), संजीवकरणी (मूर्च्छा दूर कर चेतना प्रदान करनेवाली), संधानी (टूटी हुई हड्डियों को

जोड़नेवाली) लाने के लिए कहा (वा.रा. 6.101.30-32)। त्रेता युग में चिकित्सा विज्ञान का स्तर क्या था, यह इसका प्रमाण है। हनुमानजी औषधि लेने के लिए महोदय गिरि पर गए, जिसे औषधि पर्वत कहा गया (वा.रा. 6.101.33)।

श्रीराम और रावण का युद्ध न रात में बंद होता था और न दिन में। दो घड़ी अथवा एक क्षण के लिए भी उसका विराम नहीं हुआ (वा.रा. 6.107.66)। यही जीवन-संघर्ष का सत्य है। यह निरंतर चलता रहता है। लंकायुद्ध का हर घटनाक्रम प्रेरक है। इस युद्ध में दोनों तरफ की सेना के सारथी आदर्श हुए। रावण को हारता देख जब उसका सारथी उसे युद्धभूमि से दूर ले जाता है, तब रावण उसे फटकारता है। लेकिन उत्तर में सारथी वह सब कहता है, जो एक आदर्श सारथी को कहना व करना चाहिए (6.104.15-21)। वह कहता है—'सारथी को देश-काल का, शुभाशुभ लक्षणों का, रथी की चेष्टाओं का, उत्साह अनुत्साह और खेद का तथा बलाबल का भी ज्ञान रखना चाहिए। धरती के जो ऊँचे-नीचे, सम-विषम स्थान हों, उनकी भी जानकारी रखनी चाहिए। युद्ध का उपयुक्त अवसर कब होगा, इसे जानना और शत्रु की दुर्बलता पर भी दृष्टि रखनी चाहिए। शत्रु के पास जाने, दूर हटने, युद्ध में स्थिर रहने तथा युद्धभूमि से अलग हो जाने का उपयुक्त अवसर कब आता है, इन सब बातों को समझना रथ पर बैठे हुए सारथि का कर्तव्य है।'

श्रीलंका में युद्ध सात दिन चलता है। अंत में रावण का वध श्रीराम के हाथों उस अस्त्र से हुआ, जो ब्रह्माजी का था और ऋषि अगस्त्य ने श्रीराम को दिया था (वा.रा. 6.108.3-4)। इस कार्य का सही समय सारथी मातलि ने श्रीराम को स्मरण कराया था।

हमारे सारथी कौन हैं?"'लक्ष्य और उद्देश्य होने चाहिए। इस पर ध्यान केंद्रित करने पर लक्ष्य भेदने का सही समय आत्मा बता देती है।"

□

चतुर्थ सर्ग : फलश्रुति

"रामकथा का अंत रामराज्य की स्थापना से होता है। युद्ध में विजयी होने के फलस्वरूप इसकी प्राप्ति होती है। ध्यान देने योग्य यहाँ एक प्रमुख तथ्य यह भी है कि युद्धकांड सभी कांडों में सबसे लंबा है। अर्थात् संदेश है कि जीवन में संघर्ष काल लंबा चलता है, लेकिन अंत में विजय प्राप्त कर लेने पर सुखद अंत होता है। रामायण के युद्धकांड के अंत में महर्षि वाल्मीकि द्वारा फलश्रुति दिए जाने के पश्चात् उनके द्वारा उत्तरकांड लिखने का कोई न तो कारण समझ आता है और न ही औचित्य। अत: संपूर्ण उत्तरकांड क्षेपक है और यह बाद में कुछ लोगों द्वारा विभिन्न कारणों से जोड़ा गया। आचार्य आग्नेय शास्त्रीजी इसके कारणों में व्यक्तिगत और सामाजिक कारणों को विस्तार में बताते रहे हैं। इस अकेले उत्तरकांड के कारण सनातन समाज को कितनी हानि हुई है, इसकी कल्पना भी नहीं की जा सकती। हम इस विषय पर न जाते हुए इस पर ही ध्यान केंद्रित करेंगे कि रामकथा के पठन-पाठन और श्रवण से और क्या-क्या लाभ हो सकते हैं।

तुलसीदासजी इस संदर्भ को सरल शब्दों में कहते हैं (रा.मा. 6.121)—*'समर बिजय रघुबीर के चरित जे सुनहिं सुजान। बिजय बिबेक बिभूति नित तिन्हहि देहिं भगवान।'* अर्थात् 'जो सुजान लोग श्रीराम की समर विजय संबंधी लीला को सुनते हैं, उनको भगवान् नित्य विजय, विवेक और विभूति (ऐश्वर्य) देते हैं।' अंत में कहते हैं (रा.मा. 6.121)—*'यह कलिकाल मलायतन मन करि देखु बिचार। श्रीरघुनाथ नाम तजि नाहिन आन अधार।'* अर्थात् 'अरे मन! विचार करके देख। यह कलिकाल पापों का घर है। इसमें श्रीराम के नाम को छोड़कर (पापों से बचने के लिए) दूसरा कोई आधार नहीं है।' प्रश्न उठता है कि तुलसीदास ऐसा क्यों कह रहे हैं, क्योंकि श्रीराम धर्म के मार्ग पर थे और अधर्म का नाश करते थे। उन्होंने कभी भी इससे समझौता नहीं किया। हम श्रीराम के पथ पर चलनेवालों को, रामकथा सुननेवालों को भी इस महत्त्वपूर्ण मूलतत्त्व को साथ लेकर चलना होगा, समझना होगा।" वसिष्ठ आश्रम के लक्ष्मीनारायण मंदिर प्रांगण में

सेवामुक्त जनरल विश्वरथ आचार्य की भूमिका में रामकथा सुना रहे थे। गुरुदेव कुलपति के पद से मुक्त हो चुके थे। अब वे आचार्य आग्नेय नहीं, केवल गुरुदेव की भूमिका में ही रहते। वे अपनी कुटिया में ध्यानमग्न होकर आचार्य विश्वरथ को सुनते और प्रसन्न होते। गुरुमाता के भौतिक संसार के चले जाने के कारण गुरुदेव अकेले हो गए थे। आचार्य विश्वरथ की रामकथा धीरे-धीरे उनके कानों में पहुँच रही थी…

"मंदोदरी विलाप करते हुए रावण वध के कारण श्रीराम का अलौकिक वर्णन करती है (वा.रा. 6.111.11-14)। यह मंदोदरी की परिपक्व दृष्टि का प्रमाण है। यहाँ मंदोदरी अपना परिचय भी देती है, साथ ही अनेक योग्य और अर्थपूर्ण कथन कहती है। मंदोदरी अपने पति रावण को संदर्भित करते हुए कहती है (वा.रा. 6.111.15)—'नाथ, पहले आपने अपनी इंद्रियों को जीतकर ही तीनों लोकों पर विजय पाई थी, उस वैर को याद रखती हुई सी इंद्रियों ने ही अब आपको परास्त किया है।' यहाँ मंदोदरी के माध्यम से महर्षि वाल्मीकि हम सबको जीवन का गूढ़ रहस्य सरल शब्दों में कह रहे हैं। यही नहीं, रामकथा के हर एक घटनाक्रम में संदेश है—समाज को, परिवार को, व्यक्ति को। देवराज इंद्र पुत्र जयंत की कथा संकेत देती है कि सभी को अपनी संतानों को यह बताकर रखना चाहिए कि जीवन व समाज की कुछ सीमाएँ होती हैं, जो नहीं मानता, उसका हश्र जयंत की तरह ही होता है। और फिर जिससे अपराध करो, क्षमा भी उसी से माँगो, न कि अपराध कहीं और करके मंदिर में जाकर भगवान् से क्षमा माँगो। नहीं मिलेगा। जयंत को भी क्षमा सीता-राम से ही मिली।

आपमें से कोई यह प्रश्न कर सकता है कि राक्षस वृत्ति क्या है? आसुरी प्रवृत्ति किसे कहते हैं? एक उदाहरण से समझें—शूर्पणखा ने श्रीराम से कहा कि तुम्हारे बिना मेरा कुछ नहीं और कुछ देर बाद ही दूसरे पुरुष (लक्ष्मण) के पास चली गई। यही अनैतिक, अधर्म चरित्र का होना आसुरी प्रवृत्ति है। आसुरी प्रवृत्ति आज भी है, अनेक समूह-क्षेत्र और देशों में इसका प्रभाव अधिक है। उनके लिए मानवता, भाव, संबंध कुछ नहीं केवल भोग है। ऐसों के साथ वही करना होता है, जो श्रीराम ने शूर्पणखा से लेकर ताटका और रावण के साथ किया था। इस सत्य को हमें स्वीकार करना होगा कि सभ्य समाज में ही सुख और शांति है। सभ्यता के मूल में संस्कृति है और संस्कारों का आसुरी प्रवृत्ति में कोई स्थान नहीं।

रामकथा का महत्त्वपूर्ण घटनाक्रम, सीताहरण का प्रसंग अनेक संदेश दे जाता है। कभी लक्ष्मण रेखा न लाँघें। यह रेखा वैराग्य की, तपस्या की, अनुशासन की बनाइए। अपनी इच्छाओं को इसमें सीमित कीजिए। मृगतृष्णा मत पालिए। किसी से कठोर वाणी न बोलें। अकारण क्रोध न करें। आनंद रामायण (1.7.98-99) में लक्ष्मण सीताजी से कहते हैं—'हे माता! मेरे कहे हुए इस हितकारी वचन को सुन लो। मैं धनुष से तुम्हारे

चारों ओर यह रेखा खींच देता हूँ। यह तुम्हारी रक्षा के लिए और दुष्टों के लिए दुर्लंघनीय तथा महान् भय उत्पन्न करनेवाली होगी। प्राणों के कंठ में आ जाने पर भी तुम इस रेखा का उल्लंघन नहीं करना।'

रामायण में सभी कांड के केंद्र में एक भाव है, जीवन संदेश है। जैसेकि किष्किंधा कांड संघर्ष का कांड है। यह संघर्ष की कथा है। यहाँ सभी संघर्ष कर रहे हैं। संघर्ष जीवन-शैली है। हमें सदा ही संघर्ष करते रहना चाहिए, क्योंकि संघर्ष ही जीवन है। वैसे श्रीराम और रावण का युद्ध त्रेतायुद्ध का देवासुर संग्राम है। देवताओं और असुरों के बीच संघर्ष हर युग में हुआ है। दिति पुत्र असुर और अदिति पुत्र देवताओं का युद्ध, साथ ही समुद्र मंथन का वर्णन रामायण (वा.रा. 1.44-47) में भी हुआ है। यह देवासुर संग्राम का वर्णन है। राजा दशरथ के संदर्भ में भी देवासुर संग्राम का वर्णन आता है। जब कैकेयी महाराज दशरथ से वरदान पाने में सफल होती है। देवासुर संग्राम आधुनिक युग में भी हो रहा है। यह सभ्य और असभ्य के बीच का संघर्ष है। यह धर्म और अधर्म के बीच का संघर्ष है।

किष्किंधा कांड भक्ति की खोज भी है। सीताजी भक्ति स्वरूप हैं। भक्ति जब खो जाती है तो हमारी शांति का अपहरण हो जाता है। हमारे भीतर का आसुरी रावण-प्रवृत्ति हमारी भक्ति को हर लेती है। इसी कांड में एक और संदेश है, वह है—समय काल का अति महत्त्वूपर्ण होना। रामकथा में टाइम मैनेजमेंट (समय प्रबंधन) के अनेक उदाहरण हैं। एक उदाहरण लेते हैं—सुग्रीव ने चारों दिशाओं में वानरों को भेजते समय (सीताजी की खोज में) समय सुनिश्चित कर दिया था कि इतने दिनों में लौटना ही होगा, अन्यथा दंड मिलेगा (वा.रा. 4.40.69-70)। सुंदरकांड सफलता के अनेक सूत्र बताता है। इस कांड में सबकुछ सुंदर है, लेकिन सिर्फ सुंदर दिखना ही पर्याप्त नहीं। जीवन सुंदर तब है, जब इसमें सुख के साथ शांति भी हो। रावण अशांत था, जीवन में सबकुछ सुंदर होते हुए भी। हाँ, हनुमानजी ने यह जरूर बतलाया कि दूसरे के क्षेत्र में जाकर आप कैसे सफल हो सकते हैं। सुंदरकांड में सफलता के छह सूत्र हैं—सक्रिय, सजग, सक्षम, संघर्ष, समर्पण, संवेदनशीलता। सफलता के लिए एक काम और करना होगा—मन-वचन-कर्म में एकरूपता लानी होगी।

रामकथा समाज के वृद्ध और उनके अनुभव का लाभ भी प्रदर्शित करती है। जामवंतजी, जो वानर सेना में सबसे वृद्ध हैं, के वचन और उनके भावों का समय-समय पर प्रदर्शन होता है। हनुमानजी सिर्फ बलशाली ही नहीं हैं, बल्कि समझदार भी हैं। वे जानते हैं कि देश-काल-परिस्थिति के अनुसार कब क्या करना चाहिए और उसके लिएं वे तैयार एवं तत्पर भी रहते। अत: तुलसीदासजी ने उन्हें 'मतिधीर' कहा है, अर्थात् बुद्धिमान भी और धैर्यवान भी।

रामकथा में आत्मविश्वास का चरम तब दिखाई देता है, जब श्रीराम विभीषण का राज्याभिषेक कर देते हैं, जबकि तब तक युद्ध हुआ भी नहीं था। यह एक महान् सेनापति की दूरदर्शिता है, यह युद्धनीति भी है। इस एक घटना में अनेक रहस्य-सूत्र हैं, जिस पर गुरुदेव ने अनेक बार चर्चा की है। इसे समझने के लिए शासकों के पास विशेष दृष्टि होनी चाहिए।

रावण वध के पश्चात् सीता की अग्निपरीक्षा संस्कारों की पराकाष्ठा है। श्रीराम कहते भी हैं कि उन्हें सीताजी के अटूट सतीत्व तथा पवित्र आत्मा के बारे में पहले से ही विश्वास था। रावण कभी भी विशुद्धात्मा सीताजी की पवित्रता का उल्लंघन नहीं कर सकता था, क्योंकि वे अपने निर्मल चरित्र के बल पर अपनी रक्षा करने में समर्थ थीं। यह अग्निपरीक्षा दुनिया के लोगों को संतुष्ट करने के लिए थी (वा.रा. 6.118)। यह श्रीराम व सीताजी का लोकलाज प्रस्तुत करने का उत्तम उदाहरण है। सीताजी से मिलने के पश्चात् श्रीराम व लक्ष्मण ने पिता दशरथ की आत्मा को श्रद्धांजलि दी। वे उनकी आत्मा से बातचीत कर रहे थे और अपनी अंतरात्मा की आवाज सुना रहे थे। राजा दशरथ की आत्मा ने भी सीता को 'बेटी' कहकर सांत्वना दी कि वह अपनी अग्निपरीक्षा से कुपित न हो, क्योंकि यह लोगों के सामने उनकी पवित्रता को प्रमाणित करने के लिए आवश्यक थी (वा.रा. 6.119.35)। सीताजी की अग्निपरीक्षा के बाद श्रीराम अपने लोक-मर्यादापूर्ण स्वरूप का परिचय देते हैं। वे इस परीक्षा के औचित्य को सार्वजनिक रूप से स्पष्ट करते हुए कहते हैं—'हे अग्निदेव! लोगों में सीताजी की पवित्रता का विश्वास दिलाने के लिए इनकी यह शुद्ध विषयक परीक्षा आवश्यक थी, क्योंकि शुभ लक्षणा सीता को विवश होकर दीर्घकाल तक रावण की कैद में रहना पड़ा है। यदि मैं यह न करता तो लोग कहते कि दशरथ पुत्र बड़ा ही मूर्ख और कामी है (वा.रा. 6.118.13-14)।'

अग्निपरीक्षा के संदर्भ में हम श्रीराम के कटु वचन को तो याद करते हैं, लेकिन उन्होंने पहले स्वयं को कितना पीड़ित और प्रताड़ित किया, इसकी कल्पना नहीं करते। श्रीराम रावण-वध के पश्चात् माता सीता से पहली बार मिलने पर उनसे यह कहते हैं कि वे कहीं भी जाने के लिए स्वतंत्र है (वा.रा. 6.115.18)। इसे आधुनिक काल के कई तथाकथित नारीवादी नकारात्मक रूप में लेंगे, लेकिन यह भी एक तरह से नारी को स्वतंत्रता प्रदान करने का प्रमाण है, जो श्रीराम सीताजी को दे रहे हैं। सीताजी निर्णय के लिए यहाँ स्वतंत्र हैं। श्रीराम की शंका पर सीताजी का उत्तर भी महत्त्वपूर्ण है, जो वे अग्निपरीक्षा से पूर्व कहती हैं। यह उनके स्वतंत्र व्यक्ति होने का परिचायक है (वा.रा. 6.116)।

अयोध्या वापस जाने से पूर्व श्रीराम हनुमानजी को अयोध्या भेजते हैं, सिर्फ यह जानने के लिए कि भरत के मनोभाव क्या हैं। श्रीराम कहते हैं—'समस्त मनोवांछित भोगों से संपन्न तथा हाथी, घोड़ा और रथों से भरपूर बाप-दादों का राज्य सुलभ हो तो वह

किसके मन को नहीं पलट देगा। कैकेयी की संगति और चिरकाल तक राज्यवैभव का संसर्ग होने से भरत अगर स्वयं ही राज्य पाने की इच्छा रखते हों तो भरत बेखटके राज्य करे, उस दशा में हम कहीं अन्यत्र रहकर तपस्वी जीवन व्यतीत करेंगे (6.125.16-17)।' यह श्रीराम के महान् व्यक्तित्व को समझने के लिए पर्याप्त है।

लेकिन भरत भी कम नहीं थे। उनमें सनातन संस्कारों के आदर्श गुण थे। उनमें भी परिवार को बाँधे रखने के लिए अनेक संस्कार हैं। जैसेकि जब भी कोई शुभ समाचार है, घर में सबको सूचना मिलनी चाहिए। इसी कारण से भरत श्रीराम के आगमन की सूचना पहले गुरु फिर घर-परिवार में अन्य सभी को देते हैं। ''श्रीराम का अयोध्या आगमन हो चुका है।"

गुरुदेव ने आँखें खोलीं तो देखा कि टीवी पर ब्रेकिंग न्यूज थी। ''कश्मीर में सीमा पार एक प्रमुख आतंकी कैंप में भीषण आग लगी हुई है और गोली चलने, बम फटने की आवाज से पूरा क्षेत्र काँप उठा है। उस कैंप में रहनेवाले किसी के भी बचने की कोई उम्मीद नहीं। अंतरराष्ट्रीय आतंकी संगठन के मुखिया के भी मारे जाने का समाचार है। अनुमान लगाया जा रहा है कि सिंधु नदी के पानी के बहाव के साथ कुछ भारतीयों ने इस कैंप में प्रवेश किया था। उनकी संख्या दो से तीन बताई जा रही है। वे कौन थे, किसलिए आए थे, इसके बारे में अभी कोई सूचना प्राप्त नहीं है। सीमा पर सेना सतर्क कर दी गई है''' सुनकर व आग में जलकर राख होते हुए कैंप को टीवी स्क्रीन पर देखकर गुरुदेव के वृद्ध मुख पर चमक उभरी थी, गर्व के भाव थे, साथ ही संतोष उपजा था''' गुरुदेव ने मुसकराकर आँखें बंद कीं तो''' 'दादाश्री!' '''लगा कि किसी ने उन्हीं को पुकारा है। एक पल के लिए गुरुदेव भी चौंके थे''' यह तो रामवंशी की आवाज है। '''स्मरण करते ही मुख पर मुसकराहट उभरी, धीरे से आँखों को पुनः बंद किया और निकल पड़े अनंत यात्रा पर।

□

7

उत्तर कांड

प्रथम सर्ग : वानप्रस्थ एवं संन्यास

"गुरुदेव सदैव संस्कारों के महत्त्व पर चर्चा करते थे। संस्कार सनातन समाज को सभ्यता के शिखर पर पहुँचाने में अहम भूमिका निभाते हैं। संस्कारों में वानप्रस्थ और संन्यास का महत्त्वपूर्ण स्थान है।" वसिष्ठ आश्रम में गुरुदेव की श्रद्धांजलि सभा में गुरुकुल के आचार्य निरंतर प्रवचन कर रहे थे। अपराजिता शांत मन से, स्थिर भाव से, आँखें बंद कर ध्यानपूर्वक सुनती।

"ब्राह्मण ग्रंथों में कहा गया है—*'ब्रह्मचर्याश्रमं समाप्य गृही भवेत् गृही भूत्वा वनी भवेद् वनी भूत्वा प्रव्रजेत।'* अर्थात् 'मनुष्यों को उचित है कि ब्रह्मचर्याश्रम की समाप्ति करके गृहस्थ होवें। गृहस्थ होकर वनी अर्थात् वानप्रस्थ होवें और वानप्रस्थ होकर संन्यास ग्रहण करें।' वानप्रस्थ जीवन का एक उदाहरण रामकथा में मिलता है। महर्षि अगस्त्य के आश्रम में जब श्रीराम पहुँचे, तब अगस्त्यजी ने पहले अग्नि में आहुति दी, फिर वानप्रस्थ धर्म के अनुसार अर्घ्य दे अतिथियों का भलीभाँति पूजन करके उनके लिए भोजन दिया (वा.रा. 3.12.27)।

संन्यास क्या है? किस अवस्था को कहते हैं? संन्यास उसको कहते हैं, जो मोह आदि आवरण और पक्षपात छोड़कर विरक्त होकर पृथिवी में परोपकार्य के लिए विचरे। जिस दिन दृढ़ वैराग्य प्राप्त हो, उसी दिन चाहे वानप्रस्थ का समय पूरा भी न हो, संन्यासाश्रम ग्रहण करें। न तो अपने जीवन में आनंद और न अपने मृत्यु में दुःख मानें और काल व मृत्यु की प्रतीक्षा करता रहें।

मनुष्य भोग का जीवन अपनाए या त्याग का? यह प्रश्न और इस पर चिंतन होता रहता है। वर्तमान में डूबकर रहें या भविष्य की चिंता करें, अर्थात् प्रवृत्ति मार्ग पर चले या निवृत्ति मार्ग पर। इसका समाधान वैदिक ऋषियों ने दिया। वे कहते हैं—'हे मानव! संसार का संपूर्ण भोग्य-पदार्थ पिता परमेश्वर का है। यह वैभव उसका है। उसका समझकर इसका उपभोग कर। जैसे तुझे मिला है, वैसे किसी दिन तुझसे छूट भी जाना है। अर्थात् त्यागपूर्वक उपभोग कर, निवृत्तिपूर्वक प्रवृत्ति कर जब छोड़ने का समय आए, तब छोड़ने

के लिए तैयार रहकर उपभोग कर।'

संसार का प्रारंभ भोग है। अंत त्याग है। तो क्या जीवन को भोग से ही प्रारंभ करना चाहिए? नहीं, क्योंकि भोग भी बिना त्याग के नहीं भोगा जा सकता। इसे इस तरह से समझ सकते हैं, जिसे सदा ही स्वादिष्ट भोजन प्रारंभ से मिलता रहे, उसे भोजन का आनंद नहीं पता होगा। अतः ब्रह्मचर्याश्रम गृहस्थाश्रम के लिए तैयारी का आश्रम है। वह संसार के ऐश्वर्य का जीवन में उपभोग कर सके, इसलिए ब्रह्मचार्यवस्था में उसे ऐश्वर्यों से दूर रखा जाता है। गृहस्थाश्रम संसार को भोगने का आश्रम है। अर्थात् वैदिक संस्कृति संसार से भागने की बात नहीं करती, बल्कि भोगने की बात करती है। आत्मतत्त्व के उच्चतम विकास के लिए प्रवृत्ति भोग और विषयों से इस तरह निपट लेना कि फिर बार-बार उधर मन न भागे। सत्य तो यह है कि वैदिक ऋषि संसार की यथार्थता को पूर्णतः स्वीकार करते थे। यही कारण है, जो प्राचीन भारत की समृद्धि, यहाँ का वैभव-ऐश्वर्य अपने शिखर पर था। लेकिन सांसारिक समृद्धि अंतिम सत्य नहीं, क्योंकि यह एक दिन छूट जाना है।

सांसारिक जीवन में गृहस्थ एक ऐसी व्यूह रचना है, जिसमें मनुष्य अभिमन्यु की तरह प्रवेश तो कर लेता है, लेकिन इसमें निकलना या तो जानता नहीं या फिर भूल जाता है। अधिकांश लोग इसमें फँसकर ही अपना जीवन समाप्त कर लेते हैं। जबकि गृहस्थ एक आश्रम है, जीवन-यात्रा का एक पड़ाव। वैदिक संस्कृति में आमजन 50 साल की उम्र या फिर नाती-पोते के होते ही घर-गृहस्थी का भार बच्चों पर छोड़कर अगले आश्रम के लिए निकल पड़ते थे। जो इस तरह से स्वयं आगे चल देते हैं, उनकी मान-मर्यादा, प्रतिष्ठा बनी रहती है। जब दुनिया-घर-परिवार छूटना ही है तो वह हमारी मर्जी से क्यों न छोड़ा जाए। यही बुद्धिमानी है। वानप्रस्थ द्वारा समाज में सभी तरह के झगड़े समाप्त हो सकते हैं, इसलिए श्रद्धापूर्वक ब्रह्मचर्य और गृहाश्रम का अनुष्ठान करके वानप्रस्थ आश्रम अवश्य ग्रहण करना चाहिए।"

आँख बंद कर ध्यानपूर्वक सुन रही अपराजिता सोचने लगी कि क्या उसका वानप्रस्थ का समय आ गया है? नहीं। अनायास ही उत्तर भी अंतरात्मा ने किया था। लेकिन क्यों? कैसे? अनेक प्रश्न और आंतरिक द्वंद्व प्रारंभ हुआ तो मन में अशांति उत्पन्न होने लगी। मन को केंद्रित करने के लिए पुनः प्रवचन पर ध्यान केंद्रित किया—

"मनुस्मृति के छठे अध्याय में वानप्रस्थ और संन्यास का विस्तृत वर्णन है। वानप्रस्थ को नित्य स्वाध्याय, इंद्रियदमन, परोपकार, सबके प्रति मित्रभाव रखना, दानशील, किसी से कुछ ग्रहण न करना और सभी जीवों पर दया-अनुग्रह करनेवाला होना चाहिए (मनु. 6.8)। आयु के तृतीय भाग को वन में व्यतीत करके चतुर्थ भाग के आते ही सभी प्रकार के संगों (विषय तथा व्यक्ति) को छोड़कर संन्यास आश्रम को धारण करना चाहिए

(मनु. 6.33)। संन्यास जीवन-यात्रा में अंतिम पड़ाव है। संन्यास का अर्थ, अब तक लगाव का बोझ उसके कंधों पर लदा रहा, उसे उठाकर अलग कर देना, छोड़ देना है। केवल कपड़े कम पहनकर और भीख माँगकर रोटी खाने का नाम ही संन्यास नहीं है। संन्यासी बाहर का नहीं, भीतर का चिह्न है, आंतरिक व्यवस्था है। आज के युग में संन्यासियों के बड़े-बड़े मठ-देवालय होते हैं। यह संन्यास नहीं है। संन्यास राग-द्वेष, मोह-ममता छोड़ने का नाम है। संन्यासी मृत्यु के निकट पहुँचकर जीता है। मरना तो एक दिन सभी को है। संन्यासी जीते-जी मरने का मजा लूट लेता है। वह दुनिया से चलने के लिए हर वक्त तैयार रहता है। संन्यास जीते-जी चिता में जल जाने के समान है। लेकिन इसका अर्थ यह नहीं कि संन्यासी समाज पर बोझ बन जाता है या निकम्मा, कर्महीन हो जाता है, बल्कि वह त्याग से सेवा की ओर मुड़ जाता है। गृहस्थ में मनुष्य अपने बच्चों की सेवा में लगा रहता है, फिर वानप्रस्थ में वह अपने निकट के गाँव-नगर की सेवा करता है और संन्यासी विश्व की सेवा में लग जाता है। वह विश्व नागरिक हो जाता है। आज संसार को सच्चे संन्यासियों की आवश्यकता है। वैदिक संस्कृति के ऋषि सच्चे अर्थों में संन्यासी थे, जो विश्वकल्याण की कामना करते, संपूर्ण मानव जाति के हित की कल्पना करते।"

प्रवचन के शब्द वातावरण में प्रवाहित हो रहे थे। इन शब्दों के बीच अचानक गुरुदेव का प्रतिबिंब उभरा था और लगा कि वे स्वयं बोल रहे हैं··· संन्यास पलायन नहीं है। गुरुदेव अंतिम समय तक समाज में सनातन धर्म स्थापना के कार्य में रत रहे। रामवंशी ने तो गृहस्थ रहते हुए धर्म स्थापना के लिए अपना सबकुछ बलिदान कर दिया। यही राम मार्ग है और यही इस युग की आवश्यकता भी है। जीवन में उद्देश्य हो तो मन भ्रमित नहीं होता। ऐसा ही कुछ विचार अपराजिता का भी रहा है। उसने पुनः प्रवचन पर ध्यान केंद्रित किया था···

"प्रवृत्ति के बाद निवृत्ति ही वानप्रस्थ की भावना है। वानप्रस्थ केवल जंगल में भाग जाना नहीं है, बल्कि इस भाव को मन में जाग्रत् करना है, जीवन में उतारना है। सत्य तो यह है कि एक योद्धा वानप्रस्थ में ही होता है और संन्यास भाव के साथ रहने पर ही अपना क्षात्र धर्म निभा सकता है। आज के युग में सनातन योद्धा को इसी भाव से जीवन व्यतीत करना चाहिए।

प्राचीन काल में गृहस्थलोग ठीक समय आने पर नगर के बाहर जंगल में अपनी कुटिया बना लेते थे। इन कुटिया में नगर से गृहस्थी जाया करते परामर्श लेने और आत्मिक शांति के लिए। वानप्रस्थ आश्रम के कारण समाज में नए लोगों को मौका मिलता था। इससे आर्थिक समस्या का भी समाधान होता था। समाज में बेरोजगारी नहीं होती थी। वानप्रस्थियों के आश्रम गुरुकुल की भूमिका भी निभाते। हम वर्तमान में इसी

भूमिका में हैं। वन में स्थित आश्रमों में पथिकों को आश्रय मिलता था (वा.रा. 3.11.79) और यही कार्य अनेक आश्रम आज भी कर रहे हैं। गुरुदेव के असंख्य शिष्य, उनके पुत्र दशकों से इस भूमि को पुनः देवभूमि बनाने में प्रयासरत हैं।

वैदिक ऋषि (अथर्व. 9.5.1) कहते हैं—'हे गृहस्थ! तू वानप्रस्थाश्रम का आरंभ कर, अपने मन को गृहस्थाश्रम से इधर की ओर ला। पुण्यात्माओं के देखने योग्य वानप्रस्थाश्रम को भी प्राप्त हो। बहुत प्रकार के बड़े-बड़े अज्ञान, दुःख आदि संसार के मोहों से पृथक् होकर अपनी आत्मा को अजर-अमर जान और दुःखरहित वानप्रस्थाश्रम पर आरूढ़ हो।'

वेदों में वानप्रस्थ के लिए मुनि और (वनी) शब्द का प्रयोग उपनिषदों में हुआ है। संन्यास के लिए यति शब्द का प्रयोग हुआ है (ऋ. 1.158.6, मनु. 6.56)। वनि और यति के लिए अनेक निर्देश हैं। कई तो इतने सरल और स्पष्ट हैं कि कुछ अधिक कहने की आवश्यकता ही नहीं। उदाहरणार्थ—'संन्यासी को बचे-खुचे को पाकर ही संतोष कर लेना चाहिए।' लेकिन इसके भावार्थ गहरे हैं। संदेश दूरगामी हैं।

वानप्रस्थ और संन्यास का विचार करनेवालों के लिए मनु एक और महत्त्वपूर्ण बात कहते हैं, सभी भक्तगण ध्यानपूर्वक सुनें—'विधिपूर्वक वेदों का अध्ययन करके, विवाहादि से धर्मपूर्वक संतान उत्पन्न करके, अपने तीनों ऋणों (पितृ, ऋषि और देवऋण) को चुकाकर ही व्यक्ति को मोक्ष की चिंता करनी चाहिए (मनु. 6.36)।' मनु आगे स्पष्ट करते हैं—'वेदों का अध्ययन किए बिना, संतान उत्पन्न किए बिना तथा ऋण चुकाए बिना मोक्ष की चिंता करनेवाले का अधोगमन होता है (मनु. 6.37)।'"

···लेकिन मेरे पुत्र के पुत्र का जन्म तो हुआ नहीं, फिर उसे मोक्ष की प्राप्ति कैसे होगी···पुत्र का पुत्र न होने से मेरे वानप्रस्थ का तो प्रश्न ही नहीं होता···इस विचार ने अपराजिता के भ्रम को मूल से समाप्त कर उसे एक नया मार्ग दिखाया था। प्रवचन समाप्त होते ही अपराजिता ने सौमित्र को फोन लगवाया और उसे तुरंत आने के लिए कह दिया गया था।

"कोई विशेष कार्य, बड़ी माँ?" सौमित्र ने पूछा तो उत्तर सीधे-सीधे देते हुए अपराजिता ने कहा था···

"गुरुदेव के स्वप्न को पूर्ण करना है—रामवंशी और जनकात्मजा एक कार्य पीछे छोड़ गए हैं, उसे तुम्हें पूर्ण करना है···श्रीराम के मार्ग पर चलनेवाले रामवंशियों के वंश को आगे बढ़ाने का कार्य तुम्हें करना है, अतः तुम्हारा विवाह जनकात्मजा की छोटी बहन से करने का मेरा विचार है, तुम्हें कोई आपत्ति तो नहीं?" एक पल के लिए दूरभाष पर मौन देख अपराजिता ने पुनः पूछा—

"क्या तुम्हें स्वीकार नहीं, पुत्र?"

"नहीं बड़ी माँ। आपके शब्द मेरे लिए आदेश होते हैं। 'न' कहने का कोई प्रश्न ही नहीं बड़ी माँ।"

"तो फिर जितनी जल्दी हो सके, घर वापस आओ।" कहकर फोन काट दिया गया था। अपराजिता की बात सुनकर छोटी ठकुराइन की आँखों में प्रसन्नता के आँसू थे। यह बात आश्रम में जंगल में आग की तरफ फैल गई। आचार्य विश्वरथ ने सुना तो इतना ही कहा था—

"यह गुरुदेव को सच्ची श्रद्धांजलि है।" ...और अगले दिन ही श्रद्धांजलि सभा में रामकथा पुनः चर्चा के केंद्र में थी। आचार्य विश्वरथ के मुख पर आज संतोष और शांति के भाव थे, कहने लगे—

"जीवन रुकता नहीं, ठहरता नहीं, इसी तरह जीवन संघर्ष भी कभी रुकता नहीं। गुरुदेव सदा ही हर विषय की चर्चा में, विवेचना में, प्रवचन में रामकथा का उदाहरण अवश्य लिया करते थे। मैं भी ऐसा ही प्रयास कर उस परंपरा का निर्वहन करना चाहूँगा। पिता दशरथ की मृत्यु का समाचार सुनकर भी श्रीराम अपने कर्तव्य मार्ग से, धर्म के मार्ग से विचलित नहीं हुए, वन में ही आगे बढ़ते रहे। हमें भी आगे बढ़ते रहना होगा। यही रामकथा का संदेश है। कल आचार्य संवरण वानप्रस्थ और संन्यास संस्कार पर बात कर रहे थे। इसका पालन इक्ष्वाकु वंश में भी हुआ है। इक्ष्वाकु वंश में वृद्ध राजा वन में जीवनयापन करते थे। आगे रघुवंश में राजा के वृद्ध होने पर वानप्रस्थ ग्रहण कर वन में चले जाने की परंपरा बनी रही। दिलीप और सुदक्षिणा भी जंगल में चले गए थे। कालिदास कहते हैं—*'अथ स विषयव्यावृत्तात्मा यथाविधि सूनवे नृपतिककुदं दत्त्वा यूने सितातपवारणम्। मुनिवनतरुच्छायां देव्या तया सह शिश्रिये गलित वय सामिक्ष्वा कूणामिदं हि कुलव्रतम्।'* (रघु. 3.70) अर्थात् 'इसके बाद विषयों (इंद्रियग्राह्य) से जिनका चित्त हट गया है, ऐसे दिलीप महाराज शास्त्रोक्त रीति से युवावस्था को प्राप्त रघु को राजचिह्न श्वेतच्छत्र देकर पूर्वोक्त महारानी सुदक्षिणा के साथ मुनिजनों के तपोवन के वृक्षों की छाया का सेवन करने लगे, अर्थात् वानप्रस्थाश्रम ले लिया। क्योंकि वृद्ध इक्ष्वाकु वंश के राजाओं का वन में जाना कुलागत नियम है।'

जीवन में कुछ यात्राएँ अकेले ही करनी पड़ती हैं। यह रामकथा में अनेक प्रसंगों में आता है। यह भी एक संदेश है। अपने पुत्र का राज्याभिषेक करके रघु ने सभी सांसारिक ऐश्वर्य को त्यागकर वल्कल पहन संन्यासी जीवन के साथ वानप्रस्थ किया तो पुत्र ने विनती की। फिर भी रघु ने सिर्फ इतना ही स्वीकार किया कि वे नगर के बाहर एक आश्रम में निवास करेंगे संन्यासी बनकर। जिसकी सेवा फिर पुत्र ने की। कालांतर में रघु व अज की यह कथा समाज में एक उत्तम उदाहरण बनी। अज ने रघु की मृत्यु पर सभी मृतक-संस्कार किए व श्राद्ध भी किया और इस तरह रघु को मोक्ष की प्राप्त हुई (रघु. 8.1-26)।

"उपरोक्त घटनाक्रम के ठीक पूर्व में कालिदास भावपूर्ण वर्णन करते हैं—*'प्रथमपरिगतार्थस्तं रघुः सन्निवृत्तं विजयिनमभिनन्द्य श्लाघ्यजायासमेतम्। तदुपहित कुटुम्बः शान्तिमार्गोत्सुकोऽभून्नहि सति कुल धुर्ये सूर्यवंश्या गृहाय।'* (रघु 7.71) अर्थात् 'अज के पहुँचने से पहले ही समाचार को मालूम किए हुए रघु लौटे हुए, विजयी तथा प्रशंसनीय स्त्री से युक्त उस अज का अभिनंदन कर उन पर कुटुंब का भार समर्पित कर शांति मार्ग अर्थात् मुक्ति के लिए उत्सुक हुए, क्योंकि सूर्यवंशी राजा अपनी संतान के राज्य भार सँभालने के योग्य होने पर गृहस्थाश्रम में नहीं रहते।'

कालांतर में यही भाव रखते हुए एक स्थान पर लक्ष्मण कहते भी हैं—'पुरातन राजर्षियों की आचार परंपरा के अनुसार प्रजा का पुत्रवत् पालन करने के निमित्त प्रजा वर्ग को पुत्रों के हाथ में सौंपकर वृद्ध राजा का वन में निवास करना उचित बताया जाता है (वा.रा. 2.23.26)।' इस तरह से राजा दशरथ को वानप्रस्थ धर्म का पालन करना चाहिए था, जो उनके द्वारा करता हुआ दिखाई नहीं देता। महाराज दशरथ इसे स्वीकारते हैं और कर्म की महत्ता को कौसल्या से कहते हैं (वा.रा. 2.63.6)—'मानव शुभ-अशुभ जो भी कर्म करता है, अपने उसी कर्म के फलस्वरूप सुख-दुःख प्राप्त करता है।'

भक्तो! हनुमानजी भी एक समय मन-ही-मन वानप्रस्थी होने का सोचते हैं, जब सीताजी को लंका में नहीं ढूँढ़ पा रहे थे। वानप्रस्थी में अपने आप जो फल आदि खाद्य वस्तु प्राप्त हो जाएगी, उसी को खाकर रहना और शौच, संतोष आदि नियमों के पालनपूर्वक वृक्ष के नीचे निवास करना (वा.रा. 5.13.40)। यहाँ ब्रह्मचारी हनुमान भी वानप्रस्थी होने का विचार बना रहे हैं, अर्थात् जीवन में कोई भी कभी भी वानप्रस्थी हो सकता है। इस त्यागभाव से आत्मबल मिलता है।"

□

द्वितीय सर्ग : रामोत्तर वंशवृक्ष

श्रीराम ने भाइयों के साथ लंबे समय तक राज किया। श्रीराम के राज्य-शासकाल में प्रजावर्ग में केवल राम, राम, राम की ही चर्चा होती थी। सारा जगत् श्रीराममय हो रहा था (वा.रा. 6.128.102)। ठीक इसी तरह वसिष्ठ आश्रम में रामकथा के प्रवचन में भी निरंतरता बनी रही। समय की अपनी गति है तो रामकथा का भी अपना अनंत संसार है। तुलसीदास तो कहते भी हैं—'*हरि अनंत हरिकथा अनंता। कहहिं सुनहिं बहुबिधि सब संता। रामचंद्र के चरित सुहाए। कलप कोटि लगि जाहिं न गाए* (रा.मा. 1.139.3) / अर्थात् श्रीहरि अनंत हैं, उनका कोई पार नहीं पा सकता और उनकी कथा भी अनंत है। सब संत लोग उसे बहुत प्रकार से कहते-सुनते हैं। श्रीरामजी के सुंदर चरित्र करोड़ कल्पों में भी गाए नहीं जा सकते।'

दो दशक बीत गए और एक दिन आचार्य विश्वरथ उत्तर कांड पर चर्चा कर रहे थे। आश्रम में उनके साथ के सभी अपनी-अपनी अनंत यात्रा पर निकल चुके थे। लेकिन अभी आचार्य विश्वरथ ने धर्म की ध्वजा पकड़ी हुई थी और उनकी रामकथा निरंतर चल रही थी। आज अधिक उत्साहित थे, क्योंकि कश्मीर के उत्तरीय आश्रम से सौमित्र आया हुआ था, केवल कुछ दिनों के लिए, विशेष रूप से उन्हीं से मिलने। आचार्य विश्वरथ ने देखा कि दूर भक्तों के बीच सौमित्र आँख बंद कर शांतभाव से प्रवचन सुन रहा था…

"'*सादर सिवहि नाइ अब माथा। बरनउँ बिसद राम गुन गाथा।*' (रा.मा. 1.33.2) तुलसीदासजी कहते हैं—और मेरे भी यही शब्द माने जाएँ—'अब मैं आदरपूर्वक श्रीशिवजी को सिर नवाकर श्रीराम के गुणों की निर्मल कथा कहता हूँ।' तुलसीदासजी जब कहते हैं तब लगता है, मानो मेरी स्थिति का वर्णन कर रहे हैं—'*करन चहउँ रघुपति गुन गाहा। लघु मति मोरि चरित अवगाहा।*' (रा.मा. 1.7.3) अर्थात् 'मैं श्रीरघुनाथजी के गुणों का वर्णन करना चाहता हूँ, परंतु मेरी बुद्धि छोटी और श्रीरामजी का चरित्र अथाह है।' फिर तुलसीदासजी सत्य ही तो कहते हैं—'*कबि न होउँ नहिं चतुर कहावउँ। मति अनुरूप राम गुन गावउँ॥ कहँ रघुपति के चरित अपारा। कहँ मति मोरि निरत संसारा॥*'

(रा.मा. 1.11.5) अर्थात् 'सत्य ही तो है—मैं न तो कवि हूँ, न चतुर कहलाता हूँ, अपनी बुद्धि के अनुसार श्रीरामजी के गुण गाता हूँ। कहाँ तो श्रीरघुनाजी के अपार चरित्र, कहाँ संसार में आसक्त मेरी बुद्धि।'

क्यों रामभक्तो! यह असत्य तो नहीं! कहाँ मैं एक सेवानिवृत्त फौजी गुरुदेव की कृपा से रामकथा सुनाने में प्रयासरत हूँ," कहकर आचार्य विश्वरथ ने दूर बैठे सौमित्र की तरफ पुनः देखा और उसी समय सौमित्र ने आँखें खोलीं तथा आचार्य को सिर झुकाकर सादर नमन किया। यह एक सेवानिवृत्त फौजी से रामरस में डूबे आचार्य विश्वरथ की यात्रा को नमन था...और फिर सौमित्र भी तो कभी फौज में कमांडो रहा है, उसे आचार्य विश्वरथ की रामकथा में आनंद आ रहा था...

"रामराज्य को स्थापित करने के उपरांत एक दिन श्रीराम ने कुश को कुशावती में और लव को शरावती में स्थापित किया। दक्षिण कोसल पर कुश और उत्तरी कोसल पर लव का राजतिलक किया गया। कुश की राजधानी कुशावती विंध्य पर्वत के किनारे है। लव की राजधानी शरावती (श्रावस्ती) नेपाल सीमा पर स्थित है (वा.रा. 7.108.3-6)। वर्तमान में यह उत्तर प्रदेश के गोंडा जिले में है। आज हम श्रीराम के उत्तरकालीन अयोध्या वंशवृक्ष की चर्चा करेंगे। श्रीराम ने अपने जीवनकाल में ही लव और कुश को दो भिन्न प्रदेश का शासक बना दिया था। लेकिन श्रीराम के स्वर्ग की यात्रा पर निकलने पर अयोध्या सूनी हो गई। होना भी था। महाकवि कालिदास ने रघुवंशम् में ध्वस्त और उजड़ी अयोध्या का जीवंत चित्रांकन किया है। साथ ही कुश द्वारा अयोध्या के पुनर्संगठन पर प्रकाश भी डालते हैं (रघु. 16)। कालिदास कहते हैं—*'वसन्स तस्यां वसतौ रघूणां पुराणशोभामधिरोपितायाम्। न मैथिलेयः स्पृहयाम्बभूव भर्त्रे दिवो नाप्यलकेश्वराय।'* (रघु. 16.42) अर्थात् 'प्राचीन शोभा को पुनः प्राप्त की हुई रघुवंशियों की उस नगरी अयोध्यापुरी में निवास करते हुए मैथिलीकुमार कुश ने स्वर्गाधीश इंद्र और अलकाधीश कुबेर की भी स्पृहा नहीं की, अर्थात् अपने सामने इंद्र और कुबेर को भी कुछ नहीं समझा।' अतः अयोध्या वंशवृक्ष कुश से आगे बढ़ता है। वैसे भी सभी भाइयों ने कुश का सम्राट् माना था। लेकिन लव के राजवंश का उल्लेख भी होता है, इस श्रावस्ती शाखा वंशवृक्ष की चर्चा महाभारत में भी प्राप्त है। महाभारत (2.30.1-2) से ही ज्ञात होता है कि जिस समय श्रावस्ती शाखा के नरेश बृहदबल शासन कर रहे थे, उसी समय अयोध्या में कुश शाखा के राजा दीर्घयज्ञ का शासन था।

कुश वंशावली की चर्चा करें तो वह इस प्रकार आगे बढ़ती है...

कुश और कुमुद्वती ने अतिथि को जन्म दिया (रघु. 17.1)। यह तेजस्वी पुत्र था। कुश युद्ध में असुर का वध करते हुए मारा गया था (रघु. 17.5)। अतिथि ने आंतरिक षड् रिपुओं (काम, क्रोध, लोभ, मोह, मद और मात्सर्य) को भी जीत लिया था (रघु.

17.45)। अतिथि का पुत्र निषध हुआ था, जिसका शासन सिंधु पार तक था (रघु. 18.4)। निषध का पुत्र नल हुआ, उसका पुत्र नभस् हुआ। उसका पुत्र पुंडरीक हुआ। उसका पुत्र क्षेमधन्वा हुआ, जिसको राज सौंपकर पिता तप करने जंगल में चले गए। यही रघुवंश की परंपरा थी। क्षेमधन्वा का पुत्र देवोपम हुआ, जो देवानीक नाम से तीनों लोकों में जाना जाता। उसका पुत्र अहीनगु हुआ, जिसने समूची पृथ्वी पर शासन किया (रघु. 18.1-14)। उसका बेटा पारियात्र और उसका पुत्र शिल हुआ। उसका सुत उन्ननाभ नाम से जगप्रसिद्ध हुआ। उसका पुत्र वज्रणाभ हुआ, जिसका पुत्र शंखण हुआ। शंखण ने समुद्रपर्यंत पृथ्वी पर राज किया। उसका पुत्र व्युषिताश्व नाम से प्रसिद्ध हुआ। जिसका पुत्र विश्वसह हुआ, जिसका पुत्र हिरण्यनाभ हुआ। जिसका पुत्र हुआ कौसल्य नाम का। उसका पुत्र ब्रह्मिष्ठ। उसका बेटा पुत्र नाम से हुआ। उसका बेटा पुष्य, जिसका आगे बेटा ध्रुवसंधि हुआ। उसका पुत्र सुदर्शन। सुदर्शन शिशु अवस्था में ही राजा बना (रघु. 18.16-53)। उसका पुत्र अग्निवर्ण हुआ, जो कामरोग से पीड़ित था और पुत्र को देखे बिना ही चल बसा। पटरानी सिंहासन पर बैठी, जो गर्भ से थीं और यहाँ कालिदास की रघुवंशम् कथा समाप्त होती है (रघु. 19)। यहाँ अग्निवर्ण संदेश है कि चरित्रहीन राजा के कारण अपयश व वंश पतन निश्चित है। यही इक्ष्वाकु वंश के साथ हुआ।

लव के पश्चात् वंशवृक्ष का वर्णन वायु पुराण, शिव पुराण और भागवत पुराण में मिलता है। बृहद् बल ने महाभारत युद्ध में कौरवों की ओर से भाग लिया था। इसका वध अर्जुन के पुत्र अभिमन्यु ने किया था। इसका वर्णन भागवत पुराण (9.12.8), विष्णु पुराण (4.4.112), लिंग पुराण (66.42) और महाभारत (द्रोणपर्व 47.26) में हुआ है। महाभारतोत्तरकालीन श्रावस्ती शाखा (लव) के राजाओं का उल्लेख मत्स्य पुराण (270.4-16), भागवत पुराण (9.12.9-16), विष्णु पुराण (4.22.1-13), शिव पुराण (भाग-2, 5.39.33-42) में किया गया है। अयोध्या के इक्ष्वाकु वंश के राजाओं में प्रसेनजित् अंतिम महान् सम्राट् माना जा सकता है। उसने भी श्रीराम की नीतियों को ही अपनाया था। प्रसेनजित् ने तक्षशिला में शिक्षा पाई थी। वह तत्कालीन भारत का एक महान् कूटनीतिज्ञ नरेश था। प्रसेनजित् का पुत्र क्षुद्रक (विरुद्धक) निर्दयी, क्रूर एवं दुष्ट स्वभाव का था। क्षुद्रक का पुत्र रणक हुआ और रणक का पुत्र सुरथ। सुरथ से इस वंश के अंतिम राजा सुमित्र का जन्म हुआ (भा.पु. 9.12.15)। सुमित्र सूर्यवंशीय (इक्ष्वाकु वंश भी) शासकों में अंतिम नरेश था। कलियुग में यह वंश समाप्त हो गया (भा.पु. 9.12.16)। सुमित्र की मृत्यु चंद्रगुप्त मौर्य और नंदराज के मध्य हुए युद्ध में हुई थी। इसकी मृत्यु के पश्चात् अयोध्या चंद्रगुप्त मौर्य के आधिपत्य में रही।

भक्तो! भरत के वंश को जानने से पहले उसके चरित्र को समझना आवश्यक है। भरत का यह कहना कि लक्ष्मण धनी और बड़भागी हैं, जो संकट के समय बड़े भाई

श्रीराम की सेवा कर रहे हैं (वा.रा. 2.88.20)। माता सीता भी अपने पति का अनुसरण करके वन में आकर कृतार्थ हो गई हैं (वा.रा. 2.88.21) और फिर भरत ने संकल्प लिया—'मैं पृथ्वी पर अथवा तिनकों पर ही सोऊँगा। फल-फूल का ही भोजन करूँगा और सदा वल्कल वस्त्र तथा जटा धारण करूँगा (वा.रा. 2.88.26)।' यह सब भरत के संस्कार हैं, जो उनसे त्याग करवा रहे हैं। सच कहें तो त्याग में ही आनंद है। परिवार, समाज और विश्व का कल्याण है।

गंधर्व क्षेत्र को भरत द्वारा जीतकर दो क्षेत्रों में विभाजित कर दिया गया था। भरत के पुत्र तक्ष को सिंधु नदी के पूर्वी क्षेत्र का राज्य सौंप दिया गया, जिसकी राजधानी तक्षशिला हुई और दूसरे पुत्र पुष्कल की राजधानी पुष्कलावत बनी, जिसका साम्राज्य सिंधु नदी के पश्चिमी क्षेत्र में था (वा.रा. 7.101.11)। तक्षशिला में विश्व का प्राचीनतम विश्वविद्यालय, संस्कृति की पुरातनता तथा निरंतरता का जीवंत उदाहरण है। लेकिन कटु सत्य है कि यह वर्तमान में पाकिस्तान का रावलपिंडी नगर है और अपनी समृद्ध विरासत भुला चुका है। पुष्कलावत का संदर्भ कालांतर में महाभारत काल में भी मिलता है। यह आधुनिक युग में खैबर पखतुन्खवा प्रांत की पेशावर घाटी में स्थित है। पुराणों में भी इस घटनाक्रम का उल्लेख हुआ है। जहाँ भरत ने श्रीराम के निर्देश पर अपने दोनों पुत्रों के साथ गांधार पर आक्रमण किया था। युद्ध में विजयी होकर गंधर्वों का सब धन लाकर अपने बड़े भाई श्रीराम की सेवा में प्रस्तुत किया (भा.पु. 9.11.13-14, वि.पु. 4.4.100)। यही वर्णन रघुवंशम् (15.88-89) में कालिदास करते हैं।

लक्ष्मण के पुत्र अंगद और चंद्रकेतु के लिए भी दो देश और राजधानी को विकसित किया गया। अंगद को कारूपथ (कारापथ) देश का राजा बनाया गया, जिसके लिए अंगदीया नाम की राजधानी को विकसित किया गया। यह वर्तमान में बंगाल, ओडिशा और बिहार में स्थित है। चंद्रकेतु को मल्ल देश का राजा बनाकर उसकी राजधानी चंद्रकांता को विकसित किया गया (वा.रा. 7.102)। यह आज पश्चिम बंगाल के उत्तर में 24 परगना जिले में स्थित चंद्रकेतुगढ़ है। कालिदास ने भी इस घटनाक्रम का वर्णन किया है (रघु. 15.90)। वायु पुराण के अनुसार लक्ष्मण के अंगद तथा चंद्रकेतु नाम के पुत्रों ने हिमवान पर्वत के सीमावर्ती प्रांतों में अपने राज्य का विस्तार किया। बड़े पुत्र अंगद की राजधानी कारपथ देश में अंगदीया नाम की विख्यात पुरी तथा छोटे पुत्र बलशाली चंद्रकेतु की राजधानी अतिशय शोभा संपन्न चंद्रवक्त्रा नाम की पुरी थी (वा. पु. 2.26.187-188)। इन दोनों नगरों का संदर्भ महाभारत काल में भी है। अनेक विद्वान् इन नगरों-राज्यों का भौगोलिक क्षेत्र भिन्न स्थान पर मानते हैं। इनमें से कुछ विद्वान् इन नगरों को अयोध्या की पश्चिम दिशा में मानते हैं तो एक-दो इतिहासकार सुदूर पश्चिम के देश में स्थित होना कहते हैं। सत्य तो यह है कि प्राचीनतम लेकिन सामान्य नगरों/जनपदों

की भौगोलिक सीमा की रूपरेखा प्रस्तुत करना अत्यंत दुष्कर और चुनौतिपूर्ण कार्य है।

शत्रुघ्न ने लवणासुर का वध करके मधुरापुरी नगर को बसाकर उसका विकास किया। यमुना नदी के तट पर यही नगर मथुरा कहलाया (वा.रा. 7.70)। शत्रुघ्न के पुत्र सुबाहु को मधुरापुरी (मथुरा) का राजा और दूसरे पुत्र शत्रुघाती को विदिशा का राजा बनाया गया (वा.रा. 7.108.10)। वायु पुराण में भी इसका वर्णन हुआ है। शत्रुघ्न ने मधु दानव के पुत्र लवणासुर का वध करके मधुवन में प्रवेश किया और वहीं मथुरा नाम की पुरी का निर्माण किया। उनकी पत्नी विदेह-राजकुमारी से उत्पन्न सुबाहु और शूरसेन (इसे शत्रुघाती नामांतर भी प्राप्त है) ने अपने पिता शत्रुघ्न के साथ मथुरापुरी पर शासन करते हुए प्रजाओं का पालन किया (वा.पु. 2.26.185-186)। और इस तरह से इक्ष्वाकु वंश का रामोत्तर वंशवृक्ष भूमंडल की चारों दिशाओं में प्रतिष्ठित हुआ।"

यह कहकर आचार्य विश्वरथ रुके थे। आँखें बंद कीं, श्रीराम नाम का जप किया। फिर कुछ पल मौन रहकर आँखें खोलीं। भक्तजन आचार्य को प्रणाम कर प्रवचन स्थल से उठकर जाने लगे। अंत में वहाँ सौमित्र बैठा रह गया था। साथ ही, एक ओर भरतेंद्र महाजन और दूसरी ओर रिपुदमन पांडे, जो अब तक बैठे हुए थे, उठकर सौमित्र के खड़े होने की प्रतीक्षा करने लगे।

"वत्स सौमित्र!" आचार्य विश्वरथ ने आवाज दी थी।

"जी आचार्य!" कहते हुए सौमित्र तुरंत पास आ गया था।

"वत्स! इस गुरुकुल परिवार के पास भी भरत और शत्रुघ्न हैं। भरतेंद्र महाजन और रिपुदमन पांडे। ये दोनों केवल नाम से ही नहीं, बल्कि संस्कारों में भी भरत और शत्रुघ्न हैं।"

"जानता हूँ आचार्य। भरतेंद्र भ्राताश्री के त्याग और रिपुदमन अनुज के तप के संदर्भ में सुनता रहता हूँ। मुझे गर्व है दोनों भाइयों पर।"

"वत्स, जो कुछ भी सुना होगा, वह कम ही होगा। संकोचवश या ईर्ष्यावश प्रशंसा कम ही की जाती है, लेकिन उत्साहवर्धन के लिए यह आवश्यक है। अत: मैं यह अवश्य कहूँगा, जबकि ये दोनों निष्काम भाव से धर्म के कार्य में जुटे हुए हैं। तुम्हारे और रामवंशी के जाने के पश्चात् इन दोनों ने ही तुम्हारे और रामवंशी के माता-पिता का अपने माता-पिता से अधिक ध्यान रखा। गुरुदेव और गुरुमाता के सभी संस्कार करके इन दोनों ने इस गुरुकुल की परंपरा को धन्य किया। तब से लेकर अब तक ये दोनों इस आश्रम के लिए तन-मन-धन से पूर्णत: समर्पित हैं।

तुम तो जानते ही हो—*'सुखस्य मूलं धर्म: । धर्मस्य मूलं अर्थ: । अर्थस्य मूलं राज्यं। राजस्य मूलं इन्द्रियाजय: । इन्द्रियाजयस्य मूलं विनय: । विनयस्य मूलं वृद्धोपसेवा।'* इन दोनों ने इस राजयोग के भाव को चरितार्थ किया है। भरतेंद्र महाजन ने अपने व्यापार में

अच्छी प्रगति की, लेकिन लाभ का मुख्य अंश धर्मार्थ इस आश्रम को समर्पित किया और निरंतर कर रहा है। धर्मयुद्ध भी अर्थ के बिना नहीं लड़े जा सकते, विशेषकर जब अधर्म अर्थात् असुर धन बल से शक्तिशाली हो। रिपुदमन पांडे ने ज्ञान मार्ग को चुना है। वर्षों से वैदिक ग्रंथों का ज्ञान आमजन को साधारण और सरल भाषा में लिखकर-बोलकर उन्हें सुसंस्कृत और समृद्ध कर रहा है। विचार के बिना धर्मयुद्ध अधूरा और अधर्म है।" कहकर आचार्य मुसकराए थे।

"आचार्य, यह हमारा कर्तव्य है।" भरतेंद्र महाजन ने नमस्कार मुद्रा में झुककर कहा था। साथ खड़ा रिपुदमन भी झुककर प्रणाम करने लगा।

"तुम्हारी प्रशंसा करना मेरा कर्तव्य है और अधिकार भी, कल्याण हो।" कहकर आचार्य ने दोनों को आशीर्वाद दिया था।

"वत्स! संतोष यह भी है कि दोनों के पुत्र-पुत्रियाँ इनके प्रयोजनों और परंपराओं को आगे बढ़ा रहे हैं।"

"जी आचार्य! यह देखकर तो मुझे भी प्रसन्नता हुई। दोनों परिवार मेरी प्रतीक्षा कर रहे हैं आचार्य, अतः मुझे अनुमति दें, मैं कुछ समय उनके साथ बिताना चाहूँगा।"

"अवश्य! क्या कल प्रातःकाल वापसी है?"

"जी आचार्य!"

"क्या उत्तरीय आश्रम में ही जाओगे?"

"जी, वहीं आवश्यकता अधिक है। कश्मीर के विषय में आप मुझसे अधिक जानते हैं। इस क्षेत्र को बचाना होगा।"

"जानता हूँ। यह भी जानता हूँ कि तुमने अपने चार पुत्रों को चारों दिशाओं में, गुरुदेव द्वारा स्थापित चारों आश्रम में चार युद्ध-विद्याशाला स्थापित करने के लिए समर्पित कर दिया है। वे अपना कार्य कुशलतापूर्वक कर रहे हैं। तुम्हारा ज्येष्ठ पुत्र सत्यरथ, इस पाँचवें पुत्र के लिए तुम्हारी क्या योजना है, मैं नहीं जानता, लेकिन मैं चाहता हूँ, उसे इस आश्रम के लिए यहाँ भेज दो। यह वसिष्ठ आश्रम भारतभूमि का केंद्र है और यहाँ भी किसी रामवंशी का होना अधिक आवश्यक है...मैं वृद्ध हो चला हूँ।" कहकर आचार्य विश्वरथ मुसकराए थे।

"जो आज्ञा आचार्य!" कहकर सौमित्र ने अपने आँखों के भावों को रोकने का सफल प्रयास किया था। प्रातःकाल आश्रम से निकला तो लगा कि प्रकृति कुछ कहना चाहती है। पक्षु-पक्षी मानव के सुख-दुःख में संवेदनशील होते हैं और संवाद करते हुए मनुष्य की बात समझते हैं। इसका सर्वोत्तम उदाहरण है, जब विश्वामित्रजी सिद्धाश्रम को छोड़कर जाने लगते हैं तो उनके साथ रहनेवाले मृग और पक्षी भी उनके पीछे जाने लगते हैं। कुछ दूर जाने पर मुनिवर उन्हें लौटा देते हैं (वा.रा. 1.31.18-19)। सौमित्र ने चहकते हुए पक्षियों

को प्रणाम किया। आश्रम को गहरी दृष्टि से देखा था। क्या पता आचार्य विश्वरथ के पुनः दर्शन न हो पाएँ? क्या पता, यह उसकी इस आश्रम की अंतिम यात्रा हो?

पशु-पक्षी और मानव के पवित्र संबंध का वर्णन करते हुए कबंध श्रीराम से कहते हैं (वा.रा. 3.73.12-13)—'वहाँ पंपा के जल में विचरने वाले हंस, कारंडव, क्रौंच और कुरर सदा मधुर स्वर में कूजते रहते हैं। वे मनुष्यों को देखकर उद्विग्न नहीं होते। क्योंकि किसी मनुष्य द्वारा किसी पक्षी का वध भी हो सकता है, ऐसे भय का उन्हें अनुभव नहीं है।' ...हमें ऐसे ही समाज का निर्माण करने का प्रयास सतत करते रहना चाहिए। यही रामराज्य है और हम ऐसा करने लिए प्रयासरत हैं। यह हमारा कृतसंकल्प भी है। यही कारण है, जो मैं राममार्ग पर निरंतर चल रहा हूँ, ...सोचते हुए सौमित्र आश्रम से बाहर निकल चुका था।

□

तृतीय सर्ग : अंत्येष्टि संस्कार

"आज हम सनातन संस्कारों के अंतिम अध्याय पर चर्चा करेंगे। अंत्येष्टि जीवन का अंतिम संस्कार है, जिसके साथ व्यक्ति अपना लौकिक जीवन समाप्त करता है। इस संसार से उसके प्रस्थान करने पर उसके भावी सुख और कल्याण के लिए किया गया संस्कार है। ऐहिक जीवन का अंतिम यज्ञ। यह शरीर के प्रकृति में विलीन हो जाने की प्रक्रिया है। यह शरीर के अंत का संस्कार है। इसी को नरमेध, पुरुषमेध, नरयाग, पुरुषयाग भी कहते हैं। *'भस्मान्त शरीरम्।'* (यजु. 40.15)—इस शरीर का संस्कार भस्म करने पर्यंत है। यही सत्य है—शरीर तो अंततः भस्म हो जानेवाला है। ऋग्वेद का सूक्त (10.16) अंत्येष्टि संस्कार से संबंधित है, जिसके ऋषि दमन यामायन और देवता अग्नि हैं। ऋषि (ऋ. 10.16.1) कहते हैं—'हे अग्निदेव! इस मृतात्मा को पीड़ित किए बिना अंत्येष्टि संस्कार संपन्न करें। इस मृतात्मा को छिन्न-भिन्न न करें। हे सर्वज्ञ अग्निदेव! जिस समय आपकी ज्वालाएँ इस देह को भस्मीभूत कर दें, उसी समय इसे (मृतात्मा को) पितरगणों के समीप भेज दें।' यह संस्कार, यह आदर्श, यह विचार, यह संवेदना, यह भाव है, यही वह जीवन-दर्शन है, जो सनातन संस्कृति को लोक-परलोक में विशिष्ट बनाता है।

त्रेतायुग में दाह-संस्कार की विस्तृत व्यवस्था और उसका वर्णन (वा.रा. 6.111.103-121) हुआ है। पूर्व वैदिक काल में मृत शरीर को गाड़ने की भी परंपरा थी। रामायण में मृत राक्षस के शरीर को गड्ढे में गाड़ने का वर्णन है। यह एक तरह से आदिकाल की व्यवस्था की सनातन परंपरा में निरंतरता का प्रमाण है (वा.रा. 3.4.22)। अंतिम संस्कार का वर्णन (वा.रा. 4.25) में भी हुआ है। यह वाली का अंतिम संस्कार था। पारलौकिक कृत्यों-संस्कार कर्म (प्रेत कार्य) का वर्णन (वा.रा. 2.103.9-10 और वा.रा. 2.103.20-30) में भी हुआ है। भरत की कही हुई पिता की मृत्यु से संबंध रखनेवाली करुणाजनक बात सुनकर श्रीराम दुःख के कारण अचेत हो गए थे। यहाँ श्रीराम अपने पिता के लिए जलांजलि-दान और पिंडदान करते हैं। यह कार्य उन्होंने वन

में रहते हुए ही किया। वे अपने पिता की आज्ञा का पालन करते हुए वनवास पर थे। वे कर्तव्य-पथ पर थे। वे यह समाचार सुनकर भी वापस अयोध्याजी नहीं गए। यह संदेश है। मैं भी अपने पिता गुरुदेव आचार्य आग्नेय शास्त्री की मृत्यु की सूचना मिलने पर भी वसिष्ठ आश्रम नहीं गया था, केवल इसलिए कि मैं यहाँ उन्हीं के आदेश का पालन करते हुए अपना कर्तव्य निर्बहन कर रहा था। मेरे अन्य तीन भाई, जो पूरब, पश्चिम और दक्षिण आश्रम में पिता गुरुदेव आचार्य आग्नेय द्वारा भेजे गए हैं, वे भी नहीं गए थे। सभी ने अपने-अपने आश्रम में उनका शास्त्रानुसार पिंडदान किया था। मैंने भी यहीं उनका पिंडदान और अन्य संस्कार किया था, महान् सिंधु के तट पर ही। ऐसी गुरुदेव की इच्छा भी थी। यह वही वैदिक नदी सिंधु है, जिसे हमें पुनः हिंद की भूमि बनाना है। यह नदी हमारे सौभाग्य, समृद्धि, संस्कार की प्रतीक है, पूज्य है, प्रातःकालीन वंदनीय है।" उत्तरीय आश्रम में आचार्य भविन का प्रवचन चल रहा था। सौमित्र सदा की तरह रामकथा का श्रवण कर रहा था।

"सनातन जीवन-दर्शन में संपूर्ण सृष्टि को यज्ञ का परिणाम माना गया है, इसलिए मानव जीवन को भी यज्ञमय मानकर उसके जीवन के विभिन्न अवसरों पर मंत्रों के यज्ञमय अनुष्ठान करने का निर्देश दिया गया। सनातन धर्म में हर एक अनुष्ठान में हवन अनिवार्य है। यही कारण है कि मनुष्य की मृत्यु होने पर उसके मृत शरीर को हवन सामग्री के रूप में नहला-धुलाकर, अच्छे कपड़े पहनाकर, हवन-धूप आदि के साथ चितारूपी यज्ञवेदी (हवनकुंड) में होम करने का विधान है। यह मानव जीवन का अंतिम यज्ञ है। अंत्येष्टि के पश्चात् जीवात्मा की शांति के लिए उसकी मुक्ति के लिए, उसके अन्य लोकों में शांति के लिए शुद्धि क्रिया का विधान है। ऐसी चिंतनपरक पद्धति अन्य संप्रदाय-मजहबों में नहीं।

इस संस्कार के मूल में मृत्यु के पश्चात् विशिष्ट स्थान की प्राप्ति में मृतक की सहायता करना है। इसलिए अग्नि में शव का दाह कर दिया जाता, ताकि मृतात्मा शुद्ध व पवित्र होकर पुण्य पितृलोक में प्रवेश प्राप्त कर सके। शव को जलाने के समय मंत्रोच्चारण (अथर्व. 18.2.56) होता है—'हे मृतात्मा! तेरे प्राणविहीन मृतदेह की सद्गति के लिए इन दो अग्नियों (सूक्ष्म और स्थूल) को संयुक्त करता हूँ। अर्थात् तेरी मृतक देह में लगाता हूँ। इन दोनों अग्नियों द्वारा तू सर्व-नियंता परमात्मा के समीप परलोक को श्रेष्ठ गतियों के साथ प्राप्त हो।'

वे अग्नि से भी प्रार्थना करते (अथर्व. 18.3.71)—'हे अग्नि! इस शव को तू प्राप्त हो। इसे अपनी शरण में ले। तेरा हरण-सामर्थ्य तेजयुक्त हो। तू इस शव को जला दे। हे अग्निरूप प्रभो! इस जीवात्मा को तू सुकृत लोक में धारण करा।' अर्थात् सरल भाव में—हे अग्निदेव! आप दहन कार्य के लिए तत्पर हों, आप दहन ऊर्जा (लपटों) से युक्त

हों, आप इस मृतदेह को अच्छी प्रकार से भस्मीभूत करें और पुण्यात्मा को श्रेष्ठलोक में प्रतिष्ठित करें।

अंत्येष्टि क्रियाओं का विस्तृत वर्णन कृष्ण यजुर्वेद के तैत्तिरीय अरण्यक के षष्ठ अध्याय में प्राप्त है। 'पितृमेध' शीर्षक के अंतर्गत श्राद्ध (ग्यारहवें) दिन की क्रियाओं के अतिरिक्त प्रथम दस दिनों की क्रियाओं के लिए आवश्यक सभी मंत्र हैं। वह दस दिन तक अशौच रहता है। इस काल में किसी भी प्रकार का नैमित्तिक कर्म वर्जित है। अंत्येष्टि संस्कार को पितृमेध और श्मशान कर्म भी कहा जाता है। मृत व्यक्ति के शरीर को स्नान कराके, वस्त्रों से आच्छादित करके, तुलसी आदि अर्पित करके उत्तर की ओर सिर करके चिता पर आरूढ़ किया जाता है तथा पुत्र या पुत्री द्वारा सुसंस्कृत मंत्र सहित चिता में अग्नि दी जाती है।

सनातन जीवन-दर्शन में पुनर्जन्म की दृढ़ मान्यता है, अर्थात् वर्तमान जीवन में अच्छे-बुरे जो भी कर्म करेगा, उन्हीं कर्मों के अनुसार उसका आगे का मार्ग तय होगा। वैसे भी इस लोक की अपेक्षा परलोक का मूल्य उच्चतर है। पुनर्जन्म का विचार विश्व को वैदिक दर्शन की देन है। ऋग्वेद (10.59.6-7) में इसका वर्णन हुआ है। चेतना की स्वतंत्र रूप में अपनी सत्ता है, ज़िसे आत्मा कहा जाता है। शरीर के मर जाने पर पाँच भौतिक शरीर अपने-अपने तत्त्वों में विलीन हो जाते हैं, लेकिन आत्मा की सत्ता (शक्ति) बनी रहती है।

इस संस्कार का वैज्ञानिक दृष्टिकोण भी है। पाँच कर्मेंद्रिय, पाँच ज्ञानेंद्रिय, पाँच प्राणवायु, मन और बुद्धि—इन सत्रह वस्तुओं का सूक्ष्म शरीर लेकर जीव अपने कर्मों के अनुसार षाट्कौशिक शरीर (त्वचा, रक्त, मांस, स्नायु, मज्जा और अस्थि—इन षट् धातुओं से निर्मित शरीर) में प्रवेश करता है। प्रारब्ध को समाप्त करके जब उपर्युक्त सत्रह सूक्ष्म वस्तुओं को लेकर स्थूल शरीर से वह निकलता है, उस समय जीव को सूक्ष्म शरीर की रक्षा के लिए एक वायवीय शरीर मिलता है। इसी वायवीय शरीर से वह अपने कर्मानुसार कृष्ण या शुक्ल गति को प्राप्त करता है। जब वह नए शरीर को ग्रहण करता है, इसी समय जीव को प्रेत संज्ञा अर्थात् अधिक चलनेवाला हलका जीव कहा जाता है। लंबे समय तक निवास के कारण शरीर से जीव को विशेष लगाव हो जाता है। यही कारण है, जो वह बार-बार पूर्व शरीर के सूक्ष्म अवयवों की तरफ रहने की कोशिश करता है। इसी प्रेतत्व से मुक्ति के लिए दशगात्र श्राद्ध क्रियाएँ हैं। अग्नि संस्कार से मृत शरीर का पार्थिक तत्त्व कण-कण जलकर रूपांतरण ग्रहण करता है। फिर भस्म रूप में (फूल) जलधारा में प्रवाहित कर दिया जाता है। इस तरह से मृतक का संबंध पूर्व शरीर (स्थूल शरीर) से विच्छिन्न हो जाता है। सनातन संस्कृति में छोटे बाल-बालिकाओं को नहीं जलाया जाता, बल्कि भूमि के अंदर गाड़ दिया जाता है। इसके पीछे भी उपरोक्त कारण

ही है। चूँकि आत्मा का संबंध स्थूल शरीर में कम दिनों में नहीं होता, इसलिए बालकों की आत्मा पूर्व शरीर को शीघ्रता से त्यागकर अन्य शरीर को प्राप्त करती है। इसलिए छोटे बालक-बालिकाओं का अग्नि संस्कार नहीं किया जाता।

अंत्येष्टि संस्कार पुत्र या पुत्री द्वारा किया जाता है। मृत्यु के समय इनके उपस्थित न होने पर संकट खड़ा हो सकता है। ऐसी परिस्थिति में प्रतीक्षा करनी पड़ सकती है। शव को लंबे समय तक सुरक्षित रखने की विधा रामायण काल में उपलब्ध थी। राजा दशरथ का शव भरत के कैकेय देश से अयोध्या आगमन तक सुरक्षित रखने का निर्णय करना इसका प्रमाण है (वा.रा. 2.66.27)। शव को शवदाह संस्कार के लिए ले जानेवाली अर्थी को शिबिका, एक तरह की पालकी कहा जाता (वा.रा. 4.25.18)। शवदाह संस्कार को औध्र्वदेहिक संस्कार भी कहा जाता (वा.रा. 4.25.30)। त्रेतायुग में राजाओं के दाह-संस्कार राजा की बढ़ी हुई समृद्धि के अनुसार धूमधाम से किए जाते (वा.रा. 4.25.32), ऐसा ही कुछ वाली के अंतिम संस्कार में भी किया गया। वाली का अंतिम संस्कार तुंगभद्रा के तट पर किया गया था (वा.रा. 4.25.37)।

इधर अयोध्या में महाराज दशरथ के अंतिम संस्कार का वर्णन महर्षि वाल्मीकि करते हैं (वा.रा. 2.76.11-18)। कौसल्या आदि रानियाँ नगर से निकलीं तथा शोक से संतप्त हो राजा दशरथ के शव की परिक्रमा करने लगीं। चिता में आग लगाई गई थी। दाहकर्म के पश्चात् भरत के साथ रानियों, मंत्रियों और पुरोहितों ने भी सरयू के तट पर राजा के लिए जलांजलि दी और फिर दस दिनों तक भूमि पर शयन किया (वा.रा. 2.76.19-23)। ग्यारहवें दिन राजकुमार भरत ने आत्मशुद्धि के लिए स्नान और एकादशाह श्राद्ध का अनुष्ठान किया। फिर बारहवें दिन उन्होंने अन्य श्राद्ध कर्म (मासिक और सपिंडीकरण श्राद्ध) किए (वा.रा. 2.77.1)। साथ ही ब्राह्मणों को दान दिए। तदंतर तेरहवें दिन चितास्थान पर अस्थि-संचय के लिए आए (वा.रा. 2.77.4-5)। तुलसीदासजी कहते हैं—*'एहि बिधि दाह क्रिया सब कीन्ही। बिधिवत न्हाइ तिलांजुलि दीन्ही। सोधि सुमृति सब बेद पुराना। कीन्ह भरत दसगात बिधाना।'* अर्थात् 'इस प्रकार सब दाहक्रिया की गई और सबने विधिपूर्वक स्नान करके तिलांजलि दी। फिर वेद, स्मृति और पुराण सबका मत निश्चय करके उसके अनुसार भरतजी ने पिता का दशगात्र-विधान (दस दिनों के कृत्य) किया (रा.मा. 2.169.3)।'

पूर्वजों का श्रद्धा भाव से श्राद्ध करने की परंपरा सनातन धर्म में हजारों वर्ष से है। ये हमारे संस्कार हैं। भरत और शत्रुघ्न गंगा नदी के तट पर पहुँचकर, जब वे श्रीराम को वनवास से वापस लाने के लिए निकले थे, तब उन्होंने सर्वप्रथम मृत पिता के पारलौकिक कल्याण के लिए जलांजलि दी (वा.रा. 2.83.24)। जगत् को पवित्र करनेवाली गंगाजी के तो दर्शन ही कल्याणकारी हैं, तभी तो तुलसीदास कहते हैं (रा.मा. 2.196.2)—*'एहि*

बिधि भरत सेनु सबु संगा। दीखि जाइ जग पावनि गंगा। रामघाट कहँ कीन्ह प्रनामू। भा मनु मगनु मिले जनु रामू।'

अंत्येष्टि संस्कार के संदर्भ में एक महत्त्वपूर्ण कथन है, रावण के वध के पश्चात् जब श्रीराम विभीषण से कहते हैं—'वैर जीवन काल तक ही रहता है। मरने के बाद उस वैर का अंत हो जाता है। अब हमारा प्रयोजन सिद्ध हो चुका है। अतः अब तुम इसका (रावण का) संस्कार करो। इस समय यह जैसे तुम्हारे स्नेह का पात्र है, उसी तरह मेरा भी स्नेह भाजन है (वा.रा. 6.109.25)।' यजुर्वेद में वर्णित विधियों के अनुसार रावण का पार्थिव शरीर एक शैया पर डालकर उसे अर्थी पर रखा गया। चंदन की लकड़ी और कमल के समान सुगंधित पद्मक की लकड़ी से चिता तैयार की गई। रावण के मृत शरीर को सुगंधित पदार्थों और फूलों की माला से सजाकर चिता के ऊपर रखा गया। इसके पश्चात् शास्त्रों के अनुसार विभीषण ने रावण को मुखाग्नि दी (वा.रा. 6.111.109-121)।

रामकथा में अंतिम संस्कार का एक और महत्त्वपूर्ण उदाहरण मिलता है। श्रीराम और लक्ष्मण ने शास्त्रीय विधि के अनुसार मंत्रोच्चारण करते हुए पक्षीराज जटायु के मृत शरीर को चिता पर चढ़ाकर उसका अंतिम संस्कार किया था। इस स्थान का नाम नासिक के नजदीक 'सर्वतीर्थ' है। यह आर्यों के संस्कार रहे हैं (वा.रा. 3.68.26-36)। श्रीराम लक्ष्मण से कहते भी हैं—'महायशस्वी श्रीमान राजा दशरथ जैसे मेरे माननीय और पूज्य थे, वैसे ही ये पक्षीराज जटायु भी हैं (वा.रा. 3.68.26)।' यही नहीं, तदनंतर श्रीराम और लक्ष्मण ने गोदावरी नदी के तट पर जाकर उन गृध्रराज के लिए जलांजलि भी दी थी (वा.रा. 3.68.35)।"

आचार्य का प्रवचन चल रहा था और सौमित्र के मन ने मस्तिष्क से पूछा था, 'क्या ऐसे संस्कार विश्व मानव इतिहास की किसी भी संस्कृति में सुनने-देखने को मिलते हैं? नहीं।' तभी तो सनातन संस्कृति को बचाने का कर्तव्य प्रत्येक मानव का होना चाहिए। सोचकर वह गंभीर हुआ था। मन-ही-मन वह सोचने लगा··· 'एक अंतिम संस्कार उसने भी किया था, भ्राताश्री रामवंशी के साथ मिलकर···वन में···कल्याणकारी जनकात्मजा भाभी का···दुष्ट राक्षसों से संघर्ष करने में उनका शरीर क्षत-विक्षत हुआ था···वह दृश्य उसे आज भी क्रोध से भर देता है···प्रतिशोध और प्रतिकार की अग्नि को भ्राताश्री रामवंशी ने पाला था···तभी तो भ्राताश्री वह कर पाए, जिसकी कल्पना भी नहीं की जा सकती··· जीवन की आहुति···वह दृश्य आज भी आँखों के सामने अनायास आ खड़ा होता है··· वह भी तो भ्राताश्री के साथ ही था उस दिन···तीनों ने सिंधु के तीव्र बहाव के साथ लंबी जल-यात्रा की थी···शत्रु सेना के मतानुसार यह असंभव कार्य था···लेकिन हम सीमा पार कर पाए थे···उसे सिंधु नदी के तट पर प्रतीक्षा करने का कहकर भ्राताश्री और महाबल

उस कैंप में घुसे थे···और फिर अग्निदेव का भयावह रूप उसने देखा था···मानो महादेव ने तांडव नृत्य किया हो···और कलियुग के एक रावण की लंका जलकर भस्म हो गई थी···यही अग्नि भ्राताश्री के अंतिम संस्कार का भी माध्यम बनी थी···वापस लौटने में उसने महान् सिंधु के जल से अपने भ्राताश्री रामवंशी को जलांजलि दी थी···यह उसके हाथों से किया जानेवाला दूसरा अंतिम संस्कार था···उस घटनाक्रम की साक्षी सिंधु को उसका नमन।' सौमित्र वहाँ से उठा और सिंधु का स्तुतिगान करते हुए आश्रम से निकलकर, पहाड़ की चोटी से उतरकर, सिंधु दर्शन के लिए आगे बढ़ा था··· *'अभित्वा सिन्धो शिशुमिन्न मातरो वाश्रा अर्षन्ति पयसेव धेनवः। राजेव युध्वा नयसि त्वमित्सिचौ यदा सामग्रं प्रवतामिनक्षसि।'* (ऋ. 10.75.4) अर्थात् 'हे सिंधु! तेरा स्तुतिगान करते हुए ऋषि सिंधुक्षित् प्रैयमेध सत्य ही तो कह रहे हैं··· जिस प्रकार माताएँ अपने शिशु के पास जाती हैं और दुधारू गौएँ बछड़े के समीप जाती हैं, उसी प्रकार अन्य नदियाँ शब्द करती हुई सिंधु की ओर गमन करती हैं, अर्थात् एक-दूसरे के निकट आती हैं। ठीक इस तरह ही मैं भी तो माते सिंधु की ओर जा रहा हूँ···' सिंधु नदी पर पहुँचकर उसने दोनों हाथ जोड़कर पहले प्रणाम किया, फिर जल को हाथों में लेकर आँखें बंद कर उसका स्तुतिगान किया—···"हे सिंधु! हे जल देवता! हे आपो देवता! आप मेरे भ्राताश्री के अंतिम पलों के साक्षी हो। आप में ही उनका अस्तित्व प्रवाहित है। ऋषि आथर्वण सत्य कहते हैं—*'वायुरनिलममृतमथेदं भस्मान्तं शरीरम्। ओम क्रतो स्मर। क्लिबे स्मर। कृतं स्मर।'* (यजु. 40.15) अर्थात् यह जीवन (अस्तित्व) वायु-अग्नि आदि (पंचभूतों) तथा अमृत (सनातन आत्म चेतना) के संयोग से बना है। शरीर तो अंततः भस्म हो जानेवाला है। इसलिए हे संकल्पकर्ता! तुम परमात्मा का स्मरण करो, अपने सामर्थ्य का स्मरण करो और जो कर्म कर चुके हो, उसका स्मरण करो।' विचारों की शृंखला रुक नहीं रही थी। अबकी बार सौमित्र ने ऊपर आकाश की ओर देखा—

"हे परम पुरुष श्रीराम! आप मेरे भ्राताश्री रामवंशी के आराध्य रहे हो। आप मेरे भी आदर्श हो। आराध्य हो। आप सनातन संस्कृति के युगपुरुष हो। युगों-युगों से आर्यों के प्रेरणास्रोत। हे गंगा! हे यमुना! हे सरस्वती! हे सरयू! हे सिंधु! हे भारत की पावन भूमि! आप सभी सनातन संस्कृति की अनंत यात्रा के साक्षी रहे हो। आप सभी वंदनीय हैं। प्रातःकाल स्मरणीय हैं। आप मेरे कर्मों को स्वीकार करें और मेरा कल्याण करें।"

□

चतुर्थ सर्ग : जल समाधि

"क्या हुआ वत्स ? आज मुझे स्मरण करने का कोई विशेष कारण ?"

"परमपिता, परमात्मा। ये आत्मा आप में विलीन हो जाए, यही इच्छा अब शेष है।"

"क्यों ? ऐसा क्या हुआ आत्मन् ?"

"मेरा कार्य समाप्त हुआ।"

"लेकिन धर्म का कार्य तो कभी समाप्त नहीं होता, वत्स।"

"हाँ, यह सत्य है, लेकिन अब शरीर साथ नहीं देता।"

"तो विचारों से समाज का मार्गदर्शन करो, पुत्र।"

"यथासंभव अपने सामर्थ्यनुसार कर चुका। अब मन थककर विचलित हो रहा है और भ्राताश्री रामवंशी से मिलने के लिए आतुर है।"

"धर्म के मार्ग पर चलनेवालों को कभी भी न थकना चाहिए, न रुकना चाहिए। और फिर अभी रामराज्य की स्थापना नहीं हो पाई है, बल्कि अनेक रावण रक्तबीज बनकर संख्या में बढ़ते ही जा रहे हैं। आनेवाला समय और कठिन है। समाधान तुम जानते हो।"

"वह क्या महादेव ?"

"आपके दादाश्री गुरुदेव आचार्य आग्नेय शास्त्री ने अवश्य बताया होगा।"

"जी, उनके विचारों का बीज अब अंकुरित होकर वृक्ष का रूप ले चुका है।"

"अर्थात् ?"

"आप तो सब जानते हैं महेश्वर, मेरे मुख से ही सुनना चाहते हैं तो सुनिए—मेरे भ्रातश्री अपने नाम के अनुरूप रामवंशी हुए। गुरुकुल के आचार्य आग्नेय शास्त्री की परिकल्पना के आदर्श। उनके विचारों की दृष्टि में श्रेष्ठ उदाहरण। उत्तम। भ्राताश्री प्रथम रामवंश हुए, अंतिम नहीं। अर्थात् उनके पश्चात् अनेक रामवंशियों ने जन्म लिया है तो अनेक रामवंशी बनाए जा रहे हैं। इसके लिए प्रमुखता से वसिष्ठ आश्रम के अतिरिक्त चारों दिशाओं के आश्रम में स्थित गुरुकुल यह कार्य कर रहे हैं। अन्य अनेक गुरुकुल

संस्कारवान आर्यों के निर्माण की प्रयोगशाला बनाए गए हैं। जहाँ रामकथा का प्रत्येक श्लोक छात्र के जीवन–यज्ञ का मंत्र है। यहाँ से निकला हर छात्र रामवंशी है। ये असंख्य रामवंशी उन्नत राष्ट्र का निर्माण प्रशस्त करेंगे। वस्तुतः समाज में श्रीराम के मार्ग पर चलनेवाला हरेक रामवंशी है। मैं सौमित्र भी रामवंशी हूँ। मेरे पुत्र, शिष्य, यहाँ के साधक सभी रामवंशी हैं। यहाँ तक कि भरतेंद्र महाजन और रिपुदमन पांडे, साथ ही दोनों अनुजों के परिवार की अगली पीढ़ी में भी सभी रामवंशी हैं। हम सभी रामवंशी के आदर्श श्रीराम हैं। जननायक और ऐतिहासिक पुरुष भी। रामराज्य इस आदर्श प्राप्ति के लक्ष्य में सभी रामवंशी निरंतर प्रयासरत हैं। इस तरह से श्रीराम का वंशवृक्ष वटवृक्ष बन रहा है। यह सत्य है कि जब तक दुनिया में मानव सभ्यता है श्रीराम का नाम तो अमर रहेगा, साथ ही रामवंशी की आवश्यकता भी बनी रहेगी, क्योंकि देवासुर संग्राम मानवीय समाज का कटु सत्य है और अगर मानवों को देवासुर संग्राम में विजयी होना है तो उन्हें रामवंशी बनना ही होगा तथा महानायक श्रीराम के मार्ग पर चलना ही होगा। नायक मार्ग होता है, माध्यम बनता है, आदर्श स्थापित करता है, उद्देश्य देता है, लक्ष्य रखता है। मानव जाति के महानायक श्रीराम ने जो उच्च आदर्श स्थापित किए, वे न पूर्व में किसी ने किए, न भविष्य में कोई करेगा। अतः गुरुदेव ने तो यह मूलमंत्र दिया हुआ है कि हर रामवंशी को ऐसा चरित्र बनाना है कि कोई भी देखकर आत्मविभोर होकर कह उठे—'जय श्रीराम'। भ्राताश्री ने इस मूलमंत्र का अक्षरशः जीवनपर्यंत सफलतापूर्वक पालन किया और मैंने भी अपनी योग्यतानुसार सार्थक प्रयत्न किए। परंतु…"

"हे सौमित्र रामवंशी! अद्भुत! तुमने मानव जाति के उद्धार के लिए श्रेष्ठ कार्य किया है। परंतु क्या, आगे कहो।"

"हे त्रिकालदर्शी! मृत्यु अटल सत्य है। और मैं अपने भौतिक जीवन का अंत निकट देख पा रहा हूँ। जबकि भविष्य में यह देवासुर संग्राम तीव्र होगा। ऐसे में महायुद्ध संभावित है। इसे टालना संभव नहीं होगा। इस महाविनाशकारी महायुद्ध में आर्यों की विजय हो, धर्म की पुनः स्थापना हो, इसके लिए आपको अगला अवतार लेकर पृथ्वी पर आना ही होगा।"

"अलौकिक! सत्य वचन। पुत्र, तुम भविष्यद्रष्टा भी हो, यह देखकर मैं अति प्रसन्न हूँ। कहो, क्या मनोरथ है?"

"हे महाकाल! मैं भी श्रीराम तक उसी मार्ग से पहुँचूँ, जिस मार्ग से भ्राता रामवंशी उन तक पहुँचे हैं।"

"तथास्तु!"

और सौमित्र सिंधु में जल समाधि लेकर श्रीराम में सदा के लिए विलीन हो जाता है।

□

आधार ग्रंथों के लिए प्रयुक्त संकेत

1.	वाल्मीकि रामायण	(वा.रा.)
2.	रामचरितमानस	(रा.मा.)
3.	मनुस्मृति	(मनु.)
4.	ऋग्वेद	(ऋ.)
5.	यजुर्वेद	(यजु.)
6.	अथर्ववेद	(अथर्व.)
7.	भागवत पुराण	(भा.पु.)
8.	भगवद्गीता	(गीता)
9.	ईशोपनिषद्	(ई.उ.)
10.	तैत्तिरीयोपनिषद्	(तै.उ.)
11.	शतपथ ब्राह्मण	(श.ब्रा.)
12.	ऐतरेय ब्राह्मण	(ऐ.ब्रा.)
13.	तैत्तिरीय ब्राह्मण	(तै.ब्रा.)
14.	तैत्तिरीय संहिता	(तै.सं.)
15.	मत्स्य पुराण	(म.पु.)
16.	वायु पुराण	(वा.पु.)
17.	हरिवंश पुराण	(ह.पु.)
18.	कूर्म पुराण	(कू.पु.)
19.	लिंग पुराण	(लि.पु.)
20.	वामन पुराण	(वामन पु.)
21.	नरसिंह पुराण	(न.पु.)
22.	अग्नि पुराण	(अ.पु.)
23.	पद्म पुराण	(प.पु.)

24.	गरुड़ पुराण	(ग.पु.)
25.	ब्रह्मांड पुराण	(ब्र.पु.)
26.	वराह पुराण	(व.पु.)
27.	नारद पुराण	(ना.पु.)
28.	विष्णु पुराण	(वि.पु.)
29.	ब्रह्म पुराण	(ब्रह्म.पु.)
30.	स्कंद पुराण	(स्क.पु.)
31.	चरक संहिता	
	सूत्रस्थान	(च.सू.)
	निदानस्थान	(च.नि.)
	विमानस्थान	(च.वि.)
	शारीरस्थान	(च.शा.)
	इंद्रियस्थान	(च.इ.)
	चिकित्सास्थान	(च.चि.)
	कल्पस्थान	(च.क.)
	सिद्धिस्थान	(च.सि.)
32.	पउम चरियं	(प.च.)
33.	बृहदारण्यक उपनिषद्	(बृ.उ.)
34.	रघुवंशम्	(रघु.)
35.	आनंद रामायण	(आ.रा.)
36.	भावार्थ रामायण	(भा.रा.)
37.	अध्यात्म रामायण	(अ.रा.)
38.	छांदोग्य उपनिषद्	(छा.उ.)
39.	ऐतरेय आरण्यक	(ऐ.आ.)
40.	महाभारत	
	आदिपर्व	(महा. 1.)
	सभापर्व	(महा. 2.)
	वनपर्व	(महा. 3.)
	विराटपर्व	(महा. 4.)
	उद्योगपर्व	(महा. 5.)
	भीष्मपर्व	(महा. 6.)
	द्रोणपर्व	(महा. 7.)

कर्णपर्व	(महा. 8.)
शल्यपर्व	(महा. 9.)
सौप्तिक पर्व	(महा. 10.)
स्त्रीपर्व	(महा. 11.)
शांतिपर्व	(महा. 12.)
अनुशासनपर्व	(महा. 13.)
आश्वमेधिकपर्व	(महा. 14.)
आश्रमवासिकपर्व	(महा. 15.)
मौसलपर्व	(महा. 16.)
महाप्रस्थानिकपर्व	(महा. 17.)
स्वर्गारोहणपर्व	(महा. 18.)

संदर्भित ग्रंथ व अन्य पुस्तकें

1. मैं आर्यपुत्र हूँ, मनोज सिंह, प्रभात प्रकाशन, नई दिल्ली
2. ऋग्वेद संहिता–सायणाचार्यकृत भाष्य (नौ खंडों में), अनुवादक पं. रामगोविंद त्रिवेदी, चौखंबा विद्याभवन वाराणसी
3. ऋग्वेद (भाषा–भाष्य, दो भागों में), महर्षि स्वामी दयानंद सरस्वती, दयानंद संस्थान, नई दिल्ली
4. ऋग्वेद संहिता (भावार्थ सहित, चार भागों में), पं. श्रीराम शर्मा आचार्य, शांतिकुंज, हरिद्वार
5. ऋग्वेद संहिता, श्रीपाद दामोदर सातवलेकर, स्वाध्याय मंडल, पारडी
6. ऋग्वेदादिभाष्य भूमिका, महर्षि स्वामी दयानंद सरस्वती, हितकारी प्रकाशन समिति, हिंडौन सिटी (राज.)
7. ऋग्वेद का सुबोध भाष्य, श्रीपाद दामोदर सातवलेकर, स्वाध्याय मंडल, पारडी
8. यजुर्वेद (भाषा–भाष्य), दयानंद संस्थान, नई दिल्ली
9. यजुर्वेद संहिता (भावार्थ सहित), पं. श्रीराम शर्मा आचार्य, शांतिकुंज, हरिद्वार
10. यजुर्वेद संहिता, श्रीपाद दामोदर सातवलेकर, स्वाध्याय मंडल, पारडी
11. यजुर्वेद का सुबोध भाष्य, श्रीपाद दामोदर सातवलेकर, स्वाध्याय मंडल, पारडी
12. सामवेद (भाषा–भाष्य), दयानंद संस्थान, नई दिल्ली
13. सामवेद संहिता (भावार्थ सहित), पं. श्रीराम शर्मा आचार्य, शांतिकुंज, हरिद्वार
14. सामवेद संहिता, श्रीपाद दामोदर सातवलेकर, स्वाध्याय मंडल, पारडी
15. सामवेद का सुबोध अनुवाद, श्रीपाद दामोदर सातवलेकर, स्वाध्याय मंडल, पारडी
16. अथर्ववेद (भाषा–भाष्य), दयानंद संस्थान, नई दिल्ली
17. अथर्ववेद संहिता (भावार्थ सहित, दो भागों में), श्रीराम शर्मा आचार्य, शांतिकुंज हरिद्वार
18. अथर्ववेद संहिता, श्रीपाद दामोदर सातवलेकर, स्वाध्याय मंडल, पारडी
19. अथर्ववेद का सुबोध भाष्य, श्रीपाद दामोदर सातवलेकर, स्वाध्याय मंडल, पारडी
20. वेद रहस्य (दो भाग, पूर्वार्ध एवं उत्तरार्ध), श्रीअरविंद, श्रीअरविंद आश्रम, पांडिचेरी
21. कल्याण, वेद कथांक, गीता प्रेस, गोरखपुर
22. शतपथ ब्राह्मण (तीन खंडों में), शुक्ल यजुर्वेदीय, माध्यंदिनी शाखा, स्वामी सत्यप्रकाश सरस्वती, विजय कुमार गोविंदराम हासानंद, दिल्ली
23. काठक संहिता (यजुर्वेदीय), श्रीपाद दामोदर सातवलेकर, स्वाध्याय मंडल, पारडी
24. ईशादि नौ उपनिषद्, i. ईशावास्योपनिषद्, ii. केनोपनिषद्, iii. कठोपनिषद्, iv. प्रश्नोपनिषद्,

v. मुंडकोपनिषद्, vi. मांडूक्योपनिषद्, vii. ऐतरेयोपनिषद्, viii. तैत्तिरीयोपनिषद्, ix. श्वेताश्वतरोपनिषद्, गीता प्रेस, गोरखपुर

25. उपनिषद्-अंक, गीता प्रेस, गोरखपुर
26. छांदोग्योपनिषद्, गीता प्रेस, गोरखपुर
27. बृहदारण्यक उपनिषद्, गीता प्रेस, गोरखपुर
28. श्रीमद्भागवत (महापुराण, दो खंड), गीता प्रेस, गोरखपुर
29. वाल्मीकीय रामायण, गीता प्रेस, गोरखपुर
30. श्रीमद्भगवद्गीता, स्वामी रामसुखदास, गीता प्रेस, गोरखपुर
31. महाभारत, गीता प्रेस, गोरखपुर
32. श्रीमद्भगवद्गीता यथारूप, स्वामी प्रभुपाद, भक्तिवेदांत, बुक ट्रस्ट
33. महाभारत (भाषा-भाष्य), श्रीपाद दामोदर सातवलेकर, स्वाध्याय मंडल, पारडी
34. शिव पुराण, गीता प्रेस, गोरखपुर
35. मत्स्य पुराण, गीता प्रेस, गोरखपुर
36. स्कंद पुराण, गीता प्रेस, गोरखपुर
37. कूर्म पुराण, गीता प्रेस, गोरखपुर
38. हरिवंश पुराण, गीता प्रेस, गोरखपुर
39. वामन पुराण, गीता प्रेस, गोरखपुर
40. नरसिंह पुराण, गीता प्रेस, गोरखपुर
41. श्रीलिंग पुराण, गीता प्रेस, गोरखपुर
42. श्रीविष्णु पुराण, गीता प्रेस, गोरखपुर
43. पंचविंश (तांडय) ब्राह्मण, चिन्नस्वामी शास्त्री, चौखंबा, वाराणसी
44. वायु पुराण, शिवजीत सिंह, डी.पी.बी. पब्लिकेशन दिल्ली
45. ब्रह्मांड पुराण, epustakalay.com
46. वराह पुराण, archive.org
47. नारद पुराण, आचार्य श्रीराम शर्मा, संस्कृति संस्थान, बरेली
48. ब्रह्म पुराण, आचार्य श्रीराम शर्मा, संस्कृति संस्थान, बरेली
49. स्कंद पुराण, चौखंबा संस्कृति सीरीज, वाराणसी
50. गोपथ ब्राह्मण (भाष्यम्), श्री क्षेमकरण दास त्रिवेदी, चौखंबा, संस्कृत प्रतिष्ठान, दिल्ली
51. ऐतरेय ब्राह्मण, आर. अनंता कृष्णा शास्त्री, त्रावणकोर विश्वविद्यालय, त्रिवेंद्रम
52. छांदोग्य ब्राह्मण, संस्कृत कॉलेज, कलकत्ता
53. तैत्तिरीय ब्राह्मण (भाष्य), भट्ट भाष्कर मिश्रा, बिब्लोथिक, मैसूर
54. जैमिनीय उपनिषद्, दयानंद महाविद्यालय ब्राह्मण, संस्कृत ग्रंथमाला, लाहौर
55. तैत्तिरीय आरण्यक, राजेंद्र लाल, कलिकाता नगर्य्यां Internet Archive
56. मनुस्मृति, डॉ. रामचंद्र वर्मा शास्त्री, प्रभात प्रकाशन, नई दिल्ली
57. चरक संहिता, ब्रह्मानंद त्रिपाठी, चौखंबा सुरभारती प्रकाशन, वाराणसी
58. वेदों का दिव्य संदेश, श्रीराम शर्मा आचार्य, युग निर्माण योजना, मथुरा
59. यास्क प्रणीत निघंटु तथा निरुक्त, लक्ष्मणस्वरूप एवं सत्यभूषण योगी, मोतीलाल बनारसीदास, वाराणसी

60. निरुक्तम्, आचार्य विश्वेश्व, ज्ञानमंडल लिमिटेड, वाराणसी
61. गो अंक (कल्याण), गीता प्रेस, गोरखपुर
62. सत्यार्थ प्रकाश, महर्षि दयानंद सरस्वती, आर्ष साहित्य प्रचार ट्रस्ट, दिल्ली
63. हिंदू संस्कृति-अंक, गीता प्रेस, गोरखपुर
64. व्रत परिचय, गीता प्रेस, गोरखपुर
65. नित्यकर्म-पूजा प्रकाश, गीता प्रेस, गोरखपुर
66. संस्कार प्रकाश, गीता प्रेस, गोरखपुर
67. संस्कार विधि, आर्ष साहित्य प्रचार ट्रस्ट, महर्षि दयानंद सरस्वती
68. कर्मकांड भास्कर, श्रीराम शर्मा आचार्य, युग निर्माण योजना विस्तार ट्रस्ट, मथुरा
69. धर्मग्रंथ (दो खंडों में), सनातन संस्था, रायगढ़, महाराष्ट्र
70. कौटिल्य अर्थशास्त्र, अनिल कुमार मिश्रा, प्रभात प्रकाशन, नई दिल्ली
71. कौटिलीय अर्थशास्त्रम्, डॉ. श्यामलेश कुमार तिवारी, चौखंबा सुरभारती प्रकाशन, वाराणसी
72. वेदांत-दर्शन (ब्रह्मसूत्र, महर्षि वेदव्यास प्रणीत), हरिकृष्णदास गोयंदका, गीता प्रेस, गोरखपुर
73. हिंदू धर्म के मूल तत्त्व, भगिनी निवेदिता, ज्ञान गंगा, दिल्ली
74. वैदिक सनातन हिंदुत्व, मनोज सिंह, प्रभात प्रकाशन, नई दिल्ली
75. भारतीय संस्कृति, नरेंद्र मोहन, प्रभात प्रकाशन, नई दिल्ली
76. वेदमाता की गोद में, आचार्य परमेश शर्मा, मधुर प्रकाशन, दिल्ली
77. वाराणसी वैभव, पं. कुबेरनाथ सुकुल, बिहार राष्ट्रभाषा परिषद्, पटना
78. काशी का इतिहास, डॉ. मोतीचंद्र, विश्वविद्यालय प्रकाशन, वाराणसी
79. वैदिक संस्कृति, गोविंद्र चंद्र पांडे, लोकभारती प्रकाशन, इलाहाबाद
80. आर्य एवं हड़प्पा संस्कृतियों की भिन्नता रामशरण शर्मा राजकमल प्रकाशन, नई दिल्ली
81. हड़प्पा सभ्यता और वैदिक साहित्य भगवान सिंह राधाकृष्ण प्रकाशन, नई दिल्ली
82. आर्य, ऋग्वेद और भारतीय सभ्यता कृपाशंकर सिंह किताबघर प्रकाशन, नई दिल्ली
83. भारतगाथा सूर्यकांत बाली प्रभात प्रकाशन, नई दिल्ली
84. आर्य भारत के मूल निवासी डॉ. तेज सिंह सैंधव अ.भा. इतिहास संकलन योजना, नई दिल्ली
85. भारतीय संस्कृति का इतिहास पं. भगवद दत्त विजय कुमार गोविंदराम हासानंद, दिल्ली
86. विश्वगुरु भारत : आर्यों का इतिहास चमनलाल रामपाल चमन प्रकाशन, देहरादून
87. आर्यावर्त का इतिहास विजय प्रकाश शास्त्र योगाचार्य, ओमप्रकाश सामवेदी पौरोहित्याचार्य सत्य सनातन वैदिक प्रकाश, हॉलैंड
88. प्राचीन भारत में भौतिक प्रगति एवं सामाजिक संरचनाएँ रामशरण शर्मा राजकमल प्रकाशन, नई दिल्ली
89. प्राचीन भारत में राजनीतिक विचार एवं संस्थाएँ रामशरण शर्मा राजकमल प्रकाशन, नई दिल्ली
90. भारत के प्राचीन नगरों का पतन रामशरण शर्मा राजकमल प्रकाशन, नई दिल्ली
91. कालचक्र : सभ्यता की कहानी, वीरेंद्र कुमार सिंह 'चौधरी', प्रभात प्रकाशन, नई दिल्ली
92. हिंदी शब्दकोश, डॉ. हरदेव बाहरी, राजपाल एंड संस, दिल्ली
93. संस्कृत-हिंदी शब्दकोश, वामन शिवराम आप्टे, अशोक प्रकाशन, दिल्ली
94. इंग्लिश-हिंदी डिक्शनरी, डॉ. हरदेव बाहरी, राजपाल एंड संस, दिल्ली

95. सुश्रुत संहिता शारीरस्थानम्, भास्कर गोविंद घाणेकर, मेहर चंद्र लक्ष्मणदास, दिल्ली
96. पउमचरियं, प्राकृत ग्रंथ परिषद्, वाराणसी
97. याज्ञवल्क्य स्मृति, याज्ञवल्क्य, epustakalay.com
98. रघुवंश महाकाव्यम्, कालिदास, काशी संस्कृत, ग्रंथमाला चौखंबा, संस्कृत सीरीज ऑफिस, बनारस, epustakalay.com
99. गर्ग संहिता, गीता प्रेस, (archive.org)
100. बोधायन गृह्य सूत्रम्, Government Oriental Library Series, Mysore
101. पद्म पुराण, मुंशी नवल किशोर, लखनऊ, epustakalay.com
102. पद्म पुराण, आचार्य शिवप्रसाद द्विवेदी, चौखंबा सुरभारती प्रकाशन
103. संक्षिप्त पद्म पुराण, जयदयाल गोयंदका, गीता प्रेस
104. छांदोग्य उपनिषद्, पं. राजराम प्रोफेसर, आर्ष ग्रंथावलि, लाहौर
105. अग्नि पुराण, गुरुमंडल ग्रंथमाला, कलकत्ता
106. वसिष्ठ धर्मसूत्र, Bombay Sanskrit And Prakrit Series
107. बृहत्संहिता, वराह मिहिर, लक्ष्मी वेंकटेश्वर छापाखाना कल्याण, मुंबई
108. अध्यात्म रामायण, मुनिलाल, गीता प्रेस, गोरखपुर
109. आनंद रामायण, Archive.org, गीता प्रेस
110. भावार्थ रामायण, एकनाथ महाराज कृत, सरस्वती बुक डिस्ट्रिब्यूटर्स, पुणे, मुंबई
111. सुश्रुत संहिता, डॉ. अंबिकादत्त शास्त्री, चौखंबा संस्कृत सीरीज, बनारस Archive.org
112. छांदोग्य उपनिषद्, आर्ष ग्रंथावली, लाहौर Archive.org
113. तैत्तिरीय ब्राह्मण, आनंदाश्रम मुद्रणालय (vedicheritage.gov.in)
114. तैत्तिरीय संहिता, सातवलेकर, भारत मुद्रणालय, मुंबई
115. प्राचीन चरित्रकोश, सिद्धेश्वर शास्त्री चित्राव, भारतीय चरित्र कोश मंडल, पुणे
116. श्रीराम वनगमन स्थल, डॉ. राम अवतार शर्मा, श्रीराम सांस्कृतिक शोध संस्थान न्यास, दिल्ली
117. अयोध्या का इतिहास, राय बहादुर लाला सीताराम, सत्साहित्य प्रकाशन, दिल्ली
118. श्रीराम की आत्मकथा, देवकी नंदन गौतम, प्रभात प्रकाशन, नई दिल्ली
119. रामकथा, फादर कामिल बुल्के, लोकभारती प्रकाशन
120. संस्कार समुच्चय, पं. मदनमोहन विद्यासागर, विजय कुमार गोविंदराम हासानंद, दिल्ली
121. संस्कार चंद्रिका, डॉ. सत्यव्रत सिद्धांतालंकार विजयकृष्ण लखनपाल, नई दिल्ली
122. हिंदू धर्म के सोलह संस्कार, सच्चिदानंद शुक्ल प्रतिभा प्रतिष्ठान, नई दिल्ली
123. प्राचीन अयोध्या का राजनीतिक एवं सांस्कृतिक अध्ययन, रामबिहारी उपाध्याय लोक भारती प्रकाशन, इलाहाबाद
124. रघुवंश (काव्यानुवाद), मूलचंद्र पाठक ज्ञान गंगा, दिल्ली
125. रामायण मीमांसा, स्वामी करपात्रीजी राधाकृष्ण धानुका प्रकाशन संस्थान, वृंदावन
126. रामायण की कहानी विज्ञान की जुबानी, सरोज बाला, प्रभात प्रकाशन, नई दिल्ली
127. रामकथा में नैतिक मूल्य, डॉ. विनोद बाला अरुण, प्रभात प्रकाशन, नई दिल्ली
128. रामायण के प्रेरक प्रसंग, दाजी पणशीकर, ग्रंथ अकादमी, नई दिल्ली
129. जीवन सिखाती है रामकथा, पं. विजय शंकर मेहता, प्रभात प्रकाशन, नई दिल्ली

130. संस्कार रामायण, डॉ. विनोद बाला अरुण, प्रभात प्रकाशन, नई दिल्ली
131. कोदंड रामकथा, देवांशु कुमार झा, Shanti Publication, New Delhi
132. अयोध्या का चश्मदीद, हेमंत शर्मा, प्रभात प्रकाशन, नई दिल्ली
133. युद्ध में अयोध्या, हेमंत शर्मा, प्रभात प्रकाशन, नई दिल्ली
134. भृगुनंदन, डॉ. भारती सुदामे, विजय प्रकाशन, दिल्ली
135. गरुड़ पुराण, पं. श्रीराम शर्मा आचार्य, संस्कृति संस्थान, बरेली
136. The Complete works of Swami Vivekananda, Advaita Ashrama, Calcutta
137. Letters of Swami Vivekananda
138. History of Ancient India (Prehistoric Roots), D.K. Chakrabarti, Aryan Books International, New Delhi
139. History of Ancient India (Prehistoric Roots), D.K. Chakrabarti, Aryan Books International, New Delhi
140. The Earliest Civilization of South Asia, B.B. Lal, Aryan Books International, New Delhi
141. The Sarasvati flows on, B.B. Lal, Aryan Books International, New Delhi
142. The Rigvedic People B.B. Lal Aryan Books International, New Delhi
143. Brahma Sutras Sri Ramanuja Advait Ashrama,Calcutta
144. The Harappans and Aryans M.K. Dhavalikar Aryan Books International, New Delhi
145. The Homeland of The Aryans, B.B. Lal, Aryan Books International, New Delhi
146. Hindu Mythology, W.J. Wilkins, Rupa Publication, New Delhi
147. Am I a Hindu, Ed. Vishwanathan, Rupa Publication, New Delhi
148. What is Hinduism, David Frawley, Blooms Bury
149. Glimpses of World History, Jawaharlal Nehru, Oxford University Press
150. The Discovery of India, Jawaharlal Nehru, Penguin India
151. The New Oxford Dictionary of English, Judy Pearsall Patrick Hanks, Oxford University Press
152. A Brief History of Time, Stephen Hawking, Bantam Books
153. Sanatan Dharma, Manoj Singh, Bloomsbury, N. Delhi
154. Rama & Ayodhya, Meenakshi Jain, Aryan Books International, N. Delhi

□□□

लेखक की अन्य पुस्तकें

'मैं आर्यपुत्र हूँ' सतयुग की कथा थी। उसकी अगली कड़ी 'मैं रामवंशी हूँ' त्रेतायुग की कथा है। इसकी अगली कड़ी 'मैं कृष्णवंशी हूँ' द्वापर की प्रामाणिक कथा होगी। यह महायुद्ध की कथा होगी। यह धर्मयुद्ध की कथा होगी। भविष्य में भी देवासुर संग्राम होगा। यह भीषणतम होगा। श्रीकृष्ण को पुनः आना ही होगा, अर्जुन के लिए, पांडवों के लिए, सभ्य मानवों के लिए, सत्य और धर्म की स्थापना के लिए, हस्तिनापुर की रक्षा के लिए। इसी घटनाक्रम की ऐतिहासिक कथा है 'मैं कृष्णवंशी हूँ'।